Kohlhammer

**Die Autorinnen**

Dr.in Anne Goldbach, Dr.in Mandy Hauser, Dr.in Helga Schlichtung und Prof.in Dr.in Saskia Schuppener sind Wissenschaftlerinnen im Bereich der Pädagogik im Förderschwerpunkt geistige Entwicklung im Institut für Förderpädagogik der Universität Leipzig.

Saskia Schuppener, Helga Schlichting,
Anne Goldbach, Mandy Hauser

# Pädagogik bei zugeschriebener geistiger Behinderung

Verlag W. Kohlhammer

Dieses Werk einschließlich aller seiner Teile ist urheberrechtlich geschützt. Jede Verwendung außerhalb der engen Grenzen des Urheberrechts ist ohne Zustimmung des Verlags unzulässig und strafbar. Das gilt insbesondere für Vervielfältigungen, Übersetzungen, Mikroverfilmungen und für die Einspeicherung und Verarbeitung in elektronischen Systemen.

Die Wiedergabe von Warenbezeichnungen, Handelsnamen und sonstigen Kennzeichen in diesem Buch berechtigt nicht zu der Annahme, dass diese von jedermann frei benutzt werden dürfen. Vielmehr kann es sich auch dann um eingetragene Warenzeichen oder sonstige geschützte Kennzeichen handeln, wenn sie nicht eigens als solche gekennzeichnet sind.

Es konnten nicht alle Rechtsinhaber von Abbildungen ermittelt werden. Sollte dem Verlag gegenüber der Nachweis der Rechtsinhaberschaft geführt werden, wird das branchenübliche Honorar nachträglich gezahlt.

Dieses Werk enthält Hinweise/Links zu externen Websites Dritter, auf deren Inhalt der Verlag keinen Einfluss hat und die der Haftung der jeweiligen Seitenanbieter oder -betreiber unterliegen. Zum Zeitpunkt der Verlinkung wurden die externen Websites auf mögliche Rechtsverstöße überprüft und dabei keine Rechtsverletzung festgestellt. Ohne konkrete Hinweise auf eine solche Rechtsverletzung ist eine permanente inhaltliche Kontrolle der verlinkten Seiten nicht zumutbar. Sollten jedoch Rechtsverletzungen bekannt werden, werden die betroffenen externen Links soweit möglich unverzüglich entfernt.

1. Auflage 2021

Alle Rechte vorbehalten
© W. Kohlhammer GmbH, Stuttgart
Gesamtherstellung: W. Kohlhammer GmbH, Stuttgart

Print:
ISBN 978-3-17-025251-6

E-Book-Formate:
pdf:   ISBN 978-3-17-025252-3
epub: ISBN 978-3-17-025253-0
mobi: ISBN 978-3-17-025254-7

# Vorwort des Herausgebers

Es existieren zurzeit relativ unterschiedlich strukturierte und gestaltete Lehrwerke zu den verschiedenen Ausprägungen der sog. Behindertenpädagogik, diese sind jedoch häufig recht kategorial orientiert und nehmen aktuelle disziplin- und professionsbezogene Diskurse auf den Feldern der Behindertenhilfe kaum einmal auf. Zudem konzentrieren sich viele dieser Lehrwerke auf das Handlungsfeld der Schule: In diesem und von diesem ausgehend scheint somit ein Großteil der Behindertenpädagogiken stattzufinden.

Die Bände mit dem Reihentitel »Kompendium Behindertenpädagogik« versuchen dieser Situation Abhilfe zu schaffen, da in jedem der geplanten Publikationen alle Ausprägungen einer je spezifischen behindertenpädagogischen Grundlegung sowohl durch die Perspektiven der Disziplin und Profession als auch durch eine organisations- und handlungsfeldbezogene Lebenslauforientierung beschrieben, analysiert und konzeptuell verortet werden. Vor diesem Hintergrund ist auch die Gliederungslogik aller Bände zu verstehen, in welcher die Autorinnen und Autoren ihre Inhalte durch die Perspektiven dieser drei größeren Kapitel (Disziplin – Profession – Organisationen/Handlungsfelder) fokussieren und darstellen.

Im Hinblick auf die Beschreibung der Disziplin wird es jeweils darum gehen, die theoretischen Begründungsmuster einer je spezifischen Behindertenpädagogik darzulegen, diese historisch zu verorten, die begründenden Leitideen und Modelle vorzustellen sowie Aussagen zu jeweiligen ethischen Positionierungen im Kontext dieser Pädagogik einzunehmen bzw. zu formulieren. Auch wenn der Begriff der »Behinderung« zurzeit intensiv diskutiert wird, er zudem nicht in allen Punkten kohärent ist, erscheint er im Rahmen der Gesamtdarstellung der hier zu bearbeitenden Themen als Brücke zwischen den einzelnen Teilbereichen und Problemen nutzbar zu sein. Dennoch wird er in den unterschiedlichen Bänden dieser Reihe, im Hinblick auf die jeweilige Thematik, konkret beschrieben, analysiert und gegebenenfalls kritisiert und modifiziert werden. Die Aussagen der einzelnen Bände stellen folglich auch eine kritische Differenzierung und Weiterentwicklung des Begriffes der »Behinderung« dar. Im Rahmen der Professionsorientierung, also dem zweiten größeren Kapitel des jeweiligen Bandes, werden dann Konzepte, Methoden und Handlungsansätze dargelegt, so wie sie sich im Rahmen dieser Pädagogik, für die jeweils entsprechende Organisation als zielführend erwiesen haben bzw. als relevant erweisen können. In einem letzten größeren Kapitel wird dann die institutionelle Begründung und organisatorische Differenzierung einer je spezifischen Pädagogik erläutert. Hierbei wird auf die lebenslauforientierte Darstellung des pädagogischen sowiees eingegangen, so dass dieser nicht nur für den Bildungsbereich, sondern auch für weitere behindertenpädagogische Handlungsfelder beschrieben wird. Hierbei unterscheidet die Differenziertheit der Lebenslaufperspektive die verschiedenen pädagogischen Disziplinen, d.h. dass diese in jenen höchst unterschiedlich ausgeprägt ist, wahrgenommen wird und (strukturelle wie inhaltliche) Konsequenzen erforderlich macht.

Einen zentralen weiteren Inhalt bildet der, auch kritisch zu führende, Inklusionsdiskurs: dieser stellt das Querschnittsthema dar, welches in allen drei Unterkapiteln bearbeitet wird – eine innovativ, diffizil und kritisch differenziert dargelegte Positionierung der Inklusion ist folglich das Netz bzw. das Referenzsystem aller Kapitel und Aussagenkomplexe der jeweiligen Bände. Hierbei wird es jedoch, je nach Autorin und Autor sowie konkretem Thema zu unterschiedlichen Gewichtungen kommen. In der wechselseitigen Durchdringung einer inklusiven Perspektive mit den Themen der Disziplinorientierung, der Professionsbezogenheit und der hierbei relevanten Organisationen und Handlungsfelder leistet demzufolge jeder Band dieser Reihe eine in sich schlüssige und kohärente Gesamtdarstellung des jeweiligen Themenfeldes.

Heinrich Greving

# Inhalt

Vorwort des Herausgebers ................................................. 5

Vorbemerkung der Autorinnen ........................................... 11

Eine Einführung ................................................................ 15

Zum Grundverständnis des Etiketts »Geistige Behinderung« – eine
Annäherung von außen .................................................... 20
    Begrifflichkeitsdiskurse ................................................. 20
    Definitorische Annäherungen ........................................ 28

## Teil I    Disziplinäre Grundlagen

**1    Historische Entwicklungen** ........................................ 37
    1.1    (Soziale) Exklusion ........................................... 38
    1.2    Frühe heilpädagogische Bemühungen ................ 39
    1.3    Die Zeit des Nationalsozialismus ....................... 44
    1.4    Entwicklung einer sogenannten
            Geistigbehindertenpädagogik ............................ 49
    1.5    Blickrichtung Inklusion – Aktuelle politische und rechtliche
            Entwicklungen ................................................. 54
    1.6    Exkurs: Rolle der Selbstvertreterinnen* ............... 57

**2    Ethische und philosophische Grundlagen** ................. 59
    2.1    Ethisch-normative Reflexionsnotwendigkeit ........ 59
    2.2    Anthropologische Positionen und Menschenbilder ... 61
    2.3    Bioethische Entwicklungen und Einflüsse ........... 67
    2.4    Ausgewählte ethische Aspekte ........................... 75

**3    Fachwissenschaftliche Zugänge** ................................ 89
    3.1    Medizinisch-psychologische Sichtweisen ............ 90
    3.2    Soziologische Annäherungen ............................ 93
    3.3    Ableismus und Disableismus ............................ 96
    3.4    Materialistisch-konstruktivistische Perspektiven ... 100
    3.5    Bedeutung subjektiver Perspektiven .................. 101

| 4 | Forschung im Kontext zugeschriebener geistiger Behinderung... | 104 |
|---|---|---|
| | 4.1 Geschichtliche Entwicklung der Forschung im Kontext zugeschriebener geistiger Behinderung | 104 |
| | 4.2 Disability Studies | 107 |
| | 4.3 Ansätze gemeinsamen Forschens | 111 |
| | 4.4 Inklusionssensible Hochschule – Menschen mit zugeschriebener geistiger Behinderung als Akteurinnen* im tertiären Bildungsbereich | 119 |
| 5 | Fazit und Perspektiven: Disziplinäre Kernfragen einer Pädagogik der Verbesonderung | 125 |
| | 5.1 Dekonstruktion, Rekategorisierung und die disziplinäre Verortung einer verbesondernden Pädagogik | 126 |
| | 5.2 Zur Rolle der Subjekte: die Disziplin als »Interessensvertretung« und »Wissenslieferantin* für Inklusion«? | 130 |

## Teil II  Professionsentwicklung und Konzepte

| 1 | Pädagogische Leitkonzepte | 135 |
|---|---|---|
| | 1.1 Normalisierung | 135 |
| | 1.2 Selbstbestimmung und Empowerment | 139 |
| | 1.3 Exkurs: Assistenz(verhältnisse) | 142 |
| | 1.4 Partizipation und Teilhabe | 145 |
| | 1.5 Exkurs: Leichte Sprache im Kontext von Partizipation und Barrierefreiheit | 149 |
| | 1.6 Integration und Inklusion | 151 |
| 2 | Diagnostik | 156 |
| | 2.1 Ethische Fragen im Bereich der Diagnostik | 158 |
| | 2.2 Diagnostik des ›Förderschwerpunktes geistige Entwicklung‹ | 161 |
| | 2.3 Zum Dilemma der Intelligenzdiagnostik | 163 |
| | 2.4 Ansätze einer prozessorientierten dialogischen Diagnostik | 166 |
| | 2.5 Bedeutung einer Diagnostik im Kontext von Inklusion | 171 |
| 3 | Bildung | 174 |
| | 3.1 Grundverständnis von Bildung | 174 |
| | 3.2 Zum Risiko des Bildungsreduktionismus | 176 |
| | 3.3 Zur transitiven Dimension von Bildung | 181 |
| | 3.4 Zur reflexiven Dimension von Bildung | 185 |
| | 3.5 Zusammenfassende Gedanken zu Bildungsfragen und -perspektiven | 190 |

| 4 | Förderung, Therapie und Pflege | 193 |
|---|---|---|
| | 4.1 Förderung und Förderkonzepte | 193 |
| | 4.2 Die Bezugsprofessionen Medizin, Therapie und Pflege | 197 |
| | 4.3 Professionelle Kooperation | 205 |
| | 4.4 Exkurs: Schmerzen als interprofessionelle Herausforderung für Medizin, Pflege, Therapie und Pädagogik | 210 |
| | 4.5 Exkurs: Herausforderndes Verhalten im Kontext interprofessioneller Vernetzung und Kooperation von Pädagogik, Psychiatrie und Therapie | 212 |
| 5 | Fazit und Perspektiven: Spannungsfelder und Reflexionsanforderungen an die Profession einer verbesondernden Pädagogik | 216 |
| | 5.1 Flexinormalistische Reflexionsnotwendigkeit – zum Spannungsfeld der (De)Kategorisierung und Dekonstruktion in der pädagogischen Praxis | 217 |
| | 5.2 Subjektorientiertung als Kernaspekt im Kontext von Interprofessionalität | 219 |

## Teil III  Lebensbereiche und institutionelle Strukturen

| 1 | Vorschulischer Bereich | 227 |
|---|---|---|
| | 1.1 Eltern und Familie | 227 |
| | 1.2 Frühförderung | 232 |
| | 1.3 Kindertagesstätten | 240 |
| 2 | Schule | 247 |
| | 2.1 Zur Entwicklung verbesondernder Schulstrukturen | 248 |
| | 2.2 Differente Schulsettings - von der Segregation zur inklusiven Beschulung? | 250 |
| | 2.3 Zur Rolle von Schulbegleitung | 254 |
| | 2.4 Ziele des (Fach)Unterrichts | 260 |
| | 2.5 (Fach)didaktische Ansätze und Unterrichtsprinzipien | 261 |
| 3 | Beruf | 269 |
| | 3.1 Berufliche Bildung | 270 |
| | 3.2 Angebote beruflicher Teilhabe | 271 |
| | 3.3 Akteurinnen* der beruflichen Integration | 274 |
| | 3.4 Reflexion der beruflichen Teilhabesituation | 278 |
| 4 | Wohnen | 281 |
| | 4.1 Strukturelle Dilemmata zur Wohnsituation | 282 |
| | 4.2 Differente Wohnangebote | 283 |
| | 4.3 Unterstützungsleistungen für selbstbestimmtes inklusionsorientiertes Wohnen | 288 |

| | | | |
|---|---|---|---|
| 5 | Freizeit | | 290 |
| | 5.1 | Teilhabesituation von Menschen mit zugeschriebener geistiger Behinderung | 291 |
| | 5.2 | Selbstbestimmte Freizeit und persönliche Assistenz | 293 |
| 6 | **Alter** | | **295** |
| | 6.1 | Älterwerden und alt sein | 296 |
| | 6.2 | Alter und Krankheit | 297 |
| | 6.3 | Übergang in den Ruhestand – Bildung im Alter | 302 |
| | 6.4 | Wohnen im Alter | 306 |
| | 6.5 | Sterben, Tod und Trauer | 308 |
| 7 | **Fazit und Perspektiven: Reflexionen von Verbesonderung im Kontext von Institutionsentwicklung und differenten Lebensbereichen** | | **312** |
| | 7.1 | Zur Relevanz der Frage nach *Re*Institutionalisierung oder *De*Institutionalisierung | 312 |
| | 7.2 | Subjekt-Perspektiven auf (De)Kategorisierungsrisiken im Bereich der Institutionalisierung | 315 |

**Literaturverzeichnis** ............................................. **317**

# Vorbemerkung der Autorinnen

Wir möchten dem Buch ein paar wenige, uns aber wichtige Bemerkungen voranstellen. Sie sind für uns von Bedeutung, weil sie unterschiedliche Schwerpunktsetzungen und Positionen im Buch durch die Standortgebundenheit und Situiertheit der Autorinnen nachvollziehbar machen und gleichzeitig die zu Grunde gelegten Überlegungen für den Versuch von diskriminierungssensibler Sprache im Buch erläutern.

## Standortbestimmung der Autorinnen

Wir vier Autorinnen dieses Buches verstehen uns allesamt als Frauen ohne Behinderungserfahrungen. Unsere unterschiedlichen Biografien sind jedoch geprägt durch viele Erfahrungen des Miteinanders mit Menschen mit Behinderungserfahrungen. Unsere Gedanken dürfen Sie/dürft ihr insgesamt als eine Zusammenführung von Gedachtem, Gelesenem und auch Erlebtem verstehen.

Unsere Autorinnen-Standpunkte sind in der Schreibweise als *autoreferenziell* zu verstehen. Wir sind somit immer selbst Teil des Prozesses der Wissensproduktion, und dementsprechend ist auch das hier Lesbare vor dem Hintergrund unserer – z. T. sehr unterschiedlichen – Wissens- und Erfahrungskonstruktionen zu verstehen.

Wenngleich wir die Perspektive von Personen mit Behinderungserfahrungen – bedingt und geprägt durch Freundschaften und kollegiale Verbundenheit, die wir in der *Zusammenarbeit in Forschung*[1] *und Lehre*[2] erfahren – mitdenken und versuchen, an vielen Stellen sichtbar/kenntlich zu machen, ist das Buch dennoch als primäres *Abbild einer privilegierten Außenperspektive* zu verstehen.

Gümüşay (2020) definiert es als Privileg bestimmter Personen(gruppen), als »Unbenannte« leben zu dürfen: Das heißt, nicht auf eine Kategorie begrenzt und ›verkollektiviert‹ zu werden und hinter einem Gruppenetikett zu verschwinden (wie bspw. »Geflüchtete« als kollektiv »Benannte«). Dieses Privileg trifft auch auf uns Autorinnen zu, da wir in der Regel nicht auf ein Merkmal reduziert und dadurch in unserem Sein begrenzt werden und uns somit dieser Erfahrungshintergrund fehlt.

---

[1] An der Universität Leipzig besteht seit 2007 im Arbeitsteam, welchem wir als Autorinnen angehören, eine Tradition in der Realisierung Partizipativer und Inklusiver Forschung, im Rahmen derer Menschen mit Behinderungserfahrungen die Forschungsarbeit bereichern.
[2] Seit Mai 2019 arbeiten in unserem Kolleginnen*team im Institut für Förderpädagogik sechs Menschen mit Behinderungserfahrungen, die ihre Expertise perspektivisch als hauptamtlich Lehrende im Hochschulkontext einbringen: http://www.quabis.info/ (03.04.2020).

## Bedeutung von Sprache und besondere Zeichensetzungen

»Es darf bei der Wahl unserer Worte nie nur um konservatorische Belange gehen, es muss eine Rolle spielen, welche Ideologien, welche Ungerechtigkeiten sie stützen. In diesem Sinne geht es bei gerechter Sprache gerade *nicht* um Partikularinteressen – sondern darum, dass Sprache sich wandeln darf, um sich an Menschenrechten, Gerechtigkeit, Gleichberechtigung und Chancengleichheit zu orientieren« (Gümüşay 2020, 126; Hervorhebung i. O.).

Wir verstehen Sprache im Sinne einer materialistischen Sprachkritik als gesellschaftlich und historisch verortet und sind uns darüber im Klaren, dass eine »möglichst inklusive Benennung […] noch nichts an der Verfasstheit der Gesellschaft« (AFBL 2018, 205) ändert. Dennoch möchten wir – neben einer fachbezogenen gesellschaftskritischen Positionierung – die Perspektive der Wirkmacht von Sprache zur Stabilisierung gesellschaftlicher Zustände einbeziehen und als kritikwürdig beleuchten.

Wir verwenden in unseren Ausführungen hauptsächlich das generische Femininum mit einem *Sternchen (z. B. Forscherinnen*), wobei wir das *Sternchen als Kritik am hegemonialen binären Geschlechterverständnis[3] verstehen. Durch diese sprachliche Setzung möchten wir zum einen dem Umstand Rechnung tragen, dass die Perspektiven von Frauen sowie sich als nicht-binär verstehenden Personen, wie Inter- und Transpersonen, nach wie vor in der Wissenschaft deutlich unterrepräsentiert sind. Dieser Zustand wird seit jeher beispielsweise von den Akteurinnen* der Frauen- und Geschlechterforschung und den Queerstudies kritisiert. Zum anderen versuchen wir, möglichst diskriminierungssensibel zu agieren, wohl wissend, dass sich gerade um die Frage der ›richtigen‹ Ausdrucksweise vielfältige Debatten ranken, die sich auf unterschiedliche Theorieansätze beziehen: »Über die Umsetzung im geschriebenen wie gesprochenen Text gibt es keine Einigung: Binnen-I, Schrägstrich, -x, Sternchen, generisches Femininum und/oder Unterstrich, für alle Varianten gibt es Verfechterinnen« (AFBL 2018, 203) – und jede dieser Varianten birgt die Gefahr, dass sich Einzelpersonen oder Personengruppen nicht angesprochen bzw. repräsentiert fühlen.

Für Begrifflichkeiten, welche in historischen oder auch aktuellen Zusammenhängen diskriminierende oder diskreditierende Qualität entfalten sowie ein Hinweis auf Benachteiligung oder Diskussionswürdigkeit sind oder vergangene wie gegenwärtige Dilemmata aufzeigen, nutzen wir ›*einfache Anführungszeichen*‹ zur Kenntlichmachung (z. B. angeborener ›Schwachsinn‹, ›hegemonialer Diskurs‹, ›Kategorisierungsfalle‹). Die Verwendung (historischer) Originaltermini erscheint jedoch stellenweise hoch relevant, um die Wirkung im jeweiligen zeitlichen (Entstehungs) Zusammenhang aufzuzeigen[4].

---

3 Ausnahmen gibt es in der Darstellung historischer Zusammenhänge, wenn beispielsweise bestimmte Berufsgruppen nahezu ausschließlich bzw. überwiegend durch Männer repräsentiert wurden (z. B. Ärzte und Psychiater im Nationalsozialismus).

4 Es bleibt anzumerken, dass Sprache zum Themenfeld Behinderung auch gegenwärtig häufig noch paternalistisch ist (vgl. Krauthausen 2020).

Grundsätzlich teilen wir die *Sehnsucht* von Kübra Gümüşay »nach einer Sprache, die Menschen nicht auf Kategorien reduziert. Nach einem Sprechen, das sie in ihrem Facettenreichtum existieren lässt. Nach wirklich gemeinschaftlichem Denken in einer sich polarisierenden Welt[6] « (2020, Klappentext).[5]

Saskia Schuppener, Helga Schlichtung, Mandy Hauser, Anne Goldbach

Leipzig, im Januar 2021

---

[5] Mit ihrem Buch *»Sprache und Sein«* bereichert Kübra Gümüşay in beeindruckend poetischer und politischer Art und Weise den aktuellen Diskurs um eine respektvolle, diskriminierungssensible Sprache. Sie lädt ein und macht Mut zu einem *gemeinsamen Denken* und *freien Sprechen* und dem Mitgestalten einer Gesellschaft, »in der alle gleichberechtigt sprechen und sein können« (183) und »einander Entwicklung zu[...]gestehen« (181).

# Eine Einführung

Dieses Buch stellt den Versuch eines Einblicks in jene inhaltlichen Felder dar, welche eine sogenannte *Pädagogik bei zugeschriebener geistiger Behinderung* rückblickend und gegenwärtig beeinflussen. Wir haben versucht, uns mit den aktuellen disziplinbezogenen, professionsbezogenen und institutionsbezogenen Fragen sowie Entwicklungen in verschiedenen Lebensbereichen mit Blick auf eine nach wie vor existente *Pädagogik der Verbesonderung*[6] im Kontext sogenannter geistiger Behinderung aus unserer Perspektive zu beschäftigen und Ihnen/euch als Leserinnen* hierzu einen Einblick zu geben. Wir möchten mit dem hier vorliegenden Band sowohl theoretischen Diskursen als auch Forschungserkenntnissen und Praxisfeldentwicklungen einen Raum geben und diese in wechselseitiger Bezugnahme deskriptiv aufgreifen sowie referentiell hinterfragen. Die fachlichen Einflüsse und Entwicklungen einer Pädagogik im Kontext zugeschriebener geistiger Behinderung werden versuchsweise *eklektizistisch* und *in schwerer (akademischer) Sprache* zusammengetragen und sollen zu Austausch, Diskussion und Weiterentwicklung einladen.

Eine Pädagogik, welche einen Personenkreis adressiert, der als geistig behindert diagnostiziert ist, kann aus unserer Sicht und vor dem Hintergrund einer selbstkritischen Betrachtung nur eine Pädagogik der Verbesonderung sein. Da sich diese Pädagogik über das Mandat für eine als ›besonders‹[7] stigmatisierte Personengruppe legitimiert, trägt sie in dilemmatisch-paradoxer Form zwangsläufig durch ihre Existenz auch zur Produktion und Reproduktion einer sogenannten Geistigen Behinderung bei. Sie markiert eine Gruppe von Menschen, »die eben auch durch diesen Status als Bezeichnete eine gesellschaftliche, institutionelle und bildungsmäßige Verbesonderung erfahren« (Musenberg & Riegert 2013, 152). Sie muss sich also bezüglich der eigenen Standortfrage damit konfrontieren, selbst eine *Exklusionsmacht* zu verkörpern, die ihre Ziele vermutlich in letzter Instanz nur durch die eigene Auflösung verwirklichen kann (vgl. Dederich 2017).

---

6 Dieses Handbuch möchte Wegmarken einer *aussondernden Pädagogik* (Rückblick) über eine *Pädagogik der Verbesonderung* (Gegenwart) bis hin zu einer *inklusiven allgemeinen Pädagogik* (Perspektive) versuchsweise konstruktiv-kritisch nachzeichnen.

7 Wir möchten an dieser Stelle auf den Beitrag von Raul Krauthausen »Warum ich das Wort ›besonders‹ nicht mehr hören kann« von 2020 verweisen, der in prägnanter Form auf den Euphemismus von ›besonders‹ und ›speziell‹ hinweist: »Ich kenne keinen Menschen mit Behinderung, der sich mit ›besonderen Bedürfnissen‹ beschrieben hören will. Zum einen stimmt es nicht. *Und zum anderen wirkt es bevormundend und von oben herab* […]« (Hervorhebung i. O.): https://raul.de/leben-mit-behinderung/warum-ich-das-wort-besonders-nicht-mehr-hoeren-kann/ (14.03.2020).

Im Selbstverständnis einer verbesondernden Pädagogik als Teildisziplin der Allgemeinen Pädagogik muss daher – quasi in einer Art Mindestanforderung – zwingend eine *gesellschafts- und selbstkritische Orientierung* implizit sein. Aus diesem Grund haben wir in diesem Buch auch inhaltliche Schwerpunktsetzungen gewählt, denen ein »kritischer Blick auf gesellschaftliche Verhältnisse« (Dederich 2017, 28) innewohnt (u. a. soziologische Zugänge, die materialistische Behindertenpädagogik oder die Disability Studies) und welche sich im Theorierückgriff sowohl auf geisteswissenschaftliche Zugänge (z. B. phänomenologische Ansätze, humanistische Ansätze sowie dialektisch-hermeneutische Ansätze) als auch auf das sozialwissenschaftliche Paradigma (z. B. kritisch-rationale Ansätze, interaktionalistische Ansätze) berufen. Dieser Blick ist keineswegs neu[8], aber er ist auch nicht selbstverständlich. Es gab ihn immer, es gibt ihn und es wird ihn geben müssen, solange von einer Mehrheitsgesellschaft eine *Dominanzkultur* (vgl. Rommelsbacher 2006) in Form von struktureller Diskriminierung ausgeht. Zudem kann ein gesellschaftsanalytischer und -kritischer Blick unermüdlich dazu beitragen, die *»Konfliktlinien bei der Umsetzung von Inklusion«* (Reich 2015, 30; Hervorhebung d. A.) entlang unterschiedlicher Differenzlinien in den Blick zu nehmen und reflexionsfähig zu machen[9].

Somit ist das selbstkritische Verständnis einer Pädagogik der Verbesonderung auch immer durch die *Synthese von pädagogischen und politischen Motiven*[10] gekennzeichnet: Menschenrechtsbasiertes pädagogisches Handeln ist immer auch notwendigerweise mit einer politischen Haltung verbunden und demzufolge auch als politisches Handeln zu verstehen. Die Sicherung und Ausgestaltung des Lebens- und Bildungsrechts von Menschen, die in unserer Gesellschaft als geistig behindert adressiert werden, impliziert im Speziellen die Reflexion verbesondernder Strukturen und Praktiken. Diese Reflexion ist daher Kernauftrag der Disziplinentwicklung selbst, deren Erkenntnisse aus Theoriebildung und Forschung folgend die Profession bereichern sollen.

Die drei Zugangswege: Disziplin – Profession – Institution[11] kennzeichnen das strukturelle Vorgehen unserer Ausführungen. Mit den disziplin- und profes-

---

8   Mit Verweis auf »Das Sisyphos-Prinzip« (vgl. Greving & Gröschke 2002) bleibt hier anzumerken, dass die »mühselige Arbeit der Reform« in Form von Fragen »nach den normativen Grundlagen des gesellschaftlichen Zusammenlebens« eine *Schlüsselaufgabe unserer Disziplin* war, ist und bleiben wird (7 f.).

9   Hierbei gilt es auch auf die kritische Erziehungswissenschaft zurückzugreifen, welche daran erinnert, dass Gesellschaft ein *Zwangszusammenhang* ist, der auch für Inklusion gilt (vgl. Bärmig 2015b).

10  Wir folgen damit u. a. Feuser (2013), der »gesellschafts-politisches Handeln« als Kernaufgabe von Pädagogik betrachtet, »was i. e. S. als pädagogische Aktionen zu bezeichnende Handlungen von Erziehung Bildung, Unterricht, Therapie, Assistenz u. v. m nicht ausschließt« (232).

11  Ein institutionsbezogener Zugang lässt sich nicht isoliert und auf einer vergleichbaren Ebene mit Fragen der Disziplin und der Profession betrachten. Ohne Zweifel kennzeichnet die Pädagogik bei zugeschriebener geistiger Behinderung dennoch eine Institutionsentwicklung, welche maßgeblichen Einfluss auch auf die Entwicklung eines Selbstverständnisses der Disziplin und der Profession hat. Wir möchten aber im dritten Zugang nicht nur einen institutionsgeschichtlichen Blick vornehmen, sondern den Blick auch auf differente Lebensphasen und Lebensbereiche richten.

sionsbezogenen Fragen sollen Positionierungsfragen innerhalb der Fach- und Praxisdiskurse aufgegriffen und zur Diskussion gestellt werden; mit dem institutionsbezogenen Zugang versuchen wir, konstruktiv-kritische Einblicke in differente Lebensbereiche und handlungsbezogene (institutionelle und konzeptionelle) Praxisfelder zu geben. Diese Zugangsfelder werden in drei Teilkapiteln bearbeitet und jeweils am Ende mit einem zusammenfassenden, reflexiven Rückbezug auf die Kernfragen und Kernanliegen von Disziplin, Profession und Institution gerahmt.

»Disziplin und Profession stehen in einem diffizilen Verhältnis zueinander« (Moser & Sasse 2008, 18), weil sie unterschiedliche Interessen verfolgen: Die *Disziplin* folgt einem »*Erkenntnisinteresse*« und die *Profession* hat ein »*Wirksamkeitsinteresse*« (ebd., 18 in Ackermann 2013, 176). Was bedeutet dies für eine Pädagogik für Menschen mit zugeschriebener geistiger Behinderung?

Folgt man Ackermann (2013), lässt sich eine eindeutige Differenzierung zwischen Disziplin (Erziehungs- und Bildungswissenschaft) und Profession (Pädagogik) für die allgemeine Pädagogik nachvollziehen; in der Sonderpädagogik taucht sie nicht auf. Hier wird hingegen eher von einer »enge[n] Verflechtung von Profession und Disziplin« (Willmann 2015, 420) und damit einhergehend von einer wechselseitigen Beeinflussung sowie der Bedeutung der Sonderpädagogik als »Vermittlerin« (vgl. Ackermann 2013) zwischen Disziplin und Profession gesprochen. Demzufolge fehlt eine klare Trennung der Entwicklung von Disziplin und Profession (auch) auf der Subebene der sogenannten Pädagogik im Kontext zugeschriebener geistiger Behinderung, die noch dadurch verstärkt wird, dass pädagogische Leitvorstellungen sich in der historischen Entwicklung weniger dem Gegenstand »Bildung als Möglichkeit« gewidmet haben – und damit anschlussfähig gewesen wären an die Bildungswissenschaft –, sondern den Leitvorstellungen von Förderung und Therapie verschrieben haben und damit eher die Bedingungen von Bildung, nicht jedoch ein Bildungsverständnis selbst, fokussierten (vgl. ebd.)[12].

Hinzu kommt ein deutlich spürbarer Veränderungsdruck, welcher »das Selbstverständnis der Disziplin und der Profession« (Dederich 2017, 23) der Sonderpädagogik im Allgemeinen, deren Rolle im Rahmen des Inklusionsdiskurses und der Umsetzung von Inklusion immer wieder zur Diskussion stellt. Wie oben erwähnt, sollte also ein kritischer Blick auf die Pädagogik bei so genannter geistiger Behinderung integraler Bestandteil disziplin- und professionsbezogener Fragen sein, der jedoch nicht ganz widerspruchsfrei sein wird, weil:

1. die sogenannte Pädagogik für Menschen, die als geistig behindert adressiert werden, auf eine Genese als »Praxiswissenschaft« zurückblickt, welche sich »vornehmlich an den Herausforderungen der Profession entlang entwickelt hat und deren Status als Disziplin nach wie vor ein unsicherer ist« (Musenberg et al. 2015, 54);

---

12 Näheres hierzu in Kapitel II, 3. und 4.

2. Wechselwirkungen zwischen Profession und Disziplin z. B. durch die (Re)Produktion unterschiedlicher kategorialer Zuordnungsschemata erschwert sein können (vgl. Musenberg & Riegert 2013).

In Ermangelung der Möglichkeit, auf die tiefgreifenden Diskurse zu Professions- und Disziplinfragen der Sonderpädagogik im Allgemeinen einzugehen (hierzu sei u. a. auf Moser & Sasse 2008 sowie Laubenstein & Scheer 2017 verwiesen), möchten wir das jeweilige Verständnis hier auch nochmal aus einer subjektorientierten Perspektive[13] umreißen:

In der Profession steht aus Sicht des Selbstvertreters Ross (2010) die Vermittlung von »Könnensachen« im Mittelpunkt: »Du sollst mit mir über wichtige Dinge reden, über Könnensachen. Sachen, die ich kann. Nicht über Sachen, die ich nicht kann. Und mich niemals anschreien« (210). Pädagoginnen* beschreibt Ross als »einen Professionellen, jemand, der eine Funktion hat, die mit Unterstützung oder Aufsicht bei Menschen mit Behinderung zusammenhängt« (211).

In der Disziplin sollte nach Ross eine Auseinandersetzung mit fachlichen Fragen und Einflüssen auf die Position der »Endverbraucher« im Mittelpunkt stehen: »Wir sind die Endverbraucher, die Pädagogik wird uns vorgestellt« (ebd., 208). Er kritisiert hier zu Recht, dass Menschen mit Lernschwierigkeiten[14] selbst an der Entwicklung der Disziplin nicht beteiligt waren und sich die sogenannten »fachlichen Grundlagen« der Disziplin ausschließlich *über* die betreffenden Hauptpersonen hinweg entwickelt haben. Er fordert sehr eindringlich, dass deren subjektive »Vorstellungen über die langfristigen ›outcomes‹« (209) in disziplin- und professionsbezogene Fragen einbezogen werden müssen[15].

Ein aus unserer Sicht verbindendes Moment zwischen Profession und Disziplin liegt in dem Anspruch, dass sowohl Erkenntnis- als auch Wirksamkeitsinteressen mit dem Anspruch einer *gesellschaftskritischen Haltung* verbunden sein sollten: Sowohl als praktisch tätige(r) Pädagogin* als auch als (Fach)Vertreterin* einer (Sub)Disziplin sollte ein (Selbst)Verständnis (auch) darin bestehen, soziale (Macht)Verhältnisse zu erkennen, zu artikulieren und zu verändern (vgl. Kremsner 2019). Dies muss auf einer reflexionssensiblen Basis des eigenen Standpunktes und mit dialektisch-dialogischem Einbezug anderer Standpunkte – insbesondere auch jene Diagnose-erfahrener Personen – erfolgen.

Wir möchten also mit diesem Buch einladen zu einer Perspektive des *Hinterfragens von scheinbaren Normalitäten* und Hornscheidt und Oppenländer (2019) folgen, die fragen:

---

13 Wir zitieren hierzu Huw Ross, Vorstandsmitglied vom Verein Mensch zuerst – Netzwerk People First Deutschland e.V. (Berlin-Brandenburg).
14 Der Begriff Menschen mit Lernschwierigkeiten wird immer dann verwendet, wenn wir im Kontext von Selbst-/Interessenvertreterinnen*(bewegungen) schreiben.
15 Wir möchten hierzu auch auf Sierck und Mürner (1995) verweisen, die zu Recht kritisch anmerken, dass die Entwicklung der Disziplin der Heil- und Sonderpädagogik eine »Unternehmung von Nichtbehinderten ist«, die »ihrer Aussage nach von vielen Behinderten nicht gebraucht wird« (Ackermann & Dederich 2011, 10).

»Welche Normalitäten entstehen genau dadurch, wenn etwas nicht daraufhin befragbar scheint, dass es konstruiert ist – dass es getragen ist durch komplexe gesellschaftliche Strukturen und gewachsen über lange historische Zeiträume? Welche Gewalt wird durch diese unterhinterfragbar erscheinenden Normalitäten unkenntlich gemacht, dem Zugriff einer kritischen politischen[16] Perspektive entzogen?« (23).

In diesem Sinne möchten wir Mut machen, »etablierte und vertraute terminologische, akademische, institutionelle und professionelle Demarkationslinien« (Dederich 2017, 23) zu hinterfragen und damit immer auch Diskurse über die Bedeutung von Profession und Disziplin sowie die institutionelle Praxis kritisch zu verfolgen und mitzugestalten. Und wir möchten mit diesem Handbuch die »Wahrnehmungs- und Wissenspraxen im Feld der Behinderung« (Dederich 2009, 19) mit spezifischem Blick auf die Zuweisung einer geistigen Behinderung ein klein wenig sichtbarer machen und reflektieren, welche *Engräume* und *Freiräume* – in akademischen und nicht-akademischen Feldern – (re)produziert werden und welche Limitationen und Chancen damit für die Begegnung und den Austausch von Menschen mit unterschiedlichen Biografien geschaffen werden.

---

16 An dieser Stelle soll nochmal betont werden, dass mit ›kritisch-politischer Perspektive‹ der Anspruch einer *gesellschaftskritischen Haltung* gemeint ist (und nicht ein parteipolitisches Engagement im engeren Sinn).

# Zum Grundverständnis des Etiketts »Geistige Behinderung« – eine Annäherung von außen ...

## Begrifflichkeitsdiskurse

Versteht man das grundlegende Manko der Reflexion über das Themenfeld Behinderungserfahrung aus einer privilegierten Perspektive ohne selbige (vgl. Vorbemerkung) als ›Dilemma erster Ordnung‹, besteht ein ›Dilemma zweiter Ordnung‹ in folgendem Verständnis: Es bleibt ein *Dilemma der Unauflösbarkeit*, widmet man sich der Frage nach einer begrifflichen Fassung dessen, was in unserer Gesellschaft gegenwärtig mit dem Terminus ›geistig behindert‹ assoziiert wird.

> »Ähnlich wie die *Bildungs*theorie oder die *Kultur*wissenschaften operiert auch die *Geistigbehinderten*pädagogik mit einem äußerst unscharfen Zentralbegriff, der aber dennoch oder gerade deswegen die disziplinäre Identität sichert« (Musenberg & Riegert 2013, 152; Hervorhebungen i. O.).

Feuser (2016) beschreibt die Suche nach Alternativen zu dieser begrifflichen Setzung von außen als »hilflose Suchbewegung« ohne nennenswerte Verbesserung im Sinne einer Auflösung von Diskreditierungen mit der Konsequenz der Hervorbringung neuer »Irrungen und Wirrungen und Verstrickungen in Widersprüche« (44). Er mahnt zu Recht kritisch an, dass es sich um »sprachliche Verrenkungen im Fach« handele, die den Versuch darstellen, diskriminierende Wirkungen zu mildern, aber auch eine kritische Selbstreflexion der ideologischen Grundlagen der Disziplin der so genannten Geistigbehindertenpädagogik verhindern. Auch Kobi (2000) sieht Re-Definitionen von Geistiger Behinderung als »eine um Positivierung bemühte Stimmungswelle im Mainstream gutmenschelnder Political und Pedagogical Correctness, um Vermischungen auch von Virtual und Social Reality und einen damit verbundenen Hang zu Wort- und Zeichenmagie« (73).

Gleichzeitig stellt sich jedoch die Frage, ob es nicht die zentrale Aufgabe von Wissenschaft – und im Speziellen die Verantwortung von Wissenschaftlerinnen\* (vgl. Ziemen 2002) – ist, Begrifflichkeits(be)deutungen (im Speziellen ihren eigenen *Zentralbegriff* – vgl. Hänsel & Schwager 2003) vor dem Hintergrund epochaler Erkenntnisse zu reflektieren und zu diskutieren. Demzufolge gleicht es einer Arroganz und Ignoranz, ›traditionelle Benennungen‹ nicht zur Disposition zu stellen und zur Kenntnis zu nehmen, dass so bezeichnete Personen diese Begrifflichkeit ablehnen und sie als stigmatisierend empfinden. Dies möchten wir als Autorinnen\* betonen und dem von Prengel (2006) formulierten Anspruch an die mehrperspektivische Öffnung des Denkens appellieren, da nur so ein Aufdecken von Ambivalenzen,

Widersprüchen und einem Facettenreichtum der betrachteten ›Untersuchungsgegenstände‹ – in diesem Fall = Begrifflichkeiten – Rechnung zu tragen ist[17].

»Begriffe, insbesondere jedoch deren Bedeutung, sind denk- und handlungsleitende Instrumente, die letztlich als *Mechanismen Macht- und Ohnmachtspole* (zwischen denen sich Menschen bewegen) aufbauen, aufrechterhalten, manifestieren und entschärfen können. Innerhalb des sonder-, heil-, rehabilitations- oder behindertenpädagogischen Denkens ist solch ein Begriff der der ›geistigen Behinderung‹« (Ziemen 2002, 24; Hervorhebung d. A.).

Es handelt sich bei dem Terminus ›Geistige Behinderung‹ um eine nicht-selbstgewählte (begriffliche) Zuschreibung von aussen; eine Diagnose, die stets gravierende Konsequenzen für die Lebensgestaltung der so bezeichneten Menschen nach sich zieht. Eine solche Diagnose ist letztlich immer (auch) ein Ausdruck einer *paternalistischen Herrschaftspraxis*:

»Die Zuweisung einer geistigen Behinderung an einen Menschen [erweist sich; d. A.] als pure Herrschaft über diese Menschen, denen wir mit etwas, das wir uns selbst noch nicht fassen können – nämlich mit unserer Bewußtheit – eben das nicht Fassbare, ihr Bewußtsein, ihren Geist einfach absprechen« (Feuser 2000, 149).

Es bleibt zu hoffen, dass es zunehmend mehr Aufmerksamkeit gibt für »widerspenstiges Agieren, wie die kritische Betrachtung der eigenen Diagnose, die Ablehnung ›sich nicht so nennen zu lassen‹, das Einfordern von Respekt, das Annehmen oder Ablehnen von Hilfe oder einfach ein leises Bauchgefühl, *dass mit dieser [...] Diagnose doch das Wesentliche ungesagt bleibt, dass ich mehr bin oder anderes als das, was sie über mich sagen*« (Boger 2015, 269; Hervorhebung d. A.). So lässt der Begriff ›Geistige Behinderung‹ genau genommen immer nur Rückschlüsse darauf zu, welche »Vorstellungen seine Benutzer mit ihm verbinden – und dies ist [...] recht Unterschiedliches« (Bach 2001, 6).

Der Diskurs um den ›*Problembegriff Geistige Behinderung*‹ wurde von Greving & Gröschke schon 2000 in einer Herausgeberschaft sehr umfassend abgebildet, die aus unserer Sicht auch 20 Jahre später kaum an Aktualität verloren hat: »Geistige Behinderung – Reflexionen zu einem Phantom. Ein interdisziplinärer Diskurs um einen Problembegriff«. Hier verweist Buschlinger (2000) auf den sprachlichen und faktischen Problemhintergrund der Begrifflichkeit:

»Er ist *erstens* deshalb so besonders anfällig für eine fehlgeleitete Weltkonstitution, weil er auf den Begriff des ›Geistes‹[18] angewiesen ist. Und er ist *zweitens* deshalb besonders anfällig, weil viele Verwender des Begriffs die Menschen, die durch sie bezeichnet werden, nicht kennen. [...] Vor diesem Hintergrund wird begreiflich, warum einige Menschen die Rede von ›geistiger Behinderung‹ gänzlich ablehnen« (25; Hervorhebung i. O.).

---

17 »Eine wissenschaftliche Pädagogik wird dem Problem nicht ausweichen können, dass Begriffe im Laufe der Zeit anders gewertet werden« (Biewer & Koenig 2019, 43). Daher muss sie sich den entsprechenden (Begriffs)Veränderungen und damit verbundenen Diskursen offen stellen.
18 Ackermann (2010) macht auf das Vakuum begrifflicher Klärung aufmerksam, indem er anmerkt, dass es in der Fachliteratur so gut wie keinen Hinweis darauf gibt, was man unter *geistiger Entwicklung* versteht und demzufolge auch eine Definition von *Geist* im Selbstverständnis einer sogenannten ›Geistigbehindertenpädagogik‹ schwer zu finden ist.

Nun lassen sich aus unserer Sicht drei differente Positionen bzw. argumentative Stränge hinsichtlich eines Begrifflichkeitsdiskurses ausmachen:

## Kategorisierung

Hierunter firmieren alle Positionen, welche ein Festhalten an der Begrifflichkeit ›Geistige Behinderung‹ favorisieren. Darunter fallen auch damit eng verbundene Termini wie schwere Behinderung, Schwerstmehrfachbehinderung u. a. Als Synonym für die Zuschreibung ›Geistige Behinderung‹ wird im angloamerikanischen Sprachraum gegenwärtig zumeist in kategorialer Form von *Intellectual and developmental Disabilities* gesprochen[19].

Die Präsenz des Terminus ›Geistige Behinderung‹ betrifft einerseits den umgangssprachlich geprägten Alltag[20], aber auch differente Fachzugänge: »Trotz des anthropologischen Problems, das mit der Bezeichnung ›geistige Behinderung‹ verbunden ist, bleibt sie im alltäglichen, wissenschaftlichen und juristischen Kontext weiter bestehen« (Fornefeld 2013, 61).

Mit Blick auf professions- und disziplinbezogene Fragen muss kritisch angemerkt werden, dass der Terminus Geistige Behinderung zwar etabliert scheint, aber bei genauerer Betrachtung *keine pädagogische Aussagekraft entfaltet* und eine »hinreichend umschriebene erzieherische Ausgangslage [damit; d. A.] nicht zu ermitteln ist« (Bach 2001, 6).

Im schulischen Kontext hat man sich in der BRD weitgehend auf die Verwendung des Etiketts ›*Förderschwerpunkt geistige Entwicklung*‹ (= *FsgE*) geeinigt und meint damit sowohl Kinder und Jugendliche, die eine sogenannte Geistige Behinderung als Diagnose haben, als auch Schülerinnen* mit einer sogenannten schweren und mehrfachen Behinderung (vgl. u. a. Dworschak et al. 2012). Hierbei handelt es sich jedoch lediglich um eine *Schulverwaltungskategorie*, die zudem in den KMK-Empfehlungen nicht begrifflich eigenständig aufgearbeitet wird; man beruft sich auch hier weiterhin auf den Terminus und die damit verbundene *Kategorie der ›Geistigen Behinderung‹*. Mit dem Terminus ›*Förderschwerpunkt geistige Entwicklung*‹ wird jedoch grundsätzlich eine *pädagogische Aufgabenstellung* und nicht eine spezifische Personengruppe adressiert (vgl. Biewer & Koenig 2019).

## Rekategorisierung

Bezugnehmend auf eine Rekategorisierung wären im Begrifflichkeitsdiskurs zu dem Etikett ›Geistige Behinderung‹ hierunter Positionen zu verstehen, die es für notwendig und sinnhaft halten, alternative Begrifflichkeiten nicht nur zu diskutieren, sondern weiterzuentwickeln in Verbindung mit einer Flexibilisierung und Refor-

---

19 vgl. AAIDD: https://aaidd.org/home (27.03.2020) und IASSID: https://www.iassidd.org/ (27.03.2020).
20 Im alltäglichen Sprachjargon finden sich häufig noch personifizierte Benennungen (›Geistigbehinderte‹) sowie weitere diskriminierende Bezeichnungen (›mongoloid‹ oder ›Downie‹).

mierung bisher tradierter Kategorien. Verbunden ist mit dem Anspruch der Rekategorisierung somit immer die kritische Prüfung im Sinne einer Kontextualisierung der Kategorien: Wo sind welche Kategorien und Begriffe verortet? Wer formuliert und prägt sie? Welchen Erkenntniswert bringen sie mit? Wo kennzeichnen sie »lediglich eine stigmatisierende Gruppierung« (Boger 2018, o. S.)?

Trotz Feusers o. g. Kritik findet sich mittlerweile in der Fachliteratur eine Vielzahl an differenten Begriffsalternativen (vgl. u. a. Kulig et al. 2006). Während Begriffszuschreibungen wie ›Menschen mit kognitiver, intellektueller oder mentaler Beeinträchtigung‹ oder ›Menschen mit seelischer Behinderung‹ noch stark in einem kategorialen Zusammenhang stehen, versuchen Begrifflichkeitsvorschläge wie ›Menschen mit besonderem Unterstützungs-, Assistenz bzw. Hilfebedarf‹ oder ›Menschen mit basalen Fähigkeiten‹ (etc.) weniger starr zu kategorisieren und eher auf zugeschriebene Bedürfnisse/Bedarfsbereiche oder auf mutmaßliche Fähigkeitsbereiche/Kompetenzen (statt auf konstitutive Merkmale oder Ursachenzuschreibungen) zu orientieren. Eine Bedarfs-/Bedürfnisorientierung ist auch im internationalen Sprachraum durch den übergreifenden Terminus *special needs* zu beobachten[21].

Alle Alternativvorschläge entsprechen nach wie vor einem sogenannten Behinderungsbegriff, welcher »eine von Kriterien abhängige Differenz und somit eine an verschiedene Kontexte gebundene Kategorie« verkörpert, »die eine Relation anzeigt« (Dederich 2009, 15). Damit ist grundsätzlich fraglich, ob sie eine bloße Umbenennung der Kategorie darstellen oder tatsächlich zumindest eine Relativität, eine Kontextsensibilität und/oder eine Flexibilisierung aufweisen und als Rekategorisierungsvorschlag diskutiert werden könnten.

Auch Selbst-/Interessensvertretungsorganisationen favorisieren in der Regel eine Umbenennung und lehnen den Terminus ›Geistige Behinderung‹ ab: Der von *Mensch zuerst – Netzwerk People First Deutschland e. V.* favorisierte Begriff lautet ›Menschen mit Lernschwierigkeiten‹ (vgl. Kulig, Theunissen & Wüllenweber 2006), welcher sich mehr und mehr in politisch relevanten Feldern sowie in der Zusammenarbeit mit Selbst- und Interessenvertreterinnen* durchgesetzt hat, aber keineswegs allgemeinen Zuspruch genießt[22].

Die Schweizer Interessensvertreterinnen*gruppe *Mitsprache/Bildungsklub Pro Infirmis Zürich* hat sich 2008 auf dem Symposium »Das Ende der ›geistigen Behinderung‹« positioniert: »Wir möchten nicht als geistig behindert bezeichnet werden«[23] und schlägt vor dem Hintergrund umfassender Diskussionen den Begriff ›die An-

---

21 Hier möchten wir an die in der Einführung erwähnte Kritik von Raul Krauthausen erinnern: »Ich kenne keinen Menschen mit Behinderung, der sich mit ›besonderen Bedürfnissen‹ beschrieben hören will.« Und er ergänzt hier: »Menschen jeden Alters werden allgemein als negativer empfunden, wenn man sie mit ›besondere Bedürfnisse‹ statt mit ›behindert‹ beschreibt.« (Hervorhebungen i. O.): https://raul.de/leben-mit-behinderung/warum-ich-das-wort-besonders-nicht-mehr-hoeren-kann/ (14.03.2020).
22 weder von Fachvertreterinnen* noch von Selbstvertreterinnen*: Die Interessensvertretung der Lebenshilfe Berlin e. V. (Berliner Rat) spricht sich bspw. für den Terminus ›Menschen mit Beeinträchtigungen‹ aus: https://www.lebenshilfe-berlin.de/de/ueber-uns/interessenvertretung.php (08.04.2020).
23 httphttp://gruppe-mitsprache.ch/unsere-forderungen/ (15.03.2020).

*dersbegabten*‹ vor (vgl. Weisser 2013). Dieser Vorschlag greift (indirekt) das von Speck und Thalhammer schon 1974 beschriebene konstitutive Merkmal des ›kognitiven Andersseins‹ auf und verdeutlicht, dass auch die Vorschläge von Selbstvertreterinnen\* in der Regel (noch) auf einer *Dichotomie von ›anders/abweichend‹ und ›normal‹ fußen*[24]. Begriffsfassungen, die sich gezielt von einer Diskriminierung oder Beleidigung distanzieren wollen, polarisieren jedoch sehr, und ihnen wird eine Art der scheinheiligen Beschönigung vorgeworfen: Bei alternativen Bezeichnungen wie ›Menschen mit besonderen Bedürfnissen‹ oder ›andersfähige Menschen‹ besteht das hohe Risiko der Entstehung neuer Fehlannahmen und Projektionen: »Die Fähigkeiten und Bedürfnisse behinderter Menschen sind nicht ›besonders‹, sondern genauso vielfältig wie die nicht behinderter Menschen« (Leidmedien 2019, o.S.)[25].

## Dekategorisierung

Die von Buschlinger (2000) und Feuser (2000) oben erwähnte Problematik der Semantik *›geistig/Geist‹* in der Begrifflichkeit Geistige Behinderung wird gemeinhin im deutschen Sprachraum anerkannt (▶ Kap. I, 3.4): »Gerade das Attribut ›geistig‹ bereitet den damit bezeichneten Menschen heute Schwierigkeiten. Die Gleichsetzung von ›Intellekt‹, ›Kognition‹, also von Denken mit ›Geist‹ greift zu kurz. Der ›Geist‹ ist mehr. Er ist ein Wesensmerkmal des Menschen. Nennt man einen Menschen in seinem Geist behindert, wertet man ihn damit zwangsläufig in seinem Personsein ab« (Fornefeld 2013, 60). Diese berechtigte Kritik wird z. T. mit der Forderung nach einer Dekategorisierung verbunden. Selbige wird jedoch im Kontext der ›cross-kategorialen‹ schulischen Sonderpädagogik für die Förderschwerpunkte Lernen, Sprache und Verhalten diskutiert (vgl. Benkmann 1994), nicht aber im Hinblick auf den Förderschwerpunkt geistige Entwicklung und das Etikett einer Geistigen Behinderung verhandelt.

Im allgemeinen Fachdiskurs lassen sich jedoch immer wieder auch Tendenzen von *Dekonstruktionen* und *Dekategorisierungen* ausmachen, die auf der radikalen und alternativlosen Abschaffung des Begriffes ›geistig behindert‹ und einem Verzicht auf diese Form der Zuschreibung basieren, weil damit eine Dehumanisierung und Anonymisierung einhergeht (vgl. Feuser 2016). Derartige Dekategorisierungsforderungen wurden u. a. schon von Kobi (2000) und Gaedt (2003) als risikoreich beschrieben, weil sie eine »Akzeptanz der Differenz« (Kobi 2000, 77) verhindern würden in Form von »Verklärungen«, »Positivierungen« oder Versuchen begrifflicher »Auflösungen« (ebd., 73 ff.). Mit Bezugnahme auf das Konstrukt der *egalitären Differenz* (vgl. Prengel 2001) bleibt hier zu bestätigen, dass Differenz eine grundlegende Kategorie und Voraussetzung für *Erkennung* und *Anerkennung* darstellt und eine Leugnung von Differenz die Gefahr der Ausblendung gesellschaftlicher Machtverhältnisse und deren Konsequenzen impliziert.

---

24 Offen bleibt für Außenstehende auch immer die Frage nach der Genese von Begriffsvorschlägen seitens unterschiedlicher Selbst-/Interessensvertreterinnen\*verbände: Wer bringt welche Vorschläge mit welcher Sprach- und Diskussionsmacht ein? Und vor dem Hintergrund welcher Abstimmungsprozesse kommt es dann zu einem finalen Votum?
25 https://leidmedien.de/begriffe/ (21.03.2020).

Wir teilen die Auffassung, dass es unmöglich ist, nicht zu kategorisieren[26]: »Ein gänzlich kategorienabstinentes Denken entzieht sich den menschlichen Wahrnehmungsmöglichkeiten« (Boger 2018, o. S. mit Bezug auf Levold & Lieb 2017). Damit geht es vielleicht in einem pragmatischen Sinne weniger um das Bestreben nach Dekategorisierung im Sinne eines Verzichts auf Kategorien (vgl. Walgenbach 2018), sondern vielmehr um die Kontextualisierung von Begrifflichkeiten und die Reflexion der (Re)Produktionsmechanismen damit einhergehender Kategorien. Es geht also (auch) um die Frage nach der Entstehungsperspektive: Wem nützt wann welche Orientierung an einer Norm (vgl. Boger 2018)? Wer identifiziert sich in welchem Kontext mit welcher kategorialen Zuschreibung und warum tut sie/er das? Boger verweist in diesem Zusammenhang auf die doppelte Erschließungsnotwendigkeit nicht nur der sozialen Normalitätsraster als Grundlage für Kategorisierungen, sondern auch der »Selbstnormalisierungen und Selbstpathologisierungen, die vom Subjekt selbst ausgehen« (ebd.).

*Exkurs:* Mit Blick auf den grundlegenden Dekategorisierungsdiskurs in der (Sonder)Pädagogik möchten wir darauf verweisen, dass die Bedeutung von *Kategorien* in der Regel als *unverzichtbar* im Rahmen eines professionellen pädagogischen Handlungskonzeptes verstanden werden kann (vgl. Georgi & Mecheril 2018). Georgi und Mecheril (2018) weisen zu Recht darauf hin, dass einem kategorienbezogenen Wissen nicht nur »ein einschränkender, festlegender und auch gewaltförmiger Zug inne« (65) wohnt, sondern Kategorien zunächst als »professionelle Deutungs- und Wahrnehmungsroutinen« zu verstehen sind, welche als »aufeinander in einem Ordnungssystem verwiesene Begriffe zur Strukturierung und Herstellung von Erkenntnis« (ebd.) beitragen. Die Autorinnen berufen sich hier u. a. auf Hornscheidt (2007) in der Lesart, Kategorien als ein »strukturierendes Moment von Wissen« (73) anzuerkennen, welches so gesehen dann das eigene pädagogisch-professionelle Handeln legitimiert. Gleichzeitig ist mit dieser Legitimation auch die Verpflichtung verbunden, die Wirkungen und Folgen des Handelns zu erklären und zu verantworten (vgl. Georgi & Mecheril 2018), und hier schließt sich unseres Erachtens die Dimension an, die wir hier im Kontext einer verbesondernden Pädagogik aufrufen: die *Reflexion der Entfaltung von struktureller Diskriminierung durch sprachliche Konstruktionen.*

Vor dem Hintergrund dieses Reflexionsanspruches vermischen sich Rekategorisierungs- und Dekategorisierungsforderungen, weil es beiden Ansprüchen weniger um eine »sprachphilosophische Revolte« als vielmehr um »eine Verschiebung der Aufmerksamkeit auf *pädagogisch bedeutsame Kategorien*« (Walgenbach 2018, 12; Hervorhebung d. A.) geht. Stark an den Anspruch der Dekategorisierung geknüpft scheint der Verzicht auf »separierende bzw. personenbezogene Organisationsmodi in Bildungsinstitutionen« (ebd.), während sich eine Rekategorisierung hier nicht zwingend mit einem Verzicht, sondern eher mit einer tiefgreifenden Reflexion entsprechender kategorialer Zuschreibungen und deren Konsequenzen assoziieren lässt.

---

26 »Die Welt braucht keine Kategorien. Wir Menschen sind es, die sie brauchen. Wir konstruieren Kategorien, um uns durch diese komplexe, widersprüchliche Welt zu navigieren, um sie irgendwie zu begreifen und uns über sie zu verständigen« (Gümüşay 2020, 133).

Und genau diese Reflexion – auch im Sinne einer maximalen Flexibilisierung kategorialen Denkens und Sprechens – ist aus unserer Sicht zentral. Dafür gilt es, Kategorien keine *absolute Wirkmacht* zu gewähren, denn:

> »Es ist der *Absolutheitsglaube*, der aus Kategorien Käfige macht. Also die vermessene Vorstellung, die eigene, begrenzte, limitierte Perspektive auf die Welt sei komplett, vollständig, universal. Der Hochmut, zu glauben, einen anderen Menschen in seiner ganzen Komplexität abschließend verstehen zu können. Oder gar eine ganze konstruierte *Kategorie* von Menschen abschließend verstanden zu haben« (Gümüşay 2020, 134; Hervorhebungen i.O.)[27].

Für das Selbstverständnis der *Disziplin* einer Pädagogik der Verbesonderung stellt sich im Kontext der Dekategorisierung die daraus resultierende Frage nach »*ihrem Gegenstand*« (vgl. Musenberg & Riegert 2013; Hervorhebung d. A.): Orientiert man sich nicht über eine kategorial hervorgebrachte Personengruppe, bliebe alternativ lediglich eine Orientierung über *institutionelle Zuständigkeitsbereiche* innerhalb der Profession. Eine entsprechende ausschließliche Ausrichtung der disziplinären Legitimation über die Existenz von Sondereinrichtungen (Sonderschulen und Einrichtungen der so genannten Behindertenhilfe) offenbart jedoch riskante und unerwünschte Perspektiven. Es bleibt demzufolge auch auf der Ebene der *Profession* die Frage:

> »Wenn eine Orientierung am Begriff der geistigen Behinderung und eines entsprechenden Personenkreises empirisch wie normativ kein gangbarer Weg mehr ist oder sein soll […], an welche Situationen und Prozesse die bisherige Geistigbehindertenpädagogik gebunden werden könnte, wenn sie sich nicht über die spezifische Klientel legitimieren will‹ (Hinz & Boban 2008, 210)« (Musenberg & Riegert 2013, 161).

Fasst man den kurzen, fragmentarischen Einblick in Begrifflichkeitsdiskurse zusammen, bleibt zu bilanzieren, dass der Terminus ›Geistige Behinderung‹ von den Personen, die so bezeichnet werden, *durchgehend abgelehnt wird*! Das allein sollte prinzipiell dazu verpflichten, den Terminus nicht mehr zu verwenden, und fordert die Diskussion und Nutzung einer begrifflichen Alternative[28] oder eine radikale Auflösung dieser Zuschreibung. Es wird jedoch von keinem der oben erwähnten Autorinnen\* ohne Behinderungserfahrungen ein alternativer Terminus mit ›Lösungs- oder Verbesserungscharakter‹ vorgeschlagen, wenngleich der Begriff der ›Geistigen Behinderung‹ – wie dargelegt – vielerorts als kritikwürdig markiert ist.

Dem müssen wir uns – in selbstkritischer Form – anschließen und in Ermangelung einer geeigneten begrifflichen Alternative, die auf breite Zustimmung stößt[29],

---

27 »Mehr als 70 Millionen Menschen werden zu *dem* Geflüchteten. 1,9 Milliarden Menschen werden zu *dem* Muslim. Die Hälfte der Weltbevölkerung wird zu *der* Frau. *Der* Schwarze Mann. *Die* Frau mit Behinderung. *Der* Afrikaner. *Die* Homosexuelle. *Der* Gastarbeiter. *Die* non-binäre Person« (Gümüşay 2020, 134; Hervorhebungen i.O.).

28 Ein (historischer) Blick auf Diskurse zum ›(Geistige) Behinderungsbegriff‹ zeigt, dass jeder Alternativbegriff vermutlich in absehbarer Zeit eine ähnliche Negation erfahren würde wie auch entsprechende Vorläuferbegriffe.

29 Es widerstrebt uns als Autorinnen ohne Behinderungserfahrungen, einen alternativen Terminus auszuwählen und als gleichermaßen akzeptabel für fachliche Außenperspektiven-Kontexte sowie subjektive Innen-Perspektiven von Personen mit Erfahrungen mit dieser Zuschreibung deklarieren zu können.

möchten wir in unseren Ausführungen den Begriff der ›Geistigen Behinderung‹ zwar verwenden, jedoch zumindest versuchen, dies konsequent in einer kritisch-reflektierten und distanzierten Form zu tun:

Auch wenn der Vorschlag Sie/euch als Leserinnen* herausfordert, möchten wir von einer substantivierten Begriffsfassung gänzlich absehen – um kategoriale Festschreibungen zu vermeiden – und weder von ›Geistig Behinderten‹, noch von ›Menschen/Personen mit geistiger Behinderung‹ sprechen, sondern primär von Menschen, die als geistig behindert bezeichnet/ adressiert/konnotiert/attribuiert/ beschrieben/wahrgenommen werden, oder von Menschen, denen eine geistige Behinderung zugeschrieben/zugewiesen/auferlegt wird oder von Menschen mit sogenannter geistiger Behinderung. Das markiert unserer Ansicht nach zumindest eine Distanzierung von einer Personifizierung und der Unterstellung, dass eine Diagnose als zentrales Identitätsmerkmal anerkannt werden könne. Es versucht zu verdeutlichen, dass es sich um eine *(diagnostische) Zuschreibungssituation von Individuen* handelt, mit denen – aus der Subjektperspektive betrachtet – allenfalls eine situationsbezogene Identifikation erfolgen kann; z. B. in der Form, dass ein Bewusstsein dafür besteht, in bestimmten Kontexten in unserer Gesellschaft als geistig behindert wahrgenommen oder bezeichnet zu werden.

Wir finden es dennoch wichtig zu markieren, dass bei dieser Art der Zuschreibung immer die große Gefahr der Internalisierung und Übernahme dieses diagnostischen Attributes im Sinne einer ›self-fulfilling prophecy‹ oder einer Pathologisierung in der eigenen Selbstwahrnehmung und Selbstbeschreibung besteht. Da wir hier in dieser Publikation zwangsläufig *über* einen Personenkreis schreiben, der mit diesem Diagnose-Etikett lebt, besteht unser Minimalanspruch darin, die Dimension der *Zuschreibung von außen und die Relativität* zu verdeutlichen und zu betonen. Dabei geht es weder um eine Leugnung der Existenz von Menschen, die mit diesem Etikett und allen damit verbundenen Konsequenzen leben – im Gegenteil: Es geht eher um einen Beitrag zu einer stärkeren Sichtbarkeit dieser benachteiligten Personen im gesellschaftspolitischen Diskurs –, noch um sprachliche Verrenkungen (vgl. Feuser 2016) mit dem Wunsch nach einer ›Absolution von Diskriminierung und Diskreditierung‹. Es geht auch nicht um ein Verstecken hinter einer weniger negativ klingenden Begrifflichkeit oder das Aberkennen vorhandener Vulnerabilitäten und Leidenssituationen der betreffenden Personen. Es geht uns um einen offenen Umgang mit dem eingangs erwähnten Dilemma der Unauflösbarkeit, welches wir hiermit zwangsläufig fortschreiben. Wenngleich wir keinen Alternativbegriff und keine alternativen Kategorisierungen vorschlagen/verwenden, möchten wir uns in diesem Buch dennoch grundsätzlich für eine *Position der Rekategorisierung* aussprechen: Die konsequente relationale Verortung und Verwendung des Begriffes ›Geistige Behinderung‹ ist kein Lösungsvorschlag; vielmehr ist sie Ausdruck einer Tast- und Suchbewegung und eines mahnenden Erinnerns an damit verbundene Stigmatisierungen sowie ein trauriger Tribut an die kritikwürdige Realität der Existenz und (inflationären) Verwendung des Begriffes ›Geistige Behinderung‹ in vielen gesellschaftlichen Wirkungsfeldern (Alltagsrecht, Politik, schulische Kontexte, Alltagsverständnis, diagnostische Kontexte etc.).

Wir bewegen uns also in einem offen bekundeten *Widerspruchsfeld*, indem wir nach wie vor Kategorien sprachbezogen aufrufen und bedienen, jedoch gleichzeitig die allumfassende Kritikwürdigkeit selbiger markieren. Hier bleibt zu bilanzieren, dass genau darin auch ein Kernmerkmal einer Pädagogik der Verbesonderung liegen kann:

> »Der Widerspruch zwischen der Notwendigkeit, sich auf kategorial gefasstes Wissen professionell zu berufen und der Notwendigkeit, sich von kategorial gefasstem Wissen zu distanzieren, ist insofern dieser aus der Struktur des Handlungsfelds resultiert konstitutiv für (schul-)pädagogische Professionalität« (Georgi & Mecheril 2018, 67).

Wir möchten demnach dem formulierten Anspruch von Georgi und Mecheril folgen und zumindest zu einer transparenten Reflexion dieser Widersprüche als einem Professionalisierungsanliegen einladen.

## Definitorische Annäherungen

> »Behinderung steht […] ›für etwas‹ und ›ist‹ nicht im eigentlichen etwas« (Moser 2015, 11; Hervorhebung i. O.).

Die oben skizzierte *unverhandelbare Dimension der Zuschreibung* steht für uns auch im Zentrum definitorischer Annäherungen an ein Verständnis dessen, was mit dem Attribut einer ›Geistigen Behinderung‹ – stets standortgebunden (!) – in Verbindung gebracht wird. Wir schließen uns Dederich (2009) an, der sehr treffend die grundlegenden Herausforderungen definitorischer Annäherungen zusammenfasst und als »schwerwiegendes Problem« der Sonderpädagogik benennt:

> »Wie ist es möglich, wissenschaftlich adäquat, philosophisch und soziologisch reflektiert und an den Erfordernissen der Praxis orientiert über Behinderung zu reden, ohne mit (sonder-) anthropologischen Denkfiguren, Wesensbeschreibungen, festgeschriebenen Merkmalskatalogen usw. zu operieren?« (18).

Als offene Antwort verweist er – mit Bezugnahme auf Felkendorff (2003) – auf eine Reihe von Argumentationen, die gegen differente Definitionen von Behinderung im Allgemeinen vorgebracht wurden und die wir z. T. auch im Rahmen begrifflicher Unzulänglichkeiten oben schon angedeutet haben:
Definitionen …

- führen zu Stigmatisierung,
- wirken essenzialistisch,
- sind defizitär und betonen Negativmerkmale,
- sind ein willkürliches Konstrukt,
- können höchst unterschiedliche und komplexe Phänomene nicht zusammenfassend beschreiben,
- transformieren ein sozial bedingtes Phänomen in ein individuelles Problem,
- tragen zu sozialer und institutioneller Segregation bei,
- werden zur Untermauerung und Ausweitung professionsbezogener Zuständigkeiten missbraucht,

- determinieren die damit adressierte Gruppe auf bestimmte Verhaltensweisen und Entwicklungsmöglichkeiten,
- haben keine pädagogische Aussagekraft.

Auch beim Versuch einer Definition von so genannter ›Geistiger Behinderung‹ lassen sich die genannten (Gegen)Argumente alle sehr deutlich wiederfinden. Gemein ist allen (fachlichen/disziplinären) Definitionen der *Standort der Außenperspektive*, bei welchem das persönliche Kategorienschema der Definierenden (= oftmals Menschen ohne Behinderungserfahrungen) dominiert. So gilt die Aussage Feusers auch heute noch ungebrochen: »Es gibt Menschen, die *wir* aufgrund *unserer* Wahrnehmung ihrer menschlichen Tätigkeit, im Spiegel der Normen, in dem *wir* sie sehen, einem Personenkreis zuordnen, den *wir* als ›geistigbehindert‹ bezeichnen« (Feuser, 1996, 18; Hervorhebungen i. O.). Nicht nur begriffliche Vorschläge und Fassungen, sondern gleichsam auch Definitionsversuche des ›Phänomens Geistige Behinderung‹ und des so konnotierten Personenkreises basieren stets auf externen Zuschreibungen und verkörpern einen ›Blick von außen‹, der *vorrangig spekulativen Charakter* hat. Ihnen wohnt immer das Risiko der *Produktion und Re-Produktion von Differenzmustern* inne, die auf einer Wahrnehmung von Andersheit im Sinne von *Mangel* und *Unvollständigkeit* (vgl. Danz 2015) basieren und auf einer zwangsläufigen Normorientierung fußen. Damit bedienen viele Definitionen den *Othering-Prozess* (▶ Kap. I, 3.3) und erweisen sich weder als intersektionalitätssensibel noch als reifikationssensibel.

Verfolgt man den so genannten (sonderpädagogischen) Fachdiskurs, herrscht seit vielen Jahren eine weitgehende fachliche Einigkeit darüber, dass eine so genannte Geistige Behinderung nicht mehr an personenbezogenen Definitionskriterien festgemacht, sondern als *Situation* eines Individuums beschrieben wird, in welcher ein außergewöhnlicher Assistenzbedarf innerhalb verschiedener Entwicklungs- und Lebensbereiche vorliegt (vgl. Speck 2005). Diesbezüglich hat Feuser schon 1976 eine Definition vorgeschlagen, die dem »sozialen Modell von Behinderung« entspricht und damit nach wie vor aktuelle Relevanz hat:

> »Stellen wir fest, daß als geistigbehindert gilt, wer aufgrund organisch-genetischer Defekte und der infolge davon auftretenden Störungen oder aufgrund andersweitiger Schädigungen, insbesondere durch Beeinträchtigungen infolge soziökonomischer Benachteiligung und sozialer Isolation, in seinen Aufnahme- und Verarbeitungskapazitäten, die sich besonders im Zusammenhang von Wahrnehmung, Denken und Handeln sowie in der Sensomotorik zeigen, derart beeinträchtigt ist, daß er angesichts der vorliegenden Lernfähigkeit zu Befriedigung seines besonderen Erziehungs- und Bildungsbedarfs voraussichtlich lebenslanger spezielle pädagogischer und sozialer Hilfen bedarf« (708).

Seit den 1970er Jahren werden in vielen definitorischen Annäherungen nach wie vor differente Entwicklungsbereiche angesprochen, die als beeinträchtigt gelten, wenn man von einem Normvergleich mit privilegierten Menschen ohne Behinderungserfahrungen als Normhorizont ausgeht. Dies erfolgt zumeist entlang einer *sichtbaren/beobachtbaren Erscheinungsebene* – »nahe am anschaulichen Pol« (Ziemen 2002, 29) – und in einer sehr tiefgreifenden Form, da stets *alle* Entwicklungsbereiche genannt werden: Soziale Beziehungen, Wahrnehmung, Bewegung & Mobilität, Kognition & Lernen, Kommunikation & Sprache, Emotionale Befindlichkeit (vgl. Fischer 2016). Damit fußen Definitionen einer so genannten Geistigen Behinderung in der Regel auf negativ konnotierten *Differenzmarkierungen* in (allen) zentralen Entwicklungsbereichen und stellen demzufolge eine sehr *tiefgreifende und stigmatisierende Zuschreibungskategorie* dar.

Wir möchten auf eine konkrete ›Neudefinition‹ des Konstruktes Geistige Behinderung verzichten – nicht zuletzt, weil allein schon der Begriff nicht unsere Zustimmung findet (s. o.) – und stattdessen eher auf konstituierende Aspekte eingehen, die für ein Verständnis dessen, was mit einer ›Geistigen Behinderung‹ assoziiert wird, wesentlich sind. Dies erfolgt auf der Basis der Konturierung eines grundlegenden *fragilen, brüchigen, vulnerablen Subjektverständnisses,* welches stets (auch) durch Momente der Abhängigkeit und Unterwerfung (vgl. Butler 2001) geprägt ist (▶ Kap. I, 2.4). Dementsprechend soll eine *Triangulation* von sozialer Determiniertheit, Subjektivität & Vulnerabilität und Unbestimmtheit vorgeschlagen werden, welche auf einer tiefgreifenden Weiterentwicklung des »Triangulären Grundverständnisses von Geistiger Behinderung« von Schuppener (2007, 115) basiert. Damit wird die *relationale Betrachtung* des Etiketts ›Geistige Behinderung‹ und entsprechender Konsequenzen betont.

Ein von außen formuliertes Verständnis dessen, was unter der Diagnose ›Geistige Behinderung‹ verhandelt wird, ist unseres Erachtens stets durch folgende anthropologische Anerkennungsfaktoren und -risiken geprägt:

1. *Soziale Determiniertheit*
Hierunter fallen äußere Einflüsse in Form von Be-Hinderungen durch gesellschaftliche Macht- und Differenzstrukturen sowie damit einhergehende Exklusionsrisiken für Menschen, die von Marginalisierung bedroht sind. Dazu zählen Personen, die mit der Diagnose einer geistigen Behinderung konfrontiert sind, in hohem Maß. Es vereint sich eine Vielzahl an Risikofaktoren für Menschen, die als normabweichend wahrgenommen werden. Diese Risiken lassen sich im Kontext einer protonormalistischen Gesellschaft als zwangsläufig kennzeichnen: Ausgrenzungserfahrungen, ›Andersartigkeitserfahrungen‹, Ablehnungserfahrungen, Institutionserfahrungen, ›Schonraumerfahrungen‹, Fremdbestimmungserfahrungen, Erfahrungen des ›Nicht-verstanden-werdens‹, Diskriminierungs- und Stigmatisierungserfahrungen u. a. Derartige Strukturen sind als externe Einflüsse eine zentrale Bedingungsvariable für die Fortschreibung des Labels geistig behindert und haben gleichsam Einfluss auf die Identitäts- und Persönlichkeitsentwicklung (vgl. Schuppener 2009, 2011a).

Die soziale Determiniertheit wird genährt durch eine ›Konstruktion des Anderen‹, über welche sich nach wie vor professions- und disziplinbezogen eine Sonderpädagogik legitimiert, die eine (Re)Produktion der Differenz von Menschen mit Behinderungserfahrungen in Abgrenzung zu einer vermeintlichen »Normalität« proklamiert. Es handelt sich damit um eine äußerst wirkmächtige und zentrale Einflussvariable (auch) auf das Konstrukt einer ›Geistigen Behinderung‹. Als eine Art Gradmesser für die Strukturen und Prozesse sozialer Determiniertheit lässt sich der Kernaspekt der Responsivität markieren. Versteht man Responsivität als »›Antwort‹ geben auf Ansprüche, Fragen Anforderungen, Provokationen, Aufforderungen, Angewiesenheit, Begehren des Anderen« (Stinkes 2004, 86), so ist mit der Zuschreibung einer geistigen – insbesondere auch einer schweren und/oder mehrfachen – Behinderung immer eine responsive Irritation verbunden: Soziale Situationen und Begegnungen zwischen Menschen mit und ohne zugeschriebene Behinderungen sind nicht selten durch massive Unsicherheiten im Dialog geprägt. Hieraus kann eine Attribution von Fremdheit entstehen, wobei Fremdheit hier im phänomenologischen Sinne als interne und externe Fremdheit des Ausdrucksverhaltens (vgl. Stinkes 2004) verstanden wird. Stinkes (ebd.) spricht hier von einer »intersubjektiven Angewiesenheit« (87), in welcher sich besonders Menschen befinden, die aufgrund eingeschränkter Kommunikations- und Ausdrucksmöglichkeiten depriviligiert sind. Ein erweitertes Verständnis von Responsivität in der Leibphänomenologie fußt auf einer Öffnung gegenüber dem Fremden und einer Orientierung auf ein »gemeinsames Handeln« im Sinne einer »responsiven Leiblichkeit« (ebd., 88). Das schließt ein, dass mir der Anspruch einer Person, auf die ich reagiere/antworte, unzugänglich ist und hier stets eine grundlegende Offenheit als Kernanspruch pädagogisch-professionellen Handelns vorausgesetzt werden muss, den wir folgend in Punkt 3 noch aufgreifen möchten. Gleichsam soll das ›Risiko von Fremdheit‹ nicht unbemerkt bleiben, welches im Vorenthalten sozialer Anerkennung münden kann und zwangsläufig maßgeblichen Einfluss auf die Subjektivität und die Vulnerabilität eines Menschen hat.

2. *Subjektivität und Vulnerabilität*

Jedes Individuum entwickelt verschieden ausgeprägte Fähigkeiten zur Selbst- und Fremdregulation, die im hiesigen Modell als interne Bedingungen verstanden werden können. Der Begriff Subjektivität ist hier als ein »reflexives und offenes Verhältnis zu sich selbst« (Scherr 2013, 32) zu charakterisieren. Vor einem konstruktivistischen Hintergrund verweist er darauf, dass es keine existente Wirklichkeit jenseits des Subjektes gibt und eine Subjektkonstituierung immer im zwiespältigen »Spannungsfeld von Autonomie und Abhängigkeit« (Danz 2015, 46) stattfindet.

»Subjektivität kann als Synthese von Individualität und Identität aufgefasst werden« und »entsteht immer im Kommunikationszusammenhang, in dem das Subjekt anderen Subjekten begegnet« (ebd., 47). Im mitmenschlichen Aufeinanderangewiesensein (vgl. Adorno 1956) verkörpert Subjektivität als Selbstgefühl und Selbstwahrnehmung eine Grundannahme menschlicher Entwicklung: Alle »Individuen erleben sich selbst als mit bestimmten Bedürfnissen und Empfindungen ausgestattete Wesen« (Scherr 2013, 32).

Sowohl aus philosophischer als auch aus entwicklungspsychologischer Perspektive geht es in diesem Zusammenhang auch immer um eine Anerkennung von Unvollkommenheit und Imperfektion als Kennzeichen von Subjektivität, die wir als zentral erachten im Kontext konstituierender Faktoren der Zuschreibungsdiagnose Geistige Behinderung o. a.

Einem Euphemismus der Kompetenzorientierung vorbeugend soll die Reflexion zentraler Einflüsse auf ein mögliches Verständnis von sogenannter geistiger Behinderung nicht das konstitutive Merkmal der Vulnerabilität außer Acht lassen. Vulnerabilität in einem sozialpädagogischen Verständnis bedeutet Verwundbarkeit aufgrund der Zugehörigkeit zu einer depriviligierten sozialen Gruppe (vgl. Castro Varela & Dhawan 2004) und steht damit »in direktem Zusammenhang mit Marginalisierungsprozessen« (Biewer et al. 2019, 14). Wir möchten uns von einem rein individuumszentrierten Vulnerabilitätskonzept distanzieren und eine erhöhte Verletzlichkeit und Sensitivität nicht als individuelle Disposition begreifen, die zudem ausschließlich negativ konnotiert ist, sondern als durch erhöhte Exklusionsrisiken bedingtes soziales Phänomen (vgl. Schäper 2006), was in Folge auch eine gesellschaftskritische Dimension hat (vgl. Burghardt et al. 2017). Es soll im hiesigen Verständnis nicht um ein gesundheitswissenschaftlich-psychologisches Vulnerabilitätskonzept (vgl. Theunissen 2007b) und dessen Überwindung im Sinne einer Resilienzstärkung – verbunden mit Befähigungs- und Ermächtigungsprozessen – gehen. Vielmehr soll der Fokus auf einer Anerkennung von Vulnerabilität liegen: »Vulnerabilität ist eine Frage, die nicht aufhört sich zu stellen« (Stöhr et al. 2019, 8), weil Verletzlichkeit, Abhängigkeit und Endlichkeit konstitutive Merkmale des menschlichen Lebens sind (vgl. Dederich 2007, Danz 2015). Vulnerabilität als »anthropologisches Merkmal« (Dederich 2007, 188) anzuerkennen, bedeutet eine Anerkennung des Gegenübers – und von sich selbst – als Subjekt mit einer individuellen, normgeprägten Lebensgeschichte: »Das ›Ich‹ hat gar keine Geschichte von sich selbst, die nicht zugleich die Geschichte seiner Beziehung – oder seiner Beziehungen – zu bestimmten Normen ist« (Butler 2018, 15). Anerkennungsverweigerungen gleichen daher zwangsläufig einer Entsubjektivierung und führen vor diesem Verständnis zu Entmenschlichung. Für das Individuum entsteht durch derartige Anerkennungsdefizite eine oben skizzierte riskante Form der Vulnerabilität und es kommt zur möglichen Ausweitung von »Integritätsverletzungen« auf der Subjektebene (vgl. Honneth 2003).

Neben der Anerkennung von Vulnerabilität als menschliches Wesensmerkmal ergeben sich – verbunden mit dem Subjektivitätsverständnis – folglich zwei (spezifische) Anerkennungsdimensionen im Hinblick auf Menschen mit zugeschriebener geistiger Behinderung: die Anerkennung potentieller subjektiver Leidsituationen – als Grundlage für Empathie und Solidarität (vgl. Gottwald & Dederich 2009) – und die Anerkennung erhöhter Verletzlichkeit aufgrund hegemonialer gesellschaftlicher Wirkkräfte sowie möglicher Selbstnormalisierungen und Selbstpathologisierungen (vgl. Boger 2018) etc., aber eben gleichsam auch die Anerkennung etwaiger besonderer Aneignungs- und Bewältigungsstrategien im Umgang mit vulnerablen Bedingungen.

3. *Unbestimmtheit*

Der Begriff der Unbestimmtheit wurde im sonderpädagogischen Diskurs u. a. von Rödler (1993, 2000a, b) geprägt und stellt sich bewusst gegen die kategorialen Wesensmerkmale eines Menschen, welche im Kern stets ableistische und leistungsorientierte Grundannahmen implizieren. Mit dem Merkmal der Unbestimmtheit lässt sich eine Art voraussetzungslose Entwicklungsoffenheit assoziieren, die eine Gültigkeit für alle Menschen hat und damit eine »anthropologische Qualität« (Rödler 2000a, 152) verkörpert. Gerade vor dem Hintergrund des Konzeptes der anthropologischen Differenz (vgl. Kamper 1973 in Stinkes 2010) muss jedoch betont werden, dass die Unbestimmtheit sich nicht auf das Subjekt selbst bezieht, weil dies einer illegitimen »abstrakten Idee vom Menschen« (Adorno 1959, 173 in Stinkes 2010, 118) entsprechen würde, sondern vielmehr auf das Gegenüber im zwischenmenschlichen Verhältnis in Form eines ›Nicht-Verstehens‹. So ist das ›Behindert werden‹ in sozialer Hinsicht (vgl. 1.) geprägt durch das ›Nicht-Verstehen‹ von Menschen ohne Behinderungserfahrungen. Um diesem Dilemma konstruktiv entgegen zu wirken, sollte es zu einer grundlegenden Akzeptanz des Nicht-Verstehens kommen: Man kann und muss ein Gegenüber nicht vollständig verstehen. Man sollte die Suche nach Verstehen und Verständigung auch nie aufgeben (vgl. u. a. die Rehistorisierung nach Jantzen 2006), aber es sollte keine voraussetzungsvolle Wirkmacht entfalten, im Sinne einer Determinierung und Kategorisierung von Menschen (= »Wen ich nicht verstehen kann, nehme ich als fremd wahr und werte ihn ab!«). Es geht hier demnach um eine Anteiligkeit der Unbestimmtheit, die nicht bestreitet, dass Menschen grundlegend stets deutungsabhängig sind vom Gegenüber in Dialog und Interaktion (vgl. Stinkes 2010). Es sollte jedoch zu einem offenen Umgang mit der Deutungsabhängigkeit und einem Anteil des Nicht-Verstehens kommen; nur so kann das Nicht-Verstehen eine dialogische Qualität entwickeln und zu einer Überwindung von Distanzierung und Entdemokratisierung beitragen. Das Zulassen bzw. die Akzeptanz eines Nicht-Verstehens können herausfordern, aber genau damit auch ein Beitrag zur Entwicklung einer Form der Empathie und der Solidarität im Miteinander sein.

Im Bereich der Profession einer Pädagogik der Verbesonderung verweist die Dimension der Unbestimmtheit auch auf eine zentrale Grundfigur professionellen pädagogischen Handelns (vgl. Helsper, Hörster & Kade 2005), auf welche wir im weiteren Verlauf (▶ Kap. II, 3.2) nochmal eingehen.

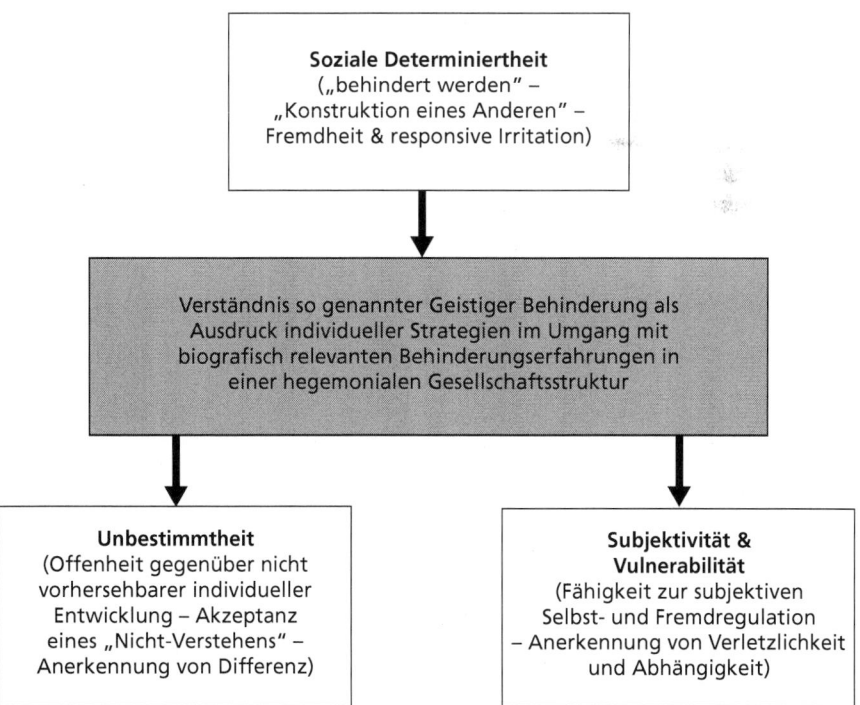

**Abb. 1:** Trianguläres Grundverständnis differenter Anerkennungs- und Zuschreibungsfaktoren im Kontext des Etiketts ›Geistige Behinderung‹

Das trianguläre Grundverständnis soll verschiedene Anerkennungsfaktoren und Anerkennungsrisiken dessen aufzeigen, was konstitutiv ist für ein subjektorientiertes, (de)konstruktivistisches Verständnis einer sogenannten Geistigen Behinderung. Damit soll es quasi eine Art Hintergrundschablone für die Reflexion von Definitionen und Beschreibungen des so bezeichneten Personenkreises sein. Implizit ist diesem Grundverständnis einerseits, dass alle drei Merkmalsebenen zunächst in verbindender Form *alle Menschen betreffen und vereinen*. Andererseits dient das Modell auch dazu, besondere *Risikofaktoren*, welche mit der Zuweisung einer Geistigen Behinderung einhergehen, nicht zu verleugnen, sondern offen zu legen und innerhalb der Disziplin immer wieder (neu) zur Diskussion zu stellen[30]. Somit lässt sich bilanzieren, dass dieses Grundverständnis immer (auch) einen »nicht gelungene(n) Umgang mit Verschiedenheit« (Ortland 2008, 11) markiert.

Hinsichtlich der grundlegenden Frage nach der Bedeutsamkeit von Definitionen sollte man Folgendes berücksichtigen: Die Funktion von (definitionsbezogener) *Sprache* liegt zum einen in der zwischenmenschlichen Verständigung, »darf aber zum anderen auch nicht die Unbestimmtheit der Menschen in Frage stellen« (Rödler 2000, 153). Mit diesen beiden gegensätzlichen Ansprüchen lässt sich auf das eingangs bekundete Dilemma im Kontext von Kategorisierungen verweisen, was auch hier lösungsoffen bleibt:

Es muss einerseits kritisch reflektiert werden, dass Sprache ein wirkmächtiges Instrument in unserer Gesellschaft darstellt und die Definitionsmächtigen zu einer Reflexion dieses Machtinstrumentes verpflichtet sind, welches »in herrschaftlicher Weise die (soziale) Exklusion« (Feuser 2016, 48) von Menschen legitimiert, die als geistig behindert adressiert werden.

Und es muss andererseits konstatiert werden, dass es eine ›*unausweichliche Euphemismusfalle*‹ in begrifflicher und definitorischer Hinsicht zu geben scheint, da nach wie vor keine Bezeichnung und kein Verständnis von so genannter Geistiger Behinderung existiert, welche nicht das Benennen von hierarchischen Unterschieden bedient und somit eine *Negation* impliziert.

---

30 Mit diesem Anspruch lässt sich insbesondere auch auf die »Figuren einer nicht ausgrenzenden Pädagogik« von Bernasconi und Böing (2015, 79 f.) verweisen, welche dem übergreifenden Anspruch einer transdisziplinären Verortung folgen: Ungewissheit, Imperfektibilität und Stellvertretung.

# Teil I  Disziplinäre Grundlagen

Die Disziplin der Pädagogik bei zugewiesener geistiger Behinderung hat ihre nährenden Wurzeln in der Legitimation über den Personenkreis »und ein entsprechendes Mandat« (Musenberg & Riegert 2013, 166) für Menschen, die als geistig behindert adressiert werden. Das haben wir mit den Ausführungen zu Begriffs- und Definitionsdiskursen versucht, in nicht ganz widerspruchsfreier Art und Weise darzulegen. Im Folgenden sollen weitere markante Einflussbereiche auf das Verständnis der Disziplin einer verbesondernden Pädagogik in den Blick genommen werden. Ausgehend von der *historischen Entwicklung* und Prägung der Disziplin möchten wir *ethische Fragen* besonders intensiv beleuchten, da sie eine bedeutsame Rolle für die Grundfrage nach dem Menschenbild innerhalb der Disziplin und damit verbundene Ein- und Ausschlussprozesse verkörpern. Ausgewählten *fachlichen Zugängen* soll hinsichtlich ihres spezifischen Einflusses auf disziplinäre Veränderungen und Diskurse Aufmerksamkeit geschenkt werden. Hier werden im Besonderen Verortungen differenter Fachpositionen hinsichtlich der Kernfragen der Disziplin – *Adressatinnen\*bezug, Inklusionsanspruch und Exklusionsrisiko* (ebd.) – diskutiert. Ein finaler Fokus gilt im Folgenden dem Bereich der *Forschung*, welcher die Entwicklung des Faches auf der Basis aktueller Fragen einer beteiligungsorientierten Wissensproduktion und einer diversitätssensiblen Forschungskultur betrachtet.

# 1 Historische Entwicklungen

Aus der historischen Entwicklung lässt sich eine Legitimation und disziplinäre Identität einer Pädagogik für Menschen mit zugewiesener geistiger Behinderung ableiten (vgl. Musenberg & Riegert 2013). Auch wenn man eine Geistige Behinderung als soziale Konstruktion versteht (▶ Kap. I, 3.4), lässt sich nicht verleugnen, dass es mit Blick auf die historische Entwicklung eine Art *Legitimationsverpflichtung* und *Mandat* durch die real existente Bedrohung eines Lebens- und Bildungsrecht bei einer Personengruppe gab und immer noch gibt: »Eine wesentliche Erfahrung der Geschichte der Zwangssterilisation und der Euthanasie im Nationalsozialismus ist die absolute Notwendigkeit der Menschenrechtsgarantie für jeden einzelnen« (Wunder 2006, 231).

Nun kann man die Position einnehmen, dass das Phänomen einer Geistigen Behinderung in jeder historischen Epoche in irgendeiner Form diskursiv hervorgebracht wurde. Man sollte hierbei jedoch Folgendes nicht vergessen: »Die Tatsache, dass etwas sozial konstruiert ist, darf nicht in einem Kurzschluss enden, der suggeriert, dass ohne das Konstrukt auch das Problem weg wäre« (Boger 2015a, 272). Daher ist es uns ein zentrales Anliegen, mit dieser Publikation auch einen kleinen Beitrag zum *Geschichtsbewusstsein* zu liefern. Der historische Blick auf den gesellschaftlichen Status von Menschen, die in verschiedenen Epochen als geistig behindert galten, soll als ›Kraft des Erinnerns‹ dabei helfen, aktuelle Entwicklungen kritisch zu hinterfragen und zu bewerten. Gleichzeitig soll sie die Wurzeln der Disziplin und ihre Diskurse anhand einer zeithistorischen Einordnung aufzeigen und damit auch Erklärungen für Gewordenes liefern.

Entgegen dem Anliegen der *Disability History* (vgl. Bösl, Klein & Waldschmidt 2010), welche als Disziplin den Anspruch verfolgt, durch eine (Re)Historisierung von Behinderung eine »neue Geschichte von Behinderung zu schreiben« (Bösl 2010, 29), schauen wir in den folgenden Kapiteln zunächst auf die traditionelle Geschichtsschreibung, in welcher jede Form zugeschriebener Behinderung als Normverletzung betrachtet wurde und dementsprechende Exklusions- und Selektionspraktiken zur Anwendung kamen. Wir möchten hier explizit thematisieren, welche Rolle man Menschen mit sogenannter geistiger Behinderung im Kontext historischer Entwicklung zugewiesen hat und welche Konsequenzen damit für die Situation eines Lebens- und Bildungsrechtes verbunden waren. Die ausgewählten Zeitkontexte sollen jeweils einen Einblick in die *Geschichtskultur* der entsprechenden Epoche geben und »objektive Bedingtheiten und Funktionen und damit Praktiken des sozialen Lebens« veranschaulichen (Rüser 2008, 132).

## 1.1 (Soziale) Exklusion

Betrachtet man die geschichtliche Entwicklung, so waren und sind Menschen mit einer zugeschriebenen geistigen Behinderung aufgrund ihrer wahrgenommenen *Andersartigkeit* in den verschiedenen gesellschaftlichen Epochen immer wieder von *Ausgrenzung und Selektion* betroffen.

In der Antike begegnete man Menschen, deren Erscheinung oder Wesen fremd, ›andersartig‹ oder ›naturwidrig‹ war mit mythisch-religiösen Abwehrmechanismen (Speck 2016, 17). Die Spartaner ›entledigten‹ sich ihrer ›missgebildeten Neugeborenen‹ in den Schluchten des Taygetos-Gebirges. Nicht nur in Griechenland, sondern auch im römischen und germanischen Reich wurde den vermeintlichen ›Nutzlosen‹ *kein Lebensrecht* und *keine Menschenwürde* zuerkannt. Es war üblich, sie zu töten, um damit angeblich das ›Gemeinwohl‹ zu stärken (vgl. ebd.). So schrieb Aristoteles in seiner Nikomachischen Ethik von »Erscheinungsformen eines tierischen Wesens, entstanden durch Krankheit oder Verkrüppelung« (Buch VII, Kapitel 1 in Speck ebd.).

Im Mittelalter herrschten weiter mythische und dämonische Vorstellungen, die teilweise mit christlichen Deutungsversuchen durchmischt waren. Behinderung wurde als Strafe Gottes bewertet und als das ›Böse‹ identifiziert. Die Personen galten als ›vom Teufel besessen‹. Kinder mit einer Beeinträchtigung wurden als Kinder des Satans oder als ›Wechselbälger‹ bezeichnet. Es herrschte der Glaube, dass der Teufel als Bestrafung für ein in irgendeiner Weise gotteslästerliches Verhalten ein gesundes gegen ein ›missgestaltetes‹ Kind austauscht (vgl. ebd.).

Im Zusammenhang mit der geschichtlichen Entwicklung im Mittelalter werden häufig die »Tischreden« Martin Luthers aus dem Jahre 1540 zitiert, in dem er sogenannte geistesschwache Kinder als »massa carnis«, einen »Fleischklumpen ohne Seele« (ebd., 18), bezeichnet.

Es muss angenommen werden, dass insbesondere im 16. und 17. Jahrhundert viele in irgendeiner Weise andersartige Menschen durch die Kirche verfolgt und Opfer von Hexenverbrennungen wurden (Engbarth 2003; Speck ebd.). Auf der anderen Seite war es die Kirche, die später während der Zeit der Aufklärung zur Annahme, Fürsorge und Erziehung bezüglich sogenannter geistig schwacher Menschen aufrief.

Bis ins 19. Jahrhundert galten ›Menschen mit Geistesschwäche‹ nicht als Kranke; Orte, die ihnen zugewiesen wurden, waren das Narrenschiff, der Narrenturm, die Landstraße und das Gefängnis. An diesen Orten waren sie in Gesellschaft von Vagabunden, Bettlern, Armen, Kriminellen, Verschwendern oder Spielern (vgl. Engbarth 2003). Im Mittelalter unterschied man die ›harmlosen‹ von den ›gewalttätigen Irren‹. Wenn man die Menschen für ungefährlich hielt, ließ man sie sich in der Öffentlichkeit frei bewegen und kennzeichnete sie oft mit einem Narrenkostüm (vgl. ebd.). Die ›gewalttätigen Irren‹ wurden in Zucht- oder Tollhäuser eingesperrt. Bis ins 18. Jahrhundert war der Umgang mit dem sogenannten Wahn- oder Irrsinn ein Bestandteil des Bereiches polizeilicher Ordnung, während die Medizin sich nur sporadisch damit befasste. Seine Ursachen wurden vorwiegend in einem sündhaften und unmoralischen Lebenswandel gesehen. Dementsprechend waren die Behandlungs- und Erziehungsmethoden darauf ausgerichtet, Menschen ›sozialverträglich‹ machen zu wollen. ›Irre‹ waren angekettet, sie lagen nackt in ihren Verliesen, wurden geschlagen und ausgepeitscht. Weitere Zwangsmittel waren Tollriemen, Gesichtsmasken, Mundbirnen, Zwangsstühle, -betten und -särge oder Drehmaschinen. Häufig wurde Wasser in Form von Sturzbädern, Eintauchen oder Wannenbädern eingesetzt. Es gab ›Ekelkuren‹, bei denen beispielsweise durch Brechweinstein starkes Erbrechen hervorgerufen wurde, es wurden Verbrennungen zugefügt, Seile unter die Haut gelegt, die hin und her gezogen werden konnten oder ein Aderlass durchgeführt. Ziel war immer der »absolute Gehorsam«, die »Unterwerfung« und »das Brechen des krankhaften Trotzes« (ebd., 44). Des Weiteren versprach man sich durch das Zufügen von schockähnlichen und schmerzhaften Zuständen ein Entgegenwirken bzw. eine Ablenkung vom ›Wahn‹. Lange herrschte die Vorstellung, dass ›Irre‹ keine Schmerzen wahrnehmen und wie wilde Tiere ›gezähmt‹ werden müssen (vgl. Foucault 1989 in ebd.).

Erste medizinische Erklärungen für die ›Geistesschwäche‹ oder den ›Irrsinn‹ gehen in der Renaissance auf antike Vorstellungen zurück, wonach diese auf eine Störung der vier Körpersäfte Blut, Phlegma, gelbe und schwarze Galle zurückzuführen war. Entsprechend gab es Behandlungsmethoden wie den Aderlass, die Verringerung von Gallenflüssigkeit durch Brech- und Abführmittel oder die Schleimabsonderung durch Schwitzen (vgl. ebd.).

## 1.2 Frühe heilpädagogische Bemühungen

Von den Idealen und dem Gedankengut der Aufklärung hinsichtlich der Forderung eines Bildungsrechtes für alle Kinder ausgehend, widmete sich eine Erziehungsbewegung des späten 18. Jahrhunderts – der Philanthropismus (griech: Philanthropen = Menschenfreunde) – erstmals Kindern mit ›Erziehungsschwierigkeiten‹. Der Philanthropismus beschäftigte sich als Lehre von den sogenannten ›Kinderfehlern‹ mit kindlichen ›Unarten‹ wie u. a. Eigensinn, Schreien, Bosheit, Habsucht, Neugier und Furcht. Diese ›Kinderfehler‹ standen der ›natürlichen Erziehung‹ im Sinne Rousseaus (1712–1778) im Wege. Sie sollten durch ›Pädagogische Heilkunde‹ gemindert werden (Bleidick 1999, 21). Die Hauptvertreter des Philanthropismus waren Ch. G. Salzmann (1744–1811), J. H. Campe (1746–1818) und P. Villaume (1746–1825). Frühzeitig haben die Vertreter der Kinderfehlerlehre allerdings auf die Unterscheidung von vermeintlich ›normalen Erziehungsfehlern‹ und organischen Beeinträchtigungen hingewiesen (vgl. ebd.) und die ›Störungen‹ den entsprechenden Professionen zugeordnet. So war V. E. Milde (1777–1853) darum bemüht, die Tätigkeiten bei den Erziehungsfehlern als »Sache des Erziehers« (ebd., 22) von den organischen Behinderungen als ärztliches Zuständigkeitsfeld abzugrenzen.

Parallel erfolgten im 18. Jahrhundert erste erfolgreiche Bildungsversuche von Kindern mit Sinnesbeeinträchtigungen. In Paris wurde 1770 die erste Taubstummenschule und 1784 die erste Blindenschule gegründet. Dadurch ermutigt, gelangten Ende des 18. Jahrhunderts zunehmend Kinder mit sogenannter Geistesschwäche in das Interesse von Pädagogen (ebd.).

Erste bedeutende pädagogisch-soziale Anstöße gingen von J. H. Pestalozzi (1746–1827) aus. In seinem Werk »Anrufung der Menschlichkeit« appellierte er, sich auch den in der »niedrigsten Menschheit vergessenen Kindern« (Pestalozzi 1777 in Speck 2016, 19) und ihrer Erziehung zuzuwenden. In seiner Erziehungsanstalt auf dem Neuhof (1777/1778) nahm er neben verwaisten und verwahrlosten auch zwei Kinder mit einer sogenannten Geistesschwäche aus einem ›Tollhaus‹ auf und berichtete nachfolgend über den Erfolg seiner Erziehung. Seine Überzeugung, »dass auch Kinder von äußerstem Blödsinn, […] durch liebreiche Leitung zu einem ihrer Schwachheit angemessenen, einfachen Verdienst vom Elend eines eingesperrten Lebens errettet und zur Gewinnung ihres Unterhalts und zum Genuß eines freien und ungehemmten Lebens geführt werden können« (Pestalozzi 1778 in ebd., 20), war für die damalige Zeit unüblich und revolutionär.

Weitere erste Erziehungsversuche sogenannter geistesschwacher Kinder gingen von J. M. G. Itard (1774–1838), einem Taubstummenlehrer und Arzt in Paris, aus. Itard entwickelte bei einem Kind, Victor, das völlig verwahrlost im Wald aufgefunden wurde, nicht sprechen konnte und keine sozialen Regeln kannte, mit Hilfe systematischer pädagogischer Maßnahmen viele Fähigkeiten und einen hohen Grad an sozialer Anpassungsfähigkeit (vgl. ebd.). Itard hatte dafür fünf zentrale Bildungsziele formuliert, nach denen er Victor unterrichtete. Dazu gehörten durchaus modern anmutende Ziele und Methoden. So sollte Victor für das Leben in der Gemeinschaft gewonnen werden. Weiterhin sollten die Sensibilität seiner Nerven durch kräftige Stimulationen vergrößert und sein Gedankenkreis erweitert werden, indem er zunehmend mit der umgebenden Welt in Kontakt gebracht wurde. Durch Nachahmung und Einübung sollte er die Sprache lernen. Nach und nach sollten seine Geistestätigkeiten von seinen körperlichen Bedürfnissen ausgehend auf weitere Bildungsinhalte ausgedehnt werden (vgl. Itard 1801 in Möckel 1988). Victor machte dabei große Fortschritte und konnte schließlich mit Itard in Pariser Restaurants speisen (vgl. Speck 2016). Im Zuge seiner Erziehung von Victor entstand Itards methodischer Ansatz der physiologischen Erziehung, »[…] deren Basis die Erweckung der Sensibilisierung der Sinne durch starke Reize, also eine Sinnesschulung darstellte« (Mühl 1991, 11).

Ein anderer Pariser Arzt, E. Seguin (1812–1880), nahm diesen Ansatz auf und richtete ihn direkt auf die Erziehung damals als ›idiotisch‹ bezeichneter Kinder. Er hatte erkannt, dass die Sinnesschulung, die sogenannte sensualistische Methode, eine besondere Bedeutung bei der Entwicklung von geistigen Fähigkeiten, aber auch für die affektive und moralische Erziehung zu haben schien (Speck 2016). Seine Ideen systematischer Förderung formulierte er 1846 in einem ersten systematischen »Lehrbuch der Idiotenerziehung«. Seine Theorien setzte Seguin in der Pariser ›Irrenanstalt‹ Bicêtre und später an seiner eigenen ›Idiotschule‹ in Paris praktisch um. 1850 emigrierte Seguin in die USA, weshalb sein physiologischer Ansatz für die deutsche Heilpädagogik unberücksichtigt blieb und erst wieder von M. Montessori aufgegriffen wurde (vgl. ebd.).

## Gründung von ersten medizinisch und heilpädagogisch orientierten Institutionen

Die Wurzeln der Heilpädagogik sind nach Kobi (2004) nicht primär in der Pädagogik zu suchen, sondern »im caritativen sowie im (sozial-)medizinischen Bereich« (ebd., 127). Die Pädagogen Georgens (1823–1886) und Deinhardt (1821–1880), die als Begründer der Heilpädagogik gelten und vom Gedankengut der Aufklärung und der Philanthropie getragen waren, bestimmten deren Standort 1861 als »Zwischengebiet zwischen Medizin und Pädagogik« (in Bleidick 1999, 77; vgl. auch Engbarth 2003).

Die Entstehung der Wissenschaftstheorie des Faches Heilpädagogik vollzog sich dabei über die Praxis: Erste unternommene Erziehungsversuche wurden bezüglich ihrer Verläufe, Bedingungen und Resultate reflektiert und Behandlungsmethoden entwickelt (vgl. Bleidick 1999; Möckel 2007).

Angeregt durch einen gesamtgesellschaftlichen Aufschwung der Wissenschaften gelangte Ende des 18. Jahrhundert die Erforschung der ›Geistesschwäche‹ in das Interesse von ärztlichen Wissenschaftlern. Während bis zur Mitte des 18. Jahrhunderts über die Ursachen wenig bekannt war und eher magische Vorstellungen über deren Entstehung vorherrschten, wurde die ›Geistesschwäche‹ unter dem Einfluss der Aufklärung im Körper des ›Erkrankten‹ lokalisiert. Die wissenschaftliche Beschäftigung setzte in breiterem Umfang mit der Erforschung des Kretinismus ein. Dies bezeichnet aus heutiger Sicht eine Form von so genannter geistiger Behinderung, die aufgrund eines Schilddrüsenhormonmangels (Jodmangel) der Mutter und beim Kind zu dauerhaften Entwicklungsstörungen des Skelett- und Nervensystems führt. Jodmangel kam in den vergangenen Jahrhunderten häufig in den Tälern der Alpenländer vor.

So widmete sich der Schweizer Arzt J. J. Guggenbühl (1816–1863) intensiv dem Studium des Kretinismus und gründete 1841 auf dem Abendberg bei Interlaken eine Heilanstalt für Kretinen und ›blödsinnige‹ Kinder, eine der ersten Einrichtungen, die mit wissenschaftlich-medizinischem und pädagogisch-therapeutischem Betreuungsansatz über die bis dahin üblichen konzeptionslosen ›Verwahranstalten‹ hinausging. Man versuchte, den Gesundheitszustand der Kinder durch diätische Ernährung und hygienische Maßnahmen zu beeinflussen und den Körper durch Bäder, Waschungen und Gymnastik zu stärken (vgl. Lindmeier & Lindmeier 2002).

F.-E. Fodere (1764–1835) war der erste Autor aus den Reihen der Kretinismusforscher, der über die Rolle von Erziehung publizierte. Auch für ihn bestand die Behandlung von Kretinismus in einer Kombination von physischer und moralischer Erziehung. Es wurden Diäten, Bäder, Friktionen (Abreibungen des Körpers), Pharmazeutika, hygienische Maßnahmen sowie gymnastische Übungen verordnet, die die »innere und äußere Sinnestätigkeit« fördern sollten (Gstach 2015, 286).

Es folgten parallel weitere Anstaltsgründungen. Diese ersten medizinisch-heilpädagogisch orientierten Institutionen waren Anstalten, die oft auf private Initiative zurückzuführen waren. Die Motive für ihre Gründungen waren unterschiedlich, zum einen waren sie eher medizinisch-psychiatrischer Art, aber auch pädagogisch-sozialer bzw. erzieherischer oder religiös-karitativer bzw. kirchlicher Art (vgl. ebd.).

Die ersten Anstaltsgründer entstammten demzufolge ganz unterschiedlichen Berufsgruppen, es gehörten sowohl reformistisch denkende Ärzte und Pädagogen, aber auch Theologen dazu, denen es in erster Linie um die Verbesserung der Lebenssituation dieser Menschen ging (vgl. Speck 2016).

Kirchlich-caritative Institutionen, die sich Anfang bis Mitte des 19. Jahrhunderts gründeten, waren beispielsweise die Rettungsanstalt für schwachsinnige Kinder in Wildberg durch Pfarrer K. G. Haldenwang 1838, die Kretinenanstalt Ecksberg 1852 durch Pfarrer J. Probst, die Associationsanstalt Schönbrunn bei Dachau, die Wagnerschen Anstalten in Dillingen durch Pfarrer J. E. Wagner 1869 und die Ursberger Anstalten durch Pfarrer D. Ringeisen 1884 (vgl. ebd.). Diese wurden zwar in erster Linie vom christlichen Ethos getragen, sind aber zunehmend von pädagogischen sowie medizinischen Impulsen und Erkenntnissen beeinflusst worden (vgl. ebd.).

Gleichzeitig entstanden erste staatliche ›Idiotenanstalten‹, die sich nicht als reine Bewahranstalten verstanden wissen wollten. Einige dieser Anstalten gingen aus Initiativen von Taubstummenpädagogen, wie beispielsweise C. W. Saegert (1909-1879), hervor. Dieser nahm 1842 einen ersten sogenannten ›schwachsinnigen‹ Schüler mit an seinem Taubstummeninstitut auf (Möckel 1988). Saegert gründete 1858 die Heil- und Bildungsanstalt für ›Blödsinnige‹ in Berlin. In seiner Schrift »Die Heilung des Blödsinns auf intellektuellem Wege« 1845/46 beschrieb Saegert (1858 in Möckel 1988, 125) seine Methoden, die sich nicht wesentlich von denen Itards unterschieden. Später stellte Saegert seinen Schüler Ärzten und einem Vertreter der Schulverwaltung vor und berichtete über seine Erfolge: »[...] Der Knabe hat den Begriffe der Gleichheit und Ungleichheit, der Größe, er gibt durch Zeichen zu verstehen, wenn er etwas versteht, [...]. Er versteht Fragen [...]. Es ist unzweifelhaft, daß dieses Individuum, weit davon entfernt ist auf der Stufe eines Tieres zu stehen [...]« (Saegert 1858 in ebd.).

## Gründung von Hilfsschulen

In der zweiten Hälfte des 19. Jahrhunderts kam es zur Gründung von öffentlichen Hilfsschulen, was die Möglichkeiten für die Bildung von sogenannten ›geistesschwachen‹ Kindern zunächst erweiterte. So war in den Preußischen Bestimmungen bezüglich des Hilfsschulwesens 1859 über die »Erziehung und Unterricht der Blödsinnigen« formuliert, dass diese durch »sorgfältigste, physische und moralische Pflege, unter Anwendung geeigneter Hilfsmittel der Erziehung und des Unterrichts [...] allmählich zu einigermaßen brauchbaren Mitgliedern der menschlichen Gemeinschaft heranzubilden« (Klink 1966 in Speck 2016, 26) sind.

Mit der Entwicklung und Ausdifferenzierung des Hilfsschulsystems kam es allerdings nachfolgend zu einer allmählichen Verdrängung der Kinder und Jugendlichen mit sogenannter ›Geistesschwäche‹ (ebd.). Unter dem Kriterium der sozialen Brauchbarkeit und wegen des Fehlens einer tragfähigen Bildungskonzeption für diesen Personenkreis wurde eine untere Grenze für die Aufnahme an Hilfsschulen formuliert, die das »Unternormale, welches wertlos ist« (Egenberger 1913 in ebd., 28), markieren sollte. Einige dieser Kinder und Jugendlichen wurden an ›Anstaltshilfsschulen‹ überwiesen oder konnten die sogenannten Sammel- oder Vorklassen, die an einigen Hilfsschulen angegliedert waren, besuchen (vgl. ebd.). Diese entstanden ab 1917 in Berlin und später auch in anderen deutschen Städten und Landkreisen. Sie wurden für sogenannte ›schwer schwachsinnige Kinder‹ eingerichtet. In Sammelklassen lernten höchstens 15 Schülerinnen* zusammen. Wesentliche Ziele waren nicht das Erlernen der Kulturtechniken, sondern die Herausbildung körperlicher Geschicklichkeit und die Pflege des Gemüts. Die Empfehlung zum Besuch einer solchen Sammelklasse wurde in der Regel nach einem zweijährigen Besuch der Hilfsschulunterstufe und auf der Grundlage eines besonderen pädagogischen oder psychiatrischen Urteils gegeben. Vom Besuch der Sammelklassen ausgeschlossen waren die sogenannten völlig ›bildungsunfähigen‹ und pflegebedürftigen Kinder (Lindmeier & Lindmeier 2002). Im Lehrbuch des Berliner Hilfsschulpädagogen A. Fuchs (1869–1945) befindet sich ein Lehrplan für Sammelklassen. Dieser zeigt, dass diese Klassen von ihrer Schülerinnen*schaft und den Unterrichtsinhalten und -methoden als Vorläufer der ›Schulen für Geistigbehinderte‹ angesehen werden können (vgl. ebd.).

Während der Zeit des Nationalsozialismus wurden allerdings auch die Sammelklassen mit der »Allgemeinen Anordnung über die Hilfsschule in Preußen« vom April 1938 für unzulässig und die in ihnen beschulten Kinder und Jugendlichen für ›bildungsunfähig‹ erklärt. Unter dem Druck eugenischer und rassenhygienischer Bestrebungen verteidigten Hilfsschulpädagogen den Erhalt von Sammelklassen kaum. Die Bildungsfähigkeit wurde damit allen Kindern mit ›Geistesschwäche‹ abgesprochen und noch einmal mehr an deren zukünftiger Arbeitsfähigkeit und Brauchbarkeit für die Gesellschaft festgemacht (ebd., 397).

## Entwicklung der Psychiatrie

Unter dem Einfluss von Medizinern und Psychiatern, insbesondere von Ph. Pinel (1745–1826) und seinem Nachfolger E. D. Esquirol (1772–1840), entwickelte sich Anfang des 19. Jahrhunderts die Lehrmeinung, dass es sich bei der sogenannten ›Idiotie‹ um eine ›Geisteskrankheit‹ handele. ›Idiotie‹ galt als somatisch bedingt, durch äußere Einflüsse kaum veränderbar und bedurfte psychiatrischer Behandlung. So beschrieb Esquirol ›Idiotie‹ (in Abgrenzung zur Verwirrtheit):

> »Der Zustand des Verwirrten kann sich ändern, der des Idioten bleibt immer derselbe. Dieser hat viele kindliche Züge. Beide haben keine, oder beinahe keine Empfindungen; aber der Verwirrte zeigt in seiner Organisation und selbst in seiner Intelligenz etwas von seiner vergangenen Vollkommenheit, der Idiot dagegen ist Alles, was er war; er ist Alles, was er in Bezug auf seine primitive Organisation sein kann« (Esquirol 1838 in Lindmeier & Lindmeier 2002, 75).

Weiter führt Esquirol an, dass es zu verschiedenen Abstufungen in der intellektuellen Entwicklung kommen könne. Er unterscheidet je nach Sprachvermögen in Grade des ›Blödsinns‹, an deren Ende der dritte Grad der ›Idiotie‹ stehe, bei dem keine Worte geäußert werden können (vgl. ebd.). Während die Psychiater anfänglich noch Widerspruch von den Anstaltstheologen und -pädagogen ernteten, verfestigte sich die Psychopathologisierung der ›Idiotie‹ Anfang des 20. Jahrhunderts zunehmend. Mit der Veröffentlichung von E. Kraepelins (1856–1926) Lehre von den allgemeinen psychischen Entwicklungshemmungen, den Oligophrenien (1915), bekam der ›Schwachsinn‹ seinen Namen und seine Einteilungskriterien nach intellektueller Leistungsfähigkeit in ›Debilität‹, ›Imbezillität‹ und ›Idiotie‹ wurden entwickelt. Damit war eine psychiatrische Definition und Klassifikation geschaffen, welche die ›defektorientierte‹ und ›minderwertige‹ Sichtweise auf diese Menschen zementierte und auch Einzug in die Pädagogik hielt (vgl. ebd.).

Die Folge der Psychiatrisierung des ›Schwachsinns‹ führte dazu, dass Menschen mit sogenannter ›Geistesschwäche‹ fast zwangsläufig in Anstalten aufgenommen wurden bzw. behördlicherseits ein Anstaltszwang erwirkt werden konnte (ebd., 395). Infolge weiterer Klassifizierungen und Spezialisierungen innerhalb der psychiatrischen Anstalten wurden weitere Grenzziehungen in ›schwerabnorm‹ bzw. ›idiotisch‹ getroffen. Für diese Menschen blieben nur die Pflegeabteilungen der Anstalten, in denen es ausschließlich medizinisches Personal gab.

## 1.3  Die Zeit des Nationalsozialismus

Bereits zum Ende des 19. Jahrhunderts verbreitete sich in Europa *rassenhygienisches Gedankengut*, das in seiner Konsequenz eine *Verhütung, Ausgrenzung und schließlich Ausmerzung von sogenanntem* ›*minderwertigem*‹ *Leben* zur Folge hatte. Als theoretische Fundierung diente der Sozialdarwinismus, der durch den englischen Soziologen H. Spencer (1862–1896) begründet wurde. Spencer übertrug die Ideen von Ch. Darwin (1809–1882) über natürliche Auslese (Selektion) als Triebkraft der phylogenetischen Entwicklung, die dieser in seinem Hauptwerk »Die Entstehung der Arten durch natürliche Zuchtwahl oder die Erhaltung der begünstigten Rassen im Kampf ums Dasein« (Darwin 1858 in Speck 2016, 30) darlegte und das sich auf die Pflanzen- und Tierwelt bezog, auf die menschliche Entwicklung. Spencer legte seine Theorie des Sozialdarwinismus in seinem 1864 erschienenen Werk »Survival of the Fittest« dar. Weiteres vererbungstheoretisches und eugenisches Gedankengut bestärkte Ende des 19. Jahrhunderts die sozialdarwinistische Lehre. F. Galton (1822–1911), der als Begründer der Eugenetik gilt, propagierte, dass Armenfürsorge, Hygiene und Medizin die natürliche Auslese im ›Kampf um's Dasein‹ reduzieren und zur Schwächung der ›weißen Rasse‹ führe. Die Tüchtigen sollen viele Kinder zeugen, während die ›Minderwertigen‹ von der Fortpflanzung auszuschließen seien (vgl. Klee 2010). Der Mediziner A. Ploetz (1860–1940) veröffentlichte 1895 sein Buch »Die Tüchtigkeit unserer Rasse und der Schutz der Schwachen- Grundlinien einer Rassenhygiene«. Auch er forderte, dass nur Paare mit ›bester Erbmasse‹ Kinder zeugen sollten und die ›Menschenzüchtung‹ staatlich zu regeln sei (vgl. ebd., 19). Ploetz war 1905 Mitbegründer der Gesellschaft für Rassenhygiene in Deutschland, die als erste rassenhygienische Gesellschaft der Welt ihre Tätigkeit aufnahm (vgl. ebd.).

Zudem waren nicht wenige Psychiater der Ansicht, dass ›Geisteskrankheiten‹ erblich seien und zu Armut, Kriminalität und diversen Krankheiten führen und deshalb verhindert bzw. ausgemerzt werden müssen. So stellte E. Kraepelin (1856–

1926), einer der berühmtesten Psychologen seiner Zeit, 1909 in seinem Grundlagenwerk »Psychiatrie. Ein Lehrbuch für Studierende und Ärzte« heraus, dass Geisteskrankheiten auf Vererbung und Degeneration (›Entartung‹) zurückzuführen seien. Die sogenannte Dementia praecox (›Jugendirresein‹/›jugendliches Irresein‹) führe gesetzmäßig zur ›Verblödung‹ und zum ›geistigen Tod‹ der betroffenen Menschen, so die Meinung Kraeplins (vgl. ebd., 22).

1920 erschien das Buch »Die Freigabe der Vernichtung lebensunwerten Lebens: Ihr Maß und ihre Form« von K. Binding (1841–1920), einem damals angesehenen Rechtswissenschaftler, und A. Hoche (1865–1943), Mediziner und Ordinarius sowie Direktor der Universitätsklinik Freiburg. Das Werk richtet sich gegen die Existenzberechtigung von Menschen mit ›geistigen Mängeln‹ und bewertet deren Leben als ›lebensunwert‹. Ihre Versorgung wurde als sinnlos und kostspielig und somit als Last für die Gesellschaft herausgestellt und empfohlen, die sogenannten unheilbar ›Blödsinnigen‹ zu ›erlösen‹ (vgl. ebd.). Hoche klassifizierte in zwei Gruppen unheilbar ›Blödsinniger‹, denen er den Zustand ›geistigen Todes‹ zuschreibt. Eine Gruppe sind für ihn Menschen, die den Zustand des ›geistigen Todes‹ im späteren Lebensverlauf erwerben würden, eine weitere, bei denen der ›geistige Tod‹ angeboren sei. Diese würden die Gemeinschaft am meisten belasten, weil über ihre Lebenszeit ›ungeheures Kapital‹ für Nahrungsmittel, Kleidung und Heizung ausgegeben werden müsse. Hoche operiert mit Begriffen wie »Ballastexistenzen«, »Menschenhülsen«, »geistig Toten« (vgl. Klee 2010 26), die 20 Jahre später die Begründung für die Euthanasie von sogenannten geistesschwachen Menschen lieferte.

1925 referierte der Tübinger Ordinarius R. Gaupp (1870–1953) auf der Jahreshauptversammlung des Deutschen Vereins für Psychiatrie zum Thema »Die Unfruchtbarmachung geistig und sittlich Kranker und Minderwertiger«, womit er ›Kriminelle‹, ›Fürsorgezöglinge‹, ›Debile‹, ›Leicht- und Mittelschwachsinnige‹, ›Degenerierte‹ und ›Psychopathen‹ adressierte (ebd., 29). A. Hitler (1889–1945) begründete in seinem 1929 erschienen Werk »Mein Kampf« die Sterilisation mit utilitaristischen Argumenten: »Würde Deutschland jährlich eine Million Kinder bekommen und 700.000 bis 800.000 der Schwächsten beseitigen, dann würde am Ende das Ergebnis vielleicht sogar eine Kräftesteigerung sein« (Hitler 1925 in ebd., 29).

Mit der Machtübernahme Hitlers 1933 nutzte man die Möglichkeit, dieses Gedankengut in Handeln umzusetzen. Noch am 24. März 1933 erging das Reichsermächtigungsgesetz, was Hitler die gesamte gesetzgebende und ausführende Gewalt, auch gegen die Verfassung, übertrug (vgl. ebd., 36).

Am 14. Juli 1933 wurde das *Gesetz zur Verhütung erbkranken Nachwuchses* (auch Erbgesundheitsgesetz) verabschiedet und trat am 1. Januar 1934 in Kraft. Personengruppen, auf die das Gesetz angewendet werden sollte und deren Krankheiten oder Behinderungen als erblich festgeschrieben wurden, waren neben sogenannten Schwachsinnigen (Hilfsschülerinnen*) auch ›Schizophrene‹, ›Epileptiker‹, ›Manisch-Depressive‹, ›Alkoholiker‹, ›Taube‹, ›Blinde‹ und ›Körperbehinderte‹. In einem Urteil von 1935 wurde Hilfsschulbedürftigkeit als Form von angeborenem ›Schwachsinn‹ deklariert. Jugendliche ab 14 Jahren, die diesen Personengruppen zugeordnet wurden, sollten der Sterilisation zugeführt werden (vgl. ebd., 41). Ärztinnen*, Zahnärztinnen*, Hebammen, Schwestern, Masseurinnen* und Heilpraktikerinnen* wurden per Gesetz zur Anzeige von Personen mit Erbkrankheiten verpflichtet. Geplant wurde letztlich die totale Erfassung der Bevölkerung. Zur Umsetzung des Sterilisationsgesetzes wurden 205 Erbgesundheitsgerichte eingesetzt, bei denen Richter und beisitzende Ärzte über die Sterilisation entschieden. Im Ergebnis wurden in ganz Deutschland ca. 400.000 Menschen zwangssterilisiert (vgl. ebd., 86).

Im Schulwesen hatten diese Entwicklung den völligen Ausschluss von sogenannten ›schwer schwachsinnigen‹ Kindern und Jugendlichen zur Folge, was im Reichsschulgesetz 1938 mit dem Ausschluss der ›Bildungsunfähigen‹ legalisiert wurde (vgl. ebd.).

Die konsequente Auslegung der Begriffe des ›lebensunwerten Lebens‹ und die aggressive und massive Propaganda gegen Menschen mit zugeschriebenen Behinderungen oder weiterem ›Anderssein‹ führte schließlich zur massenweisen systematischen Ermordung ›unbrauchbarer‹ Menschen (vgl. ebd.). Ab 1935 gab es interne NS-Diskussionen zur *Euthanasie*, die schließlich planmäßig in die Tat umgesetzt wurden.

In den psychiatrischen Anstalten wurden systematisch und drastisch die Pflegesätze herabgesetzt und damit eine Verschlechterung des Gesundheitszustandes bzw. das Versterben der ›Patientinnen*‹ in Kauf genommen. In der Anstalt Sonnenstein wurde 1936 für nicht arbeitsfähige ›Patientinnen*‹ eine Sonderkost (Hungerkost) eingeführt, die 1938 auf alle sächsischen Anstalten ausgedehnt wurde (vgl. ebd.). Im Ergebnis führte das zu deutlich erhöhten Sterberaten in den Anstalten.

Im Jahr 1939 wurde auf Betreiben des Universitätsprofessors für Kinderheilkunde W. Catel (1894–1981) (Kinderklinik Universität Leipzig) durch den Vater eines behindert geborenen Kindes ein Gesuch um ›Gnadentötung‹ an Hitler gestellt. K. Brandt (1904–1948), der Leibarzt Hitlers, ließ Catel übermitteln, dass »nach Belieben mit dem Kind zu verfahren« sei (ebd., 35). Das Kind Knauer wurde daraufhin im Sommer 1939 in Leipzig getötet. Dieses Gnadengesuch markierte den Beginn der *Kindereuthanasie*. Danach waren Kinder, die von sogenannten Erbkrankheitsbedingungen betroffen waren, durch Gesundheitsämter und Hebammen an den Reichsausschuss zur wissenschaftlichen Erfassung erb- und anlagebedingter schwerer Leiden zu melden. Am 18. August 1939 wurde dazu ein geheimer Runderlass zur Erfassung von sogenannten ›schwachsinnigen‹ Kindern herausgegeben. Catel, der seit Ende 1939 für den Reichsausschuss als Gutachter tätig war, entschied in dieser Funktion nach Aktenlage über Leben und Tod. Ein ›+‹ bedeutete ›Behandlung‹ (Tötung), ein ›-‹ nicht einbeziehen und ein ›B‹ hieß: ›Beobachtung‹. Für die Tötung der Kinder wurden in Kliniken deutschlandweit ›Kinderfachabteilungen‹ eingerichtet, die diese Kinder aufnahmen, untersuchten und bei Bestätigung des Befundes töteten. Ende Oktober 1939 nahm die erste ›Kinderfachabteilung‹ in Görden, einem Stadtteil von Brandenburg an der Havel, ihre Tätigkeit auf. Sie war reichsweit die größte jugendpsychiatrische Anstalt. Allein hier wurden bis 1945 1264 Kinder und Jugendliche getötet (vgl. ebd.).

Insgesamt fielen ca. 5000 Kinder und Jugendliche der Kindereuthanasie zum Opfer. Zumeist wurden sie mittels Überdosen von Luminal oder Morphin, die als Tabletten unter das Essen gemischt, injiziert oder als Zäpfchen gegeben wurden, getötet. Durch das Luminal wurden die Kinder bewusstlos, was ein Kreislaufversagen oder eine oberflächlichen Atmung zur Folge hatte, die oft zu einer Lungenentzündung führte, die dann leicht als ›natürlicher Tod‹ deklariert werden konnte (vgl. ebd.). Aber auch verhungern lassen oder das Spritzen von Luft in die Venen oder Jod in den Rückenmarkskanal waren Tötungsmethoden. Innerhalb von Kinderfachabteilungen wurden Kinder häufig zu Opfern von Medizinversuchen. So benutzte der Pädiater G. Bessau (1884–1944) (Ordinarius der Charité und Lehrer Catels) Kinder der Berliner Fachabteilung für Versuche zur Tuberkuloseimmunisierung (vgl. ebd.). Auch zu Forschungszwecken an Gehirnen wurden Kinder und Jugendliche in Kinderfachabteilungen weitreichender quälender Diagnostik unterworfen, getötet und danach als ›Forschungsmaterial‹ seziert und aufbereitet (vgl. ebd.). Mit dem vermeintlichen Ziel der Erforschung von angeborenen und nichterblichen ›schweren Schwachsinnsformen‹ wurden beispielsweise in der Firma Reichsarbeitsgemeinschaft Heil- und Pflegeanstalten, Forschungsabteilung Heidelberg ab Dezember 1942 systematisch Kinder fotografiert, körperlich untersucht, Körperflüssigkeiten entnommen und untersucht. Jede Akte endete mit dem Sektionsbefund des Körpers und des Gehirns des beforschten Kindes (vgl. ebd.).

Die Zeit des Nationalsozialismus war für die Psychiatrie eine Hochzeit. Klee schreibt: »Die absolute Beforschbarkeit von Kindern in den Schritten Untersuchen, Töten, Obduzieren, Publizieren erzeugt ein spezielles Jagdfieber« (ebd., 376).

Parallel wurde systematisch die Erwachseneneuthanasie vorangetrieben. Ab September 1939 begann die Erfassung von ›Patientinnen*‹ der Heil- und Pflegeanstalten. Auf Meldebögen sollten ›Patientinnen*‹ mit verschiedenen psychischen Erkrankungen, Epilepsie, ›Schwachsinn‹ jeglicher Ursache, ›senile Erkrankungen‹ oder ›Patientinnen*‹, die sich mindestens 5 Jahre andauernd in Anstalten aufhielten oder als sogenannte ›kriminelle Geisteskranke‹ verwahrt wurden oder nicht die deutsche Staatsbürgerschaft besitzen, erfasst werden (vgl. ebd.).

Im Oktober 1939 unterzeichnete Hitler dann eine Euthanasie-Ermächtigung (die auf den 1. September 1939 zurückdatiert wurde), in der er Reichsleiter Ph. Bouhler (1899–1945) und seinen Leibarzt Dr. K. Brandt (1904–1948) beauftragte, »die Befugnisse namentlich zu bestimmender Ärzte so zu erweitern, dass nach menschlichem Ermessen unheilbar Kranken bei kritischster Beurteilung ihres Krankheitszustandes der Gnadentod gewährt werden kann« (ebd., 114). Diese diente später Ärztinnen* und Juristinnen* zur Autorisierung der systematischen Ermordung in den Tötungsanstalten.

Um die Massenermordung akribisch zu organisieren, wurden Scheingesellschaften, die Reichsarbeitsgemeinschaft Heil- und Pflegeanstalten und die Gemeinnützige Kranken-Transport-GmbH (Gekrat) zum Transport der ›Patientinnen*‹ gegründet. Ende November 1939 lief der Massenmord in Baden und Württemberg an. Als erste Tötungsanstalt wurde das Samariterstift Grafeneck geräumt und zur Vergasungsanstalt umgebaut. In einer als Duschraum getarnten Gaskammer, die sich in einer Garage befand, ließ der Anstaltsarzt Kohlenmonoxid in den Vergasungsraum einströmen. Das Gas stammte von der IG Farbenindustrie im Werk Ludwigshafen (BASF).

1940 weitete sich die Euthanasie-Zentrale räumlich und organisatorisch aus; der größte Teil der Verwaltung wurde in einer Villa in der Tiergartenstraße 4 untergebracht und deshalb die Mordaktion von da an abgekürzt ›Aktion T4‹ genannt. Gutachterinnen* entschieden anhand der Meldebögen über die Tötung, Rückstellung oder Nichttötung der ›Patientinnen\*‹. Ein ausgeklügeltes System versuchte, die Ermordungen bei Angehörigen und in der Bevölkerung zu vertuschen. Die in den ursprünglichen Anstalten und Heimen erfassten und von den Gutachterinnen\* vorgesehenen Personen wurden durch zentral organisierte Bustransporte in Zwischenanstalten transportiert. Das waren jeweils zwei bis vier Anstalten im weiteren Umfeld der Tötungsanstalten, zumeist staatliche Psychiatrien. In angeschlossenen Standesämtern wurden Sterbeurkunden mit erfundenen Krankengeschichten für natürliche Todesursachen ausgestellt, wobei man die Briefköpfe weit entfernter Anstalten verwendete. Für die Aktenverschiebungen gab es eigene Kurierdienstautos. Angehörige glaubten daher an ein Versterben in einer sehr weit entfernten Anstalt. Sie erhielten die Mitteilung, der Kranke sei verstorben, die Leiche sei verbrannt, die Asche könne abgeliefert werden. So war es unmöglich, die Todesursache zu überprüfen.

Gegen die ›Aktion T4‹ protestierten Eltern, Vertreter der Kirche, aber auch einige Leiterinnen\* und Mitarbeiterinnen\* von Heimen, in denen die Opfer lebten. Berühmt ist die Predigt des Bischofs von Münster C. A. von Galen, der am 3. August 1941 das systematische Töten von Menschen mit Behinderungen anprangerte. Auf die Proteste hin gab Hitler am 24. August 1941 seinem Begleitarzt Brandt und Reichsleiter Bouhler die mündliche Weisung, die ›Aktion T4‹ zu beenden und die Erwachseneneuthanasie in den sechs Tötungsanstalten einzustellen. Sowohl die Kindereuthanasie als auch die dezentrale Ermordung Erwachsener mit zugeschriebener geistiger Behinderung wurden allerdings bis 1945 in vielen ›Heil- und Pflegeanstalten‹ fortgesetzt. Unter anderem wurden Überdosen von Medikamenten, wie Luminal[31] oder Morphium-Scopolamin, gegeben. Weitere Methoden der Ermordung waren die Gabe von Elektroschocks, ähnlich dem elektrischen Stuhl, und das systematische Verhungernlassen (vgl. ebd.). Zwischen 1941 und 1945 fielen etwa 30.000 weitere Menschen dem Euthanasieprogramm zum Opfer. Nach der Besetzung durch die Alliierten starben in den anschließenden Monaten noch unzählige Menschen an den Folgen systematischer Unterernährung. In den Dachauer Prozessen (1945) und im Nürnberger Ärzteprozess (1946–1947) wurden einige der hauptverantwortlichen Ärzte zum Tod und zu lebenslangen Haftstrafen verurteilt. Als Hauptanklagepunkte wurden in den Nürnberger Prozessen insbesondere die unfreiwilligen Menschenversuche, die Tötung von Häftlingen für die Anlage einer Skelettsammlung und die Krankenmorde der ›Aktion T4‹ behandelt.

Zahlreiche Urteile in den Nürnberger Ärzteprozessen wurden ab 1950 im Strafmaß erheblich abgemildert. Viele der an der Euthanasie beteiligten Ärztinnen\*, Pfleger und Krankenschwestern konnten allerdings fliehen oder unbehelligt weiterleben und haben nach 1945 weiter praktizieren können oder waren gar in Leitungsfunktionen von Krankenhäusern oder psychiatrischen Anstalten tätig (vgl. ebd.)

---

31 Der Arzt P. Nitsche (1876–1948) hatte bereits Anfang 1940 das sog. Luminalschema entwickelt, das er in Leipzig-Dösen erprobte. Er behandelte unterernährte Patienten mit leichten, systematisch zu gebenden Luminaldosen (ebd., 395).

## 1.4 Entwicklung einer sogenannten Geistigbehindertenpädagogik

### Entwicklung in der BRD

Analog zur bundesdeutschen Sozialpolitik knüpfte auch die Bildungspolitik an die Gesetzgebung der Weimarer Republik und die Gesetze des völkischen Führerstaates an. Der Wiederaufbau des Hilfsschulwesens wurde Ende der 1940er Jahre von der Initiative der Hilfsschullehrerinnen* getragen. 1949 gründete sich bereits der Verband der deutschen Hilfsschulen (VDH)[32]. An einem Einbezug von sogenannten ›Schwerschwachsinnigen‹ und ›Bildungsunfähigen‹ bestand allerdings kein Interesse. Anknüpfend an die traditionellen Denkmodelle unterschied der VDH zwischen hilfsschulbedürftigen Kindern und Kindern, die Anstaltspflege benötigen (vgl. Thümmel 2003). Die noch existierenden kirchlichen Anstalten standen nach dem Ende des NS-Regimes vor großen finanziellen und personellen Problemen. So bildeten in der Nachkriegszeit oft die psychiatrischen Anstalten den einzigen außerfamiliären Lebensort für sogenannte ›schwachsinnige‹ Menschen. Für die als ›bildungsunfähig‹ angesehenen Kinder und Jugendlichen war keine schulische Bildung vorgesehen, pädagogische Hilfen beschränkten sich auf einzelne mehr oder weniger private Initiativen. Diese umfassten hortähnliche Einrichtungen, Sammelklassen oder sog. Tagesheimschulen (vgl. Speck 1979).

Der Wendepunkt wurde sichtbar, als Eltern, unterstützt von einigen wenigen Fachleuten, die Initiative ergriffen und sich für das Recht auf Erziehung und Bildung für ihre Kinder einsetzten. Als zentrale Organisationsfigur fungierte hierbei der holländische Sozialpädagoge Tom Mutters. Dieser übernahm als Verbindungsoffizier der Vereinten Nationen im Phillips Hospital Goddelau die Betreuung von Flüchtlingskindern, die als geistig behindert galten. Tom Mutters, der an die Entwicklung dieser Kinder glaubte, organisierte in der ganzen Welt Spenden und informierte sich über Möglichkeiten der Förderung im Ausland. Kontakte zwischen ihm und den Eltern führten zur Bildung eines bundesweiten Netzwerkes, das im Ergebnis zur *Gründung der »Lebenshilfe für das geistig behinderte Kind« 1958* in Marburg führte. Unter dem Dach der Bundesvereinigung kam es zur Bildung von örtlichen Regionalgruppen. Hier entstanden die ersten Fachgremien wie der Sozialbeirat, der wissenschaftliche Beirat, der pädagogische Ausschuss und der Werkstattausschuss (Thümmel 2003). Gleichzeitig plädierte Otto Speck 1958 für eine Revision der sonderpädagogischen Terminologie ›bildungsunfähig‹; dieser sei »historisch schwer belastet« und »mit viel Unrecht und Unheil« (Ellger-Rüttgart 2008, 304) verknüpft.

Als großes Ziel formulierte die Lebenshilfe, Bildungsmöglichkeiten für diese Kinder aufzutun. 1960 veröffentlichte die Lebenshilfe eine Denkschrift über die Bildbarkeit ›geistig behinderter Menschen‹, welche in erster Linie dazu diente, die Schulbehörden auf einen Rechtsanspruch auf Bildung für diese Personengruppe aufmerksam zu machen. Sie forderten eine eigenständige Schulform für ihre Kinder.

---

32 Später und heute: Verband Sonderpädagogik (VDS)

Erste Schritte auf dem Weg zur Durchsetzung staatlicher Schulen bildete die Einrichtung von Tagesbildungsstätten (vgl. Thümmel 2003).

Von 1965 bis 1968 erarbeitete Heinz Bach Empfehlungen »Zur Ordnung von Erziehung und Unterricht an Sonderschulen für Geistigbehinderte« (Bundesvereinigung Lebenshilfe 1966 in ebd.). Diese Empfehlungen bildeten für viele Schulen, die sich ab den 1960er Jahren gründeten, die konzeptionelle Grundlage. Es wurden allerdings wiederum Mindestvoraussetzungen formuliert. Dazu gehörten Hand- und Fortbewegungsfähigkeit, Sprachverständnis, Gruppenfähigkeit, Sauberkeit und die Fähigkeit, sich auf Tätigkeiten kurzfristig zu konzentrieren. Für sogenannte Pflegefälle sollte die Schulpflicht ruhen (vgl. ebd.).

Mit der Einführung des Bundessozialhilfegesetzes (BSHG) von 1961 wurde das Recht auf Sozial- und Eingliederungshilfe neben anderen Personengruppen auch für Menschen mit sogenannter geistiger Behinderung festgeschrieben (vgl. ebd.). Dieses schaffte die Grundlage für den Aufbau eines für die damalige Zeit fortschrittlichen Versorgungssystems mit Frühfördereinrichtungen, Werkstätten (später Werkstätten für Behinderte, WfB) und Wohnheimen. Die Lebenshilfe war bei der Gründung vieler dieser Institutionen eine wesentliche Triebkraft.

Die 1972 von der Kultusministerkonferenz veröffentlichte »Empfehlung zur Ordnung des Sonderschulwesens« definierte wie schon 1960 die Sonderschule als »eigenständige Schulform«, die durch zehn verschiedene Sonderschularten repräsentiert wurde. Neben der Schule für ›Lernbehinderte‹, ›Körperbehinderte‹ usw. gehörte hier die Schule für ›Geistigbehinderte‹ dazu (vgl. Ellger-Rüttgart 2008). In dieser Empfehlung wurde erstmals der für die damalige Situation fortschrittliche Gedanke eines präventiven Charakters sonderpädagogischen Bemühens betont und es als erstrebenswert formuliert, den Anteil der ›Sonderschulbedürftigen‹ durch entsprechende Maßnahmen zu senken (vgl. ebd.). Ferner wurde die Durchlässigkeit zwischen Sonderschulen und allgemeinen Schulen gefordert. Sogenannte ›Grenzfälle‹, also Kinder und Jugendliche, die man als leichter behindert bezeichnete, sollten durch Differenzierungsmaßnahmen in der allgemeinen Schule bestmöglich gefördert werden. In der nachfolgenden Empfehlung des Deutschen Bildungsrates von 1973 wurde erstmals die weitgehende gemeinsame Unterrichtung von Kindern mit und ohne Behinderung vorgesehen bzw. eine Ermöglichung sozialer Kontakte gefordert. Insofern bildete die Empfehlung den Beginn der Debatte um eine gemeinsame Erziehung und damit gegen eine schulische Isolation von Kindern und Jugendlichen mit zugeschriebener Behinderung (vgl. ebd.). Damit gingen die ersten Modellversuche integrativen Unterrichts in München, Berlin, Bonn, Hamburg und Köln einher (vgl. ebd.). »Eine bedeutende Rolle i. S. einer kritischen Begleitung der Integrationsbewegung« (Feuser 2018, 212) spielte die in den 1970er Jahren gegründete Krüppelbewegung, die sich als Selbstvertretungsbewegung aktiv in Bereichen der Behindertenpolitik einbrachte (vgl. Achtelik 2015)[33].

---

33 In den ersten Selbstvertretungsbewegungen und -organisationen blieben Menschen mit zugeschriebener geistiger Behinderung nahezu unberücksichtigt. Erst in den 1990er Jahren gründete sich in Anlehnung an die Entwicklungen in den USA auch in Deutschland die erste People-First Gruppe und wurde zum Teil eines Selbstvertretungsnetzwerks von und für den Personenkreis (vgl. Hauser 2020).

Während sich also die Situation für viele Kinder, Jugendliche und Erwachsene mit zugeschriebener geistiger Behinderung in den 1960er und 1970er Jahren verbesserte, waren Menschen mit schwerer und mehrfacher Behinderung nach wie vor von Schulbildung, Förder- und Arbeitsangeboten ausgeschlossen und lebten entweder zu Hause, in konfessionellen Heimen oder in psychiatrischen Anstalten.

Mit dem Bericht über die Lage der Psychiatrie in der Bundesrepublik Deutschland »Zur psychiatrischen und psychotherapeutisch/psychosomatischen Versorgung der Bevölkerung« (der sog. *Psychiatrie-Enquete*) wurde 1975 auf die Missstände in den psychiatrischen Krankenhäusern in Deutschland verwiesen. Es wurden schwerwiegende Mängel bei der Versorgung psychisch Kranker und Menschen mit Behinderung aufgezeigt. Unter anderem wurde festgestellt, dass eine sehr große Anzahl dieser Menschen unter elenden, zum Teil als menschenunwürdig zu bezeichnenden Umständen leben müssen. Weiterhin wurde auf die mangelhafte Ausstattung an Ärztinnen* sowie pflegerischen bzw. sozialpädagogischen Mitarbeiterinnen* hingewiesen (vgl. Deutscher Bundestag 1975). Ein weiterer wesentlicher Punkt war die ›Fehlplatzierung‹ von Menschen mit zugeschriebener geistiger Behinderung in den Abteilungen psychiatrischer Anstalten (vgl. ebd.). 1975 waren 18,5 % der Patientinnen* in den psychiatrischen Krankenhäusern, rund 17.400, Menschen mit zugeschriebener geistiger Behinderung. Diese können in den psychiatrischen Krankenhäusern nicht die erforderliche heil- und sozialpädagogische Behandlung erhalten (vgl. ebd.). Der damit einsetzende Prozess der Enthospitalisierung war und ist ein langwieriger und noch nicht abgeschlossener Prozess. Noch Mitte der 1990er Jahre zeigte sich, dass immer noch tausende Menschen mit sogenannter geistiger Behinderung in der Bundesrepublik ›fehlplatziert und fehlbetreut‹ in psychiatrischen Krankenhäusern und isolierenden Pflegeeinrichtungen untergebracht waren. Im sog. Magdeburger Appell 1993 wurde deshalb eine »[...] sofortige Umwandlung von Stationen in psychiatrischen Einrichtungen und Pflegeheimen zu kleinen, gemischtgeschlechtlich belegten Wohngruppen unter pädagogischer Leitung [...]« (Straßmeier 2000, 2) gefordert. Im Ergebnis zeigte sich allerdings häufig, dass sich allein durch die ›Umwandlung‹ in Einrichtungen der Eingliederungshilfe die Bedingungen für das Leben der Menschen wenig änderten, da die Grundstrukturen erhalten blieben. Das »psychiatrische Klinik-Modell« und die Strukturen einer »totalen Institution« (vgl. Goffman 1961) wurden damit zum Teil tradiert (vgl. Straßmeier 2000, 6).

Des Weiteren muss kritisch resümiert werden, dass es nach wie vor, sowohl auf dem Gebiet der sogenannten alten als auch der neuen Bundesländer, Menschen mit zugeschriebener geistiger Behinderung gibt, die in Abteilungen psychiatrischer Krankenhäuser leben. Häufig sind es Menschen mit schweren Hospitalisierungserscheinungen oder anderen sogenannten Verhaltensstörungen, von denen angenommen wird, dass sie nicht in Einrichtungen der Behindertenhilfe eingliederbar sind.

Zeitgleich mit der Enthospitalisierung wurden zunehmend Kinder und Jugendliche mit sogenannter schwerer und mehrfacher Behinderung an ›Schulen für Geistigbehinderte‹ aufgenommen. Das Recht auf pädagogische Fördermaßnahmen für jedes Kind mit der Diagnose geistige Behinderung, unabhängig von deren Schwere, wurde allerdings erst 1979/1980 mit den »Empfehlungen für den Unterricht in der Schule für Geistigbehinderte« (KMK 1980, 4; Lamers & Heinen 2006) der Kultusministerkonferenz festgeschrieben. Diese Entwicklung ging mit der Etablierung besonderer heilpädagogischer Ansätze, wie der Basalen Stimulation, der Basalen Aktivierung, der heilpädagogischen Übungsbehandlung und verschiedenen Therapieformen wie Ergo- und Physiotherapie einher und ermöglichte ihnen erstmals unterrichtliche Teilhabe.

## Entwicklungen in der DDR

Nach dem Zweiten Weltkrieg war die Hilfsschule auf dem Gebiet der ehemaligen DDR formal dem allgemeinen System der Schulen zugeordnet. Dies wurde im Schulgesetz von 1945 bestimmt. In seinen Ausführungsbestimmungen wurde für sogenannte bildungsfähige, körperlich oder geistig beeinträchtigte Kinder und Jugendliche die Schulpflicht festgeschrieben (vgl. Werner 1999 in Barsch 2007, 21).

In den 1950er Jahren wurden Kinder, die die Kulturtechniken nicht erlernen konnten, zunehmend aus den Hilfsschulen ausgegliedert. Für diese Kinder prägte sich der Begriff der ›Schulbildungsunfähigkeit‹, was 1969 in den »Durchführungsbestimmungen zum Gesetz über das einheitliche sozialistische Bildungssystem« bestätigt wurde und zur kompletten Ausschulung dieser Schülerschaft führte (vgl. ebd.). Der Besuch der Hilfsschule war demzufolge nur für die sogenannten schulbildungsfähigen Intelligenzgeschädigten, die sich elementare Fähigkeiten des Lesens, Schreibens und Rechnens aneignen konnten, vorgesehen (vgl. ebd.). Die als schulbildungsunfähig und förderungsfähig bezeichneten Kinder besuchten auf der Grundlage der »Programmatischen Empfehlungen des Ausschusses für Gesundheitswesen der DDR« 1968/1969 die rehabilitationspädagogischen Förderungseinrichtungen, die dem Gesundheits- und Sozialsystem unterstellt waren (vgl. ebd.). 1973 entstand an der Humboldt-Universität in Berlin der erste »Entwurf eines Rahmenplanes zur Förderung schulisch nicht mehr bildbarer, aber noch förderungsfähiger hirngeschädigter Kinder und Jugendlicher in Einrichtungen des Gesundheits- und Sozialwesens«. Damit wurde erstmals in der DDR eine pädagogische und methodische Richtlinie für die Arbeit mit Kindern und Jugendlichen mit sogenannter Intelligenzschädigung veröffentlicht (vgl. ebd.).

Kinder und Jugendliche, die rehabilitationspädagogisch nicht mehr erfolgreich zu fördern waren, galten als ›*schulbildungs- und förderungsunfähig*‹. Für sie gab es neben der Betreuung und Versorgung im Elternhaus nur die Unterbringung in den entsprechenden Abteilungen der psychiatrischen Großkliniken oder in kirchlichen Heimen. Auch die Rehabilitationspädagogik als Disziplin wandte sich diesen Kindern und Jugendlichen nicht zu (vgl. ebd.). Sie galten als ›Pflegefälle‹ und waren nach damaliger Meinung pädagogischen Bemühungen nicht zugänglich.

Ab Mitte der 1950er Jahre wurden in der DDR Beratungsstellen des Kinder- und Jugendgesundheitsschutzes aufgebaut, die den Räten der Städte und Gemeinden unterstellt waren. Mit Vollendung des 3. Lebensjahres und vor Schuleintritt wurden alle Kinder nach einem verbindlichen Untersuchungsprogramm bezüglich ihrer Schulfähigkeit beurteilt (vgl. ebd.). Bei der Feststellung einer ›Intelligenzschädigung‹ wurde das Kind je nach Schweregrad für die Hilfsschule, für eine Förderungstagesstätte oder als ›Pflegefall‹ für ein Dauerheim oder eine psychiatrische Anstalt vorgeschlagen. Eine Versorgung in der Familie war prinzipiell möglich, wurde aber entsprechend der generellen Institutionalisierung der Kinderbetreuung in der DDR nicht gerne gesehen. Familien, die ihr Kind zu Hause betreuen wollten, erhielten ein geringes Sonderpflegegeld von 200 Mark der DDR (vgl. ebd.).

Positiv beeinflusst durch die sozialistische Ideologie, welche der Arbeit einen zentralen Stellenwert zusprach, kam es in den 1970er Jahren zur Entwicklung sogenannter *geschützter Arbeit*. Diese konnte in verschiedenen Formen stattfinden. So gab es die ›geschützten Werkstätten‹ des Gesundheits- und Sozialwesens, ›geschützte Betriebsabteilungen‹, ›geschützte Einzelarbeitsplätze‹ und Heimarbeit. In der »Anordnung [Nr. 1] zur Sicherung des Rechts auf Arbeit für Rehabilitanden« in der Novellierung 1976 wurden Betriebe und Einrichtungen sowie staatliche Organe zur Schaffung von Arbeitsplätzen für ›schwer- und schwerstgeschädigte Bürger‹ aufgefordert. Diese Verpflichtung wurde 1977 im Arbeitsgesetzbuch festgeschrieben (vgl. ebd.). Allerdings gab es keine flächendeckende Arbeitsvergabe. Insbesondere ›intelligenzgeschädigte Menschen‹ in Anstalten waren davon ausgeschlossen.

Die Betreuung von Menschen, die als ›Pflegefälle‹ und damit als nicht bildungs- und förderungsfähig galten, war in der DDR bis zur Wende und auch noch in den Jahren danach sehr unbefriedigend. Für die Unterbringung und Betreuung dieser Personengruppe gab es nur marginale Rechtsvorschriften (vgl. ebd.). Die meisten von ihnen lebten in den Einrichtungen der Psychiatrie. Psychiatrische Versorgung bedeutete in der DDR die Verwahrung in baufälligen Großkliniken mit desaströser sächlicher Ausstattung und einem großen Mangel an Ärztinnen* und Pflegekräften. Zwischen 35 bis 70 % der ›Patientinnen*‹ war ›fehlplatziert‹ und nicht behandlungsbedürftig, wie beispielsweise chronisch Kranke und Menschen mit einer sogenannten geistigen Behinderung (vgl. Klee 1993). Die Verweildauer in psychiatrischen Krankenhäusern betrug bei einem Viertel der Menschen mehr als 10 Jahre (vgl. Bach 1992). Die DDR-Psychiatrie war zentralistisch organisiert, biologistisch ausgerichtet und durch die konsequente Übernahme des naturwissenschaftlichen Krankheits- und Therapieverständnisses gekennzeichnet. In der praktischen Umsetzung waren damit die Anwendung von Elektroschocks, Fixierungsmaßnahmen und die Gabe von hohen Dosen an Psychopharmaka verbunden. Sozialpsychiatrische Handlungskonzepte und Fördermaßnahmen spielten keine Rolle (vgl. Klee 1993). Weiterhin boten die psychiatrischen Anstalten ein menschenunwürdiges Bild mit großen Schlafsälen, karger, ärmlicher Möblierung, die nichts Individuelles zuließ und keinerlei Privatsphäre zuerkannte sowie offenen Waschräumen und Toiletten als Gipfel der Entwürdigung und Entmenschlichung (vgl. ebd.).

In der »Verordnung über Feierabend- und Pflegeheime« von 1978 formulierte das Gesundheitsministerium die Zuständigkeiten für erwachsene Menschen mit einer psychischen Schädigung (vgl. Barsch 2007). Hier sollten Menschen, die aufgrund ihres Alters oder ihres gesundheitlichen und körperlichen Zustandes eine Betreuung und Pflege benötigen, aufgenommen werden. Für sogenannte psychisch geschädigte Bürgerinnen* – damit waren auch Menschen mit zugeschriebener geistiger Behinderung gemeint –, die das 18. Lebensjahr vollendet hatten, waren demzufolge Pflegeheime bzw. Stationen in den psychiatrischen Anstalten für Erwachsene vorgesehen (vgl. ebd.).

Vergleicht man die Entwicklungen der beiden deutschen Staaten miteinander, so ist festzustellen, dass während der ersten 10 Jahre nach deren Gründung die Gemeinsamkeiten überwiegen. Allerdings zeigt sich in den 1970er Jahren in der BRD ein tiefgreifender Veränderungsprozess, der mit einer Abkehr vom medizinischen Verständnis von Behinderung, der Einführung der Schulpflicht für Kinder mit zugeschriebener geistiger Behinderung sowie der beginnenden Diskussion um Integration und Normalisierung einherging (vgl. Fornefeld 2013; Ellger-Rüttgardt 2008). Das Stagnieren der Entwicklung in der DDR führt Barsch auf die geringen Ressourcen zum Aufbau eines Bildungs- und Betreuungswesens und die systembedingte Verhinderung der Bildung von Elternverbänden und Interessenvertreterinnen* zurück, die sich für die Belange von Menschen mit sogenannter geistiger Behinderung einsetzten (vgl. Barsch 2007). Bis zur Wende blieb der medizinisch-psychiatrische Blick auf Behinderung bestehen, und das gesamte Betreuungssystem für den Personenkreis oblag dem Gesundheitswesen. Während des Bestehens der DDR wurde eine sogenannte geistige Behinderung ausschließlich medizinisch erklärt und auf organische Ursachen zurückgeführt. Eine Entwicklungsverzögerung aufgrund sozialer bzw. milieubedingter Ursache passte nicht zur herrschenden Ideologie und wurde für ›unmöglich‹ erklärt. Das positive Wirken der sozialistischen Gesellschaft sollte ja gerade dies grundlegend verhindern (vgl. ebd.).

## 1.5 Blickrichtung Inklusion – Aktuelle politische und rechtliche Entwicklungen

Inklusion als Menschenrecht anzuerkennen und die vollumfängliche Partizipation und Gleichstellung von Menschen mit Behinderung in allen Lebens- und Gesellschaftsbereichen umzusetzen, ist erklärtes Ziel der UN-Konvention über die Rechte von Menschen mit Behinderung, die von Deutschland 2009 ratifiziert wurde. In diesem Zusammenhang stehen Entwicklungen und Maßnahmen, die dieses Recht politisch und rechtlich absichern sollen. Alle Unterzeichnerstaaten der UN-BRK verpflichten sich zur Einrichtung einer unabhängigen Monitoring-Stelle, die die »Einhaltung der Rechte von Menschen mit Behinderungen fördert« (Deutsches Institut für Menschenrechte, o. S.), konkrete Umsetzungsmaßnahmen mit Blick auf die Ziele der UN-BRK prüft und dazu regelmäßig Berichte verfasst. In Deutschland ist die Monitoring-Stelle am Deutschen Institut für Menschenrechte verortet und hat neben der Überwachung der Umsetzung der UN-BRK auch eine beratende Funktion für Politikerinnen* auf Bundes- und Länderebene und für Mitarbeitende in Ministerien, Behörden und Gerichten. Einen Überblick über die aktuellen Entwicklungen verschaffen sich die sechs Mitarbeiterinnen* der Monitoring-Stelle durch »wissenschaftliche Studien, regelmäßige Treffen mit Behindertenverbänden und Menschen mit Behinderung, Besuchen in Betreuungseinrichtungen oder Anhörungen von Expertinnen und Experten« (Deutsches Institut für Menschenrechte, o. S.). Über ihre

Erkenntnisse berichtet die Monitoring-Stelle dem UN-Ausschuss für die Rechte von Menschen mit Behinderung, der als internationaler Fachausschuss die Umsetzung der UN-BRK überprüft. Rechtliche Verbindlichkeit hat die UN-BRK nur bedingt. So drohen den Unterzeichnerstaaten keine Konsequenzen, sollten sie nicht angemessen im Sinne der UN-BRK handeln und Recht schaffen – es sei denn, es liegen Verstöße gegen andere geltende internationale und/oder nationale Rechte vor. Ein einklagbares Recht der Bürgerinnen* besteht dadurch auch in Deutschland nur da, wo die Rechtsverletzung auch ein anderes geltendes Recht, wie beispielsweise das im Grundgesetz und in der UN-BRK verankerte Diskriminierungsverbot, betrifft. Das heißt, dass die Verankerung der UN-BRK im deutschen Rechtssystem durch unbestimmte Rechtsbegriffe gekennzeichnet ist, wodurch sich große Beurteilungsspielräume auftun und Ermessensentscheidungen möglich werden, die einer konsequenten Umsetzung der UN-BRK im Weg stehen (vgl. Aichele 2010).

Ein in Deutschland sehr umkämpftes und stark polarisierendes Recht, das im Artikel 24 der UN-BRK verankert ist, betrifft die inklusive Schulbildung. Die Monitoring-Stelle spricht für Deutschland von einer nicht nachvollziehbaren Abweichung von den international anerkannten Interpretationsstandards und dem Verkennen zentraler Inhalte, was sich insbesondere auch in der deutschen Übersetzung von ›Inclusion‹ zu ›Integration‹ widerspiegelt (vgl. ebd.). Aufgrund des föderalistischen Schulsystems und der (rechtlichen) Unbestimmtheit zentraler Begriffe und ihrer Bedeutung ist der Stand der Umsetzung inklusiver Bildung bundeslandspezifisch sehr unterschiedlich und erweist sich als stark abhängig von politischen Programmen und den jeweiligen Entscheidungsträgerinnen*. So wurde in einer von der Friedrich-Ebert-Stiftung in Auftrag gegebenen Studie im Jahr 2017 herausgearbeitet, dass die gesetzlichen Vorgaben und Rahmenrichtlinien zu sonderpädagogischen Diagnostiken, Zuordnungsprinzipien und Datenerfassung abhängig vom Bundesland stark variieren. Daher ist in der Beurteilung der Umsetzung schulischer Inklusion in den einzelnen Bundesländern eine rein statistische Betrachtung anhand sogenannter ›Inklusionsquoten‹ bzw. ›Exklusionsquoten‹ nicht zielführend. Zudem sagen die Statistiken nichts über die Qualität der inklusiv gestalteten Schulpraxis aus (vgl. Lange 2017, 10 f.).[34] Vielmehr erweist es sich als lohnenswert, andere statistisch ablesbare Entwicklungen in den Blick zu nehmen, die Hinweise auf politische Programmatiken und Entwicklungen geben. Beispielsweise variiert der Anteil an Schülerinnen* mit zugewiesenem sonderpädagogischen Förderbedarf in den einzelnen Bundesländern stark; von nahezu 11 % (Mecklenburg-Vorpommern) bis 5,7 % (Hessen): »Diese Differenzen zeigen, dass die Klassifizierung und Exklusion eines Kindes als ›sonderpädagogisch förderbedürftig‹ – mit allen Folgen für die weitere Lebensperspektive des Kindes - wenig eindeutig ist« (vgl. Lange 2017, 15). Ebenso auffällig ist der zunehmend hohe Anteil an Schülerinnen* mit der Diagnose geistige Behinderung (▶ Kap. III, 2.1) sowie der quantitativ nachweisbare Zustand,

---

34 Einen Überblick über den Stand der Entwicklungen schulischer Inklusion in den einzelnen Bundesländern gibt Lange, V. (2017): Inklusive Bildung in Deutschland. Ländervergleich. Online verfügbar unter: https://www.fes.de/gute-gesellschaft-soziale-demokratie-2017plus/gute-arbeit-und-sozialer-fortschritt/projekte/inklusive-bildung-im-laendervergleich/ (25.03.2020).

dass Schülerinnen* ohne deutsche Staatsangehörigkeit, zum Beispiel Schülerinnen* mit Flucht- und/oder Migrationshintergrund, in vielen Bundesländern an Förderschulen überrepräsentiert« sind (Lange 2017, 15). Insgesamt lässt sich kritisch bilanzieren, dass Inklusion auf politischer Ebene im Allgemeinen, wie im Bereich der Bildungspolitik im Besonderen *populistisch* betrieben wird (Jantzen 2012c) und Ausgrenzungen im gesellschaftlichen (Schul)Alltag allgegenwärtig sind (ebd.).

Auch wenn, wie in den Veröffentlichungen zur jährlich stattfindenden Integrations- und Inklusionsforscherinnen*tagung (1996 bis heute) deutlich wird, schulische Inklusion eines der zentralen Themenfelder ist, reichen die Forderungen der UN-BRK jedoch weit darüber hinaus. »Full and effective Participation« (UN-BRK, Artikel 1) wird für alle Lebens- und Gesellschaftsbereiche gefordert, und in Deutschland soll das seit 2018 schrittweise eingeführte Bundesteilhabegesetz (BTHG) dazu einen wesentlichen Beitrag leisten. Mit Maßnahmen zur Verbesserung der Einkommens- und Vermögensheranziehung oder durch die Herauslösung der Eingliederungshilfe aus der Sozialhilfe und die Stärkung der Personenzentrierung soll die »volle, wirksame und gleichberechtigte Teilhabe am Leben in der Gesellschaft« (§ 1 BTHG) gefördert werden. Doch viele Selbstvertretungsorganisationen und Einzelpersonen üben Kritik an den Neuregelungen durch das BTHG und stellen in Frage, dass das Gesetz tatsächlich dazu beiträgt, Selbstbestimmung und Teilhabe zu stärken (vgl. Deubner 2017). Viele der Änderungen und Verbesserungen, die die finanzielle Situation der betroffenen Personen stärken sollen, seien vor allem für die Menschen mit Behinderung vorteilhaft, die Erwerbseinkommen haben und unabhängig von Sozialleistungen sind. Im Falle einer Hilfe zur Pflege und/oder eines Bedarfs an anderen Sozialleistungen, die weiterhin durch das sogenannte Sozialhilfegesetz geregelt werden und damit den entsprechenden Regularien unterliegen, profitieren die Betroffenen kaum. Zudem gibt es in entscheidenden Punkten, wie der freien Wahl des Wohnortes, wenig rechtliche Verbindlichkeit, und es liegt im Ermessen der jeweiligen Bearbeiterin*, ob beispielsweise der Wunsch nach einer eigenen Wohnung und einer dafür notwendigen Assistenz realisiert werden kann. Diese Entscheidung wird mitbestimmt durch die Möglichkeit des ›Poolens‹ von Leistungen, das durch das BTHG rechtlich ermöglicht wird. Poolen bedeutet, dass sich mehrere Leistungsberechtigte eine Leistung teilen. So ist bspw. das Poolen von Leistungen in stationären und teilstationären Einrichtungen besser möglich als in ambulanten Wohnformen. Das Poolen von Leistungen ist zwar nur bei Zumutbarkeit gestattet, aber »durch die Zumutbarkeitsprüfung entsteht […] für die leistungsberechtigte Person ein Rechtfertigungsdruck, weswegen wir auch von Zwangspoolen sprechen« (Umsetzungsbegleitung Bundesteilhabegesetz, o. S.). Mit Blick auf die umfänglichen Kritikpunkte am BTHG stellt sich die Frage, in welchem Rahmen Menschen mit Behinderungserfahrungen bzw. entsprechende Selbstvertretungsorganisationen in die Erarbeitung der gesetzlichen Grundlagen einbezogen wurden. Das Bundesministerium für Arbeit und Soziales drückt sich hier eher vage aus und schreibt dazu: Der Beirat für die Teilhabe behinderter Menschen »wird [als; d. A.] Gremium regelmäßig genutzt, um aus Sicht des Bundes und der Länder über den aktuellen Stand der Umsetzung des BTHG zu *informieren*. Anschließend ist *eine Gelegenheit zu einer Aussprache vorgesehen.* […] Dazu werden jeweils vor und nach den

LBAG[35]-Sitzungen Gespräche mit dem DBR[36] und dem Beauftragten der Bundesregierung für die Belange von Menschen mit Behinderungen mit dem Ziel geführt, die Anliegen der Menschen mit Behinderungen *angemessen zu berücksichtigen*« (Bundesministerium für Arbeit und Soziales, o. S.).

## 1.6  Exkurs: Rolle der Selbstvertreterinnen*

Dabei sollte ein wesentliches Prinzip in der Erarbeitung rechtlicher Grundlagen und politischer Entscheidungen im Sinne der Selbstbetroffenheit und -bestimmung und politischer Partizipation der Einbezug von Selbstvertreterinnen* sein. Dies ist jedoch längst nicht gängige Praxis, und die Zusammenarbeit gestaltet sich teilweise noch schwierig. Diese Schwierigkeiten können auf unterschiedliche Ursachen zurückgeführt werden, wie einstellungsbezogene Vorbehalte oder die Barrieren in der Darstellung bestimmter politischer Sachverhalte, die es Menschen mit zugeschriebener geistiger Behinderung erschweren, sich politisch zu positionieren. So sei beispielsweise die Mitwirkung von Interessensverteterinnen* im Rahmen der Verhandlungen um den Rahmenvertrag des BTHG in Schleswig-Holstein »[…] für alle Beteiligten neu und damit ungewohnt« (Hase in Miles-Paul 2019, o. S.). Zudem sei »das Thema kompliziert. Menschen mit Behinderung müssen lernen, sich dazu politisch zu positionieren« (ebd.). Und »die Vertragspartner respektieren Menschen mit Behinderung noch nicht als Experten in eigener Sache und beziehen sie aktiv in Entscheidungsprozesse ein« (ebd.). Diese Herausforderungen und Barrieren für die politische Partizipation von Menschen mit zugeschriebener geistiger Behinderung bzw. ihrer Selbstvertretungsorganisationen führen dazu, dass wesentliche Entscheidungen über die Köpfe der Betroffenen hinweg getroffen werden. Und kommt es doch zur partizipativen Einbindung, so besteht zumindest die Gefahr, dass der Beteiligung von Selbstvertreterinnen* in einigen Fällen eine bloße Alibifunktion innewohnt und die Wirksamkeit der Entscheidungsmacht auf der Strecke bleibt. Es ist zu beachten, dass auch Selbstvertretungsgruppen keinesfalls die Positionen *aller* Menschen mit Behinderung wiederspiegeln, und Homann & Bruhn (2020) weisen darauf in, dass auch diese Organisationen dazu beitragen können, Stereotype zu festigen und diese so unter Umständen in wesentliche rechtliche und politisch relevante Entscheidungsprozesse einfließen bzw. deren Legitimationsgrundlage bilden[37]. Nichts desto trotz sollte Partizipation ein Grundprinzip politischer Arbeit sein, zumal vor allem Menschen mit zugeschriebener geistiger Behinderung im deutschsprachigen Raum

---

35  Länder-Bund-Arbeitsgruppe
36  Deutscher Behindertenrat
37  So wird bspw. die Kampagne »behindern.verhindern« des sächsischen Sozialministeriums, die u. a. in Zusammenarbeit mit dem Sächsischen Landesbeirat für die Belange von Menschen mit Behinderung (SLB) entstanden ist, vielfach von Menschen mit Behinderungserfahrungen kritisiert und als stigmatisierend und stereotypisierend abgelehnt.

bisher selten in beruflichen Feldern als politische Akteurinnen\* und Entscheidungsträgerinnen\* arbeiten. Das führt dazu, dass das Leben und die Perspektiven von Menschen mit Behinderungserfahrungen in der politischen Arbeit nach wie vor wenig selbstverständlich sind. Die Konsequenzen dieser andauernden Unsichtbarkeit werden auch in der Zeit der Corona-Pandemie deutlich, in der »Menschen mit Behinderung vergessen [werden, d.A.]« (EU-Schwerbehinderung 2020). Darauf deutet auch ein Beispiel aus Sachsen hin: Im Zuge der Corona-Krise und der damit verbundenen Maßnahmen der Schließungen von Schulen, Kindertageseinrichtungen und vielen Arbeitsstätten titelt die Leipziger Volkszeitung: »Um die Verbreitung des Coronavirus einzudämmen, wurden Kitas und Schulen geschlossen. Doch 1500 Menschen mit Behinderungen, die in geschützten Werkstätten in Leipzig arbeiten und als besonders gefährdet gelten, sind bislang durchs Raster gefallen. Sie arbeiten weiter, als gäbe es Corona nicht« (Leipziger Volkszeitung am 18.03.2020). Im Artikel wird darauf verwiesen, dass durch die Bedingungen in den Werkstätten bis hin zu den täglichen Anfahrten in den Kleinbussen der Fahrdienste adäquate Schutzmaßnahmen kaum möglich sind, die Arbeiterinnen\* jedoch zum großen Teil einer sogenannten Risikogruppe angehören. Die vergleichsweise lange und riskante Aufrechterhaltung des Werkstattbetriebes kann ein Zeichen dafür sein, dass »sowohl die Menschen mit Behinderungen als auch die Betriebe sträflich im Stich gelassen werden« (Pellmann in: MDR-Sachsen am 20.03.2020). Sie kann aber auch zumindest teilweise eine Reaktion auf die drohenden Belastungssituationen in den Wohneinrichtungen für Menschen mit Behinderung sein, in denen viele der Werkstattangestellten\* wohnen. Die Belastung liegt dabei sowohl auf Seiten der Mitarbeiterinnen\* als auch auf Seiten der Bewohnerinnen\*, die nun mit einer verschärften Exklusion konfrontiert sind. Vielerorts dürfen sie aufgrund ihres (vermeintlichen) Risikostatus die Einrichtungen nicht verlassen.

So zeigen sich zusammenfassend sowohl die Missstände des Systems als auch die aktuelle rechtliche und politische Entwicklung im Inklusionsdiskurs und die Haltbarkeit und Relevanz rechtlicher Rahmenbedingungen vor allem in dieser durch den Corona-Virus ausgelösten Krisenzeit. Unter anderem im Diskurs um das Triage-System (▶ Kap. I, 2.2) deutet sich an, wie bedeutsam wesentliche rechtliche Grundsteine, flankiert durch die Verfassung und die Menschenrechte, wortwörtlich für das Leben von Menschen mit Behinderungen sind und ob und wenn ja welche Priorität den wegweisenden Inhalten der UN-BRK zugestanden wird (vgl. BODYS 2020).

*Fazit:* Der skizzierte fragmentarische Streifzug durch die verschiedenen historischen Epochen bis hin zu Entwicklungen der Gegenwart hat zum Ziel, eine »*Orientierung des menschlichen Handelns (und Leidens) in der Zeit*« (Baumgärtner 2015, 37; Hervorhebung i. O.) zu verdeutlichen und eine »*Sinnbestimmung über Zeiterfahrung*« (ebd.) sowie eine »kritische Sinnbildung« (ebd., 39) über die Zeiteinordnung zu ermöglichen.

Neben historischen, sind auch ethische Fragen und Diskurse leitend für das Selbstverständnis einer Pädagogik der Verbesonderung. Daher möchten wir im Folgenden in ausgewählte ethische Diskussionen eintauchen und der Frage nachgehen, welche Relevanzsetzungen hieraus jeweils für den Personenkreis von Menschen mit zugeschriebener geistiger Behinderung und das Verständnis pädagogischen Handelns erwachsen.

# 2 Ethische und philosophische Grundlagen

Während die Philosophie sich letztlich mit allen Gegenständen auseinandersetzen kann – jegliche Disziplin unter dem Aspekt der »Liebe zur Weisheit« untersuchen kann –, ist Ethik der grundlegende Teil der praktischen Philosophie (vgl. Halder & Müller 2003) und damit eine einzelne Disziplin der Philosophie. Ethik setzt sich mit den Fragen nach dem richtigen Handeln und dem guten Leben auseinander, ihr zentraler Gegenstand ist das menschliche Handeln (vgl. Prechtl 2008).

Philosophie und Ethik sind schon lange in den Erziehungswissenschaften verankert, weil die Beschäftigung mit pädagogischen Fragen bei Philosophen wie Kant, Fichte oder Herbart zentraler Inhalt war. Die Sonderpädagogik hingegen entstand viel später und ist demnach nicht so eng verflochten mit philosophischen Denkweisen. Vielmehr müsste es die Sonderpädagogik selbst sein, die die Philosophie dazu auffordert, ihr Denken zu teilen und zu revidieren. Diese Bestrebungen finden sich vor allem in den Disability Studies wieder (vgl. Dederich 2013; ▶ Kap. I, 4.2).

Die tiefgründige Auseinandersetzung mit den philosophischen Fragen im Kontext zugeschriebener geistiger Behinderung wurde lange Zeit vernachlässigt oder negativ konnotiert und erhielt erst im Zuge der bioethischen Entwicklungen und der Debatten um die Praktische Ethik Peter Singers wieder Aufschwung (vgl. Dederich 2000). Im Folgenden geht es darum, die Notwendigkeit einer ethischen Reflexion sonderpädagogischer Praxis deutlich zu machen und sich anschließend mit zentralen philosophischen Ansätzen auseinanderzusetzen, die sich auf ganz verschiedene Art und Weise dem verantwortungsvollen, ethischen Handeln gegenüber Menschen mit sogenannter geistiger Behinderung nähern. Dabei werden die unterschiedlichen Ansätze auch in Hinblick auf ihren möglichen Beitrag zu einer inklusionssensiblen, gesellschaftlichen Entwicklung beleuchtet.

## 2.1 Ethisch-normative Reflexionsnotwendigkeit

Die Notwendigkeit, die Pädagogik von Menschen mit zugeschriebener geistiger Behinderung in einen ethisch-normativen Diskurs einzubetten, kann sowohl historisch als auch zukunftsgewandt begründet werden.

In der Geschichte und Gegenwart einer Pädagogik bei zugeschriebener geistiger Behinderung sind immer wieder vielfältige Exklusionstendenzen zu erkennen (▶ Kap. I, 1). Damit wird gleichzeitig deutlich, dass auch die Pädagogik für Menschen mit Behinderung immer selbst in den gesellschaftlich normativen Horizont ihrer Zeit eingebettet bleibt (vgl. Dederich & Schnell 2009). Dieses gesellschaftliche Zusammenspiel zwischen der Entwicklung von gesellschaftlichen Behinderungs- und Normalitätsvorstellungen auf der einen Seite und einer durch eugenische Ideale geprägte humangenetische Beratungspraxis auf der anderen Seite wird von Schenk (2016) sehr gut konturiert. Sie zeigt dezidiert auf, wie eine stark normative Beratungspraxis die Exklusion von Menschen noch weit nach dem Zweiten Weltkrieg beförderte, indem Eltern dringend eine Heimunterbringung für ihre Kinder empfohlen wurde (vgl. Schenk 2016). Auch Dederich und Jantzen verweisen darauf, dass Heilpädagogik selbst auch nach dem Zweiten Weltkrieg einen entscheidenden Beitrag zur Exklusion von Menschen mit Behinderung leistet, indem neue Sonderinstitutionen geschaffen werden. »Die Heilpädagogik gibt sich demzufolge eine ethische Grundlage, indem sie sich einer sonst vernachlässigten gesellschaftlichen Gruppe zuwendet« (Dederich & Jantzen 2009, 65). Gerade deshalb ist es unbedingt notwendig, pädagogisches Handeln und die Entwicklungen der Pädagogik für Menschen mit zugeschriebener Behinderung nicht losgelöst von gesellschaftlichen Entwicklungslinien vor einem allgemein ethischen Hintergrund zu reflektieren.

Dass diese ethisch-kritische Reflexion gesellschaftlicher Entwicklungen sich nicht auf historische Ereignisse begrenzt, wird angesichts des technischen Fortschritts und neuer ›Machbarkeitseuphorien‹ vor allem im Kontext der Bioethik deutlich. Die mit dieser Entwicklung verbundenen neuen Exklusionstendenzen machen eine ethisch-normative Reflexion besonders dringend notwendig. (vgl. Dederich 2000). Vor allem in diesem Bereich ist eine ethische Auseinandersetzung aus Sicht der Pädagogik für Menschen mit zugeschriebener Behinderung besonders wichtig, weil diese Diskussion andernfalls jenen Disziplinen überlassen wird, die auf andere Wertvorstellungen zurückgreifen (vgl. ebd.).

Auch im Kontext von (schulischer) Bildung und gleichberechtigter Teilhabe für Menschen, die wir geistig behindert nennen, können und müssen ethische Argumentationslinien in Entscheidungsfindungen und Handlungsweisen einfließen. Denn auch in diesem Bereich geht es immer wieder darum, Exklusionstendenzen zu begegnen, sie zu begründen oder abzulehnen, über Fragen der Gerechtigkeit, Macht, Abhängigkeit, Fremdheit, Achtsamkeit, Fürsorge (vgl. Conradi 2001) und Würde nachzudenken, eigene Standpunkte und Haltungen zu entwickeln, um so das eigene pädagogische Handeln ethisch verantwortungsvoll zu begründen, *weil unterrichtliches, erzieherisches Handeln stets reflektierte Handlung* heißt (vgl. Standop 2017). Demzufolge wirft das Recht auf erzieherisches Handeln nicht nur pädagogische, sondern an erster Stelle auch ethische Fragen auf (vgl. ebd.).

Ethik muss pädagogisches Handeln legitimieren, weil dieses stets in asymmetrischen Kontexten stattfindet, mit denen in verantwortungsvoller Art und Weise umgegangen werden muss.

Dies bedeutet in einem ersten Schritt, diese asymmetrischen Verhältnisse wahrzunehmen, um anschließend möglichen ungewollten Machtprozessen entgegenzuwirken (vgl. Dederich & Jantzen 2009). Pädagogik muss sich deshalb gegenüber den Menschen, die als behindert bezeichnet werden, im Hinblick auf die advokatorische Ethik, Selbstbestimmung und Empowerment legitimieren – gleichzeitig aber auch gegenüber sich selbst, um das eigene Handeln zu legitimieren und ebenso gegenüber

## 2 Ethische und philosophische Grundlagen

der Gesellschaft im Hinblick auf die Sicherung von Ressourcen und Rechten (vgl. Dederich & Schnell 2009). Pädagogik ist immer ein zwischenmenschlicher Prozess, der aufgrund dieser Bezogenheit Vertrauen, Verantwortung, Anerkennung und Reflexion erfordert. Um in diesen Beziehungen verantwortungsvoll zu agieren, ist es für Pädagoginnen* von großer Bedeutung, reflexiv zu handeln (vgl. Trescher 2018a) und beispielsweise verschiedene Menschenbildannahmen zu durchdringen. In einer solchen Auseinandersetzung kann ein eigener Standpunkt entwickelt werden, der dann als als Grundlage dient, um reflektiert und ethisch verantwortungsvoll pädagogisch zu handeln (vgl. Standop 2017).

### 2.2 Anthropologische Positionen und Menschenbilder

Im Vorangegangenen ist unter anderem deutlich geworden, dass es für die Pädagogik bei zugewiesener geistiger Behinderung unerlässlich ist, sich mit den Fragen: Was ist der Mensch? Was macht den Menschen zum Menschen? auseinanderzusetzen.
Ursprünglich war die Beantwortung dieser Fragen zentrales Anliegen der philosophischen Anthropologie mit Denkern wie u. a. Max Scheler, Helmuth Plessner und Arnold Gehlen. Im historischen Wörterbuch der Philosophie widmet sich Grawe 1980 dem Begriff Mensch und konstatiert, dass »alles menschliche Leben aufgrund mangelnder Verhaltensdeterminiertheit durch ethische Normen reguliert wird, [...]« und aufgrund dessen »droht die Deskription dessen, was der M. ist, in jedem Augenblick umzuschlagen in das Bild, was er sein soll« (Grawe 1980, 1060). Unter den oben genannten und anderen Philosophinnen* haben sich eine Reihe von Menschenbildannahmen entwickelt, die unter anderem bei Penzlin (2012) oder Theobald & Rosenau (2012) nachgelesen werden können.

Aus der Vielzahl an philosophischen Menschenbildern sei hier im Speziellen auf das *humanistische Menschenbild* verwiesen, weil es für die Pädagogik eine besonders bedeutsame Rolle spielt. Die Ursprünge des humanistischen Menschenbildes liegen in Teilen schon in der Antike begründet. Sein heutiges Verständnis fußt jedoch vor allem auf der humanistischen Psychologie (Maslow, Rogers). Es betrachtet jeden einzelnen Menschen als einmalig, eigenständig und wertvoll. Jeder Mensch ist darauf angelegt, zu wachsen, sich weiterzuentwickeln und seine Möglichkeiten zu verwirklichen.

Da die Fragen nach dem Menschen aber für viele unterschiedliche Disziplinen von Belang sind, haben sich differenzierte, z. T. fachspezifische Menschenbilder entwickelt, die auf deren zugrundeliegenden Wertvorstellungen basieren. Innerhalb unserer gegenwärtigen Kultur existieren verschiedene Menschenbilder je nach Betrachtung unter dem Aspekt der politischen und rechtlichen Ordnung, der Medizin, der Wirtschaft, der Pädagogik usw. (vgl. Goldbach 2014, Ebert 2012b). Zichy, der sich in seinen Darstellungen um ein theoretisches Fundament des Begriffes

›Menschenbild‹ bemüht und die Geschichte des Begriffes sehr ausführlich darstellt, definiert Menschenbilder als »mehr oder weniger kohärente Bündel von Annahmen über den Menschen« (Zichy 2017, 93). Auch er macht deutlich, dass jede Profession auf die für sie bedeutsamen Annahmen zurückgreift und sie in der jeweiligen Kohärenz der Fachdisziplin interpretiert (vgl. ebd.).

## Menschenbildvorstellungen im Grundgesetz

Das Grundgesetz ist Grundlage unseres menschlichen Handelns und des gesellschaftlichen Zusammenlebens. Aufgrund dessen soll es den weiteren relevanten Menschenbildern vorgeordnet werden. Das Grundgesetz selbst enthält kein explizites Menschenbild, dennoch lässt sich aus verschiedenen Urteilsbegründungen des Bundesverfassungsgerichtes (BverfGE) auf ein Menschenbild schließen, welches dem Grundgesetz zugrunde liegt. Die Rechtssprechung greift dabei auf ein komplexes Zusammenspiel unterschiedlicher Grundbausteine des Menschenbildes im Grundgesetz zurück, die als Menschenbildformel bezeichnet werden können (vgl. Goldbach 2014). Darin wird der Mensch einerseits durch den ›*Eigenwert der Person*‹ beschrieben. Hiernach ist der Mensch eine autonome sittliche Persönlichkeit, die eigenverantwortlich ist und das Recht auf Selbstbestimmung hat.

Auf der anderen Seite wird der Mensch als ›*zoon politikon*‹ beschrieben, womit auf den evidenten Sozialbezug des Menschen hingewiesen wird. »Dieser, dem Menschen innewohnende Sozialbezug, ist gleichsam auch die Begrenzung seiner individuellen Freiheit und weist ihm seine Pflichten gegenüber der Gemeinschaft zu« (Goldbach 2014, 75). Eine besondere Bedeutung in der Konturierung eines Menschenbildes im Grundgesetz hat Art. 1. Abs. 1. Hier wird die Unantastbarkeit der Würde eines jeden Menschen festgeschrieben und damit zur Grundlage allen Handelns bestimmt. Der Gleichheitsanspruch besitzt im Grundgesetz einen hohen Stellenwert. Dennoch muss beachtet werden, dass Menschen aufgrund unterschiedlicher Lebensumstände und Sozialstatus sowie weiterer Ungleichheiten ganz verschieden von rechtlichen Entscheidungen getroffen werden und Ungleichheit damit weiterhin bestehen bleibt. Damm weist bspw. darauf hin, dass das Benachteiligungsverbot von Menschen mit Behinderung zwangsläufig dazu führt, dass Menschen mit Behinderung anders wahrgenommen werden, weil für sie gilt, dass sie im Sinne einer Bevorzugung anders behandelt werden dürfen, um ihren Nachteil auszugleichen (vgl. Damm 2006).

> »Wenngleich die Notwendigkeit der besonderen Unterstützung und Förderung von Menschen mit Behinderung durch den Nachteilsausgleich nicht in Frage gestellt werden soll und kann, so scheint es nachdenkenswert, weshalb an dieser Stelle ausschließlich auf das Anderssein des Menschen mit Behinderung, nicht aber des Alten, Kriminellen, Obdachlosen, ja auch das Anderssein eines jeden Menschen, welches nicht zur Benachteiligung führen darf, aufmerksam gemacht wird« (Goldbach 2014, 77).

Vor dem Hintergrund einer möglichst inklusiven Gesellschaftsentwicklung bedürfte es an dieser Stelle einer Nachjustierung hinsichtlich aller benachteiligter Gruppen.

Neben klaren Aussagen zum Schutz der Würde des Menschen als selbstbestimmtes, freies und gleichwertiges Subjekt zeigen einige Entscheidungen des

BverfGE aber auch, dass die Vorstellung, jedem Menschen die gleiche Würde zuzusichern, bisher nicht ohne Spannung und Ambivalenz ist. Denn wie in der Menschenbildformel abgebildet, spielt der Begriff der Person eine bedeutende Rolle, da nur Personen Rechte und Pflichten zugesprochen werden (vgl. Thieme 2003). Damit stellt sich die Frage, welches Verständnis das Grundgesetz vom Begriff der *Person* hat. Viele Philosophinnen* definieren das Personsein gebunden an *Bewusstsein* (vgl. Hillgruber 2002; Kather 2007; Singer 2015) oder andere kompetenzorientierte Stufen menschlicher Existenz (vgl. Kather 2007). Dem deutschen Rechtslexikon folgend ist aber jeder Mensch von vollendeter Geburt bis zum Tod Mensch (vgl. Arloth & Tilch 2001). Diese Grenzsetzung war lange Zeit eindeutig. Durch die heutigen Möglichkeiten der Medizin und Biotechnologie verwischen die Grenzen der Lebensspanne jedoch zunehmend und führen damit auch zu Schwierigkeiten in der Rechtsprechung. Da an Grundrechten erst teilhat, wer geboren ist, wird das vorgeburtliche Leben durch das Embryonenschutzgesetz nur strafrechtlich geschützt. Vorgeburtlichem Leben wird somit kein Recht auf Unantastbarkeit der Würde zuerkannt (vgl. Goldbach 2014). Der Mensch erscheint damit nicht unter allen Lebensumständen nur schutzbedürftig. Auch das Grundgesetz verweist auf den Charakter der Erziehungsbedürftigkeit des Menschen (vgl. Ebert 2012a). Damit zeichnet sich das Grundgesetz durch ein sehr offenes Menschenbild aus, welches daraus resultierend eine innere Diskrepanz zwischen bedingungslosem Schutz der Menschenwürde auf der einen Seite und der Tendenz menschliches Leben immer mehr zur Disposition utilitaristischer Erwägungen zu stellen (vgl. Picker 2002) auf der anderen Seite impliziert.

## Menschenbildvorstellungen in der Medizin

Schon die Untersuchungen Foucaults verweisen auf die medizinische Deutungsmacht und ihren Einfluss auf die gesellschaftlichen Normalitäts- und Gesundheitsvorstellungen (vgl. Kreß 2003, Foucault 2000), so dass sie auch für die Pädagogik von Relevanz sind. Dass es in der Medizin nicht das eine Menschenbild, sondern eine Vielzahl an Menschenbildern gibt, zeigt Riha, indem sie die historischen Veränderungen im medizinischen Menschenbild beschreibt. Während Krankheit ursprünglich als *Chaos* beschrieben wurde, das nur durch Zauber geheilt werden konnte, kann schon um 400 v. Chr. vom Beginn *rationaler Medizin* gesprochen werden (vgl. Riha 2012). Ein wirklicher Paradigmenwechsel in der Medizin kann mit Descartes festgestellt werden, »indem er den Körper als eine von Gott geformte Maschine verstand, die mit allen Teilen so ausgestattet wurde, dass sie funktioniert« (vgl. Dörner 1999). Ab diesem Zeitpunkt rückte die *Krankheit als vermeidbarer und überwindbarer Zustand* ins Zentrum der Medizin. »Diese Entwicklung fand ihren tragischen Höhepunkt in der Geschichte des Nationalsozialismus. Die Medizin erkannte Euthanasie als Heilhandlung an« (Goldbach 2014, 82).
Bezogen auf die Gegenwart können in der Biotechnisierung von Medizin weitere scheinbar zukunftsweisende Möglichkeiten der ›Heilbehandlung‹ von Menschen beschrieben werden. Diesen sich daraus ergebenden bioethischen Herausforderungen widmet sich Kapitel 2.3 (▶ Kap. I, 2.3).

Maio (2004) kritisiert die Reduktion des Menschen auf seine Funktionsfähigkeit und stellt fest, dass sich die Wahrnehmung des Menschen als Mechanismus im medizinischen Alltag unter anderem darin widerspiegelt, dass *primär die Krankheit* und *weniger der Patient* im Fokus der Medizin steht (vgl. ebd.). Eine Folge dieser Sicht auf den Menschen ist, dass sich auch die diagnostischen Methoden dieser eindimensionalen Sichtweise unterordnen: Ein mechanistisch verstandener Patient verlangt nach einer Pathologisierung und strengen Diagnoseorientierung (vgl. Uexküll 1999). Graumann (2011) beschreibt als Gegenpole dieser naturalistischen Sicht auf den Menschen die Bestrebungen der »medizinischen Anthropologie (z. B. Viktor von Weizsäckers) und die Ganzheitlichkeitsbewegung, die auch in der Pflege ihren Niederschlag« (Graumann 2011, o.S.) findet. »Trotzdem wird es immer offensichtlicher, dass die Reduktion des Menschen auf ein berechenbares Maschinenmodell den Anforderungen einer zukunftsträchtigen Medizin nicht mehr gerecht zu werden vermag. Die komplexen Multimorbiditäten, welche heute die grosse therapeutische Herausforderung darstellen, lassen sich physikalistisch-mechanistisch nur mangelhaft verstehen. Viele Patienten akzeptieren es zu Recht nicht mehr, als Behandlungsgegenstände (die es zu reparieren gilt) und nicht als einmalige und unverwechselbare Individuen behandelt zu werden« (Spijk 2018, o. S.). Der Mensch als endliches und verletzliches Wesen erfährt immer mehr Aufmerksamkeit im Gesundheitswesen, wodurch das bisher »traditionelle Heilungsparadigmas« (Graumann 2011, o. S.) ergänzt wird[38]. Die Verletzlichkeit und Endlichkeit des Menschen werden mittlerweile verstärkt thematisiert wodurch neue Schwerpunktsetzungen im Gesundheitswesen entstehen und das traditionelle Heilungsparadigma erweitert wird, so bspw. in der Palliativmedizin und Pflege (vgl. Graumann 2011). Dennoch wird immer wieder eine Diskrepanz zwischen diesen Bemühungen und weiterhin fest verwurzelten liberalen Debatten in der Medizin (vgl. Beier 2009) deutlich. So auch an der aktuellen Triage-Diskussion und den damit verbundenen Empfehlungen der »Deutschen interdisziplinären Vereinigung für Intensiv- und Notfallmedizin (DIVI)« zu ethischen Entscheidungen über die Zuteilung von Ressourcen in der Notfall- und der Intensivmedizin im Kontext der COVID-19-Pandemie (vgl. DIVI 2020), welche utilitaristische Abwägungen anstellt und damit gegen geltendes Menschenrecht und die Einhaltung der Würde für alle Menschen verstößt (vgl. Bochumer Zentrum für Disability Studies 2020). Spijk 2018 macht deutlich, dass sich die Disziplin der Medizin auf der Suche nach einem neuen Menschenbild befindet und begründet, dass »eine geeignetere Modellvorstellung des Menschen in der medizinischen Praxis noch auf sich warten lässt, […] möglicherweise damit zu tun [hat; d. A.], dass wir, von Alltagssorgen getrieben und von technischen Neuerungen geblendet, etwas Wesentliches verpassen: das Nachdenken über den Menschen!« (Spijk 2018, o.S.).

---

38 Im Jahr 2009 führten diese zunehmenden Diskurse zu einer umfassenden Auseinandersetzung mit Menschenbildern in der (Medizin-)Ethik im Rahmen der Jahrestagung der Akademie für Ethik in der Medizin.

## Menschenbildvorstellungen in der Wirtschaft

Die Überschneidungen zwischen einem beschriebenen medizinischen Menschenbild und den Menschenbildvorstellungen der Wirtschaft scheinen auf der Hand zu liegen, denn in der medizintechnischen Optimierung des Menschen kann gleichfalls eine Ökonomisierungstendenz gesehen werden, und ebenso wie Menschenbildvorstellungen aus der Medizin haben auch jene aus der Wirtschaft eine große gesellschaftliche Deutungsmacht (vgl. Goldbach 2014). Das führt dazu, dass sich die Forderungen der Wirtschaft an den Menschen und ihre Vorstellungen davon, wie der Mensch sein soll, permanent aufdrängen. Dass die Wertigkeit eines Menschen aber mit seiner Nützlichkeit für die Gesellschaft und dem Nutzen für die Ökonomie in Verbindung gebracht wird, hat eine lange Tradition. Schon in der Antike empfanden es Philosophen als Vorteil, die Gesellschaft von kranken und gebrechlichen Menschen zu befreien (vgl. Piegsda & Link 2019). Als wegweisend für das Menschenbild in der Ökonomie können Hume und Smith genannt werden, die mit ihrer Schrift »Der Wohlstand der Nationen« von 1776 das Menschenbild des *homo oeconomicus* zum allgemeinen Leitbild der Wirtschaftswissenschaften machten (vgl. Wiesmeth 2012). Diesen Vorstellungen über den Menschen folgend, ist der Mensch ein ausschließlicher Nutzenmaximierer, der unabhängig von Gefühlen, allein entsprechend seines Vorteils und in objektiver Abwägung aller Angebote handelt[39].

Auch wenn man sich heute in den Wirtschaftswissenschaften einig ist, dass der homo oeconomicus nicht ausreicht, um den Menschen und sein Handeln zu beschreiben, weil er die Eingebundenheit des Menschen in Kultur und Geschichte, in ein soziales Gefüge und in Emotionen nicht berücksichtigt (vgl. Suchanek & Kescher 2006; Sell 2008; Weede 2003), wird der homo oeconomicus noch immer nicht als Berechnungsgrundlage in Frage gestellt und ist noch immer Bestandteil des wirtschaftswissenschaftlichen Studiums.

Requate (2012) stellt in seinem Beitrag alternative Menschenbilder in den Wirtschaftswissenschaften vor. So beispielsweise den *homo reziprokans*, welcher sehr gut veranschaulicht, wie stark Emotionen das menschliche Handeln beeinflussen. Trotz dieser Weiterentwicklungen bleibt schlussendlich mit Volkmann (2003) festzuhalten, dass den ökonomischen Menschenbildvorstellungen eine *Armut humanistischer Werte* bescheinigt werden muss. Diese Ferne zu humanistischen Wertvorstellungen liegt jedoch zwangsläufig darin begründet, dass oberstes Primat der Ökonomie die *Maximierung des (eigenen) Gewinns* ist.

## Menschenbildvorstellungen im Kontext inklusiver Pädagogik

Bevor damit begonnen werden kann, über ein Menschenbild zu sprechen, welches für die Entwicklung einer inklusiven Pädagogik bedeutsam sein kann, soll noch einmal an die grundlegenden Eigenschaften von Menschenbildern erinnert werden.

---

39 Die Vielzahl der aufgezählten Eigenschaften des homo oeconomicus können unter anderem bei Kepeller (2008), Nell (2006) und Manstetten (2006) nachgelesen werden.

Standop (2017) widmet sich in ihren Arbeiten Menschenbildvorstellungen in der Schule und beschreibt diese als die Gesamtheit aller Annahmen und Überzeugungen darüber, was der Mensch von Natur aus ist, wie der Mensch in seinem sozialen und materiellen Umfeld lebt und welche Werte und Ziele das Leben eines Menschen haben sollte. Menschenbilder sind demzufolge in bestimmte *individuell gültige Lehren* eingebunden (vgl. Standop et al. 2017). Damit geht auch sie davon aus, dass Menschenbilder von unterschiedlichen Disziplinen im gesellschaftlichen Kontext transportiert werden und die Entstehung solcher Menschenbilder unmittelbar durch unterschiedliche soziohistorische Rahmenbedingungen mitbeeinflusst werden.

Um über Menschenbilder im Kontext inklusiver Pädagogik zu sprechen, scheint es demnach unabdingbar, die derzeitige gesellschaftliche Grundausrichtung zu umreißen. Dies kann angesichts der Vielfalt an gesellschaftlichen Strömungen und ihrem stetigen Wandel in der Komplexität an dieser Stelle nicht hinreichend erfolgen. Zu betonen ist jedoch, dass die Ambivalenzen, die sich in der Menschenbilddarstellung des Grundgesetzes zeigen[40], sich auch in der Gesellschaft widerspiegeln.

Wilhelm (2017) setzt sich intensiv mit der Relevanz von Menschenbildern in Schule und Unterricht vor dem Hintergrund der Inklusion auseinander. In ihren Darstellungen eines *inklusiven Menschenbildes*, welches ein ganzheitliches und integrales Menschenbild darstellt, wird jeder Mensch unabhängig von seinen Leistungen als vollwertig betrachtet und ist gleichzeitig dazu verpflichtet, jeden anderen als gleichberechtigt anzuerkennen (vgl. Wilhelm 2017). *Wertschätzung, Anerkennung und Achtsamkeit* hält sie für bedeutende Begriffe in einem inklusiven Menschenbild. Sie betont besonders die *Dialoghaftigkeit des Menschen*, der auf Kooperation und Kommunikation angewiesen ist und sich nur in diesem Dialog mit seiner Umwelt zu sich selbst entwickelt. Dieser Argumentation folgend, hat jeder Mensch das Recht auf Teilhabe und Nichtaussonderung (vgl. ebd.). Wilhelm weist zwar darauf hin, dass verschiedene Rechtsgrundlagen (UN-BRK, Kinderrechte, Rechte für Menschen mit Behinderung) diese Rechte auch und in besonderem Maße für Menschen mit zugeschriebener Behinderung einfordern und damit eine Wertgrundlage beinhalten, welche ein inklusives Menschenbild unterstützen. Gleichzeitig macht sie aber auch deutlich, dass es sich bei diesen Wertvorstellungen um eine *gesellschaftliche Normvorstellung* und eben nicht um die *Werthaltung der gesellschaftlichen Subjekte* handelt, die durch eine Vielzahl an unterschiedlichen gesellschaftlichen Normvorstellungen geprägt sind (vgl. ebd.).

Wenn die pädagogische Praxis dazu beitragen will, die gesellschaftliche Grundausrichtung im Sinne einer Zuwendung/Akzeptanz von Inklusion zu verändern, so muss sie sich in einem ersten Schritt mit den Menschenbildern ihrer Akteurinnen* auseinandersetzen, weil pädagogisches Handeln sich immer an den *subjektiven Theorien von Menschenbildern* orientiert (vgl. Wilhelm 2017). An dieser Stelle möchten wir auf eine Aussage des Bildungs- und Inklusionsreferenten Tom Hoff-

---

40 Das Menschenbild des GG lässt sich sowohl in Übereinstimmung mit einer Vorstellung vom humanistischen Menschenbild lesen, gleichzeitig steht es aber auch in enger Verbindung zu Menschenbilddarstellungen der Medizin und Wirtschaft, welche eher in einer Abgrenzung zum humanistischen Menschenbild verstanden werden müssen.

mann[41] verweisen, der folgendes Verständnis eines »*Inklusiven Menschenbildes*« formuliert:

> »Wie müssen Menschen sein, damit Inklusion gelingen kann? [...] Wir müssen von Anfang an lernen, dass wir alle verschieden sind. Damit können die Menschen lernen, mit anderen Menschen ohne jegliche Diskriminierung klarzukommen. [...] Wir müssen auch mal langsam akzeptieren, dass unsere Gesellschaft immer vielfältiger wird, also sollten wir langsam auch damit aufhören, Menschen in Gruppen aufzuteilen. Wenn wir das berücksichtigen, dann kann ich von einem inklusiven Menschenbild sprechen«[42].

Eine Disziplin, welche die Vorstellungen vom Menschen und insbesondere von Menschen mit Behinderung in den letzten Jahren zum Teil entscheidend mitgeprägt hat, ist die Biomedizin. Denn Bauer (2017) zufolge boomen die Themen Bioethik und Biopolitik und sind regelmäßig in den Medien wie Fernsehen, Hörfunk und Zeitung vertreten. Im folgenden Abschnitt sollen deshalb Entwicklungen in der Bioethik und ihre Bedeutung für die Pädagogik im Kontext zugewiesener geistiger Behinderung beleuchtet werden (vgl. Bauer 2017).

## 2.3 Bioethische Entwicklungen und Einflüsse

»Bioethik analysiert und bewertet den wissenschaftlich vermittelten Umgang mit Leben« (Sturma 2015, 1). Sie ist eine Teildisziplin der angewandten Ethik; erste Diskussionen aus diesem Feld können im deutschsprachigen Raum in den 20er Jahren des 20. Jahrhunderts verankert werden (vgl. Sturma 2015). Die Bioethik beschäftigt sich mit verschiedenen Disziplinen[43], von welchen im Kontext dieser pädagogischen Auseinandersetzung jedoch nur die Medizinethik betrachtet werden soll.

Wie bereits erwähnt, haben unter anderem die Entwicklungen in der Biomedizin durch neue Technologien und die damit verbundenen bioethischen Diskussionen zu einer erneuten und lange Zeit vernachlässigten Auseinandersetzung mit ethischen Fragen und Grundsätzen in der Pädagogik für Menschen mit Behinderung geführt. Um diesen Auseinandersetzungen nachgehen zu können, bedarf es vorerst einer kurzen Beschreibung der relevanten medizintechnischen Weiterentwicklungen.

---

41 Tom Hoffmann ist ein Kollege aus dem Leipziger QuaBIS-Projekt: http://quabis.info/hoffmann.php (07.04.2020).
42 Die Aussage ist ein Originalzitat aus einem bislang unveröffentlichten Text von Tom Hoffmann mit dem Titel »Ein inklusives Menschenbild«, welches er uns zur Zitation freigegeben hat. Es soll zukünftig im Rahmen eines Buches über Inklusion veröffentlicht werden.
43 Tierethik, Umweltethik, Forschungsethik, Medizinethik

## Weiterentwicklungen im Bereich der Reproduktionsmedizin

Ein heute schon sehr etabliertes und weniger kritisch hinterfragtes Verfahren der Reproduktionsmedizin ist die In-vitro-Fertilisation (IVF) als eine Form der künstlichen Befruchtung, die erstmals 1978 erfolgreich durchgeführt wurde. Bei allen möglichen Schwierigkeiten der IVF (vgl. Dellbrügger & Denger 2005) hat sie zum Ziel, es Paaren zu ermöglichen, ein leibliches Kind zu bekommen, oder Frauen die Möglichkeit zu eröffnen, ein eigenes Kind auch selbst auszutragen. Die Möglichkeiten der Pränataldiagnostik (PND) also zur vorgeburtlichen Diagnostik haben sich seit den 1930er Jahren stetig weiterentwickelt. Heute gängige Verfahren können in invasive und nicht-invasive Verfahren unterschieden werden. Zu den nicht-invasiven Möglichkeiten der PND zählen u. a. die unterschiedlichen Ultraschallvarianten, die Nackentransparenzmessung, die Fetometrie, aber auch Messungen von Hormonkonzentrationen im mütterlichen Blut (z. B. Triple-Test) oder der Präna-Test, der fetale Zellen aus dem Blut der Mutter extrahiert und analysiert. All diese Verfahren greifen nicht in den Körper ein und haben das Ziel, Abweichungen von der normalen Entwicklung des Fetus/Embryos aufzuspüren.

Für die werdende Mutter bestehe so die Möglichkeit, Ängste in der Schwangerschaft abzubauen und so dem werdenden Leben eine bessere erste Entwicklungsphase zu gewährleisten. Zum Anderen sei es der werdenden Mutter dadurch möglich, sich gedanklich auf eine eventuelle Beeinträchtigung ihres Kindes einzustellen (vgl. Goldbach 2014).

Dass jedoch der zweite Fall relativ selten eintritt, weil Eltern sich nach festgestellter Beeinträchtigung zumeist gegen das werdende Kind entscheiden (vgl. Graumann 2010), macht ein Problem der PND deutlich: Für eine Vielzahl an pränatal gestellten Diagnosen steht bisher keine Therapie in Aussicht, sodass werdenden Eltern allein die Abtreibung als mögliche ›Therapie‹ zur Verfügung steht (vgl. Krones 2014). Berücksichtigt man dabei außerdem die trotz allem bestehen bleibenden Fehlerraten, die je nach genutztem Verfahren unterschiedlich hoch ausfallen (vgl. Krampl-Bettelheim 2014), muss die Praxis der PND auch aufgrund dessen kritisch hinterfragt bleiben. Spätestens zur Überprüfung eines möglichen Fehlers im nicht-invasiven Verfahren bedarf es dann des Einsatzes einer invasiven Diagnosemethode. Diese können bspw. Chorionzottenbiopsie oder Amniozentese sein, welche jedoch mit einer Fehlgeburtsrate von bis zu 1 % ein deutliches Risiko darstellen (vgl. Krones 2014). Ein weiteres Verfahren in der vorgeburtlichen Diagnostik ist die Präimplantationsdiagnostik, welche die in-vitro befruchtete Eizelle nach ihrer Verschmelzung noch vor der Einpflanzung in die Gebärmutter auf genetische Besonderheiten hin untersucht. Damit wird es möglich, nur jene befruchteten Eizellen in den Körper der Frau zu injizieren, welche keine genetischen Auffälligkeiten zeigen. Nachdem die PID in Deutschland lange Zeit aufgrund des Embryonenschutzgesetz (EschGe) verboten war, wurde 2011 nach immer stärker werdendem Druck aus der Humangenetik und Bundesärztekammer das Präimplantationsdiagnostikgesetz (PräimpG) vom Deutschen Bundestag beschlossen (vgl. Kress 2012). Demnach ist die PID für zukünftige Eltern vorgesehen, die selbst erblich vorbelastet sind und bei denen zu erwarten ist, dass aus diesen genetischen Abweichungen Fehlgeburten oder schwere Erbkrankheiten und Tod für das Kind resultieren können[44]. Somit kann für Paare, die ohnehin das Risiko auf einen vererbbaren Gendefekt in sich tragen, eine ›Schwangerschaft auf Probe‹ verhindert werden (vgl. Klinkhammer & Richter-Kuhlmann 2011). Die Praxis der PID ist jedoch auf einzelne PID-Zentren in Deutschland beschränkt und wird als Einzelfallentscheidung durchgeführt. Dies bedeutet, dass für jede PID eine ethische Begutachtung erforderlich ist[45].

## Weiterentwicklungen im Bereich der Gentherapie

Aus den scheinbaren Chancen der Reproduktionsmedizin und deren Anwendung ergibt sich ein Blick auf das Feld der Gentherapie, denn viele Krankheiten können zwar pränatal diagnostiziert werden, in den meisten Fällen kann jedoch keine Kausaltherapie angeboten werden. Diesem Wunsch nach Heilung genetischer Defekte versucht die Gentherapie nachzugehen. Gentherapie ist demnach eine Behandlungsform, die sich der Methoden der Molekularbiologie bedient und Zellen in vivo oder in vitro modifiziert, um krankheitsrelevante Defekte zu korrigieren. Dabei muss in somatische Eingriffe und Eingriffe in die Keimbahn unterschieden werden, da beide unterschiedlichen Ebenen des Stufenmodells zur ethischen Bewertung von Gen- und Zelltherapie zuzuordnen sind (vgl. Hacker & Rendtorff 2009; Goldbach 2014)[46]. Die vierte Stufe des Eskalationsmodells fokussiert auf Eingriffe in die Keimbahn des Menschen zur Verbesserung des Erbgutes ohne medizinische Indikation. Diese Eingriffe werden mit dem Begriff des Enhancements beschrieben (vgl. Hacker & Rendtorff 2009). Unter dem Schlagwort ›das Designerbaby‹ hat die Diskussion um die menschlich gestaltete Evolution eine starke Kontroverse ausgelöst. Mittlerweile ist jedoch klar, dass die hierfür notwendigen Technologien nicht oder nicht in absehbarer Zeit realisiert werden können (vgl. ebd.). Dennoch oder gerade weil in naher Zukunft genetisches Enhancement nicht im Sinne der Erschaffung eines Designerbabys möglich ist, lohnt sich die ethische Auseinandersetzung mit eben diesen (bisher fiktiven) Möglichkeiten, um schon im Vorfeld Argumentationslinien zu entwickeln, die dann einen entsprechenden Umgang mit diesen Verfahren begründen.

## Bioethische Auseinandersetzungen im Kontext einer Pädagogik für Menschen mit zugeschriebener geistiger Behinderung

Die bioethische Auseinandersetzung mit Verfahren der Biomedizin, welche im Kontext der Pädagogik der Verbesonderung relevant sind, geschieht unter anderem

---

44 Dies ist der Fall bei Eltern mit balancierter Translokation, bei Frauen, die schon mehrfach Tod- oder Fehlgeburten hatten. Ebenso können es aber auch monogene Erkrankungen sein.
45 Eine sehr umfassende und aktuelle Darstellung der PID und der mit ihr verbundenen Rechtsfragen unternimmt Landwehr (2017).
46 Die somatische Therapie kann auf der Stufe 2 des Eskalationsmodells verhaftet werden, der ein vertretbares und in der Regel beherrschbares Risiko unterstellt wird. Gentherapeutische Eingriffe in die Keimbahn hingegen werden auf der Stufe 3 als derzeit ethisch und medizinisch als nicht verantwortbar eingeschätzt.

vor dem Hintergrund der nachstehenden Kernthemen (▶ Tab. 1), die in der hier aufgelisteten Form zwar keinen Anspruch auf Vollständigkeit erheben, aber einen kurzen Überblick gewähren sollen. Letztendlich wird in der fachlichen Auseinandersetzung mit diesen Kernthemen immer wieder deutlich, dass eine Pädagogik, die für alle Menschen gleichermaßen Verantwortung übernimmt, sich an einem Standpunkt orientieren muss, wie Wunder (2006) ihn vertritt:

> »Angesichts der enormen Fortschritte der Biomedizin, insbesondere ihrer neuen, alten Ideen der genetischen Optimierung des Menschen ist es notwendig, auf etwas ganz Einfaches und Grundsätzliches dabei hinzuweisen. Das Prinzip der Menschenwürde schließt das Recht des So-Seins in jedem Fall mit ein [...]. Anders ausgedrückt: das Prinzip der Menschenwürde beinhaltet auch das Recht auf den genetischen Zufall« (Wunder 2006, 231).

Deutlich wird auch, dass ein Großteil der hier aufgeführten Kernthemen über die Beschäftigung mit biomedizinischen Fragen hinaus von großer Relevanz ist und dementsprechend an vielen weiteren Stellen im Buch bearbeitet wird. Die nachstehende Tabelle stellt zentrale Standpunkte von Vertreterinnen\* der Biomedizin und der Pädagogik bei zugeschriebener Behinderung sowie von Menschen, die als behindert bezeichnet werden, zu den Kernthemen[47]: Slippery Slope, Selektion/Eugenik, Lebensqualität/Lebenswert, Diskriminierung/Anerkennung, Leiden und Enhancement gegenüber (▶ Tab. 1).

## Bewusstsein als personales Kriterium und der Zuspruch von Menschenrechten und Menschenwürde

Weshalb widmet sich dieser Abschnitt dem Verständnis des Personseins besonders vor dem Hintergrund des Bewusstseins?

Ein grundlegender Diskurs, auf den eine Reihe von bioethischen Auseinandersetzungen fußt, ist der über die Lebensrechte des beginnenden menschlichen Lebens. Ab welchem Zeitpunkt und unter welchen Voraussetzungen werden dem menschlichen Leben Schutz- und Abwehrrechte im Sinne der Menschenrechte und Menschenwürde zugestanden?

Der Personenbegriff ist deshalb so entscheidend, weil nur *Personen* Rechte und Pflichten im rechtlichen Sinne zugeordnet werden (vgl. Thieme 2003) und somit auch nur *Personen* Menschenrechte in Anspruch nehmen können.

Aufgrund dessen ist zu beleuchten, inwiefern das Bewusstsein ein tragbares Kriterium für Personalität im Sinne inklusiver Gesellschaftsstrukturen darstellen kann.

Die Diskussion um das Bewusstsein als personales Kriterium hat durch die Schriften und Vorträge Peter Singers einen enormen Aufschwung erfahren, wenngleich auch eine Vielzahl an anderen Autorinnen\* Personsein an Bewusstsein knüpfen (vgl. Goldbach 2014; Dederich 2000).

---

47 Eine kurze Einführung zu diesen Kernthemen kann bei Sturma (2015) nachgelesen werden.

2 Ethische und philosophische Grundlagen

Tab. 1: Zentrale Standpunkte zu Kernthemen der Biomedizin und Bioethik – Argumente von Vertreterinnen* der Bioethik, der Behindertenpädagogik und von Menschen mit zugeschriebener Behinderung

| Kernthema | Argumente von VertreterInnen der Bioethik | Argumente von VertreterInnen der Behindertenpädagogik | Aussagen von Menschen mit zugeschriebener Behinderung[48] |
|---|---|---|---|
| **Slippery slope / Dammbruch** | Verweisen auf die zumeist viel zu starke emotionale Besetzung der möglichen Zukunftsszenarien, die durch die Dammbruchhypothese unterstellt würden (vgl. Sturma 2015). | Sehen bspw. in der Zulassung der PID einen Dammbruch für immer tiefer gehende biomedizinische Eingriffen in die Entwicklung des Menschen (vgl. Speck 2005, Dederich 2000). | »Es ist unbegreiflich für mich. Wenn die Frau wenn schwanger ist und das Kind nicht haben will, dann ist das okay, wenn sie das abtreibt [...] Au weja, weil: da wollen sie den Menschen irgendwie verändern, dass er schlauer wird, besser wird oder so. Das die Behinderung besser wird. Ich finde das ein bisschen komisch. Wenn man da bedenkt, was früher möglich war und was jetzt möglich ist« (Pöschmann – QuaBIS). Kühne 2019 fragt sich: »Wie weit wollen wir gehen?« (Kühne 2019, o. S.) |
| **Selektion/ Eugenik** | Sehen in der biomedizinischen und humangenetischen Praxis vielmehr ein präventives Vorgehen. Eugenik hingegen folge primär einer politischen, weniger einer medizinischen Ausrichtung (vgl. van den Daele 2004). | Sehen in der Anwendung neuer biotechnologischer Verfahren die Verfolgung ähnlicher Interessen und Ziele, wie sie in der Eugenik-Bewegung der 1930er Jahren in Deutschland zu erkennen sind (vgl. Speck 2005; Graumann 2009, 2010, 2011, 2014; | Im Zusammenhang mit der Zulassung des Pränatests sagt Dedreux: »Ich habe Angst, dass es weniger Menschen mit Down Syndrom auf der Welt gibt, wenn der Test von der Krankenkasse bezahlt wird. Ich fände es ja nicht gut, dass ich dann so alleine bin. Das wäre auch nicht so gut für die Gesellschaft, so ohne |

48 Die Auswahl der Aussagen von Menschen mit zugeschrieben Behinderungserfahrungen beruht auf einer Thematisierung dieser Fragen im Rahmen der Qualifizierung von Bildungs- und Inklusionsreferent*innen in Leipzig (QuaBIS). Sie bilden damit z. T. spontane Assoziationen zu den Kernthemen wieder. Außerdem beinhalten sie auf Aussagen, von Menschen mit Behinderungserfahrungen, die im Internet eigene Blogs betreiben.

Tab. 1: Zentrale Standpunkte zu Kernthemen der Biomedizin und Bioethik - Argumente von Vertreterinnen* der Bioethik, der Behindertenpädagogik und von Menschen mit zugeschriebener Behinderung – Fortsetzung

| Kernthema | Argumente von VertreterInnen der Bioethik | Argumente von VertreterInnen der Behindertenpädagogik | Aussagen von Menschen mit zugeschriebener Behinderung |
|---|---|---|---|
| | | Graumann & Grüber 2005; Dederich 2000, 2001; Dederich & Jantzen 2009). | Down Syndrom. Damit man sieht, wenn man anders ist. Ich finde es gut, so verschieden auf der Welt zu sein. Dann können die mehr von uns lernen« (Dedreux 2020). |
| Lebensqualität/ Lebenswert | Widersprechen der Behauptung, den Wert des Lebens von Menschen mit Behinderung zu bewerten. Die Praxis der Biomedizin sei nicht auf den Menschen, sondern allein auf das abweichende Merkmal selbst ausgerichtet (vgl. Koch 2004, Schenk 2016). | Erkennen eine unterschwellige Bewertung von Lebenswert in der biomedizinischen Praxis, welche auswählt, welche Eigenschaften des Menschen gentherapeutisch behandelt werden müssen, um Leid zu verhindern (vgl. Schenk 2016, Graumann 2003). | |
| Diskriminierung/ Recht auf kulturelle Anerkennung | Sie unterscheiden zwischen Diskriminierung, die eine Verletzung von Rechten wäre, und der Kränkung von Menschen mit Behinderung, die möglicherweise mit Praktiken der Biomedizin einhergehe, die aber keine Relevanz für ethische Beurteilung darstelle (vgl. van dan Dael 2004). | Kritisieren, dass die gesellschaftliche Anerkennung von Andersheit durch Verfahren der Biomedizin verletzt würde. Darin sehen Sie eine Diskriminierung. (vgl. Graumann 2003, Graumann 2014) | »Behinderte Menschen [...] befürchten länderübergreifend, dass sich die allgemeinen Einstellungen gegenüber behinderten Menschen zum Negativen verändern, je selbstverständlicher Behinderung vorgeburtlich eliminiert und je größer der Druck wird, bei zu großer Belastung der Gemeinschaft den ›selbstbestimmten‹ Tod zu wählen. Befürchtet wird auch, dass parallel zu diesen Entwicklungen die Leistungen für behinderte Menschen reduziert werden« (Köbsell 2007, 14). |

**Tab. 1:** Zentrale Standpunkte zu Kernthemen der Biomedizin und Bioethik - Argumente von VertreterInnen* der Bioethik, der Behindertenpädagogik und von Menschen mit zugeschriebener Behinderung – Fortsetzung

| Kernthema | Argumente von VertreterInnen der Bioethik | Argumente von VertreterInnen der Behindertenpädagogik | Aussagen von Menschen mit zugeschriebener Behinderung |
|---|---|---|---|
| Leiden | Stellen dar, dass die neuen Therapiemöglichkeiten dem Leiden von Menschen mit Behinderungen oder erblichen Krankheiten und dem Leiden derer Angehöriger Abhilfe verschaffen würden. (vgl. Singer 2015) | Kritisieren die Beurteilung von scheinbarem Leiden von Menschen mit Behinderung aus einer Außenperspektive (vgl. Wilkinson 2017, Graumann 2014) und plädieren für die Anerkennung des Lebens in all seinen (auch leidvollen) Facetten (vgl. Dederich 2000). | Kritisieren, dass bioethische Argumentationen einem medizinischen Behinderungsverständnis folgen und Leiden in den Eigenschaften der Person und nicht in ihrer Umwelt verankern (vgl. Köbsel 2007). Gleichzeitig wehren sie sich dagegen, ein »leidvolles« Leben zu führen (vgl. Kühne 2019). |
| Enhancement – Steigerung, Erhöhung | Verweisen auf die sehr vagen und überzogenen Zukunftsvorstellungen der KritikerInnen*, sehen aber z. T. in der biotechnischen Verbesserung des Menschen, weniger eine Gefahr als eine Chance zur Beschleunigung der Evolution (vgl. Sorgner 2017). | Äußern Bedenken in Hinblick auf eine Entwicklung »bio-perfektionistisch reduzierter Lebensmodelle« (Speck 2005). | »Ich finde das ist nicht okay ist, wenn die Menschen verändert werden, sie müssen so bleiben, wie sie sind. Denn Menschen sind Menschen« (Schlothauer – QuaBIS). »Wenn man die Gene bei Menschen verändert spielt man Gott, wenn man die Behinderung durch die Biomedizin abschalten tut geht am Ende die Vielfalt der Menschen verloren und somit verlieren wir einen Teil was uns ausmacht« (Martick – QuaBIS). |

Ein kurzer Exkurs soll die Diskussion, die im Zusammenhang mit Peter Singers Buch »Praktische Ethik« entstand, erläutern: Peter Singer ist ein Vertreter des Präferenz-Utilitarismus, wonach alles Handeln nach seinen Konsequenzen zu beurteilen ist und eine Handlung dann als »gut« zu bewerten ist, wenn es einen Nutzen für die größtmögliche Gruppe hat (Präferenzkalkül). Dabei setzt Singer die Gleichberechtigung und Gleichbehandlung aller Lebewesen voraus, weil er die Grenzziehung zwischen menschlichem und tierischem Leben als willkürlich erachtet (Speziezismuskritik) (vgl. Burns 2016; Dederich 2000).

Singer bezieht sich in seinen Ausführungen zur Person auf John Lockes Personenbegriff, der Personsein an Intelligenz, Vernunft und Reflexion über sich selbst gebunden sieht (vgl. Singer 2015). So kann Singer zufolge auch nichtmenschlichen Lebewesen das Personsein zugesprochen werden, wenn diese die Kriterien für Personalität erfüllen[49]. Im Umkehrschluss ist zu folgern, dass nicht alle Menschen zu allen Zeitpunkten ihres Lebens den moralischen Status einer Person haben[50]. Dies ist insofern von Bedeutung, weil auch für Singer der Personenstatus die Grundlage für die Zuerkennung von Schutzrechten ist und nichtpersonales Leben aus diesem Schutzstatus und aus dem Geltungsbereich seiner Ethik herausfallen (vgl. Quante & Schweikard 2011). Daraus schlussfolgert Singer auch, dass die Tötung von menschlichem, nichtpersonalem Leben in seiner Schwere nicht gleichzusetzen sei mit der Tötung selbstbewusster Lebewesen (vgl. Dederich 2000). Singer selbst sagt: »If it is in our power to prevent something very bad from happening, without thereby sacrificing anything else morally significant, we ought, morally to do it« (Singer 1972, 229). Für die moralische Bewertung von biomedizinischen Eingriffen zur Verhinderung von Leiden in Folge von Behinderung muss aus Singers Argumentation geschlussfolgert werden, dass auch die Tötung eines Fötus – welcher als schwerstbehindert bezeichnet wird – also eines nicht personalen Menschen im Sinne Singers – zu befürworten ist, wenn infolgedessen Leid verhindert werden kann.

Diese sehr drastischen Schlussfolgerungen aus den soweit schlüssigen ethischen Überlegungen Singers verdeutlichen, dass eine Kopplung des Personenbegriffs an Bedingungen wie Selbstbewusstsein, Vernunfts- und Entscheidungsfähigkeit sowie Sinn für Vergangenheit und Zukunft etc. vor dem Hintergrund einer inklusiven Gesellschaftsentwicklung höchst problematisch und nicht zielführend ist.

Spaemann möchte in Folge der ethischen Auseinandersetzungen Singers die Selbstverständlichkeit, dass alle Menschen gleichermaßen moralisch zu berücksichtigen sind (vgl. Jantschek 1998), am Personenbegriff neu diskutieren. Für ihn steht fest, dass allein das Kriterium der biologischen Zugehörigkeit zur Spezies Mensch als Kriterium für Personalität ausreicht (vgl. Spaemann 2006). Damit wendet sich Spaemann von einem empirischen, an messbaren Eigenschaften festgelegten, Personenbegriff ab. Er macht deutlich, dass die Anerkennung des Menschen als Person nur dann wirklich

---

49 Singer ging es in seinen Ausführungen vor allen Dingen darum, sich für die Schutzwürdigkeit von Tieren einzusetzen.
50 »Der Fötus, das schwerst geistig behinderte Kind, selbst das neugeborene Kind – sie alle sind unbestreitbar Mitglieder der Spezies Homo sapiens, aber niemand von ihnen besitzt ein Selbstbewusstsein oder hat einen Sinn für die Zukunft oder die Fähigkeit mit anderen Beziehungen zu knüpfen« (Singer 2015, 119).

dem Menschen selbst und seinem menschlichen Kern gilt, wenn sie unabhängig von seinen Eigenschaften erteilt wird, da sich die Anerkennung andernfalls nur auf ihn mit seinen Eigenschaften bezieht, welche er unter Umständen eben auch verliert und somit nicht mehr anerkannt würde (vgl. Spaemann 1998, 2006).

Dederich, der auch Bezug auf Spaemann nimmt, hält fest, dass Personalität Wurzeln in der Leiblichkeit hat (vgl. Dederich 2000). Damit schließt er sich einem leibphänomenologischen Zugang zum Personenbegriff an (vgl. Dederich 2000). Als Gegenargument zum empirischen Personenverständnis argumentiert er, dass die gesamte Entwicklung des Menschen kontinuierlich verläuft und es keine Zäsuren gibt, die rechtfertigen würden, zu verschiedenen Zeitpunkten der Entwicklung verschiedene moralische Maßstäbe anzusetzen.

Bewusstsein bedeutet für Dederich, wie für andere Autoren (z. B. Salzberger 2008; Merleau-Ponty 1966), leiblich in der Welt zu sein, diese Welt mit dem Leib wahrzunehmen und sich bewusst zu machen. Neben der leibphänomenologischen Perspektive auf das Personsein verweist Dederich darauf, dass Personalität sich immer in Relationalität äußert (vgl. Dederich 2000). Der Mensch ist immer in Beziehung, von Anfang an sozial eingebunden und auf seine Umwelt bezogen.

> »Ein solch relationaler Personenbegriff ist der Einsicht verpflichtet, daß der Mensch immer schon auf Andere bezogen ist. Personalität ist von hier aus gesehen eine basale Eigenschaft des Menschseins [...] und wird nicht an bestimmte vorausgesetzte Eigenschaften [...] geknüpft« (ebd., 151).

Der Mensch ist demnach immer ein Jemand, der mir und seiner Umwelt in menschlicher Gestalt begegnet, ein Jemand und kein Etwas und damit ein Jemand, über den nicht wie eine Sache verfügt werden kann.

## 2.4 Ausgewählte ethische Aspekte

Im Folgenden wird ein kurzer Einblick in eine Auswahl relevanter ethischer Aspekte erfolgen, welche auch vor dem Hintergrund einer inklusionsorientierten Ethik in der Behindertenpädagogik beleuchtet werden. In Abbildung 2 sind die ausgewählten ethischen Aspekte in ihren Zusammenhängen für die pädagogische Praxis dargestellt. Es wird deutlich, dass sich pädagogisches Handeln immer in einem Spannungsfeld von verschiedenen Machtverhältnissen bewegt und dass die pädagogische Praxis als zwischenmenschlicher Prozess von verschiedenen Bedingungsfaktoren abhängig ist. An dieser Stelle wird auf Achtsamkeit/Fürsorge, Fremdheit, Vertrauen, Anerkennung und Abhängigkeit als eben solche Bedingungsfaktoren eingegangen. ›Gelingende‹ pädagogische Prozesse haben so das Ziel, das Subjekt zu einer größtmöglichen Selbst- und Mitbestimmung im allgemeinen gesellschaftlichen Zusammenleben zu befähigen.

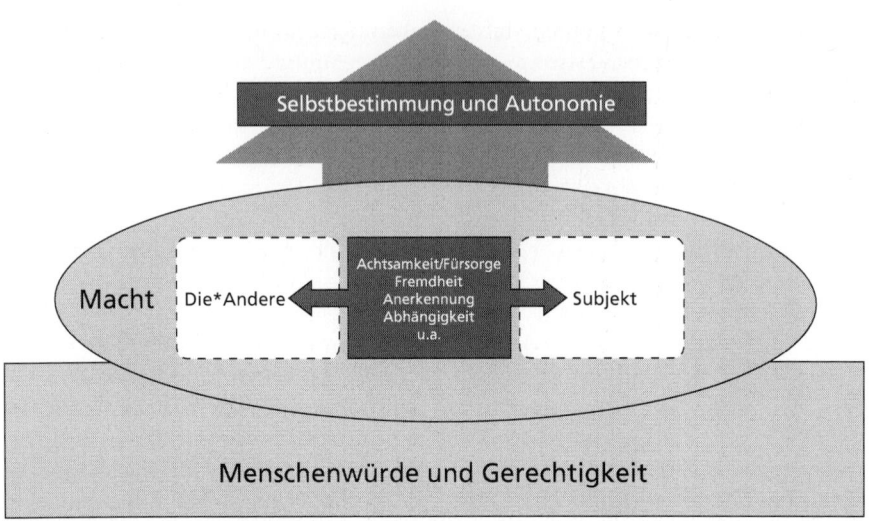

**Abb. 2:** Relevante, ausgewählte ethische Aspekte für eine Pädagogik im Kontext zugeschriebener geistiger Behinderung

## Menschenwürde und Gerechtigkeit

> »Die Würde des Menschen ist unantastbar. Sie zu achten und zu schützen ist Verpflichtung aller staatlicher Gewalt« (Art. 1 Abs. 1 GG).

Der Begriff der Menschenwürde ist ein sowohl rechtlich als auch ethisch höchst relevanter Begriff, welcher jedoch in seiner Konkretheit häufig unscharf bleibt. So hat er in seiner Entwicklung unterschiedliche Bedeutungen eingenommen (vgl. Huber 2000; Goldbach 2014; Schaber 2011). Die ursprüngliche Kopplung von Würde an Ämter und Herkunft wurde später kritisiert und mit Blick auf die Gottebenbildlichkeit des Menschen dem menschlichen Sein insgesamt zugesprochen (vgl. Schardien 2004). Erst der moderne Menschenwürdebegriff versteht sich als ein zu erhebender Anspruch auf die Achtung dieser Würde, die nicht verletzt werden darf. Damit erfolgt die Definition von Menschenwürde zumeist aus der Perspektive ihrer möglichen Verletzung. Unter anderem Dederich fasst eine Vielzahl an Würdeverletzungspotentialen insofern zusammen, als dass er sagt, dass Menschen oder Gruppen in Folge von Gewalterfahrungen unterschiedlichster Art auf ethisch nicht hinnehmbare Weise Schaden nehmen können (vgl. Klauß 2019; Dederich 2019). Im Kontext bioethischer Auseinandersetzungen wird auf die Verletzung der Würde durch eine Verzwecklichung des Menschen hingewiesen, womit auf eine Formulierung aus Kants Ethik zurückgegriffen wird (vgl. Martini 2006). Im Grundgesetz gilt die Menschenwürde als Fundament aller weiteren Grundrechte. Jedoch bleibt sowohl eine inhärente Definition des Menschenwürdebegriffes als auch die Frage danach, wem Würde zuzusprechen ist, vage und wird vor dem Hintergrund verschiedener Grundannahmen unterschiedlich diskutiert (vgl. Schaber 2011; Dreier 2005). Während manche Autorinnen* Menschenwürde allen allein deshalb zuschreiben, weil sie Menschen sind (vgl. Dederich 2019; Schaber 2011), knüpfen andere das Zusprechen von Menschenwürde an die Voraussetzung der Erfüllung unterschiedlicher personaler Kriterien (siehe vorangegangener Abschnitt).

Inwiefern jedoch das Konstrukt der Menschenwürde in Verbindung mit Gerechtigkeit zu verstehen ist, kann anhand des Menschenwürdebegriff Dreiers verdeutlicht werden: Dreier konstatiert für den heutigen Menschenwürdebegriff, dass dieser »[...] im Kern den gleichen Freiheits- und Rechtestatus aller Menschen und deren unveräußerlichen Achtungsanspruch gegenüber der staatlichen Gewalt verbürgt« (Dreier 2005, 168). Mit dieser Definition Dreiers kann an den Gerechtigkeitsbegriff Rawls angeschlossen werden, der in seinen Schriften zu Gerechtigkeit und Fairness ein Verständnis von Gerechtigkeit entwirft, welches in seinen Prinzipien darauf fußt, dass jedem Menschen die umfangreichsten gleichen Freiheitsrechte zukommen, die möglich sind, ohne den anderen einzuschränken. Ungleichheiten sind für Rawls prinzipiell willkürlich und nur dann zulässig, wenn sie jenen den meisten Vorteil verschaffen, die am wenigsten begünstigt sind (vgl. Rawls 1958). Es ist die Aufgabe des Staates, der Gesetzgebung sowie der Institutionen, gerecht zu sein. Dabei ist die Fokussierung von Gerechtigkeit auf ein mögliches Einklagen individueller Rechte erst in jüngerer Zeit entstanden (vgl. Sturma 2015). Gerechtigkeit wird demnach in diesem Sinne als ein faires Realisieren der Rechtsansprüche einer jeden Person verstanden. »Gerechtigkeit bezeichnet somit in der aktuellen Debatte die korrekte Anerkennung, den adäquaten Schutz und die stimmige Abwägung von individuellen Rechten durch gemeinschaftliche Institutionen« (Sturma 2015, 44). Und damit kann Gerechtigkeit in diesem Sinne als die rechtlich abgesicherte Gewährleistung von Menschenwürde verstanden werden.

Dennoch bleibt der Begriff der Gerechtigkeit in seiner Konkretheit ebenso unscharf wie der der Menschenwürde, und auch in Bezug auf seine tatsächliche Realisierbarkeit muss die Umsetzung kritisch hinterfragt werden, besonders vor dem Hintergrund der Lebenswirklichkeit von Menschen mit zugeschriebener Behinderung. Um im Kontext von Partizipations- und Anspruchsrechten für Menschen mit Behinderung einen gerechten Umgang zu ermöglichen, bedürfe es einer Gesellschaft, die nicht stigmatisiert und die Entwicklung nicht behindert, sondern im Gegenteil einer Gesellschaft, die diese Nachteile vollständig ausgleicht (vgl. Nussbaum 2010).

Nussbaum geht in dem von ihr weiterentwickelten Capability Approach von Amartya Sen davon aus, dass es eine Liste grundlegender Werte, bzw. Ansprüche aller gibt, die erfüllt sein müssen, um ein erfülltes Leben zu führen.

**Tab. 2:** Liste der Grundfähigkeiten nach Martha Nussbaum (vgl. Nussbaum 2007, 2015)

| Grundbefähigung | Erklärung |
| --- | --- |
| Leben | Fähigkeit, ein volles Menschenleben zu führen, frei von nicht lebenswerten Lebensumständen |
| Gesundheit | Gesundheit und die Möglichkeit angemessener medizinischer und pflegerischer Versorgung |
| Körperliche Integrität | Mobilität, sexuelle und reproduktive Selbstbestimmung, Schutz vor Gewalt |

**Tab. 2:** Liste der Grundfähigkeiten nach Martha Nussbaum (vgl. Nussbaum 2007, 2015) – Fortsetzung

| Grundbefähigung | Erklärung |
|---|---|
| Wahrnehmungsfähigkeit, Vorstellungskraft, Intelligenz | Unter der Bedingung angemessener Bildung die Fähigkeit, sich seiner intellektuellen Möglichkeiten zu bedienen. |
| Gefühlserfahrung | Fähigkeit, Zuneigung, Liebe, Trauer, Dankbarkeit, Ärger usw. zu entwickeln |
| Praktische Vernunft | Fähigkeit, das eigene Leben zu planen und kritisch zu reflektieren |
| Sozialität und Anerkennung | Fähigkeit, in Auseinandersetzung mit dem anderen zu leben und andere Menschen anzuerkennen und auf der anderen Seite selbst als gleichwertiger Mensch anerkannt zu werden |
| Bezug zu anderen Arten von Lebewesen | Fähigkeit, Verhältnisse zur natürlichen Umwelt aufzubauen |
| Spielerische Entfaltung | Fähigkeit zu lachen, zu spielen |
| Beteiligung | Fähigkeit, sich an politischen Prozessen zu beteiligen und gleiche Eigentumsrecht zu haben |

Diesen Grundbefähigungen liegt die Idee der Menschenwürde zugrunde. Eine gerechte Gesellschaft müsste die Realisierung dieser Werte für alle Menschen ermöglichen (vgl. Nussbaum 2010). Dabei ist für Nussbaum offensichtlich, dass es für Menschen mit Behinderung einer besonderen Fürsorge anderer Menschen bedarf, um ein würdevolles Leben führen zu können (vgl. Nussbaum 2010).

Conradi hingegen will einen Care-Ansatz entwickeln, der genau nicht auf den gesellschaftlich fundierten Gerechtigkeitsprinzipien fußt (vgl. Conradi 2001, o. S.). Sie kritisiert den permanenten Bezug auf die Theorie der Gerechtigkeit von John Rawls und Kant, der die Aspekte der Autonomie, Reziprozität und Gleichheit für zentral bedeutsam erachtet und damit als Vater des Gerechtigkeitsprinzips gilt. Conradi kritisiert die Prinzipien Autonomie und Reziprozität (vgl. Conradi 2001, o. S.) und stellt diesen die Care-Praxis als eine Praxis der Achtsamkeit entgegen (vgl. Conradi 2001, o.S.), die im Folgenden genauer beschrieben wird.

## Fürsorge und Achtsamkeit

*Fürsorge* wird immer wieder in Kontrast zu den Zielkategorien pädagogischen Handelns gestellt: »Leben zwischen Autonomie und Fürsorge« (Brüll & Schmid 2008), »Von der Fürsorge zur Teilhabe« (LV Selbsthilfe Berlin e.V. 2007) oder »Wer von Fürsorge spricht, möchte damit verdeutlichen, dass über Menschen bestimmt wird, dass sie entmündigt, bevormundet und entrechtet werden« (Conradi 2011, 179). Weshalb also wird Fürsorge hier als ein Aspekt ethisch verantwortlichen pädagogischen Handelns vorgestellt?

## 2 Ethische und philosophische Grundlagen

Im Folgenden wird gezeigt, dass Fürsorge aus einer anderen Perspektive betrachtet und in enger Verbindung zum Aspekt der Achtsamkeit (wie sie Conradi herstellt) durchaus Relevanz für verantwortungsvolles pädagogisches Handeln hat.

Fürsorge ist eine Grundbedeutung des Wortes ›Sorge‹ und versteht sich im Kern als ein sich sorgen für etwas oder jemanden (vgl. Kranz 1995). So wurde Fürsorge beispielsweise für die Hilfeleistung gegenüber Armen und verwaisten Menschen, die zum Teil von Kirchen, Orden oder Städten in speziellen Armen- oder Waisenhäusern erbracht wurden, bezeichnet (vgl. Schlichting 2015). Mitte des 20. Jahrhunderts kehrte man sich von der Fürsorge als staatliche Einrichtung ab, da diese zunehmend als paternalistisch, bevormundend und stigmatisierend wahrgenommen wurde (vgl. Schnabl 2008). Neue Impulse für den Begriff der Fürsorge kommen aus einer »weiblichen Ethik der Fürsorge«, den Care-Ethics, die C. Gilligan einer männlichen Gerechtigkeitsethik gegenüberstellt (vgl. Kranz 1995). Zwei wichtige Vertreterinnen der Care-Ethics sind Conradi und Tronto. Beide kritisieren, dass Care-Arbeit, die vorwiegend von Frauen getan wird, gesellschaftlich abgewertet wird (vgl. Tronto 1993, Conradi 2001). Beide Autorinnen gehen von assymetrischen Care-Beziehungen aus und verstehen Care als einen kollektiven gesellschaftlichen Prozess, in dem es darum geht, auf Abhängigkeiten einzugehen und dabei keine Gegenleistung zu erwarten (vgl. Tronto 1993). Besonders Tronto ist es wichtig, auf damit einhergehende Machtverhältnisse und deren notwendige Reflektion aufmerksam zu machen (vgl. Tronto 1993). Für Conradi ist es von besonderer Wichtigkeit, dem Prinzip der Autonomie und Reziprozität mit dem Care-Ansatz ein Konzept entgegenzustellen, das vielmehr auf dem Prinzipt der Achtsamkeit beruht.

Dennoch wird der Begriff der Fürsorge nicht ausschließlich positiv diskutiert, und so spricht Graumann in ihrer Einleitung von ›Respekt oder Sorge für behinderte Menschen‹ und macht darauf aufmerksam, dass ›Behindertenaktivistinnen*‹ sich gegen diskriminierende Fürsorge einsetzen und Möglichkeiten fordern, um selbstbestimmt und unabhängig zu leben (vgl. Graumann 2011).

Jantzen kritisiert diesen vielfach zu leichtfertigen Gebrauch des Begriffes (vgl. Jantzen 2010).

> »Achtsamkeit wird in diesem Sinne als Form der Aufmerksamkeit im Zusammenhang mit einem besonderen Wahrnehmungs- und Bewusstseinszustand verstanden, der darauf abzielt, in der Gegenwart wach und präsent zu sein. Historisch betrachtet ist ›Achtsamkeit‹ vor allem in der buddhistischen Lehre und Meditationspraxis zu finden« (Schlichting 2015, 232).

Conradi setzt sich in ihren Überlegungen mit den Care-Konzepten auseinander und entwickelt vor diesem Hintergrund eine »Ethik der Achtsamkeit« (vgl. Conradi 2001, o. S.). Sie verbindet demnach die Begriffe Fürsorge/Sorge und Achtsamkeit. Der Achtsamkeitsbegriff Conradis, auf den wir uns im Kontext von Fürsorge konzentrieren, ist sehr eng an den Begriff der Achtung gekoppelt (vgl. Conradi 2001, o. S.). Achtung als eigener philosophischer Leitbegriff ist als Rechtsbegriff relevant, denn es besteht ein Recht auf ›Achtung der Würde‹. Achtung gilt als »universales Handlungsprinzip auf allen Ebenen sozialer Ordnungen« (Gröschner et al. 2013, 127). Conradi versteht Achtsamkeit sowohl an diesen Begriff der Achtung gebunden, bezieht diese aber vor allem auf den Kontext von Care-Interaktionen. Die jeweiligen Interaktionspartnerinnen* sind dabei oft in einem sehr verschiedenen Maß autonom,

79

weshalb die Begegnung genauso wie die Achtsamkeit nicht auf Gegenseitigkeit ausgelegt ist. Für Conradi ist Achtsamkeit vielmehr eine Zuwendung zum Menschen, das Ernstnehmen jedes Menschen unabhängig davon, »ob eine Person ihr Gegenüber als ähnlich oder als verschieden, als mehr oder weniger autonom empfindet« (Conradi 2001, o. S.). Eine Praxis der Achtsamkeit umfasst dabei Selbstsorge, Bezogenheit auf den Anderen, kleine Gesten der Aufmerksamkeit, pflegende und versorgende menschliche Interaktionen und kollektive Aktivitäten (vgl. Conradi 2001, o. S.). Achtsamkeit ist dabei nichts, was vorausgesetzt werden kann, sondern sie entwickelt sich zwischen Menschen unter anderem durch Zuwendung (vgl. Conradi 2011).

Demzufolge ist es wichtig, dass Achtsamkeit in einem grundlegenden Angewiesensein des Menschen zu begründen ist und eben nicht an die Bedingung von Autonomie gekoppelt wird (vgl. Schlichting 2020). Das ist auf der einen Seite nachvollziehbar, weil Conradi gerade daran gelegen ist, Achtung und Achtsamkeit anderen Personen voraussetzungslos entgegenzubringen und von diesen entgegennehmen zu können. Dennoch muss vor dem Hintergrund, dass pädagogisches Handeln auch darauf abzielt, dem Subjekt größtmögliche Selbstbestimmung und Autonomie zu ermöglichen, hinterfragt werden, wie Autonomie und Selbstbestimmung mit einer Ethik der Achtsamkeit in Verbindung gebracht werden können. Conradi selbst arbeitet heraus, dass sie Autonomie gerade nicht als eine Grundvoraussetzung für eine achtsame Zuwendung versteht (wie Kant dies in seiner Ethik tut), sondern dass sie in der Praxis einer Ethik der Achtsamkeit eine Möglichkeit sieht, Prozesse der Selbstbestimmung zu befördern oder diese sichtbar bzw. erkennbar werden zu lassen (vgl. Conradi 2011). So kann z. B. in der Zusammenarbeit mit einem Menschen mit komplexem Unterstützungsbedarf eine achtsame Zuwendung Voraussetzung dafür sein, dass Selbstbestimmungsbestrebungen erkannt werden können. Vor diesem Hintergrund Momente der Selbstbestimmung zu erkennen und auszulösen, bringt der Fürsorge und Achtsamkeit eine ganz grundlegende Bedeutung pädagogischen Handelns.

## Anerkennung

Die Ursprünge der anerkennungstheoretischen Ansätze liegen im deutschsprachigen Raum bei Fichte und Hegel. Die Begrifflichkeiten wurden später durch psychoanalytische Schulen und entwicklungspsychologische Forschung aufgegriffen. Rösner vereint in seinem Buch »Jenseits normalisierender Anerkennung« vielfältige Vorstellungen von Ethik und Philosophie (Levinas, Foucault, Bourdieu, Bonfranchi, Horster u. v. m.) in der Frage, welche Verantwortung gegenüber einem *Anderen* notwendig ist, um diesen tatsächlich als Nächsten und eben Anderen anzuerkennen. Es geht ihm um die Anerkennung des Anderen in seiner Andersheit, womit er auch darauf aufmerksam macht, dass es zur Ermöglichung dieser Anerkennung Ethiken braucht, die nicht auf einer Normalitätsvorstellung beruhen (vgl. Rösner 2002).

Eine im pädagogischen Diskurs vielfach aufgegriffene Theorie der Anerkennung ist die intersubjektive Theorie der Anerkennung von Axel Honneth (vgl. Rösner 2002). Die Überlegungen Honneths zum ›Kampf um Anerkennung‹ werden im pädagogischen Diskurs vielfach einbezogen und rezipiert. Dies deshalb, weil Honneth deutlich macht, dass Anerkennung die notwendige Bedingung dafür sei, dass sich der Mensch in seinen grundlegenden Eigenschaften entwickeln kann (vgl. Moser 2011). Honneth geht es aber vielmehr darum zu zeigen, »wie in individualisierten pluralen Gesellschaften Normkonsense durch praktische Handlungen hergestellt und erkämpft, aber auch akzeptiert und dadurch aufrecht erhalten werden« (Moser 2011, 105). Für ihn entstehen moralische Grundlagen in der individuellen Erfahrung von Anerkennung. Honneth geht davon aus, dass jeder einzelne nur zu einem gelungenen Selbstbild kommen kann, wenn andere ihm dieses positive Selbstbild vermitteln (vgl. Rösner 2002).

Dabei ist bedeutsam, dass jedes Subjekt sich als dasjenige Subjekt begreifen muss, das selbst wiederum Anerkennung gegenüber dem Anderen leisten muss. Honneth entwickelt hierzu eine Struktur sozialer Anerkennungsverhältnisse. In dieser Struktur wird deutlich, dass der Mensch auf bejahende Reaktionen seiner Umwelt angewiesen ist, weil er durch die verschiedenen Formen der Missachtung in seiner Integrität verletzt wird. Honneth beschreibt verschiedene Erscheinungsformen der Missachtungserfahrungen: Vergewaltigung, die auf eine Verletzlichkeit des Körpers abzielt; Entwürdigung, die auf eine emotionale Verletzlichkeit hinweist, und Entrechtung, welche andeutet, dass dem Menschen Rechte aberkannt und Rechtsräume verschlossen bleiben (vgl. Honneth 2014). Aus diesen Erfahrungen der Missachtung heraus entstehe ein ›Kampf um Anerkennung‹. Brachmann macht jedoch deutlich, dass es nur dann möglich ist, um Anerkennung zu ›kämpfen‹, wenn man selbst ein Bewusstsein dafür hat, dass Anerkennung vorenthalten oder verweigert wird. Erst die Erfahrung, anerkannt zu sein, führe dazu, dass man selbst in der Lage ist, Ungerechtigkeit und Missachtung zu erkennen (vgl. Brachmann 2015). Im wissenschaftlichen Diskurs ist genau jene gesellschaftliche Anerkennungsproblematik schon lange Gegenstand von Auseinandersetzungen zur Begrifflichkeit und Bestimmung dessen, was Behinderung selbst ist. Dederich führt 2009 verschiedene Theorien und Zugänge, die Behinderung als sozial- und kulturwissenschaftliche Kategorie verstehen, zusammen und hält fest:

> »Behinderung ist in diesem Sinne und je nach Perspektive und Kontext das Ergebnis eines Wahrnehmungs- und Deutungsprozesses angesichts von erwartungswidrigen Merkmalen oder Eigenschaften eines Individuums« (ebd., 37).

Eben jenes Zusammenspiel von Wahrnehmungs- und Deutungsprozessen im Kontext von Anerkennung greift Brachmann auf, indem er ein Anerkennungsverständnis in alteritätsethischer Lesart beschreibt, wonach eine Person X eine Person Y als Person Z anerkennt. »Der Andere wird also vom Subjekt entsprechend seines eigenen Deutungshorizonts als etwas Bestimmtes erkannt und anerkannt und auf diese Weise – als z – gestiftet« (Brachmann 2015, 106). Es ist demnach Aufgabe des Anderen, den Gegenüber gerade nicht festzulegen als den, den er selbst in ihm sieht, sondern »Prozesse der wechselseitigen Anerkennung so offen zu konzipieren, dass der andere Mensch als einzigartiges und von mir unendlich verschiedenes Wesen ›freigegeben‹ wird. Dieses Freigeben des anderen Menschen beinhaltet unter Umständen auch, ihn aus den Erwartungen der Wechselseitigkeit zu entlassen. Wenn es also darum geht, den anderen Menschen als Anderen anzuerkennen, dann erfordert dies ein sehr sensibles Bewusstsein dafür, dass jeder Versuch, mir diesen Anderen anzueignen, ihn auf das Bild, das ich mir von ihm gemacht habe, festzulegen, die Anerkennung sofort zerstört bzw. in Gewalt umkippen lässt« (Dederich 2013, 221 unter Verweis auf Gamm 2000). Ebenso wichtig ist es, deutlich zu machen, dass in jeder Form der Anerkennung gleichzeitig eine Gefahr der *Verkennung* innewohnt (vgl. ebd.), welche es wahrzunehmen gilt und mit welcher offen und reversibel umgegangen werden muss.

## Fremdheit

Da der Aspekt der Fremdheit immer wieder zentraler Gegenstand eines alteritätsethischen Anerkennungsverständnisses ist, soll an dieser Stelle konkreter auf Fremdheit als ethisch relevanter Aspekt der Pädagogik eingegangen werden. Grundlegend geht der Erfahrung von Fremdheit die Erfahrung von Differenz und Verschiedenheit voraus (vgl. Stinkes 2014). Stinkes sieht in der Auseinandersetzung mit Differenz und Verschiedenheit eine große Bedeutung für die Pädagogik (vgl. ebd.). In ihrem Artikel »Antworten auf andere Fremde« geht sie der Frage nach, wie das Fremde in der eigenen Erfahrung auftaucht und wie es möglich wird, dem Fremden anerkennend zu begegnen. Für Stinkes gibt es zwei verschiedene Formen des Fremden – die ›verstandene Fremdheit‹ auf der einen Seite, welche Begabung, Kultur, Geschlecht, Interessen und ähnliche Verschiedenheiten umfasst, und die ›radikale Fremdheit‹, die einem in ihrer Verschiedenheit verschlossen und unzugänglich bleibt (vgl. ebd.).

Mit der Bezeichnung der radikalen Fremdheit greift Stinkes auf Levinas zurück, der die Begegnung mit dem *radikal Fremden* als irritationsauslösend oder beunruhigend beschreibt. Dem Ich stößt durch die Begegnung mit dem Anderen etwas zu, es scheitert in der Erkennung des Anderen. Die Andersheit des Anderen ist seine Verschiedenheit zum Ich. Wichtig ist jedoch, dass auch eine gewisse Nichtverschiedenheit in der Begegnung deutlich wird. Denn erst durch diese wird die Fremdheit relevant und kann ein Gefühl der Verantwortung auslösen (vgl. Levinas 1992 in: Dederich 2013; Stinkes 2014).

Moser widmet sich 2011 unter Rückbezug auf Rödler, Stinkes, Fornefeld und Dederich der Anerkennung von Fremdheit und der Bedeutung für die Pädagogik. Hierbei wird deutlich, dass die leibliche Existenz eines jeden Menschen für das pädagogische Fremdverstehen nutzbar gemacht werden kann. Dabei geht es aber nicht darum, den Fremden zu erkennen, sondern ihn vielmehr in seiner Fremdheit anzuerkennen. Moser spricht in diesem Fall von einer ›fürsorglichen Anerkennung‹, was gleichzeitig deutlich macht, dass dieses Anerkennen und die damit einhergehende Verantwortung auf einer Asymmetrie fußt. Das Verstehen des Anderen muss immer vorläufig und revidierbar sein (vgl. Salzberger 2008; Moser 2011). Es geht um eine zirkuläre Auseinandersetzung mit der* Anderen/der* Fremden und der eigenen Person mit all den innewohnenden Vorstellungen. »Die Annäherung an den Anderen in all seiner Vielfalt bietet [...] den ersten Schritt, ihn aus den Fesseln der Macht zu befreien« (Laubenstein 2008, 334).

So gilt: »Angesichts von Vielfalt und Differenz wird eine heterogenitätsfreundliche Ungleichheitsbewältigung zur zentralen Aufgabe der Heil- und Sonderpädagogik« (Dederich 2013, 55). Das schließt gleichermaßen eine Reflektion über vollzogene Othering-Prozesse (▶ Kap. I, 3.3) mit ein, denn es geht gerade nicht darum, das scheinbar ›Fremde‹ als ›anders‹ festzulegen, sondern sich diesem anzunähern.

## Abhängigkeit

Nachdem Hahn 1981 Behinderung noch als ein ›Mehr an sozialer Abhängigkeit‹ beschreibt (vgl. Hahn 1981), wendet sich die Behindertenpädagogik später von diesem Begriff ab. Heute taucht dieser kaum noch auf, weil er häufig als eine Form der Fremdbestimmung verstanden wird. Nur wenige diskutieren den Begriff noch im Kontext von Behinderung. Zwei Autorinnen, die in ihren Schriften immer wieder deutlich machen, dass jeder Mensch auf den Anderen angewiesen ist, sind Conradi (vgl. Conradi 2001, o.S.) und Kittay (vgl. Kittay & Carlson 2010; Kittay 2019). Kittay verweist darauf, dass das Abhängigsein von Menschen mit Behinderung oft mit einer Abweichung von einer Norm der Unabhängigkeit gleichgesetzt wird, wobei zu hinterfragen gilt, ob Unabhängigkeit als das ›Normale‹ zu betrachten ist. Kittay schreibt: »Wenn Unabhängigkeit normativ ist, werden Menschen mit einer Beeinträchtigung durch das Stigma, das mit Abhängigkeit und dem Bedarf an Fürsorge verbunden ist, isoliert« (Kittay 2004, 70).

Dederich setzt sich 2007 mit dem Begriff der Abhängigkeit auseinander und arbeitet vier Typen heraus (vgl. Dederich 2007b, 2007a). Für Dederich ist *der erste Typ eine Abhängigkeit im Sinne von Sucht*, die für den hier zu beschreibenden Kontext keine Relevanz hat. Als *zweiten Typ* stellt Dederich eine *gesellschaftlich oder sozial hergestellte Abhängigkeit* vor und verweist dabei u.a. auf Infantilisierungen, Vernachlässigungen und paternalistische Machtausübungen – die er im Sinne Dörners mit einer ›Schutzhaft der Nächstenliebe‹ beschreibt.

Er verknüpft dabei die Begriffe der Abhängigkeit und des Angewiesenseins und macht deutlich, dass gerade dieses Abhängigsein auch einer wirklichen Anerkennung bedarf und eben nicht dazu führen darf, dass Sozialfürsorge oder andere helfende Beziehungen zu einer erlernten Hilflosigkeit führen. Auch Harmel stellt heraus, dass aus der Angewiesenheit von Menschen auf Menschen, Institutionen, unterstützende Strukturen und respektvolle Beziehungen eine Abhängigkeit erwachsen kann (vgl. Harmel 2011). Dieser Abhängigkeitstypus ist eng mit Erfahrungen von Macht und Ohnmacht verbunden. Den *dritten Typ* der Abhängigkeit beschreibt Dederich als eine *Abhängigkeit*, die zur *conditio humana* (zur Natur des Menschen) dazu gehört – der Mensch ist demnach ein Wesen, welches auf Koexistenz angewiesen ist und nur durch das Bezogensein zum anderen selbst zum Subjekt wird. An dieser Stelle lässt sich auch Kittays und McIntyres Abhängigkeitsverständnis einordnen (vgl. MacIntyre & Goldmann 2001), die eine Anerkennung der Abhängigkeit des Menschen fordern. Der Übergang in den *vierten Abhängigkeitstyp*, die *entwicklungsbedingte Abhängigkeit*, ist für Dederich fließend. Er verweist darauf, dass jeder Mensch zu unterschiedlichen Zeitpunkten seines Lebens in ganz unterschiedlicher Art und Weise in Abhängigkeitssituationen gerät (vgl. Dederich 2007a). Dederich setzt im Folgenden jene Abhängigkeiten in engen Bezug zu Machtverhältnissen und einer Problematik von Machtmissbrauch (vgl. Dederich 2007a).

Vor dem Hintergrund der Diskussionen um die verschiedenen Aspekte der Abhängigkeit ist für den pädagogischen Alltag vor allem relevant zu reflektieren, inwiefern pädagogisches Handeln tatsächlich dazu beiträgt, Abhängigkeitsverhältnisse zu reduzieren, oder ob es Abhängigkeiten vielmehr manifestiert und reproduziert.

Hier kann eine kritische Auseinandersetzung mit einer advokatorischen Ethik (vgl. Brumlik 2017) hilfreich sein. So rechtfertigt Brumlik advokatorisches, erzieherisches Handeln nur dann, wenn es zur Erziehung der Mündigkeit unter Wahrung der Integrität der Person geschieht (vgl. Brumlik 2017).

## Macht

Die theoretischen Auseinandersetzungen zur Macht im Kontext einer Pädagogik bei zugeschriebener Behinderung sind vielfältig (vgl. Arendt & Reif 2017; Goffman 2016; Goffmann 1967; Jantzen 2012a; Freire 1998; Bourdieu 2015; Dederich 2007b; Kremsner 2017; Ackermann & Dederich 2011; Foucault 2000; Laubenstein 2008, u. a.) und müssen an dieser Stelle eine Begrenzung erfahren.

Wie Abbildung 2 zum Beginn dieses Kapitels zeigt, kann davon ausgegangen werden, dass zwischenmenschliche Kommunikation von machtvollen Strukturen durchzogen ist. Sowohl gesamtgesellschaftliche Faktoren, aber auch individuelle Lebensbedingungen haben Einfluss auf erlebte Machtstrukturen.

Im Folgenden soll versucht werden, einzelne Facetten und Bedingungsgefüge von Macht im Kontext der Behindertenpädagogik aufzuspüren, denn »Pädagogik ist in spezifische Macht- und Herrschaftsverhältnisse verstrickt und involviert« (Krenz-Dewe & Mecheril 2014, 58 f.). Auch Greving betont die Bedeutsamkeit von Macht in der (Behinderten)Pädagogik, indem er sagt: »Eine Beziehung ohne Macht erscheint somit kaum denkbar – Organisationen, welche sich primär beziehungsorientierten oder -gebundenen Aufgaben oder Themen widmen, können demnach nur Organisationen sein, in welchen Machtphänomene eine außerordentliche Rolle spielen« (Greving 2004, 290).

Waldschmidt veranschaulicht sehr gut, dass Behinderung im Sinne Foucaults generell als eine Machtstruktur verstanden werden kann, die unter anderem durch die Wissenschaftsdisziplin der Behindertenpädagogik selbst hervorgebracht wird (vgl. Waldschmidt 2006). Auch Jantzen gibt zu bedenken, dass Macht und Gewalt möglicherweise eine notwendige Bedingung für die Herausbildung einer Behindertenpädagogik sind (vgl. Jantzen 2001). Inwiefern diese Betrachtungen begründbar sind, sollen die nachfolgenden Aspekte deutlich machen.

Waldschmidt arbeitet heraus, dass behinderte Körper im Sinne Foucaults keine Naturtatsachen sind, sondern vielmehr in Diskursen konstruiert werden (vgl. Foucault et al. 1996). Vor allem die Humanwissenschaften, Fächer wie Medizin, Psychologie und Pädagogik stellen Wissensordnungen her, die bestimmen, was als (soziales) Problem wahrgenommen wird (vgl. Waldschmidt 2006; Laubenstein 2008). Wissenschaftliche Disziplinen legen demnach fest, was als Abweichung und behandlungsbedürftig gilt und diagnostiziert werden muss. So beschreibt Kremsner die Diagnostik (von Intelligenzstörungen) als »behindernden Unterdrückungsmechanismus«, aufgrund dessen sich Behinderung als Zuschreibung während des gesamten Lebenslaufes manifestiert und in Folge eines hegemonialen Zusammenspiels verschiedener sozialer Welten und ihrer Akteurinnen* fortlaufend reproduziert wird (vgl. Kremsner 2017). Durch Abgrenzungspraktiken zwischen normal und nichtnormal wird Normalität durch eine Dominanzkultur in der Gesellschaft produziert und unweigerlich mit Machtstrukturen verknüpft (vgl. Laubenstein 2008).

Foucault beschreibt, wie in solch staatlichen hegemonialen Institutionen (z. B. Armee, Schule, aber auch Krankenhäuser) Körper diszipliniert und an die vorherrschende Norm angepasst werden (sollen) (vgl. Foucault 2000). Kremsner sieht in der Funktion von Institutionen der so genannten Behindertenhilfe den Prozess des Othering, der dazu führt, dass die Menschen, die als behindert klassifiziert wurden, sich mit ihrer Rolle als ›außerhalb der sozialen Welt‹ identifizieren und diese nicht in Frage stellen, womit gleichzeitig die normative Setzung erhalten wird.

>»Konkret bedeutet dies, dass Menschen in Folge kategorial-diagnostischer Zuschreibungen sinnbildlich zunächst aus der Gesellschaft ausgeschlossen werden, um sie in weiter Folge und weitgehend alternativlos in Hegemonialapparaten einzuschließen, wo sie – ebenfalls auf sozialen Konsens beruhend – Konzepte wie Heilung, Förderung, Therapie und dergleichen zugeführt werden sollen« (Kremsner 2017, 281).

Wie machtvoll sich das Verhaftetsein in Institutionen auf die persönliche Entwicklung und Identitätsbildung auswirken kann, hat Goffmann (vgl. Goffman 2016) und später eine Reihe von anderen Autorinnen* (vgl. Kremsner 2017; Plangger & Schönwiese 2010) gezeigt. Kremsner verdeutlicht in ihrer Arbeit, dass auch das derzeitige System der so genannten Behindertenhilfe, obschon es nicht mehr/immer alle Merkmale ›totaler Institutionen‹ aufweist, als Hegemonialapparat funktioniert. Die Akteurinnen* in diesem Feld sind danach bestrebt, ihre soziale Welt und ihren Status aufrecht zu erhalten, weshalb es im Gegenzug zur Unterdrückung oder Nichtbeachtung der Stimmen der Menschen kommt, die das System der sogenannten Behindertenhilfe in Anspruch nehmen.

Geben und Helfen erhöht den eigenen Status und verringert den des in Anspruch Nehmenden. Im Kontext der Arbeit mit Menschen mit Behinderungen wird oft nicht mit einer reziproken Gegenleistung gerechnet. Aus der sich so ergebenden Machtasymmetrie (vgl. Dziabel 2017) entstehen paternalistische Austauschbeziehungen. Der Unterstützung in Anspruch Nehmende reagiert mit emotionaler Bindung, angepasstem Verhalten oder bspw. dankbarer Unterwürfigkeit als Gegenleistung (vgl. ebd.). Er selbst erkennt seine Rolle als Hilfeempfänger an. Somit besteht durch die Institutionen eine Macht der Setzung, aber gleichzeitig reproduzieren die ›Beherrschten‹ diese Zustimmung immer wieder, weil ihnen die Anerkennung als zur sozialen Welt Zugehöriger fehlt (vgl. Kremsner 2017, 255 f.).

Als Folge von machtvollen Entscheidungen und Handlungen im institutionellen Kontext von Behinderung werden unter anderem Überbehütung, erlernte Hilflosigkeit, Sprachlosigkeit und erlernter Ausschluss diskutiert (vgl. Freire 1998; Jantzen 2001; Kremsner 2017; Goffman 2016). Kremsner macht unter Rückbezug auf Spivac (2008) deutlich: Subalterne (unterdrückte Gruppen) sind oft Menschen, die sich aufgrund ihrer Vorerfahrungen nicht trauen zu sprechen, die nicht sprechen dürfen oder deren Stimme einfach nicht gehört oder ernst genommen wird (vgl. Kremsner 2017).

Ein erster Schritt, um eine bessere Gleichverteilung von Machtverhältnissen zu schaffen, ist das Erkennen des eigenen Machtpotentials. So schreibt Freire, dass die Erkenntnis des Unterdrückers, selbst Unterdrücker zu sein, »beträchtliche Qualen erzeugen (mag), aber es führt noch nicht notwendig zur Solidarität mit den Unterdrückten. Es genügt nicht, daß er seine Schuld durch eine paternalistische Behandlung der Unterdrückten rationalisiert, während er sie noch weiterhin in ihrer Lage der Abhängigkeit hält« (Freire 1998; 102).

Notwendigerweise muss sich die unterdrückende Person ihrer unterdrückenden Rolle erst einmal bewusst werden. In aktuellen Diskussionen im Bereich der Behindertenpädagogik werden machtrelevante statusabhängige Privilegien sowohl vor dem Hintergrund der Schaffung von Wissen in der Wissenschaft (vgl. Mohseni et al. 2018; Kremsner 2017; Hauser & Plangger 2015) als auch im Kontext der Herstellung von Differenz durch Professionelle in der pädagogischen Arbeit (vgl. Weitkämper & Weidenfelder 2018; Rehr 2018) diskutiert. Misamer zeigt anhand ihrer empirischen Untersuchung, dass die Machtanwendung aus empirischer Sicht eine grundlegende Komponente der Lehrkräfte-Schülerinnen*-Beziehung ist (vgl. Misamer 2018). Es muss Aufgabe von Akteurinnen* in der so genannten Behindertenhilfe sein, tatsächliche Solidarität zu ergreifen und einen möglichen Empowermentprozess wirklich in Gang zu setzen, denn Noack folgend ist Empowerment die symmetrische Verteilung von Macht (vgl. Noack 2003).

> »Dieser radikale Verzicht auf Stellvertretung und Bevormundung zugunsten der Perspektive etwas gemeinsam mit Behinderten zu tun, setzt voraus, daß BehindertenpädagogInnen ›eigene Gründe haben, sich an den diesbezüglichen Auseinandersetzungen zu beteiligen‹« (Jantzen 2001, 66).

Jantzen sieht in der »eigenen Befreiung [...] aus den [...] unwürdigen Verhältnissen entfremdeten Handelns gegenüber den sog. Behinderten« einen tragfähigen Grund für Pädagoginnen*, ihr Handeln neu auszurichten (vgl. Jantzen 2001).

## Autonomie und Selbstbestimmung

Beide Begrifflichkeiten erfahren in der Fachliteratur keine konstante Abgrenzung und werden zumeist synonym verwendet. Trotz dieser häufig bedeutungsgleichen Verwendung kann etymologisch gezeigt werden, dass Autonomie im Sinne einer Selbstgesetzgebung verstanden werden kann (vgl. Waldschmidt 2012; Schandl 2011) und damit die Möglichkeit eines Individuums darstellt, gewisse Entscheidungen unabhängig von äußeren Einflüssen zu fällen (vgl. Schandl 2011). Fornefeld versucht zu unterscheiden in: »Autonomie [...] wird im Zusammenhang mit Unabhängigkeit, Selbstverwaltung und Entscheidungsfreiheit thematisiert. Das Verständnis von Selbstbestimmung wird aus der Beschreibung von Abhängigkeiten und Formen der Fremdbestimmung behinderter Menschen gewonnen« (Fornefeld 2009, 183). Dabei vereinnahmt Fornefeld die Nutzung des Selbstbestimmungsgedanken für die Forderungen, die sich aus Abhängigkeits- und Fremdbestimmungserfahrungen von Menschen mit Behinderungen ableiten und im Zuge der Selbstbestimmt-Leben-Bewegung[51] und darüber hinaus von Menschen mit Behinderungen eingefordert wurden und werden. Auch Schandl (2011) stellt in ihrer Untersuchung fest, dass der

---

51 Die Independent-Living-Bewegung startete in den 1960er Jahren in den USA und wurde von Menschen mit Behinderungserfahrungen initiiert, die nicht länger in Großeinrichtungen leben wollten und sich gegen ihre Bevormundung und Ausgrenzung eingesetzt haben (vgl. Fornefeld 2009).

Begriff der Selbstbestimmung im pädagogischen Kontext fast ausschließlich im heilpädagogischen Bereich im Zusammenhang mit dem Thema Behinderung genutzt wird, die allgemeine Erziehungswissenschaft hingegen primär mit dem Autonomiebegriff operiert. Das Thema der Selbstbestimmung nimmt in den 1990er Jahren großen Raum in der Diskussion der sogenannten Geistigbehindertenpädagogik ein (vgl. Weingärtner 2006).

»Menschen mit geistiger Behinderung sollen nicht länger als unzurechnungsfähige Personen betrachtet werden, bei denen der entsprechende Helfer weiß, was das Beste für sie ist. Die daraus resultierende Fremdbestimmung soll aufgehoben werden, indem den Menschen mit geistiger Behinderung die Möglichkeit gegeben wird, soweit als möglich ihre Angelegenheiten selbst zu entscheiden« (Weingärtner 2006, 18).

Damit wurden Selbstbestimmung und Autonomie vielfach als neue Zielperspektiven von Pädagogik beschrieben (vgl. Fornefeld 2009; Schmerfeld 2004; Klauß 2019; Schuck 2019), aber gleichfalls werden sie als solche kritisiert (vgl. Harmel 2011; Schmerfeld 2004; Lindmeier 1999; Conradi 2011; Boger 2019b).

Conradi konstatiert bspw., dass ein auf Kant zurück zu führendes Autonomieverständnis[52] nicht auf jene Menschen anzuwenden ist, die als kognitiv beeinträchtigt gelten, auch deshalb, weil Kants Autonomieverständnis auf reziproke und symmetrische Intersubjektivität ausgelegt ist (vgl. Conradi 2011). Menschliche Beziehungen sind jedoch vielfach asymmetrisch und von Abhängigkeiten (mit)bestimmt (▶ Kap. I, 2.4) (vgl. Conradi 2011; Weingärtner 2006).

Schon in den vorangegangenen Überlegungen ist deutlich geworden, dass Autonomie und Selbstbestimmung im Kontext der pädagogischen Praxis keine zu erfüllenden Voraussetzungen darstellen, sondern dass pädagogisches Handeln darauf abzielt, dem Subjekt größtmögliche Selbstbestimmung zu ermöglichen.

»In der pädagogischen Betrachtungsweise von Selbstbestimmung geht es darum, den Menschen mit Behinderung nicht länger zum Objekt pädagogischer Bemühungen zu machen, sondern ihn als Subjekt seiner eigenen Entwicklung zu erkennen« (Fornefeld 2009, 185).

Dabei müssen durchaus die Gefahren berücksichtigt werden, die durch neoliberale Konnotationen Selbstbestimmung als einen Zwang verordnen (vgl. Schandl 2011; Conradi 2011; Fornefeld 2009; Dederich 2001), wodurch sich neue Selektionsstrategien und Exklusionspraktiken entwickeln (vgl. Fornefeld 2008a, 2009b). Selbstbestimmung und das gleichzeitige Grundbedürfnis des Menschen auf ein Gegenüber können nicht voneinander getrennt werden.

»Selbstbestimmung und Angewiesensein auf einen Andern stehen somit in einem engen widersprüchlichen Zusammenhang. Wird diese[s; d. A.] Gleichgewicht auf eine Seite hin aufgelöst, oder zerbricht es vollkommen, entstehen problematische Herrschafts- und Unterwerfungsverhältnisse« (Weiß 2000, 247, Anmerkung d. Autor).

---

52 Für Kant bedeutet Selbstbestimmung – Selbstgesetzgebung, die nicht durch eigene Gefühle bestimmt, sondern allein auf Vernunftentscheidungen beruhen. »Das Grundkonzept dieser ›autonomen Ethik‹ [...] beruht auf einer einseitigen Bevorzugung des Geistes gegenüber dem Körper« (Conradi 2011, o.S.).

Selbstbestimmung ist deshalb in zweierlei Hinsicht als relativ zu bezeichnen. Zum einen, weil Selbstbestimmung im sozialen Raum stattfindet und damit auch durch das selbstbestimmte Handeln anderer relativiert wird, zum anderen, weil verschiedene Lebensbereiche ein unterschiedliches Maß an Selbstbestimmung ermöglichen können (vgl. Weingärtner 2006). Weingärtner wendet sich von einem Kantischen Autonomie- und Selbstbestimmungsbegriff ab und entwickelt vor dem Hintergrund der Angewiesenheit von Menschen, die als schwer geistig behindert bezeichnet werden, ein Konzept der basalen Selbstbestimmung. Ähnlich argumentiert Conradi, die für eine Selbstbestimmung durch Achtsamkeit plädiert (vgl. Conradi 2011). In all den Ausführungen ist deutlich geworden, dass die Forderung nach einem Mehr an Selbstbestimmung für Menschen mit sogenannter geistiger Behinderung ein wichtiger Bestandteil sonderpädagogischer Profession ist, dass jedoch »Selbstbestimmung und Autonomie [...] für Menschen mit Behinderung nur dann eine Errungenschaft der Moderne bleibt, wenn sie nicht den ökonomischen Interessen von Sozialpolitik geopfert werden« (Fornefeld 2009, 186).

Boger pointiert:

> »Die Inklusionspädagogin denkt Selbstbestimmung zuvorderst ex negativo: Sie achtet darauf, wann es zu Eingriffen in die persönliche Sphäre kommt, bei denen die Integrität der Person gefährdet ist. Sie überhöht Selbstbestimmung aber nicht zu einem Kernbegriff, da dieser nur den Menschen nutzt, die am lautesten selbstbestimmt und selbstgewählt danach schreien können. Vielmehr gilt es, der Vulnerabilität jener Menschen nachzuspüren, die nicht einmal autonom genug sind, Autonomie zu beanspruchen. Eine solidarische Forderung nach Selbstbestimmung ist so betrachtet immer eine Forderung nach dem Selbstbestimmungsrecht des entmündigten Anderen, was die Geste ironischerweise zu einer Form paternalistischer Fürsprache macht« (Boger 2019b, 110).

Boger macht an dieser Stelle die Ambivalenzen pädagogisch verantwortlichen Handelns deutlich. Pädagogisch verantwortliches Handeln heißt damit im Hinblick auf die Ermöglichung von Selbstbestimmung, das Spannungsverhältnis zwischen Angewiesensein und Selbstbestimmung anzuerkennen und vor diesem Hintergrund im Sinne Klauß (2019) dafür zu einzutreten, dass jedem Menschen unter Berücksichtigung seiner je individuellen Bedarfe die Chancen auf Selbstbestimmung verbessert werden müssen, indem entsprechende individuelle, interaktionale, gesellschaftliche und strukturelle Bedingungen reflektiert und angepasst werden (vgl. Klauß 2019).

# 3 Fachwissenschaftliche Zugänge

»Jede Profession, die sich mit Behinderung befasst, wählt einen eigenen Zugang zu ihr, d. h. die Pädagogik sieht Behinderung anders als die Soziologie, die Psychologie oder die Medizin« (Fornefeld 2013, 60).

Und es gibt kein Deutungsmodell, welches ein Verständnis von sogenannter geistiger Behinderung am ehestens erklärt (vgl. ebd.). Das Verständnis einer sogenannten Geistigen Behinderung erscheint im Kontext differenter fachlicher Zugänge stets mit verschiedenen Prononcierungen und Deutungen. Moser (2009) fasst diesbezüglich zusammen, dass Behinderung im Kontext *geisteswissenschaftlicher Ansätze* in erster Linie ein »*Identitätsproblem*« verkörpere, »welches insbesondere Solidarität und Dialogizität herausfordert« (ebd., 175; Hervorhebung d. A.). Aus *ökosystemischen Perspektiven* ruft die Kategorie Behinderung primär *Ressourcenfragen* auf. Vor dem Hintergrund der *materialistischen Theorie* wird Behinderung als *Isolation* verstanden und *konstruktivistische Zugänge* stehen im Zusammenhang mit erkenntnistheoretischen Ansprüchen bezüglich der Dimension der *Zuschreibung* einer Behinderung (vgl. ebd.).

Wir haben uns im Folgenden für die Vorstellung von vier differenten fachlichen Zugängen zum Konstrukt ›Geistige Behinderung‹ entschieden, die wir kurz umreißen und einordnen möchten. Diese Ansätze wurden aus zwei Gründen ausgewählt:

1) Weil sie wesentliche Bezugsdisziplinen einer Pädagogik bei zugeschriebener geistiger Behinderung verkörpern und
2) weil sie die wirkmächtigen Ausgrenzungspraktiken in gegenwärtigen Gesellschaftsstrukturen aus unterschiedlichen fachlichen Positionen und mit verschiedenen machtanalytischen Hintergründen betrachten.

Eine Art Rahmung finden diese fachlichen Zugänge abschließend durch die Fokussierung der Subjektperspektive.

## 3.1 Medizinisch-psychologische Sichtweisen

Die Medizin, Psychologie, Psychiatrie und Therapie haben als Handlungs- und Praxisfelder einen zentralen Einfluss im Leben von Menschen mit sogenannter geistiger Behinderung[53].

Zum einen kommt der Medizin eine markante Bedeutung in Form einer Erstzuweisung der ›Diagnose Geistige Behinderung‹ zu. Dieser Prozess ist in der Regel den (sonder)pädagogischen Diagnostikprozessen vorgelagert und damit Biografieprägend:

> »Kinder mit Lernschwierigkeiten bekommen sehr früh eine Zuordnung, ein Etikett. Dieses Etikett ist wie eine Schublade, in der man ein Leben lang steckt. Sie beschreibt aber die vielen, vielen Dinge nicht, die Menschen mit Lernschwierigkeiten wirklich gut können« (Ross 2013, 216).

Als so genannter Selbst-/Interessensvertreter folgert Ross: »Man weiß zu wenig darüber, was passiert, wenn man einem Kind – oder auch einem erwachsenen Menschen – eine Zuordnung, eine ›Diagnose‹ mitteilt« (217).

Zum anderen spielen Medizinerinnen* im Leben von Menschen eine entscheidende Rolle in Form von Einstufungen für den Erhalt von Sozialleistungen, Entscheidungen über Zuerkennung von Hilfen u.v.m. Damit kommt ihnen eine mächtige Position zu, die weit in nicht-medizinische Felder (Wohnen, Bildung, Arbeit) hineinwirkt (vgl. Köbsell 2009).

Medizinische, psychiatrische, psychologische und therapeutische Sichtweisen sind also besonders wirkmächtig, wenngleich eine Forschung über die Konsequenzen derartiger Vorgänge noch weitgehend aussteht. Buscher und Hennicke (2017) bilanzieren diesbezüglich relativierend: »Nicht die ›Diagnose‹ Intelligenzminderung ist das Problem, sondern was in dieser Welt damit gemacht wird« (38)

Medizinischen Betrachtungsweisen von sogenannter geistiger Behinderung ist eine nach wie vor »*inhärente Defektorientierung*« (Haas 2013, 406 mit Bezug zu David 1994) nicht abzusprechen (▶ Kap. I, 2.4 – Menschenbildvorstellungen in der Medizin). »Die Medizinkontakte behinderter Menschen sind nach wie vor vom medizinischen Blick auf Behinderung geprägt« (Köbsell 2009, 276). Das soziale und kulturelle Modell von Behinderung wird in medizinischen Fachkreisen wenig rezipiert, was dazu führen kann, dass Menschen mit Behinderungserfahrungen »ein positives Selbstwertgefühl [...] gegen die mächtige Medizin« (ebd.) entwickeln müssen. Auch in klinischen Fachkreisen sollte sich jedoch ein *Heterogenitätsbewusstsein* sukzessive durchsetzen und die Erkenntnis Einzug erhalten (haben), »dass Kinder, Jugendliche

---

53 Wir möchten in diesem Kapitel den Blick explizit auf die Bedeutung medizinischer Sichtweisen im Rahmen diagnostischer Prognose-, Definitions- und Zuschreibungsprozesse legen. In weiteren Kapiteln (u. a. Kapitel II, 4. und Kapitel III, 6.) werden wir die *Bedeutung der Medizin als wichtige Bezugsdisziplin* erörtern und aufzeigen, welche notwendigen Kenntnisse und Einflüsse seitens der Medizin in unterstützender Form auf die Entwicklung, die Gesunderhaltung und die Lebensgestaltung von Menschen mit zugewiesener geistiger Behinderung einwirken.

und Erwachsene mit geistiger Behinderung keine einheitliche Gruppe darstellen, sondern sich in ihren Fähigkeiten, Verhaltensdispositionen und Bedürfnissen unterscheiden« (Sarimski 2014, 13). Vor diesem Hintergrund wird von fachkundigen Medizinerinnen* auch behauptet, dass ein ganzheitliches Entwicklungsverständnis mittlerweile (auch) in der Medizin Einzug erhalten habe (vgl. Buscher & Hennicke 2017).

*Kognitionspsychologischen Modellen* kommt im Kontext der Definition und Klassifikation von sogenannter Geistiger Behinderung und schwerer mehrfacher Behinderung eine elementare Bedeutung zu (vgl. Mühl 2006), und die (signifikante) ›Intelligenzminderung‹ wird als »wesentliche konstituierende Bedingung *individuellen Lebens*« (Buscher & Hennicke 2017, 35; Hervorhebung i. O.) verstanden. Im angloamerikanischen Sprachraum wurde zu Beginn der 1990er Jahre das Klassifikationskriterium der Intelligenz durch die American Association on Intellectual and Developmental Disabilities (AAIDD) erweitert zu einem *Doppelkriterium* (vgl. Schuppener 2007, 2008). Dieses besagt, dass im Rahmen der Beschreibung einer sogenannten Geistigen Behinderung zusätzlich zum *Intelligenzkriterium* auch der Faktor *soziale Anpassung* berücksichtigt werden müsse (vgl. Lingg & Theunissen 2000). Neben sogenannten intellektuellen Beeinträchtigungen müssen demzufolge auch in den Bereichen des adaptiven Verhaltens (konzeptionelle Fähigkeiten, soziale Fähigkeiten, praktische Fähigkeiten) Entwicklungsbeeinträchtigungen vorliegen, damit die Diagnose »*Intellectual Disability*« (vgl. Schalock et al. 2007; AAIDD 2019) oder »*Disorder of intellectual development*« (vgl. ICD-11) gestellt werden darf.

In allen klinischen diagnostischen Klassifikationssystemen (ICD-11 von 2019, DSM-V von 2013) werden demzufolge die folgenden Merkmalskonstellationen als diagnostische Kategorien einer sogenannten Geistigen Behinderung beschrieben:

- Unterdurchschnittliche intellektuelle Kapazität
- Einschränkungen der Fähigkeiten in wichtigen alltagspraktischen Bereichen.

Interessanterweise verzichten beide Klassifikationssysteme in den Neuauflagen von 2019 (ICD-11)[54] und 2013 (DSM-V) auf die Benennung von Intelligenzquotienten. Dennoch wird nach wie vor eine Einteilung in ›Schweregrade‹ anhand von Merkmalsbeschreibungen vorgenommen (z. B. in der ICD-11: mild, moderate, severe, profound and provisional and unspecified). Insgesamt wird im deutschsprachigen Raum bislang noch an IQ-Benennungen festgehalten, und es herrscht Einigkeit darüber, dass sich eine sogenannte Intelligenzminderung durch einen IQ kleiner als 70 ausdrückt (vgl. Buscher & Hennicke 2017). Aus klinisch-genetischer Perspektive wird die Diagnose einer geistigen Behinderung oft zudem grob unterteilt in zwei Gruppen: IQ 70–50 (mild) und IQ < 50 (schwer) (vgl. Ropers & Hamel 2005), und es erfolgt eine Differenzierung hinsichtlich einer Ursachenzuweisung in syndromale (SID) und nicht-syndromale Intelligenzminderung (NS-ID). »Es ist davon auszugehen, dass schwere Formen überwiegend genetisch bedingt sind« (Dufke 2014, 6).

---

54 Die ICD-11 wurde bereits im Mai 2019 verabschiedet und veröffentlicht, tritt jedoch erst 2022 in Kraft. Bis dahin wird nach der ICD-10 diagnostiziert.

Aus Sicht der Entwicklungspsycho(patho)logie wird immer wieder auf die zentralen Merkmale der *Verlangsamung* und der *Diskontinuität* grundlegender Entwicklungsverläufe verwiesen: Wechselwirkungen seien »qualitativ insofern beeinflusst [...], als das Begreifen von Welt *in besonderer Weise* und *mit langsamerer Geschwindigkeit* erfolgt« (Buscher & Hennicke 2017, 50; Hervorhebung d. A.). Dies wird auch als ›Multiple-pathway-Ansatz‹ beschrieben (vgl. Weisz 1995) und terminologisch als dissoziiertes, disharmonisches oder asynchrones Entwicklungsprofil gefasst (vgl. Buscher & Hennicke 2017).

Eine (rein) intelligenzbezogene Sichtweise einer sogenannten Geistigen Behinderung wird berechtigt als fragwürdig bezeichnet (Näheres hierzu in ▶ Kap. II, 2.3), da »deren pädagogischer Aussagewert ausgesprochen gering ist« und »kommunikative, emotionale und soziale (Entwicklungs-)Aspekte weithin ausgespart bleiben« (Lingg & Theunissen 2000, 15). Die folgenden Aspekte markieren unseres Erachtens – in kritischer Referenz – zusammenfassend die Wirkmacht von Medizin, Psychologie, Psychiatrie und Therapie:

1. *Entstehungshintergrund medizinischer Aussagen*
Medizinisch-psychiatrisch-psychologische Annäherungen entstehen immer aus einer »Praxis der Normierung« (U. 2015, 5)[55] heraus und haben – wie eingangs erwähnt – »weitreichende reale Konsequenzen« (ebd.). Diese Konsequenzen beziehen sich zu Beginn bspw. auf das Etikettierungs-Ressourcen-Dilemma in der Form, dass »medizinische Diagnosen oft als Eingangsvoraussetzung für Gewährungen sozialer oder medizinischer Leistungen oder als Grundlage einer Therapie« (Seidel 2014, 31 f.) dienen.
2. *Biografische Relevanz medizinischer Prognosen und Diagnosen*
Die realen Konsequenzen von Prognosen und Diagnosen haben eine oftmals lebenslange Bedeutung und drücken sich insbesondere in dem damit einhergehenden hohen Risiko der Stigmatisierungen und Zwangspsychiatrisierungen (vgl. U. 2015) aus. Unbestritten ist die prägende Wirkung medizinisch-psychiatrischer Diagnosen auf die Biografie davon betroffener Personen und die diagnosegebundenen Erfahrungen, die sich besonders in institutioneller Allmacht und Alternativlosigkeit ausdrücken (vgl. Kremsner 2019).
3. *Begrenztheit medizinischer Diagnosen und Prognosen*
»Nie ist eine medizinisch-diagnostische Kategorie dazu bestimmt, eine Person umfassend zu charakterisieren. Eine diagnostische Kategorie dient nicht einmal dazu, die konkreten Probleme, Beeinträchtigungen, Beschwerden, Folgen usw. eines damit bezeichneten Zustandes vollständig zu beschreiben. Das soll sie nicht, das kann sie nicht« (Seidel 2014, 32; Hervorhebung d. A.).
4. *Risiko der Medizinisierung*
»Behinderte Menschen haben ein besonders enges Verhältnis zur Medizin: Es gibt kaum eine andere Bevölkerungsgruppe, deren Leben so stark mit medizinischen/therapeutischen Interventionen durchsetzt und in einem solchen Maß der Gefahr

---

55 Die Autorin hat teilanonym publiziert und verwendet ihren Nachnamen in der abgekürzten Form U.

der Medizinisierung ausgesetzt ist. Es gibt kaum eine Gruppe, deren Haltung so ambivalent ist, hin- und hergerissen zwischen dem negativen Erleben medizinischer Definitionsmacht und dem Wissen, dass Medizin gerade für sie oft lebenserhaltende oder -verlängernde Wirkung hat« (Köbsell 2009, 276 mit Bezug auf French & Swain 2001, 737).

## 3.2 Soziologische Annäherungen

Das Ziel der Soziologie als empirische Wissenschaft ist die Erfassung und Analyse des Zusammenlebens der Menschen. Thimm (1972) hat in den 1970er Jahren die »Soziologie der Behinderten« als eigenständigen Wissenschaftszweig geprägt. Deren »spezieller Forschungsgegenstand ist die soziale Wirklichkeit von Menschen mit Behinderungen« (Cloerkes 2007, 3). Mit Bezug zur »International Classification of Functioning, Disability and Health« (ICF)[56] (WHO 2001) wird hier eine interaktionistisch-systemische Sichtweise grundgelegt (vgl. Markowetz 2006b). »Eine behindertensoziologische Grundthese lautet: Behinderung ist nichts Absolutes, nichts Objektives, sondern wird sozial konstruiert. Behinderung wird gemacht« (Cloerkes 2003, 11). Gleichsam wird Behinderung als relative Konstruktion *negativer Abweichung* betrachtet (vgl. Cloerkes 2007).

»Eine ›Soziologie der Geistigbehinderten‹ gibt es [...] nicht« (Markowetz 2006b, 143). Die Dimension Behinderung wird insgesamt als *Merkmal sozialer Konstruktion*[57] betrachtet, und es geht im Besonderen um die Analyse der Lebenslage und der sozialen Rolle (auch) von Menschen mit zugeschriebener geistiger Behinderung in unserer Gesellschaft. Forschungen zu Vorurteilen, Einstellungen, Stigmatisierungen, Stereotypisierungen und Etikettierungen auf der Basis gesellschaftlicher Normvorstellungen spiegeln soziologische Zugänge im Kern wider (vgl. Cloerkes 2007; Markowetz 2006b).

Wolfensberger (1983) nahm mit seinem soziologischen Verständnis der »*Social Role Valorization*« eine frühe kritische Weiterentwicklung des Normalisierungsprinzips (vgl. Nirje 1974; 1994) vor und ergänzte den Diskurs der notwendigen Veränderung gesellschaftlicher Rahmenbedingungen um die Dimension der Entwicklung *persönlicher Kompetenz*. Auf der Bedeutung dieses intraindividuellen Fokus basiert auch die These von Cloerkes & Markowetz (1999): »Entstigmatisierung durch Integration!«. Hier wurde der Zusammenhang zwischen gelungener sozialer Integration und der *Identitätsentwicklung* von Menschen mit Behinderungserfahrungen beleuchtet (vgl. Markowetz 1998, 2000). Dieser Zusammenhang basiert auf der Annahme, dass Menschen, die als geistig behindert wahrgenommen werden,

---

56 https://www.dimdi.de/dynamic/de/klassifikationen/icf/ (06.04.2020)
57 Eine konstruktivistische Perspektive darf nicht falsch verstanden bzw. ›gelesen‹ werden in Form einer Bagatellisierung oder Nivellierung etwaiger Vulnerabilitäten und Leidsituationen, welche durch zugeschriebene ›Normabweichungen‹ zustande kommen (vgl. u. a. Buscher & Hennicke 2017).

zwangsläufiger Stigmatisierung unterlägen. Bei gleichzeitiger Unterstellung fehlender »Möglichkeiten des Stigma-Managements und einer aktiven Abwehr der Stigmatisierung durch das Individuum« (Julius 2000, 178) wird von einem kausalen Negativ-Einfluss von Stigmatisierungen auf die Identität von Menschen mit zugeschriebener geistiger Behinderung ausgegangen (= ›Stigma-Identitätsthese‹). Ein dementsprechender Kausalzusammenhang konnte empirisch nicht belegt werden: Es lassen sich mit Blick auf die Mikroebene vielmehr sehr unterschiedliche Forschungserkenntnisse bezüglich der Auswirkungen von Stigmatisierungserfahrungen auf die Identitäts- und Selbstkonzeptentwicklung von Menschen mit zugeschriebener geistiger Behinderung finden (vgl. Schuppener 2005a, b, 2009). Zudem geht man schon seit den 1980er Jahren davon aus, dass ein Bewusstsein und eine sensible Wahrnehmung von Stigmatisierungen zwar häufig vorliegen (vgl. Jahoda, Markova & Cattermole 1988), aber nicht zwangsläufig zu einem negativen Selbstbild führt (vgl. Julius 2000), sondern:

1. als eine Form der *Wahrnehmungskompetenz* betrachtet werden muss und
2. immer auch zur *Entwicklung konstruktiver Bewältigungsstrategien* führen kann.

Es geht also im Speziellen darum, Menschen mit Stigmatisierungserfahrungen weder als *passiv* zu konstruieren (= den Zuschreibungsprozessen ausgeliefert) noch als *unsensibel* (= Stigmatisierungen nicht wahrnehmend) zu attribuieren. Und gleichsam geht es jedoch auch darum, Zuschreibungsprozesse und Stigmatisierungen sowie damit verbundene, mögliche negative Auswirkungen nicht zu leugnen, sondern als nach wie vor existent anzuerkennen. Ausgehend von Goffmans (1967) Stigmakonzept, in dem Stigma als »Situation des Individuums« gesehen wird, »das von vollständiger sozialer Akzeptierung ausgeschlossen ist« (7), muss auch diesbezüglich nochmal betont werden, dass nicht eine Behinderung an sich stigmatisierend wirkt, sondern ein Stigma-Effekt »tritt erst durch die Definition der sozialen Umwelt ein« (Grzeskowiak 1980, 211). Die Makroebene betrachtend, finden sich hier mit Blick auf das Konstrukt einer Geistigen Behinderung vor allem riskante Wirkmächte im Bereich der nach wie vor bestehenden *Institutionalisierung* (Näheres hierzu ▶ Kap. III, 5) – auch im Zeitalter der Post-Deinstitutionalisierung (vgl. Kremsner & Proyer 2016): So trägt das Behindertenhilfesystem nicht zur Überwindung von Differenzkategorisierungen bei, sondern verfestigt vielmehr durch seine innewohnende Systemlogik die »gesellschaftliche [...] Konstruktion von Behinderung« (Cloerkes 2007, 40). Den Zusammenhang zwischen dem Menschenbild derer, die in Einrichtungen tätig sind, und den praktischen Handlungen, die sich dort vollziehen, hat Türk schon 1978 im Kontext der *Soziologie der Organisationen* beschrieben (vgl. Schuster 2015). Die grundlegende Rechtsorientierung (vgl. SGB IX) des Systems der so genannten ›Behindertenhilfe‹[58] bedingt ein individuumszentriertes Verständnis von Behinderung, weil dieses offenkundig durch Formulierungen in Rechtsdokumenten wie:

---

58 »Das Wort ›Behindertenhilfe‹ ist hier in Anführungszeichen gesetzt, da nicht selbstverständlich davon ausgegangen werden kann, dass die klassischen Organisationen der ›Behindertenhilfe‹ den Menschen wirklich helfen« (Schuster 2015, 8).

»Menschen sind behindert, wenn [...]« (§ 2 Abs. 1 SGB IX, vgl. ebd.) vermittelt wird. Eine damit verbundene Naturalisierung von Behinderung (vgl. Jantzen 2014) prägt auch das Menschenbild und Handeln jener in der so genannten ›Behindertenhilfe‹ tätigen Mitarbeitenden und (re)produziert »ein defektorientiertes Bild von Behinderung« (Schuster 2015, 9).

Fokussiert man die Verbindung der Mikro- und Mesoebene, geht es gemäß des Konzeptes der *Dialogischen Validierung* (vgl. Markowetz 1998, 2000) um eine Bestätigung der so genannten *Kontakthypothese*: Auf der Basis einer hohen Qualität des Kontaktes zwischen Menschen mit und ohne Behinderungserfahrungen – in Form positiv erlebter Interaktion und Kommunikation – soll ein Möglichkeitsraum für einen vorsichtigen und reflektierten Umgang mit Bewertungen und Zuschreibungen geschaffen werden. Validierung meint hier die Überprüfung »internalisierter Haltungen, Bewertungen, Zuschreibungen, Einstellungen, Vorurteile und Stigmata« (Markowetz 1998, o. S.) mit dem Ziel, alle eigenen Vorannahmen im Dialog mit dem Gegenüber offen zu legen, zu hinterfragen und zu diskutieren. Auf dieser Basis eines interaktiven Erkenntnisgewinns sollte es folglich zu einer Verhaltensänderung kommen, welche im direkten dialogischen Miteinander einen Entstigmatisierungscharakter entfalten kann[59].

Blickt man im Kontext soziologischer Fragen – besonders hinsichtlich der Relevanz von Stigmatisierungen und Entstigmatisierung – auf die *Disziplinebene*, steht der Einfluss der Sonderpädagogik und ihrer ›verbesondernden Negativrolle‹ schon lange zur Disposition:

> »Der (Sonder)Pädagogik wird mit einiger Berechtigung vorgeworfen, sie trage zur Stigmatisierung bei. Abschließend soll darauf hingewiesen werden, daß eine wohlverstandene integrative Pädagogik immer zugleich eine identitätsfördernde Pädagogik sein wird, die insofern entstigmatisierende Wirkungen hat« (Cloerkes 2001, 168).

Aus heutiger Sicht geht es der Soziologie im Speziellen um die Analyse von *Teilhabebarrieren und Exklusionsrisiken*. Mit Bezug zu Kronauer (2018) ist es für aktuelle soziologische Annäherungen unseres Erachtens bedeutsam, als Ausgangspunkt die *Exklusionsdebatte* zu fokussieren[60] und das gegenwärtige soziologische Paradoxon zu betonen, dass Inklusion derzeit in exkludierenden Institutionen und Verhältnissen verhandelt wird:

> »Solange Schulen, Arbeitsmärkte, Beschäftigungsverhältnisse und soziale Sicherungssysteme so ausgestaltet sind, dass sie Menschen unabhängig davon, ob sie als behindert gelten oder nicht, immer wieder systematisch in ihren gesellschaftlichen Teilhabemöglichkeiten beeinträchtigen, greift die Forderung nach Inklusion, die allein die *Öffnung* dieser Institutionen für Menschen mit Behinderungen verlangt, zu kurz« (Kronauer 2018, 42).

---

59 In der pädagogischen und therapeutischen Praxis wird in diesem Zusammenhang auch von der Voraussetzung einer *Antistigma-Kompetenz* als Handlungskompetenz für die alltägliche professionelle Arbeit gesprochen (vgl. Freimüller & Wölwer 2012; Santer 2015).
60 Damit verfolgt die Soziologie ein Inklusionsverständnis, welches eine weitestgehend abweichende Definition von Inklusion innerhalb des pädagogischen Diskurses darstellt, aber im Rahmen der Interdisziplinarität zunehmend eine bereichernde Rezeption (auch) innerhalb der (Sonder)Pädagogik erfährt.

Kronauer macht darauf aufmerksam, dass die Dimensionen der *Reziprozität* und der *Interdependenz* wesentliche Faktoren sind, um in gesellschaftlich anerkannter Weise Zugehörigkeit zu erleben. Die drei Aspekte *Erwerbsarbeit, Bürgerrechte* (persönliche, soziale und politische) und *persönliche Nahbeziehungen* stellen hierfür wesentliche Voraussetzungen dar (vgl. ebd.): Ausgrenzung bedeutet in Bezug auf Erwerbsarbeit, in marginale Positionen gedrängt zu werden oder ganz von Erwerbsarbeit ausgeschlossen zu sein, was auf Menschen mit zugeschriebener geistiger Behinderung in einem hohen Ausmaß zutrifft.

»Im Hinblick auf die Reziprozität sozialer Nahbeziehungen meint Ausgrenzung den Verlust unterstützender sozialer Netze und der durch sie vermittelten materiellen und sozialen Ressourcen« (ebd., 46). Und in Bezug auf den Bürgerstatus ist Ausgrenzung dadurch gekennzeichnet, dass Rechte verweigert werden und institutionelle Unterstützung versagt bleibt (wie z. B. bei für illegal erklärten Migrantinnen*).

Ausgrenzungen sind immer prozesshaft und damit auch änderbar. Diese Erkenntnis wiegt umso schwerer, weil: Jede »Ausgrenzungserfahrung [...] Scheiternserfahrung« (Kronauer 2018, 47) ist. In Bezug auf den Personenkreis, der als geistig behindert attribuiert wird, bleibt im Besonderen auf das oben erwähnte Inklusionsparadoxon zu verweisen: Ausgrenzungserfahrungen sind hier nicht (miss-)zuverstehen als vollkommene Ausgrenzungen aus der Gesellschaft, sondern als *Ausschluss in der Gesellschaft* (vgl. Kronauer 2010). Zu betrachten gilt es also die *Soziologie der Ausgrenzung* bzw. die *Soziologie der Abwesenheit*, wie sie Santos (2012) entlang differenter Ökologie-Verständnisse beschreibt. Er analysiert damit die in unserer Gesellschaft vorzufindenden Mechanismen des »*Unsichtbarmachens der Ausgegrenzten*« (Jantzen 2014, o.S.).

Aus soziologischer Perspektive findet man das Plädoyer, dass die Ausgeschlossenen nicht in das bestehende System eingeschlossen werden sollen, sondern eine grundlegende *Transformation* stattfinden muss (vgl. Dussel 2013). Eine solche Transformation kann jedoch auch in einer ausgrenzenden Gesellschaft stattfinden in Form eines Lern- und Transformationsprozesses, der auf die Überwindung von Entfremdung und ein demokratisches Miteinander ausgerichtet ist. Dies ist nach Jantzen (auch und besonders) ein Appell an sogenannte Professionelle:

> »Nicht die Ausgegrenzten haben [...] zu beweisen, dass sie in vollem Umfang Menschen sind, also zu Dialog und Kommunikation, zu sozialem Verkehr in der Lage, sondern ich selbst habe als Diagnostiker, Pädagoge, Therapeut zu beweisen, dass ich in der Lage bin, einen egalitären Dialog zu führen« (Jantzen 2014, o. S.).

## 3.3 Ableismus und Disableismus

Der Begriff ›able‹ verweist auf eine Fähigkeitsorientierung (›ability‹ = Fähigkeit). Mit *Ableism (deutsch: Ableismus)* ist die Hierarchisierung von Fähigkeiten sowie eine damit einhergehende Einteilung von Menschen in (Risiko)Gruppen verbunden (vgl. Maskos 2020).

»Ableistische Ordnungen sind durch normative fähigkeitsbezogene Setzungen gekennzeichnet: Über diese wird geregelt, welche Fähigkeiten erworben werden sollen, welche als wertvoll und bedeutend zu erachten bzw. über welche ein Subjekt verfügen sollte, um gesichert als human zu gelten« (Akbaba & Buchner 2019, 242).

Unter Ableismus lassen sich damit einhergehend »sozial bedeutsame Unterscheidungspraktiken (verstehen), die Menschen entlang von relevant gemachten Merkmalsdeutungen in strukturell privilegierte und nicht-privilegierte Positionen verweisen« (ebd., 241). »Ableismus ist etwas, was alle Menschen erleben« (Maskos 2020), aber in sehr unterschiedlicher Intensität und Qualität. Mit der Aufnahme in den Reigen der ›ismen‹ macht der Ableism also auf Denkmuster (= Netzwerk von Überzeugungen, Prozessen und Praktiken) aufmerksam, die sich einer binären Gruppeneinteilung von Menschen verschrieben haben: z. B. der Unterteilung in Menschen mit und ohne Behinderung entlang einer Zuschreibung und Aberkennung leistungsbezogener Fähigkeiten (vgl. Maskos 2015):

> »*Ableism* ist die Beurteilung von Körper und Geist danach, was jemand ›kann‹ oder ›nicht kann‹ – ein biologischer, essentialisierender Bewertungsmaßstab, der anhand einer erwünschten körperlichen oder geistigen Norm Menschen be-, auf- und abwertet« (Maskos 2011, 4).
> »Das Zeichen ›behindert‹ (›disabled‹) dient hier als Kontrast zum Zeichen ›fähig‹ (›abled‹) und ermöglicht Individuen durch Abgrenzung vom Ersteren eine mehr oder minder eindeutige Identifikation mit Letzterem« (Goodley 2012 in Buchner et al. 2015, o. S.).

Auf Fähigkeiten basierende Wertungen und Diskriminierungen sind in unserer Gesellschaft tief verwurzelt (vgl. Wolbring 2008) und werden daher oft nur sehr schwer überhaupt als diskriminierende Praxis entlarvt. Darin liegt eine große Gefahr, die mit dem Ableismus eine begriffliche Transparenz erhalten soll[61]. Maskos (2015) weist in diesem Zusammenhang darauf hin, dass in einer hoch fähigkeitsorientierten Gesellschaft das Antonym der Unfähigkeit – welches (auch) mit Behinderung gleichgesetzt wird – »einen besonderen Schrecken« (ebd., o. S.) auslöst:

> »Menschen mit Behinderung verunsichern deshalb so stark, weil sie die verleugnete Verletzlichkeit aller Menschen immer wieder offenbaren (vgl. Tervooren 2003). Sie erinnern daran, dass Autonomie und Stärken *allen* jederzeit verloren gehen können – oder vielleicht von vornherein gar nicht so voll ausgeprägt sind, wie es das Ideal will. Sie werden zu Symbolen für die Gefahr der schamvollen Abhängigkeit und scheinen Projektionsflächen zu sein: Sie steigern die Ängste von Menschen ohne Behinderungserfahrungen vor dem Verlust der vermeintlich vorhandenen Autonomie und Attraktivität« (ebd., o. S.).

Daraus schlussfolgert Maskos, dass diese Distanz schaffende Form der Angstabwehr und die Wahrnehmung, dass Behinderung mit einer selbst-(noch)-nicht-Betroffenen-Perspektive konfrontiert, der *Kern ableistischer Denkweisen und Praktiken* ist. Vor diesem Hintergrund muss nochmal betont werden, dass es sich bei Ableismus – im Unterschied bspw. zu Rassismus oder Antisemitismus – nicht um eine offen erkennbare Form der ›Behindertenfeindlichkeit‹ handelt, sondern wie oben skizziert um Überzeugungen, die als normative Realität wirken. Maskos (2015) macht hierfür die »Funktionszwänge und Autonomiephantasmen bür-

---

61 An dieser Stelle möchten wir auf den aktuellen *#AbleismTellsMe* und den kommentierenden Beitrag von Rebecca Maskos verweisen: https://editionf.com/ableism-tells-me/ (07.09.2020)

gerlicher Subjekte« (o. S.) verantwortlich, welche im Rahmen einer Verwertungslogik in unserer kapitalistischen neoliberalen Gesellschaft nahezu zwangsläufig sind, weil alle Formen der Autonomieeinschränkung als unattraktiv und unsouverän gelten (vgl. ebd.). Der Ableism-Diskurs steht also für eine grundlegende Kritik an der leistungsorientierten Zuschreibung: Menschen, die weniger können, sind auch weniger wert (vgl. Boger & Textor 2016). Buchner et al. (2015) leiten zusammenfassende Konklusionen für eine Ableismus-Kritik als Forschungsperspektive ab:

> »Ableismus beruht auf einer spezifischen Relationierung von Selbst und Anderen, in der eine Aufwertung eines Eigenen gegenüber einem Anderen oder vorgeblich Fremden stattfindet, die es zu untersuchen gilt. Zu unterscheiden ist dabei das Erleben von Fähigkeiten und die Zuschreibung dieser Fähigkeiten. Das Erleben des Könnens bildet eine grundlegende Erfahrung menschlicher Weltverhältnisse, in der Menschen die Erfahrung machen, ein wirksames, planerisches oder auch genießendes Verhältnis zur Welt auszubilden, d. h. eine Welt zu gewinnen. Dieses Erleben unterliegt unweigerlich einer kulturellen, materiellen und gesellschaftlichen Prägung, die allerdings im gegenwärtigen Ableismus die Form annimmt, etwas *besser* zu können als andere und dadurch eine Identität zu erhalten« (o.S.; Hervorhebung i. O.).

Es scheint ein ›Verdienst‹ des Ableismus-Diskurses zu sein, dass der Tatsache mehr Aufmerksamkeit geschenkt wird, dass nicht nur disability, sondern auch impairment diskursiv hergestellt wird (Waldschmidt 2010) und eine verdeckte Antinomie von ›Gesundheit‹ und ›Normalität‹ konstruiert wird. Praktiken die konkret als »feindlich gesinnte Einstellungen und Taten« (ebd., 85) gegenüber Menschen mit zugeschriebenen Beeinträchtigungen auf der Basis dieser Antinomie erkennbar sind, lassen sich nach Campbell (2009) als *Disableism (deutsch: Disableismus)* kennzeichnen. Für Menschen, die als geistig behindert wahrgenommen und attribuiert werden, ist hiermit ein Risikofeld nochmal besonders markiert: Die eindeutige und illegitime Begrenzung auf den »*anschaulichen Pol*« von Disability (vgl. Ziemen 2002) und eine damit einhergehende Diskreditierung. Diese kann sich nach Boger und Textor (2016) in differenten diskriminierenden Überzeugungen und sozialen Reaktionen ausdrücken:

1. *Falsches Mitleid*
   Unter ›falschem Mitleid‹ sind Mitleidsbekundungen zu verstehen, welche unterstellen, »dass man entgegen des Selbstbildes der Adressierten es für etwas Schlimmes hält, [...] [etwas; d. A.] nicht zu können« (ebd., 86).
2. *Bereitschaft zur Pathologisierung und expertokratischen Delegation*
   »›Pathologisierung‹ bezeichnet das Wahrnehmen und die Benennung dieses Nicht-Könnens als (psychische) Krankheit« (ebd.). Damit verbunden sein kann bspw. auch eine selbstattribuierte (professionelle) Nichtzuständigkeit, welche sich nicht in einer multiprofessionellen Kooperation ausdrückt, sondern eine Problemverschiebung in Form einer Delegation an vermeintliche andere Expertinnen* vornimmt (ebd.).
3. *Unterstellung von Andersheit/Essentialisierung (Othering)*
   »Essentialisierung bedeutet einen Menschen als wesentlich von den Normalen verschieden zu konstruieren, in diesem Kontext im Sinne der Unterstellung, dass

dieser Mensch fundamental andere Probleme habe als normale Menschen und dass dieser folglich auch fundamental anders sei« (ebd., 87).
4. *Unterstellung eines geringen Selbstbewusstseins*
Die »Projektion der eigenen Geringschätzung auf den unfähig Anderen« (ebd.) drückt sich in einem unterstellten geringen Selbstwert des Gegenübers aus.
5. *Selbstproduzierte Überforderungsgefühle von Lehrerinnen\**
Hierunter sind zusätzliche Belastungen zu verstehen, »die aus einer falschen Dramatisierung und aus Vorurteilen gegenüber Behinderung entstehen« (ebd.).

Auf die *Unterstellung von Andersheit (Othering)* soll nochmal explizit eingegangen werden, da ihr ein »dehumanisierende[r] Charakter« (ebd.) innewohnt, welcher für Menschen mit zugewiesener geistiger Behinderung eine zentrale Bedeutung hat:

> »Die prominenteste Form dieser Dehumanisierung ist die massive Diskriminierung von Menschen mit geistiger Behinderung auf der Basis impliziter Anthropologien vom Menschen als intelligentes Wesen« (ebd.).

> »*Othering* heißt der Prozess, der auch in feministischen und antirassistischen Wissenschaften gebraucht wird, um die Relevanz der oder des ›Anderen‹ für das ›Normative‹ zu charakterisieren. Zwei vermeintliche Pole wie Frau und Mann, schwarz und weiß, behindert und nichtbehindert, werden als scheinbar klar voneinander unterscheidbare Kategorien gedacht – und zeigen dabei jedoch bei näherem Hinsehen eine weit größere Verwandtschaft, als den ihnen Zugeordneten bewusst ist. Als der/die ›Andere‹ markiert, dient der abgewertete, als Abweichung von der Norm verstandene Pol dazu, dieser Norm überhaupt erst – spiegelbildlich – Gestalt zu geben. So gesehen dient die Abgrenzung behinderter Menschen von Nichtbehinderten dazu, eine Vorstellung von ›Gesundheit‹ und ›Normalität‹ herzustellen. Ableistische Praktiken helfen dabei, die ›Kranken‹ und ›Behinderten‹ immer wieder als solche zu markieren – und damit sich selbst auch immer wieder zu versichern, nichtbehindert, gesund und damit auf der sicheren Seite zu stehen« (Maskos 2015, o.S.; Hervorhebungen i.O.).

Aufgrund der tiefen Verwurzelung und Verbreitung von Othering-Prozessen in unserer Gesellschaft und der parallelen Tragik tiefgreifender dehumanisierender Konsequenzen für Menschen, die als normabweichend konstruiert werden, gilt es, (sich selbst) Othering-Prozesse bewusst zu machen und die Strukturen dieser Form von ableistischer Diskriminierung zu durchdringen.

Die Konzepte des Ableismus und Disableismus haben zu einer Perspektivveränderung beigetragen: Es erfolgt nicht mehr eine reine Betrachtung der Diskriminierung von Menschen mit zugeschriebenen Behinderungen, sondern »die Dualität Behinderung und Nichtbehinderung wird aufgehoben, denn Fähigkeitserwartungen werden an alle Menschen gestellt« (Kubanski & Goeke 2018, 104). Ableismus- und Disableismus-Diskurse können daher nicht nur zu einer *Diskriminierungssensibilität* beitragen, sondern auch zu einer klaren Perspektiverweiterung hin zur Fokussierung der *Gemeinsamkeiten (vs. der Differenzen) von Menschen*. Sie können dazu beitragen, normative Setzungen sowie eine scheinbar »fraglose Normalität« (Akbaba & Buchner 2019, 243) zu hinterfragen und Konstruktionen einer »Wir-Gruppe, der scheinbar fähigen Mehrheit« (ebd.) in Abgrenzung eines scheinbar weniger fähigen »konstitutiven Außen« (ebd.) aufzudecken, um (Re)Produktionen von Differenzordnungen und damit verbundene Konstruktionen deprivilegierter Gruppen von Menschen kritisch aufzubrechen.

## 3.4 Materialistisch-konstruktivistische Perspektiven

Auf der Basis der marxistischen Theorie wurde seit den 1970er Jahren ein gesellschaftskritisches Verständnis von Behinderung konturiert, welches eine »konsequente Subjektorientierung, verbunden mit der Forderung nach Aufhebung der Naturalisierung und Verdinglichung von Behinderung« proklamiert und eine humanwissenschaftliche Diskussion einfordert, »um Behinderung neu zu denken« (Jantzen 2020, o. S.).

Vor dem Hintergrund der Tätigkeitstheorie nach Leontjew (1977) entwickelte Jantzen (1977) eine Auffassung von Behinderung, welche diese als »reduzierte Geschäftsfähigkeit, reduzierte soziale Konsumfähigkeit, reduzierte Ausbeutungsbereitschaft« (Dederich 2019, 24) sowie »Arbeitskraft minderer Güte« (Jantzen 1987, 30) beschreibt und die Konsequenz derartiger Zuschreibungen in Form einer »Isolation vom gesellschaftlichen Erbe« (ebd.) deklariert. Diese von Jantzen beschriebene *Isolation* ist durch ein Vorenthalten kultureller Werte und Güter determiniert.

Analog zur philosophisch bedeutsamen Aussage von Simone de Beauvoir: »Man wird nicht als Frau geboren, man wird es« (de Beauvoir 1951, 265) lässt sich hier übertragen: *Man wird nicht als Mensch mit Behinderung geboren, man wird es.* Diese Grundthese der sozialen Konstruktion (vgl. Ziemen 2002; Wagner 2019) impliziert jedoch auch, dass sich jeder Mensch die Wirklichkeit zunächst erst über andere Menschen erschließen muss: Auf der Basis der Tätigkeitstheorie entsteht so ein *Bedeutungstransfer*, welcher als »Interiorisationsprozess« verstanden wird. Hierunter ist der Prozess zu verstehen, wie die Welt »an sich« zu einer Welt »für mich« (Lanwer 2006, 48 in Schuster 2015, 22) wird. In Bezug auf das Phänomen einer Geistigen Behinderung forderte Jantzen schon 1973, dieses nicht als »ein naturwüchsiges Phänomen« zu betrachten:

> »Geistige Behinderung bestimmt sich immer auch in Bezug auf die Anforderungen, die eine Gesellschaft an ein Individuum stellt. Sie ist immer auch abhängig von der gesellschaftlichen Verwertbarkeit des Individuums« (Jantzen 1973, 3).

Daraus erwächst quasi eine *dialektische Reflexionsverpflichtung*: Eine »kritische Rekonstruktion des Begriffs von geistiger Behinderung muss nach Jantzen wesentlich kritische, sozialwissenschaftliche Analyse und Rekonstruktion gesellschaftlicher Verhältnisse bedeuten« (Gröschke 2000a, 10 f.).

Innerhalb der materialistischen Behindertenpädagogik hat von Beginn an eine kritische Auseinandersetzung mit dem »Begriff der Behinderung des Geistes« (Feuser 2016, 45) stattgefunden. Vor dem Hintergrund der Annahme, dass es in der historischen Entwicklung der Natur- und Geisteswissenschaften wohl kaum einen Begriff gibt, der »schwerer zu bestimmen und weniger zu vereinheitlichen sein dürfte als der des Geistes« (ebd.), lässt sich bilanzieren, dass der Begriff und das damit einhergehende Verständnis von sogenannter Geistiger Behinderung »sämtliche Defizitvarianten« (ebd.) subsumiert, die mit dem Phänomen des Bewusstseins verbunden werden:

- »sämtliche mit kognitiven Formen in Verbindung gebrachte Möglichkeiten des Denkens, der Intelligenz, des Planens, Entscheidens und der Selbstbestimmung,

- sämtliche mit emotionalen Potenzen verknüpfte Fähigkeiten des Empfindens, Fühlens, Erlebens und des Gemüts, des In-Beziehung-Tretens und der Übernahme von Verantwortung und
- sämtliche negativ konnotierten Aspekte, ein sozial kompetentes und gesellschaftlich nützliches Leben zu führen« (ebd., 44).

Materialistische Perspektiven stellen sich bewusst gegen eine ›Verdinglichung‹/ Vergegenständlichung des Menschen auf Basis einer diskreditierenden Zuschreibung. Dieser Vorgang wird von Jantzen (2014) mit der mahnend-prägnanten Aussage »*Das behinderte Ding wird Mensch*« (17, Hervorhebung d. A.) pointiert. Ohne eine Kontextualisierung, eine Berücksichtigung besonderer Biografien erfolgt eine »ontologische Reduktion« (Feuser 2012, 7), die einen »Bruch zwischen dem Subjekt und seiner besonderen Entwicklungsgeschichte« (Schuster 2015, 30) bedeutet. Jantzen (2006) benennt diese Form der biografischen (Re)Kontextualisierung *Rehistorisierung*:

> »Rehistorisierung […] bedeutet […], mit Hilfe der Erhebung von diagnostischen Daten eine von sozialer Ausgrenzung oder Reduktion auf Natur bedrohte bzw. ausgegrenzte und reduzierte Person wieder in den Status ihrer Menschen- und Bürgerrechte zu setzen, also in der Lage zu sein, ihre Geschichte so zu erzählen und zu begründen, als hätte sie auch unsere sein können« (Jantzen 2006, 320 f.; ▶ Kap. II, 2.4).

Es geht also um die Rekonstruktion der individuellen (Konstruktions-)Geschichten und Zuschreibungserfahrungen von Personen mit Diagnosen einer sogenannten Geistigen Behinderung. Als Leitsatz der Rehistorisierung könnte gelten: »Niemand begreift nicht, in welcher Umgebung er ist« (Jantzen 2015, o. S.). Und das verpflichtet dazu, das Gegenüber anzuerkennen in einem sehr tiefgründigen Empathie- und Solidaritätsverständnis: Aus einem objektivierenden »*Fall von*« wird eine *Geschichte von* »*Meinesgleichen*«, »die unter anderen Umständen auch *meine* hätte sein können« (Jantzen 2006, 326; Hervorhebung d. A.).

## 3.5 Bedeutung subjektiver Perspektiven

Eine Außenperspektive auf das Konstrukt einer »Geistigen Behinderung« aus ausgewählten fachlichen Perspektiven haben wir versucht in den vorangegangenen Ausführungen zu skizzieren. Eine weitere – *viel wirkmächtigere* – *Perspektive* ist das *Alltagsverständnis* von sogenannter Geistiger Behinderung. Die gesellschaftlichen »Laien-Assoziationen« beschreibt Bach schon 2001 zusammenfassend wie folgt:

> »Solche Vorstellungen beruhen meist auf schmalen subjektiven Erlebnissen oder Informationen oft recht flüchtiger Art. Namentlich hinter distanzierenden, abwertenden und pessimistischen Vorstellungen stehen nicht selten bestimmte Interessenslagen: Man möchte abschieben an Institutionen und Fachleute, keine Lasten aufgebürdet bekommen« (7).

Schuster (2015) beschreibt die Aussage: »Der ist doch geistig behindert!« als »eine im öffentlichen Sprachraum häufig gestellte ›Diagnose‹« (5).

Die gesellschaftlich tolerierte/erwünschte Ignoranz der Tatsache, dass »Behinderung eine weit verbreitete Lebenserfahrung darstellt« (Waldschmidt 2009, 125), die jeden betreffen kann, führt dazu, dass nach wie vor hegemoniale Abwertungsstrategien existieren, die suggerieren, *Behinderung sei die negative Ausnahme.* Diese Fremdannahmen werden gestützt durch die Vermeidung einer Begegnung und Auseinandersetzung mit Menschen mit differenten Behinderungserfahrungen: »Man traut Menschen mit Lernschwierigkeiten eigentlich wenig zu. Und man fällt Urteile über sie, ohne die Menschen zu fragen oder auf sie zu hören« (Ross 2013, 216).

Wenngleich anerkannt scheint, dass innerhalb einer Gesellschaft die normativen Fragen des Menschseins dynamisch produziert, reproduziert und deproduziert werden (vgl. Butler 2009), ist doch das Verhältnis des Individuums in/zur Gesellschaft eher durch eine Abwesenheit der subjektiven Positionen von Menschen mit Behinderungserfahrungen geprägt. Der einzelne Mensch mit seinen subjektiven Erfahrungen darüber, was es bedeutet, als Mensch in diesen sozialen, gesellschaftlichen Verhältnissen zu leben (vgl. Lanwer 2012, 2014), ist nach wie vor wenig sichtbar. Die Unsichtbarkeit subjektiver Perspektiven lässt sich jedoch als ›blinder Fleck‹ markieren, den es wahrzunehmen gilt, denn: Das Wertvolle an der Subjektperspektive[62] ist die *Unabdingbarkeit* und die Warnung vor einer *Ent-Subjektivierung*, die fachlichen Diskursen oft zwangsläufig anhängt.

Der Aussage: »*Du hast zu sein, wie ich denke, dass Du bist …*« (Feuser 2000, 150; Hervorhebung i. O.) verdeutlicht prägnant, dass externen – alltagsrelevanten, fachlichen und nicht-fachlichen – ›Brandings‹ eine illegitime Überlegenheit und Dominanz gegenüber subjektiven Positionen eingeräumt wird und »an anderen Menschen beobachtete ›Merkmale‹ […] zu ›Eigenschaften‹ des anderen gemacht werden« (vgl. ebd.). Eine »Geistige Behinderung« ist aber »kein unumstößlicher Tatbestand, sondern in erste Linie eine ›Idee‹« privilegierter Außenstehender mit »gravierenden gesellschaftlichen Folgen für die Betroffenen« (Feuser et al. 2013, 347).

Die zuvor skizzierte materialistische Position (▶ Kap. I, 3.4) und insbesondere die Gründung der *Disability Studies* (Näheres hierzu ▶ Kap. I, 4.2) widmen sich in (gesellschafts)analytischer und -kritischer Form den Wirkmächten fachlicher und alltagsrelevanter Positionen und bilden wichtige und sichtbare subjektorientierte Kontrapunkte im Fachdiskurs, wenngleich innerhalb der Disability Studies die Positionen von Menschen mit attribuierter geistiger Behinderung bislang noch unterrepräsentiert sind.

Maskos (2011) fasst die weitgehende Abwesenheit der Subjektperspektive in fachlichen Diskursen und im gesellschaftlichen Alltagsmiteinander essayistisch prägnant wie folgt zusammen: Menschen mit Behinderungserfahrungen

> »(…) *sind in dieser Gesellschaft einer Vielfalt von Diskriminierungen ausgesetzt, die sich in segregierten Lebensumständen, materiellen Benachteiligungen und schlechteren Chancen der Selbstver-*

---

62 Rollifräulein: »#AbleismTellsMe, dass ich mehr sein muss. Entweder besonders mutig, laut, klug… Oder mindestens besonders mitleiderregend. Einfach nur ich sein reicht nicht.« https://twitter.com/RolliFraeulein/status/1301639169408630785?s=20 (03.09.2020)

*wirklichung auf allen Ebenen zeigt. Sie bewegen sich in einer Welt, in der ihnen ein Wissen über sie gegenübertritt, das oft wenig bis gar nichts mit ihrer Lebensrealität zu tun hat, das aber wirkmächtig jenes Verhalten beeinflusst, das andere ihnen gegenüber an den Tag legen. Es geht um Annahmen, Mythen und Urteile, die immer präsent sind, die sich durchziehen, die aus Normativität stammen und zugleich Normativität produzieren. Sie sind präsent zum Beispiel in der verkrampften Atmosphäre bei flüchtigen oder ersten Begegnungen, wenn Menschen ohne Behinderung Angst haben, etwas falsch zu machen, wenn in der ungefragt aufgenötigten Hilfe ein Ventil gesucht wird für diese Unsicherheit, beim Kopfstreicheln, beim Anstarren, wenn nur mit der Begleitperson gesprochen und die Kommunikation mit der behinderten Person vermieden wird, in der Bewunderung für ›besondere Leistungen‹ oder in den vielen schnell gefassten Urteilen über das Leben und das Wesen von behinderten Menschen. Dass diese immer tapfer seien und einen besonderen Lebenswillen hätten, ist so ein Urteil, oder dass sie, wenn sie nicht den ganzen Tag depressiv in der Ecke sitzen, eine große Lebensfreude haben müssen. Es gibt Spezialurteile je nach Behinderungsart: Zum Beispiel wird gerne behauptet, blinde und sehbehinderte Menschen seien besonders musikalisch und könnten Farben erfühlen. Oder kleinwüchsige Menschen seien immer lustig und clownesk, Menschen mit Lernschwierigkeiten besonders herzlich und emotional, wogegen Autisten kühl seien, eine Spezialbegabung hätten und sich nur fürs Rechnen interessierten. Solche Klischees sind – oberflächlich betrachtet – ja manchmal noch fast positive Annahmen. Zugrunde liegt ihnen aber ein viel tiefgreifenderer, negativer Mythos, der – so meine These – das Herangehen an das Thema Behinderung und an die von ihr Betroffenen zutiefst prägt: Dass Behinderung nichts als Leiden sei, dass das Leben mit ihr über die Maßen präge und beschneide, eine Katastrophe, die vermieden werden müsse. Das Leiden könne behinderte Menschen zermürben und verbittern, so dass sie depressiv und schrullig würden und sich von der Welt zurückzögen oder sterben wollten – schließlich sei das Leben ›vorbei‹, sobald man eine Behinderung habe. Vor allem aber mache die Behinderung einen Menschen zum Opfer, er werde passiv und hilfsbedürftig – aktiv handelnde Subjekte mit Behinderung kommen in dieser Wahrnehmung nicht vor. Auch und gerade im Lob über ›besondere Leistungen‹ erscheint diese Annahme, nur in ihrer spiegelbildlichen Form«* (2 f.; Hervorhebung d. A.).

Zentral bleibt also, dass alle fachlichen Diskurse und alltagsbedeutsamen Denkmuster Gefahr laufen, in irgendeiner Form das »Erleben der Betroffenen« (Boger 2015a, 274) abzuerkennen. Außenperspektiven – egal, wie kritisch oder unkritisch sie einem Denkstil folgen – sind und bleiben »*eine potentielle Attacke gegen das Selbstverständnis von Betroffenen und somit gegen deren Definitionsmacht über das eigene Leben*« (ebd., 288; Hervorhebungen d. A.).

# 4 Forschung im Kontext zugeschriebener geistiger Behinderung

Mit dem Diskurs um die Öffnung und inklusionssensible Gestaltung von Hochschulräumen unter anderem für und mit Menschen mit Behinderungserfahrung erfährt auch die Forschung im Kontext zugeschriebener geistiger Behinderung in Deutschland, aber auch im internationalen Raum eine stete Auseinandersetzung und Weiterentwicklung. Damit einher geht die Veränderung und Erweiterung akademischer Perspektiven, Traditionen und Ideen, die im Folgenden näher beschrieben werden. Gerahmt sein sollte eine (veränderte) Forschung aus unserer Sicht immer durch folgende Zielstellung:

»Wenn Menschen mit Behinderungserfahrungen, und vor allem diejenigen, die bisher keine Stimme hatten, durch Forschung eine Stimme und Mitsprache erhalten und sichtbar werden mit ihren Sichtweisen, mit ihren Wünschen, Bedürfnissen, aber besonders auch mit ihrer Kritik und ihren Potenzialen, dann würde Forschung der Verantwortung nachkommen, gesellschaftliche Verhältnisse und Perspektiven nicht nur abzubilden, sondern auch verändernd darauf einzuwirken« (Schuppener 2019, 246).

## 4.1 Geschichtliche Entwicklung der Forschung im Kontext zugeschriebener geistiger Behinderung

Die empirische Forschung im Kontext zugeschriebener geistiger Behinderung wandelte sich in den vergangenen Jahrzehnten in Abhängigkeit von gesellschaftspolitischen Entwicklungen und Entscheidungen, Menschenbildern, Forschungstraditionen und dem jeweiligen Status Quo der Forschungsgemeinschaften kontinuierlich. Für den deutschsprachigen Raum ist insbesondere die Betrachtung der Entwicklungen vom ausgehenden 19. Jahrhundert bis in die Gegenwart von Bedeutung, um zu verstehen, welche Aspekte die Forschung heute kennzeichnen und welche Verantwortung Forschung zur Gestaltung gesellschaftlicher Bedingungen sowie von Lebens- und Erfahrungsräumen von und mit Menschen mit zugeschriebener geistiger Behinderung zukommt.

Bereits im 19. Jahrhundert wurde mit der international verbreiteten Idee der Eugenik ein Weg geebnet, der in der Zeit des Nationalsozialismus in massiven Menschenrechtsverletzungen und ›Gräueltaten‹ an Menschen mit Behinderungserfahrungen mündete (vgl. Waldschmidt 2000; ▶ Kap. I, 1.3). Unter Eugenik wird der

Versuch verstanden, durch gezielte Maßnahmen das menschliche Erbgut zu verbessern und zu optimieren – eine Idee, die bereits in der Antike entstand und im Zeitalter der Industrialisierung mit der Fokussierung auf marktwirtschaftliche Produktivität und Fähigkeit fruchtbaren Nährboden fand (vgl. Wunder 2009; Ahmann 2001; Waldschmidt 2000). Damit im Zusammenhang stand die bis ins 20. Jahrhundert hineingetragene Vorstellung eines einerseits guten, produktiven, fähigen und somit lebenswerten Lebens und andererseits eines vermeintlich nutzlosen, minderfähigen und lebensunwerten Lebens und der begleitenden Frage nach dem Lebensrecht von Menschen mit Beeinträchtigungen (vgl. Hohendorf & Rotzoll 2012; Schneider 2011).

Für die Forschung im Kontext von Behinderung hatten diese Entwicklungen gravierende Folgen: Bereits zum Ende des 19. und Anfang des 20. Jahrhunderts war der Diskurs zum Themenkomplex Behinderung in der Forschung nahezu ausschließlich medizinisch geprägt. Im Fokus stand dabei vor allem die Erforschung und Erprobung möglicher Heilverfahren, die teils *an* Menschen mit Behinderungserfahrung durchgeführt wurden[63]. Mit der Machtübernahme der Nationalsozialisten verschlimmerte sich die Lage für Menschen mit Behinderungserfahrungen erheblich. Neben der gezielten Tötung im Rahmen der sogenannten Aktion T4 sowie der Verordnung und Durchführung von Zwangssterilisationen wurden Menschen mit Behinderungserfahrungen und so auch Menschen mit zugeschriebener geistiger Behinderung zu Forschungszwecken gefoltert und getötet (vgl. Ahmann 2001; ▶ Kap. I, 1.3). Die Forschung verfolgte dabei hauptsächlich medizinisch-wissenschaftliche, sogenannte rassenhygienische und militärisch geprägte Intentionen. Menschen mit Beeinträchtigung wurden den agierenden Medizinerinnen* dafür aus Konzentrationslagern und Heil- und Pflegestätten als ›menschliches Material‹ zur Verfügung gestellt (vgl. Schulz 2012, 106). Dabei ist davon auszugehen, dass die damals vorherrschenden rassistisch motivierten Ideologien mit der Vorstellung einer ›gesunden und reinen‹ Volksgemeinschaft nicht nur von einzelnen Ärztinnen*, sondern auch von Fachgesellschaften und Ärzteverbänden getragen wurden. Leitend war zudem weiterhin ein äußerst biologistisches Bild von sogenannter geistiger Behinderung mit weitreichenden Konsequenzen für die Ausrichtung der Forschung und der medizinischen Praxis (vgl. Hohendorf & Rotzoll 2012; Roelke 2008).

Nach den Nürnberger Prozessen und der Verurteilung von dreiundzwanzig Ärzten, Physikern und Verwaltungsbeamten wurde mit Blick auf die teils menschenverachtende Forschungspraxis mit dem sogenannten Nürnberger Kodex eine ethische Richtlinie entworfen, die sich zukünftigen medizinischen, psychologischen und anderen Versuchen widmete, die am Menschen durchgeführt werden. Dieser Kodex stellte insbesondere mit der Forderung nach einer freiwilligen Zustimmung potentieller Probandinnen* die Weichen für weitere ethische Leitlinien verschiedenster Fachdisziplinen, Verbände und Institutionen (vgl. Weltärztebund 2008;

---

63 Exemplarisch kann an dieser Stelle die sogenannte Malariatherapie genannt werden, die zur Linderung vermeintlicher Leiden an Menschen erprobt und angewandt wurde und in deren Folge es durch die beabsichtigte Infektion mit dem Malariaerreger vielfach zu Todesfällen kam (vgl. Bergdoldt 2004).

Bergdoldt 2004). Ein Kernthema des Nürnberger Kodex, das insbesondere für die Forschung um den Personenkreis Menschen mit zugeschriebener geistiger Behinderung von Bedeutung ist und eng mit der Idee freiwilliger Zustimmung in Verbindung steht, betrifft Fragen nach der Einwilligungs(un-)fähigkeit. Was als Einwilligungsfähigkeit verstanden wird, wer als einwilligungsfähig gilt und wie mit Personen verfahren wird, die als nicht-einwilligungsfähig gelten, kennzeichnen in diesem Zusammenhang Aspekte, die bis heute kontinuierlich Auseinandersetzung erfahren (müssen) (vgl. Schäper 2018).

Seit den 1960er Jahren öffneten sich im deutschsprachigen Raum neben der Medizin zunehmend auch andere Fachdisziplinen, wie die Pädagogik und Sozialwissenschaften, der Forschung im Kontext zugeschriebener geistiger Behinderung. Dennoch prägte auch in diesen Wissenschaftsbereichen nach wie vor das sogenannte medizinische Modell (▶ Kap. I, 3.1) die Diskurse um den Personenkreis: Beeinträchtigung und Behinderung wurden als Krankheit, Defekt und Leiden definiert und in den Personen selbst verortet. So spielte auch weiterhin die Verquickung medizinischer und pädagogisch-therapeutischer Anliegen in der Forschung *für* und *über* Menschen mit Behinderungserfahrung eine große Rolle, die sich wiederum hauptsächlich Forschungsthemen zuwandte, die der Heilung und Verbesserung (vermeintlicher) psychischer und physischer Erkrankungen und Normabweichungen dienen sollten. Als Beispiel können an dieser Stelle Versuche im Rahmen der sogenannten Zelltherapie genannt werden, bei der unter anderem Kindern mit Down-Syndrom tierische Frisch- und Trockenzellen injiziert wurden, um ihre körperlichen und geistigen Fähigkeiten zu verbessern (vgl. Pohl-Zucker 2010). Die Motivation hinter den Forschungsbemühungen war zwar durch das Ziel gekennzeichnet, »die Lebensbedingungen von Menschen mit geistiger Behinderung in allen Lebensbereichen [...] zu verbessern« (Janz & Terfloth 2009, 12) und dazu Grundlagen zu erforschen, die der medizinischen und psychologischen Weiterentwicklung dienten. Dabei waren die Forschungsergebnisse jedoch zumeist nur ausgewählten Fachkreisen zugänglich, nicht jedoch den Personen mit zugeschriebener geistiger Behinderung selbst.

Die Dominanz medizinisch-naturwissenschaftlicher Perspektiven im Wissenschaftsbereich ist im deutschsprachigen Raum bis in die 1990er Jahre zu verzeichnen und hält sich in manchen Disziplinen bis heute. So wurde noch 2008–2011 die bio-medizinische Studie des Netzwerks für mentale Retardierung MRNET zur Erforschung genetischer Ursachen sogenannter geistiger Behinderung durch das BMBF (Bundesministerium für Bildung und Forschung) finanziert. Die Studie fiel zum einen durch ihre ethisch fragwürdige Motivation auf, Behinderungen als der »bedeutendste einzelne Kostenfaktor des Gesundheitswesens« (MRNET 2013) zu bezeichnen, sowie durch ein methodisches Vorgehen, das unter anderem von Wunder (2000, 185) als »Forschung an nicht einwilligungsfähigen Menschen« bezeichnet wird. Im Rahmen der Studie wurden mit der Einwilligung der Eltern Kinder mit sogenannter geistiger Behinderung mittels Röntgen und MRT körperlich untersucht und ihnen wurden Blut- und Gewebeproben entnommen, wobei die Kinder selbst durch die Studie keinerlei Nutzen oder Vorteil erfuhren. Das beschriebene Vorgehen wurde unter anderem von der Lebenshilfe stark kritisiert und der öffentliche Druck wurde letztlich so groß, dass das BMBF 2011 keine weitere Förderung genehmigte (vgl. Görlitzer 2010; Lebenshilfe 2010).

Neben dem steten medizinischen Interesse ist international seit den 1960er und 1970er Jahren eine zunehmende soziologische Fokussierung des Themenfeldes ›Behinderung‹ zu verzeichnen. Vor allem mit der Veröffentlichung der sogenannten Stigma-Studie durch den US-amerikanischen Soziologen Erving Goffman 1967 und deren deutschsprachige Übersetzung 1975 (vgl. Goffman 1975) wird auch in der Forschung dem sogenannten sozialen Modell von Behinderung Vorschub geleistet, was große Auswirkungen auf Forschungsthemen und -zugänge hatte und hat (vgl. Waldschmidt 2007). Behinderung wird nun vermehrt auch als soziales Phänomen betrachtet, und so wendet sich beispielsweise die Soziologie der Analyse gesellschaftlicher Verhältnisse, Problemlagen und Risikofaktoren zu, die Auswirkungen auf das Leben von Menschen mit Behinderungserfahrungen haben und sie in verschiedenen Dimensionen und Ausprägungen in ihrer Lebensführung ›behindern‹ können. In diesem Kontext sind auch die Disability Studies zu sehen, die sich in Deutschland seit den 1990er Jahren etablierten und sich bis heute aus der Perspektive von ›Betroffenen‹ dem Phänomen Behinderung zuwenden. Damit ebnen sie maßgeblich einer Forschung *mit* Menschen mit Behinderungserfahrungen den Weg (vgl. Waldschmidt 2007).

## 4.2 Disability Studies

Die Disability Studies entstanden in den 1960er und 1970er Jahren in den USA und Großbritannien und sind spätestens seit der Tagung ›Disability Studies in Deutschland: Wir forschen selbst!‹ 2001 auch in Deutschland Bestandteil der Hochschullandschaft – wenn auch zunächst nur an ausgewählten Standorten und unter hohem und vehementem Engagement der beteiligten Wissenschaftlerinnen* (vgl. Dederich 2010).

### Historische Wurzeln und Kernfragen der Disability Studies

Als historische Wurzeln der Disability Studies werden unter anderem die Disability Rights Bewegung und die Independent Living Bewegung aus den USA gekennzeichnet, »die sich für die Rechte und gesellschaftliche Anerkennung behinderter Menschen sowie den Aufbau konkreter Unterstützungssysteme einsetzten« (Dederich 2010, 170). Das Streben dieser Bewegungen nach Empowerment, Autonomie und Gleichberechtigung sprach auf universitärer Ebene auch Studentinnen* und Wissenschaftlerinnen* mit Behinderungserfahrungen an, die zunehmend feststellten, dass ihre Perspektiven, ihre Geschichte und ihre Erfahrungen in der Forschung und Lehre der Hochschulen kaum Berücksichtigung fanden und somit Erkenntnisse hauptsächlich durch nicht-behinderte Fachmenschen produziert und gelehrt wurden. Die Forderung ›Nicht ohne uns über uns‹, die leitend für die deutschsprachigen Disability Studies wurde, steht für das Ziel, diesen Status Quo nachhaltig zu verändern und somit der Reproduktion von Stereotypen, der Diskriminierung und Exklusion von Menschen mit Behinderungserfahrung und der mangelnden Gleichberechtigung und Teilhabemöglichkeiten entgegenzuwirken. Etwa zum gleichen Zeitpunkt und mit ähnlicher Motivation entstanden auch andere emanzipatorisch geprägte Wissenschaftsdisziplinen wie die Critical Race Studies oder die Frauen- und Geschlechterforschung (vgl. Dederich 2007; Schönwiese 2005).

In Deutschland liegen die Ursprünge der Disability Studies in der an die internationalen Entwicklungen anknüpfenden politischen Behindertenbewegung, die 1980 mit den Protesten um das sogenannte ›Frankfurter Urteil‹ begannen (vgl. Dederich 2007, 24). Das Urteil resultierte aus dem Antrag einer Frau, welche die Reduzierung ihrer Reisekosten einklagte, da sich während ihres Urlaubs in Griechenland auch Menschen mit Behinderung in ihrem Hotel aufgehalten haben. Die Klage wurde vom Gericht positiv entschieden – die Urlauberin bekam einen Teil ihrer Reisekosten rückerstattet (vgl. Köbsell 2006). Mit diesem Urteil wurde eine Perspektive der Abwertung und Diskriminierung des Personenkreises deutlich, gegen die sich viele Menschen mit Behinderungserfahrung deutlich zur Wehr setzten. Es erwuchs eine Protest- und Aktionswelle, die im damaligen Westdeutschland weite Kreise zog und zu denen unter anderem das 1981 stattfindende sogenannte ›Krüppeltribunal‹ zählte. Das Tribunal fand als Protestveranstaltung in Dortmund statt und hatte zum Ziel, die Menschenrechtsverletzungen an Menschen mit Behinderungserfahrungen in der Bundesrepublik öffentlich zu machen und anzuklagen. In diesem Zusammenhang entstand auch die Selbstbestimmt-Leben-Bewegung, deren Grundsätze die Disability Studies bis heute prägen. Auf Hochschulebene hatte die Behindertenbewegung vor allem Einfluss auf die inhaltliche Ausrichtung der Forschungs- und Diskussionsthemen: »historische Arbeiten zum Themenkreis Eugenik und Euthanasie, […] Diskussionen zu Gentechnologie und Bioethik oder Fragestellungen zum Zusammenhang von Behinderung und Geschlecht« (Dederich 2007, 25) sind hierfür Beispiele. Obwohl die Disability Studies in Deutschland unter diesem Namen erst zu Beginn der 2000er Jahre offiziell auftraten, war also dennoch auch schon in den 1980er Jahren eine Veränderung in den Hochschulen spürbar (vgl. Dederich 2007; Köbsell 2006). 2001 und 2002 folgten dann mit den Tagungen ›Der (im)perfekte Mensch‹ und ›Phantomschmerz‹ zwei Veranstaltungen, die als weitere Meilensteine zur Gründung der »Disability Studies Deutschland« gelten, da sich hier zum ersten Mal Vertreterinnen* der »Sozialwissenschaften, Erziehungswissenschaften, Kulturwissenschaften und den internationalen Disability Studies« (Waldschmidt & Schneider, 14) trafen. Die offizielle Gründung erfolgte im April 2002 an der Universität Dortmund. Seitdem haben sich deutschlandweit eine Reihe an Forschungs- und Lehrstellen etabliert, die im Wissenschaftsfeld der Disability Studies arbeiten[64].

---

64 So zum Beispiel die Internationale Forschungsstelle Disability Studies der Universität Köln, das Bochumer Zentrum für Disability Studies oder das Zentrum für Disability Studies in Hamburg. Jedoch sind erst seit 2009 auch in Deutschland die Disability Studies mit einer Professur verknüpft und können als Studiengang belegt werden: Anne Waldschmidt bekleidet seit diesem Zeitpunkt die Professur unter dem Titel ›Soziologie und Politik der Rehabilitation, Disability Studies‹ an der Universität Köln (vgl. AG Disability Studies Deutschland o.J.; Naue 2011).

In Anlehnung an ihre historischen Wurzeln und die emanzipatorischen Ansprüche, die sich über die Behinderten(selbstvertretungs)bewegungen auch auf Hochschulkontexte übertrugen, werden die Disability Studies international im Kern durch folgende Aspekte gekennzeichnet (vgl. AG Disability Studies Deutschland o.J.; Waldschmidt 2009; Hermes 2006):

- In den Disability Studies forschen und lehren zumeist Menschen mit Behinderungserfahrung zu Themen im Kontext von Behinderung.
- Die Disability Studies sind parteilich und verstehen Menschen mit Behinderungserfahrung als unterdrückte und marginalisierte Personengruppe.
- Ihr Ziel ist es, gesellschaftliche Prozesse und Zustände für Teilhabe und gegen Ausgrenzung und Diskriminierung zu verändern.
- Das soziale und/oder kulturelle Modell bildet die Grundlage wissenschaftlicher Auseinandersetzungen.
- Den Disability Studies geht es um eine »konsequente Kontextualisierung von Behinderung, durch die ihr historischer, gesellschaftlicher und kultureller Konstruktionscharakter sichtbar gemacht werden soll[en]« (Dederich 2010, 171).
- Daher vereinen sich unter den Disability Studies interdisziplinär verschiedene Wissenschaftsdisziplinen, wie Kultur- und Geisteswissenschaften, Literaturwissenschaften oder Architektur, die sich der Analyse des Phänomens Behinderung widmen.

Die theoretischen Grundlagen, mit denen die Disability Studies jeweils arbeiten, sind sehr heterogen und unterscheiden sich international. So verbinden sich in Deutschland hauptsächlich sozial- und kulturwissenschaftliche Fragestellungen, während beispielsweise in Großbritannien politikwissenschaftliche und neomarxistische Tendenzen zu erfassen sind – wobei jedoch klar davon ausgegangen werden muss, dass sich auch auf dieser wissenschaftstheoretischen Ebene kontinuierliche Diskussionen und Weiterentwicklungen vollziehen (vgl. Mey & Zander 2018; Goodley 2011).

## Disability Studies im Kontext zugeschriebener geistiger Behinderung

Was aber nun bedeuten die Disability Studies für die Forschung und Lehre im Kontext zugeschriebener geistiger Behinderung? Und welche Rolle spielte und spielt der Personenkreis in diesem Wissenschaftsfeld? »Die Disability Studies sind eigentlich inklusiv angelegt, schließen Menschen mit Lernschwierigkeiten jedoch noch weitgehend aus« (Naue 2011, 110). Dieses Zitat fasst zusammen, was auch Goodley 2004 für die Hochschullandschaft in Großbritannien feststellt: Menschen mit sogenannter geistiger Behinderung sind in der Theoriebildung der Disability Studies deutlich unterrepräsentiert. Auch für den deutschsprachigen Raum gilt, dass in den Disability Studies »hauptsächlich Wissenschaftler(innen) aktiv [sind], die einen adäquaten Schulabschluss erworben haben und/oder ein Studium beziehungsweise eine Ausbildung abschließen konnten, welche[s] als Hochschulzugangsberechtigung anerkannt wird« (Schuppener & Hauser 2015, 101). Das heißt, dass es sich die Disability Studies einerseits zur Aufgabe gemacht haben, Wissen und Erfahrungen aus der Perspektive von Menschen mit Behinderungserfahrungen zu erheben und zu vermitteln und somit gesellschaftliche Ungleichverhältnisse zu verändern. Andererseits kann jedoch nach wie vor von einer Exklusivität in der Hochschularbeit ausgegangen werden, wodurch bestimmte Personen und Personenkreise, wie beispielsweise Menschen mit zugeschriebener geistiger Behinderung, keinen Zugang zur Produktion wissenschaftlicher Erkenntnisse und somit auch keine Stimme haben. Manche Barrieren stehen in Zusammenhang mit den äußeren Bedingungen, wie der von Schuppener und Hauser (2015) angesprochenen Frage, wer formal und rechtlich zur Arbeit in Hochschuleinrichtungen berechtigt ist (▶ Kap. I, 4.4). Dazu kommen Bedingungen, die mit der inhaltlichen Arbeit im tertiären Bildungssektor und dem vorherrschenden Status Quo zusammenhängen. Diese sind eng mit der Diskussion um Wissenschaftlichkeit und wissenschaftliches Wissen in Abgrenzung zum sogenannten Alltagswissen verbunden, die wiederum von dem Drang der Wissenschaft beziehungsweise der Wissenschaftlerinnen* begleitet wird, besonders zu sein und sich auf gewisse Weise in ihrer Einzigartig von anderen abzuheben: »Um heutzutage in Wissenschaft und Forschung anerkannt zu sein, muss Exzellenz vorhanden sein« (Naue 2011, 110). Exzellenz kann durch unterschiedliche Aspekte hergestellt werden, wie durch die Verwendung schwerer Wissenschaftssprache in Vorträgen und Publikationen, die hierarchische Struktur akademischer Handlungsfelder, deren erschwerte Zugänglichkeit und damit die Exklusion vermeintlicher Nicht-Wissenschaftlerinnen* (vgl. Nind 2014; Naue 2011). Hinzu kommen eine Reihe an Privilegien, die mit dem Status als Wissenschaftlerin* verbunden sind und deren Verlust bewusst oder unbewusst als problematisch empfunden werden kann. Und so sind auch Wissenschaftlerinnen* mit Behinderungserfahrungen nicht vor der Angst gefeit, ihren Status und somit ihre Privilegien zu verlieren, sollte Wissenschaft an Exklusivität verlieren, indem sie sich im Sinne der Inklusion für möglichst viele interessierte Menschen öffnet (vgl. Hauser & Kremsner 2018; Kalkowski 2010; ▶ Kap. I, 4.4).

Trotz der gerade beschriebenen Barrieren und Herausforderungen ist international und auch im deutschsprachigen Raum durchaus die Tendenz zu verzeichnen, dass die Disability Studies im Rahmen ihrer Theoriebildung den Personenkreis Menschen mit zugeschriebener geistiger Behinderung (aktiv) einbeziehen und diese als Lernende, Lehrende und Forschende Teil der Hochschullandschaft werden – wobei inklusionssensible Hochschulentwicklungen in den USA oder Großbritannien, aber auch in Kanada oder Australien deutlich eher begannen, als das beispielsweise für Deutschland verzeichnet werden kann (vgl. Buchner, König & Schuppener 2011). Gerade im Bereich gemeinsamer Forschung mit Menschen mit zugeschriebener geistiger Behinderung etablierten sich bereits seit den 1990er Jahren Strukturen, die gemeinsame Forschungsaktivitäten als Kern der Theoriebildung ermöglichten und auf die im nachfolgenden Teilkapitel noch näher eingegangen wird. So sind beispielsweise am Norah Fry Research Centre for Disability Studies der University of Bristol und an der University of Southampton Menschen mit zugeschriebener geistiger Behinderung seit vielen Jahren als (Ko)Forschende tätig. Auch im deutschsprachigen Raum wächst die Forschungscommunity, die gemeinsam mit dem Personenkreis forscht – selten jedoch werden diese Forschungsaktivitäten im Kontext der Disability Studies aufgeführt und diskutiert. Neben den bereits genannten Erklärungsansätzen um Exklusivität und Status kann diese Tendenz auch im Zusammenhang mit dem Stand der Disability Studies in der deutschsprachigen Forschungslandschaft stehen, der durch Kubanski und Goeke (2018) als nach wie vor ›schwer‹ beschrieben wird: »Immer noch haben es die Disability Studies, trotz eigener Lehrstühle, schwer, ihren Stand in der deutschsprachigen scientific community einer größeren Öffentlichkeit zu vermitteln« (Kubanski & Goeke 2018, 99). Forschung, so konstatieren Kubanski und Goeke weiter, findet dadurch nach wie vor zumeist in machtvollen akademischen Räumen statt, »weit weg von der Lebensrealität behinderter Menschen« (ebd.). Das Themenfeld, welches die Disability Studies seit ihren Anfängen begleitet, ist also auch heute noch hoch aktuell und muss weiterhin fester Bestandteil der Diskurse bleiben: die Auseinandersetzung um Macht- und Herrschaftsverhältnisse im Wissenschaftsfeld und der damit verbundenen (Re)Produktion von Unterdrückung, Marginalisierung und Ausgrenzung (vgl. Dederich 2010).

## 4.3 Ansätze gemeinsamen Forschens

Forschungsansätze, die es sich zur Aufgabe gemacht haben, »soziale Wirklichkeit gemeinsam mit den Menschen zu erforschen, die in ihr und mit ihr leben und die von den Ergebnissen der Forschung betroffen sind oder sein könnten« (Hauser 2020, 60), etablierten sich bereits seit den 1970er Jahren. Partizipative Forschung kann dabei als der Oberbegriff gelten, unter dem sich eine Reihe weiterer Ansätze versammeln und die in ihrer politischen, sozialen, forschungspraktischen und methodologischen Ausrichtung je unterschiedliche Schwerpunktsetzungen vornehmen (vgl. von Unger 2014). Allen partizipativen Forschungsansätzen gemein ist die Zusammenarbeit mit gesellschaftlichen Akteuren, die als Mit-Forschende in den Forschungsprozess einbezogen werden. Die Bezeichnung der sogenannten Mit-Forschenden gestaltet sich international verschieden und kann zudem Hinweise darauf geben, welchen Status sie im Forschungsprojekt innehaben und in welchem Verhältnis sie zu den akademisch Forschenden stehen. Ko-Forschende, Peer-Researcher oder Lay-Researcher sind dafür nur Beispiele (vgl. ebd.). Mit ›akademisch Forschenden‹ sind wiederum diejenigen Forschenden gemeint, die aufgrund ihrer Ausbildung und ihrer (Vor)Erfahrungen originär im akademischen Setting verortet sind und die bisher noch in den meisten Fällen die Forschungsprojekte initiieren. Die Grade, in welchem Ausmaß die Mit-Forschenden in die partizipativen Forschungsprojekte involviert sind, können abweichen und sich von einem Mitspracherecht zu einzelnen Aspekten des Forschungsprozesses über die Übernahme einer teilweisen Entscheidungskompetenz bis hin zur alleinigen Entscheidungsmacht, die den Mit-Forschenden die Verantwortung über alle Entscheidungen des Projekts überlässt, erstrecken (vgl. Wright, Block & von Unger 2007).

Bevor einzelne Ansätze partizipativer Forschung näher expliziert werden, sollen für eine wissenschaftsgeschichtliche Einordnung zunächst wissenschaftliche und gesellschaftspolitische Einflussgrößen genannt werden, die dem Gedanken der Öffnung von Forschungssettings für nicht-akademische, gesellschaftliche Akteurinnen* zuträglich waren und bis heute sind.

## Einfluss qualitativer Sozialforschung

Im Wissenschaftsbereich ist hier vor allem die Entwicklung qualitativer Sozialforschung in den Blick zu nehmen, die seit den 1960er Jahren die bisher deutlich quantitativ geprägten Formen der Wissensproduktion grundlegend in Frage stellten und begannen, Ziele und Anforderungen für die Arbeit in akademischen Settings zu formulieren, die bis heute weitreichenden Einfluss auf die Wissenschaftsbetriebe haben. Die qualitative Sozialforschung zeichnet sich vor allem dadurch aus, dass sie sich ihren Forschungsgegenständen zumeist mit offenen Fragestellungen nähert und sich dem Interesse an den individuellen Perspektiven gesellschaftlicher Akteure auf soziale Gegebenheiten und Phänomene verschreibt. Die entsprechend angewandten Forschungsmethoden sind subjektorientiert, re-konstruktiv, deskriptiv und interpretativ ausgerichtet und ergänzen die eher durch Messwerte und statistische Auswertungen gekennzeichneten Methoden quantitativer Forschung (vgl. Mayring 2016). Ein großes Argument für die subjektorientierte, re-konstruktive Forschungsarbeit wurde durch Vertreterinnen* der Kritischen Theorie vorgebracht, die ihre Forschungs- und Lehrarbeit in den Kontext der Zeit des Nationalsozialismus setzten. Um zu verstehen, wie es zu den gesellschaftlichen und politischen Umständen und damit zusammenhängend zu den Verbrechen des Nationalsozialismus kommen konnte, müssen vor allem deren psychologische, historische und ökonomische Bedingungen und Wurzeln erkannt und aufgearbeitet werden (vgl. Schweppenhäuser 2010; Kock 2009). Ihr Ansatz fußte darauf, dass nur durch das tiefe, multiperspektivische Durchdringen und Verstehen der Bedingungsfaktoren und die anschließende Vermittlung der Erkenntnisse als bildungspolitische Inhalte in Schulen und anderen Bildungsinstitutionen gesellschaftliche Veränderungsprozesse möglich werden, »auf dass Auschwitz nicht noch einmal sei« (Adorno 2013, 88; vgl. Schweppenhäuser 2010).

Im sogenannten Methodenstreit, beginnend in den 1960er Jahren, wurde seitens traditionell naturwissenschaftlich verorteter Wissenschaftlerinnen* massive Kritik am qualitativen Forschungsvorgehen und vor allem an deren Bedeutung für das bisher verankerte Postulat der Objektivität und Wertfreiheit geübt. Denn die Vertreterinnen* qualitativ orientierter Forschung zweifelten vor allem die Übertragung der Wissenschaftsansprüche der Naturwissenschaften auf die Sozialforschung an: »[...] Objektivität bedeutet Wertfreiheit, und der Sozialwissenschaftler kann sich nur in den seltensten Fällen von den Wertungen seiner eigenen Gesellschaftsschicht soweit emanzipieren, um auch nur einigermaßen zur Objektivität und Wertfreiheit vorzudringen« (Popper 1972, 107). Die grundlegende Annahme war und ist, dass wissenschaftliches Wissen immer auch situierten Wissen ist, was meint, »dass jede wissenschaftliche Erkenntnis in dem historischen, kulturellen und sozialen Kontext gesehen und verstanden werden muss, in dem sie entstand und keine Erkenntnis den Anspruch auf universelle Wahrheit haben kann« (Hauser 2020, 21; vgl. Singer 2011; Haraway 2007). Dem entgegen grenzten sich Vertreterinnen* quantitativer Forschung von dieser Argumentation ab. Sie werteten die Qualitative Sozialforschung aufgrund ihrer Subjektzentriertheit und ihrer Forschungsvorgehen und -vorannahmen als unwissenschaftlich ab, was unter anderem dazu führte, dass sie lange Zeit ein Nischendasein fristete.

Doch wurden die Ansätze und Ideen qualitativer Sozialforschung seit den 1960er und 1970er Jahren durch kritische, emanzipatorische Wissenschaftsströmungen aufgegriffen und unterstützt und mit den bereits erwähnten Forderungen nach gesellschaftlichen Analysen und Veränderungen seitens Bürgerinnen*rechts- und Selbstvertretungsbewegungen vereint (vgl. Goeke 2016). Ähnlich den beschriebenen Entwicklungen der Disability Studies konnten so auch andere Disziplinen und Ansätze, wie die Feministische Forschung, die Gender-Studies oder die Critical-Race-Studies zunehmend an den Hochschulen Fuß fassen. Diese Entwicklungen führten trotz aller Kritik und Gegenbewegungen dazu, dass sich in den USA und Großbritannien seit den 1970er Jahren und im deutschsprachigen Raum seit den 1980er Jahren die qualitative Sozialforschung als fester Bestandteil der Sozialwissenschaften etablieren konnte.

## Einfluss gesellschaftspolitischer Entwicklungen

Neben dem Erstarken qualitativer Forschungsansätze auf der wissenschaftlichen Ebene gibt es auch gesellschaftspolitische Bedingungen, die zur Entstehung und Etablierung gemeinsamer Forschungsaktivitäten einen wesentlichen Beitrag leisteten. Mit den Einflüssen der Bürgerinnen*rechts- und Selbstvertretungsbewegungen und ihrer Perspektive auf Bürgerinnen* als »subjektorientiert, aktiv handelnd, selbstbestimmt und empowert« (Goeke 2016, 45) sind Faktoren genannt, die auch auf gemeinsame Forschungsaktivitäten mit Menschen mit zugeschriebener geistiger Behinderung Auswirkungen hatten. Weiterhin nennt Goeke (2016) das Normalisierungsprinzip und die Social-Role-Valorisation, das soziale Modell von Behinderung (▶ Kap. I, 3.2) und die sogenannte Ko-Produktion als wesentlich für den Ausbau gemeinsamer Forschungsaktivitäten. Das Normalisierungsprinzip wurde in den 1970er Jahren vor allem durch Wolf Wolfensberger zu einer wissenschaftlichen Theorie ausgearbeitet und wird in Kapitel II, 1.1 (▶ Kap. II, 1.1) nochmals vertieft dargestellt. Auf der Basis dessen grundlegenden Gedankens, »dass Menschen mit geistiger Behinderung die gleichen Rechte und Pflichten haben wie die übrige Gesellschaft (Rechtsgleichheit) und zweitens, dass sie in und mit ihrer Behinderung anerkannt und der restlichen Gesellschaft gleichgestellt werden (Bürgerstatus und Akzeptanz)« (Vanoli 2009, 177), kennzeichnete Wolfensberger die Aufwertung der sozialen Rollen (Social-Role-Valorisation) marginalisierter und sozial ›abgewerteter‹ Personen(gruppen) als einen wesentlichen Aspekt des Normalisierungsprinzips (vgl. Aselmeier 2008). Dieser Aspekt wird von Vertreterinnen* partizipativer Forschung aufgegriffen, da gerade die Arbeit im akademischen Raum sozial hoch anerkannt ist und durch die gemeinsame Forschungsarbeit auch für Menschen mit Behinderungserfahrung in diesem Sinne bedeutsam sein kann (vgl. Hauser 2013; Buchner, Koenig & Schuppener 2011; Walmsley & Johnson 2003). Mit dem Konzept der Ko-Produktion wird ein Vorgehen beschrieben, in dem Bürgerinnen*/Servicenutzerinnen* und Serviceanbieterinnen* und -produzentinnen* zusammenarbeiten, um beispielsweise in Einrichtungen der sogenannten Behindertenhilfe die Dienstleistungen nutzerinnen*orientiert ausbauen und verbessern zu können (vgl. Hauser 2020). Auch wenn dieses Konzept nicht unkritisch zu betrachten ist, da die Gefahr der Vereinnahmung der Nutzerinnen* für ökonomische Interessen auch hier beobachtet werden kann, entspricht die Idee der Einbindung von Betroffenen als *Expertinnen\* in eigener Sache* dem Grundgedanken partizipativer Forschung (vgl. von Unger 2014; Kessl & Otto 2004).

In einer Metaanalyse partizipativer Forschungsstudien von Wiegering (2015 in Keeley, Munde, Schowalter, Seifert, Tillmann & Wiegering 2019) konnte erfasst werden, dass die Interpretation davon, was als partizipative Forschung gilt, einer großen Spannbreite unterliegt. Das wird bereits durch die große Zahl an Forschungsansätzen deutlich, die als partizipativ gelten und die sich je nach Zielstellung, ideellem und methodologischem Hintergrund und partizipativer Ausrichtung unterschieden können. Goeke (2016) nennt unter anderem Emancipatory Research, Participatory Action Research, transdisziplinäre Forschung und inklusive Forschung als Forschungsrichtungen, die für die Entwicklung und den Status Quo der Forschung im Kontext zugeschriebener geistiger Behinderung bedeutsam sind und auf die auch im Folgenden näher eingegangen wird.

## Partizipative Forschungsansätze – eine Auswahl

*Emancipatory Research* oder Emanzipatorische Forschung gilt als radikalste und politischste Form partizipativer Forschung, die vor allem denjenigen Menschen eine Stimme geben will, die bisher sowohl in der Forschung, aber auch in gesamtgesellschaftlichen Verhältnissen marginalisiert, unterdrückt und ausgeschlossen werden. Diesen Menschen soll unabhängig von ihrer (Schul-) Ausbildung oder ihres Forschungsvorwissens die Möglichkeit gegeben werden, sich aktiv in Forschungsprozesse einzubringen. Ihre Ursprünge hat die emanzipatorische Forschung unter anderem in der feministischen Forschung. In Anlehnung an deren Motive ist es eine der vordergründigsten Zielstellungen, Macht- und Unterdrückungsverhältnisse zu benennen, zu analysieren und zugunsten marginalisierter Gruppen und Einzelpersonen zu verändern. Um dies gewährleisten zu können, sollen bereits im Forschungsprozess selbst die bisherigen Machtverhältnisse zwischen akademisch Forschenden und Ko-Forschenden explizit in den Blick genommen und verändert werden: Die organisatorische und inhaltliche Kontrolle sowie die Entscheidungsgewalt innerhalb der Forschungsprozesse obliegt den ›Betroffenen‹[65], um größtmögliche Selbstbestimmung zu ermöglichen und Emanzipationsprozesse mit dem Forschungsvorgehen zu verknüpfen (vgl. Hauser 2020). Einige Vertreterinnen* kri-

---

65 ›Betroffenheit‹ bezieht sich hier auf gesellschaftliche Marginalisierungs- und Ausgrenzungserfahrungen sowie auf die Betroffenheit von Forschungsthema und -fragestellung.

tisier(t)en zudem die strukturellen Gegebenheiten, in denen Forschung stattfindet, und fordern deshalb die basisdemokratische Organisation und größtmögliche Selbstverwaltung aller forschungsrelevanten Einrichtungen, um die Umverteilung und Gleichverteilung von Macht und Ressourcen tatsächlich umsetzen zu können.

Emanzipatorische Forschung wird international auch im Kontext zugeschriebener geistiger Behinderung vielfach angewandt und diskutiert. Das emanzipatorische Paradigma wird sogar von vielen Forscherinnen* als federführend in der Arbeit mit Menschen mit Behinderungserfahrung gekennzeichnet: »Many researchers have a strong belief that all research with people with a disability should be emancipatory and include co-researchers as a part of this emancipatory process« (Smith & Merry 2019, 1936).

*Participatory Action Research* oder partizipative Aktionsforschung basiert auf dem Konzept der sogenannten Handlungsforschung. Bereits in den 1950er Jahren forderte Kurt Lewin, einer ihrer bekanntesten Vertreter, den Objektstatus der sogenannten Probandinnen* aufzuheben und sie als Forschungspartnerinnen* und Subjekte der Forschung anzuerkennen. Damit verbunden ist die Idee, dass sie nicht mehr nur reine Informationsquellen sind, sondern als Individuen betrachtet werden, »mit denen sich der Forscher gemeinsam auf den Weg der Erkenntnis zu machen versucht« (Alisch & May 2008, 73). Inhaltlich verfolgte Lewin in seiner Forschung demokratiefördernde und sozialemanzipatorische Zwecke und hielt auf methodischer Ebene das partizipativ gestaltete Forschungsvorgehen für zentral, um durch Forschung relevante Lösungen für die soziale Praxis zu erarbeiten (vgl. von Unger 2014). Hauptaugenmerk der partizipativen Aktionsforschung lag und liegt auf der Prüfung, Veränderung und Verbesserung sozialer Zusammenhänge und damit »dem bewussten Eingreifen in soziale Praxis« (von Unger 2014, 15). Dabei fokussiert sie in ihrer Zielbestimmung die Analyse gesellschaftlicher Zustände ebenso wie die Erforschung und Hervorbringung von konkreten Handlungsvorschlägen und -strategien. Und gerade dieser aktionistische Bezug der Forschung, die nicht nur für Publikationen und wissenschaftliche Reputation arbeitet, sondern sich explizit der sozialen Wirklichkeit zuwendet, machte die partizipative Aktionsforschung international interessant für sozialwissenschaftliche Forschungsdisziplinen (vgl. von Unger 2014). Beispielsweise arbeitete der brasilianische Pädagoge Paolo Freire im Rahmen partizipativer Gemeindeforschung für die Alphabetisierung marginalisierter Personen, um sie zur Einflussnahme auf ihre Lebenssituationen zu ermächtigen. So ähnelt auch die von ihm verfasste Pädagogik der Unterdrückten den Grundsätzen partizipativer Aktionsforschung (vgl. Wöhrer 2017). Mit einiger Verzögerung und angestoßen durch den Positivismusstreit und die Methodendiskussionen der 1960er Jahre hielt dieser Forschungsansatz auch in der deutschsprachigen Forschungslandschaft Einzug – insbesondere in den Erziehungswissenschaften, in der kritischen Psychologie, der feministischen Forschung, der Frauenforschung oder der Politikwissenschaften.

Vornehmlich im deutschsprachigen Raum wird zudem die transdisziplinäre Forschung als partizipative Forschungsrichtung in einigen Wissenschaftsbereichen genannt und angewandt (vgl. Goeke 2016). Transdisziplinäre Forschung versteht sich als »gesellschafts- und lebensweltorientierte Forschung« (Vilsmaier & Lang 2014, 89) und bezeichnet ein Forschungsvorgehen, welches auf der Basis einer praxisnahen

Problemstellung wissenschaftliches und praktisches Wissen zu verknüpfen versucht. Dazu arbeiten verschiedene Wissenschafts- und Praxisdisziplinen möglichst gleichberechtigt zusammen, und die traditionelle Trennung von akademischer Wissensproduktion und praktischem Erfahrungswissen wird im Erkenntnisprozess aufgehoben, um gemeinsam praxiswirksame Lösung zu finden (vgl. Goeke 2016). Denn in der transdisziplinären Forschung wird davon ausgegangen, dass ein lebensweltliches Problem nur dann entsprechend erfasst und bearbeitet werden kann, wenn die Fülle an Betrachtungswinkeln erhöht und lebensweltliche Perspektiven explizit mit einbezogen werden (vgl. Vilsmaier & Lang 2014). Daher ist eines der wichtigsten Kriterien transdisziplinärer Forschung die Partizipation: Die Interessen und Bedürfnisse aller von der Problemstellung betroffener Personen(gruppen) aus Wissenschaft und Praxis werden berücksichtigt, indem deren Vertreterinnen* zur Problemlösung in den Forschungsprozess einbezogen werden und miteinander kooperieren (vgl. Hauser 2020). Der dahinterstehende Gedanke ist die »Vertiefung und Erweiterung bestehender demokratiepolitischer Organisationsformen [...] und [der, d. A.] sich darin vollziehende Machtausgleich« (Hantschitz et al. 2009, 189). Um dies zu erreichen geht es in der transdisziplinären Forschung zunächst um das Offenlegen und Sichtbarmachen der verschiedenen Perspektiven auf die Problemstellung seitens der akademischen und außerwissenschaftlichen Akteurinnen*. Hantschitz et al. (2009) betonen, dass sich dieser Prozess jedoch nicht im Rahmen einer strengen Unterteilung von Gesellschaft und Praxis beziehungsweise Praxis und Wissenschaft vollzieht, sondern dass durch den Austausch unterschiedlicher Formen von Wissen, Können und Tun »im eigentlichen Sinn« (ebd., 187). Wissenschaft definiert sich in diesem Sinne nicht nur über sich selbst, sondern über die durch sie hervorgebrachten Erkenntnisse beziehungsweise die daraus resultierenden Praktiken, Grundsätze und Regeln. Zudem wird der Prozesscharakter betont, der zu den Erkenntnissen führt: Forschen wird als Lernprozess verstanden, in dem die verschiedenen Akteurinnen* von- und miteinander lernen und so eine Problemstellung in ihrer Komplexität erfassen und verändern können (vgl. Vilsmaier & Lang 2014). In diesem Zusammenhang interagieren Forschung, Lehre und Wissenstransfer so eng miteinander, dass sie als transdisziplinäre Prozesse kaum mehr getrennt voneinander betrachtet werden können (vgl. Dubielzig & Schaltegger 2004).

Dem Forschungsansatz der inklusiven Forschung kommt für den vorliegenden Band besondere Bedeutung zu, da er bisher äußerst eng mit der gemeinsamen Forschungsarbeit mit Menschen mit zugeschriebener geistiger Behinderung verknüpft ist (vgl. Buchner, König & Schuppener 2016). Der Terminus wurde durch Walmsley (2001) geprägt und soll zum Ausdruck bringen, dass es sich um einen Forschungszugang handelt, der die Perspektiven bisher aus der Forschung ausgeschlossener Personen(kreise) berücksichtigt und diese ausdrücklich und nachhaltig aktiv und entscheidungsmächtig in Forschungsprozesse einbezieht. Der Begriff inklusive Forschung galt damit als Antwort auf den bis dato gültigen Status Quo einer Forschung im Kontext von Behinderung, in der Menschen mit zugeschriebener geistiger Behinderung kaum Berücksichtigung fanden – weder als Probandinnen* noch als selbst Forschende (vgl. Walmsley 2001). Die Engführung inklusiver Forschung auf den Personenkreis ›Menschen mit zugeschriebener geistiger Behinderung‹, die in allen bisher erschienen Publikationen auffällt, ist dennoch zu kritisieren. Im Sinne der

Inklusion müsste eine so bezeichnete und gestaltete Forschung alle Menschen beziehungsweise potentiell alle Heterogenitätsdimensionen einbeziehen (vgl. Goeke 2016). Dennoch weist der Forschungszugang auf eine Lücke in der Forschung im Kontext von Behinderung hin und kann daher u. E. aus damaliger Perspektive eher als eine Anrufung an die Forschungscommunity verstanden werden, einen Personenkreis zu berücksichtigen, der bisher flächendeckend ausgeschlossen wurde. Unter Berücksichtigung aktueller Entwicklungen wäre einerseits eine Neuformulierung denkbar oder aber es könnte gänzlich auf den Zusatz ›inklusiv‹ verzichtet werden, »wenn sichergestellt wäre, dass in Forschungsvorhaben sowohl alle Heterogenitätsdimensionen als auch deren Verwobenheit bzw. Überschneidung (Intersektionalität) eine adäquate Berücksichtigung finden« (Goeke 2016, 38).

Inklusive Forschung fokussiert die möglichst aktive Beteiligung der Ko-Forschenden am Forschungsprozess und eine Auflösung des Mächteverhältnisses zwischen akademisch Forschenden und nicht-akademisch Forschenden. Das heißt, die Rollen innerhalb des Forschungsprozesses sind nicht starr festgelegt, und es wird angestrebt, dass die Ko-Forschenden mit zugeschriebener geistiger Behinderung möglichst selbstorganisiert agieren, indem sie das Forschungsvorgehen planen, durchführen und kontrollieren sowie notwendige Entscheidungen eigenständig treffen. Die akademisch Forschenden übernehmen in diesem Prozess die Rolle der Unterstützerinnen*, Begleiterinnen* und Beraterinnen* (vgl. Walmsley & Johnson 2003). Doch nicht nur der Forschungsprozess selbst, sondern auch die Umstände, in welche die Erkenntnisse hinein generiert werden, werden in der Kennzeichnung inklusiver Forschung berücksichtigt und führen dazu, dass sich hier Elemente aller bisher aufgeführten Partizipativen Forschungsansätze vereinen: »Inclusive research as used here embraces a range of research approaches that traditionally have been termed ›participatory‹, ›action‹ or ›emancipatory‹« (ebd., 9). So formulieren Walmsely und Johnson u. a. die Anforderungen, dass das Forschungsthema zentrale Bedeutung für den Personenkreis Menschen mit zugeschriebener geistiger Behinderung haben soll und im Rahmen der Forschung Ergebnisse generiert werden, die sich positiv auf die Lebensumstände der Betroffenen auswirken (vgl. Hauser 2020).

Keeley et al. (2019) verweisen auf eine Studie, in der auf der Basis von 30 ausgewählten Forschungsprojekten deren Verständnis von partizipativer Forschungspraxis untersucht wurde. Es konnte unter anderem festgestellt werden, dass die Bandbreite der Partizipation von Menschen mit zugeschriebener geistiger Behinderung sehr variiert – von punktueller Partizipation als Informantinnen* bis hin zur Partizipation in grundlegenden Aushandlungs- und Entscheidungsprozessen, die weit über die Rolle als Befragte hinaus reicht. Als auffällig erwies sich, dass »in Projekten unter Beteiligung von Selbstvertretungsgruppen [...] tendenziell ein hoher Grad an Entscheidungsteilhabe beschrieben [wird], während Projekte mit Menschen mit hohem Unterstützungsbedarf nur in bestimmten Forschungsphasen eine Beteiligung vorsehen« (ebd., 98). Der Umstand, dass Menschen mit intensiven Behinderungserfahrungen nur selten partizipativ in Forschungsprojekte eingebunden werden, ist oftmals bedingt durch die Anforderungen an bestimmte Kompetenzen, die als Voraussetzung zur Teilnahme gelten. Lautsprachliche Kommunikationskompetenzen, ein gewisses Maß an unabhängiger Lebensführung oder Erfahrungen im Bereich Arbeit oder Selbstvertretung können dafür Beispiele sein. Darüber hinaus spielt die

Beurteilung der Einwilligungsfähigkeit eine wesentliche Rolle bei der Entscheidung, welche Personen sich in welchem Ausmaß am Forschungsprozess beteiligen können, wobei die akademisch Forschenden hier zumeist als Gatekeeperinnen* fungieren. Dabei ist die Einwilligungsfähigkeit auch im Kontext von Forschung keine eindimensionale, geschweige denn statische Kompetenz. Schäper (2018) beschreibt Einwilligungsfähigkeit als dynamischen Prozess, der von den Personen und Situationen, auf die sich die Einwilligung bezieht und die am Prozess der Einwilligungsbefähigung beteiligt sind, abhängig ist. Im Rahmen eines kompetenzorientierten Befähigungsprozesses kann es auch für Menschen mit intensiver Behinderungserfahrung möglich sein, forschungsrelevante Entscheidungen zu treffen und zu diesen Entscheidungen befragt zu werden (vgl. ebd.). Als besondere Herausforderung gilt dabei, sich auf die spezifischen Kommunikationsstile der betroffenen Personen einzulassen und beispielsweise nonverbal geäußerte oder oftmals nur subtil wahrnehmbare Kommunikationssignale wahr- und ernstzunehmen sowie zu deuten (vgl. Keeley et al. 2019).

Im deutschsprachigen Raum führten die genannten Forschungsansätze insbesondere in der Anwendung mit Menschen mit zugeschriebener geistiger Behinderung lange Zeit ein Nischendasein und sind bis heute eher rar vertreten. Neben den strukturellen, finanziellen oder zeitlichen Bedingungen, die bereits für Forschungsprojekte, die nicht partizipativ gestaltet sind, zur Herausforderung werden können, sind es auch andere Faktoren, die partizipative Forschungsvorhaben in ihrer Umsetzung hemmen. Dazu zählen beispielsweise Barrieren, die im akademischen Sektor selbst verhaftet sind. Die akademisch Forschenden und die gesellschaftlichen Akteure als (potentielle) Forschungspartnerinnen* stehen sich mit ihren unterschiedlichen Erfahrungen, Kompetenzen und Bedürfnissen zunächst gegenüber. Für einen qualitativ hochwertigen partizipativen Forschungsprozess gilt es, diese unterschiedlichen Ausgangslagen zu verschränken und gewinnbringend in die Forschung zu integrieren. Für die akademisch Forschenden heißt das, ihr bisheriges Vorgehen zu hinterfragen, im wahrsten Sinne des Wortes ›Platz zu machen‹ und damit gegebenenfalls auf bestimmte Privilegien zu verzichten. Diese Anforderungen kollidieren mit den hierarchischen Strukturen des akademischen Raumes, dessen immanente Wettbewerbskultur sich zudem aus dem Kampf um Zugänge und Privilegien speist (vgl. Graf 2017). Diese und andere Zustände, die wiederum zu Erschwernissen in der Finanzierung der Forschungsprojekte führen, bringen für die Etablierung partizipativer Forschung große Herausforderungen mit sich, insbesondere wenn es um die Arbeit mit Menschen mit zugeschriebener geistiger Behinderung geht, die aufgrund den genannten Barrieren bisher keinen Zugang zum akademischen Raum hatten.

Trotz dieser Barrieren sind partizipative Forschungsansätze ein wichtiger Teil inklusionssensibler Hochschule, deren Entwicklung und Status Quo im Folgenden gekennzeichnet und diskutiert werden soll.

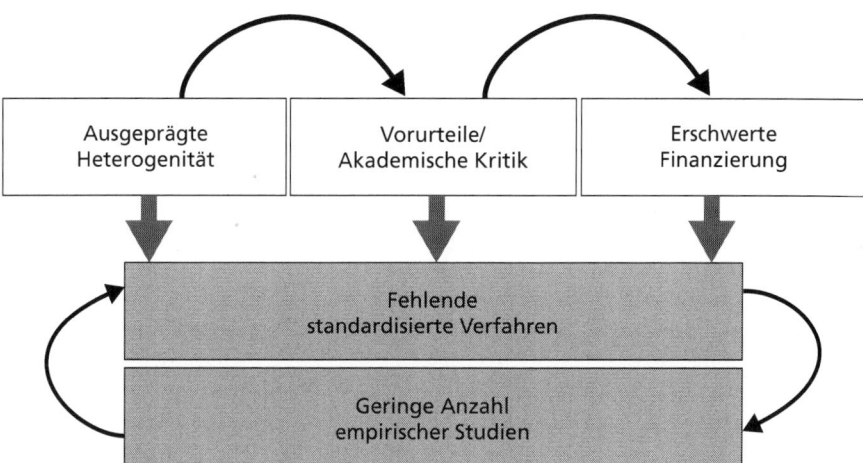

**Abb. 3:** Bedingungen der Forschung im Bereich sogenannter geistiger Behinderung und deren Konsequenzen (Hauser & Schuppener 2014, 238)

## 4.4 Inklusionssensible Hochschule – Menschen mit zugeschriebener geistiger Behinderung als Akteurinnen* im tertiären Bildungsbereich

In pädagogischen Wissenschafts- und Handlungsfeldern ist der Integrations- und Inklusionsdiskurs immanent und wird bereits seit Jahrzehnten unter allen Beteiligten geführt. Bildungsinstitutionen des tertiären Bildungssektors, wie Universitäten und Hochschulen, sollten davon nicht ausgenommen sein, denn auch sie können »ein Ort des Lehrens und Lernens [sein], der die Ideen inklusiver Bildung aufgreift und seine Bildungsangebote auch Menschen zugänglich macht, denen der Zugang in den tertiären Bildungssektor bisher verwehrt blieb« (Hauser et al. 2016, 278). Dennoch blieben Hochschulen lange durch vielfältige Barrieren für Menschen mit Behinderungserfahrung kaum zugänglich und melden sich erst seit Kurzem selbst im Diskurs zu Wort (vgl. Dannenbeck et al. 2016). So war es in Deutschland bis in die 1990er Jahre hinein für Studierende mit körperlicher Beeinträchtigung deutlich erschwert, ein Studium regulär zu führen und zu absolvieren – für Menschen mit zugeschriebener geistiger Behinderung war das undenkbar. Und auch über das Studium hinaus hatten es Menschen mit Behinderungserfahrung schwer, im Wissenschaftsbetrieb Fuß zu fassen. Das führte dazu, dass sie in akademischen Handlungsfeldern nahezu nicht vertreten waren, sodass ihre Perspektiven, ihre Geschichte und ihre Erfahrungen in der Forschung und Lehre kaum Berücksichtigung fanden. Diese Zustände der Exklusivität von Bildungseinrichtungen mündeten unter anderem in die Herausbildung und Etablierung der Disability Studies, deren Werdegang und Intentionen bereits in Kapitel I, 4.2 (▶ Kap. I, 4.2). erläutert wurden. Doch die Disability Studies sind nur ein Teil der Entwicklung von Hochschulen und Universitäten, die als inklusionsorientiert, inklusionssensibel oder inklusiv beschrieben wird (vgl. Harter-Reiter et al. 2018; Dannenbeck et al. 2016; Klein 2016).

Die UN-Konvention über die Rechte von Menschen mit Behinderung (UN-BRK), die seit 2009 in Deutschland in Kraft ist, formuliert im Artikel 24 das Recht von Menschen mit Behinderung »auf vollen Zugang zur Hochschulbildung inkl. der Bereitstellung angemessener Vorkehrungen« (Klein & Schindler 2016, 8), die es allen Menschen unabhängig von ihren individuellen Voraussetzungen ermöglichen, sich in Hochschulkontexten aus- und weiterzubilden. In der UN-BRK werden die Belange von Menschen mit Behinderungserfahrung fokussiert, während die Inklusionsorientierung der Hochschulen sich zudem auf die Diversitätsdimensionen Geschlecht, Migrationshintergrund und soziokultureller Familienhintergrund und dabei insbesondere auf Studierende aus sogenannten Nicht-Akademikerfamilien beziehen (vgl. ebd., 16). Im Zusammenhang mit der Diskussion um Diversity und Chancengerechtigkeit geht es zudem über die Frage der Zielgruppe hinaus um Aspekte der Hochschulöffnung in allen Bereichen der Hochschule und damit wiederum nicht nur um das Lernen, sondern auch um das inklusionssensible Lehren und Forschen (vgl. Platte et al. 2018; Klein 2016). Inklusionssensible Hochschulentwicklung wird vornehmlich im Kontext von Zugangs- und Teilhabebarrieren diskutiert, wobei lange Zeit die Sicht auf bauliche Barrieren dominierte. Erst allmählich weitet sich die Perspektive auf die Vielfalt an möglichen Hindernissen auf den verschiedenen Ebenen der Hochschulstrukturen und -kulturen (vgl. Dannenbeck et al. 2016). Klein und Schindler (2016) nennen exemplarisch »kommunikative, organisatorische, didaktische und strukturelle Barrieren« (ebd., 9), welche die Hochschularbeit für Studierende, Lehrende und Forschende mit Behinderungserfahrungen erschweren können. Damit rücken nicht nur Studierende mit sogenannten sichtbaren und zumeist körperlichen Behinderungen und/oder chronischen Erkrankungen in den Fokus, sondern die »Zugänglichkeit und Annehmbarkeit für alle Beteiligten« (Platte et al. 2018, 13). Dafür ist ein weites Inklusionsverständnis grundlegend, welches Inklusion mit Heterogenität verbindet und Kategorien wie Behinderung, Geschlecht, Ethnizität, ökonomische Verhältnisse, sexuelle Orientierung etc. als »ungleichheitsgenerierende Dimensionen« (Bittlingmayer & Sahrei 2017, 686) fasst. In diesem Zusammenhang spielt vor allem auch eine intersektionale Betrachtung von Barrieren, Diskriminierung und Exklusion und damit verbunden der Abbau derselben eine entscheidende Rolle.

Ähnlich den Entwicklungen der Disability Studies werden im Diskurs um inklusionssensible Hochschule vorwiegend Menschen mitgedacht, die rein formal eine Zugangsberechtigung wie bspw. das Abitur oder einen adäquaten Schulabschluss vorweisen können, der sie zum Agieren im tertiären Bildungssektor berechtigt. »Menschen mit Lernschwierigkeiten [...] haben aufgrund des Schulabschlusses einer Förderschule keine Zulassungsberechtigung« (Terfloth & Klauß 2016, 291). Zwar geht es auch um die Öffnung von Zugängen, damit sind aber zumeist bauliche und strukturelle Barrieren gemeint, die beispielsweise durch Nachteilsausgleiche und entsprechende Beratungen überwunden werden sollen (vgl. Welti & Ramm 2017). Eine grundlegende Kritik an der Exklusivität der Hochschulbildung und ihrer Institutionen und der Unzugänglichkeit für viele Menschen findet zumeist nicht statt⁶⁶. Eher gegenteilig wird der Exzellenzanspruch der Hochschulen propagiert und weiter ausgebaut. So baut die 2005 initiierte Exzellenzinitiative darauf, »den Wissenschaftsstandort Deutschland nachhaltig zu stärken, seine internationale Wettbewerbsfähigkeit zu verbessern und Spitzen im Universitäts- und Wissenschaftsbereich sichtbarer zu machen« (DFG). In diesem Spannungsfeld zwischen dem marktwirtschaftlich orientierten Anspruch an Exzellenz und Elitenbildung einerseits und Inklusionsorientierung, Chancengerechtigkeit und Teilhabe andererseits ist die aktuelle Hochschulentwicklung angesiedelt – wobei sich beide Pole nicht zwangsläufig wechselseitig ausschließen, sondern die Gefahr der Vereinnahmung inklusionsorientierter Anliegen durch neoliberale Interessen immer mitgedacht werden muss (vgl. Bröckling, Krasmann & Lemke 2013).

In der deutschsprachigen Literatur zu den Themenbereichen inklusionssensibler Hochschulentwicklung ist erkennbar, dass sich die wissenschaftlichen Auseinandersetzungen stark um die Diversität der Studierenden und die Vermittlung von Studieninhalten drehen, wobei besonders inklusiv gestalteter Hochschuldidaktik Bedeutung zukommt (vgl. Platte et al. 2018; Dannenbeck et al. 2016). Der Betrachtung auf der Ebene der Lehre und Forschung und damit zusammenhängend der Bedeutung inklusionssensibler Hochschulentwicklung für Dozentinnen* und Forscherinnen* wird eine deutlich geringere Aufmerksamkeit zuteil. Nimmt man jedoch die gesellschaftliche Funktion von Hochschule in den Blick und betrachtet die Hochschularbeit als einen wichtigen Beitrag zum Aufbau inklusiver gesellschaftlicher Strukturen, ergibt sich eine Verantwortung, die nicht bei der didaktischen Aufbereitung von Lehr- und Lerninhalten stehen bleiben kann, sondern die sich auf alle Ebenen des Hochschullebens beziehen muss. Vor allem (aber nicht nur) in Hochschulbildungsbereichen, die Studierende explizit auf die Arbeit in inklusiven Kontexten vorbereiten, geht es nicht nur um Fragen der Didaktik, sondern um die Betrachtung von »Barrieren und Ressourcen in hochschulischen Kulturen, Strukturen und Praktiken« (Plate 2016, 194), woraus sich zwangsläufig eine Auseinandersetzung mit allen Aspekten der Hochschularbeit ergibt. Plate (2016) fasst beispielsweise für die Lehrerinnen*bildung zusammen: »Eine ›angemessene‹ Lehrer_innenbildung für Inklusion kann m. E. nur eine Lehrer_innenbildung durch Inklusion sein« (ebd., 195). Das heißt, dass bereits die Ausbildung der zukünftigen Lehrerinnen* als inklusiver Erfahrungsraum gestaltet sein müsste, um sie adäquat auf ihre zukünftige Tätigkeit vorzubereiten und ihnen ein tiefes Verständnis für das Wesen inklusiver Prozesse vermitteln zu können. Als grundlegend plädiert Plate (2016) dafür, Inklusion nicht als zu vermittelnden Lehrinhalt zu fassen, sondern direkt erfahrbar zu machen, indem beispielsweise alle Beteiligten, wie Studierende oder Dozierende, »ihre Rollen als partizipativ erleben und zur Entwicklung von Inklusion als grundlegendem Prinzip in Kulturen, Strukturen und Praktiken der Studiengänge und Hochschulen beitragen können« (ebd., 199). Zudem ist die Öffnung von Hochschulen für Menschen mit Behinderungserfahrung und so auch Menschen mit zugeschriebener geistiger Behinderung als Mitarbeiterinnen* auf den

---

66 Eine vertiefte Auseinandersetzung um Teilhabebarrieren an Hochschulen für Menschen mit zugeschriebener geistiger Behinderung findet sich bei Terfloth und Klauß (2016).

Ebenen des Mittelbaus und auch der professoralen Ebene ein wichtiger Beitrag zu inklusiver Hochschulbildung. Sie als Lehrende in die Ausbildung der Studierenden einzubinden, ihre Erfahrungen und ihr (Er-)Leben aus der Subjektperspektive zu vermitteln und dabei Inklusion praxisnah und direkt erfahrbar zu machen, kann dabei ein Ziel sein. Etabliert hat sich im deutschsprachigen Raum die Qualifizierung von sogenannten Bildungsfachkräften[67] unter dem Motto: »Menschen mit Behinderung lehren an Hochschulen als Expertinnen und Experten in eigener Sache«[68].

## Best-Practice-Beispiele

An den Hochschulstandorten Dresden und Leipzig hat man sich mit der »Qualifizierung von Bildungs- und Inklusionsreferentinnen* in Sachsen« (QuaBIS) zum Ziel gesetzt, Menschen mit Behinderungserfahrungen nicht nur für einen Austausch individueller Erlebnisse zu qualifizieren, sondern den Einbezug subjektiver Theorien zu ermöglichen und damit zu einer verbesserten Entfaltung professionsbezogener Reflexionskompetenz beizutragen. Damit liefert eine Verschränkung von ›Alltagswissen‹ und akademischem Wissen (vgl. Finke 2014) die nachhaltige Chance zur Entwicklung einer diversitätssensiblen Professionalität. In von den Bildungs- und Inklusionsreferentinnen* gehaltenen Seminaren, Workshops, Vorlesungssitzungen und Konferenzbeiträgen sollen (künftige) Fach- und Lehrkräfte für Bedarfe und Fähigkeiten von Menschen mit Lernschwierigkeiten sowie für Fragen zu In- und Exklusionsprozessen sensibilisiert werden. Das Thema Inklusion bleibt so nicht nur theoretischer Bildungsinhalt, sondern wird zur direkt erfahrbaren Praxis in der Ausbildung und ermöglicht somit die Entfaltung eines höheren Niveaus an kritischer Reflexionskompetenz auf Seiten der Studierenden und Lehrenden. Frontale Lernsituationen, wie sie häufig noch die Regel an der Hochschule sind, werden stärker in Frage gestellt. Durch das unmittelbare Beteiligtsein können Lernprozesse initiiert werden, die dadurch neue oder andere Bildungserfahrungen und somit Sinnzusammenhänge hervortreten lassen können.

Weiterhin sollen die angehenden Bildungs- und Inklusionsreferentinnen* eigenen Forschungsanliegen nachgehen, im Rahmen der Qualifizierung erworbenes Wissen im Bereich der partizipativen Forschung vertiefen und in Fort-, Weiterbildungs- und Beratungsangeboten an Menschen mit und ohne Behinderung weitergeben.

Insgesamt kann für den deutschsprachigen Raum konstatiert werden, dass die inklusionsorientierte Öffnung von Hochschulen für Menschen mit zugeschriebener geistiger Behinderung bisher weniger auf struktureller Ebene verankert ist als mehr auf der Initiative einzelner Hochschulmitarbeiterinnen* oder Mitarbeiterinnen*kollektive fußt. Das gilt für die bisherigen partizipativen und inklusiven For-

---

67 In Anlehnung an das Modellprojekt des Instituts für Inklusive Bildung in Kiel durchlaufen Personen, die bisher primär in Werkstätten für Menschen mit Behinderung tätig waren, eine 3-jährige Qualifizierung zur sogenannten Bildungsfachkraft. Standorte dieser Qualifizierung sind derzeit: Heidelberg, Magdeburg und Köln (Stand 30.03.2020).
68 Werbebanner des Standortes in Nordrhein-Westfalen

schungsbemühungen ebenso wie für die angesprochenen Qualifizierungsprojekte. Die Mitarbeiterinnen* sind zudem oft in sonderpädagogischen Kontexten verankert – ein Umstand, der sowohl für die inhaltliche Ausrichtung als auch für die Umsetzung der Initiativen problematisch sein kann (vgl. Hauser 2020). So ist es durchaus möglich, dass sich in den Forschungen und Ausbildungen ein pädagogischer Duktus etabliert, der das emanzipatorische Grundanliegen der Projekte untergräbt. Auch seitens der Wissenschafts-Community wird gerade mit Blick auf Partizipative Forschungsprojekte mit Menschen mit zugeschriebener geistiger Behinderung immer wieder die Frage laut, ob es sich hierbei nun um Pädagogik oder Wissenschaft handelt (vgl. Hauser & Kremsner 2018).

Im internationalen Raum formiert sich in diesem Zusammenhang ein anderes Bild, und es gibt teils seit vielen Jahren eine Reihe an Initiativen und Konzepten, die auf verschiedenen Ebenen des tertiären Bildungssektors Angebote für Menschen mit zugeschriebener geistiger Behinderung bereithalten und das Anliegen der UN-BRK für das Recht auf lebenslanges Lernen unterstützen. Zwei Beispiele seien hier näher ausgeführt: Über das Programm ›Think College‹ aus den USA werden an zunehmend mehr Universitäten und Colleges spezifische Studienangebote aufbereitet, an denen Menschen mit zugeschriebener geistiger Behinderung teilnehmen können und die es ihnen zum Teil ermöglichen, nach einer 2- bis 4-jährigen Ausbildungsdauer Hochschulabschlüsse zu erwerben: »Think College is a national center dedicated to increasing awareness and availability of college options for students with intellectual disability« (Think College). Die Ausgestaltung der Studienangebote ist je nach Studienstandort unterschiedlich. In einigen Fällen nehmen die Studierenden an regulären Kursen der Hochschule teil, die barrierearm und inklusiv für alle Studierenden gestaltet werden, in anderen Fällen werden für einzelne Studieninhalte jedoch auch spezielle Kurse für Studierende mit zugeschriebener geistiger Behinderung angeboten. Zur Teilnahme am Programm sind zudem bestimmte Kompetenzen gewünscht, wie der basale Umgang mit elektronischen Medien, grundlegende Kompetenzen zur Nutzung der Schriftsprache oder auch lebensweltliche Kompetenzen wie der Umgang mit Geld oder das Eintragen von Terminen in einem Kalender (vgl. Think College). Diese Voraussetzungen werden jedoch in der webmedialen Darstellung als fakultativ formuliert, und es geht nicht daraus hervor, dass bestimmte Personen aufgrund mangelnder Eignung per se ausgeschlossen würden.

Im Bereich Forschung hat das Norah Fry Research Center for Disability Studies der University of Bristol in Großbritannien als Forschungszentrum für und mit Forscherinnen* mit zugeschriebener geistiger Behinderung eine Vorreiterrolle. Hier werden Forschungsprojekte initiiert und durchgeführt, die »as inclusively as possible« (Norah Fry Research Center) gestaltet sind. Das bedeutet, dass mit Blick auf Frage- und Themenstellung und auch finanzielle, zeitliche und personelle Ressourcen der Versuch unternommen wird, den Forschungsprozess gemeinsam mit Menschen mit Behinderungserfahrung zu gestalten (vgl. Hauser & Schuppener 2015). Aufgrund der veränderten Förderrichtlinien bedeutender Forschungsförderinstitutionen in Großbritannien haben es partizipativ und/oder inklusiv gestaltete Forschungsprojekte ohnehin leichter, mit ausreichend finanziellen Mitteln ausgestattet zu sein, um eine adäquate partizipative Umsetzung der Projekte zu gewährleisten. Im Zusammenhang mit einer starken Selbstvertreterinnenbewegung (disability-rightsmovement), die in Großbritannien bereits seit den 1970er Jahren für die gesellschaftliche und politische Anerkennung und Ausübung des sozialen Modells von Behinderung kämpfte, führten diese Entwicklungen zu einer weit ausgeprägteren inklusionsorientierten Forschungs- und Lehrkultur, als das für den deutschsprachigen Raum verzeichnet werden kann.

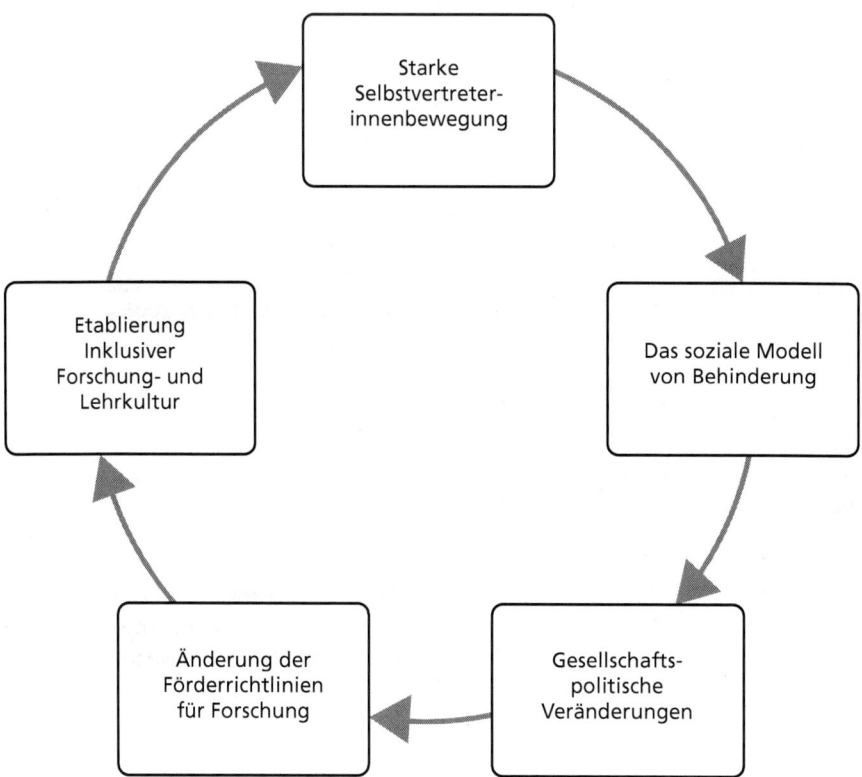

**Abb. 4:** Einflüsse auf die Entwicklung inklusionsorientierter Hochschule in Großbritannien und Irland (Hauser & Schuppener 2015, 103)

# 5 Fazit und Perspektiven: Disziplinäre Kernfragen einer Pädagogik der Verbesonderung

Aktuell, so legten wir bereits mit der Einführung in dieses Buch dar, bringt die von uns betrachtete Disziplin der sogenannten ›Geistigbehindertenpädagogik‹ nach wie vor eine *Pädagogik der Verbesonderung* hervor, indem sie sich über eine Personengruppe definiert, die sie fortwährend als ›besonders‹ markiert und stigmatisiert und damit Ausschlüsse (re)produziert. Soll jedoch der Weg zu einer *inklusiven allgemeinen Pädagogik* beschritten werden, richten sich die Kernfragen der fachlichen Disziplin zum einen darauf, die verbesondernden Mechanismen und Strukturen zu durchschauen und kritisch-konstruktiv zu reflektieren, um zum anderen auf dieser Basis Diskurse zu stärken, Weiterentwicklungen zu vollziehen und alternative, neue Wege zu weisen. Denn auf der Disziplinebene sollte Theorie (weiter)entwickelt und verhandelt werden, damit eine Klärung zentraler Begriffe (vgl. Dederich & Felder 2016), Gegenstände und Wegmarken einer Pädagogik der Verbesonderung möglich wird. Und hierzu braucht es zunächst eine kritische Distanz zur pädagogischen Praxis (vgl. Trescher 2018c), in welcher eine Vielzahl an Abhängigkeiten und Marktlogiken regiert, die es ja gerade zu hinterfragen gilt.

So lassen sich also Fragen der Disziplin vor dem Hintergrund des grundlegenden Anspruches der Ausbildung eines Geschichtsbewusstseins als »*innerer Zusammenhang von Vergangenheitsdeutung, Gegenwartsverständnis und Zukunftserwartung*« (Rüser 2008, 132; Hervorhebung i. O.) deuten – ein Anspruch, der sich gerade mit Blick auf den Personenkreis Menschen mit zugeschriebener geistiger Behinderung und dessen unheilvoller Geschichte als eklatant wichtig erweist. In diesem Spiegel wird zudem auch sichtbar, welche Errungenschaften im Verlauf der vergangenen Jahrzehnte zu verzeichnen sind. Allein die Herausbildung und Etablierung der ›Pädagogik bei zugeschriebener geistiger Behinderung‹ als wissenschaftliche Disziplin blickt zum einen auf eine recht junge Geschichte zurück und wurde zum anderen gerade in ihren Anfängen alles andere als selbstverständlich im Wissenschaftskanon aufgenommen. So wurde die Vorstellung der ›Professur für Geistigbehindertenpädagogik‹ bei einem Senatsempfang in Berlin Anfang der 1990er Jahre von lautem Lachen begleitet, wie der Sonderpädagoge Martin Hahn (1995) als Augenzeuge beschreibt:

> »Als in der Vorstellungsrunde auch eine Professur für ›Geistigbehindertenpädagogik‹ auftaucht, bricht ein Teil der Hochschullehrer/innen in schallendes Gelächter aus: Geistige Behinderung und Universität – das kann doch nicht wahr sein. Der Heiterkeitsausbruch ist auf einen Überraschungseffekt zurückzuführen, den gute Witze auszeichnet: Etwas unerwartet Absurdes wird plötzlich wahrgenommen« (Hahn 1995, 274, Hervorhebung i. O.).

Seit dieser Begegnung hat sich die ›Pädagogik im Kontext zugeschriebener geistiger Behinderung‹ im Wissenschaftsraum einen festen Stand und Anerkennung erkämpft. Und gerade mit Blick auf diese steinige Entstehungsgeschichte erscheint die grundlegende Frage der Legitimation dieser von uns als ›verbesondernd‹ wahrgenommenen Pädagogik für manche Vertreterinnen* wenig attraktiv. Doch ist die Legitimationsfrage vor allem mit der Zielrichtung einer inklusiven allgemeinen Pädagogik auf der Disziplinebene unumgänglich und steht in engem Zusammenhang mit der Weiterentwicklung auf der praktischen pädagogischen Ebene: War die Etablierung einer Sonderschule für Schülerinnen* mit zugeschriebener geistiger Behinderung einst eine Errungenschaft, so muss sie sich heute dem Vorwurf stellen, der kontinuierlichen gesellschaftlichen Exklusion ihrer Schülerinnen*schaft Vorschub zu leisten. Und so befindet sich die Pädagogik bei zugeschriebener geistiger Behinderung in einem anhaltenden Dilemma »zwischen Adressatenbezug, Inklusionsanspruch und Exklusionsrisiko« (Musenberg & Riegert 2013, 166) – wobei wir im Zuge der Legitimation auch immer die Fragen stellen müssen, wer denn diese Adressatinnen* eigentlich sind und durch wen bzw. was sie als solche definiert werden. Als Weiterführung dieser Gedanken widmen wir uns bilanzierend für dieses Abschlusskapitel zu Teil I zum einen der Dekonstruktion und Rekategorisierung und damit zusammenhängend der angestrebten disziplinären Verortung der Pädagogik bei zugeschriebener geistiger Behinderung und zum anderen der entscheidenden Rolle der Subjekte beziehungsweise der Berücksichtigung und Stärkung ihrer Perspektiven in der Theoriebildung und Disziplinentwicklung.

## 5.1 Dekonstruktion, Rekategorisierung und die disziplinäre Verortung einer verbesondernden Pädagogik

»Im Sprechen über Behinderung hat sich mittlerweile in inklusionspädagogischen Kreisen eine dekonstruktivistische Perspektive durchgesetzt« (Boger 2018, o. S.).

Vor diesem Hintergrund möchten wir uns im Hinblick auf die Weiterentwicklung der Disziplin einer Pädagogik bei zugeschriebener geistiger Behinderung auch für einen *dekonstruktivistischen* Weg aussprechen: Das Ziel liegt in einer zunehmenden kritischen Reflexion einer ›Pädagogik der Verbesonderung‹ in Form einer Rekontextualisierung. Verbesondernde Begrifflichkeiten, ethische Zugänge, fachliche Perspektiven und Forschungsbemühungen sollten auf der Ebene der Disziplin einer stringenten Herauslösung aus Kontexten der Negation, der Benachteiligung, der Diskriminierung, der Unterwerfung (vgl. Butler 2001; Rösner 2012) unterzogen werden. Die Disziplin ist dazu aufgefordert, jegliche Wirkmacht der sozialen Konstruktion ›Geistiger Behinderung‹ und damit verbundener Konsequenzen im pädagogischen Selbstverständnis offen zu legen, kritisch zu hinterfragen und zu verändern. Die Kernannahme: »Erst durch die Klassifizierung als ›Mensch mit geistiger Behinderung‹ wird ein Mensch zu einem ›Menschen mit geistiger Behinderung‹« (Trescher & Klocke 2014, 288) muss demzufolge im Hinblick auf ihre Relevanzset-

## 5 Fazit und Perspektiven: Disziplinäre Kernfragen einer Pädagogik der Verbesonderung

zungen und Narrative im disziplinären Selbstverständnis sowie im pädagogischen Miteinander kritisch-analytisch befragt werden.

Wie im einführenden Begriffs- und Definitionsdiskurs schon kenntlich gemacht, möchten wir den Fokus einer disziplinären Weiterentwicklung auf eine *Rekategorisierung* basierend auf ein verändertes Menschenbild legen. Dabei gilt es, die »Relevanz trennender Kategorien [zu, d. A.] minimieren« (Walgenbach 2018, 18) und im Sinne eines dynamischen und prozessorientierten Verständnisses von Kategorien auf depersonalisierende Verdinglichungs- und Zuschreibungspraxen zu verzichten. Denn der Weg einer radikalen Dekategorisierung geht zum einen immer mit dem Risiko der Unsicherheit und der Orientierungslosigkeit einher: Es droht die Gefahr, unpräzise zu werden (Boger 2018; Boger & Textor 2016) und damit *interpretationsbedürftig*. Und zum anderen dienen »Klassifikationen [auch, d. A.] als Instrument der symbolischen, sozialen und somatischen Reproduktion von Macht bzw. Herrschaftsverhältnissen« (Walgenbach 2018, 25) und »operieren zudem oft auf der präreflexiven Ebene des Unbewussten« (ebd.). Daher lassen sie sich nicht allein durch Negierung oder eine veränderte Gruppenzusammensetzung transformieren.

Mit dem Fokus der Dekonstruktion und Rekategorisierung ist auch eine *grundlegende Überwindung der binären Konstruktion zwischen der Disziplin der allgemeinen Pädagogik und der Pädagogik bei zugeschriebener geistiger Behinderung* verbunden: »Auf der einen Seite eine Disziplin, die sich am Allgemeinen und an Normalitätskonstruktionen orientiert, auf der anderen Seite eine, die das Besondere und das von der (fiktiven) Norm abweichende fixiert« (Bernasconi & Böing 2015, 11). Ein Zusammenwachsen in Form einer Auflösung dieser Dichotomie wird von Bernasconi und Böing auch für die allgemeine Pädagogik und die Pädagogik bei schwerer und mehrfacher Behinderung gefordert. Hierbei geht es nicht um die Aufhebung spezifischer disziplinärer Kenntnisse und professioneller Kompetenzen, sondern vielmehr um »das Aufzeigen *verbindender Elemente* zwischen beiden Disziplinen« (ebd.; Hervorhebung d. A.). Diese Synthese (von basaler und allgemeiner Pädagogik) wird seitens der Materialistischen Behindertenpädagogik schon seit den 1970er Jahren eingefordert (vgl. Jantzen 1977, 1987, 2020), wenngleich deren Einlösung nach wie vor aussteht.

Uns an diese Forderung anschließend plädieren wir für eine grundlegende Verortung und Weiterentwicklung der bisherigen *Sonder*pädagogik als Teil einer *kritisch-konstruktiven Erziehungswissenschaft*, wie sie unter anderem durch Klafki (1998) angeregt wird. Klafki (1998) formuliert Prinzipien, an denen sich sein Konzept kritisch-konstruktiver Erziehungswissenschaft orientiert:

1. Kritisch-konstruktive Erziehungswissenschaft ist eine Theorie von und für die pädagogische Praxis, wobei pädagogische Praxis als eine Form gesellschaftlicher Praxis verstanden wird. Pädagogische Praxis muss dabei ebenso wie gesellschaftliche Praxis in ihrem historischen Kontext und ihrer historischen Werdung betrachtet werden und ist damit eine »geschichtlich gewordene und wandelbare Praxis [...], die durch den jeweiligen geschichtlich-gesellschaftlichen Zusammenhang vermittelt und auf diesen Zusammenhang bezogen ist« (Klafki 1998, o.S.).
2. Kritisch-konstruktive Erziehungswissenschaft verschreibt sich dem Ziel, »jungen Menschen die Entwicklung ihrer Fähigkeiten und Interessen, die Entwicklung

zur Mündigkeit und zur Selbstbestimmungsfähigkeit zu ermöglichen« (Klafki 1998, o. S.). Und das nicht entkontextualisiert, sondern unter Beachtung und Vermittlung der tiefgreifenden gesellschaftlich-politischen und kulturellen Zusammenhänge. Denn auch wenn eine Autonomie erziehungswissenschaftlicher Theorie und Praxis von den »Religionen und den Kirchen, dem Staat und den gesellschaftlichen Gruppen und Mächten, z. B. auch der Wirtschaft« (ebd.) erstrebenswert ist, so kann sie immer nur als *relativ* betrachtet werden, denn Erziehungswissenschaft ist und bleibt immer auch durch diese beeinflusst und auf diese bezogen.

3. Kritisch-konstruktive Erziehungswissenschaft arbeitet mit einem Bildungsbegriff, der die Herausbildung dreier Grundfähigkeiten anstrebt:
   - Erstens als Fähigkeit zur *Selbstbestimmung* jedes einzelnen über seine individuellen Lebensbeziehungen und Sinndeutungen zwischenmenschlicher, beruflicher, ethischer, religiöser Art;
   - zweitens als *Mitbestimmungsfähigkeit*; denn jeder Mensch hat Anspruch, Möglichkeit und Mitverantwortung für die Gestaltung unserer gemeinsamen kulturellen, gesellschaftlichen und politischen Verhältnisse;
   - drittens als *Solidaritätsfähigkeit*: denn der eigene Anspruch auf Selbst- und Mitbestimmung kann nur gerechtfertigt werden, wenn er nicht nur mit der Anerkennung, sondern mit dem Einsatz *für* diejenigen und dem Zusammenschluß mit denjenigen verbunden ist, denen eben solche Selbst- und Mitbestimmungsmöglichkeiten vorenthalten oder begrenzt werden, sei es durch gesellschaftlichpolitische Verhältnisse, durch wirtschaftliche Unterprivilegierung, durch politische Einschränkung oder Unterdrückungen« (Klafki 1998, o. S.; Hervorhebung i. O.).

4. *Kritisch*-konstruktive Erziehungswissenschaft agiert gesellschaftskritisch, indem sie die gesellschaftlichen Bedingungen und Verhältnisse und deren Einfluss auf die Erziehungs- und Bildungsarbeit in die Theoriebildung und pädagogische Praxis einbezieht und die gewonnen Einsichten reflektiert nutzt, um ihren Beitrag zur »Entwicklung einer demokratischen und humanen Gesellschaft« (Klafki 1998, o. S.) zu stärken.

5. Theorie und Praxis kritisch-*konstruktiver* Erziehungswissenschaft sind »zwei gleichwertige, wechselseitig aufeinander bezogene Instanzen« (Klafki 1998, o. S.). Im Sinne einer Theorie für die Praxis muss die Praxis an der Formulierung von Fragestellungen und der Artikulation von zu untersuchenden Problemlagen und damit an der Theoriebildung beteiligt werden, ebenso wie es der Wissenschaftstheorie obliegt, noch nicht realisierte (oder realisierbare) Möglichkeiten aufzuzeigen und Wege zu weisen und damit konstruktiv wirksam zu werden.

Diese grundlegenden Prinzipien beziehen ausnahmslos alle Menschen ein, »die Weiterbildung benötigen oder anstreben« (Klafki 1998, o. S.), und könnten mit der Verortung der jetzigen Sonderpädagogik innerhalb kritisch-konstruktiver Erziehungswissenschaft als Teil einer *entsondernden* Pädagogik verstanden werden.

Zusammenfassend stellt sich die Kernfrage nach dem grundlegenden disziplinären Selbstverständnis: Welchen Weg sollte man der Disziplin einer Pädagogik bei zugeschriebener geistiger Behinderung hinsichtlich der unvermeidlichen und disziplinär eingeschriebenen Selektionskraft und Exklusionsmacht wünschen? Eine »gesellschaftliche, institutionelle und bildungsmäßige Verbesonderung« (Musenberg & Riegert 2013, 152) von Menschen, die als geistig behindert attribuiert werden, wird zwangsläufig weiter fortgeschrieben, weil die Existenz einer verbesondernden Pädagogik die Überwindung von (Ver)Besonderung verhindert.

Als Subdisziplin der Allgemeinen Pädagogik kann es derzeit also primär darum gehen, als spezifische Pädagogik eine Art *trans- und interdisziplinäre Vermittlerrolle* einzunehmen: Anthropologische, ethische und differente fachwissenschaftliche sowie sozial- und bildungswissenschaftliche Grundfragen gilt es, miteinander noch stärker in Verbindung zu bringen und im Hinblick auf ihre Deutungsmuster und Relevanzsetzungen für Menschen mit zugewiesener geistiger Behinderung zu befragen. Hier sollte leitend sein, die Normalitätskonzepte anderer wissenschaftlicher Disziplinen kritisch zu analysieren. Damit kommt der Pädagogik bei zugeschriebener geistiger Behinderung »die Funktion einer *kritischen Instanz*« (Bernasconi & Böing 2015, 115; Hervorhebung i. O.) zu und die damit verbundene Rolle, »Felder der Macht zu enttarnen, stigmatisierende und exkludierende Tendenzen aufzudecken und gleichberechtigte Zugänge zu gesellschaftlichen (Teil-)Systemen einzufordern und zu sichern« (ebd.).

Mit diesem Fokus wäre eher die Bedeutung der Disziplin im Sinne einer verbesondernden Pädagogik als Wissenslieferantin für die Inklusion markiert. Musenberg und Riegert (2013) sprechen hier von einer »*disziplinierten Inklusion*« (163; Hervorhebung d. A.): »Eine disziplinierte Inklusion orientiert sich [jedoch; d. A.] weiterhin an den Behinderungskategorien und unterliegt somit der Gefahr, Differenz immer wieder entlang der hergebrachten historischen Schneisen zu bearbeiten und die ›Institution‹ geistige Behinderung [...] stets aufs Neue zu aktualisieren« (ebd., 164).

Umgekehrt stellt sich auch die Frage hinsichtlich eines disziplinären Selbstverständnisses als »*inkludierte Disziplin*« (ebd., Hervorhebung d. A.). Hierzu wäre der Weg einer Dekategorisierung zwingend erforderlich. Die Orientierung an allgemeinen erziehungswissenschaftlichen und bildungstheoretischen Grundlagen vor dem Hintergrund einer transdisziplinären Grundausrichtung stellt eine enge Mandatbindung an einen spezifischen Personenkreis, der als geistig behindert klassifiziert ist, in Frage (vgl. ebd.). Doch verliert nicht eine inkludierte Disziplin »die kategorialen Gegenstandsbereiche bisheriger Sonderpädagogik und hätte andere an deren Stelle zu setzen, um nicht in dekonstruierter und in Folge vielleicht auch riskant deprofessionalisierter Konturlosigkeit zu verschwimmen« (ebd.)?

Die hier beschriebenen Suchbewegungen zur Verortung und Weiterentwicklung der Wissenschaftsdisziplin ›Pädagogik bei zugeschriebener geistiger Behinderung‹ können ebenso als Fortbewegung ebendieser interpretiert werden und keine davon kann mit einem Heilsversprechen verbunden werden. Blicken wir auf die Prinzipien kritischer Erziehungswissenschaft (vgl. Klafki 1998), so wird deutlich, dass gerade die Historisierung, Kontextualisierung und kritische Reflexion gesellschaftlicher Verhältnisse diese Fortbewegung unabdingbar machen. Dies bedeutet nicht, sich in Beliebigkeit zu verlieren, sondern ganz im Gegenteil sollte mit der Verknüpfung von »*Vergangenheitsdeutung, Gegenwartsverständnis und Zukunftserwartung*« (Rüser 2008, 132; Hervorhebung i. O.) eine durchweg kritische Bestandsaufnahme ebenso verbunden sein wie eine Akzentuierung und Schärfung einer Disziplin, die die

Grundsätze der Solidarität, Diskriminierungsfreiheit und Herrschaftskritik im Blick behält und sich an den Bedarfen und Erfahrungen ihrer Protagonistinnen* orientiert.

## 5.2 Zur Rolle der Subjekte: die Disziplin als »Interessensvertretung« und »Wissenslieferantin* für Inklusion«?

Folgt man einem bildungsbezogenen Inklusionsbegriff, lässt sich Inklusion als ein *Entwicklungsprozess* verstehen, der marginalisierten Personengruppen zu mehr Bildungsrechten verhilft (vgl. Florian 2014 in Biewer & Schütz 2016). Die Frage danach, um welche Personengruppen es sich handelt, führt zwangsläufig zurück zu dem Dilemma der *Definitionsmacht*: Inklusion lässt sich grundsätzlich nicht ohne die ›Subjekte der Inklusion‹ (▶ Kap. II, 1.5) definieren. Somit existiert die grundlegende Unabdingbarkeit einer Subjektorientierung, die jedoch gleichsam kaum eingelöst erscheint. So gibt es scheinbar erst wenige Ansätze, bspw. die Perspektive von Kindern und Jugendlichen in Fragen der Weiterentwicklung der Pädagogik als Disziplin einzubeziehen. Eine erkenntnisreiche Studie stellt hier die Forschung von Störtländer (2019) dar: Störtländer geht der Frage nach, inwieweit sich die *kritisch-konstruktive Didaktik* (Klafki 2007) und der *Befähigungsansatz/Capabilities Approach* (vgl. Nussbaum & Sen 1993; Nussbaum 2001, 2007, 2011; Sen 2010) »empirisch als auch theoretisch wechselseitig ergänzen« (13). Zur Beantwortung der Frage, »was Bildung unter dem Paradigma der Gerechtigkeit – verstanden als Befähigung, ein gelingendes Leben zu gestalten und zu führen – zur menschlichen Entwicklung beitragen kann« (ebd.), fokussiert er die diesbezüglichen subjektiven Theorien von Schülerinnen*. Er zeichnet die subjektiven Perspektiven der Schülerinnen* nach und belegt, dass alle von ihm interviewten Schülerinnen* »eine individuelle ›Vorstellung des Guten‹ bzw. eines gelingenden Lebens [haben; d. A.], welche sie unterschiedlich komplex und differenziert verallgemeinern können [...]. Die SchülerInnen verbinden zudem teilweise ihre Vorstellungen von Befähigungen und Schlüsselproblemen argumentativ miteinander« (ebd., 213).

Nun hat Störtländer sich nicht mit Schülerinnen* befasst, welchen ein Förderschwerpunkt im Bereich der geistigen Entwicklung zugeschrieben ist. Dennoch verdeutlicht er den Möglichkeitsraum der Partizipation von Kindern und Jugendlichen als Subjekte im Hinblick auf die Weiterentwicklung kritischer-konstruktiver Didaktik.

Partizipation verkörpert im Bereich von Bildungsforschung erst ein sehr junges Entwicklungsfeld (vgl. Thomas et al. 2020). Dennoch gilt es, partizipative Wege nicht nur als ›Nebenstrecken‹ auszuweisen, sondern zu ›Hauptpfaden‹ der Disziplinentwicklung auf- und auszubauen: Nur die Subjekte selbst können dazu beitragen, ›blinde Flecken‹ in fachwissenschaftlichen und fachdidaktischen Zugängen zu ent-

## 5 Fazit und Perspektiven: Disziplinäre Kernfragen einer Pädagogik der Verbesonderung

larven und nach wie vor bestehende Fehlschlüsse in Theorie und Forschung aufzudecken. So kann das Nachspüren von *Othering-Prozessen* beispielsweise ein zentrales gemeinsames Anliegen zwischen professionellen Außenstehenden und marginalisierungserfahrenen Subjekten sein, welches im Kontext gemeinsamer Forschung auch zu geteilten Diskursrealitäten führen kann. Disziplinfragen können so multiperspektivisch aufgegriffen werden. So kann beispielsweise die Frage nach der kritikwürdigen Rolle der Disziplin der verbesondernden Pädagogik als »*advokatorische Interessensvertretung*« (Bernasconi & Böing 2015, 11; Hervorhebung d. A.) für Menschen mit zugeschriebener geistiger Behinderung bearbeitet werden. Wie wir in der Einführung dieses Buches deutlich gemacht haben, besteht eine berechtigte Forderung von Selbst-/Interessensvertreterinnen* darin, an der (Weiter)Entwicklung fachlicher Grundlagen und der Erkenntnisgewinnung durch Forschung zentral beteiligt zu werden (vgl. Huw Ross in Kapitel Einführung). Wir haben im Bereich der Forschung den Blick auf die Chancen und Herausforderungen einer partizipativen und inklusiven Forschung gelenkt. Diese und weitere Ansätze des gemeinsamen Forschens bekleiden jedoch nach wie vor eher eine randständige Position im Kontext der Sozialforschung und müssten deutlich mehr Gewicht erhalten.

Die Impulse, Erkenntnisse und Fragen aus den Disability Studies und den Mad Studies (vgl. Boger 2020) sollten Anlass dazu sein, die Frage nach dem ›Adressatinnen*bezug‹ neu zu stellen. Musenberg und Riegert (2013) sprechen in diesem Zusammenhang von der Notwendigkeit, den disziplinären »›Gegenstand‹ radikal zu historisieren« (166).

Wie könnte also ein aktuell gültiges ›Mandat‹ der Pädagogik bei zugeschriebener geistiger Behinderung lauten? Musenberg und Riegert (2013) weisen darauf hin, dass es eine Kategorisierung im Sinne einer Identifizierung von Klientinnen* braucht, um nicht Gefahr zu laufen, dass Menschen mit zugewiesener geistiger Behinderung »in Zeiten ›inklusiver Bildungspolitik‹ […] unsichtbar werden« (167). Das wäre ein Plädoyer für eine weiterhin bestehende Notwendigkeit eines »anwaltschaftlichen, stellvertretenden Handelns« (ebd.) für Menschen mit dieser auferlegten Etikettierung. Auch Boger (2020) weist darauf hin, dass Behinderungserfahrungen nicht einfach in die Betrachtung anderer Differenzkategorien eingeordnet werden können und demnach eine (Selbst-)Identifizierung und Spezifizierung der kollektiven wie individuellen Erfahrungen wichtig ist und diese benennbar bleiben müssen. Kernpunkt in Bezug auf die Disziplinentwicklung ist in diesem Kontext, diesen Erfahrungen Raum und Namen zu geben, der Entpersonalisierung entgegenzuwirken und das ›Sprechen über‹ wo immer es möglich ist zu ersetzen durch ein ›Sprechen mit‹.

# Teil II  Professionsentwicklung und Konzepte

Wir möchten in unserem Professionsselbstverständnis explizit auf ein Verständnis der *Pädagogik der Anerkennung* (vgl. Hafeneger, Henkenborg & Scherr 2013) referieren und »soziale Subjektivität« und »gegenseitige Anerkennung« (Scherr 2013, 26) als zentrale Begriffe pädagogischen Handelns (auch) in einer Pädagogik der Verbesonderung verstehen. Pädagogik definiert sich demzufolge als *»Subjekt-Bildung in Anerkennungsverhältnissen«* (ebd.; Hervorhebung i. O.) und gründet u. a. auf den von Prengel schon 1995 formulierten Zielen der *Pädagogik der Vielfalt*: Befähigung zur Selbstachtung und zu gegenseitiger Anerkennung (Prengel 2006). Vor diesem Hintergrund geht es im Kontext einer verbesondernden Pädagogik um eine doppelte Anerkennung: Ein Rückgriff auf das trianguläre Grundverständnis differenter Anerkennungs- und Zuschreibungsfaktoren im Kontext des Etiketts geistige Behinderung (vgl. Kapitel Definitorische Annäherungen) zeigt, dass es nicht nur um eine Anerkennung des Selbst und des Gegenübers geht, sondern im Besonderen auch um eine »Anerkennung von Nicht-Wissen« (vgl. Georgi & Mecheril 2018, 66) und eine damit verbundene *Anerkennung des Nicht-Verstehens des Anderen* (ebd. mit Bezug auf Wulf 1999). Diese Anerkennungsdimension ist keineswegs als Dilemma zu konnotieren, sondern vielmehr als ein Kernmerkmal professionellen pädagogischen Handelns:

> »Nicht-Wissen wird damit zum Kontext, in dem verstehensskeptische Prozesse der Bildung eröffnet werden und stattfinden können. Erst das Ineinandergreifen von Wissen und Nicht-Wissen ergibt einen geeigneten Ausgangs- und Eckpunkt professionellen Handelns unter den allgemeinen Bedingungen von Differenz und Diversität« (Georgi & Mecheril 2018, 66).

Fragt man nach der Rolle einer Pädagogik bei zugeschriebener geistiger Behinderung im Kontext von *Inklusion*, wird immer der Ruf nach *Spezifizierung* laut (▶ Kap. I, 5). Musenberg & Riegert (2013) stellen die berechtigte Frage: »Was aber nun könnten spezifische Aufgabenfelder sein?« Sie nennen hier Bereiche wie »Unterstützte Kommunikation, Basale Förderung und Bildung, Differentielle Didaktik, Diagnostik usw.« (163). Auf ausgewählte derartige spezifische Bereiche möchten wir in diesem zweiten Teil mit Blick auf eine professionalisierte Praxis näher eingehen, aber auch aufzeigen, wo die Pfade einer Spezifik zugunsten einer zentralen Orientierung an der allgemeinen pädagogischen Professionsentwicklung wichtig und ausreichend sind.

Eingangs werden in diesem Buchteil wichtige *pädagogische Leitlinien*, welche die Praxisfeldentwicklung geprägt und das Selbstverständnis der Profession verändert haben, skizziert und reflektiert. Im Weiteren wird der Blick auf Kernfragen einer *Diagnostik* und deren Wirkmacht im Kontext einer professionalisierten Praxis gelegt. Ein mögliches Grundverständnis von *Bildung* soll ebenso akzentuiert und diskutiert werden wie ein professionsprägendes Verständnis von *Förderung, Pflege und Therapie*, da in der interprofessionellen Zusammenführung von Bezugsprofessionen u. a. ein spezifisches Aufgabenfeld der Pädagogik bei zugeschriebener geistiger Behinderung liegt. Hierbei möchten wir einen konstruktiv-kritischen Blick auf das diffizile Verhältnis der Profession zum Bildungsbegriff lenken und auf der Basis professioneller Kooperationsformen nach wichtigen Verbindungslinien von Bildung, Förderung und Pflege suchen.

# 1 Pädagogische Leitkonzepte

Alle Leitideen einer *Pädagogik der Verbesonderung* müssen als *normative Konzepte* verstanden werden, welche als ›*Werkzeuge des Ableismus*‹ fungieren. Wenngleich eine Fähigkeitsorientierung nicht per se negativ sein muss (vgl. Wolbring 2012), sind die im Folgenden zu reflektierenden pädagogischen Leitkonzepte auf einer hegemonialen Diskursfläche entstanden, die ihren Ausgangspunkt von den Setzungen eben gerade nicht marginalisierter Positionen aus nimmt. Es geht daher um eine im Verständnis des Ableism impliziten »unterwerfenden als auch diskriminierenden Aspekte von Fähigkeitsorientierung« (Buchner 2018, 315), die es zu berücksichtigen und zu diskutieren gilt, wenn man sich den pädagogischen Leitideen – insbesondere der Nachkriegszeit – widmet.

## 1.1 Normalisierung

### Historische Entwicklung

Der Begriff der Normalisierung hat sich im Kontext der so genannten Behindertenhilfe für Menschen mit zugeschriebener geistiger Behinderung durch den Dänen Bank-Mikkelsen etabliert und wurde 1959 im dänischen Fürsorgegesetz festgeschrieben[69]. Bank-Mikkelsen bezog sich in seinen Forderungen auf die UN-Menschenrechtskonvention von 1948, die nicht in Einklang zu bringen war mit den als unwürdig empfundenen Lebensverhältnissen, in denen Menschen, die als geistig behindert bezeichnet wurden, lebten (vgl. Thimm 2008a). Durch den Schweden Nirje erfolgte eine erste Darstellung in der Fachliteratur. Dabei entwickelt Nirje Forderungen in acht Bereichen, welche im Sinne eines Leitbildes zu verstehen sind. Nirje fordert:

1. Einen normalen Tagesrhythmus,
2. Trennung von Arbeit, Freizeit und Wohnen,
3. einen normalen Jahresrhythmus,

---

69 Darin bedeutet Normalisierung: »letting the mentally retarded obtain an existence as close to normal as possible«.

4. einen normalen Lebenslauf,
5. die Respektierung von Bedürfnissen,
6. angemessene Kontakte zwischen den Geschlechtern,
7. einen normalen wirtschaftlichen Standard und
8. Standards von Einrichtungen (der sogenannten Behindertenhilfe).

1972 erfahren diese ›Elemente der Normalisierung‹ eine Systematisierung und theoretische Aufbereitung durch Wolfensberger (vgl. Wolfensberger 1972). Hierin betrachtet Wolfensberger Normalisierung als eine Aufgabe für beide Seiten. So geht es auf der einen Seite darum, die Mittel der Förderung und Betreuung von Menschen mit sogenannter geistiger Behinderung entsprechend einer gesellschaftlich üblichen Norm anzupassen, gleichzeitig geht es aber auch darum, das Erscheinungsbild und die Verhaltensweisen des Menschen, der als geistig behindert bezeichnet wird, an eine gesellschaftliche Norm anzunähern, um eine gesellschaftliche Integration zu ermöglichen (vgl. Thimm 2008a; Wolfensberger 2008). Außerdem erweiterte Wolfensberger die Anwendung des Normalisierungsprinzips »auch auf all jene […], die aus anderen Gründen – wie Lebensweise, Nationalität, Rasse, Alter o. ä. – von ihrer Umgebung abgelehnt und abgewertet werden« (Wolfensberger 2008, 172).

In Deutschland wurde die Reformidee erstmals durch Thimm und Ferber verbreitet. Auch die Psychiatrie-Enquete von 1975, in welcher gravierende Missstände in der stationären Unterbringung von Menschen mit sogenannter geistiger Behinderung deutlich wurden, trug dazu bei, dass sich im Sinne der Normalisierungsbestrebungen eine Enthospitalisierungsbewegung entwickelte (vgl. Gröschke 2013). 1992 resümiert Thimm:

> »Normalisierung als sozialpolitische, sozialadministrative und als pädagogische Leitidee scheint in hohem Maße das System der Hilfen für behinderte Kinder, Jugendliche und Erwachsene beeinflusst zu haben. Das gilt insbesondere in Bezug auf Menschen mit geistiger Behinderung« (Thimm 2008b, 210).

Thimm zeichnet vom Normalisierungskonzept ausgehend einen Perspektivenwechsel hin zu Dezentralisierung, Regionalisierung und Ambulantisierung, einer Beteiligung von Adressatinnen\* sowie einer Orientierung an alltagsspezifischen Lebensvollzügen nicht behinderter Menschen (vgl. Thimm 2008b).

Damit waren die Reformbemühungen auf strukturelle und institutionelle Veränderungen der Lebensbedingungen von Menschen mit sogenannter geistiger Behinderung ausgerichtet.

Gröschke erkennt die Bedeutsamkeit des »behindertenpolitischen und -pädagogischen Reformprojekts (an), das sich – misslicherweise – ›Normalisierungsprinzip‹ nennt« (Gröschke 2002b, 175). So ist es unbestreitbar, dass die pragmatischen Forderungen nach einer Dezentralisierung und Deinstitutionalisierung von Unterstützungsleistungen sowie ein »Abbau aller besonderen und absondernden Formen der Behindertenhilfe« (ebd., 175 f.) zu begrüßen und unterstützen sind und waren, ja gleichsam mit den Zielen der Integrationsbewegung konform sind (vgl. ebd.). Gleichzeitig kann jedoch die »ambivalente Semantik von Norm/Normalität/normal« (ebd., 175) nicht unreflektiert bleiben.

## Normalität, Normativität und Normalismus

Link hat in den 1990er Jahren eine Normalismustheorie entwickelt (vgl. Link 2013), die von verschiedenen Autorinnen* rezipiert wird (vgl. Lingenbauer 2008; Schildmann 2019; Gröschke 2002b; Rösner 2002; Plangger & Schönwiese 2010). *Normativität* lässt sich als ein gesellschaftlich verankertes Verständnis von ›richtig‹ oder ›falsch‹ verstehen. *Normalität* hingegen bezeichnet das reale Verhalten der Mitglieder einer Gesellschaft (vgl. Schildmann 2019). So kann in unserer Gesellschaftsordnung von Demokratie als Normativität ausgegangen werden, die gesellschaftliche Normalität hingegen offenbart eine Reihe an demokratiefeindlichen Tendenzen. Ebenso finden sich hierzu eine Vielzahl an Beispielen im Kontext der Inklusionsbemühungen. Die ratifizierte UN-BRK kann als eine solche Normativität verstanden werden, deren Umsetzung in die gesellschaftliche Normalität scheint jedoch in großer Ferne (vgl. Schildmann 2019).

Was jedoch als gesellschaftliches Normativ Gültigkeit besitzt, wird durch gesellschaftlich dominante und machtvolle Institutionen, Organisationen und Politiken bestimmt (▶ Kap. I, 2.4).

Link (2013) beschreibt verschiedene Strategien im Umgang mit Normalität. Das ist auf der einen Seite die *protonormalistische* Strategie, welche starre und enge Normalitätsgrenzen setzt, und auf der anderen Seite die *flexibelnormalistische* Strategie, mit welcher die Grenzen der Normalität flexibel und mit Übergängen gekennzeichnet sind. Beide Strategien verfügen jedoch über Normalitätsgrenzen (vgl. Lingenbauer 2008; Schildmann 2019; Link 2013). Eine andere Strategie bezeichnet Link als *Transnormalismus*, welcher als eine Überwindung von Normalitätsgrenzen und einen Ausweg ›aus der herrschenden Normalität‹ aufgefasst werden kann und damit als möglicherweise zielführend für inklusive Pädagogik gilt (vgl. Schildmann 2019; Lingenauber 2003). Boger macht jedoch an verschiedenen Stellen darauf aufmerksam, dass es scheinbar gar nicht möglich sein kann, Normalität als ein mächtiges Zentrum (vgl. Boger 2019b) aufzulösen, sondern dass die Bestrebungen um sogenannte Normalisierung nur ein Deckmäntelchen für diejenigen sind, die im Zentrum der Macht stehen und bestimmen, was Normalität bedeutet respektive an welcher ›Normalität‹ die Anderen teilhaben dürfen (vgl. Boger 2019a, 2019b). Normalisierung und Macht scheinen unauflöslich miteinander verbunden (vgl. Gröschke 2002b). Auch in Foucaults Schriften wird ersichtlich, welches Machtpotential dem Konzept der Normalisierung innewohnt (vgl. Kelle 2013; Gröschke 2002b).

Schildmann beschreibt das Normalisierungsprinzip als »eine Strategie zur Überwindung des totalen (v. a. institutionellen) Ausschluss behinderter Menschen [...] zugunsten deren flexibler Einbeziehung in das normale (durchschnittliche) Leben der Mehrheitsgesellschaft« (Schildmann 2019, 42.). Damit verortet sie die Normalisierungsbewegung in einem flexibelnormalistischen Verständnis, in welchem Normalitätsgrenzen verschoben und flexibilisiert werden, sie aber weiterhin bestehen bleiben und demzufolge in ein gesellschaftliches Machtgefüge eingebettet sind.

## Kritische Reflexion des Normalisierungsanspruchs vor dem Hintergrund inklusiver Wertvorstellungen

Auch wenn Thimm etwas anderes beschreibt und sich gegen den Begriff der Normierung wendet (vgl. Thimm 2008b), so kann Normalisierung nicht losgelöst von dem Begriff einer Norm oder des Normalen behandelt werden. Franz und Beck (2016) kritisieren gerade diese fehlende normalismustheoretische Auseinandersetzung und »eine tendenziell unhinterfragte Vorstellung ›normaler‹ Lebensbedingungen« (106). Eben diese kritische Auseinandersetzung spielt eine große Rolle in der fachlichen Diskussion und Bewertung des Normalisierungsansatzes.

Boger (2019a) beschreibt die eigentliche Paradoxie von Normalisierung in der Form, dass diese lediglich zu einer Integration der »normalisierten Anderen« führt und die ›Nichtnormalisierbaren‹ weiterhin ausgeschlossen, ja vielmehr noch deutlicher exkludiert werden. Zugespitzt formuliert sie:

> »Wer gegen die Diskriminierung der normalisierten Anderen* kämpft und sich darauf konzentriert, diese als illegitim darzustellen, trägt zur Legitimation der Diskriminierung der nicht-normalisierten Anderen* bei. Das ist das stärkste Gegenteil von Solidarität. Es ist mitunter eine offene Erklärung zur Entsolidarisierung« (ebd., 68).

Aus dieser Exklusionsgefahr erwächst ein Anpassungsdruck, um an der allgemeinen/ normalen Gesellschaft teilzuhaben. Diese Kritik weist Thimm als »wiederkehrende Missverständnisse« zurück. Da es ihm zufolge nicht um eine Normierung, sondern um die Ermöglichung einer möglichst normalen gesellschaftlichen Teilhabe – ein »Leben so normal wie möglich« (Thimm 2008b, 8) geht. Boger hingegen argumentiert, dass das Teilhaben an etwas immer auch mit einer Inkaufnahme der entsprechenden Teilhabebedingung einhergeht (vgl. Boger 2019b).

Ferdani (2012) beschreibt hier ganz passend, dass aus diesem Recht auf ein Mehr an scheinbarer Normalität und damit verbundener Freiheit die Pflicht erwachsen kann, eigenverantwortlich zu handeln. Eben diese Pflicht kann dann wiederum das menschliche Grundbedürfnis nach Schutz und Halt auslösen (vgl. Ferdani 2012).

Die Kritik an einer fehlenden reflektierten Auseinandersetzung mit zugrundegelegten Normalitäten im Normalisierungskonzept ist gerechtfertigt und trägt aktuell auch dazu bei, Bemühungen um inklusionsorientiertes Handeln zu reflektieren. Denn es bleibt zu hinterfragen, wie realistisch eine Auflösung von Normalitätgrenzen im Sinne eines Transnormalismus tatsächlich ist (vgl. Möller-Dreischer 2019; Boger 2019b) oder ob es nicht vielmehr eine fortwährende Aufgabe ist, flexibelnormalistische Grenzen kritisch zu hinterfragen und anzupassen. Trotz all dieser berechtigten Kritik bleibt anzuerkennen, dass die Normalisierungsbewegung, wie sie Thimm u. a. in Deutschland eingeführt und verbreitet haben, eine große Strahl- und Wirkkraft in der Praxis der so genannten Behindertenhilfe hatte und hat. Unter Berücksichtigung der oben genannten Reflektionsanregungen kann die Normalisierungsbewegung als »eine Aufforderung an die Gesellschaft [verstanden werden], bestehende Strukturen, Normen und Leistungsanforderungen auf ihre Angemessenheit für alle ihre Mitglieder, d. h. auch für die behinderten Menschen zu überprüfen und zu verändern« (Klauß 2019, 45).

## 1.2 Selbstbestimmung und Empowerment

Selbstbestimmung und Empowerment zählen zu den Leitprinzipien der Arbeit im Kontext von Behinderung und werden oft in einem Atemzug genannt. Dabei geht der Empowermentgedanke weit über den Aspekt der Selbstbestimmung hinaus, und beide unterscheiden sich sowohl in ihrer historischen Entstehung als auch in ihrer semantischen Bedeutung voneinander. Das Verständnis von Selbstbestimmung speist sich »aus der Beschreibung von Abhängigkeiten und Formen der Fremdbestimmung« (Fornefeld 2009, 183) und geht auf die in den 1960 und 1970er Jahren erstarkende Independent-Living-Bewegung aus den USA und Großbritannien zurück, aus der sich seit Anfang der 1980er Jahre die sogenannte Selbstbestimmt-Leben-Bewegung in der BRD entwickelte. Der Kampf der Selbstvertreterinnen* richtet sich vor allem gegen die Praxen institutioneller Unterbringung, für selbstorganisierte Persönliche Assistenz und für die Durchsetzung von Bürgerinnen*rechten für Menschen mit Behinderungserfahrung (vgl. Waldschmidt 2003). Doch blieben Menschen mit zugeschriebener geistiger Behinderung in der Rolle als Aktivistinnen* und somit auch in der Formulierung der Ziele und Forderungen zunächst wenig berücksichtigt. Erst in den 1990er Jahren gab es einzelne aktive Selbstvertreterinnen*, die sich in kleineren, meist lokalen Gruppen zusammenschlossen. 1994 organisierte dann die Bundesvereinigung Lebenshilfe den bundesweiten Kongress ›Ich weiß doch selbst, was ich will! Menschen mit geistiger Behinderung auf dem Weg zu mehr Selbstbestimmung‹ und ebnete dadurch den Weg für die Gründung des Netzwerks People First Deutschland e. V. 2001 in Kassel (vgl. Hauser 2020). Waldschmidt (2003) stellt die Frage, warum Selbstbestimmung jenen Menschen mit Behinderungserfahrung und speziell Menschen mit zugeschriebener geistiger Behinderung eher verwehrt wird als Menschen ohne Behinderung. Dafür geht sie auf die philosophischen Grundlagen des Selbstbestimmungsbegriffs nach Kant zurück und konstatiert,

> »Selbstbestimmung [...] wird von Kant definiert als das Vermögen, das eigene Handeln unabhängig von Bedürfnissen, Emotionen und Motivationen, kurz, unabhängig von der ›Sinnenwelt‹ auszurichten. Die praktische Vernunft zeichnet den Menschen allgemein aus und macht ihn zu einem rational handelnden Subjekt« (Waldschmidt 2003, o.S.).

Menschen mit zugeschriebener geistiger Behinderung wurde ebenso wie Menschen mit psychischen Erkrankungen der Subjektstatus abgesprochen, da sie als nicht vernünftig galten und man ihnen unterstellte, nicht rational handlungsfähig zu sein (vgl. Fornefeld 2009). Diese Perspektive trug sich als ›philosophisches Erbe‹ durch die Geschichte und hatte und hat weitreichende Konsequenzen für die Anerkennung von Menschen mit zugeschriebener geistiger Behinderung als Subjekte (vgl. Kapitel Definitorische Annäherungen) sowie eine Anerkennung ihrer Fähigkeit zur Selbstbestimmung und Autonomie als aktive Mitgestalterinnen* der Gesellschaft (vgl. Schuppener 2016a). Neben Akten der Fremdbestimmung, die für den Personenkreis lange Zeit in allen Lebensbereichen als Normalität galten, wirkte sich die Infragestellung der rationalen Denk- und Handlungsfähigkeit beispielsweise auch auf die Ausgestaltung der Pädagogik im Kontext zugeschriebener geistiger Behinderung aus. So standen bis zu den 1980er Jahren vordergründig Betreuung, Versorgung und Erziehung im Fokus pädagogischer Bemühungen (vgl. Fornefeld 2009; Klauß 2005; Waldschmidt 2003).

In Orientierung an die internationalen Bewegungen verankerte sich die Forderung nach einem selbstbestimmten Leben tief im Selbstverständnis der Behindertenbewegung in Deutschland und nahm von dort aus auch Einfluss auf pädagogische Diskurse. Grundlegend geht es aus der pädagogischen Perspektive darum, »den Menschen mit Behinderung nicht länger zum Objekt pädagogischer Bemühungen zu machen, sondern ihn als Subjekt seiner eigenen Entwicklung zu erkennen« (Fornefeld 2009, 185). Damit setzt sich in der Betrachtung des Lebens von Menschen mit Behinderung das durch, was Waldschmidt (2012) als konstitutives Merkmal eines jeden Menschen in modernen Gesellschaftsformen beschreibt: Die individuelle Freiheit und Unabhängigkeit zur Führung eines autonomen und selbstbestimmten Lebens. Der Selbstbestimmungsgedanke ist demnach stark individualistisch geprägt und wird »als Selbstbezug interpretiert, mit dem Recht auf Wissen verknüpft und als Selbstherrschaft aufgefasst« (Waldschmidt 2012, 20). In dieser Bezugnahme auf individuelle Freiheit, Autonomie und Selbstbestimmung liegt zum einen die Gefahr der Vereinnahmung des Selbstbestimmungsbegriffs als neoliberale Anrufung, worauf im weiteren Verlauf noch Bezug genommen wird. Gleichsam liegt darin eines der wesentlichen Unterscheidungsmerkmale zur Idee des Empowerments. Denn Empowerment beschränkt sich nicht auf die Ebene des Individuellen, sondern forciert eine politische Dimension, die im Verständnis von Selbstbestimmung nicht beziehungsweise nicht explizit auftaucht.

Die historischen Wurzeln des Empowermentgedankens sind mehrdimensional und gehen beispielsweise auf die Bürgerrechtsbewegung der schwarzamerikanischen Bevölkerung der 1960er Jahre in den USA zurück (vgl. Theunissen 2013, 2009). Aber auch die feministischen Bewegungen der 1960er und 1970er Jahre werden als Wurzel genannt und gelten »als eine der ersten Bewegungen, [die, d. A.] den Begriff Empowerment weitläufig genutzt haben« (Glaser 2015, 38). Trescher und Börner (2019) beschreiben, dass die Verwendung des Empowermentbegriffs in pädagogischen Kontexten auf der Civil Rights and Black Power Movement zurück geht, »deren VertreterInnen sich mittels selbstorganisierter, kollektiver Aktionen gegen gesellschaftliche Benachteiligung und für soziale Gerechtigkeit und politische Teilhabe einsetzten« (Trescher & Börner 2019, 141).

Der Begriff Empowerment bedeutet Selbstbemächtigung, Selbstermächtigung und Selbstbefähigung und basiert auf der Grundidee, dass als marginalisiert geltende Personen und Personengruppen sich ihrer eigenen Fähigkeiten und Stärken (wieder) bewusst werden, Vertrauen in die eigenen Ressourcen entwickeln und ihr eigenes Leben in die Hand nehmen.

> »Empowerment beschreibt mutmachende Prozesse der Selbstbemächtigung, in denen Menschen in Situationen des Mangels, der Benachteiligung oder der gesellschaftliche Ausgrenzung beginnen, ihre Angelegenheiten selbst in die Hand zu nehmen, in denen sie sich ihrer Fähigkeiten bewusst werden, eigene Kräfte entwickeln und ihre individuellen und kollektiven Ressourcen zu einer selbstbestimmten Lebensführung nutzen lernen« (Herriger 2014, 20).

Bei Herriger (2014) wird eine Konzentration auf »das Individuum und dessen Selbstkonzeption« (Mohensi 2018, 142) deutlich, die vielfach insbesondere in pädagogischer Fachliteratur hervorgehoben wird. Doch kann Empowerment nicht als rein individuelle, sondern als kollektive Idee und Entwicklung verstanden werden, die politische Ziele verfolgt und gesellschaftliche Veränderung im Sinne demokratisierender Prozesse anstoßen möchte. Daher weist beispielsweise Jantzen (2017) darauf hin, Empowerment nicht ausschließlich als pädagogische Leitidee zu begreifen, da dies die hochdynamischen ökonomischen, politischen und sozialen Zusammenhänge von Machtverhältnissen, Unterdrückungsstrukturen und damit verbundenen Ohnmachtpositionen verschleiern würde: »Wer über Empowerment redet, darf nicht über Exklusion, über Macht (Power), Herrschaft und Gewalt schweigen« (Jantzen 2017, 66). Damit ist eine grundlegende Kritik an den hegemonialen Verhältnissen verbunden, die zwingend notwendig ist, um nicht in die von Bröckling (2004) proklamierte »Empowermentfalle« zu geraten. Er beschreibt Empowerment als nie endenden Prozess, sollten nicht Machtverhältnisse grundlegend in Frage gestellt werden und eine Umverteilung von Macht erfolgen, bei der auch diejenigen Macht abgeben, die bisher über sehr viel verfügen. Darauf bezogen ist Empowerment also auch ein (selbst)reflexiver Prozess, der alle Beteiligten herausfordert, ihre Privilegien, ihre Vorstellungen und ihr Handeln zu überdenken (vgl. Bröckling 2004). Damit ist auch das Hinterfragen der Rolle professioneller Unterstützerinnen* gemeint, die gerade im Kontext von Behinderung im Zuge von Empowermentprozessen oftmals eine wichtige Rolle einnehmen und sich auf dem schmalen Grat zwischen Unterstützung und Instrumentalisierung bewegen. Bröckling (2003) spricht in diesem Zusammenhang von »Bemächtigungsspezialisten« (Bröckling 2003, 330), die mit normativen Vorstellungen eines vermeintlich natürlichen Begehrens auf ihre Adressatinnen* zugehen, ihnen eine Empowermentbedürftigkeit attestieren (vgl. Trescher & Börner 2019) und Maßnahmen entwerfen, die zur Umsetzung dieses Begehrens geeignet scheinen: »Um sie aus ihrer Lethargie zu erwecken, bedarf es allerdings Expertengruppen, die sie als Zielgruppe bemächtigender Programme identifizieren, sozialwissenschaftlich durchleuchten, pädagogisch anleiten und psychologisch unterstützen« (Bröckling 2004, 59). Jedoch kann Empowerment kaum von außen verordnet werden. Vielmehr sollte es auch im Rahmen pädagogischer Bemühungen darum gehen, die Wünsche, Bedürfnisse und Ressourcen der Zielgruppe(n) und Individuen zu erheben, um ein Self-Empowerment möglich zu machen und dort zu unterstützen, wo es gefragt und gewünscht ist (Jantzen 2017). Theunissen (2009) führt hier als wegweisend die am sogenannten ›strengths-model‹ orientierte Stärken-Perspektive an. Ausgangspunkt der Stärken-Perspektive ist die Erschließung individueller und sozialer Stärken, auf deren Basis ein positives Selbstbild und Selbstvertrauen reifen kann und die dann in der individuellen wie kollektiven Selbstorganisation, der Selbsthilfe und Selbstvertretung und in »haltgebenden sozialen Netzwerken […] als wertvolle soziale Ressource« (Theunissen 2009, 68) münden können (vgl. ebd.). Insbesondere für Menschen mit zugeschriebener geistiger Behinderung kommt dieser Perspektive und damit zusammenhängend der Anregung von Empowermentprozessen mit all ihren Fallstricken der Vereinnahmung und Instrumentalisierung eine besondere Relevanz zu. Menschen dieser Personengruppe gelten gemeinhin in vielen Fällen als vulnerabel und sind in ihrer alltäglichen Lebensführung einem essentiell höheren Maß an Fremdbestimmung ausgesetzt (vgl. Kremsner 2017). Unter anderem, da sie lange

Zeit »nur im Lichte von Defiziten, Mängeln, Schwächen oder Inkompetenz wahrgenommen, betreut und behandelt, häufig in klinisch geprägten Anstalten oder Pflegeeinrichtungen untergebracht [wurden, d. A.]« (Aßmann et al. 2018, 112). Im Zuge des Normalisierungsdiskurses (▶ Kap. II, 1.1) und den Auseinandersetzungen um Teilhabe, Integration und Inklusion (▶ Kap. I, 1.5; Kap. II, 1.4, 1.6) wird heute zumindest fachlich sogenannte Geistige Behinderung nicht mehr als Krankheit und Leiden, sondern »als normale Variante menschlichen Daseins« (Aßmann et al. 2018, 112) verhandelt und dementsprechend in die fachlichen Diskurse um Selbstbestimmung und Empowerment eingebettet. Dennoch besteht gerade im Kontext zugeschriebener geistiger Behinderung aufgrund der historischen, kulturellen und gesellschaftlichen Entwicklungen der Perspektiven auf den Personenkreis die Gefahr, dass sich die Dynamiken des ›Sprechens über Andere‹ weiter vollziehen und sich auf die praktische Umsetzung von Empowermentinitiativen auswirken und unter Umständen Machtungleichheiten stabilisieren. Daher sollten Empowermentprozesse nicht ausschließlich »harmonische Prozesse der Befähigung« (Mohensi 2018, 142) sein, dafür aber konflikthafte Prozesse der Umverteilung von Macht, »in dessen Verlauf die Menschen aus der Machtunterlegenheit heraustreten und sich ein Mehr an Macht, Verfügungskraft und Entscheidungsvermögen aneignen« (Mohensi 2018, 142 f.).

Die Fokussierung auf die politische Ebene von Empowerment und die kritische Betrachtung von Macht- und Ungleichheitsverhältnissen ist auch eklatant wichtig, wenn es um die Gefahren der Vereinnahmung des Empowermentgedankens für ökonomische und neoliberale Interessen geht. Im Sinne einer Selbstoptimierung spielen hier vor allem die Individualisierungstendenzen eine Rolle, die sich darin zeigen, allein die Individuen zur Gestaltung ihrer Lebens- und Erfahrungsräume in die Verantwortung zu nehmen und zu selbstverantwortlichen Gestalterinnen* ihrer Lebenszufriedenheit zu erklären. Die Konfrontation und der Umgang mit Herausforderungen und Schwierigkeiten in der Umsetzung der eigenen Wünsche und Bedürfnisse werden so zum individuellen Problem und das Nicht-Gelingen zum eigenverantworteten Scheitern. Die gesellschaftlichen und politischen Dimensionen dieser Prozesse mit ihren darin enthaltenen Zuständen, Widersprüchen und Verantwortlichkeiten bleiben unberücksichtigt (vgl. Mohensi 2018; Bröckling 2007).

## 1.3 Exkurs: Assistenz(verhältnisse)

Assistenzleistungen gelten als wichtiges Mittel zur Umsetzung von Selbstbestimmung. So wurde das Konzept der Persönlichen Assistenz »von Menschen mit Behinderung entwickelt, um sich von den Institutionen der traditionellen Fürsorge zu emanzipieren, aber auch von der Abhängigkeit von Angehörigen und Fachleuten« (Zander 2007, S. 47). Art und Umfang der Assistenz wird zum einen von den Bedarfen und Wünschen der Assistenznehmerin* bestimmt, ist aber – je nach Finanzierung – auch von der Zustimmung der sogenannten Leistungsträger abhängig. In vielen Fällen wird die Assistenzleistung durch das trägerübergreifende Persönliche Budget finanziert (▶ Kap. III, 4.3). Die Assistenznehmerin\* kann dadurch im Sinne des sogenannten Arbeitgebermodells als Arbeitgeberin\* fungieren, indem sie die Einstellung der Assistenzkraft sowie die Organisation und Leitung inklusive aller Absprachen selbst vornimmt. Sie hat dadurch die Möglichkeit, die Assistenzkraft, mit der sie unter Umständen viel Zeit verbringt, frei zu wählen – was insbesondere mit Blick auf das notwendige Vertrauensverhältnis Vorteile bergen kann. Es besteht aber auch die Möglichkeit, die Assistenzleistung über ein entsprechendes Dienstleistungsunternehmen zu empfangen, wobei den ambulant agierenden Unternehmen die Organisation und Leitung obliegt ebenso wie die Schulung der Assistenzkräfte (vgl. Zander 2007). »AssistentInnen sind qualifizierte Kräfte, die z. T. komplexe und schwierige Aufgaben bewältigen. Ihre Ausbildung übernehmen die Dienste und die AssistenznehmerInnen während der Arbeit« (Zander 2010, o. S.). Das heißt, die Ausbildungsinhalte können nicht allein durch institutionelle Schulungen abgedeckt werden, sondern stehen immer in Verbindung mit den konkreten persönlichen Bedarfen der Assistenznehmerin\* und mit den Aufgaben, die dementsprechend durch die Assistenzkräfte übernommen werden. Zugleich betreffen die Aufgabenfelder in vielen Fällen die Intimsphäre der Assistenznehmerinnen\*, deren Wahrung und Schutz eine große Rolle spielt und die dafür notwendigen Maßnahmen subjektorientiert eingeschätzt werden müssen. In diesem Sinne ist professionelles Handeln von Assistenzkräften immer auch eine Frage von Haltungen und Einstellungen. Zander spricht davon, dass Assistenzkräfte ihre Funktion als karitativ und pädagogisch verstehen könnten, was direkte Auswirkungen auf die Arbeit im Assistenzverhältnis hat. Eine bevormundende und »veraltete Form der Professionalität« (Zander 2007, 48) wird von den Assistenznehmerinnen\* als problematisch empfunden: »Assistenz hat nichts mit dem klassischen, bevormundenden Prinzip von *Betreuung* zu tun, sondern mit Unterstützung einer selbstbestimmten Lebensführung. Assistenz ersetzt unsere Arme und Beine« (Ratzka 1988 in Hirschberg 2017, 226, Hervorhebung i. O.). »Ob Selbstbestimmung praktiziert werden kann, hängt [also, d. A.] nicht nur von Verfügbarkeit und Art der Hilfen ab« (Zander 2007, 42), sondern vom grundlegenden Verständnis, das diesen Assistenz- und Unterstützungsangeboten[70] zugrunde liegt. Es geht um eine Machtumkehr, in der sich das professionelle Handeln der Assistenzkräfte an den Konzepten der Selbstbestimmt-Leben-Bewegung orientiert. Diesen folgend geht es um die Umsetzung gleicher Chancen und Rechte zur gesellschaftlichen Teilhabe und Teilnahme, um »die Kontrolle über Dienstleistungen, die Emanzipation von konkreten Zwängen und die

---

70 Hirschberg (2017) weist unter Bezugnahme auf den Personenkreis Menschen mit zugeschriebener geistiger Behinderung auf die Unterscheidung zwischen Assistenzleistung und Unterstützungsleistung hin. Eine Assistenzleistung kennzeichnet sich durch von der Assistenznehmerin\* klar definierte *Tätigkeiten*, während eine Unterstützungsleistung darüber hinaus auch darin bestehen kann, die Assistenznehmerin\* bei der Wahrnehmung und Artikulation der eigenen Bedürfnisse zu unterstützen: »Die Unterstützungstätigkeit ist weniger darauf fokussiert, Tätigkeiten auszuführen, sondern auch mitzudenken – jedoch immer in der unterstützenden und nicht bevormundenden Funktion« (Hirschberg 2017, 229).

Beseitigung von diese Zwänge ausübenden Institutionen, [um den, d. A.] Zugang zu Ressourcen [...] sowie Möglichkeiten, Selbstbestimmung und Emanzipation im Sinne eines Bewusstseinsbildungsprozesses zu lernen« (Hirschberg 2017, 227). Die Orientierung an diesen Zielen verlangt von den Assistenzkräften eine durch Respekt und Anerkennung geprägte Haltung, die sich klar von paternalistischen, pädagogischen oder karitativen Gedanken verabschiedet und die Autonomie der Assistenznehmerinnen* und ihr Recht auf Selbstbestimmung in den Fokus rückt.

Die Umsetzung eines so verstandenen Assistenzverhältnisses ist dabei mit verschiedenen Hürden konfrontiert, wie der Diskurs um die Ausstellung und Plakatkampagne *Jenseits des Helfersyndroms* 2010 exemplarisch zeigt. Die Kampagne gilt als Nachfolgeaktion des sogenannten *Scheißstreiks* 2009, in welchem Assistenzkräfte vor allem auf ihre Arbeitsbedingungen, niedrige Löhne, mangelnde Ausbildung und Begleitung sowie fehlende gesellschaftliche Anerkennung aufmerksam machten und mit entsprechenden Forderungen zur Änderung dieser Verhältnisse an die Öffentlichkeit gingen. Die Kritik gilt dabei nicht den Zielen der Aktionen, sondern deren Umsetzung. Im *Scheißstreik* wurden Kotröhrchen befüllt und an diejenigen Personen oder Organisationen geschickt, die für die schlechten Arbeitsbedingungen verantwortlich sind bzw. verantwortlich scheinen – wen das betrifft und wer »eine Sendung erhalten sollte, konnte jedeR Streikende selbst entscheiden« (Nowak 2009, o. S.). Im Zuge der Ausstellung und Plakatkampagne *Jenseits des Helfersyndroms* werden Bilder hergestellt und reproduziert, die Einblicke in den Arbeitsalltag der Assistenzkräfte geben sollen:

> »Zu sehen sind hier Bettlaken mit Kackflecken, Menschen mit Schutzkleidung und Hygienemasken, die einen Leitfaden zum Umgang mit multiresistenten Bakterien in der Hand halten. Ein anderes Bild stellt das Pflegetagebuch eines Assistenzteams dar. Das verstörendste Bild zeigt den Unterkörper eines Rollstuhlfahrers, dessen Arm schlaff herunterhängt. Auf dem Boden liegt eine leere Wodkaflasche, im Hintergrund geht eine andere Person aus dem Zimmer« (Zander 2010, o. S.).

Von Menschen mit Behinderungs- und Assistenzerfahrung wurden die Bilder, die durch beide Aktionen transportiert wurden, als entwertend und stereotypisierend abgelehnt und als Akt symbolischer Gewalt markiert. Im *Scheißstreik* wurden die Exkremente von Personen, »die ohnehin beständig um die Wahrung ihrer Intimsphäre kämpfen müssen, [...] in den Mittelpunkt eines öffentlichen Diskurses gestellt« (Zander 2010, o. S.). Zu der daran angelehnten Ausstellung und Plakatkampagne äußert sich koma-b, eine* Autorin* des Arbeitskreises mit ohne Behinderung *ak-moB*:

> »Wir finden die in der Ausstellung nahegelegte pauschale Unterstellung beleidigend, einen Animateur nötig zu haben oder jemanden, der unser Leben für uns auf die Kette kriegt. Uns nervt die Opferhaltung, die die Ausstellung zum Ausdruck bringt: ›Die‹ Behinderten ›versklaven‹ ihre Assistent_innen für einen Hungerlohn, und infizieren sie mit multiresistenten Keimen. Da zeigt sich uns das alte gesellschaftliche Bild, das Nichtbehinderte als Retter_innen der Behinderten zeigt, die sich ihrer Rettung wiederum als unwürdig und undankbar erweisen« (ak moB 2010, o. S.).

Die Aktionen geben zusammenfassend nicht nur Einblicke in die (zurecht kritisierten) ökonomischen Bedingungen von Assistenzverhältnissen und die Arbeitsbedingungen der Assistenzkräfte, sondern geben auch Hinweise auf einen defizitären Blick auf Menschen mit Behinderung und auf ein Rollenverständnis, das wenig an die eigentlichen Ziele persönlicher Assistenz, wie »die Sicherung der Selbstbestimmung« (Straub 2019, 20), erinnert. Die Interessen der Beteiligten stehen sich scheinbar diametral gegenüber und Solidarität, welche u. E. ein wesentliches Grundprinzip für ein gutes und gelingendes Assistenzverhältnis darstellt, bleibt auf der Strecke.

Assistenz braucht Solidarität, gegenseitige Wertschätzung und Achtsamkeit und ist auf Seiten der Assistenzkräfte an Fähigkeiten geknüpft, die keineswegs selbstverständlich sind. Das Ausbalancieren von Nähe und Distanz, die Bearbeitung von Konflikten, aber vor allem im Sinne der Interessensvertretung die eigenen Ansichten zurückzustellen, kann zu einer großen persönlichen Herausforderung werden. Doch nur »das eigene zurücknehmen [sic] und Raum geben für das Unbekannte, für das Unsichere führt dazu, dass sich Selbstbestimmung und Selbstverantwortung entfalten können« (Schiefer 2010, o. S.).

## 1.4 Partizipation und Teilhabe

Als »modernes Zauberwort« beschreibt Neumann (2011, 2) die aktuelle Verwendung des Begriffs Partizipation in allen Bereichen gesellschaftlichen Lebens. Nicht zuletzt durch die UN-BRK, die »full and effective participation« (UN-BRK 2006, Art. 1) ins Zentrum ihrer Forderungen rückt, werden vielfach auf struktureller und organisatorischer Ebene Veränderungen angeregt, die Partizipation in allen Gesellschaftsbereichen zum Ziel haben. In der deutschsprachigen Übersetzung der UN-BRK wird *participation* mit dem Terminus Teilhabe übersetzt und darüber hinaus wird in praktischen wie theoretischen Diskursen Partizipation oft mit diesem Begriff gleichgesetzt. Daher soll mit einer Aufschlüsselung verschiedener Implikationen und Lesarten der Begriffe begonnen werden.

Teilhabe kann als eine von vielen Partizipationsintensitäten (vgl. Nieß 2016) gelesen werden, geht über das eher konsumierende Teil-Nehmen hinaus und meint ein aktives und gestaltendes Teil-Haben im Sinne einer Entscheidungsteilhabe (vgl. Heiden 2014). Bartelheimer (2007) nennt fünf Anforderungen, die der Teilhabebegriff implizieren sollte:

1. Teilhabe ist historisch relativ und damit abhängig von den jeweiligen gesellschaftlichen Zuständen und Möglichkeiten.
2. Teilhabe ist mehrdimensional und ergibt sich aus dem Zusammenspiel verschiedener Teilhabeformen, beispielsweise im Rahmen der Erwerbsarbeit, der Familie oder des Sozialstaats.
3. Teilhabe ist nicht einfach in die binären Kategorien »hat teil« »hat nicht teil« einzuteilen, sondern unterliegt ausgehend von einer »teilhabenden Mitte« verschiedenen Abstufungen der Gefährdung von Teilhabe.
4. Teilhabe ist ein dynamischer Prozess, der sich im Laufe eines Lebens verändern kann.

5. Teilhabe ist aktiv und ihre Ausprägungen sind von den Handlungen der Subjekte abhängig (Bartelsheimer 2007, 8).

Durch diese Anforderungen zeigt sich eine kritische Betrachtung des Teilhabebegriffs, die gleichsam dessen Weite, Relativität und Dynamik kennzeichnet. Bärmig (2015a) plädiert dafür, statt des Begriffs Teilhabe den der Partizipation zu fokussieren. Partizipation, so die Argumentation, umschließt die Begriffe Teilhabe, Teilnahme und Teilgabe und vermag es, diese in ihrer Bedeutung vertieft aufzuschlüsseln und auf der Basis von Gerechtigkeitstheorien zu interpretieren (vgl. ebd.). Insbesondere der Moment der aktiven Teilgabe wird im Diskurs oft vernachlässigt, obwohl ihm eine zentrale Bedeutung bei der Verknüpfung von Partizipation mit der Forderung nach inklusiven Gesellschaftsstrukturen zukommt:

> »Teilgabe meint, dass jedes Mitglied einer Gesellschaft seinen Beitrag zur Gestaltung des gesellschaftlichen Miteinanders in allen Fragen, die sein Leben betreffen, leisten kann. Teilnahme ist dagegen der Anspruch, bei der Verteilung des sogenannten großen Kuchens seinen Teil abzukriegen« (Gronemeyer 2009, 79).

In dieser Lesart greift auch der Begriff Teilhabe zu kurz, da er Platz für eben jene Ungleichverhältnisse lässt, die durch gesellschaftliche Partizipation eigentlich verhindert werden sollen. Im Sinne eines ›Teilhaben-Lassens‹ besteht die Gefahr, dass diejenigen Personen und Personengruppen, die über viel Macht verfügen, darüber bestimmen, wer, wann und wieviel teilhaben darf. In diesem Zusammenhang spielt der Blick auf die *Selbstorganisation* oder *Selbstkontrolle* als oberste Stufe bekannter Leiter- oder Stufenmodelle der Partizipation eine wesentliche Rolle (vgl. Wright, Block & von Unger 2007; Hart 1992; Arnstein 1969). Bärmig (2015a) bezieht sich beispielsweise auf die »ladder of participation« nach Arnstein (1969), die durch Schnurr (2011) auch für die Soziale Arbeit aufgegriffen wurde:

Arnstein (1969) verknüpft in seinen Ausführungen Partizipation mit Aspekten von Macht, die diejenigen, die bisher nicht partizipiert haben, dazu befähigt, sich zukünftig bewusst an Entscheidungsprozessen zu beteiligen. Wobei »überall, wo Entscheidungen getroffen werden, [...] Partizipation stattfinden [kann, d. A.]« (Schnurr 2011, 1069). In seinem Leitermodell kennzeichnet Arnstein (1969) insgesamt 8 Stufen der Partizipation beziehungsweise der Nicht-Partizipation. Anhand des Modells wird deutlich, dass die Machtumkehr und gerechte Machtverteilung im Sinne echter Partizipation erst auf den Stufen 6 bis 8 realisiert wird. Mit der partnerschaftlichen Zusammenarbeit auf Augenhöhe (6), der Ermächtigung der sogenannten »have-nots« (7) und der Kontrollübernahme in Entscheidungsprozessen (8) wird Partizipation als aktiver und selbstgesteuerter Prozess durch diejenigen, die bisher über wenig Entscheidungsmacht verfügten, möglich. Arnstein (1969) betont, dass innerhalb dieser Prozesse die Rollen der Beteiligten nicht immer eindeutig und starr verteilt sind und ebenso ihre individuellen Positionen sehr divers sein können: »Neither the have-nots nor the powerholders are homogeneous blocs« (Arnstein 1969, 217). Es wird deutlich, dass Selbstbemächtigung und Selbstermächtigung im Sinne der Empowermentidee auf das Engste mit der Forderung nach Partizipation verknüpft sind und im Grunde ihre erstrebenswerte Basis bilden. Dabei muss jedoch auch hier auf die Tendenzen neoliberaler Vereinnahmung verwiesen werden, die sich

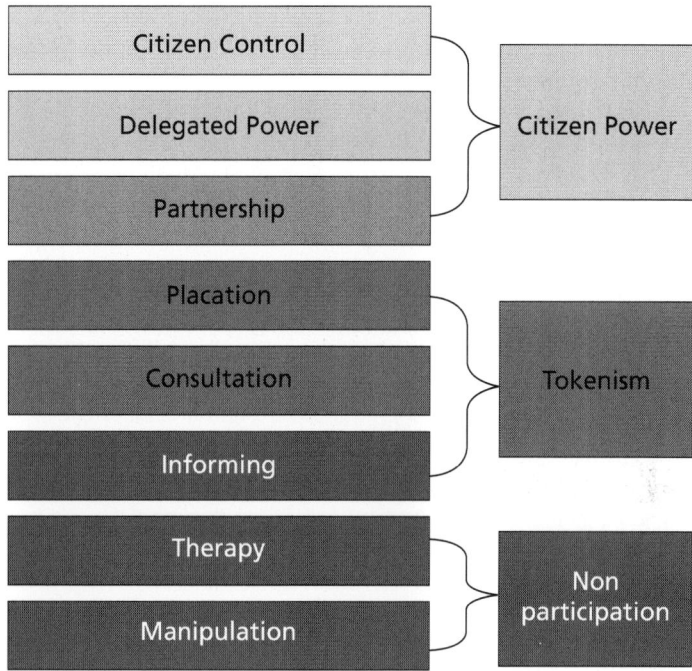

**Abb. 5:** Ladder of participation (Arnstein 1969, 217)

vor allem darin wiederspiegeln, die »have-nots« als Verantwortliche zur Umsetzung und Ausübung von Partizipation zu sehen: »Während der Solidaritätsgedanke in den Hintergrund rückt, wird an die Selbstverantwortung der Exkludierten appelliert« (Hobi & Pomey 2013, 122).

Nieß (2016) übt Kritik an der normativen Setzung der »Ermächtigung der Bürger_innen [...] als übergeordnetes Ziel« (Nieß 2016, 83). Sie merkt an, dass dieses Ziel im Verhältnis zum Handeln der beteiligten Akteurinnen* und den eingesetzten Mitteln stehe und hierdurch eine komplexe, mehrdimensionale und prozesshafte Dynamik entstehe, die durch Stufenmodelle nicht abgebildet werden könne: »Partizipation kann in zahlreichen Formen auftreten, die sich auch ergänzen und zusammenwirken können, und ist somit häufig mehrdimensional« (Nieß 2016, 84). Eher wäre es mit der Verwendung von Stufenmodellen möglich, einzelne Entscheidungssituationen und -verfahren und die darin handelnden Akteurinnen* zu analysieren und Machtungleichverhältnisse aufzudecken.

Die Bedeutung von Partizipation schlüsselt Schnurr (2011) für drei Ebenen auf: Demokratietheoretisch, dienstleistungstheoretisch und bildungstheoretisch – wobei sich alle Ebenen wesentlich aufeinander beziehen und verbinden. Die demokratietheoretischen Überlegungen basieren auf dem Gedanken, dass Partizipation zwar als konstitutives Merkmal »demokratischer Gesellschafts-, Staats- und Herrschaftsformen« (ebd., 1069) gilt, ihre Reichweite und Funktion innerhalb gesellschaftlicher Strukturierung jedoch durchaus strittig diskutiert wird. Dienstleistungstheoretisch wird Partizipation einerseits aus der Perspektive der gesellschaftlichen Funktion von Dienstleistungen sowie andererseits mit Blick auf die konkreten Interaktionsebenen zwischen Dienstleistungsproduzentin* und -konsumentin* gedacht. Aus der Perspektive der Bildungstheorie kommt vor allem der Vermittlung von partizipativen Kompetenzen und Fähigkeiten in Bildungsprozessen Bedeutung zu. Im Sinne einer ›Erziehung zur Mündigkeit‹ wird davon ausgegangen, dass Partizipation gelernt werden muss und dieser Lernprozess über den Erwerb von entsprechenden Kompetenzen angeregt wird (vgl. ebd.).

Für den Personenkreis Menschen mit zugeschriebener geistiger Behinderung und insbesondere für Menschen mit intensiver Behinderungserfahrung wird mit Blick auf verschiedene Ebenen ihrer Lebens- und Bildungsrealität deutlich, dass sie erschwerte Bedingungen für volle und wirksame Partizipation erleben. Zum einen zeichnet sich die »gesellschaftliche Situation der so bezeichneten Personen […] im Besonderen dadurch aus, dass sie häufig ›nicht dazu gehören‹, Exklusion erleben und ihnen Bildungs- und Teilhabemöglichkeiten vorenthalten werden« (Bernasconi & Böing 2016, 14). In diesem Zusammenhang ist der Erwerb partizipativer Fähigkeiten und Handlungsstile nur äußerst erschwert möglich, denn um partizipationsorientierte Lernprozesse anzuregen, ist es unter anderem erforderlich, Partizipation direkt erfahrbar zu machen und dafür »demokratische Prinzipien und Formen der Entscheidungsbeteiligung in Alltagssituationen […] zu verankern und zu praktizieren« (Schnurr 2011, 1072). Diese Erschwernisse sind Teil eines prekären sozioökonomischen Status[71], dem in der Partizipationsforschung ein Zusammenhang mit effektivem Partizipationsverhalten nachgewiesen wurde: »Empirisch bestätigt sich immer wieder die Korrelation eines hohen sozioökonomischen Status mit einer hohen Intensität von Partizipation« (Nieß 2016, 115). Die exkludierenden Bildungspraxen in Form eines Sonderschulwesens führen für Menschen mit zugeschriebener geistiger Behinderung dazu, dass sie keine formalen Bildungsabschlüsse erhalten und die allermeisten Schulabgängerinnen* den weiterhin exklusiven Weg der Arbeit in WfbMs beschreiten müssen. Für die monetären Bedingungen bedeutet dies ein Minimum an Einkommen und finanziellen Rücklagen, was sich wiederum negativ auf Möglichkeiten zur Partizipation auswirkt.

Umsetzungsbestrebungen von Partizipation in Einrichtungen der sogenannten Behindertenhilfe erfolgen strukturell häufig über Formen der Nutzerinnen*vertretung, wie beispielsweise Heim- oder Werkstattbeiräte. Schönwiese (2018) weist darauf hin, dass diese Formen der Beteiligung die Gefahr mit sich bringen, als »Anpassungsinstrument und reformistisch zur Verbesserung von Abhängigkeiten, Befriedung (Kolonisierung und Komodifizierung (Leistungsausweitung) verwendet [zu; d. A.] werden« (ebd.) und so eben über kurz oder lang nicht dazu führen, dass sich Menschen aus unterdrückenden Lebens- und Arbeitsverhältnissen befreien (können). Wahrhafte partizipative Strukturen hätten in diesem Sinne die Aufgabe, bestehende Ungleichverhältnisse in Frage zu stellen, zu destabilisieren und zur

---

71 Näher bestimmt vor allem über den formalen Bildungsstatus, das Einkommen und den Beruf (vgl. Bärmig 2018, Nieß 2016).

Selbstbefreiung und Selbstbestimmung der bisher marginalisierten Personen anzuregen.

## 1.5 Exkurs: Leichte Sprache im Kontext von Partizipation und Barrierefreiheit

Als ein Instrument zur Verringerung von Sprach- und Kommunikationsbarrieren und damit gleichzeitig zur Ermöglichung von Selbstbestimmung, Empowerment und gesellschaftlicher Teilhabe wird Leichte Sprache häufig betrachtet und diskutiert (vgl. Bergelt et al. 2016). Bock folgend kommt »Sprache und Kommunikation [...] eine Schlüsselfunktion zu: Einerseits wird das Wissen um Rechte und Partizipationsmöglichkeiten sprachlich vermittelt. Der Zugang zu schriftlichen Texten ermöglicht ein selbständiges Aufsuchen von Informationen. Insofern kann der Zugang zu (Schrift-)Sprache als ein wichtiges Element für die Erlangung von Selbstbestimmung und Teilhabe gelten« (Bock 2015, 117). Dieser Blick greift auch aus politolinguistischer Perspektive auf die Ursprünge des Konzepts der Leichten Sprache zurück, welche in der US-amerikanischen Empowermentbewegung der 1970er Jahren zu verorten sind. Schon damals setzte sich die Organisation People First dafür ein, dass Informationen, die für Menschen mit Lernschwierigkeiten von Relevanz sind, auch in einer für sie zugänglichen und verständlichen Form zur Verfügung stehen müssen. Auch im deutschsprachigen Raum ging die Etablierung der Leichten Sprache von einer Interessenvertretungsgruppe aus (vgl. Schuppener et al. 2019). Mensch zuerst Deutschland e. V. und das 2006 gegründete Netzwerk Leichte Sprache waren im europäischen Projekt Pathways (2007–2009) eng in die Entwicklung verbindlicher Regeln für Leichte Sprache eingebunden. Das Konzept zeichnet sich demzufolge durch eine zutiefst partizipative Entstehungsgeschichte aus, welche auch zu einer vorwiegend intuitiven Konzeptionierung beigetragen hat. Zurstrassen verweist darauf, dass das BMAS in seiner Gesetzesvorlage für das Bundesteilhabegesetz gerade nicht von ›Leichter Sprache‹ im Sinne der Verwendung des Netzwerkes Leichte Sprache spricht, sondern mit der Formulierung »sog. leichte Sprache« darauf hindeutet, »dass es kein elaboriertes, wissenschaftlich überprüftes und evaluiertes einheitliches Konzept für ›Leichte Sprache‹ gibt« (Zurstrassen 2017, 55). Dennoch kommt es im Zuge der Ratifizierung der UN-Behindertenrechtskonvention (UN-BRK)[72] zu einer rasanten und zu Teilen undurchsichtigen Verbreitung von ›Leichter Sprache‹, was an der Etablierung einer Vielzahl neuer Büros für Leichte Sprache zu erkennen ist (vgl. Bergelt, Goldbach & Seidel 2016). Mit der Verbreitung von Leichter Sprache scheint die Hoffnung verbunden, dass Menschen aufgrund eines Zugangs zu Informationen gleichzeitig die Chance erhalten, umfassender an

---

[72] Zur umfassenden Auseinandersetzung mit der rechtlichen Lage zu ›barrierefreier‹ Kommunikation sei auf den entsprechenden Artikel von Lang (2019) verwiesen.

gesellschaftlichen Prozessen partizipieren zu können. Das Netzwerk Leichte Sprache schreibt auf der Homepage: »Viele Menschen brauchen Leichte Sprache, damit sie alles gut verstehen. Nur wer alles versteht, kann überall mitmachen« (Netzwerk Leichte Sprache 2020). Damit wird deutlich, dass gerade die *aktive Teilhabe* von Menschen mit Lernschwierigkeiten *in allen Lebensbereichen* ein wichtiges Ziel der Bereitstellung von Texten in Leichter Sprache ist.

In zunehmender wissenschaftlicher Auseinandersetzung werden jedoch eine Reihe von Paradoxien deutlich, die mit der Nutzung von Leichter Sprache verbunden sein können (vgl. Schuppener & Bock 2019). Leichte Sprache wird darin nicht nur als ein Motor von Inklusionsbestrebungen gesehen, sondern vielmehr auch im Zusammenhang mit möglichen Exklusionsrisiken beschrieben (vgl. Seitz 2014; Zurstrassen 2017). Schuppener und Bock (2019) machen unter Rückbezug auf Prosetzky (2009) und Jantzen (2006) deutlich, dass es notwendig ist, *vorherrschende Machtverhältnisse zu reflektieren und zu verändern*, wenn tatsächlich von Partizipation gesprochen werden soll. Im System der sogenannten Behindertenhilfe ist jedoch vielmehr davon auszugehen, dass das scheinbar auf Autonomieförderung ausgelegte Selbstverständnis lediglich eine Verschleierung tatsächlicher Praxis darstellt (vgl. Schuppener & Bock 2019). So konnte aus Ergebnissen der LeiSA-Studie abgeleitet werden, dass die Bereitstellung von Informationen in Leichter Sprache in gewisser Weise eine Alibifunktion erfüllt und Vertreterinnen* der sogenannten Behindertenhilfe mit der Nutzung von Leichter Sprache nicht immer tatsächlich mehr Selbstbestimmung initiieren wollen oder können (vgl. Schuppener et al. 2019; Bergelt et al. 2019.).

Inwiefern hat also ›Leichte Sprache‹ das Potential, Machtverhältnisse tatsächlich zu verändern. Petra Flieger sieht in der Verbreitung Leichter Sprache eine »Sichtbarmachung und Anerkennung von Menschen mit Lernschwierigkeiten«, hält aber fest:

> »Dennoch wäre es vermessen zu behaupten, Information in ›Leichter Sprache‹ alleine würde die asymmetrischen Machtverhältnisse […] bereits grundlegend ändern, zu komplex und wirkmächtig sind die historisch gewachsenen Benachteiligungs- und Unterdrückungsstrukturen in der gesamten Gesellschaft« (Flieger 2015, 150).

Noch einen Schritt weiter geht Kopera. Sie ist Selbstvertreterin aus Wien und sagt, dass Leichte Sprache häufig aufgedrückt wird und Menschen, die als Menschen mit Lernschwierigkeiten bezeichnet werden, zumeist nicht entscheiden können, ob sie einen Text in sogenannter ›Leichter‹ oder ›Schwerer‹ Sprache lesen möchten[73]. »Leichte Sprache kann Menschen dumm halten. Oft wird ausgewählt, welche Inhalte es in Leichter Sprache gibt und welche nicht« (Goldbach & Ströbl 2019, 193). Man könnte in diesem Zusammenhang von einem möglichen Machterhalt *durch* Leichte Sprache sprechen. Auch in diesem Sinne bespricht Zurstrassen (2017) den Ansatz der Leichten Sprache vor dem Hintergrund des Konzeptes der »exkludierenden Inklusion« (Zurstrassen 2017, 63) und verdeutlicht, dass eine sich entwickelnde Eigenkultur von Leichter Sprache zwischen

---

73 Darüber sprach Frau Kopera in einem Workshop der partizipativen Tagung: *»Exklusive Teilhabe am Arbeitsmarkt? Unterstützung durch Leichte Sprache?«* 2018 in Leipzig.

Menschen, die Leichte Sprache ›brauchen‹, und allen anderen als ein weiteres Abgrenzungskriterium statuiert (ebd.). »Um ›Leichte Sprache‹ als Sprachvariante zu etablieren, wird ein äußert defizitorientieres Nutzerprofil erstellt, das den Fähigkeiten vieler Nutzer_innen aus der Zielgruppe nicht entsprechen dürfte« (ebd.). Dies bestätigen empirische Untersuchungen von Bock und Lange (2017), die zeigen können, dass Menschen, die als geistig behindert bezeichnet werden, sehr heterogene Lesekompetenzen aufweisen und deshalb zu hinterfragen ist, inwiefern eine ausschließliche Orientierung an einem sehr niedrigen Kompetenzniveau tatsächlich angemessen ist (vgl. Bock & Lange 2017). Es zeigt sich, dass ein Teil der potenziellen Nutzerinnen* Leichter Sprache diese aufgrund von zu starken Simplifizierungen und damit verbundener Infantilisierung ablehnt (vgl. Bergelt et al. 2016; Zurstrassen 2017). Problematisch im Sinne einer damit einhergehenden zusätzlichen Verbesonderung ist außerdem, dass sowohl die bearbeiteten Themen in Texten in Leichter Sprache als auch der darin verwendete Wortschatz bisher nicht darauf ausgelegt zu sein scheint, eine breitere Leserinnen*schaft zu erreichen (vgl. Lange & Bock 2016).

Untersuchungen zur Verbesserung der beruflichen Teilhabesituation durch Leichte Sprache machen ein anderes, vielmehr ethisches Problem deutlich. Texte in Leichter Sprache scheinen durchaus Empowermentprozesse in Gang setzen zu können. Im Kontext der institutionalisierten Behindertenhilfe birgt dies jedoch gleichzeitig die Gefahr, dass die daraus resultierenden Bemühungen um mehr Selbst- und Mitbestimmung nicht angemessen unterstützt werden (können), so dass Leichte Sprache Partizipationsmöglichkeiten suggeriert, welche nicht eingelöst werden können (vgl. Bergelt & Goldbach 2019). Es muss also vielmehr um ein Kommunizieren im Sinne von Achtung, Anerkennung und gegenseitiger echter Wertschätzung gehen, wenn Veränderungen hervorgerufen werden sollen, die ein Mehr an tatsächlicher Partizipation erreichen (vgl. Schuppener & Bock 2019).

## 1.6   Integration und Inklusion

Ebenso wie Partizipation als »umbrella term« (Prosetzky 2009, 88) verhandelt wird, sind Integration und Inklusion zu Schlagwörtern der Pädagogik im Kontext von Behinderung geworden. Das Konzept der Inklusion kann als konsequente Erweiterung des Integrationsansatzes verstanden werden, denn zumindest in der Theorie werden weder Personen(gruppen) als (nicht) integrierbar markiert noch wird eine Zwei-Gruppen-Theorie der ›Normalen‹ und der ›Anderen‹ aufrecht erhalten (vgl. Tiedecken 2018; Hinz 2002). Mit dem Inklusionsgedanken werden vorbehaltlos *alle* Menschen adressiert, und deren Diversität wird als kulturelle und gesellschaftliche Chance verstanden. Behinderung ist dabei neben »Alter, Geschlecht, ethnischer Herkunft, Religion bzw. Weltanschauung sozio-ökonomische Lebenslage, Bildungshintergrund oder sexuelle Orientierung« (Lüdtke 2016, 464) zwar nur eine

Dimension von Diversität, in der Disziplin der Sonderpädagogik wird sie jedoch speziell in den Fokus gerückt (vgl. ebd.). Zurückliegende und aktuelle Diskurse zu Inklusion sind in diesem Sinne zu einem zentralen Leitgedanken der Erziehung und Bildung von Menschen mit Behinderungserfahrung geworden und werden von Ackermann (2013) als »sonderpädagogische Leitvorstellung« bezeichnet, »unter der die Grundfragen heutigen Zusammenlebens in einer komplexen Gesellschaft [...] verhandelt werden« (171). Boger bezeichnet Inklusion kritisch als »Modewelle, [...] die mit einer Unsumme an Forschungs- und Fördergeldern einhergeht« (Boger & Jantzen 2020) und die vor allem auch in der allgemeinen Pädagogik viele Mitstreiterinnen* und Mitläuferinnen* findet.

So wünschenswert diese Entwicklung auch ist, Inklusion nicht als sonderpädagogisches Nischenthema zu behandeln, so wichtig ist auch der Blick auf die Fallstricke dieser ›Mode-Entwicklung‹. So merkt Boger weiter an, dass sich beispielsweise in aktuellen Sammelbänden zum Themenfeld Inklusion kaum Beiträge finden lassen, die dezidiert die Perspektive und Expertise der Betroffenen oder die behindertenpädagogischen Expertisen und Diskurse einbeziehen. Sie bleiben mit dem Argument vernachlässigt, Behinderung als Konstrukt zu entlarven, und so werden die spezifischen Behinderungserfahrungen beliebig in die Betrachtung anderer Differenzkategorien und -erfahrungen eingeordnet: »So spricht man über Behinderung, ohne über Behinderung zu sprechen – geschweige denn *mit* Behinderten zu sprechen« (Boger & Jantzen 2020). Diese Form der Fremdbestimmung, die durch Inklusion eigentlich überwunden werden soll, drückt sich im Inklusionsdiskurs vor allem durch den Ausschluss der Betroffenenperspektiven und die machtgeprägte Adressierung bestimmter Personengruppen als ›inkludierbar‹ aus:

> »Und wer soll denn überhaupt wo inkludiert werden? [...] Egal von welcher Epoche wir reden, bis dato bestimmt ihr, wie unser Leben aussieht und ob es uns geben darf. Wir sind von euren Gnaden abhängig. Und davon hab ich einfach die Schnauze voll. Inkludiert mich doch am Arsch!« (Grundstein 2019)[74]

Wobei die vorab genannte eindimensionale Perspektive auf ›Behinderung als (soziale) Konstruktion‹ dazu führen kann, dass ebendiese Perspektiven und konkreten Erfahrungen der eigentlichen Hauptakteure weiterhin unberücksichtigt bleiben und ungleiche und machtvolle Verhältnisse Stabilisierung erfahren. Die Anerkennung der Unterschiedlichkeit von Diskriminierungs- und Ausgrenzungserfahrungen ist jedoch ebenso wie die Aufdeckung struktureller Ungleichheit und Diskriminierung und damit der *gemeinsamen* Erfahrungen marginalisierter Personengruppen essentiell, gerade wenn Inklusion nicht nur bildungspolitisch, sondern als gesamtgesellschaftliche Aufgabe gedacht werden soll.

Die Frage danach, um welche Personengruppen es sich handelt beziehungsweise wer mit der Theorie der Inklusion adressiert wird, führt zwangsläufig zu dem Dilemma der *Definitionsmacht*: Inklusion lässt sich grundsätzlich nicht ohne die ›Subjekte der Inklusion‹ definieren, das heißt diejenigen, die als ›betroffen‹ markiert werden und damit als Personengruppe zum Gegenstand der Analyse werden,

---

74 https://anschlaege.at/an-sprueche-inkludiert-mich-doch-am-arsch/

zugleich aber auch als individuelle Subjekte mit individuellen Erfahrungen und individuellem Erleben wahrgenommen werden müssen. In diesem Sinne werden als Subjekte hier Personen verstanden, die Diskriminierungs- und Behinderungserfahrungen machen und damit von außen zumeist als marginalisierte Personen beschrieben werden.

Einen vergleichsweise offenen und – mit Bezug auf Subjekt- bzw. Betroffenenperspektiven – höchst erkenntnisreichen Definitionsrahmen stellt die »Theorie der trilemmatischen Inklusion« nach Boger (2019) dar. Auf die Frage »Was ist Inklusion?« antwortet die Trilemmatheorie: Inklusion ist Empowerment (E), Inklusion ist Normalisierung (N), Inklusion ist Dekonstruktion (D) (vgl. Boger 2015b). Damit sind drei Basissätze beziehungsweise Leitkategorien genannt, »von denen jeweils zwei eine Achse bilden, die die jeweils dritte Leitkategorie ausschließen« (ebd., 51).

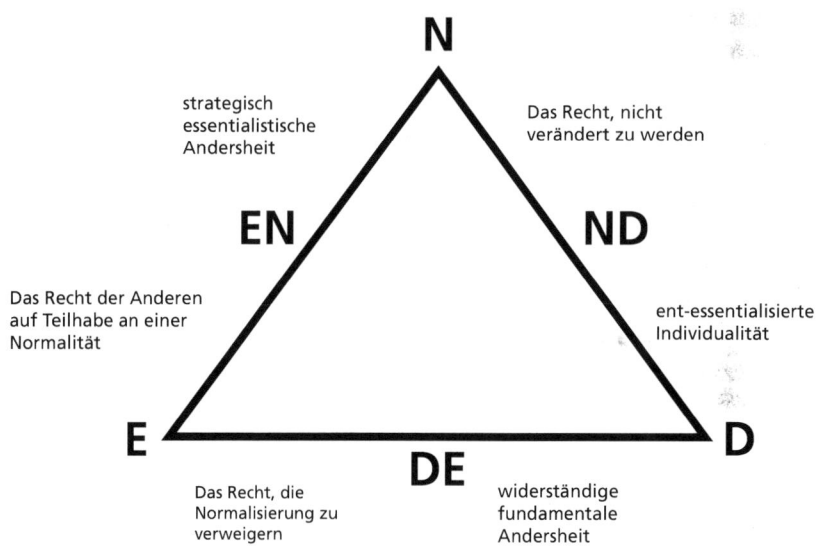

**Abb. 6:** Ontologien der Andersheit im Trilemma (Boger 2019, Bd. 4, 39)

So ist ein Verständnis von Inklusion das Erkämpfen des Rechts der Anderen auf Teilhabe an einer Normalität (EN) (z. B. das Recht auf den Besuch einer Regelschule von Kindern und Jugendlichen mit dem Förderschwerpunkt geistige Entwicklung). Eine Dichotomie von Anderssein und Normalsein wird hier vorausgesetzt, und Zugehörigkeit zur Normalität wird als begehrenswertes, anzustrebendes Ziel betrachtet. Dekonstruktion (D) als dritte Leitkategorie schließt sich dabei aus, da es im Kampf um das Recht auf Normalität hieße, »den Ast abzusägen, auf dem ich sitze« (Boger 2015b, 55).

Inklusion kann jedoch auch verstanden werden als »Dekonstruktion der normalistischen Dispositive« (ND). Demnach gibt es kein Differenzierung in anders und normal und folglich auch keine ›Anderen‹. Im Sinne eines Transnormalismus[75] (vgl. Schildmann 2019; Lingenauer 2003) fühlen sich die ›Anderen‹ nicht mehr anders, und jede* kann »ganz selbstverständlich als Mensch – ohne Label – Teil einer menschlichen Gesellschaft sein« (ebd., 56). Hierbei schließt sich Empowerment (E) aus, da der (politische) Kampf um Rechte, Sichtbarkeit und gegen Unterdrückung und Marginalisierung auf Differenzkategorien angewiesen ist. Mit der konsequenten Dekonstruktion würde das Erheben der Stimme der ›Anderen‹ verunmöglicht.

Eine weitere Lesart von Inklusion besteht darin, »einen kritischen Standpunkt gegenüber den Normalitätskonstruktionen« einzunehmen (DE), wie es bspw. die Disability Studies oder Organisationen der ›disability pride‹-Bewegungen tun. Dekonstruktion bezieht sich in dieser Lesart nicht auf Differenzkategorien, sondern auf damit verbundene Zuschreibungen und Zurichtungen. Hier geht es um eine explizite Sichtbarkeit und bedingungslose Akzeptanz von Anderssein – verbunden mit einer Verweigerung der Normalisierung (N).

Welche Kombination an genannten Leitkategorien wichtig und gut ist, ist vor allem vom einzelnen Individuum und dessen (momentaner) Lebenssituation, von dessen Erfahrungen, Bedürfnissen und Wünschen und auch von dessen Selbstbild abhängig. Durch diese Subjektzentrierung ist eine Positionierung weder als statisch und überdauernd zu verstehen, noch kann eine Präferenz der Kombination von außen gesetzt werden. Um dieser Subjektivität inklusiver Orientierungen gerecht werden zu können und ausreichend Offenheit in inklusiven Prozessen zu schaffen, braucht es nach Boger (2019; 2017; 2015b) eine Vielfalt an inklusiven Konzepten und Räumen, »die sich einander in der pädagogischen Praxis ergänzen« (Boger 2015b, 57). Der trilemmatische Theoriezugang zu Inklusion, dem ein sehr weiter und transperspektivischer Blick auf Inklusion innewohnt, erscheint aus verschiedenen Gründen wertvoll für die Betrachtung und Bewertung inklusiver Praxis. Beispielsweise wird hier explizit das Risiko einer assimilierenden *Zwangsintegration* markiert. Mit der DE-Linie wird deutlich, dass die »Verweigerung von Normalisierung […] immer Teil inklusiver Reflexion« (Boger 2017, o.S.) sein muss. Das bedeutet, dass es sehr sensibel zu erkunden gilt, welches Selbstverständnis bspw. ein Kind in einer integrativen Schulklasse hat, wo es wichtig ist, Differenz und Anderssein wahrzunehmen, um Leid zu bemerken und anzuerkennen, und wo es eine Gefahr darstellt, Kinder einer Scheinbeteiligung oder eine Zwangsbeteiligung auszusetzen, um dem äußeren Anspruch inklusiver (Schul)Kultur gerecht zu werden: Ein »Kind im Rollstuhl *unter allen Umständen und in jedem Fall*, zumindest symbolisch am Spiel zu beteiligen, mag letztlich ebenso problematisch sein, wie es vom Basketballspiel *systematisch* auszuschließen« (Dannenbeck & Dorrance 2009 in Boger 2017, o. S.; Hervorhebungen i. O.). Blickt man auf aktuelle Entwicklungen im Praxisfeld Inklusion, ist diese Form der Unterwerfung der als ›behindert‹ markierten Subjekte unter hegemoniale Normalitätsvorstellungen an vielen Stellen durchaus strategisch begründet – und damit gehen wir zum Anfang dieses Teilkapitels zurück. Es scheint

---

75 Der Begriff des Transnormalismus beschreibt ein Normalitätskonzept, was auf die Aufhebung der »Polarität zwischen Normalität und Anormalität« (Lingenauer 2003, 164) abzielt und damit das in den Konzepten des Protonormalismus und Flexi-Normalismus (noch) vorhandene ›Normalfeld‹ gänzlich aufzulösen sucht (vgl. Lingenauer 2003).

en vogue, sich mit dem Label ›inklusiv‹ zu schmücken: Fördergelder werden ausgeschrieben, Preise vergeben und Institutionen gelobt. In vielen Praxisprojekten besteht die Subjektivierungstaktik jedoch entweder im Sinne einer protonormalistischen Inklusionsdefinition mit Blick auf neoliberale Leistungsansprüche »in Außenlenkung, Abrichtung, Dressur, Disziplinierung« (Schildmann 2019, 43); oder sie halten im Sinne flexibelnormalistischer Positionen »*auch* (aber nicht nur) die gemeinsame Förderung behinderter Kinder mit nicht behinderten Kindern für möglich« (ebd., 44, Hervorhebung i. O.), wobei von einem nicht anpassungsfähigen ›Rest‹ ausgegangen wird (vgl. Rödler et al. 2001). Das heißt, es findet dort weder eine tiefgreifende Kritik an geltenden Normalitätsvorstellungen, geschweige denn der Versuch der transnormalistischen Auflösung von Normalitätsgrenzen statt. Boger (2017, o. S.) konstatiert dazu:»[…] in der Praxis ist die Welt zu protonormalistisch für transnormalistische Inklusionsdefinitionen«. Dies spiegelt sich auch in der bildungspolitischen Praxis wieder, die ob der kritikwürdigen Umsetzung inklusiver Bemühungen nach wie vor »den Erhalt der besonderen Schulen für behinderte Kinder fordert« (Schildmann 2019, 45).

Mit Blick auf diese Entwicklungen und in Anlehnungen an die Theorie der trilemmatischen Inklusion (vgl. Boger 2015b, 2017, 2019a, b) verstehen wir Inklusion als politischen Kampf und gesamtgesellschaftliche Aufgabe, die nur im Schulterschluss mit den ›*Subjekten der Inklusion*[76]‹ angegangen werden kann.

---

76 Als Subjekte werden hier Personen verstanden, die Diskriminierungserfahrungen haben und damit als von außen zumeist als marginalisierte Personen beschrieben bzw. konstruiert werden.

# 2 Diagnostik

»*Diagnostik heißt An-Erkennen – mein Gegenüber und mich selbst*« (Schiermeyer-Reichl 2016, 134; Hervorhebung i. O.).

Diese Grundannahme erscheint besonders bedeutsam, da der Diagnostik als Wirkungsfeld eine hohe *Definitionsmacht* zukommt und demzufolge Diagnostikerinnen\* auch eine hohe Verantwortung tragen. So werden bspw. Pädagoginnen\* zu »*definitionsmächtig[en] Anderen*« (ebd., 137; Hervorhebung d. A.), die einen zentralen Einfluss auf die Subjektwerdung eines (diagnostischen) Gegenübers sowie auf deren Bildungsbiografien haben (vgl. Gerhartz-Reiter & Reisenauer 2018) und damit gesellschaftliche Partizipation ermöglichen oder limitieren.

Menschen, die als geistig behindert gelten, sind oftmals von Beginn ihres Lebens an mit Diagnostik konfrontiert. Die Zuschreibung einer geistigen Behinderung ist der potenzielle Beginn einer diagnostik-geprägten Biografie: Folgende Diagnostikanlässe entstehen häufig im Kontext der Zuschreibung Geistiger Behinderung:

- *Statusdiagnostik:* Diese erfolgt z. B. in Form einer Erstdiagnose ›Geistige Behinderung‹ zumeist im Kontext medizinisch-psychologischer Diagnostik im Rahmen einer Gutachtenerstellung (▶ Kap. I, 3.1) auf der Basis einer Zuordnung innerhalb des Klassifikationsrasters der ICD-10 (ab 2022 = ICD-11). Eine Statusdiagnostik wird häufig auch als normative Diagnostik, als Feststellungsdiagnostik oder auch als ›klassische Diagnostik‹ bezeichnet und orientiert in der Regel auf eine psychometrisch-sozialnormierte Diagnostik, d. h. es wird eine ableistische Bewertung vorgenommen, welche eine geistige Behinderung als abweichende Negation einer angenommenen Sozialnorm ausweist.
- *Entwicklungsbezogene Diagnostik:* Eine medizinisch-psychologische Verlaufsdiagnostik ist eine häufige ›Begleiterscheinung‹, wenn im Lebenslauf die Diagnose einer geistigen Behinderung zugewiesen wird. Oftmals liegt der Fokus hier auf einer Dokumentation der physischen und psychischen Entwicklung des Kindes/Jugendlichen/Erwachsenen. Bei neuronalen oder genetischen Ursachenzusammenhängen/-vermutungen erfolgt hier meist auf der Basis von psychometrischen Verfahren, aber auch Beobachtungsmethoden und Verhaltensscreenings eine Profilerstellung »aus Stärken und Schwächen in Teilbereichen der kognitiven, der sprachlichen und adaptiven Funktionen« (Sarimski 2014, 29). Häufig ist eine (entwicklungs)psychologische Diagnostik durch eine Modifikationsstrategie gekennzeichnet (vgl. Breitenbach 2020), welche sich darin abbildet, Veränderungsprozesse zu dokumentieren (z. B. im Rahmen einer Verhaltensmodifikation).

- *Selektionsdiagnostik:* Eng verbunden mit der Statusdiagnostik ist die Strategie bzw. Konsequenz der Selektion (vgl. hier auch Selektionsstrategie nach Breitenbach 2020). Diese steht häufig in engem Zusammenhang mit der ›Statuszuweisung einer geistigen Behinderung‹ und/oder mit der Zuweisung des schulischen Etiketts »Förderschwerpunkt geistige Entwicklung« (FsgE). Dieses Etikett wird auf der Basis einer sonderpädagogisch-psychologischen Gutachtenerstellung zugewiesen und geht mit einem hohen (schulischen) Selektionsrisiko einher (▶ Kap. II, 2.2). Daher lässt sich auch von einer Zuweisungs- oder Platzierungsdiagnostik sprechen, die im Kontext von Schullaufbahnentscheidungen, Berufswahlentscheidungen etc. Anwendung findet (vgl. ebd.).
- *Prozessdiagnostik:* Analog zur modifikationsstrategischen entwicklungsbezogenen Diagnostik soll hier aufgrund eines anderen Wirkungsfeldes nochmal von der Prozessdiagnostik gesprochen werden, wenngleich die Begriffe z. T. auch synonym verwendet werden. Hier möchten wir mit dem Begriff der Prozessdiagnostik auf das pädagogische Anwendungsfeld verweisen und darunter eine (sonder)pädagogisch-psychologische Lernprozessdiagnostik verstehen, die in der Regel eine zwangsläufige Konsequenz der Zuweisung eines sonderpädagogischen Förderschwerpunktes darstellt. Im Rahmen der pädagogischen Diagnostik wird hier zumeist der Terminus Förderdiagnostik verwendet, welcher das Ziel hat, die Lernausgangslage eines Kindes/Jugendlichen zu ermitteln, den Lern- und Entwicklungsprozess zu beschreiben sowie Ursachen und Bedingungen für etwaige Lernhemmungen zu ermitteln (vgl. ebd.).

Wir möchten im Folgenden besonders für die machtvollen Konsequenzen diagnostischen Handelns sensibilisieren und diesbezüglich u. a. auf ethische Fragen aufmerksam machen. Reflexionsbedürftige – und oftmals selektive – Folgen beziehen sich nicht nur auf den Bereich einer sogenannten *Statusdiagnostik*, sondern auch auf die (schulische) *Verlaufs-/(Lern)Prozessdiagnostik*, da auch hier Wertungen (z. B. in Form von Lern- und Entwicklungsständen) und Konsequenzen (z. B. in Form von Förderplänen, äußerer Differenzierung, Konstruktion von ›Sondergruppen‹; oder ›Sonderklassen‹) abgeleitet werden. Die Definitionsmacht von Pädagoginnen* wird mit dem Verständnis von »diagnostischer Kompetenz«[77], als »die Fähigkeit eines Urteilers, Personen zutreffend zu beurteilen« (Schrader 2010, 102), besonders prägnant deutlich. Hier zeichnet sich bereits ab, dass diagnostische Aktivitäten grundsätzlich als »*Ort der Macht*« (Butler 2009, 11; Hervorhebung d. A.) zu kennzeichnen

---

[77] Interessanterweise wird im Kontext einer Beurteilungskompetenz von »diagnostischem Optimismus« gesprochen (vgl. Weinert & Schrader 1986), wenn Urteile »nicht besonders genau« sein müssen. Wir möchten an dieser Stelle eher von einem daraus resultierenden ›*diagnostischen Pessimismus*‹ sprechen, da nahezu zwangsläufig Machtverletzungen und Machtmissbrauch zu erwarten sind, wenn man eher groben, impliziten Einschätzungen von Pädagoginnen* gegenüber Kindern, Jugendlichen und Erwachsenen eine ›Kompetenzweihe‹ verleiht. Hesse & Latzko (2017) merken hier zu Recht kritisch an, dass implizite Diagnosen von Pädagoginnen* immer zielgerichtet und theoriebasiert reflektiert werden müssen. Zu diesem Grundverständnis von diagnostischer Kompetenz gehört dann auch die Offenlegung und Reflexionsnotwendigkeit verwendeter Kategorien und Bezugssysteme (vgl. Boger 2018).

sind, in denen besonders Menschen mit zugeschriebener geistiger Behinderung »jeweils an den Pol der Ohnmacht gedrängt« (Jantzen 1999, o. S.) werden, weil sie in der Regel – zum Diagnostikobjekt degradiert – nicht an der ›Urteilsfällung‹ beteiligt sind. Diesem hohen Risiko der Verobjektivierung in Form einer ›*Verdinglichung*‹ und damit einhergehenden Entmenschlichung (vgl. Nussbaum 2002) darf eine Diagnostik nicht Vorschub leisten, sondern muss hier aktiv entgegenwirken.

## 2.1 Ethische Fragen im Bereich der Diagnostik

Diagnostisches Handeln steht immer im kausalen Zusammenhang mit der Anforderung der Übernahme von *Verantwortung für andere Menschen*. Dies kann jedoch wiederum nur auf der Basis einer grundlegenden *Anerkennung* im Rahmen (pädagogischer) Beziehungen erfolgen (vgl. Prengel 2013). Dazu gehört einerseits das *Anerkennen der eigenen Person*, aber auch das *Anerkannt werden vom Gegenüber* (vgl. ebd.). Mit Bezug zu Honneth (2003) meint Anerkennen hier die Wahrnehmung eines Gegenübers verbunden mit der *Zuschreibung eines positiven Wertes* in Form einer *Befürwortung*. Das führt uns direkt zum »Triangulären Grundverständnis differenter Anerkennungsfaktoren der Zuschreibung Geistiger Behinderung« (vgl. Kapitel Definitorische Annäherungen) zurück und verdeutlicht, dass die Diagnose einer ›Geistigen Behinderung‹ immer auch mit Anerkennungs*risiken* und Anerkennungs*defiziten* verbunden ist. Welche ethischen Fragen und Dilemmata diesbezüglich besonders im Bereich der Diagnostik bestehen, wollen wir mit folgenden Aspekten zusammenfassend veranschaulichen:

### Anerkennung

Hier geht es um die grundlegende Frage nach dem normativen Hintergrund der Anerkennung des Gegenübers (▸ Kap. I, 2.4). Folgt man Dederich (2019), geht es nicht nur um die Anerkennung im Sinne einer positiven sozialen Wertschätzung (vgl. Honneth 2003), sondern um die »dreistellige Relation«, dass ein Gegenüber »immer in einer spezifischen Hinsicht *als jemand bestimmtes* anerkannt wird« (Dederich 2019, 62; Hervorhebung d. A.) und davon auch sein *sozialer Status* abhängt:

> »Insofern ist die Anerkennung, dass ein Schüler einen sonderpädagogischen Förderbedarf im Förderschwerpunkt geistige Entwicklung hat, zugleich ein Akt, ihn als Individuum mit einer geistigen Behinderung hervorzubringen und ihn dadurch an bestimmte, für ihn typisch oder essentiell gehaltene Charakteristika zu binden. Das aber heißt: So, wie die Anerkennung als Akt der Übernahme von Verantwortung eine integre Selbstbeziehung stiften kann, kann sie den anderen aber auch dadurch verletzen« (ebd.).

## Umgang mit Kategorien

Die *Ambivalenz von Kategorien* (vgl. Dederich 2019) ist durch die Anerkennungsfrage schon deutlich geworden. Hier stellt sich weiterhin die grundsätzliche Frage nach der Positionierung von Diagnostikerinnen* hinsichtlich 1. ihrer Grundhaltung gegenüber einer kategorialen Sonderpädagogik, 2. der Frage nach dem Verständnis der Kategorie (hier: bspw. einer sogenannten Geistigen Behinderung) sowie 3. den gewählten/befürworteten Kriterien, welche die entsprechende Kategorie determinieren.

Prengel (2016) schlägt im Rahmen ihrer inklusiven didaktischen Diagnostik »vorsichtige kollektive Zuordnungen, als kategorisierende ›Schubladen‹« (59) vor und empfiehlt folgende »Verwendungsregeln« (60), die wir für den grundsätzlichen Umgang mit Kategorien als zentral erachten:

- »dass kategorial-regelhaftes Wissen über Gruppierungen immer mit Fallverstehen über den einzigartigen Menschen kombiniert werden muss, weil kein Einzelfall dem anderen gleicht (vgl. Oevermann 1997),
- dass plurale, sich überschneidende (›intersektionale‹) Gruppenzugehörigkeiten beachtet werden müssen, um Pauschalisierungen zu vermeiden,
- dass die kategoriale Zuordnung nur fragmentarische Erkenntnisse ermöglicht, weil sie nicht die ganze Person in ihrem Lebenskontext, sondern nur Teilaspekte betrifft, sodass immer auch Umfeldaspekte berücksichtigt werden müssen,
- dass die Zuordnung nur vorläufige Erkenntnisse ermöglicht, weil die Person sich auf unvorhersehbare Weise im Laufe der Zeit verändert,
- dass die Zuordnung nur zu Arbeitshypothesen und nicht zu eindeutig gültigem Wissen führt, weil die Person unbestimmbar ist« (ebd., 60).

Die Frage nach dem Umgang mit Kategorisierungen ist im Bereich der Diagnostik immer auch eine Frage nach der Vorstellung von Normalität bzw. der Orientierung an Normen und Standards. Breitenbach (2020) verweist im Kontext der Frage nach der Brauchbarkeit von Normen in der Diagnostik auf folgenden Zusammenhang: »dass Diagnosen oder Normen grundsätzlich nichts Diskriminierendes haben, sondern dass *Menschen* Diagnosen und Normen zur Diskriminierung anderer benutzen« (23; Hervorhebung d. A.). Es gibt demzufolge im Bereich der Diagnostik eine Art ›Kategorisierungsfalle‹[78], der man nur mit einer Offenlegung der Bezugsnormen[79] gepaart mit einer Reflexion des kategorialen Bezugsrahmens begegnen kann.

---

78 »Diagnostizieren heißt also immer kategorisieren, klassifizieren und vergleichen und somit liegen jeglicher Diagnostik Vergleichsmaßstäbe oder Normen zugrunde« (Breitenbach 2020, 24).
79 Hier schlägt Breitenbach (ebd.) folgende drei Bezugssysteme vor: 1. interindividuelle Normen, 2. intrainidividuelle Normen und 3. kriterienorientierte oder Sachnormen.

## Konsequenzen von Etikettierungsprozessen

Als häufige Folge von Kategorisierungen haben Etikettierungsprozesse eine zwangsläufige Bedeutung im Rahmen »devianter Karrieren« (Boger & Textor 2016, o. S.). Entscheidend für die Konsequenzen von Etikettierungen ist die *Flexibilität* und *Öffentlichmachung* selbiger (vgl. ebd.). Hiervon hängt ab, ob eine Etikettierung zu Beeinträchtigungen und Selbstetikettierungen (vgl. Prengel 2016) führt und somit stigmatisierende und (selbst)pathologisierende Folgen für das Individuum hat.

Die Reflexion der möglichen Folgen von Etikettierungen ist auch deshalb besonders wichtig, weil dasselbe Etikett – besonders im Fall des Etiketts einer Geistigen Behinderung (!) – mit sehr unterschiedlichen Bedarfen an Unterstützung, Begleitung und Förderung (vgl. Luder 2018), aber auch an Stigmatisierung und Institutionalisierung einhergeht. Es gilt hier eine *hohe Sensibilität für die individuellen Perspektiven und Bedürfnisse der Diagnose-Betroffenen* zu entwickeln und unermüdlich zu fragen, welche Bedeutung und welche realen (Platzierungs)Folgen ein Etikett für das Gegenüber haben könnte. Hierzu gehört auch, sehr differenziert zu hinterfragen, wann eine *Offenlegung einer Diagnose in Form eines Sprechaktes* (vgl. Boger & Textor 2016) seitens der diagnostizierten Subjekte gewünscht ist und wann dies individuell als nicht-erwünscht erkennbar ist.

## (Selbst)Reflexion /Verantwortung

Die Arbeit mit diagnostischen Kategorien und der eigene machtvolle Beitrag (als Diagnostikerin\*) zu Etikettierungen und Stigmatisierungen verpflichtet in mehrfacher Hinsicht zur eingangs erwähnten Übernahme von Verantwortung und (Selbst) Reflexion, da es im Bereich der Diagnostik eine Unausweichlichkeit gegenüber der Ambivalenz (diagnostischer) Kategorien und damit verbundener Konsequenzen (positiv = Förderung, wie negativ = Stigmatisierungen; vgl. »Förderungs-Stigmatisierungs-Dilemma«) (vgl. Boger & Textor 2016) gibt.

Eine Form der selbstreflexiven Verantwortungsübernahme als Diagnostikerin\* ist daher zentral. Konkretisieren und veranschaulichen lässt sich diese Aufgabe mit Fragen, die man sich stellen sollte, bevor man eine Diagnose stellt (ebd., 96):

1. »Prinzip der entlastenden Problembeschreibung:
   - Macht sie Angst oder macht sie Hoffnung?
   - Macht sie die Dinge klarer oder nur noch komplizierter?
2. Prinzip der Reflexion und Explikation impliziter Normen:
   - Hilft sie mir, dem Kind offener und vorurteilsfreier zu begegnen?
   - Was sind die impliziten normativen und Normalitätserwartungen dieser Diagnose?
   - Entsprechen diese meinem pädagogischen Ethos?
3. Prinzip der Brauchbarkeit und des Erklärungswertes:
   - Brauche ich sie? (Notwendigkeit)
   - Oder gibt es eine bessere Erklärung? (Erklärungswert)
   - Oder weiß ich eigentlich auch so schon, was zu tun ist? (Nutzen für Förderplanung)«

## 2.2 Diagnostik des ›Förderschwerpunktes geistige Entwicklung‹

»Trägt eine Diagnose weder zum Fallverstehen (Erklärungswert) noch zur Förderplanung in der Praxis (Brauchbarkeit) bei, ist sie den Stigmatisierungsschaden nicht wert« (Boger & Textor 2016, 95).

Dieser reflexive Grundanspruch, den wir auch mit den einleitenden ethischen Fragebezügen sowie mit dem Einblick in begriffliche und definitorische Annäherungen schon versuchsweise aufgezeigt haben, sollte als Leitmotto hinsichtlich der Frage nach der Bedeutung des ›Förderschwerpunktes geistige Entwicklung‹ gelten.

»In den KMK-Empfehlungen ist der *Förderbedarf als personale Kategorie* konzipiert«, zeigt sich aber in der gegenwärtigen diagnostischen schulischen Praxis als »institutionelle, verwaltungstechnische Kategorie« (Schuck 2006, 85). Ein festzustellender ›sonderpädagogischer Förderbedarf‹ ist demzufolge eher ein Hinweis auf ein *Nichterfüllen schulischer Anforderungen* als ein Hinweis auf tatsächliche Lern-, Entwicklungs- und Förderbedarfe des Kindes/Jugendlichen selbst und bildet oftmals die *Subjektperspektive der Kinder/Jugendlichen* kaum ab, sondern steht vielmehr dafür, »was Außenstehende für das Kind, seine Entwicklung und seine Zukunft für wesentlich halten« (ebd.). Somit sind diagnostische Handlungen und Resultate (in Form von sonderpädagogischen Gutachten) grundsätzlich immer als *externe Spekulationen* über die Lern-/Leistungspotenziale und -kompetenzen von Kindern und Jugendlichen zu betrachten. Dies trifft im Besonderen für eine Diagnostik im Förderschwerpunkt geistige Entwicklung zu, da hier multiple Herausforderungen und Schwierigkeiten existieren:

- heterogene Schülerinnen*schaft mit sehr unterschiedlichen Bedürfnissen, Aneignungsmöglichkeiten und Lernausgangslagen;
- fehlende Eindeutigkeit diagnostischer Kriterien;
- geringe Verfügbarkeit geeigneter diagnostischer Verfahren;
- fehlende Voraussetzungen für den Einsatz von Testverfahren auf Seiten der Schülerinnen* (z. B. aufgrund kommunikativer Einschränkungen etc.);
- schwierige Rahmenbedingungen für eine Diagnostik für Lehrkräfte (z. B. wenig Zeit, fehlende Räumlichkeiten, wenige Möglichkeiten einer Diagnostik im Team);
- zwangsläufig notwendige Vernachlässigung der Durchführungsobjektivität bei der Anwendung von Testverfahren.

Diese ›Dilemmata‹ lassen sich sicher noch erweitern und können insgesamt nicht ›geheilt‹ werden. Man sollte sich deren Existenz jedoch bewusst sein und eine sonderpädagogische Diagnostik – nicht nur im Förderschwerpunkt geistige Entwicklung – daher immer *im Team* realisieren sowie *partizipativ* und *subjektzentriert* ausrichten.

Unausweichlich bleibt allerdings die *Paradoxie*, dass die sonderpädagogische Diagnostik nach wie vor mit Testverfahren arbeitet und einer Testdiagnostik ein vergleichsweise hoher Stellenwert – in Form einer vermeintlich objektiven Aussagekraft über den Entwicklungs-, Lern und Leistungsstand eines Kindes – zukommt und gleichzeitig Folgendes unbestritten ist: Eine auf individuelle Förderung ausgerichtete (sonderpädagogische) Diagnostik erreicht ihre Ziele für Kinder und Jugendliche mit der Zuschreibung einer ›geistigen Behinderung‹ oftmals *abseits* psychometrischer Testverfahren und muss verstärkt auf Beobachtungen, Elterngespräche und das Abbilden der Subjektperspektive der Kinder und Jugendlichen sowie einen Vergleich der Innen- und Außenperspektiven (Intersubjektivität) ausgerichtet sein. Der hohe Stellenwert, der einer Testdiagnostik insbesondere im Rahmen von Schul-/Lernortentscheidungsprozessen sowie in der schul(amts)rechtlichen Bedeutung zukommt, kollidiert also mit der Nichtrealisierbarkeit selbiger in der Zusammenarbeit mit Schülerinnen\*, für die ein testdiagnostisches Setting völlig unpassend und unrealistisch erscheint. Unseres Erachtens kann man daher von einer Art ›*(test)diagnostischer Ohnmacht*‹ sprechen, die den Förderschwerpunkt geistige Entwicklung kennzeichnet und auch eine Begründung in dem konstitutiven Merkmal der Unbestimmbarkeit (vgl. Kapitel Definitorische Annäherungen) findet[80].

Ungeachtet dieser diagnostischen Ohnmacht verlangt die derzeitige (sonder)schulische Praxisrealität in der BRD nach wie vor nach der Festlegung des Förderschwerpunktes geistige Entwicklung, da diese Zuschreibungs-/Verwaltungskategorie an keinem Ort im Bundesgebiet abgeschafft wurde. Ohnmachtsverstärkend wirkt hier die Tatsache, dass es keine eindeutigen diagnostischen Kriterien gibt, welche eine Feststellung dieses sonderpädagogischen Förderschwerpunktes eindeutig legitimieren würden. Es gibt lediglich *Indikatoren* für die Feststellung eines sonderpädagogischen Förderschwerpunktes geistige Entwicklung, die häufig genannt bzw. diskutiert werden (u. a. in »Handreichung zur Durchführung des sonderpädagogischer Feststellungsverfahrens im Land Brandenburg« Ministerium für Bildung, Jugend und Sport 2013, 23 f.). Folgende Indikatoren werden hier im Kontext einer Legitimation der Zuschreibung der Kategorie Förderschwerpunkt geistige Entwicklung häufig genannt:

1. Die Kinder und Jugendlichen sind schon vorschulisch mit der Diagnose einer geistigen Behinderung oder Komplexen Behinderung konfrontiert und befinden sich meist *seit frühester Kindheit in medizinischer und therapeutischer Behandlung*.
2. Die Kinder und Jugendlichen haben einen *Unterstützungsbedarf in vielen verschiedenen Entwicklungsbereichen* – im Besonderen in der Kognition, Kommunikation, Motorik und Sozialentwicklung.
3. Im Bereich der kognitiven Entwicklung werden den Kindern und Jugendlichen Fähigkeiten attestiert, die in einem *IQ-Bereich von* <70 liegen (auch in Abgrenzung zum in Teilen der BRD existenten Förderschwerpunkt Lernen).

International ist die Zuschreibung einer so genannten geistigen Behinderung hinsichtlich der diagnostischen Kriterien nach wie vor durch »Einschränkungen in den

---

[80] Hier sei nochmal auf eine Kritik an der grundlegenden unhinterfragten Normorientierung innerhalb der Testtheorie verwiesen.

adaptiven und intellektuellen Fähigkeiten als zueinander komplementäre Merkmale gleichen Gewichts« (Postler & Sarimski 2017, 387 mit Verweis auf Tasse et al. 2016) gekennzeichnet. Die Nutzung dieser beiden gleichwertigen Indikatoren: *Kognitive und adaptive Kompetenzen* hat sich in der sonderpädagogischen Diagnostikpraxis in Deutschland bislang jedoch nicht eindeutig durchgesetzt, was vermutlich vor allem daran liegt, »dass sich bisher im deutschen Sprachraum kein standardisiertes und normiertes Diagnoseverfahren zur Beurteilung adaptiver Kompetenzen etabliert hat« (ebd.). Folgt man diesem diagnostischen Denk- und Praxisverständnis, lassen sich adaptive Kompetenzen jedoch als Voraussetzung sozialer Teilhabe beschreiben (vgl. ICF) und umfassen drei Dimensionen: *kognitiv-kommunikative, praktische und soziale Kompetenzen* (vgl. ebd.).

Insgesamt scheint es besonders mit Blick auf das Etikett Förderschwerpunkt geistige Entwicklung notwendig, auf die Vermeidung der Erstellung eines diagnostischen *Defizitkataloges* zu achten (vgl. Kapitel Definitorische Annäherungen) und auch eine zunehmende Leistungsorientierung, welche durch eine Diagnostik legitimiert werden soll, höchst kritisch zu betrachten. Aus diesem Grund möchten wir im Folgenden auch exemplarisch auf das ›Dilemma der Intelligenzdiagnostik‹ eingehen.

Zum Schluss sei nochmal sehr deutlich auf die *grundsätzliche Kritikwürdigkeit einer Statusdiagnostik* aufgrund einer damit verbundenen Selektionsstrategie verwiesen: In Anbetracht des hohen Risikos, dass mit einer Diagnose ›Geistige Behinderung‹ bzw. der Erteilung des Etiketts ›Förderschwerpunkt geistige Entwicklung‹ in der Regel mit einer *Sonderinstitution(alisierung)skarriere* verbunden ist, muss diese Form der diagnostischen Praxisrealität gänzlich in Frage gestellt werden: Eine »Diagnostik mit der Funktion der Zuweisung von Menschen in eine sonderpädagogische Disziplin und dadurch in die entsprechenden Sonderinstitutionen« ist »grundsätzlich zurückzuweisen« (Feuser 2013, 234)[81]. Dies scheint besonders wichtig, da sich eine »zunehmend unreflektierte Verwendung von pathologisierenden Diagnostiksystemen in den Feldern von Erziehung und Bildung« (Folta-Schoofs 2018, 135) etabliert, die es offen zu legen und hoch kritisch zu hinterfragen gilt.

## 2.3 Zum Dilemma der Intelligenzdiagnostik

»*Du darfst Menschlichkeit annehmen.*
*Du darfst Miteinander sein.*
*Du darfst Dich darüber informieren, was für ein problematisches, insgesamt defizitäres Konzept Intelligenz ist.*«
(Rosenblatt 2019, o. S.; Hervorhebung d. A.)[82]

---

81 Feuser (1995) markiert die Begrenzung auf den Besuch einer Sonderschule als »besonderer Fall der Beugung des Grundrechts auf freie Entfaltung der Persönlichkeit, den man nur mit Rassismus vergleichen kann« (197).
82 »Es liegt nicht an deiner Intelligenz« posted on 30.10.2019 von H.C. Rosenblatt auf: https://einblogvonvielen.org/tag/geistige-behinderung/ (22.04.2020)

Es ist ein *Irrglaube*, »dass eine einzige Zahl (›Intelligenzquotient‹) die Intelligenz eines Kindes erfassen kann und sonderpädagogischen Unterstützungsbedarf nachweisen könnte« (Joél 2017, 13). Diese Erkenntnis wird dadurch gestützt, dass mittlerweile davor »gewarnt wird, die gemessene Test-Intelligenz eines Menschen als angeboren oder gar isoliert von den gesamten Entwicklungsbedingungen eines Menschen zu betrachten« (Röhm & Zimpel 2017, 114). Es gilt also die bekannte Tautologie: »Intelligenz ist das, was ein Intelligenztest misst« (Boring 1923, 35 f.) und »der proklamierte ›General-Faktor‹, als angeborene menschliche Intelligenz« muss als »ein Artefakt einseitig ausgewählter Testaufgaben« (Röhm & Zimpel 2017, 114) bezeichnet werden.

Dieser kritische Blick auf eine Intelligenzdiagnostik[83] ist wichtig, da er in der professionellen Praxis zur *Reflexion* dessen zwingt, was man als Diagnostikerin\* tut. Unterschiedliche (Intelligenz)Tests spiegeln bis heute sehr unterschiedliche Ansätze davon wider, was Intelligenz eigentlich ist. Damit ist auch die *individuelle Prognostizität* einer Intelligenzmessung für das einzelne Kind *sehr gering und zudem vom verwendeten Verfahren abhängig*. Mit dieser Tatsache muss (auch) innerhalb einer kategorialen (Feststellungs)Diagnostik sehr sensibel und reflektiert – aus unserer Sicht ablehnend (!) – umgegangen werden. Eine Intelligenzdiagnostik ermöglicht keine (umfassende) Abbildung der Fähigkeiten eines Kindes/Jugendlichen und reicht allein auch keinesfalls aus, um Entscheidungen über die Zuweisung des Förderschwerpunkts geistige Entwicklung zu machen. Im Gegenteil: Eine Intelligenzdiagnostik reduziert und fixiert ein Individuum grundsätzlich in einer unmenschlichen Form und wird von Feuser (2013) zu Recht als »härteste Stigmatisierung« markiert, »die einem Menschen widerfahren kann« (235):

> »Das Demagogische liegt darin – das darf nicht aus dem Blick geraten – dass auch die Kategorie der geistigen Behinderung eine der ›erfundenen Tatsachen‹ ist, die durch endlose Wiederholung dessen, was sie sei, als real, richtig, zutreffend, als ›Wahrheit‹ erscheint, der durch die Konstruktion eines Intelligenzquotienten eine Art wissenschaftlicher Weihe verliehen wurde und wird. Der IQ ist nichts außer einer mathematisch-statistischen Größe, nichts Reales und schon gar nichts Menschliches. Der Intelligenztest selbst ist zugleich Werkzeug und (wissenschaftliches) Alibi der sozialen Entfremdung als Voraussetzung kategorialer Verdinglichung und entsubjektivierter Abstraktion. Mit dieser Form der Distanzierung wird der nun *andere Andere* in voller Verfügung über ihn, ausgedrückt im vermeintlich ›sonderpädagogischen Förderbedarf‹, gleichzeitig angeeignet, weit über das hinausgehend, was mit dem Begriff des Paternalismus in heil- und sonderpädagogischen Feldern gefasst wird; eine Art Akt der Kolonisierung« (42; Hervorhebungen i. O.).

Mit Verweis auf Knebel und Marquard (2012) möchten wir zusammenfassend betonen, dass die Intelligenzforschung weder neutral noch objektiv ist, sondern immer »im Kontext politischer Strömungen zu sehen« (Knebel 2019, 75) ist und in ihrer zentralen Funktion sowohl als »Rechtfertigung des gesellschaftlichen Status quo wie

---

83 Mit Rückblick auf Kapitel I, 1. ist es wichtig auf folgenden Zusammenhang zu verweisen: »Wenig bekannt ist, dass auch im faschistischen Deutschland eine Intelligenzprüfung zur Feststellung von ›angeborenem Schwachsinn‹ als Grundlage für Zwangssterilisationen eingesetzt wurde« (Knebel 2019, 73) und damit als eugenisches Instrument zur Selektion fungierte.

auch des *Angriffs auf die Idee von der Gleichwertigkeit der Menschen*« (ebd.; Hervorhebung d. A.) betrachtet und grundlegend kritisiert werden muss.

Trotz dieser grundlegenden Kritik kommt Intelligenztests jedoch in der (sonder)pädagogischen und psychologischen Diagnostikpraxis eine anhaltend prominente Bedeutung zu, da sie scheinbar eine gewisse ›Eindeutigkeit‹ suggerieren. Nach wie vor gelten sie als zentrale Informationsquelle für die Feststellung sonderpädagogischen Förderbedarfs in den Förderschwerpunkten Lernen und geistige Entwicklung. Diese vermeintliche Deutungsmacht einer Intelligenzdiagnostik *bestürzt*, angesichts der Tatsache der Schwierigkeiten bei der Ermittlung und Abbildung kognitiver Fähigkeiten – ganz besonders bei Kindern und Jugendlichen mit einer zugeschriebenen geistigen Behinderung: »Statistische Normalmaße der Intelligenz im ›weit unterdurchschnittlichen Bereich‹« sind als »Werte testdiagnostisch nicht zuverlässig zu erheben« (ebd.).

So besteht die *tragische Paradoxie*, dass es sich bei den kognitiven Fähigkeiten nach wie vor um einen *definitorischen Indikator* für den sonderpädagogischen Förderschwerpunkt geistige Entwicklung handelt, dieser aber gleichzeitig *kaum standardisiert zu ermitteln ist* (s. o.), da sich Normierungen von (Intelligenz)Testverfahren in der Regel nicht oder kaum auf Kinder/Jugendliche mit sogenannter geistiger Behinderung beziehen. Dieses *Dilemma* hat unterschiedliche Konsequenzen in der diagnostischen Praxis (vgl. u. a. Joél 2017):

- Es erfolgt ein Verzicht auf den Einsatz standardisierter Tests in der Diagnostik.
- Tests werden durchgeführt, aber ohne hinreichende Erfahrung und mit wenig Zeit zur Übung und Vorbereitung: »Praxisalltag ist die seltene Anwendung von Intelligenztests, deren Komplexität aber eine häufige Anwendung verlangt« (15).
- Es werden ›Adaptionen‹ und ›individuelle Nachteilsausgleiche‹ (mehr Zeit zur Aufgabenbearbeitung geben, Unterstützung anbieten, Lösungsvorschläge machen, Abbruchkriterien verändern etc.) vorgenommen.
- Es kann zu Durchführungs- und Interpretationsfehlern kommen.
- Es werden falsche oder verzerrte Ergebnisse abgeleitet.

Für die Diagnostikpraxis wird nun häufig empfohlen, dass der Einsatz standardisierter Instrumente zur Diagnostik kognitiver Fähigkeiten immer nur dann erfolgen kann, wenn die Entwicklungssituation und die Lernausgangslage des Kindes/Jugendlichen dies zulassen. Wenn dies nicht der Fall ist – was bei einem beträchtlichen Teil der Schülerinnen*schaft im Förderschwerpunkt geistige Entwicklung gegeben ist –, muss zwangsläufig ein flexibles und individualisiertes Vorgehen gewählt werden. Hierbei ist eine Abkehr von quantitativen Zugängen und Auswertungen zugunsten eines qualitativen Vorgehens unverzichtbar.

Auch wenn es nun insgesamt so scheint, als wäre die Existenz der Kategorie ›Förderschwerpunkt geistige Entwicklung‹ fest in das sonder(schul)pädagogische Professionsfeld eingewoben, darf das nicht darüber hinwegtäuschen, dass es sich hier im Besonderen um eine *institutionell bedingte Konstruktion* handelt, welche versuchsweise über den scheinbar stabilen Faktor Intelligenz legitimiert werden soll. Dass diese bundesweit gängige (Diagnostik)Praxis zu einer Ent-Subjektivierung beiträgt, muss immer wieder kenntlich gemacht werden. Kinder, Jugendliche und Erwachsene sind keine »nach IQ-Maßen vermessene Sache« (Feuser 2016, 57). Sie sind Menschen mit biografischen Prägungen, die es im Einzelnen aufzuspüren, sichtbar zu machen, zu hinterfragen und zu verändern gilt. Welchen Beitrag eine Diagnostik auch in diesem zentralen Anspruchssinn leisten kann, soll mit der folgenden Auswahl an prozessbezogenen dialogischen Vorgehensweisen skizziert werden.

## 2.4 Ansätze einer prozessorientierten dialogischen Diagnostik

Wenngleich das konstitutive Merkmal der Unbestimmbarkeit in Verbindung mit dem Konstrukt einer Geistigen Behinderung anzuerkennen ist (vgl. Kapitel Definitorische Annäherungen), liegt im Grundanspruch diagnostischen Handelns dennoch immer ein auf das *Verstehen* ausgerichtetes Erkenntnisinteresse:

> »Ein Verstehen der subjektiven Weltsicht des Gegenübers sollte [...] Ziel jeder pädagogischen Bemühungen sein. Der daraus resultierende Erkenntnisgewinn muss als zentraler Faktor innerhalb diagnostischer und förderorientierter Vorgehensweisen angesehen werden« (Schuppener 2005c, 175).

Vor dem Hintergrund dieses verstehenden Zugangs von Diagnostik möchten wir im Folgenden vier ausgewählte diagnostische Vorgehensweisen skizzieren, die aus unserer Sicht einen *machtkritischen und partizipativen Blick* auf diagnostische Prozesse zentral berücksichtigen. Diese Ansätze haben alle eine grundlegende Bedeutung im Rahmen der Gestaltung pädagogischer Beziehungen, wenngleich die schulpädagogische Relevanz im Sinne einer Förderplanung und einer Fachorientierung hier nicht im Vordergrund steht. Hierzu sei u. a. auf Schäfer und Rittmeyer (2015) sowie auf Bundschuh und Schäfer (2019) verwiesen, die eine schulbezogene *diagnostische Fachorientierung* sowie eine *Förderplanung* im Kontext inklusiver Diagnostik ausführlicher darlegen.

### Partizipatorische pädagogische Diagnostik

Die machtvolle Komponente innerhalb einer pädagogischen Diagnostik besteht in der Dominanz der Außenperspektive und der damit verbundenen Abhängigkeit von normativen Vorstellungen der Diagnostikerinnen*. Macht erzeugt jedoch immer einen Gegenpol der Ohnmacht, und damit »birgt eine pädagogische Diagnostik ohne Einbindung der SchülerInnen das Risiko einer großen Ohnmacht aufseiten der Kinder und Jugendlichen: Diagnostik wird hier als Urteil über die eigene Person wahrgenommen, auf das man selbst keinen Einfluss hat« (Gerhartz-Reiter & Reisenauer 2018, 115). Ohnmachtsverstärkend wirkt hier die Tatsache, dass den mit einer Diagnostik verbundenen Zuschreibungen und Projektionen immer »ein identitätsstiftender und transformierender Charakter« (ebd., 114) innewohnt: Urteile über die »(Un)Fähigkeiten und (besonderen) Bedürfnisse prägen das Selbstkonzept der SchülerInnen und beeinflussen ihre weiteren Bildungsverläufe« (ebd., 115). Das sollte ausreichen für den Appell, dass eine Diagnostik grundsätzlich »partizipativ zu erarbeiten« ist (Feuser 2016, 5).

Als methodisches Vorgehen machen Gerhartz-Reiter und Reisenauer (2018) folgende beispielhaften Vorschläge für einen partizipativen Diagnoseprozess:

1. *Erzählaufforderungen*
   (z. B. über ein Erlebnis, wo ich stolz auf mich war) sollen Aufschluss über subjektive Selbst- und Weltsichtweisen der Schülerinnen* geben. Wenn die Schülerinnen* ihre Erlebnisgeschichten selbst analysieren und interpretieren, kann z. B. eine beteiligungsorientierte Vorbereitung für ein diagnostisches Gespräch mit der Lehrkraft daraus entstehen.
2. *Analysen in Kleingruppen*
   (z. B. Reflexionsfragen zu den Erlebnisgeschichten) stellen eine Möglichkeit dar, subjektiv Erlebtes mit anderen gemeinsam zu hinterfragen und ggf. neu einzuordnen.
3. *Entwicklung eines Gesprächsleitfadens*
   (z. B. entlang der eigenen Erlebnisgeschichte) kann eine Möglichkeit sein, die eigene Geschichte in einen größeren Zusammenhang zu bringen: Ausgehend vom subjektiven Schülerinnen*-Erleben erfolgt eine gemeinsame Lehrerinnen*-Schülerinnen*-Reflexion über Fähigkeiten, Bedürfnisse und Ressourcen, die zu Ideen für eine mögliche Lernunterstützung führen kann.

Schülerinnen* sollte im Rahmen einer (partizipativen) Diagnostik immer die Möglichkeit gegeben werden, sich »a) bewusst zu machen, über welche (unterrichtsrelevanten) Interessen und Kompetenzen sie verfügen, b) einzuschätzen, wie gut (unterrichtsrelevante) Kompetenzen ausgebildet sind und c) dies so genau und umfassend zu formulieren, dass damit ein Ausgangspunkt für erfolgreiches Lernen gesetzt wird« (Meyer & Jansen 2016, 210).

Nur durch eine aktive Einflussnahme und transparente Beteiligung am Prozess einer pädagogischen Diagnostik können Schülerinnen* »ein höheres Maß an Autonomie in ihrem weiteren Bildungsweg und insbesondere ihren zukünftigen Bildungswegentscheidungen« erreichen (ebd., 123). Für Lehrende liegt der Mehrwert einer partizipativen Diagnostik in einer Perspektiverweiterung, einer »Bewusstwerdung über die Beschränktheit und Subjektivität des eigenen Fremdurteils« (ebd., 128) und einer höheren »Urteilsakkuratheit/Treffsicherheit« von Diagnosen und Förderempfehlungen.

## Dialogisch-systemische Diagnostik

Selbsterklärend ist eine diagnostische Situation eine dialogische Begegnung, in welcher differente Interessen und Erwartungen aufeinandertreffen. Die oben benannten ethischen Aspekte spielen in der Ausgestaltung der Begegnung stets eine wirkmächtige Rolle.

Boban und Hinz (2016) schlagen das *Partnerschaftsmodell* (vgl. Eisler 2005) als Grundlage eines dialogisch-systemischen Vorgehens vor. Hierbei geht es um differente Ebenen und Prozesse einer *gemeinsamen Reflexion*, die von Boban und Hinz entlang eines *Diagnostischen Mosaiks* erläutert werden. Hier sollen möglichst viele Personen beteiligt sein, die eine Bedeutung für die Person haben, die im Mittelpunkt einer Diagnostik steht. Durch »viele subjektive Sichten« (ebd., 66) soll eine Art der *Machtteilung* (»geteilte Mächtigkeit«; ebd., 66) stattfinden, und es soll eine möglichst für alle Beteiligten verstehbare Visualisierung folgender Reflexionsebenen erfolgen:

1. Reflexion des Lebensweges
   (= anschauliche biografische Analyse, z. B. durch Lebenswegzeichnung)
2. Reflexion des aktuellen Umfelds
   (= bildliche Art der Kontextanalyse, z. B. durch Mindmap)
3. Reflexion von Lernmustern
   (= Analyse der Lerndynamik, z. B. durch Verbildlichung von ›Teufelskreis- und Engelskreisdynamiken‹)
4. Reflexion von Projektionen
   (= Analyse von Übertragungsprozessen in Beziehungen, z. B. durch Systemaufstellung)
5. Reflexion von Schlüsseldaten, -konstellationen, -themen
   (= Analyse der Familienkonstellation, z. B. durch Genogramme).

Aufbauend auf den gewonnenen Erkenntnissen und mit Hilfe von Methoden des personenzentrierten Denkens sollen nun *partnerschaftliche Verabredungen* für das weitere dialogisch-systemische Vorgehen getroffen werden:

1. Reflexionen mit dem Kreativen Feld
   (= Verbildlichung positiver und negativer Valenzen, z. B. ein Bild mit ›Schätzen‹ und ›Baustellen‹)
2. Reflexionen über einen möglichen Unterstützerinnen*kreis
   (= Veranschaulichen eines ›Circle of friends‹ für Zukunftsplanungen)
3. Reflexionen über Zukunftsfeste
   (= visualisierte Planung eines Zukunftsfestes entlang von MAP & PATH)
4. Reflexionen der aktuellen Lage
   (= Formulieren wichtiger Fragen und Verfassen eines Aktionsplanes).

Mit diesen Mosaiksteinen soll eine »*willkommen heißende Diagnostik*« (Boban & Kruschel 2012, o. S.; Hervorhebung d. A.) entwickelt werden, die intersubjektive Wahrheiten offenlegt und kritisch hinterfragt. Diese Form der dialogisch-systemischen Diagnostik möchte explizit die ›Zwei-Gruppen-Theorie‹ überwinden. Sie macht sich die »Weisheit der vielen Weisen« zunutze (vgl. ebd.) und vereint damit verschiedene Expertisen in Form eines partnerschaftlichen Prozesses der Ko-Konstruktion. Dadurch entsteht eine Überwindung von Erkenntnisgrenzen/Erkenntnisbegrenzungen, die eine Wertschätzung von Vielfalt impliziert (vgl. Simon & Simon 2013).

## Verstehende rehistorisierende Diagnostik

Diagnostische Daten sind immer reduktionistisch. »Sie heben Zusammenhänge der Lebenswelt und der Geschichte – oft in verdinglichter Form – auf die Ebene der Vorstellung und machen sie reflektierbar« (Jantzen 2006, 320). Sie beschreiben jedoch oft nur das »WIE«, nicht aber das »WARUM« (ebd.). Die rehistorisierende Diagnostik beansprucht das Nachspüren und Erarbeiten der *subjektiven Geschichte* eines Individuums. Diagnostische Daten müssen demzufolge immer auf diese Geschichte zurückbezogen werden und im Spiegel des »Lebens und Erlebens rekonstruiert werden« (ebd.).

Als Ausgangspunkt einer rehistorisierenden Diagnostik beschreibt Jantzen (2012b) »eine nicht mehr gelingende Vermittlung in der pädagogischen Begegnung« (o. S.). Damit wird vor allem die Zielgruppe von Kindern, Jugendlichen und Erwachsenen adressiert, die neben einer zugeschriebenen geistigen Behinderung psychiatrische Zusatzdiagnosen haben und/oder sogenanntes herausforderndes Verhalten zeigen. Hier setzt die Rehistorisierung an und möchte »erklären und verstehen, warum diese Person sich unter den ihr gewährten Entwicklungsbedingungen so entwickelte« (ebd.). Wie in Teil I (▶ Kap. I, 3.4) schon erwähnt, bedingt diese diagnostische Grundhaltung ein Maximum an Empathiefähigkeit und Einfühlungsvermögen, weil es darum geht zu erkennen, dass ›ein Fall von‹ auch eine Geschichte von ›Meinesgleichen‹ sein kann, die unter anderen Entwicklungsumständen auch meine eigene hätte sein können.

> »Das heißt aber, dass meine Geschichte ebenso von Ausgrenzung und Verzweiflung, von Schmerz und Ohnmacht, von erfahrener Gewalt und psychischer Umwandlung misslingender sozialer Beziehungen in meine persönliche Schuld gekennzeichnet sein könnte« (Jantzen 2006, 326).

Die damit verbundenen ›*Übertragungsbrücken*‹, die es zu schaffen gilt, um den Pol der Ohnmacht zu verändern, dürfen nach Jantzen nicht losgelöst von sogenannten ›*Gegenübertragungsmustern*‹ (vgl. Farber 1995) betrachtet werden. Überidentifizierung oder Vermeidung können zu empathischer Unausgeglichenheit, empathischem Rückzug, empathischer Verwicklung oder empathischer Verdrängung führen.

Ausgehend vom Verständnis einer *Behinderung als soziale Isolation* geht es in methodologischer Hinsicht bei der verstehenden rehistorisierenden Diagnostik um Beobachtungen, Beschreibungen und Erklärungen – mittels unterschiedlicher Instrumentarien –, die erhoben und »auf der Basis des Erklärens stattfindenden Verstehen des Diagnostikers und der verifizierten Tätigkeit des Betroffenen auf dem Hintergrund seiner über vergleichbare Geschichten erschlossenen lebensweltlichen Situation« (Jantzen 2006, 322) neu interpretiert werden können. Als diagnostische Erkenntnis kann hier Folgendes gelten: Verhaltensweisen von Kindern, Jugendlichen und Erwachsenen werden unter dem Aspekt ihrer Entwicklungsmöglichkeiten und ihrer Entwicklungserfahrungen begriffen (vgl. ebd.). Sie werden nicht primär als Ausdruck einer Verhaltensgenetik oder als Verhaltensphänotyp in einer suggerierten Naturalisierung verstanden, sondern (neu) eingeordnet vor dem Hintergrund der individuellen Entwicklungspfade der zu Diagnostizierenden. Sie werden nicht mit dem Fokus auf eine ›Pathologie des Verhaltens‹ betrachtet, sondern entwicklungsbezogen hinterfragt: So können nach Jantzen z. B. selbstverletzende Verhaltensäußerungen nicht als zwangsläufige Folge eines genetischen Syndroms aufgefasst werden, sondern z. B. als »Schutzmechanismen des Selbst« (ebd., 324).

Als zentrale Botschaft der rehistorisierenden Diagnostik formuliert Jantzen (1999) den Leitsatz: »Halte das Feld der Macht offen!«. Damit ist insbesondere ein Selbstreflexionsanspruch an Diagnostikerinnen* verbunden, Formen der Macht und Gewalt und die eigene Verflechtung in selbige zu erkennen. Gewaltverhältnisse sollen außer Kraft gesetzt werden und Machtbeziehungen so umgestaltet werden, dass empathische Beziehungen jenseits von Abhängigkeiten und Machtgefällen realisiert werden können (vgl. Jantzen 2012b). Dies kennzeichnet auch den Prozess des diagnostischen Verstehens: »Zum Verstehen gehört ein strikt antiutopischer Gestus, der auf jede künftige Bemächtigung eines anderen verzichtet« (Jantzen 2005, 152).

## Individualpädagogische Diagnostik

Mit dem Grundverständnis einer dialogischen Diagnostik soll der Blick im Rahmen eines individualpädagogischen diagnostischen Vorgehens insbesondere auf Kinder, Jugendliche und Erwachsene gelenkt werden, die »nicht über hinreichende sprachliche Kommunikationsmöglichkeiten verfügen« und für welche ein »Leibdialog die einzige diagnostische Zugangsmöglichkeit« (Krawitz 2015, 557) darstellt. Vor dem Hintergrund eines leibphänomenologischen Zugangs (vgl. Stinkes 1998, 2002) geht es hier um die Deutung der Befindlichkeiten von Leib, Seele und Geist bei Menschen, die in hohem Maße auf *Interpretation* und *Stellvertretung* angewiesen sind.

Aus der Kritik heraus, dass eine pädagogische Diagnostik oft zu sehr auf rein kognitive Aktivitäten ausgerichtet ist, lassen sich nach Krawitz (2015) drei Dialogebenen eines individualpädagogischen Vorgehens ableiten:

1. *Der diagnostische Dialog über die Sinne*
   Es gilt bspw. auf der Basis einer Basalen Kommunikation (vgl. Mall 2008) möglichst viele Informationen über die »Entfaltung der Sinne und dadurch über die Differenzierung der Wahrnehmung eines Individuums im diagnostischen Dialog« (558) zu ermitteln.
2. *Der diagnostische Dialog über die Imagination*
   Hier geht es um einen diagnostischen Dialog in Bildern. Es sollte die Möglichkeit erprobt werden, Aufschluss über innere Bilder eines Gegenübers zu erhalten. Dies kann insbesondere über kreative Ausdrucksmöglichkeiten erfolgen (vgl. Schuppener 2006, 2011b, c).
3. *Der diagnostische Dialog über das Begreifen*
   Der Gebrauch der Hände als unmittelbare Ausdrucksform kann ebenfalls zum Gegenstand eines diagnostischen Dialogs werden. Ein Einsatz von Händen im Rahmen von Kommunikation, Gestaltung und Arbeit kann zum erkenntnisreichen Beobachtungsgegenstand werden und Informationen über die subjektive Befindlichkeit liefern.

Mit einem individualpädagogischen Diagnostikansatz soll auf die Notwendigkeit einer Entschleunigung im diagnostischen Miteinander und einem zwangsläufigen

Verzicht auf interindividuelle Vergleiche aufmerksam gemacht werden. Ausgehend von einer *Individualnorm* darf nicht vergessen werden, dass *Messbarkeit, Leistungsvergleich, Standardisierung und Evidenzbasierung* der Lebenswirklichkeit von Menschen mit sogenannter Komplexer Behinderung oftmals *diametral* gegenüberstehen[84].

## 2.5   Bedeutung einer Diagnostik im Kontext von Inklusion

Inklusion stellt auf allen Wirkungsebenen in Theorie, Forschung und Praxis Herausforderungen an die beteiligten Akteurinnen*. Im Hinblick auf eine pädagogische Diagnostik, die sich als ›Inklusive Diagnostik‹ verstehen möchte, lässt sich ein Spannungsfeld zwischen einer »Standortbestimmung des Lernens für *alle* Lernenden« (Reich 2015, 40; Hervorhebung d. A.) und der Markierung besonderer Lernbedürfnisse und damit verbundener Effekte ausmachen. Die Grundfrage einer sogenannten Inklusiven Diagnostik könnte also lauten: Wie geht sie »mit diagnostischen Kategorien, deren Flexibilität und deren Etikettierungseffekten« (Boger & Textor 2016, 79; Hervorhebung d. A.) um?

Ambivalenzen und Turbulenzen lassen sich im Selbstverständnis einer sogenannten Inklusiven Diagnostik dadurch finden, dass normative Grundlagen diagnostischen Handelns nicht immer transparent mitgedacht und reflektiert werden und Erfahrungen sich oftmals noch aus einer sonderpädagogischen Diagnostik speisen, die in »exkludierenden Systemen gearbeitet und sich zu wenig dem gemeinsamen Lernen gewidmet hat« (Reich 2015, 41). Der Minimalanspruch muss unseres Erachtens jedoch darin liegen, die »alleinige sonderpädagogische Perspektive aufzugeben und radikal zu erweitern« (ebd.). Es geht also unserer Auffassung nach nicht um ein reines ›Bewahren sonderpädagogischer Kompetenzen‹ und eine Re-Definition als ›Kooperative Diagnostik‹, wie sie im Verständnis einer sogenannten Inklusiven Diagnostik von Schäfer und Rittmeyer (2015, 109) vorgeschlagen wird[85]. Sondern es geht um eine Neukonstituierung eines sogenannten Inklusiven Diagnostikverständnisses, welches eine ›Zwei-Gruppen-Theorie‹ überwindet und eine hohe *Reflexionssensibilität* für die »Gefahr von Selektion, Platzierung, Zuwendung und Ressourcenverteilung sowie der (Re)Produktion von Ungleichheit(en)« (Simon & Simon 2013, o. S.) auf Seiten aller Pädagoginnen* impliziert.

---

84  Fröhlich (2015b) spricht mit Blick auf Menschen mit sogenannter schwerster Behinderung von »diagnostischen (Un-)Möglichkeiten« (433).
85  Schäfer und Rittmeyer (2015) möchten sich mit ihrem Verständnis Inklusiver Diagnostik von »visionären Perspektiven« (111) abgrenzen und an die bestehenden Praxisstrukturen anknüpfen, in denen es vorrangig um eine Kooperation zwischen Sonderpädagoginnen* und Allgemeinpädagoginnen* geht. Demzufolge kennzeichnet dieses Verständnis einer Inklusiven Diagnostik ein interdisziplinärer Dialog zwischen Regel- und Sonderpädagogik sowie weiteren Professionen und Kooperationspartnerinnen*.

Vor diesem Anspruchshintergrund sollte eine ›*gute Diagnostik*‹ folgende Grundansprüche erfüllen (angelehnt an Boger & Textor 2016):

1. ihre Normalitätserwartungen und Normativität nicht verleugnen, sondern explizieren und zur Diskussion stellen
2. ihre Notwendigkeit prüfen und legitimieren
3. ihren Erklärungswert für das Verstehen einer Situation/eines Falles reflektieren.

Wir möchten uns dem Grundverständnis einer pädagogischen Diagnostik im Kontext von Inklusion von Simon und Simon (2013) anschließen und die folgenden Aspekte als Wesenszüge formulieren (o. S.):
»Eine [sogenannte; d. A.] inklusive Diagnostik

- ist kein Instrument für interindividuelle oder normorientierte Vergleiche, für Selektions- bzw. Platzierungsprozesse, Bewertungen oder Zuordnungen,
- besitzt Praxisrelevanz für pädagogisches Handeln und ist mit didaktischem Handeln unmittelbar verbunden,
- ist ›Serviceleistung‹ für alle Kinder und knüpft nicht vordergründig an Lern- und Entwicklungsprobleme an,
- ist keine sonderpädagogische Spezialdisziplin mehr,
- kann nur fragmentarische Momentaufnahmen sozialer Realität hervorbringen und damit zu Arbeitshypothesen führen,
- ist ein ko-konstruktiver, dialogischer Prozess,
- geht reflexiv-flexibel mit den Gütekriterien für Diagnostik um,
- trägt zur Kultivierung von Vielfalt und zur Entwicklung einer inklusiven Perspektive bei,
- ist eine individualisierte, entwicklungssensible Diagnostik,
- hat einen anerkennenden Charakter und überwindet die dingähnliche Behandlung von Kindern im Rahmen von Diagnostik.«

Diagnostik im Kontext von Inklusion ist also »ein Instrument zur Suche nach passenden pädagogischen Angeboten und Inszenierungen und damit verbundenen Adaptionsleistungen des Settings an jedes einzelne Kind« (ebd.). Dabei sollte einer Diagnostik immer ein *kategorienkritischer Blick* innewohnen: »Es gilt, sich von der Vorstellung zu verabschieden, Einteilungen in starre Kategorien seien eine Unterstützung und die damit einhergehende Depersonalisierung und Deindividualisierung sei hilfreich« (Schiermeyer-Reichl 2016, 137).

Mit dem Selbstverständnis einer (Re)Kategorisierung sollte also eine Verwendung *flexibler und differenzierter Kategorien* (vgl. Boger & Textor 2016) verfolgt werden. Aber auch diese sind nach wie vor »gewissenhaft zu reflektieren« (ebd., 96). Wenngleich die Einteilung in sonderpädagogische Förderschwerpunkte prinzipiell eine »stigmatisierende und gleichzeitig unbrauchbare diagnostische Kategorienbildung« (ebd.) darstellt, gibt es flexible Kategorien, die eine »adaptive Unterstützung bei individuellen Bedarfslagen überhaupt erst möglich machen« (ebd., 80). Grundsätzlich muss aber immer der Effekt von Kategorien für die betreffenden Kinder und

Jugendlichen eingeschätzt werden (vgl. ebd.), was uns zum finalen Anspruchsmerkmal einer sogenannten Inklusiven Diagnostik führt:

Unter partizipativem und machtkritischem Fokus arbeiten Simon und Simon (2013) *kinderrechtsbasierte konstitutive Merkmale* einer von ihnen bezeichneten ›inklusiven Diagnostik‹ heraus, die wir hier als eine Art abschließende Präambel nennen möchten: Eine Diagnostik im inklusiven Kontext kennzeichnet, dass:

1. »nicht über Kinder verfügt wird, als könne über sie verfügt werden wie über ein Ding.
2. Kinder nicht instrumentalisiert werden, zum Beispiel zum Aufrechterhalten unterschiedlicher Professionen durch klientelspezifische Abgrenzung.
3. Kinder nicht ihrer Autonomie beraubt werden, indem ihr freier Wille und ihr Recht gehört zu werden nicht geachtet werden.
4. Kinder nicht als handlungsunfähig betrachtet, sondern als Professionelle ihrer selbst wahr- und ernstgenommen werden.
5. Kinder nicht als austauschbar erachtet oder behandelt werden, was Selektions- und Platzierungsprozesse nach dem Motto ›für jedes Kind die passende Schule‹ ausschließt.
6. Das Verletzen (egal ob seelisch oder physisch) von Kindern nicht in Kauf genommen oder ignoriert wird, so wie es in Schule mitunter der Regelfall ist (vgl. Simon & Kruschel 2013; Simon 2013; Wocken 2013).
7. Nicht mit Kindern umgegangen wird, als wären sie ein Besitztum, was mit der uneingeschränkten Achtung ihrer Selbstbestimmung und generellen Handlungsfähigkeit (ungeachtet der Quali- und Quantität derselben) und mit Enthierarchisierungsprozessen einhergeht.«

Abschließend möchten wir nochmal explizit auf das Risiko der »*Sonderpädagogisierung*« verweisen, welches Schuhmann (2016) als »effektive Barriere für Inklusion« (174) kennzeichnet. Hiermit ist das bestehende Problem in der professionellen Praxis gemeint, dass gerade die Diagnostik im Bereich (schulischer) Inklusion häufig als sonderpädagogisches Hoheitsgebiet gilt und sich auch nur schwer »emanzipiert« und »aus ihrer Verankerung in der sonderpädagogischen Profession« (ebd.) herauslöst. Daher muss ein als ›inklusive Diagnostik‹ bezeichnetes Konzept im Grundverständnis eine *pädagogische Diagnostik* sein, die sich des Risikos einer ›Sonderpädagogisierung‹ absolut bewusst ist und sich gezielt von protonormalistischen Mechanismen und Methoden eines ›Vermessungswahns‹ mit dem Ziel einer Pathologisierung bisher als ›normal‹ geltender Schülerinnen* vor dem Hintergrund einer »invasiven Totalüberwachung« (Boger 2018, o. S.) in der allgemeinen Schule kritisch-reflektiert distanziert[86].

---

86 z. B. durch die Ablehnung von »Response-to-Intervention« (RTI) als Konzept

# 3 Bildung

Bildung vollzieht sich zwar auf der Ebene der Profession; die Frage nach einem Bildungsbegriff wird jedoch auf der Ebene der Disziplin verhandelt. Bildung wird hier als ›pädagogischer Gegenstandsbereich‹ innerhalb der Disziplin verortet (vgl. Ackermann 2013), den es zu konturieren gilt. Nach Ackermann muss einerseits *Bildung als* »*Möglichkeit*« in den Blick genommen werden, und gleichzeitig ist es eine Aufgabe der Pädagogik, die »Bedingungen dieser Möglichkeit« (ebd., 182) zu beschreiben. Inklusion ist hier als zentrale Bedingung von Bildung zu vergegenwärtigen (vgl. ebd.).

## 3.1 Grundverständnis von Bildung

Mit einem historischen Rückblick (▶ Kap. I, 1) wird deutlich, dass das Verhältnis der sogenannten ›Geistigbehindertenpädagogik‹ zu Bildungsfragen ein eher brüchiges war und ist: Der Absprache einer *Förder-* und *Lernfähigkeit* folgte die Zuschreibung einer mangelnden *Bildungsfähigkeit* und daran schlossen sich schließlich auch noch Zuschreibungen einer *Schulbildungsunfähigkeit* an (Feuser 2013). Genau aus dieser Zuschreibung von »Bildungsunfähigkeit« speist sich letztlich die Konstruktion und Kritik einer verbesondernden Pädagogik (vgl. Moser 2003), welche als ›Auch-Pädagogik‹ eine Zuständigkeit für all jene proklamiert hat, die als unfähig galten.

Die Tatsache, dass »mit der Frage der Bildung [...] der zentralste Begriff der Pädagogik angesprochen« (Bärmig 2015b, o. S.) ist und die sogenannte ›Geistigbehindertenpädagogik‹ es lange versäumt hat, ein Bildungsverständnis zu prägen, macht nochmal prägnant auf diesen *wunden Punkt der Disziplin* aufmerksam. Hinzu kommt das Dilemma, dass die Pädagogik bei zugeschriebener geistiger Behinderung »ihren Bildungsauftrag ihrer Schülerschaft gegenüber bis heute nicht eingelöst« (Feuser 2013, 223) hat. Hiermit verweist Feuser im Besonderen auf das Risikofeld der *institutionalisierten Bildungsvermittlung*, welches für die Schülerinnen\*schaft, der mit dem Förderschwerpunkt geistige Entwicklung eine geistige Behinderung zugeschrieben wird, nach wie vor ein hoch separierendes, z. T. isoliertes Bildungssetting vorhält und damit den Anspruch einer ›*Bildung für alle*‹ im Sinne eines Bildungsangebotes an einem gemeinsamen Lernort mit allen Kindern nicht erfüllt (▶ Kap. III, 2).

## 3 Bildung

Wenngleich Bildung als begriffliches Konstrukt[87] immer wieder kritischen Diskussionen – Verdinglichungen, Instrumentalisierungen, Missbräuchen, Verkennungen, Funktionalisierungen, Polyvalenzen, inflationären Verwendungen, Uneindeutigkeiten etc. – unterliegt, ist der »Bildungsbegriff als Grundkategorie im Hinblick auf [...] pädagogische Gegenwarts- und Zukunftsaufgaben« (Klafki 2007, 44) dennoch unverzichtbar, weil es eine zentrale Kategorie braucht, 1. als »zentrierende, übergeordnete Orientierungs- und Beurteilungskriterien für alle pädagogischen Einzelmaßnahmen« (ebd.) und 2. damit pädagogische Bemühungen »*begründbar* und *verantwortbar* bleiben« (ebd., Hervorhebung i. O.). Bildung kennzeichnet *pädagogische Situationen und Praktiken*. Sie legitimiert quasi pädagogische (Handlungs)Praktiken, indem sie »pädagogische Praxen« »von anderen Formen und Qualitäten des sozialen Umgangs und der menschlichen Erfahrung« (Sander 2015, 517) unterscheidet.

Die Frage nach einem Bildungsverständnis kann einerseits in einem »*reflexiven Sinne*« und andererseits in einem »*transitiven Sinne*« ergründet werden (Ackermann 2010a, 56; Hervorhebung i. O.). Während ein transitives Bildungsverständnis klärt, »welchen Bildungskanon, welches Wissen« (ebd.) über Generationen hinweg weitergegeben werden soll, betrachtet die reflexive Dimension von Bildung die Genese und den normativen Hintergrund eines Bildungsverständnisses. Letztlich ist die Differenzierung in transitive und reflexive Bildungsfragen nicht trennscharf, da auf beiden Ebenen normative Fragen und gesellschaftsbezogene Reflexionen eine zentrale Rolle spielen.

Der Umstand, dass die Pädagogik bei zugeschriebener geistiger Behinderung nach wie vor unter einem offensiven oder subtilen ›Legitimationsdruck‹ steht, die Bildungsfähigkeit für Menschen mit dieser Zuschreibung nachzuweisen[88] (vgl. Ackermann 2010a), drückt sich u. a. darin aus, dass die Klärung einer reflexiven Dimension von Bildung eher vernachlässigt wurde und man sich (im Besonderen in der Nachkriegszeit) primär der Ausformung eines transitiven Bildungsverständnisses gewidmet hat. Dies wirkt bis heute nach: Ziemen (2019) macht darauf aufmerksam, dass der »Förderschwerpunkt geistige Entwicklung« nach wie vor mit dem Risiko verbunden ist, dass Bildungs*einschränkungen* im Vordergrund stehen und demzufolge »Bildung in umfassender Art und Weise immer wieder in Gefahr [steht; d. A.], vorenthalten zu werden« (87).

Die »Irrlehre von der ›Bildungsunfähigkeit‹« (Ackermann 2010a, 68) wirkt(e) also in gewisser Weise latent weiter und ihr wurde innerhalb der Disziplin und der Profession der Pädagogik bei zugschriebener geistiger Behinderung einerseits mit Antwortversuchen auf der Ebene der Entwicklung zentraler Alternativbegriffe wie »Lernen, Entwicklung, Sozialisation, Kommunikation etc.« (ebd., 69) begegnet und

---

87 Göhlich und Zirfas (2007) sprechen von Bildung als »umbrella term« (15).
88 Ackermann (2010a) spricht hier von einer »*nicht bewältige[n] ›Bildungsunfähigkeit‹*« (58; Hervorhebung i.O.)., da »zwar [...] die Praxis den ›Beweis‹ der Bildungsfähigkeit erbracht [hat; d. A.], aber angesichts der etablierten, vor allem ›neuhumanistisch‹ orientierten Bildungstheorien [...] scheint dieses Ergebnis doch nicht zu genügen« (ebd., 59), da die Forderung der allgemeinen Bildungsfähigkeit eher programmatisch gekleidet ist, aber nicht hinreichend begründet scheint.

andererseits mit dem einseitigen Fokus auf die transitive Dimension von Bildung in Form der Entwicklung differenter spezifischer didaktischer Konzepte und der Diskussion um spezifische Bildungspläne für Kinder und Jugendliche, die als geistig behindert klassifiziert waren. Das hatte wiederum tiefgreifende Konsequenzen, welche sich in der Vernachlässigung reflexiver Grundfragen im Zusammenhang mit Bildungsfragen äußern: »Der ›transitiven‹ Dimension wurde – in didaktischer Gestalt – mehr Aufmerksamkeit zugewandt als der ›reflexiven Dimension‹, womit ein Defizit an anthropologischer, gesellschaftstheoretischer, politischer und ethischer Reflexion in der Disziplin entstanden sein dürfte« (ebd.). Das gilt für die Sonderpädagogik genauso wie für die allgemeine Pädagogik: Beide haben es lange versäumt, sich aufeinander zu beziehen und damit (bildungsbezogene) Verbesonderung als kritikwürdig zu markieren. Erst durch den Inklusionsdiskurs scheinen diese Bestrebungen sichtbarer geworden zu sein.

Bevor wir auf die Verbindung reflexiver und transitiver Bildungsfragen differenzierter eingehen, möchten wir zunächst ein zentrales Spannungsfeld innerhalb der von uns benannten verbesondernden Pädagogik aufzeigen, welches von Riegert und Musenberg (2010) als ein Rangieren »zwischen allseitiger Bildung und Bildungsattrappe« (29) benannt wird. Während »die Notwendigkeit einer allseitigen Bildung für alle Kinder und Jugendlichen, mit und ohne Behinderungen« (ebd.) mit dem oben dargelegten Bildungsverständnis legitimiert sein dürfte, soll im Folgenden nochmal explizit auf das Risiko eines verkürzten Bildungsbegriffs eingegangen werden, der auf Disziplin- und Professionsebene einer von uns skizzierten Pädagogik der Verbesonderung nach wie vor bedeutungsvoll, weil nicht überwunden scheint.

## 3.2 Zum Risiko des Bildungsreduktionismus

Die kritische Erziehungswissenschaft distanzierte sich in den 1960er Jahren vom geisteswissenschaftlichen Bildungsbegriff und fokussierte eher den Entwicklungsbegriff vor dem Hintergrund empirischer Sozialforschung (vgl. Papke 2016). Parallel dazu wurde das Bildungsrecht als Rechtsanspruch für Kinder mit zugeschriebener geistiger Behinderung erstmalig erkämpft und damit zum Bürgerrecht erklärt (vgl. ebd.). Es bestand also eine große Lücke zwischen einer kritischen Auseinandersetzung mit einem etablierten Bildungsbegriff auf der Ebene der allgemeinen Erziehungswissenschaft und dem Betreten disziplin- und professionsbezogenen *Neulandes* im Bereich der sogenannten ›Geistigbehindertenpädagogik‹, wo Bildung bislang kein (Definitions)Gegenstand war. Die (schul)pädagogische Praxis entwickelte nun – meist von Beginn an in verbesondernden, separierenden Strukturen – eine Bildungsarbeit, die durch die bis dahin gültige zugeschriebene Bildungsunfähigkeit neu und unbestimmt war: »Einen inhaltlichen Ort innerhalb der Pädagogik gibt es noch nicht« (ebd., 83).

Von dem konstitutiven Beginn einer Bildungsanerkennung bzw. innerhalb einer Pädagogik der Verbesonderung lassen sich *drei Risikodimensionen des Bildungsreduk-*

*tionismus* identifizieren, die nach wie vor aktuelle Gültigkeit besitzen und daher im Folgenden kurz skizziert werden sollen:

1. *Reduktion auf formale Bildungsaspekte*

Mit Gruschka (2011, 2015) möchten wir die zentrale Bedeutung materialer Bildung[89] betonen: »Das Menschenrecht baut auf einer materialen Bestimmung von Verstehensinhalten und der anthropologisch didaktischen Tatsache auf, dass deren Vermittlung an alle möglich wäre« (ebd. 2015, 227).

Für die Schülerinnen*gruppe mit dem zugewiesenen Förderschwerpunkt geistige Entwicklung besteht ein besonderes Risiko in einer Dominanz formaler Bildungsanteile. Diesem Risiko wollten Lamers und Heinen schon 2006 mit ihrem Ansatz »Bildung mit ForMat« entgegenwirken:

Auf der Basis des zentralen Prinzips der Elementarisierung als didaktisches Konzept der wechselseitigen Erschließung von Person und Lerninhalt müssen allen Kindern – und hier werden im Besonderen immer auch Kinder mit Komplexer Behinderung mitgedacht und adressiert – ansprechende, vielfältige und altersadäquate Inhalte angeboten werden (vgl. Lamers & Heinen 2006).

Die Notwendigkeit der Betonung dieses Grundanspruches ergibt sich aus der Erfahrung, »dass bei Schülerinnen und Schülern mit geistiger sowie schwerer und mehrfacher Behinderung vorzugsweise ein vielfältiges Angebot zur formalen Bildung vorhanden ist, aber materialer Bildung oftmals eine geringe bis gar keine Gewichtung zugeschrieben wird« (Terfloth & Bauersfeld 2015, 64 mit Bezug auf Lamers & Heinen 2006). Die von Gruschka (2015) zu Recht kritisierte Überschwemmung von Schule mit »künstlichen Methoden als Unterrichtsersatz« (ebd., 227), die seines Erachtens zur »Infantilisierung der Schüler« (ebd., 228) beiträgt, findet sich in der schulischen Arbeit mit Kindern, die als geistig oder schwerst (mehrfach) behindert gelten, in alltagsbestimmender Realität wieder: Die Material- und Methodenvielfalt speziell im Bereich der basalen Förderung steht hierfür beispielhaft. Es geht nicht darum, basale Förderangebote grundsätzlich in Frage oder gar Abrede zu stellen[90]; es geht darum, dass kritisch geprüft werden muss, inwieweit mit Erziehungs-, Therapie-, Förder- und vor allem auch Unterrichtsmethoden tatsächlich Ziele materialer Bildung verfolgt werden[91]. Gerade bei Schülerinnen* mit sogenannter geistiger oder mehrfacher Behinderung »kommt es oft zu einer Gleichsetzung von Inhalt und Methode, wenn z. B. Basale Stimulation oder Snoezelen ohne inhaltliche Kontextualisierung« (Riegert & Musenberg 2010, 31) oder gar ausschließlich angeboten werden: »Schüler brauchen mehr als nur ›Basale Stimulation‹ und ›Snoezelen‹« (Fornefeld 2010,

---

89 Auf das Grundverständnis materialer und formaler Bildung im Rahmen der Theorie der kategorialen Bildung nach Klafki (1963) wird in ▶ Kap. 3.4 noch spezifischer eingegangen.
90 Hierzu nehmen wir folgend hinsichtlich einer hohen Relevanz in der Erziehung, Bildung, Pflege und Förderung noch in Kapitel II, 4 Stellung.
91 Das Verständnis von »Basaler Förderung« von Fröhlich (2016) versucht u. a. auch gezielt materiale und formale Bildungs- und Erziehungsaspekte zu akzentuieren (vgl. auch Mohr 2019).

279). Der Gefahr einer inhaltsleeren und begrenzten ›Methodenbespaßung‹ muss transparent und kritisch-reflektierend gegenübergetreten werden (vgl. auch 3.).

Mit Gruschka (2015) lässt sich formulieren, dass wieder eine »Lust am Verstehen« (229) geweckt werden muss auf Seiten der Schülerinnen*[92], indem ihnen Inhalte zugetraut/zugemutet werden – wider einer »pessimistischen Anthropologie des Schülers« (ebd., 227) – und man die »Auseinandersetzung mit der Sache« (ebd., 227) (wieder) interessant und attraktiv macht. Hierbei geht es nicht um eine Missachtung der individuellen Lernvoraussetzungen, sondern um eine Orientierung an selbigen. Ein offener Widerstand gegen eine Reduktion auf formale Bildung darf auch nicht missverstanden werden als bloßes »Anhäufen von Wissen«, sondern als anregungsreiche »Auseinandersetzung mit dem Inhalt« (Terfloth & Bauersfeld 2015, 64) welche mit dem Anspruch der Elementarisierung für alle Schülerinnen erkenntnisreich aufbereitet werden soll[93]. Damit kommt dann Schule auch ihrem Bildungsauftrag nach und versteht sich nicht bloß als reine Erziehungseinrichtung (vgl. Gruschka 2015), sondern als Ort einer vielgestaltigen und kreativen Didaktik.

Schülerinnen* mit zugewiesenem ›Förderschwerpunkt geistige Entwicklung‹ leben nicht primär in der Gefahr, überschätzt und überfordert zu werden, sondern das Gegenteil ist der Fall: Eine ›pessimistische Anthropologie‹, wie sie von Gruschka beschrieben wird, findet sich hier vermutlich als bislang unterschätztes Risikofeld, was jedoch als ein zentraler Faktor von Bildungsbenachteiligung gewertet werden muss, die man kritisch beleuchten und der man entgegenwirken muss (ebd.).

2. *Reduktion auf lebenspraktische Inhalte*
Ein zweites Risikofeld lässt sich in der lebenspraktischen Verkürzung von Bildung ausmachen. Dies schließt an die oben skizzierte »Vernachlässigung der inhaltlichen, materialen Seite der Bildung« (Riegert & Musenberg 2010, 31) an und nimmt hier zudem auf der materialen Bildungsebene eine weitere Begrenzung auf einen von außen definierten ›inhaltlichen Restbereich‹ vor: So wurde ab den 1960er Jahren (lebens)praktische Bildung zum Postulat, und es etablierte sich der Begriff der »praktischen Bildbarkeit« (vgl. Musenberg et al. 2015), welcher jedoch als »Episode eines pädagogischen Missverständnisses« (Antor & Bleidick 2016, 24) zu entlarven ist. Historisch betrachtet resultiert dies aus der ursprünglichen Legitimationsbedürftigkeit des Bildungsanspruches von Kindern und Jugendlichen mit zugewiesener geistiger Behinderung (vgl. ebd.)

---

92 Im Speziellen appelliert Gruschka (2001, 2015) in diesem Zusammenhang (auch) an eine »Lust am Verstehen des Verstehens« als Professionsmoral bei Lehrerinnen* (229), die es wieder in den Mittelpunkt zu rücken gilt.
93 Riegert und Musenberg (2010) weisen zu Recht darauf hin, dass »auch elementarisierte Bildungsangebote Gefahr laufen, letzten Endes wieder an dem Punkt zu landen, von dem sie sich eigentlich entfernen wollten: Die Überführung von z. B. Literatur in Farben, Formen, Klänge und Gefühle lässt den Ausgangspunkt weit hinter sich und es führt auch nicht unbedingt ein direkter Weg zurück zur Quelle. Bildung kann dann zum Geheimwissen des Lehrers werden, dessen Schüler sich relativ ahnungslos in Lernlandschaften bewegen, deren inhaltlicher Überbau ihnen verborgen bleibt und sie somit in einer zwar publikumswirksamen Inszenierung agieren, jedoch ohne das ›Stück‹ zu kennen« (31).

im Hinblick auf die Erweiterung bisher gültiger Bildungsverständnisse: »Die Betonung des (lebens-)praktischen Bereichs muss in der Phase der Durchsetzung von Bildungsrechten [...] als Abgrenzung gegenüber einer bildungspolitischen Praxis verstanden werden, die den Umgang mit den Kulturtechniken zur Minimaldefinition von Bildung gemacht hat« (Papke 2016, 87).

Wenngleich also von Beginn der sogenannten ›Bildbarkeitsanerkennung‹ die Bezugnahmen auf alltagsbezogene Thematiken virulent waren, gab und gibt es bislang kaum explizite Operationalisierungen des Begriffes der Lebenspraxis (vgl. Musenberg et al. 2015). Lediglich vereinzelt sind Versuche zu finden, dieses Konstrukt mit einem weit gefassten Kompetenzverständnis[94] zu verknüpfen (vgl. Zwei-Ebenen-Kompetenz-Modell von Schuppener 2005d) und damit auch perspektivisch innovative Impulse für die Bildungsvermittlung und -orientierung ableiten zu können (vgl. Musenberg et al. 2015). Tendenziell ist die Orientierung auf ›(lebens)praktische Bildung‹ jedoch eher mit einem verkürzten Bildungsverständnis verwoben und läuft Gefahr, stärker mit einem ›isoliertem Funktionstraining‹ assoziiert zu werden als mit reformpädagogischen Ausrichtungen, Handlungs- und Projektorientierung oder gar fächerverbindenden Angeboten (vgl. ebd.).

In jedem Fall muss eine Verengung von Bildungsangeboten auf Bereiche der Selbstversorgung und eine damit verbundene Reduktion auf unmittelbare Alltagsanforderungen ausgesprochen kritisch betrachtet werden und ist bildungstheoretisch sehr riskant (vgl. ebd.). Musenberg (2019) beruft sich auf Giesecke (1999) und zeigt die damit verbundene Konsequenz einer Beschneidung des Bildungsrechtes auf, indem »Bildung sich nicht aus der Summe des Lernens für die alltäglichen Funktionen ergibt« (125 in Musenberg 2019, 452).

Einem verkürzten Bildungsbegriff entgegenwirken kann man laut Musenberg et al. (2015) nur durch die Abwendung von der reduzierten Orientierung auf eine Lebenspraxis: »Den Begriff der Lebenspraxis in der Pädagogik – und nicht nur für Menschen mit geistiger Behinderung – neu zu denken, bedeutet, ihn aus seiner Verengung auf ›Lebenstechnik‹ und ›lebenspraktische Fertigkeiten‹ herauszulösen« (ebd., 58). Das bedeutet unseres Erachtens die Erinnerung an die Gültigkeit einer Ausrichtung an »epochaltypischen Schlüsselproblemen« (Klafki 1963) für alle Schülerinnen*. Damit verbunden wäre das Aufgreifen individueller Erfahrungen der Schülerinnen* und das Fruchtbarmachen für einen Weltzugang als Überführung in eine »Kulturpraxis« (vgl. Musenberg et al. 2015, 58; Hervorhebung d. A.). Eine solche Weiterentwicklung des Konstruktes ›Lebenspraxis‹ als ›Kulturpraxis‹ hätte die Chance einer Gültigkeit für individualisierte Kerncurricula mit einer Gültigkeit für alle Schülerinnen*. Und Bildung wäre nicht zum

---

94 Hierbei soll explizit auf die »Tendenz der missratenen und unverstandenen Kompetenzorientierung« (Gruschka 2015, 223) im schulischen Bildungsbereich hingewiesen werden. Der Kompetenzbegriff, der dem damals vorgeschlagenen Verständnis »lebenspraktischer Kompetenzen« von Schuppener (2005d) zugrunde liegt, distanziert sich bewusst von einer Reduktion auf ›praktische Bildbarkeit‹ und von einem eng geführten Verständnis auf grundlegende Versorgungsfähigkeiten, sondern richtet sich auf individuelle und soziale Kompetenzen, die inhaltsbasiert vermittelt werden müssen.

einen reduziert auf »die (vermeintliche) Aneignung einer vorgegebenen Kultur und eines (durch andere) festgeschriebenen Kulturkanon« (ebd.) oder würde zum anderen auch nicht auf der Ebene der bloßen »Selbst-Entwicklung im Modus des Alltäglichen« (ebd.) verbleiben.

3. *Reduktion auf körperlich-basale Angebote*
Bei Kindern, Jugendlichen und Erwachsenen mit hohen Autonomieeinschränkungen und intensivem Assistenzbedarf besteht ein zentrales (zusätzliches) Risiko in der Dominanz bzw. der Ausschließlichkeit körperorientierter (Bildungs)Angebote: Insbesondere für Menschen, die in ihren Kommunikationsmöglichkeiten stark eingeschränkt sind und nicht über die Möglichkeiten der Verbalsprache verfügen, besteht einerseits eine hohe Notwendigkeit und auch Tradition körperlich-basaler Annäherung, andererseits auch eine Gefahr in der ausschließlichen Begegnung über körperorientierte Angebote. Eine Körperorientierung ist ein wichtiger Zugang für Bildungs- und Entwicklungsangebote (▶ Kap. II, 3.4); die Bildungspotenziale dieser Begegnungsebene dürfen nicht übersehen oder gar verkannt werden – im Gegenteil: Sie müssten eine deutliche Ausweitung für alle Schülerinnen* erfahren und bspw. über neue Wege der digitalen Kommunikation auch neue Formen des basalen dialogischen Miteinanders im Kontext der allgemeinen Regelpädagogik eröffnen. Aber dieser Zugang darf keinen Exklusions- oder Absolutsheitsstatus erreichen und zum Ausschluss anderer Angebote oder zum Ausschluss einzelner Schülerinnen* führen: Der Körper darf nicht für einzelne Schülerinnen* als einziger Ort der Mitteilung und als einziges Medium für Kommunikation betrachtet werden (vgl. Schlichting & Schuppener 2016), wenngleich es selbstverständlich immer (auch) um die Vermittlung von subjektiv bedeutungsvollen und positiven Körpererfahrungen als Ausgangspunkt für Selbst- und Wirklichkeitserschließung (vgl. Klafki 1963) geht.

Im Rahmen des Risikos der Ausschließlichkeit körperorientierter Angebote muss auch bedacht werden, dass Menschen mit hohem Unterstützungsbedarf oftmals grundlegende Erfahrungen mit einem »wenig wertschätzenden und anerkennenden Umgang mit ihrem Körper« (Schlichting & Schuppener 2016, 311) gemacht haben. Medizinische Eingriffe und Behandlungen sowie pflegerische (Förder)Maßnahmen können zu einer anhaltenden Reduktion des Gegenübers auf »körperliche Defizite« (ebd.) führen und eine grundlegende Bildungsorientierung zugunsten rein pflegerischer Angebote in den Hintergrund treten lassen. Pfeffer hat diesbezüglich schon 1988 deutlich gemacht, dass Pflegebedürftigkeit als Stigma anerkannt werden muss, welches mit der unzulässigen Annahme fehlender Erzieh- und Bildbarkeit einhergehen kann (vgl. ebd.). Eine hohe Autonomieeinschränkung geht also immer auch mit einer besonderen Verantwortung (vgl. Gröschke 2002) und Reflexionssensibiltät seitens des pädagogischen Gegenübers einher, keine einseitige Körperorientierung über eine grundlegende Befähigungsorientierung (vgl. Nussbaum 1997) zu stellen.

»Menschen mit Komplexer Beeinträchtigung sind in einer Lebenssituation, in der sie in hohem Maße von den Deutungen und Interpretationen Außenstehender […] abhängig sind. Hierbei muss das ›Risiko der Fehldeutung intraindividueller Perspektiven‹ stets grundlegend mitgedacht und reflektiert werden« (Schlichting & Schuppener 2016, 314). Dies impliziert die Anerkennung einer

Entwicklungsoffenheit und des Risikos möglicher »pädagogischer Missverständnisse« (Kraus, Stier & Bätke o. J in Fornefeld 2003, 78) als notwendige Grundbedingungen von Bildungsvermittlung und Bildungsrealität. Welche Relevanz dies in weiterführender Konsequenz für die Anrufung von Schülerinnen* auf der Grundlage eines humanistischen Bildungsverständnisses und des Professionsmerkmals der Ungewissheit hat, wird zum Abschluss (▶ Kap. II, 3.5) versuchsweise noch zusammengeführt.

## 3.3  Zur transitiven Dimension von Bildung

»Bildungsfragen sind Machtfragen« (Heydorn 1979, 337).

In einem transitiven Sinne geht Bildung über Selbstbildung hinaus und berührt den Bereich organisierter Bildung(sprozesse). Organisierte Bildung findet immer in Machtverhältnissen statt, welche in einem »Komplex individuell (zumeist dann schulisch) erworbener Welt- und Selbstfähigkeiten« (Ricken 2006, 151) münden. Welche Fähigkeiten hier als relevant erachtet werden, wird mit der transitiven Bildungsdimension grundgelegt und in Form eines Bildungskanons bzw. der Vorgabe konkreter Themenbereiche untersetzt. Im Hinblick auf die transitive Dimension von Bildung möchten wir betonen, dass es grundsätzlich keine Begrenzung auf ›spezifische/besondere Bildungsthemen‹ für eine ›spezifische/besondere Gruppe an Kindern und Jugendlichen‹ geben darf. Daher soll hier auf die von Störtländer (2019) vorgeschlagene Verbindung der »*epochaltypischen Schlüsselprobleme*« nach Klafki (2007, 56 f.; Hervorhebung d. A.) mit den *menschlichen Grundfähigkeiten* sowie den *Bildungsbefähigungen* aus dem Befähigungsansatz nach Nussbaum (2001, 2007, 2010, 2011) verwiesen werden, da diese eine Grundlage für einen allgemeinen Bildungskanon darstellen können. Die Grundfähigkeiten nach Nussbaum haben wir bereits im Kontext ethischer und philosophischer Grundlagen (▶ Kap. I, 2.4, Tab. 2) skizziert, möchten sie hier jedoch nochmals in Anlehnung an die Übersetzung von Störtländer (2019, 56 f.) in (einer von uns gewählten) Form von grundlegenden Ansprüchen benennen (Tab. 3):

Tab. 3: Liste menschlicher Grundbefähigungen nach Nussbaum (in Anlehnung an Störtländer 2019, 56 f)

| Befähigung | Befähigungsdimensionen |
|---|---|
| *Leben* | Anspruch, ein menschliches Leben führen zu können |
| *Körperliche Gesundheit* | Anspruch auf ein gesundes Leben und Anspruch auf gesundheitliche Versorgung und Unterstützung |
| *Körperliche Unversehrtheit* | Anspruch auf Mobilität, sexuelle Selbstbestimmung, Schutz vor Gewalt |

**Tab. 3:** Liste menschlicher Grundbefähigungen nach Nussbaum (in Anlehnung an Störtländer 2019, 56 f) – Fortsetzung

| Befähigung | Befähigungsdimensionen |
| --- | --- |
| *Sinne, Vorstellungsvermögen und Denken* | Anspruch auf Nutzung eigener Sinne und Vorstellungskräfte, Anspruch auf angemessene Bildung, Anspruch auf Meinungsfreiheit, Anspruch auf Wohlbefinden |
| *Emotionen* | Anspruch auf Bindungen und reziproke emotionale Beziehungen, Anspruch auf Erleben emotionaler Zustände und Empfindungen, Anspruch auf angstfreie Entwicklung |
| *Praktische Vernunft* | Anspruch auf Gewissensfreiheit und freie Ausübung des Glaubens, Anspruch auf Entwicklung einer persönlichen Auffassung des Guten, Anspruch auf kritische Reflexion der eigenen Lebensplanung |
| *Zugehörigkeit* | Anspruch auf Beziehungen zu anderen, Anspruch auf das Erleben von Sozialität und Reziprozität, Anspruch auf ein menschenwürdiges Leben |
| *Andere Lebensformen* | Anspruch auf ein Leben in Verbindung mit der Natur |
| *Spiel* | Anspruch auf Erholung und Freude |
| *Kontrolle über die eigene Umwelt* | Anspruch auf politische und materielle Kontrolle |

»Der Befähigungsansatz als stark-vages Konzept gelingenden Lebens geht von einem Primat des Guten aus: Ohne eine Vorstellung des Guten können wir uns keine Vorstellung des Gerechten machen« (Störtländer 2019, 59 in Bezug auf Nussbaum 1998). Dieser Ansatz erweist sich als besonders bedeutsam für einen – immer auch hegemonialen – Diskurs zu transitiven Bildungsfragen im Kontext einer Pädagogik bei zugewiesener geistiger Behinderung, weil er »für jeden Menschen überall auf der Welt gilt« (ebd., 61). Hierdurch ergibt sich eine Anschlussfähigkeit an die allgemeine (Regel)Pädagogik, und im Speziellen können die Befähigungsansprüche für *alle* pädagogische Einrichtungen als Reflexionsanlass dienen, um Ungleichheits(re)produktionen aufzudecken und zu vermeiden.

Nussbaum unterscheidet basale, interne und kombinierte Fähigkeiten (ebd.): Mit den *basalen Befähigungen* sind individuelle angeborene Fähigkeiten gemeint, welche die Grundlage für individuelle Entwicklung und Bildungsangebote darstellen. *Interne Befähigungen* werden als erworbene Fähigkeiten verstanden, »wozu [...] auch pränatale Erfahrungen und früheste Versorgungen von Kindern zu zählen sind« (ebd., 63). Der Befähigungsansatz ist als antimeritokratisch zu verstehen (ebd.): Es sind »diejenigen Personen, die das ›ungünstigste‹ Set an Basisbefähigungen haben, [...] am stärksten zu fördern« (ebd., 62). Demzufolge bedürfen bspw. Menschen mit zugeschriebener geistiger Behinderung einer Unterstützung durch andere, um die o. g. Befähigungen zu erfahren. Dies soll verfahrensoffen und ergebnisorientiert erfolgen (ebd.), d. h. dass jeder Mensch das Recht hat, mit den o. g. Ansprüchen konfrontiert zu werden und in jedem Grundfähigkeitsbereich Erfahrungen machen zu können.

*Bildung* wird von Nussbaum als »integraler Bestandteil eines gelingenden Lebens« (ebd., 63) betrachtet im Sinne einer »Voraussetzung für die Aufrechterhaltung von Befähigungen« (ebd., 65). Im Konkreten beschreibt Nussbaum drei Bildungsbefähigungen, welche im Folgenden wiederum in Anlehnung an die kompilierte Übersetzung von Störtländer (2019, 73 f) zusammengetragen werden (Tab. 4):

Tab. 4: Liste von Bildungsbefähigungen nach Nussbaum (in Anlehnung an Störtländer 2019, 73 f.)

| Bildungsbefähigung | Befähigungsdimensionen |
|---|---|
| *Sokratisches Lernen/ sokratische Selbstbetrachtung* | • Orientierung auf selbstständiges Denken und Argumentieren<br>• Orientierung auf das Entwickeln eigener Zielvorstellungen und Reflexionsmöglichkeiten<br>• Orientierung auf logisches Denken und kritisches Hinterfragen |
| *Weltbürgerschaft* | • Orientierung auf das Erleben als Teil einer heterogenen Gesellschaft<br>• Orientierung auf ein Nachspüren und Verstehen komplexer globaler ökonomischer Zusammenhänge<br>• Orientierung auf die Neugier und respektvolle Begegnung mit anderen Kulturen<br>• Orientierung auf ein kritisches Hinterfragen historischer Entwicklung und Aussagen |
| *Narratives Vorstellungsvermögen* | • Orientierung auf das Empfinden von Zuneigung und das Erleben ›guter Beziehungen‹<br>• Orientierung auf die Entwicklung von Empathie und Einfühlungsvermögen<br>• Orientierung auf die Anerkennung eigener Verletzlichkeit<br>• Orientierung auf die Entwicklung einer Sensibilität und Kritikfähigkeit für gesellschaftliche Ungleichheiten und Diskriminierungen |

Diese Befähigungsdimensionen dürfen nicht hierarchisiert und voraussetzungsvoll verstanden und interpretiert werden[95], wenngleich sie z.T. unmittelbare anthropologische Bezüge und ein damit einhergehendes Risiko der Annahme individueller Voraussetzungen offenbaren. Unsere Begriffswahl ›Orientierungen‹ im Rahmen der Beschreibung der Befähigungsdimensionen soll hier bewusst auf einen optionalen Möglichkeitsraum verweisen, nicht auf eine vollumfänglich zu erreichende Befähigung. Die Vorstellungen von Nussbaum zu Bildungsbefähigungen sind gut vereinbar mit den Ansprüchen von Klafki (2007) zu einem transitiven Bildungsverständnis. Klafki for-

---

[95] Näheres zu einem kritischen Fokus auf hierarchisierte Fähigkeit(sdifferenz)en im folgenden Kapitel II, 3.4

muliert hier als Kernanspruch und Ziel von Bildung »ein geschichtlich vermitteltes Bewußtsein von zentralen Problemen der Gegenwart und – soweit voraussehbar – der Zukunft« (Klafki 2007, 56). Im Konkreten werden von ihm folgende ›Schlüsselprobleme‹ formuliert, die wir mit erneuter Bezugnahme auf Störtländer (2019) in einer kompilierten Form wiedergeben:

Tab. 5: Schlüsselprobleme und Problemdimensionen nach Klafki (in Anlehnung an Störtländer 2019, 33 f.)

| Schlüsselproblem | Problemdimensionen |
| --- | --- |
| *Die Friedensfrage* | Friedenserziehung als kritische Bewusstseinsbildung und Anbahnung von Entscheidungs- und Handlungsfähigkeit |
| *Die Umweltfrage* | Problembewusstsein für die natürlichen Grundlagen menschlicher Existenz und die Begrenztheit von Ressourcen |
| *Gesellschaftliche reproduzierte Ungleichheit* | Auseinandersetzung mit Macht-Ungleichgewichten in Bezug auf verschiedene Differenzlinien (Klasse und Schicht, Geschlecht, Behinderung, Arbeit, wiedervereinigtes Deutschland, ethnische und kulturelle Diversität, Entwicklungsländer) |
| *Umgang mit neuen Medien* | Kritische Reflexion der Möglichkeiten und Gefahren neuer technischer Steuerungs-, Informations- und Kommunikationsmedien |
| *Subjektivität und Sozialität* | Individuelle und soziale Identitätsentwicklung im Spannungsverhältnis zwischen individuellem Glücksanspruch, zwischenmenschlicher Verantwortung gegenseitiger Anerkennung im Hinblick auf Sexualität und (Gleich-)Geschlechtlichkeit |
| *Überbevölkerung* | Bewusstsein über zunehmende Geburtenraten |
| *Nationalitätenprinzip bzw. Kulturspezifik und Interkulturalität* | Anerkennung nationaler und kultureller Besonderheiten vor dem Hintergrund eines Bewusstseins für interkulturelle Kooperationsnotwendigkeit |
| *Verhältnis entwickelter Industriegesellschaften zu Entwicklungsländern* | Erkennen der Folgen gegenseitiger Abhängigkeiten und Vernetzung im Zuge der Globalisierung auf der Basis der Berücksichtigung ungleicher und inhumaner Lebenssituationen |
| *Ethnische/religiöse Bildung in der Spätmoderne* | Problembewusstsein für Sinn-, Werte und Normenpluralismus in modernen Gesellschaften |

Auf der Basis einer *Elementarisierung* und einer *Fundamentalisierung* (vgl. Feuser 1989; Jantzen 2012c) repräsentieren diese Schlüsselprobleme einen inhaltlichen Vermittlungsanspruch, der auch in der Sonderpädagogik rezipiert ist: Besonders auch Vertreterinnen* der Pädagogik bei schwerer und mehrfacher Behinderung beziehen sich hierauf (vgl. Bernasconi & Böing 2015 mit Verweis auf Fornefeld 1998, 2010; Lamers 2000; Klauß & Lamers 2003) und proklamieren eine universelle Gültigkeit eines Bildungskanons im Kontext von Inklusion als Bedingung von Bildungsvermittlung. Dies ist allerdings in der schulischen Alltagswirklichkeit curricular so bislang nicht

eingelöst, sondern würde eine grundlegende Reform des Systems Schule erfordern[96].
Seitz (2020) spricht diesbezüglich von einem »transformatorischen Charakter«, den es hätte, wenn eine »anerkennungs- und (menschen)rechtebasierte Konzeption inklusiver Didaktik« (o. S.) ins deutsche Schulsystem übertragen würde.

*Fazit:* Entsprechend der Ausführungen von Nussbaum und Klafki (vgl. Störtländer 2019) soll Bildung in einem transitiven Sinne grundsätzliche als »*Kultivierung von Menschlichkeit*« (Störtländer 2019, 70 mit Bezug auf Nussbaum 1997; Hervorhebung d. A.) verstanden werden. Bildung soll dazu befähigen, sich selbst als Teil einer diversitären Gemeinschaft zu erleben. Auf der Basis einer »internationalen Solidarität« (ebd., 71) sollen alle Menschen das Recht haben auf »Achtung vor kultureller Differenz auf der Grundlage der Tatsache, das wir gemeinsam BürgerInnen dieser Welt sind und in einem kritischen Reflexionsprozess unser Leben gemeinsam gestalten müssen« (ebd.). Für Kinder und Jugendliche, denen man eine geistige Behinderung zuweist, liefert diese Bildungsgrundlage einen zentralen Beitrag dazu, eine Reduktion und Parzellierung von Bildungsinhalten (vgl. Feuser 2011) zu vermeiden und demnach das allgemeine Bildungsrecht qualitativ-inhaltlich und nicht nur formaljuristisch abzusichern.

Die skizzierte Ausrichtung an einem *allgemeingültigen Bildungsbegriff* ist für das Selbstverständnis einer Pädagogik der Verbesonderung zentral, da es nach wie vor um das Mandat der Grundrechtssicherung für Kinder, Jugendliche und auch Erwachsene geht, die in unserer Gesellschaft als geistig behindert gelten. Dies erscheint besonders bedeutsam vor dem Hintergrund der »wechselseitigen normative[n] [...] Abhängigkeit zwischen Lebensrecht und Bildungsrecht« (Weiß 2012, 260). Der Forderung von Speck von 1998 »*Bildung – ein Grundrecht für alle*« kommt also nach wie vor aktuelle Bedeutung zu, denn nur mit diesem Anspruch »ist Bildung als Aspekt der Ermöglichung von Teilhabe auf allen Ebenen der Gesellschaft und für alle Mitglieder der Gesellschaft und als Menschenrecht zu sehen« (Papke 2016, 17) und damit als *lebenslanges Bildungsrecht* grundgelegt.

## 3.4 Zur reflexiven Dimension von Bildung

»Bildung lehrt uns sehen« (Roß 2020, 481).

Diese fundamentale, einfache und menschliche Sicht auf Bildung (vgl. ebd.) möchten wir einem pragmatischen, alltagsnahen Verständnis einer reflexiven Dimension von Bildung zugrundelegen. Bildung wird damit als ein grundlegender Zugang zur Welt und zu sich selbst erachtet. Bildung »bricht die Enge unserer

---

96 An dieser Stelle sei exemplarisch auf Schroeder 2015 verwiesen, der einen kurzen Einblick in Schulstrukturen und Bildungspraktiken im globalen und transnationalen Zusammenhang gibt und nochmal darauf aufmerksam macht, dass es sich bei dem Anspruch »Bildung für alle« um einen ›hegemonialen Diskurs‹ handelt (207).

Routinen und Beschränktheit auf, sie erweitert unser Einfühlungsvermögen und unsere moralische Phantasie« (ebd.).

Im Hinblick auf ein wissenschaftstheoretisches reflexives Bildungsverständnis möchten wir auf das Bildungsverständnis von Klafki (1963, 1996, 2007) rekurrieren, weil es mit seinem impliziten demokratischen Grundanspruch und seiner Voraussetzungslosigkeit einerseits *alle* Menschen einbezieht (= *Bildung für alle* als demokratisches Bürgerrecht) und andererseits schon früh auf Fragen der sozialen Ungleichheit und der Gesellschaftskritik eingegangen ist: »Die Einsicht in die Unvollendbarkeit des Menschen und der menschlichen Dinge, die Bejahung des Fragmentarischen unserer Existenz gehört [...] heute selbst zur Bildung« (Klafki 1963, 96 in Papke 2016, 39). Diese Annahme erscheint uns besonders wertvoll, wenn man das *trianguläre Grundverständnis differenter Anerkennungs- und Zuschreibungsfaktoren im Kontext des Etiketts geistige Behinderung* betrachtet (vgl. Kapitel Definitorische Annäherungen) und das damit verbundene Selbstverständnis einer *Pädagogik der Verbesonderung* zugrunde legt: So war es Klafki ein Anliegen, Bildung menschenrechtsbasiert und demokratiebezogen zu denken und zu definieren:

> »Es ist der wechselseitige Zusammenhang zwischen den personalen Grundrechten, wie sie etwa die Menschenrechtsdeklaration der Vereinten Nationen und der Grundrechtskatalog unserer Verfassung umschreiben, und der Leitvorstellung einer fundamental-demokratisch gestalteten Gesellschaft einer konsequent freiheitlichen und sozialen Demokratie« (Klafki 1990, 92 in Papke 2016, 40).

Bildung wird von Klafki »als selbsttätig erarbeiteter und personal verantworteter Zusammenhang dreier Grundfähigkeiten verstanden« (Klafki 2007, 52):

- »als Fähigkeit zur Selbstbestimmung jedes einzelnen über seine individuellen Lebensbeziehungen und Sinndeutungen zwischenmenschlicher, beruflicher, ethischer, religiöser Art;
- als Mitbestimmungsfähigkeit, insofern *jeder* Anspruch, Möglichkeit und Verantwortung für die Gestaltung unserer gemeinsamen kulturellen, gesellschaftlichen und politischen Verhältnisse hat;
- als Solidaritätsfähigkeit, insofern der eigene Anspruch auf Selbst- und Mitbestimmung nur gerechtfertigt werden kann, wenn er nicht nur der Anerkennung, sondern mit dem Einsatz *für* diejenigen und dem Zusammenschluss *mit* ihnen verbunden ist, denen eben solche Selbst- und Mitbestimmungsmöglichkeiten aufgrund gesellschaftlicher Verhältnisse, Unterprivilegierung, politischer Einschränkungen oder Unterdrückung vorenthalten oder begrenzt werden« (ebd.; Hervorhebungen i.O.).

Nun stellt sich die Frage nach der Norm, an welcher diese Grundfähigkeiten ausgerichtet sind bzw. die Frage nach der Universalität der Fähigkeitsanforderungen. Während auf der Ebene der *Ermöglichung* von Bildung ein ableismuskritischer Blick auf die »Konstruktion *individueller Leistungsfähigkeit*« (Merl 2019, 273; Hervorhebung i.O.) und die Reproduktion »*hierarchisierter* Fähigkeitsdifferenzen« (ebd.; Hervorhebung i.O.) zentral erscheint, wäre Klafkis Fähigkeitsorientierung eher im Kontext *kollektiver Fähigkeiten* zu verorten, da Individuum und Gemeinschaft zusammen gedacht werden: Die Einlösung des Mitbestimmungs- und Solidaritätsprinzips rekurriert auf einen »verbindlichen Kern des Gemeinsamen« (Klafki 2007, 53), welcher als Allgemeinbildung definiert wird:

> »Allgemeinbildung muß verstanden werden als Aneignung der die Menschen gemeinsam angehenden Frage- und Problemstellungen ihrer geschichtlich gewordenen Gegenwart und der sich abzeichnenden Zukunft und als Auseinandersetzung mit diesen gemeinsamen Aufgaben, Problemen, Gefahren« (ebd.).

Aus diesem Verständnis von Allgemeinbildung als »Bildung für alle« (ebd.) erwächst auch die zentrale Folgerung, »daß weiterhin um die inhaltliche *und* die organisatorische Demokratisierung des Bildungswesens gerungen werden muss« (ebd., 54; Hervorhebung i. O.). Mit der Theorie der kategorialen Bildung wurde von Klafki (1963) ein *relationales Bildungsverständnis* grundgelegt: Er verbindet hier materiale und formale Bildungsanforderungen in einem wechselseitigen Bezugsrahmen und damit im Konkreten die »Aufnahme und Aneignung von Inhalten« mit der »Formung, Entwicklung und Reifung von körperlichen, seelischen und geistigen Kräften« (Klafki 1963, 297 in Lamers & Heinen 2006, 155). Die aus diesem Bildungsvorgang resultierende ›*doppelte Erschließung*‹ bezieht sich folglich darauf, dass sich jeder Mensch durch Bildung kategorial die Wirklichkeit erschließt (Selbstbildung) und zugleich für die Wirklichkeit erschlossen wird (vgl. ebd.). »Danach ist der Bildungsprozess ein Austausch zwischen sozialen Bedingungen und kulturellen Ansprüchen der Gesellschaft einerseits und den individuellen Bedürfnissen und Erfahrungen des Subjektes andererseits« (Antor & Bleidick, 2016, 21). Auf diesem *dialektischen Verständnis von Bildung* basiert u. a. auch der Entwurf der »Entwicklungslogischen Didaktik« von Feuser (1989).

Welche Bedeutungen gilt es im Kontext eines dialektischen Bildungsverständnisses zu akzentuieren, wenn es um einen Universalitätsanspruch geht, welcher Menschen mit zugewiesener geistiger sowie sogenannter schwerer, mehrfacher Behinderung uneingeschränkt einschließt? Hier schlägt Weiß (2012) drei Begründungslinien vor, die wir aufgreifen und akzentuieren möchten im Rahmen eines reflexiven Bildungsverständnisses:

*1. Einbezug der körperlichen und leiblichen Dimension in Bildungsprozessen*
»Bildung als Selbstinformation ist ein kognitiver, körperlicher und leiblicher Prozess« (Casale 2020, 10). Es muss also davon ausgegangen werden, »dass sinnliche Erfahrungen konstitutiv zum Bildungsprozess gehören« (ebd., 13).

Basale, körperorientierte, sinnliche Angebote sind für Schülerinnen* im Allgemeinen ein wichtiger Erfahrungsraum im Kontext einer Welt- und Selbstaneignung. »*Sensumotorische Kooperation*« (Weiß 2012, 261; Hervorhebung i. O.) ist essentiell für die Entwicklung eines »spezifischen Welt-Selbst-Verhältnis[ses]« (Ricken 2006, 23 in ebd.). Mit Bezugnahme auf Praschak (2011) macht Weiß deutlich, dass »sensumotorische[…] Tätigkeit als ›elementare *Bildungs*form [anzuerkennen ist; d. A.], die Welt- und Selbstbegegnungen ermöglicht‹« (Praschak 2011, 219 in Weiß 2012, 261; Hervorhebung i. O.). Somit lässt sich Bildung auch durch eine notwendige Anrufung von (Zwischen)Leiblichkeit kennzeichnen (Näheres hierzu u. a. in Stinkes 2008).

2. *Beziehungsaspekt (Sozialität) in Bildungsprozessen*
Ein Bedeutungsvollmachen von Lerninhalten kann nicht losgelöst von Emotionen und Interaktionen betrachtet werden. Die Relevanz von Interaktion, Dialog und Beziehung ist daher zentral, wenn es um die Frage nach einem Bildungsverständnis geht: Pädagoginnen* kommt »die Rolle und Aufgabe zu, Schülerinnen und Schülern und mit ihnen die Welt in ihrer sächlichen, sozialen und normativen Dimension – auf welchem elementaren Niveau auch immer – zu erschließen« (Weiß 2012, 262). Jedes Kind braucht »interessante, [...] bedeutsame und vertrauenswürdige Menschen, [welche; d. A.] [...] ihm die Sicherheit [geben; d. A.], die es braucht, um Beziehungen zu den Dingen [und zu anderen Menschen; d. A.] aufnehmen zu können« (ebd.). Das hat Fornefeld schon in den 1990er Jahren im Rahmen ihres Konzepts des beziehungsorientierten Unterrichts herausgearbeitet (vgl. Fornefeld 1995, 2001) und das wird auch im Kontext der Pädagogik der Vielfalt nach Prengel (2006) sowie der mehrdimensionalen Reflexiven Didaktik nach Ziemen (2020) deutlich. Eine Herausforderung besteht im Verhältnis von Beziehung und Didaktik: Während die Didaktik intentional von einer Lehrperson verantwortet wird, bleibt die Beziehungsebene unverfügbar (te Poel 2020): »Beziehung kann nicht didaktisiert werden« (ebd., o. S.), und dennoch muss eine Lehrkraft eine hohe »Sensibilisierung für pädagogisches Beziehungshandeln« (ebd.) aufweisen. Hier kommt dem »*empathischen* Anerkennungshandeln« (ebd., Hervorhebung d. A.) der Pädagoginnen* eine zentrale Bedeutung zu, da es »als Voraussetzung für das Sich-Einlassen der Schüler_innen auf die pädagogische Beziehung gefasst werden kann« (ebd.) und die Grundlage für eine gemeinsame Beziehungsgestaltung darstellt.
3. *Verhältnis von Pflege, Essen, Therapie und Lagerung zu Bildung*
Als Beispiel für die Bedeutung einer doppelseitige Welterschließung führt Weiß (2012) die kooperative Gestaltung einer Essenssituation an: »Was bedeutet es für ein schwer behindertes Kind, dessen basale Welterfahrung und Welterschließung durch das Persistieren grundlegender Reaktionsmuster, z. B. der asymmetrisch-tonischen Nackenreaktion, erheblich erschwert ist, wenn es ihm unter fachlich fundierter Hilfestellung doch allmählich möglich wird, einen Gegenstand zu greifen oder beim Essen den Löffel ansatzweise mit ihm zu halten? Damit erschließt es sich nicht nur einen Ausschnitt von ›Welt‹ (als ›Welt der Menschen‹ kulturelle Wirklichkeit), sondern es erschließt sich dieser ›Welt‹, wird für sie ›aufgeschlossen‹, indem es erlebt, an ihr – wie basal und fragmentarisch auch immer – gestaltend teilzuhaben und kooperativ mitzuwirken« (263). Hiermit verdeutlicht Weiß (ebd.) die Relevanz von Alltags- und Versorgungssituationen im Kontext kategorialer Bildungsprozesse[97]. Zentral bedeutsam erscheint hier der zuvor genannte Aspekt der sozialen Beziehung: Es braucht ein soziales Miteinander, um eine doppelseitige Erschließung zu ermöglichen. Dies geht über eine 1zu1-Situation zwischen Lehrerin*-Schülerin* oder Therapeutin*-Schülerin* eindeutig hinaus und rekurriert auf *Inklusion als zentrale Bedingung für Bildung*

---

97 Nähere Ausführungen zum Zusammenhang von Pflege und Therapie im Kontext von Bildungsprozessen finden sich im folgenden Kapitel II, 4.

(vgl. Ackermann 2013): Nur durch Interaktionserfahrungen in einer heterogenen Gruppe können Selbst- und Welterschließungserfahrungen im Spiegel einer ›Vorstellung von Gemeinschaft und gesellschaftlicher Vielfalt‹ erfolgen.

Um nicht dem zuvor (▶ Kap. II, 3.2) skizzierten Risiko der Reduktion auf lebenspraktische Inhalte zu unterliegen, bleibt es äußerst wichtig zu betonen, dass nicht alle Essenssituationen auch als Bildungsprozess ausgewiesen werden müssen, da sich hierin auch das grundlegende Risiko einer *Überpädagogisierung* verbirgt.

Mit Rückgriff auf die Leitvorstellung einer Pädagogik für Menschen mit zugeschriebener geistiger Behinderung möchten wir an dieser Stelle nochmal die »*Anerkennung von Subjektivität*« als Basis für eine »*antizipierende Anerkennung*« (Ackermann 2013) aufgreifen, da diese als Voraussetzung definiert wird, »damit der Andere von sich aus seine Bildung als Möglichkeit wahrnehmen kann« (ebd., 181). Hier deutet sich nun bereits der Antagonismus an, welcher ein hier angenommenes Bildungsverständnis kennzeichnet und wonach sich Bildung auf der Basis wechselseitiger Anerkennungsprozesse vollzieht zwischen: *1. Individuation/Selbstverwirklichung des Einzelnen und 2. Realitätsanpassung und soziale Eingliederung* (vgl. Jakobs 2010). Dass dies nur durch Ambivalenz und Widersprüchlichkeit gekennzeichnet sein kann, ist seit der ›Kritischen Theorie‹ (u. a. Max Horkheimer, Theodor W. Adorno, Jürgen Habermas) hinreichend bekannt.

*Fazit:* Vor dem Hintergrund der dargelegten Überlegungen zu einem reflexiven Bildungsverständnis, welches eine universelle Gültigkeit unter Berücksichtigung der möglichen Bildungszugänge von Menschen mit sogenannter geistiger oder schwerer/mehrfacher Behinderung impliziert, soll hier zusammenfassend von einem »*Menschenrecht auf Verstehen*« (vgl. Gruschka 2015, 225 mit Bezugnahme auf Wagenschein 1968) ausgegangen werden. *Verstehen* ist als Maßstab für Bildung zu definieren und gleichsam auch als Ziel von Unterricht (ebd.). Das »Verstehen lehren« nach Gruschka muss in einer individualisierten und (inter)subjektiven Art und Weise verstanden werden, wenn es alle Kinder uneingeschränkt einschließt.

Als transitiver Anspruch muss das Menschenrecht auf Verstehen in Form einer »*Kultivierung von Menschlichkeit*« (vgl. Nussbaum 1997) ausbuchstabiert werden und könnte als ein Weg für die weitere Ausdifferenzierung von Bildungsfragen im Kontext der Pädagogik bei zugeschriebener geistiger Behinderung spannend sein. Unsere Überlegungen sind hier lediglich eklektizistisch und bedürfen einer deutlich tiefgreifenderen Reflexion und Diskussion, die wir hier im Handbuch nicht einlösen können. Im folgenden Kapitel (▶ Kap. II, 3.5) sollen die Ausführungen zu einem reflexiven und transitiven Bildungsverständnis nochmal in aller Kürze bilanzierend und gleichsam erweiternd in ihrer Relevanz für Disziplin- und Professionsfragen zusammengeführt werden.

## 3.5 Zusammenfassende Gedanken zu Bildungsfragen und -perspektiven

Es bleibt festzuhalten, dass eine Pädagogik der Verbesonderung auch 2020 immer noch achtsam sein muss – auf Ebene der Disziplinentwicklung und innerhalb der Profession –, den Anschluss an einen *allgemeinen Bildungsbegriff und -anspruch* für die ihr anvertraute Schülerinnen*schaft zu sichern[98]. Sie benötigt keinen eigenen Bildungsbegriff, sollte aber ihre Stärke darin sehen, nicht nur die *anthropologische Dimension von Bildung* (vgl. Fornefeld 2010), sondern auch die *ethische Dimension* zu einem ihrer zentralen Anliegen zu erklären. Ein oben skizziertes humanitäres Bildungsverständnis lässt sich als reflexiv und prozesshaft kennzeichnen und wird von Ackermann (2010b) wie folgt konturiert:

> »Es geht um eine wesentliche Möglichkeit des Menschen, die erst aus anthropologischer Sicht in vollem Umfang deutlich wird, nämlich um die Möglichkeit, in einer Art innerer Bewegung Abstand von sich und zu sich zu gewinnen und sich in seinem Bezug zu sich selbst, zu anderen Menschen und insgesamt zur Welt zum ›Gegenstand‹ machen zu können, d. h. sich in seinem Selbst- du Weltbezug innerlich ›spiegeln‹ und hervorbringen zu können« (233).

Auf der Ebene der *Disziplin* wäre Bildung demnach als menschliche Möglichkeit zu verstehen, Erfahrungen zu reflektieren entlang differenter Formen der Symbolbildung (Ackermann 2010b, 235). Fornefeld (2008b) bezieht sich hier auf den Befähigungsansatz von Nussbaum und formuliert als Erweiterung das Bildungsverständnis: »Die Fähigkeit, sich aus responsivem Bezug mit Anderen und zu anderem zu bilden« (179).

Auf der Ebene der *Profession* geht es folglich um die Gestaltung der Bedingungen dieser (Reflexions)Möglichkeiten in einem pädagogischen Sinn (vgl. ebd.). Während Bildung als Vorgang selbst demnach »Angelegenheit des einzelnen Individuums« (ebd., 236) ist, ist die Ausformung der Bildungsbedingungen eine Kernaufgabe der Pädagogik (vgl. ebd.), was u. a. auf Basis einer »Elementaren Beziehung« (Fornefeld 2001) und einer skizzierten grundlegenden Befähigungsorientierung (Nussbaum 1997) erfolgen kann. Eine Orientierung am Befähigungsansatz ist zentral bedeutsam, um dem skizzierten Risiko der Verengung und Reduktion eines Bildungsverständnisses entgegenzuwirken (vgl. Lindmeier & Lindmeier 2016). Der Ermöglichung von Bildung muss immer mehr Raum als der Begrenzung gegeben werden. Dies kann vermutlich nur dann erreicht werden, wenn es nicht bei einer anthropologischen Orientierung bleibt, sondern eine geforderte ethische Fundierung das Bildungsverständnis rahmt: Damit würde die Ausrichtung auf den Einzelnen (Anthropologie) ersetzt werden durch eine Intersubjektivität (Moser 2003 in Bezugnahme auf Jakobs 1997 und Oelkers 1998), und es würde die Gruppe und nicht

---

[98] Ein Beispiel hierfür ist die Positionierung gegen die Etablierung von Bildungsstandards (vgl. Klieme et al. 2003) und die damit verbundene Formulierung von outputorientierten Mindeststandards, welche eine neue Selektion bedeuten würden (vgl. Musenberg et al. 2008).

»das einzelne Subjekt fokussiert« (ebd., 60). Zentrale Berücksichtigung muss hier immer der Erkenntnis zukommen, »dass Bildung nicht nur emanzipatives, sondern auch vorherrschende (Ungleichheits-)Verhältnisse konservierendes und reproduzierendes Potenzial hat; ebenso, dass Bildung in widersprüchlicher Weise in Macht- und Herrschaftsverhältnisse involviert ist« (Riegel 2016, 79). Mit einem derartigen humanistischen Grundverständnis von Bildung wird auch das disziplinäre Bekenntnis deutlich, dass Bildungsrecht und Bildungsfähigkeit nicht in Frage gestellt werden dürfen, da eine Zuerkennung von Bildbarkeit immer auch mit einer »Anerkennung von Menschenwürde« (Weiß 2012, 260) einhergeht: »Lebensrecht und Bildungsrecht sind zwei Aspekte ein und derselben normativen Anerkennung des Menschen als ein Wesen, dessen Leben auf Weiterentwicklung angelegt ist« (Antor & Bleidick 2006, 25 in ebd.). Auf der professionsbezogenen Ebene ist es die Aufgabe von Pädagoginnen*, methodenkompetent und methodenkreativ zu sein, um »den normativen Grundgedanken einer universalen Bildsamkeit Realität werden [zu lassen; d. A.]« (Tenorth 2011, 21; 12 in Antor & Bleidick 2016, 25). Das kann auf der Grundlage einer »verstehensorientierte[n] Unterrichtsweise« (Gruschka 2015, 230) erfolgen. Ein auf das Menschenrecht auf Verstehen ausgerichteter Unterricht macht neugierig und kann letztlich zu einem beziehungsstiftenden, freudvollen Lehrerin*-Schülerin*-Miteinander in gegenseitiger Achtung und Anerkennung führen.

Wir wagen es, zusammenfassend als Antonym zu Gruschkas pessimistischer Anthropologie eine ›optimistische Anthropologie‹ als Kernmoment eines Bildungsverständnisses vorzuschlagen, welches ein Leitmotiv für eine Pädagogik der Verbesonderung sein könnte: Jeder Mensch, jedes Kind ist fähig zur Subjektwerdung durch Bildung. Man traut den Schülerinnen* zu, sich mit epochaltypischen Schlüsselproblemen auseinandersetzen zu können und durch Bildung befähigt zu werden. Man antizipiert eben gerade nicht die vermeintlichen Unmöglichkeiten[99], sondern geht von dem eingangs postulierten Merkmal der *Unbestimmtheit*[100] (vgl. Kapitel Definitorische Annäherungen) im Sinne unbegrenzter und unvorhersehbarer (Entwicklungs)Möglichkeiten aus. Man adressiert die Kinder und Jugendlichen als grundlegend *fähig* und *motiviert*. Unbestimmbarkeit würde hier positiv konnotiert werden und sich ausdrücken nicht in niedrigen und begrenzten, sondern in optional *hohen* Erwartungen und Zielsetzungen.

> »Die pädagogische Praxis sieht sich dabei vor die widersprüchliche Aufgabe gestellt, den Heranwachsenden zu etwas aufzufordern, was er noch nicht ist und ihn als jemanden anzuerkennen, der er noch nicht ist, sondern erst im selbsttätigen Prozess wird« (vgl. Benner 2012, 83 in Musenberg et al. 2015, 57).

Musenberg et al. sprechen hier mit Bezugnahme auf Ackermann (2010a) von einer »*kontrafaktische[n] Vorwegnahme von Bildung*« (65; Hervorhebung d. A.). Dies er-

---

99 Nicht selten wird der Terminus der »*Grenze der Bildbarkeit*« aufgerufen im Zusammenhang mit zugewiesener geistiger Behinderung. Diese dogmatische Unterstellung sollte jedoch konsequent Widerstand aufrufen und kritisch auf die jeweiligen Definitionsmächtigen im Hinblick auf vermeintliche Bildungsgrenzen referieren.
100 vgl. trianguläres Grundverständnis differenter Anerkennungs- und Zuschreibungsfaktoren im Kontext des Etiketts ›Geistige Behinderung‹ im Kapitel Definitorische Annäherungen

scheint laut den Autorinnen* radikal, aber aus unserer Sicht gleichsam hoch bedeutend als Kennzeichen einer Pädagogik der Verbesonderung, denn es kann einem ›pädagogischen Pessimismus‹ bewusst entgegen wirken, welcher die Schülerinnen* potenziell und wahrhaftig »unterfordert, korrumpiert, still [...] stellt« (Gruschka 2015, 227). Damit lässt sich abschließend und zusammenfassend nochmal betonen, dass *Ungewissheit, Unsicherheit* und *Unwissenheit* als grundlegendes Kernmerkmal allgemeiner pädagogischer Professionalität (vgl. u. a. Helsper, Hörster & Kade 2005) anzuerkennen sind: Die eigene Begrenzung ist hier gewissermaßen als Basis und gleichzeitig als Motor für Wissensvermittlung und Bildungsarbeit zu verstehen. Das Infragestellen und Erkennen von eigenem (pädagogischen) Nicht-Wissen[101] scheint implizit für Bildung und für Bildungsvermittlung zu sein:

> »Ohne das Ungewisse, ohne das Offene und Nichtzugängliche gäbe es pädagogisches Handeln nicht. *Pädagogisches Handeln ereignet sich im Feld der Ungewissheit oder allgemeiner: Unbestimmtheit* (Mecheril & Hoffarth 2011)« (Georgi & Mecheril 2018, 67; Hervorhebung d. A.).

---

101 »Aus konstruktivistischer Perspektive wird deutlich, dass Überzeugungen im Sinne von *So ist er, das kann er* nicht eine Tatsächlichkeit wiedergeben« (Wagner 2019, 71; Hervorhebung i.O.), sondern grundlegend als subjektive Konstruktionen Lehrender entlarvt und in ihrer pertubierenden Wirkung offengelegt (ebd.) werden müssen.

# 4 Förderung, Therapie und Pflege

Das folgende Kapitel möchte zunächst den Begriff der Förderung in seiner historischen Entwicklung und in seinem Bedeutungsgehalt im Lichte einer Pädagogik der Verbesonderung kritisch diskutieren. Innerhalb dieser Pädagogik hat sich eine Vielzahl von (Förder-)Konzepten entwickelt, die mit ganz unterschiedlicher Genese, disziplinärer Verortung und Zielstellung einen bedeutsamen Beitrag zur Entwicklungsförderung und Unterstützung von Bildungsvermittlung leisten kann.

Sowohl auf Forschungsebene als auch in der Praxis benötigt die Pädagogik verschiedene Bezugsdisziplinen/-professionen wie bspw. die Medizin, die Therapie und die Pflege. Mit einem kritischen Blick werden diese in ihrer Bedeutung für Menschen mit zugeschriebener geistiger Behinderung diskutiert. In der UN-BRK wird eine gleichberechtigte und bedarfsgerechte medizinische und pflegerische Versorgung für alle Menschen eingefordert. Sie hat eine herausragende Bedeutung für die Sicherstellung von Wohlbefinden und Lebensqualität insbesondere für Menschen mit Komplexer Behinderung und für Menschen mit zugeschriebener geistiger Behinderung im Alter und bedarf sowohl in der sogenannten Behindertenhilfe als auch in entsprechenden Institutionen des Gesundheitswesens fachlichen Wissens sowie einer entsprechenden Ausstattung und Struktur.

Im Anschluss an eine kritische Diskussion des Therapiebegriffes wird folgend ein Überblick über die Berufsfelder der Physio-, Logo- und Ergotherapie gegeben und deren unterschiedlicher Beitrag für Menschen mit sogenannter geistiger Behinderung herausgestellt.

Im Abschnitt Professionelle Kooperation wird auf die Notwendigkeit eines Zusammenwirkens der Disziplinen und Professionen verwiesen und verschiedene Konzepte von Zusammenarbeit beschrieben.

Die zwei Exkurse zu den Themen Schmerzen und herausforderndes Verhalten bei Menschen mit zugeschriebener geistiger Behinderung zeigen beispielhaft, dass eine Unterstützung nur in einem Zusammenwirken der unterschiedlichen Professionen gelingen kann.

## 4.1 Förderung und Förderkonzepte

Die Pädagogik für Menschen mit zugeschriebener geistiger Behinderung ist eng mit dem Begriff der *Förderung* verbunden. Dieser ist aber wenig eindeutig und wird mit unterschiedlicher Bedeutung verwendet. Seit den 1970er Jahren hat er eine geradezu inflationäre Entwicklung erfahren und sich zum »*Mega-Begriff der Sonderpädagogik*« (Riegert & Musenberg 2010, 28; Hervorhebung d. A.) entwickelt. Er hat sich sowohl in administrativen als auch in erziehungswissenschaftlichen Diskursen überdimensional etabliert: »Förderschwerpunkt, Förderbedarf, Förderplan, Förderschule, Förderpädagogik, individuelle Förderung usw.« (ebd.). Wenngleich sich Fragen einer Pädagogik der Verbesonderung in den letzten Jahr(zehnt)en auch verstärkt wieder dem *Kerngegenstand Bildung* widmen (siehe oben), spielt der Begriff der Förderung nach wie vor eine zentrale Rolle innerhalb der Profession und wird daher im Folgenden einer konstruktiv-kritischen Betrachtung unterzogen.

In einem umfassenderen Verständnis schließt *Förderung* einerseits sowohl Maßnahmen der Erziehung und Bildung als auch der Therapie und Pflege ein (Goll 1993; Speck 2003). Gleichsam werden unter Förderung jedoch auch höchst eigene, individuelle, spezifische und begleitende Hilfen gefasst (Speck ebd.). Sonderpädagogische Förderung meint in dieser Bedeutung alle besonderen, über die Regelangebote hinausgehenden Maßnahmen, die darauf abzielen, Kompetenzen zu stärken und Entwicklungen zu ermöglichen. Diese können als Gestaltung und Sicherung von förderlichen Rahmenbedingungen oder als individuell geplante Fördermaßnahmen verwirklicht werden.

Im Kontext der Schule wird der Begriff des sonderpädagogischen Förderbedarfs genutzt, der eine an den Bedürfnissen des einzelnen Kindes bzw. Jugendlichen orientiertes Unterrichtssetting, verbunden mit begleitenden Hilfen, meint (vgl. z. B. Speck ebd.; Schuck 2001). Allerdings merkt Schuck (2016) kritisch an, dass der sonderpädagogische Förderbedarf zwar als personale Kategorie konzipiert war, im schulischen Gebrauch aber »[…] unversehens zu einer institutionellen, verwaltungstechnischen Kategorie mutierte […]« (117) und es bis heute geblieben ist (▶ Kap. II, 2.2). Weiterhin meint die personale Orientierung in diesem Zusammenhang meistens nur das, was Außenstehende für das Kind, seine Entwicklung und seine Zukunft für wesentlich halten. Die Innenperspektive des Kindes wird dabei nicht berücksichtigt (vgl. ebd.).

Besonders in Kritik geraten ist der Begriff der Förderung hinsichtlich der *passiven Rolle*, die er Menschen, die als geistig behindert adressiert werden, zuweist. Das (passive) Kind wird anhand eines Fördermittels, einer Methode oder Therapie in seiner Entwicklung unterstützt (vgl. Speck 2003; Lindmeier 2005). Qualitätsansprüche hinsichtlich des eigenaktiven Lernens, der Selbstentfaltung und Kreativität von Kindern und Jugendlichen werden durch ein solch verstandenen Förderbegriff zunichte gemacht (vgl. Speck ebd.).

Wegen der Unschärfe und den Schwierigkeiten im Begriffsverständnis sollte je nach Funktion und Kontext die Förderung oder das Fördern kontextualisiert und folglich als Unterricht oder Bildungsangebot bzw. Lernsituation bezeichnet werden (vgl. Hömberg 2003). Dies erscheint besonders bedeutsam, da der Förder-Begriff keine genuin (schul)pädagogische Tradition hat (vgl. Begemann 1992).

Der Begriff *Förderkonzept* ist genauso unbestimmbar wie der Begriff der Förderung. Hierbei werden ganz verschiedene Formate mit unterschiedlicher Zielstellung und Adressierung subsumiert. Einige haben ihren Ursprung in therapeutischen oder pflegerischen Bereichen, andere in der Pädagogik, viele wurden für die jeweilige

Fachdisziplin angepasst oder erweitert. Insofern lassen sich einige Konzepte auch nicht nur einer Fachdisziplin zuordnen. Auch Menschenbildannahmen, theoretische Verortungen und Zugehörigkeiten zu wissenschaftlichen Traditionen und Lehrmeinungen sind höchst unterschiedlich. Einige Förderkonzepte sind in Zeiten entstanden, in denen die Pädagogik insbesondere für Menschen mit der Diagnose einer schweren oder mehrfachen Behinderung keine Möglichkeiten einer Partizipation an Bildung sah und ihnen keinen Zugang zu ihren Einrichtungen ermöglichte. So entstand zum Beispiel die Basale Stimulation in den 1970er Jahren innerhalb eines Schulversuches mit Kindern und Jugendlichen mit einer Komplexen Behinderung unter Leitung von Fröhlich (2003, 2008, 2015a). Die Ergebnisse brachten den Nachweis, dass auch für diese Kinder ein geplanter, schulisch organisierter und sinnvoller Unterricht möglich ist, was letztlich der Durchsetzung des Bildungsrechtes für diesen Personenkreis einen entscheidenden Anstoß gab (Klauß et al. 2006; Ackermann 2006).

Auch heute haben viele Förderkonzepte eine hohe Bedeutung in der Förderung der Entwicklung von Wahrnehmung, Motorik, Kommunikation und Verhalten sowie der Vermittlung damit verbundener grundlegender Fähigkeiten und Fertigkeiten. Damit tragen sie insbesondere zur formalen Bildung, zur »Formung, Entwicklung und Reifung von körperlichen, seelischen und geistigen Kräften« im Sinne von Klafki (1963, 297 in Lamers & Heinen 2006, 155; ▶ Kap. II, 3.1) bei. So haben sich in einer Pädagogik der Verbesonderung verschiedenste Förderkonzepte entwickelt, die in ganz unterschiedlicher Akzentuierung und Qualität einen Beitrag zur Erziehung und Bildung des Personenkreises leisten (vgl. Heinen & Lamers 2004).

An dieser Stelle sollen einige *Konzepte*, die zumeist in Einrichtungen der sogenannten Behindertenhilfe Anwendung finden[102], genannt werden. Für die Entwicklung der verschiedenen Wahrnehmungsbereiche sei an erster Stelle das Konzept der Basalen Stimulation (Fröhlich 2003, 2008, 2015a) genannt. Als weitere Konzepte können in diesem Zusammenhang das Affolter-Konzept (Affolter 1992; Ackermann 2001, Ehwald & Hofer 2003) sowie der Ansatz des Aktiven Lernens nach Nielsen (2004) und das Snoezelen (Hulsegge, Verheul 1998, Mertens & Verheul 2005, Dennerlein 1992) genannt werden. Für ein pädagogisches Konzept zur Entwicklung von Bewegungs- und Handlungsfähigkeit steht das der Kooperativen Pädagogik nach Praschak (2004). Ein weiteres in vielen pädagogischen Arbeitsfeldern genutztes Konzept zur Strukturierung und Handlungsorientierung, insbesondere bei Kindern und Jugendlichen mit einer Diagnose aus dem Autismus-Spektrum, ist das TEACCH-Konzept (vgl. Häußler 2008; Häußler & Tuckermann 2009). Als Konzept zur Förderung der Kommunikation insbesondere für Menschen mit einer Kom-

---

102 Bei der Auswahl an Konzepten war für uns die *Anwendungshäufigkeit in der professionellen Praxis* von zentraler Bedeutung. Daher werden hier insbesondere Konzepte genannt, welche in ambulanter sowie stationärer Angebotsform innerhalb der sogenannten ›Behindertenhilfe‹ den Lebensalltag von Menschen mit zugeschriebener geistiger Behinderung und besonders tiefgreifend von Menschen mit Komplexer Behinderung prägen. Die Anwendungshäufigkeit steht jedoch nicht immer im Kausalzusammenhang mit einer Wirksamkeit. Daher müssen die Konzepte in Theorie und Praxis stets auch mit einer *kritischen Reflexion* gerahmt werden.

plexen Behinderung oder einer Diagnose aus dem Autismus-Spektrum sei an dieser Stelle das Konzept der Basalen Kommunikation nach Mall (2008) genannt. Weitere Konzepte zielen auf die Herausbildung sozialer Kompetenzen ab oder unterstützen Kinder und Jugendliche beim Lesen und Schreiben lernen bzw. der Entwicklung mathematischer Kompetenzen. Für Konzepte dieser Art wird auch der Begriff des ›Lernprogramms‹ oder der ›Methode‹ benutzt. Eine sehr vollständige Aufstellung von Konzepten findet sich im Methodenkompendium für den Förderschwerpunkt geistige Entwicklung von Pitsch & Thümmel (2015). Eine Zusammenstellung und kritische Würdigung der Konzepte für Menschen mit Komplexer Behinderung erfolgt bei Bernasconi & Böing (2015) in dieser Buchreihe.

Das große Gebiet der *Unterstützten Kommunikation*, das eher als eigenständiges (sonder-)pädagogisches Fachgebiet zu sehen ist, kann hier nur kurz dargestellt werden, wenngleich es innerhalb der Pädagogik bei zugeschriebener geistiger Behinderung eine hohe Bedeutung erlangt und eine enorme Ausdifferenzierung erfahren hat. Viele Menschen mit unterschiedlichen Erschwernissen in der Kommunikation, auch außerhalb einer Behinderungsdiagnose, können mit verschiedenen Kommunikationshilfen darin unterstützt werden, Bedürfnisse, Gefühle und Wünsche mitzuteilen und mit anderen Menschen in einen Austausch zu kommen. Unterstützte Kommunikation (UK) ist die deutsche Bezeichnung für das internationale Fachgebiet Augmentative and Alternative Communication (AAC). Sie bietet für Menschen, die sich lautsprachlich nicht oder nicht ausreichend bzw. verständlich ausdrücken können, lautsprachergänzende bzw. -ersetzende Kommunikationsmöglichkeiten. Diese werden bezüglich ihrer verschiedenen Repräsentationsmodi eingeteilt in:

- Körpereigene Kommunikationsmöglichkeiten wie Gestik, Mimik, Blickbewegungen und Gebärden,
- Nichtelektronische Kommunikationsmöglichkeiten wie Kommunikationstafeln, -bücher, Zeichen, Schrift, sowie
- Elektronische Kommunikationshilfen wie Talker, Computer, Tablets mit Sprachausgabe.

Die Auswahl der speziellen Hilfen zur Kommunikation richtet sich nach den individuellen Fähigkeiten und Bedürfnissen eines Menschen. Um hier möglichst individuelle und passgenaue Unterstützungen zu finden, können verschiedene Diagnostikverfahren herangezogen werden. Als Manuale sind diesbezüglich bekannt: Das Kommunikationsprofil von Kristen (2004), das Beobachtungsinventar von Hedderich (2006) und die UK-Diagnostik von Boenisch und Sachse (2007). Letztere ist sehr ausführlich und umfasst 7 Entwicklungs- und Interaktionsbereiche: Die aktuellen Kommunikationsfähigkeiten, Stufen des kommunikativen Verhaltens, kognitive Fähigkeiten und Sprachverständnis, sensorische und feinmotorische Aspekte, emotionale und psychosoziale Aspekte sowie eine Umfeldanalyse repräsentieren.

Auf basal-perzeptiver und konkret gegenständlicher Ebene kann Kommunikation über Realobjekte und Miniaturen erfolgen. Diese können für sich eine Bedeutung haben oder als Zeichen für eine Situation, einen Gegenstand oder eine Person benutzt werden. Auf anschaulicher Ebene ist eine Kommunikation über Fotos und Bilder möglich. Symbolsammlungen stellen eine wesentlich höhere Anzahl an Vokabular zur Verfügung. Es gibt weltweit mehrere bekannte Symbolsammlungen. Diese umfassen eine unterschiedliche Anzahl von grafischen Symbolen, die je nach Bedarf für die praktische Anwendung in Mappen und Tafeln sowie für elektronische Kommunikationshilfen zusammengestellt werden. Beispiele für Symbolsammlungen sind PCS (Picture Communication Symbols) (Programm Boardmaker), METACOM, ALADIN und SCLERA PICTO (Programm Picto Selector). Symbole aus diesen Sammlungen können nach bestimmten Regeln individuell Verwendung finden.

Zusammenfassend kann gesagt werden, dass Förderkonzepte wichtige Bausteine innerhalb einer Pädagogik bei zugeschriebener geistiger Behinderung darstellen. Sie haben eine grundsätzliche Bedeutung für die Herausbildung von Fähigkeiten und Fertigkeiten in den Entwicklungsbereichen und stellen wichtige Handwerkzeuge sowohl für die Gestaltung des Alltags als auch für verschiedene Settings von Bildung dar. Pädagoginnen* sollten deshalb unbedingt über Konzeptwissen und -können verfügen sowie über die Kompetenz, diese sinnvoll in ihre Bildungsarbeit zu integrieren. Die einseitige oder gar ausschließliche Anwendung von Förderkonzepten ist im Sinne der Gefahr eines Bildungsreduktionismus (▶ Kap. II, 3.2) abzulehnen.

## 4.2 Die Bezugsprofessionen Medizin, Therapie und Pflege

Menschen mit sogenannter geistiger Behinderung erhalten oft lebenslang unterschiedliche Angebote von weiteren verschiedenen Professionen und Hilfesystemen wie der Medizin, Therapie und Pflege. Dies gilt insbesondere für Menschen mit zusätzlichen körperlichen Beeinträchtigungen, chronischen Erkrankungen sowie mit Komplexer Behinderung. Angebote aus den genannten Bereichen tragen zur Sicherung von Grundbedürfnissen sowie zur Gesunderhaltung bei und können Funktionen und Fertigkeiten beispielsweise in Bereichen der Grob- und Feinmotorik, der Sinneswahrnehmung sowie der Sprachentwicklung entwickeln und erhalten helfen.

### Medizin

Im Rahmen der fachwissenschaftlichen Zugänge innerhalb des ersten Buchteils (▶ Kap. I, 3.1) wird bereits auf die hohe Bedeutung der Medizin hinsichtlich der Erstzuweisung der ›Diagnose Geistige Behinderung‹ und deren entscheidende Rolle in Form von Einstufungen für den Erhalt von Sozialleistungen, Entscheidungen über Zuerkennung von Hilfen u. v. m., die sich letztlich auf verschiedenste Lebensbereiche auswirken, hingewiesen. In diesem Kapitel soll nun die Rolle der Profession der Medizin und deren verschiedenen Institutionen auf Menschen mit der Diagnosezuschreibung einer geistigen Behinderung diskutiert werden.

Grundsätzlich ist zunächst festzustellen, dass Menschen mit sogenannter geistiger Behinderung im Laufe ihres Lebens häufiger von *akuten und chronischen Erkrankungen* unterschiedlicher Art betroffen sind.

Bei Menschen mit Down-Syndrom sind Erkrankungen der oberen Atemwege, der Schilddrüse, die sich als Unterfunktion oder als Funktionsausfall zeigen können, des Herzens und der Haut häufig. Weiterhin erkranken sie wesentlich häufiger und schon im mittleren Alter an Osteoporose und an Alzheimer-Demenz. Das gleiche gilt für Erkrankungen der Sinnesorgane und das Nachlassen der Sinnesfunktionen im Sehen und Hören (vgl. Haveman & Stöppler 2010; ▶ Kap. III, 6.2). Weiterhin sind Menschen mit zugeschriebener geistiger Behinderung häufiger von Epilepsie unterschiedlichster Ausprägung und Schwere betroffen (vgl. Bowley & Kerr 2000 in Dieckmann & Metzler 2013).

Bei der großen Gruppe der Menschen mit einer cerebralen Bewegungsstörung sind es Erkrankungen des Muskel- und Skelettsystems, die mit schwerwiegenden Fehlstellungen und -haltungen der Wirbelsäule und der Gelenke einhergehen, was wiederum Auswirkungen auf andere Organsysteme hat. Oft sind deshalb schon im frühen Kindesalter orthopädische Operationen, medizinische Therapien und eine umfassende Hilfsmittelversorgung nötig. Eine weitere in diesem Zusammenhang häufig auftretende chronische Erkrankung stellt die gastro-ösophageale Refluxkrankheit dar, die zu schweren Entzündungen der Speiseröhre führen und mit starken Schmerzen einhergehen kann (vgl. Haveman & Stöppler 2010).

Viele Menschen mit cerebralen Bewegungsstörungen oder anderen körperlichen Beeinträchtigungen haben weiterhin mehr mit Atemwegserkrankungen wie Bronchitis und Pneumonie sowie Entzündungen der Niere und der ableitenden Harnwege zu tun, sodass sie über die Lebensspanne immer wieder Antibiotika einnehmen müssen. Weitere Ausführungen zu somatischen Erkrankungen finden sich unter anderem bei Haveman & Stöppler 2010, Neuhäuser 2016 und Seidel 2016.

Es ist noch gar nicht allzu lange her, da wurde Menschen mit sogenannter geistiger Behinderung abgesprochen, überhaupt psychisch krank sein zu können. Psychische Symptome, Auffälligkeiten im Verhalten und Erleben wurden als Bestandteil ihrer Behinderung wahrgenommen und fanden keine spezifisch psychotherapeutische Beachtung. Mittlerweile gilt es als Konsens, dass Menschen mit zugeschriebener geistiger Behinderung grundsätzlich unter allen bekannten *psychischen Erkrankungen* leiden können. Dabei bestehen große Schwierigkeiten in der Diagnostik, weil die gängigen Diagnosemanuale sehr kognitiv ausgerichtet sind und Introspektions- und Verbalisierungsfähigkeiten erfordern (vgl. Schäper & Glasenapp 2016).

Menschen mit zugeschriebener geistiger Behinderung haben ein deutlich erhöhtes Risiko, im Lebensverlauf eine psychische Erkrankung zu entwickeln. Die Weltgesundheitsorganisation (WHO) geht von einer drei- bis vierfach erhöhten Prävalenz aus (vgl. ebd.; Kufner & Bengel 2016). Die empirisch erhobenen Prävalenzraten schwanken allerdings in erheblichem Maße, je nach Ein- und Ausschluss von sogenannten Verhaltensstörungen und den gewählten Erhebungsinstrumenten (vgl. ebd.).

Als Ursachen werden neben den individuellen Bedingungen in Emotionalität, Kognition und Kommunikation ungünstige soziale Erfahrungen im Lebensverlauf wie eine unsichere Eltern-Kind-Beziehung, ambivalente Bindungsmuster und Erfahrungen von Ablehnung und Ausschluss sowie unzureichende Unterstützung für die Ausbildung des Selbstkonzeptes und eines stabilen Selbstwertgefühls diskutiert (vgl. Sarimski 2005 in Schäper & Thimm 2016).

Hinsichtlich der Behandlung psychischer Erkrankungen besteht für Menschen mit zugeschriebener geistiger Behinderung eine deutliche Unterversorgung. Dies gilt sowohl für den stationären als auch für den ambulanten Bereich (vgl. Kufner & Bengel 2016). Die Barrieren für eine psychotherapeutische Behandlung reichen dabei von erschwerter Erreichbarkeit in Wohnortnähe und in der Region, über Barrieren in der Zugänglichkeit von Praxisräumen für Personen, die in ihrer Mobilität eingeschränkt sind, bis hin zu solchen in der Anwendung bestimmter psychotherapeutischer Verfahren, insbesondere sprachlastiger und kognitiv anspruchsvoller Interventionen, und Barrieren auf Seiten der behandelnden Therapeutinnen* und deren Einstellungen (vgl. Schäper & Glasenapp 2016).

Von Lebensbeginn an machen viele Menschen mit zugeschriebener geistiger Behinderung Erfahrungen mit medizinischen Settings. Sie werden oft mit medizinischer Diagnostik unterschiedlicher Art konfrontiert, erhalten aufgrund schwerer und chronischer Erkrankungen medizinische Therapien und müssen sehr viel *häufiger Eingriffe und Operationen* über sich ergehen lassen. Eine zentrale Rolle in der medizinischen Versorgung spielen bei Kindern und Jugendlichen die Sozialpädiatrischen Zentren (SPZ), in denen Ärztinnen* verschiedener Fachrichtungen sowie Therapeutinnen* zusammenarbeiten und die für besondere medizinische und therapeutische Bedarfe spezialisiert sind. Insbesondere für Menschen mit Komplexer Behinderung, die häufig von mehreren chronischen Erkrankungen betroffen sind, reicht eine medizinische Regelversorgung in herkömmlichen Hausarzt- und Facharztpraxen nicht aus. Aus diesem Grund wurde in den letzten Jahren damit begonnen, analog der Strukturen der Sozialpädiatrischen Zentren (SPZ), Medizinische Zentren für Erwachsene mit geistiger oder mehrfacher Behinderung (MZEB) zu schaffen, die spezifische Behandlungsangebote vorhalten.

Trotz alledem stehen Menschen mit zugeschriebener geistiger Behinderung immer wieder in Gefahr, dass ihre Erkrankungen verspätet wahrgenommen und nicht ausreichend behandelt werden. Dies hat verschiedene Ursachen. Einerseits hatten und haben viele Menschen *weniger Zugänge zu Bildungsmöglichkeiten bezüglich Gesundheit und Krankheit* und können deshalb körperliche Veränderungen nicht gut erkennen bzw. nicht angemessen mitteilen. Andererseits beobachten Mitarbeiterinnen* in den Wohneinrichtungen und in medizinischen Settings nicht ausreichend und zielgerichtet gesundheitliche Veränderungen (vgl. Nicklas-Faust 2015). Aufgrund von Kommunikationsschwierigkeiten, aber auch erschwerter oder nicht ausgeschöpfter Untersuchungsmöglichkeiten kommt es immer wieder vor, dass Ärztinnen* falsche Diagnosen stellen. Dabei werden Menschen mit sogenannter geistiger Behinderung häufiger psychische Erkrankungen zugeschrieben, als dass körperliche Beschwerden (somatische Erkrankungen) angenommen werden (vgl. Martin 2015).

Ärztinnen* müssen für einen erfolgreichen Diagnoseprozess über die besonderen Erkrankungsrisiken Bescheid wissen, über angemessene Kommunikationsstrategien verfügen sowie unter Umständen Bezugspersonen einbeziehen. Des Weiteren verlangen die komplexen Problemlagen, insbesondere das Zusammenkommen verschiedener Erkrankungen und die *Vulnerabilität* der Personengruppe, neben einer hohen

Fachlichkeit das Zusammenwirken der verschiedenen medizinischen Fachdisziplinen. Gerade bei Menschen mit Komplexer Behinderung müssen invasive Eingriffe sehr kritisch nach ihrer Notwendigkeit, ihrem Nutzen und möglichen Komplikationen befragt werden. Nicht die Verbesserung der Funktionsfähigkeit eines Organs kann die Zielstellung sein, sondern der Zuwachs an persönlicher Lebensqualität.

In der UN-Behindertenrechtskonvention wird im Artikel 25 eine *Gesundheitsversorgung in derselben Bandbreite, von derselben Qualität und auf demselben Standard* gefordert. Menschen mit zugeschriebener geistiger Behinderung haben nach wie vor keinen gleichberechtigten Zugang zu Maßnahmen der medizinischen Vorsorge, wie beispielsweise Untersuchungen bezüglich Krebserkrankungen der weiblichen und männlichen Genitale, des Darms und der Haut (vgl. Seidel 2015). Dies hat unterschiedliche Gründe, die sowohl in Einstellungen sowie Bereitschaft und der zeitlichen Ressourcen der (gesetzlichen) Betreuerinnen* als auch in den räumlichen und sächlichen Bedingungen der medizinischen Einrichtung sowie in der Fähigkeit und Sensibilität, mit der Ärztinnen* und Pflegefachpersonen vorgehen, liegen.

Viele Menschen mit sogenannter geistiger Behinderung nehmen während ihrer gesamten Lebenszeit Medikamente ein. Dies betrifft vor allem blutdrucksenkende Medikamente, Antiepileptika, Schilddrüsentherapeutika, dämpfende Neuroleptika und Antidepressiva (vgl. Dieckmann & Metzler 2013). Allerdings scheinen bei der Häufigkeit und Menge an verordneten Medikamenten neben der Erkrankung noch andere Wirkmechanismen eine Rolle zu spielen. So korreliert die Häufigkeit der Medikamenteneinnahme mit dem Grad der Institutionalisierung. Bei Menschen, die in stationären Wohneinrichtungen leben, nehmen 97 % regelmäßig Medikamente ein; in ambulant betreuten Wohnformen 89 % und im privaten Umfeld 76 % (vgl. ebd.). Als Bedarfsmedikamente werden neben Schmerzmedikamenten sehr häufig Psychopharmaka und Antiepileptika gegeben (vgl. ebd.).

Vielen Menschen werden mehrere Medikamente nebeneinander verordnet. In der Studie von Dieckmann und Metzler (2013) wurde festgestellt, dass 25 % der Untersuchungsteilnehmerinnen* regelmäßig zwei Medikamente und 17 % regelmäßig drei Medikamente einnehmen.

Ein spezifisches Problem besteht in der vielfachen Verordnung von Psychopharmaka. Häufig finden sich nur sehr unzureichende Dokumentationen über deren Wirkung bei der Person, oft wird vergessen, diese abzusetzen oder sie werden aus einem gewissen Sicherheitsbedürfnis, ohne dass dieses medizinisch begründbar ist, belassen. Damit werden schwerwiegende Nebenwirkungen wie Schläfrigkeit und Reizbarkeit sowie Spätfolgen wie Leber- und Nierenschäden im Alter hingenommen (vgl. Haveman & Stöppler 2010; Hennicke 2011; Seidel 2016). Menschen mit zugeschriebener geistiger Behinderung gehören damit zur Gruppe der »*wehrlosen Medikamentenempfänger*« (vgl. Haveman & Stöppler 2010, 91).

Entscheidungen über die Durchführung medizinischer Maßnahmen werden oft von gesetzlichen Betreuerinnen*, Eltern und Ärztinnen* für Menschen mit zugeschriebener geistiger Behinderung getroffen, weil ihnen dies nicht zugetraut wird[103].

---

103 Die Zuschreibung von Einwilligungsfähigkeit und -unfähigkeit erfolgt zumeist vor dem Hintergrund stark *ableistisch* geprägter Vorannahmen.

In der UN- Behindertenrechtskonvention wird dieses Entscheidungsrecht allerdings konsequent für alle Menschen eingefordert. Von Ärztinnen* wird dazu eine angemessene Aufklärung unter Nutzung Leichter Sprache und anderer Verständnishilfen innerhalb eines vertrauensfördernden und ruhigen Settings verlangt (vgl. Seidel 2015). Nur wenn ein Mensch die Tragweite der medizinischen Entscheidung nicht versteht, wird gesetzliche Betreuung wirksam, die aber ausdrücklich den Willen der Betreuten* zu vertreten hat. Die Fähigkeit, eine Entscheidung zu treffen, darf dabei nicht als statisch angesehen werden. Ärztinnen*, Betreuerinnen* und Mitarbeiterinnen* sind gefordert, Menschen mit zugeschriebener geistiger Behinderung durch geeignete Maßnahmen an Bildung und Aufklärung in ihrer *Entscheidungsfähigkeit zu unterstützen und sie zu befähigen* (vgl. Niedeck 2016). »Die stellvertretende Entscheidung ist [...] im Lichte des Art. 12 BRK aber nur dann und insoweit zulässig, als eine Unterstützung, eine rechtliche Assistenz des Betroffenen zur Herstellung seiner Entscheidungsfähigkeit ausscheidet [...]. Insofern ergibt sich schon aus dem geltenden Betreuungsrecht in Deutschland, noch deutlicher aus Art 12 BRK, dass alles getan werden muss, um die Entscheidung des betroffenen Patienten als eigene Entscheidung zu ermöglichen bzw. ihn an der Entscheidung zu beteiligen, [...]. Er hat einen Anspruch auf Unterstützung in der Entscheidungsfindung« (Klie, Vollmann & Pantel 2014, 11).

Als Forderungen für die medizinische Begleitung und Versorgung von Menschen mit zugeschriebener geistiger Behinderung ergeben sich die Notwendigkeit der Qualifizierung des medizinischen Regelversorgungssystems sowie die Etablierung bzw. der Ausbau vorhandener spezialisierter Angebotsstrukturen, die ihnen eine uneingeschränkte Teilhabe und größtmögliche Selbstbestimmung einräumen.

## Therapie

Der Begriff der *Therapie* ist in unserem Sprachraum vor allem mit medizinischen, ärztlich verordneten Maßnahmen verbunden, die darauf abzielen, Krankheiten, Verletzungen und Beeinträchtigungen positiv zu beeinflussen. Der Therapiebegriff wird sowohl in der Medizin, in der Pflege als auch in therapeutischen Berufsfeldern, wie der Logopädie, der Ergo- und Physiotherapie, gebraucht. Die Voraussetzung für eine Therapie ist eine zuvor festgestellte Diagnose. Ziel von Medizinerinnen* und Therapeutinnen* ist es nach heute noch üblichem Verständnis, eine Heilung zu ermöglichen oder zu beschleunigen, zumindest aber die Symptome zu lindern oder zu beseitigen und körperliche oder psychische Funktionen wiederherzustellen. Diese Zielstellungen müssen allerdings im Hinblick auf Menschen mit einer Behinderungszuschreibung, aber auch für Menschen mit chronischen Erkrankungen überdacht werden und sind Ausdruck einer einseitigen und statischen Sichtweise auf Krankheit und Gesundheit. Dies wird auch zunehmend von den Fachdisziplinen wahrgenommen, und es vollzogen sich innerhalb der letzten Jahrzehnte vielfältige Bemühungen, um dieses enge Verständnis von Therapie als Wiederherstellung von Normalität im Sinne von Gesundheit zu überwinden. Unter einer veränderten Sichtweise von Krankheit und Behinderung als Variante menschlichen Seins kann

Therapie als eine Maßnahme zur Verbesserung und Unterstützung der Lebenssituation betroffener Menschen angesehen werden (vgl. Heinen 2003; Lamers & Heinen 2006).

Für viele Menschen mit zugeschriebener geistiger Behinderung sind Therapien oft über die gesamte Lebensspanne notwendig, um wichtige Körperfunktionen und damit die Gesundheit zu erhalten. Im Kontext der Sonder- und Heilpädagogik finden sich vor allem die Logopädie, die Ergotherapie sowie die Physiotherapie[104]. Andere Therapieformen, die für Menschen mit einer sogenannten geistigen Behinderung angeboten werden, sind Musiktherapie, Kunsttherapie oder auch Formen der tiergestützten Therapie[105]. Auf den Bereich der Psychotherapie als ärztliche Therapie wurde im vorigen Abschnitt eingegangen.

Die *Physiotherapie* umfasst verschiedene Verfahren der Bewegungstherapie sowie physikalische Maßnahmen wie Massagen, Elektro-, Hydro- sowie Thermotherapie und findet Anwendung in vielfältigen Bereichen von Prävention, Therapie und Rehabilitation sowohl in der ambulanten Versorgung als auch in verschiedensten Einrichtungen (vgl. Deutscher Verband für Physiotherapie [ZVK] e.V.)[106]. Innerhalb der Physiotherapie werden viele verschiedene Therapiekonzepte subsumiert, von denen an dieser Stelle aufgrund ihrer Bedeutsamkeit für Menschen mit zugeschriebener geistiger Behinderung das Bobath-Konzept (1943 K. und B. Bobath) und die Vojtatherapie (1966–1969 V. Vojta) genannt werden. Beide Konzepte zählen zu den neurologischen Entwicklungs- und Rehabilitationstherapien und arbeiten mit bestimmten Techniken daran, Bewegungsmöglichkeiten zu entwickeln, zu fördern und wiederherzustellen.

Das therapeutische Fachgebiet der *Logopädie* beschäftigt sich mit der Prävention, Beratung, Diagnostik, Therapie und Rehabilitation von Problemen der Stimmbildung, des Sprechens, der Sprache, des Schluckens sowie der Kommunikation und des Hörens. Im Kontext von zugeschriebener geistiger Behinderung sind Angebote aus dem Bereich der Logopädie bedeutsam für Menschen mit orofazialen Problemen, zentralmotorisch bedingten Bewegungsbeeinträchtigungen oder angeborenen Beeinträchtigungen im Hören. Des Weiteren können Kinder mit Problemen des Spracherwerbs bzw. der Aussprache, mit Redeflussstörungen oder mit auditiven Verarbeitungs- und Wahrnehmungsbeeinträchtigungen logopädischer Behandlung bedürfen[107]. Die Logopädie umfasst ein ähnlich weit gefächertes Spektrum an Therapiekonzepten und Behandlungsmöglichkeiten wie die Physiotherapie. Wichtige Therapien, die insbesondere für die Entwicklung und den Erhalt der Funktionen des Essens, Kauens und Schluckens bei Menschen mit cerebralen Bewegungsstö-

---

104 Diese Therapieformen werden von den Krankenkassen anerkannt und von speziell ausgebildeten Therapeutinnen* durchgeführt.
105 Hier handelt es sich um Therapien, die in ihrer Qualität sehr unterschiedlich und in ihrer Umsetzung heil- oder sonderpädagogischer Arbeit ähnlich sein können. In der Regel werden sie nicht von Krankenkassen anerkannt.
106 https://www.physio-deutschland.de/patienten-interessierte/wichtige-therapien-auf-einen-blick.html (27.03.2020)
107 Deutscher Bundesverband für Logopädie https://www.dbl-ev.de/logopaedie/stoerungen-bei-kindern/stoerungsbereiche (27.03.2020)

rungen eingesetzt werden, sind die Therapie nach Castillo Morales (entwickelt Ende der 1970er Jahre), die Therapie des Facio-oralen Traktes (F.O.T.T.) nach Coombes 1996 sowie die Mund- und Esstherapie bei Kindern von Morris und Klein 2000. Diese Therapien basieren, ähnlich wie die Bobath- oder Vojta-Therapie, auf neurophysiologischen, zum Teil auch auf anthropologischen und pädagogischen Grundlagen.

Die *Ergotherapie* möchte Menschen, die in ihrer Handlungsfähigkeit eingeschränkt oder von Einschränkung bedroht sind, unterstützen. Durch spezifische Aktivitäten und Umweltanpassungen sollen sie bei der Durchführung für sie bedeutungsvoller Betätigungen in den Bereichen Selbstversorgung, Produktivität und Freizeit in ihrer persönlichen Umwelt gestärkt werden[108]. Für Menschen mit zugeschriebener geistiger Behinderung können in diesem Zusammenhang Angebote zur Förderung der Fein- und Graphomotorik oder eine Hilfsmittelberatung und -anpassung sowie Umfeldgestaltung bei verschiedensten Beeinträchtigungen in Bewegung und Wahrnehmung von großer Bedeutung sein. Eine spezielle Therapieform, die sowohl in der Ergotherapie, aber auch in pädagogischen Kontexten häufig eingesetzt wird, ist die Sensorische Integration (vgl. Ayres 2002).

Neben der hohen Bedeutung von Therapien für die Entwicklungsförderung und der Herausbildung lebenswichtiger Funktionen besteht doch für Menschen mit einer zugeschriebenen geistigen Behinderung immer wieder die Gefahr, dass sie einen wenig wertschätzenden und anerkennenden Umgang mit ihrer Persönlichkeit, insbesondere mit ihrem Körper, erfahren. Ziel vieler Eingriffe und therapeutischer Maßnahmen ist die ›Korrektur‹ oder die ›Behandlung‹ von ›Defiziten‹. In Bewegungstherapien wird versucht, ›falsche‹ Bewegungsmuster zu hemmen und ›physiologische‹ Bewegungen anzubahnen. Extremitäten werden mit Orthesen versehen, um sie in ›Normalstellungen‹ zu bringen. Während der Kontrakturenprophylaxe und -therapie werden Gelenke durch Therapeutinnen* passiv und oft ohne Vorbereitung aufgedehnt. Alle diese Maßnahmen führen immer wieder zum Erleben, dass Teile des eigenen Körper, deren Beschaffenheit und Haltung nicht ›in Ordnung sind‹ und Änderungen, die noch dazu sehr schmerzhaft sein können, von außen herbeigeführt werden müssen (vgl. Schlichting & Schuppener 2016).

Innerhalb einer Pädagogik der Verbesonderung sind Entwicklungen problematisch zu sehen, wenn Sonderpädagoginnen* in ihrer Bildungs- und Erziehungsarbeit über die Maßen auf therapeutische Ansätze zurückgreifen bzw. Therapeutinnen* pädagogische Handlungsfelder überlassen. Kritisch wird dabei bewertet, dass therapieimmanente Werte übernommen und eigentlich Pädagogisches verdrängt wird (vgl. Theunissen 2007a). Theunissen (ebd., 340) spricht in dem Zusammenhang vom »therapeutischen Fehlansatz in der Heilpädagogik« und kritisiert die »Vertherapeutisierung« vom Essen zur »Esstherapie«, vom Spielen zur »Spieltherapie« usw. Unreflektiert bleiben dabei unter Umständen Implikationen wie der Heilungsanspruch, die Gefahr der Verdinglichung von Personen als ›Behandlungsobjekte‹, ihre Exklusion aus lebensweltlichen Kontexten sowie die Ignoranz von Selbst- und Mitbestimmungsmöglichkeiten (vgl. ebd.; Speck 2003). Ein therapeutischer Fokus läuft in

---

108 Deutscher Verband der Ergotherapeuten https://dve.info/ergotherapie/definition (27.03.2020)

Gefahr, Menschen in ihrem Anspruch auf umfassende Bildung zu reduzieren (▶ Kap. II, 3.2).

Wichtig, und im nächsten Kapitel umfassend diskutiert, ist eine sinnvolle interprofessionelle Zusammenarbeit und Abstimmung der verschiedenen therapeutischen und pädagogischen Zielsetzungen.

## Pflege

Mit *Pflege* sind alle Tätigkeiten und Vorkehrungen gemeint, mit denen für das körperliche Wohlbefinden, für die Freiheit von Schmerzen und für das Gefühl von Sicherheit, also für eine beruhigte Wachheit gesorgt wird (Haisch 1993 in Klauß 2003).

Alle Menschen sind in bestimmten Phasen ihres Lebens – immer am Lebensbeginn und häufig am Lebensende sowie bei schwerer Erkrankung oder nach Operationen – auf Pflege durch andere angewiesen. Abhängigkeit von Pflege ist demnach kein Phänomen, welches im Kausalzusammenhang mit zugewiesenen Behinderungsdiagnosen entstehen muss. Viele Menschen mit zugeschriebener geistiger Behinderung können sich genauso selbst pflegen wie jeder Mensch ohne Behinderungserfahrung auch und sind nur zeitweise auf Fremdpflege angewiesen (vgl. Schlichting 2013).

Menschen, die neben einer sogenannten geistigen Behinderung auch körperliche Beeinträchtigungen haben, oder Menschen mit Komplexer Behinderung haben oft einen höheren Bedarf an Fremdpflege bzw. sind häufig über ihre gesamte Lebensspanne pflegebedürftig. Ähnliches gilt für Menschen im Alter, bei denen sich Krankheiten chronifizieren oder sich eine Demenz entwickelt (▶ Kap. III, 6). Maßnahmen der sogenannten Grundpflege umfassen die Übernahme bzw. Unterstützung bei den Aktivitäten des täglichen Lebens (ATL), wie Nahrungsaufnahme und Trinken, Verdauen, Positionieren und der Körperhygiene. Menschen mit chronischen Erkrankungen benötigen oft auch Maßnahmen der Behandlungspflege wie Sondieren, Katheterisieren, Absaugen usw.

Dabei werden Grundpflegemaßnahmen in Einrichtungen der Eingliederungshilfe sowohl von pädagogischen als auch pflegerisch ausgebildeten Mitarbeiterinnen* durchgeführt. Einige Maßnahmen der Behandlungspflege dürfen nur durch ausgebildete Pflegefachkräfte übernommen werden, was in der Praxis von Einrichtungen unter Umständen zu Schwierigkeiten (schlimmstenfalls zum Ausschluss) führt, wenn diese nicht ermöglicht werden können. Für die Pflege eines Menschen mit mehrfacher Behinderung sind in jedem Fall pflegefachliches Wissen und praktische Fähigkeiten nötig. Weiterhin fordert sie eine intensive Auseinandersetzung mit ethischen Fragen bezüglich Autonomie, Abhängigkeit und Fürsorge (▶ Kap. I, 2). Dies gilt sowohl für pädagogische als auch pflegerische Fachkräfte.

Maßnahmen der Grundpflege bieten eine intensive Begegnung in einer dialogischen Situation und eine Vielzahl von Bildungsmöglichkeiten (vgl. Klauß 2003, 2005), was in der Pflege mit dem Begriff der aktivierenden Pflege und im pädagogischen Bereich mit dem der *Förderpflege* zum Ausdruck gebracht wird (vgl. Trogisch & Trogisch 2004; Schlichting 2013).

Menschen mit zugeschriebener geistiger Behinderung müssen aufgrund von Erkrankungen und notwendigen Operationen oft im Krankenhaus behandelt werden. Dies ist häufig mit Schwierigkeiten verbunden. Als Barrieren wirken unter anderem große Unsicherheiten des medizinischen und pflegerischen Personals gegenüber dem Personenkreis, diese reichen von mangelndem Respekt über unzureichendes Wissen über die Spezifik von Erkrankungen bis hin zum Fehlen von pflegerischer Kompetenz und kommunikativen Fähigkeiten (vgl. Seidel 2015). Als problematisch ist in diesem Zusammenhang anzusehen, dass der Pflegealltag eines Krankenhauses auf die zeitlich aufwändigere Pflege von Menschen insbesondere mit Komplexer Behinderung nicht ausgerichtet ist und die Kompetenzen der Gesundheits- und Krankenpflegerinnen* oft nicht ausreichen, um eine angemessene Versorgung zu gewährleisten. So fehlt beispielsweise häufig ausreichendes Wissen und Können bezüglich einer Nahrungsgabe bei Schluckstörungen sowie bei einer körpergerechten Lagerung und der Gestaltung von Transfersituationen bei Menschen mit cerebraler Bewegungsstörung. Oft fehlt ein Angebot an alternativen Kommunikationsmöglichkeiten gänzlich, sodass Menschen ohne Verbalsprache die Möglichkeit verwehrt wird, selbst einfache Bedürfnisse und Wünsche zu äußern (vgl. Seidel 2010 in Schlichting 2018). Häufig setzt das Pflegepersonal insbesondere im Kinderbereich voraus, dass ein Elternteil mit ins Krankenhaus kommt und die Grundpflege beim Kind übernimmt.

Viele Menschen mit zugeschriebener geistiger Behinderung mussten in ihrer Biografie viele traumatische Erlebnisse mit pflegerischen und medizinischen Prozeduren hinnehmen, sodass sie möglicherweise eine veränderte Sensibilität gegenüber körperlichen Problemen entwickelt haben oder aber sich aus Angst medizinischen Untersuchungen verweigern. Insbesondere gilt dies für die Gruppe der über viele Jahre in der Psychiatrie hospitalisierten Menschen.

Als Forderungen für die Praxis ergeben sich für die Institution Krankenhaus ebenso wie für die ambulanten Settings eine höhere Professionalisierung der medizinischen und pflegerischen Mitarbeiterinnen*, eine zusätzliche Finanzierung eines erhöhten Personalbedarfs im System der Regelversorgung und der Ausbau spezialisierter Krankenhausabteilungen oder spezialisierter Teams in den Krankenhäusern (Seidel 2015, 10).

## 4.3 Professionelle Kooperation

Wenn vom gemeinsamen Wirken von Professionen die Rede ist, tauchen unterschiedliche Begrifflichkeiten auf, deren Klärung zu Beginn des Kapitels versucht werden soll, wenngleich Erklärungen und Gebrauch in der Literatur inkonsistent sind. So werden in diesem Zusammenhang die Begriffe Multi- und Interprofessionalität, Multi- und Interdisziplinarität oder interprofessionelle bzw. interdisziplinäre Kooperation verwendet.

*Multiprofessionalität* meint eine Zusammenarbeit von unterschiedlichen Berufsgruppen hinsichtlich einer Aufgaben- bzw. Problemstellung. Hierbei handeln die

Professionen unabhängig voneinander mit klarer Abgrenzung der Zuständigkeiten. Sie wissen voneinander und haben Verständnis für ihre verschiedenen Fragestellungen (vgl. Weiß et al. 2017). *Interprofessionalität* meint das miteinander Handeln verschiedener Berufsgruppen unter einer gemeinsam geteilten Zielstellung. *Kooperation* wird zumeist in ganz ähnlicher Bedeutung benutzt. Auf allgemeiner Ebene lässt sich Kooperation beschreiben als Interaktion zwischen verschiedenen autonomen Systemen, die in einem gemeinsamen Kommunikationsprozess zwischen gleichberechtigten Partnern Differenzen klären und gemeinsam Ziele formulieren, die sie innerhalb verbindlicher Regelungen umsetzen (vgl. Behringer & Höfer 2005 in Sarimski 2017). *Interprofessionelle Kooperation* meint dann entsprechend das Zusammenwirken verschiedener Berufsgruppen hinsichtlich einer gemeinsamen Zielstellung.

*Interdisziplinarität* wird oft in ähnlicher Bedeutung gemeint, fokussiert aber mehr die Zusammenarbeit der Wissenschaftsdisziplinen: »Der Begriff Interdisziplinarität wird heute in einem übergreifenden Sinne gebraucht. Man versteht darunter die Kommunikation und Kooperation von Disziplinen und Fächern« (Speck 1996, 45). Aufgrund der sehr komplexen Lebenslagen und unterschiedlichen Bedarfe von Menschen mit einer zugeschriebenen geistigen Behinderung ist eine Zusammenarbeit sowohl der Disziplinen als auch der Professionen innerhalb verschiedener Bereiche von hoher Bedeutung. Auf wissenschaftlicher Ebene ist eine Zusammenarbeit zwischen den Disziplinen Pädagogik, Medizin, Psychologie sowie den Pflege- und den Therapiewissenschaften notwendig. Interdisziplinarität gilt im Kontext von Forschung zur Unterstützung von Menschen mit zugeschriebener geistiger Behinderung als unverzichtbare Voraussetzung, um Problemsituationen in ihrer Komplexität zu erfassen und die ganzheitliche Sicht auf den Personenkreis nicht aus den Augen zu verlieren (vgl. Dalferth 2007, 183; ▶ Kap. I, 4).

Auf institutioneller Ebene müssen die verschiedenen Hilfesysteme miteinander kooperieren, und insbesondere in den Teams verschiedener Einrichtungen ist eine Zusammenarbeit zwischen Mitarbeiterinnen* der verschiedenen Professionen grundlegend, um gemeinsam den vielfältigen Bedarfslagen der Menschen gerecht zu werden und Zielstellungen miteinander abzustimmen.

## Interprofessionalität und Kooperation

Menschen mit zugeschriebener geistiger Behinderung befinden sich lebenslang in multiprofessionellen Unterstützungssystemen. Dazu gehören neben dem medizinischen System mit Krankenhäusern, den Sozialpädiatrischen Zentren (SPZ), Medizinischen Behandlungszentren für Erwachsene mit geistiger Behinderung oder schweren Mehrfachbehinderungen (MZEB) und verschiedenen Pflegediensten die Systeme der therapeutischen Versorgung und pädagogischen Begleitung sowie das System der verschiedenen staatlichen Hilfesysteme sowie deren entsprechende Ämter und regionalen Einrichtungen. Damit diese im Sinne einer Person zusammenwirken und Ziele gemeinsam in der gleichen Richtung verfolgt werden, ist zwischen ihnen eine multiprofessionelle Zusammenarbeit in Form von runden Tischen oder

Fallgesprächen notwendig. Dies ist allerdings wegen des steten Wachsens von diesem Geflecht kooperierender Systeme sehr zeit- und personalaufwändig (vgl. Weiß et al. 2017).

Interprofessionelle Zusammenarbeit stellt ein wichtiges Qualitätskriterium in den verschiedenen Lebensräumen dar, in denen Menschen mit zugeschriebener geistiger Behinderung wohnen, lernen und arbeiten. Ihre Lebens- und Lernvoraussetzungen erfordern sowohl in Kindertagesstätte und Schule als auch in Wohneinrichtungen bzw. am Arbeitsplatz und in der Tagesförderstätte verschiedene Angebote aus Pädagogik, Pflege und Therapie und die entsprechenden theoretischen und praktischen Kompetenzen (vgl. Klauß et al. 2006; Vlaskamp 2001; Weiß et al. ebd.).

Das Miteinander von Mitarbeiterinnen* verschiedener Professionen, wie es in vielen Einrichtungen der Behindertenhilfe üblich ist, bietet deshalb eine notwendige Voraussetzung für eine ganzheitliche Versorgung, Begleitung und Förderung. Welche Berufsgruppen in welchem organisatorischen Rahmen zusammenarbeiten, ist allerdings je nach Einrichtungsart und auch nach Bundesland unterschiedlich geregelt (vgl. Schlichting & Goll 2012; Weiß et al. ebd.). Problematisch ist es, wenn beispielsweise in Schule oder Kindertagesstätte Therapeutinnen* und Pflegefachkräfte von externen Praxen und Diensten kommen; dies macht eine Kooperation schwierig bis unmöglich.

Die Anwesenheit verschiedener Berufsgruppen führt allerdings nicht automatisch zu einer interprofessionellen Zusammenarbeit. Häufig ist in Einrichtungen unklar und meistens nicht geregelt, wie ein multiprofessionelles Team im Sinne einer ganzheitlichen Begleitung und Förderung sinnvoll zusammenwirken kann (vgl. Goll 1996; Janz 2006; Klauß et al. 2006). So ist es beispielsweise im Kontext Schule möglich, dass ein Kind nacheinander verschiedene therapeutische, pflegerische und pädagogische Angebote mit jeweils unterschiedlicher Zielstellung ›durchläuft‹ und die beteiligten verschiedenen professionellen Mitarbeiterinnen* gegenseitig nicht von diesen wissen (vgl. Goll 1996; Schlichting & Goll 2012). Deshalb ist grundsätzlich zu fordern, dass Zielstellungen in Begleitung, Förderung und Unterricht in gemeinsamer Abstimmung mit der Person und den pädagogischen Mitarbeiterinnen*, Therapeutinnen* und Pflegekräften zu formulieren und Teilziele aufeinander zu beziehen sind (vgl. Goll 1996, Janz 2006, vgl. auch Pitsch 2003; Schulz zur Wiesch 2008; Baumann 2009). Damit können die Potentiale und Beiträge der jeweiligen Professionen genutzt werden, um die Person beispielsweise bei der Herausbildung einer bestimmten Kompetenz oder eines Verhaltens zu unterstützen.

Eine gute Möglichkeit, therapeutische Angebote in Unterricht und Förderung zu integrieren und damit in einen Sinnbezug zu stellen sowie sie möglichst häufig zu üben, stellt die sogenannte *Therapieimmanenz* bzw. der *therapieimmanente Unterricht* dar. Bezogen auf die Bewegungsentwicklung würden hierbei die Therapeutin*, die pädagogische Mitarbeiterin* und das Kind gemeinsam Zielstellungen hinsichtlich einer zu erwerbenden Bewegungskompetenz, die für das Kind im Unterrichts- und Schulalltag bedeutsam ist, festlegen. Die Physiotherapeutin unterstützt nun das Kind in möglichst vielen Situationen des Schul- und Unterrichtsalltags in der Entwicklung dieser Bewegung (vgl. Hedderich & Dehlinger

1998; Maier-Michalitsch 2009). Eine Therapie findet also nicht isoliert, sondern eingebunden in den Alltag statt.

Für eine interprofessionelle Kooperation sind regelmäßige Teambesprechungen unter Teilnahme der verschiedenen einrichtungsinternen und -externen Mitarbeiterinnen*, und je nach Arbeitsbereich, der Person selbst oder deren Eltern nötig. Ein koordiniertes Zusammenwirken der Professionen erfordert ein ausgewogenes Verhältnis von Eigenständigkeit, Aufeinanderbezogensein und notwendiger Führung. In der Praxis scheitert dies oft an strukturellen Zwängen wie Personal- und Zeitmangel. Aber auch Statusdenken, Unsicherheit und Konkurrenz, Abgrenzungsbedürfnisse oder falsche gegenseitige Erwartungen spielen eine Rolle (vgl. Weiß et al. 2017).

In der Studie von Weiß et al. (2017) zur »Multiprofessionellen Kooperation inner- und außerschulischer Akteure im Förderschwerpunkt Geistige Entwicklung« wurden innerhalb von Gruppendiskussionen mit Lehrkräften die Schwierigkeiten einer Zusammenarbeit im multiprofessionellen Team herausgestellt. In einem bestimmten Rollengefüge im Team eingebunden zu sein, kann mit Rollenkonflikten, unklaren Verantwortlichkeiten sowie divergierenden Vorstellungen über Erziehung und Bildung einhergehen. Unterschiedliche Vorstellungen erschweren die interprofessionelle Kooperation genauso wie strukturelle Schwierigkeiten, wie koordinativer Aufwand und mangelnde zeitliche und personelle Ressourcen. Ebenso behindern (enge) administrative Vorgaben, beispielsweise, dass die Schulbegleiterin* nur für ein einziges Kind eingesetzt werden kann, oder strenge Abrechnungszeiten von Fachdiensten (z. B. Pflegediensten) sowie nicht ausreichend qualifiziertes Personal eine gelingende interprofessionelle Teamzusammenarbeit (vgl. ebd.).

## Kokonstruktion

Weiß et al. (2017) unterscheiden mit Bezug auf Gräsel et al. (2006) die sogenannte arbeitsteilige Kooperation von der Kokonstruktion. Erstere meint eine arbeitsteilige Aufgabenverteilung an die unterschiedlichen Akteure, bei dem jeder autonom arbeitet und seinen Beitrag leistet, um die Aufgabe zu erfüllen. Bei der Kokonstruktion werden individuelle Kompetenzen und Wissen so aufeinander bezogen, dass gemeinsame Problemlösestrategien erworben werden, was im Gegensatz zur Arbeitsteilung ein einheitliches und abgestimmtes Vorgehen sichern hilft. Der nötige intensive Austausch kann aber unter Umständen die Autonomie des Einzelnen einschränken und die Aushandlungsprozesse können Konfliktpotential enthalten (vgl. Weiß et al. ebd.).

Zentral für ein arbeitsteiliges und kokonstruktives Arbeiten sind gemeinsame Ziele, die von allen Beteiligten getragen und immer wieder miteinander ausgehandelt werden müssen. Weiß, Markowetz & Kiel (ebd.) betonen die Notwendigkeit, dass Zuständigkeiten und Hierarchien im Team transparent festzulegen sind und eine Person – in der Schule sind dies die Lehrerinnen* – die Führungsfunktion annehmen und auch konsequent ausfüllen müssen. Die Autorinnen* machen darauf aufmerksam, dass in Einrichtungen der sogenannten

Behindertenhilfe Hierarchien immer wieder »aufgeweicht« werden, was zur Rollendiffusion oder zu einem »Führungsvakuum« führen kann (ebd., 321). Ein ›Equality-Prinzip‹[109] (Frey et al. 2010) ist in funktional ausdifferenzierten Organisationen ungünstig und erschwert ein interprofessionelles bzw. kokonstruktives Arbeiten.

## Transdisziplinäre Zusammenarbeit

Ein Ansatz, der über eine interprofessionelle und kokonstruktive Zusammenarbeit hinausgeht, ist die sogenannte *Transdisziplinarität* oder transdisziplinäre Zusammenarbeit. Der Begriff geht zurück auf Orelove und Sobsey (1996), die diesen Ansatz für Kinder mit sogenannter Komplexer Behinderung entwickelten, für die ein häufiger Wechsel der Bezugspersonen aufgrund ihrer erschwerten Kommunikationssituation ungünstig ist. Ab 2004 benutzen die Autoren auch den Begriff des collaborative Approach (Orelove et al. 2004). Das Handlungsprinzip eines transdisziplinären Teams besteht im Wesentlichen in der *Übertragung disziplinspezifischer Handlungsqualifikationen auf die Bezugsperson* (vgl. Goll 1996; Schlichting & Goll 2012). Die Durchführung der eher pädagogisch, therapeutisch oder pflegerisch orientierten Maßnahmen erfolgt so weit wie möglich disziplinübergreifend (transdisziplinär) durch eine bzw. wenige Bezugspersonen in alltäglichen Lebenszusammenhängen (vgl. ebd.). Voraussetzung einer gelingenden Transdisziplinarität ist der *Transfer zentraler Kompetenzen für die Alltagsgestaltung* von den verschiedenen Professionen auf die Bezugspersonen. In der Praxis könnte dies beispielsweise bedeuten, dass die pädagogische Mitarbeiterin\*, angeleitet durch die Physiotherapeutin\*, Transfersituationen und Bewegungsförderung im Unterricht gestaltet und ebenso den Hauptanteil pflegerischer Tätigkeiten übernimmt, auf die sie durch eine pflegerische Fachkraft vorbereitet wird.

Transdisziplinäres Arbeiten hat Grenzen: Hoch spezialisierte Tätigkeiten, wie eine gezielte Stimulation von Druckpunkten nach der Vojta-Therapie oder eine komplexe Bewegungsanbahnung mittels der Übungsbehandlung nach Bobath, können nur von den entsprechend ausgebildeten Physiotherapeutinnen\* vorgenommen werden. Gleiches gilt für komplizierte Maßnahmen der Behandlungspflege, die nur von medizinisch-pflegerisch ausgebildeten Mitarbeiterinnen\* verrichtet werden sollten. Im Sinne der Sicherung der Fachlichkeit von durchzuführenden Maßnahmen muss hier verantwortlich entschieden werden, welche Tätigkeiten durch die Bezugspersonen übernommen werden können und welche nicht (vgl. Goll 1996; Schlichting & Goll 2012). Weiterhin sollten Mitarbeiterinnen\* nicht Aufgaben ›aufgebürdet‹ werden, die theoretische und praktische Kompetenzen erfordern, über welche diese nicht verfügen können, dies kann zu Unsicherheiten und Ängsten führen (Ulbrich et al. 2006). Zudem besteht bei einem konsequenten transdisziplinären Arbeiten die Gefahr der ›Verwässerung‹ der Fachdisziplinen (vgl. Janz 2009).

Janz (2009) sieht transdisziplinäres Arbeiten eher als Ideal-Modell an, das praktisch kaum umsetzbar erscheint. Eine sinnvolle Alternative ist ein möglichst

---

109 Alle sind gleich; keiner hat Privilegien.

vernetztes Handeln mit einem regelmäßigen Austausch durch die verschiedenen Mitarbeiterinnen\*, sodass die Sichtweisen der einzelnen Professionen Berücksichtigung finden.

Die Umsetzung interprofessioneller und transdisziplinärer Kooperation setzt innerhalb der Einrichtungen bestimmte Organisationsstrukturen voraus, die intensiver Zusammenarbeit die nötige Priorität einräumt und sie explizit unterstützt (vgl. ebd.). So sollte es offiziell anberaumte Teamsitzungen geben, die für alle verbindlich sind. Die Gestaltung von Kooperation muss darüber hinaus konzeptionell in Einrichtungen verankert sein (vgl. ebd.).

## 4.4 Exkurs: Schmerzen als interprofessionelle Herausforderung für Medizin, Pflege, Therapie und Pädagogik

Im Folgenden soll ein Handlungsfeld, das insbesondere für Menschen mit einer zugeschrieben geistigen und zusätzlichen körperlichen Behinderung eine hohe Relevanz hat, hinsichtlich seiner Komplexität und der verschiedenen Anforderungen und Aufgaben für Mitarbeiterinnen\* aus den Professionen der Medizin, Pflege, Therapie und Pädagogik exemplarisch dargestellt werden. Menschen, die neben der Diagnose einer geistigen Behinderung zusätzliche körperliche Beeinträchtigungen, chronische Erkrankungen oder eine Komplexe Behinderung haben, sind oftmals über ihre gesamte Lebensspanne immer wieder von Schmerzen betroffen. Insbesondere eine cerebrale Bewegungsstörung kann zu vielfältigen orthopädischen Komplikationen wie einer Skoliose, Luxationen (Auskugelungen), Kontrakturen (Gelenkversteifungen) sowie einer Osteoporose und chronischen Erkrankungen, wie beispielsweise Transportstörungen im Magen-Darmtrakt und Speiseröhrenentzündungen, führen (vgl. Nüßlein & Schlichting 2018; ▶ Kap. II, 4.2). Verschiedene Untersuchungen zeigen, dass (schwere) Erkrankungen und damit verbundene Schmerzen bei Menschen mit sogenannter geistiger und insbesondere mit schwerer Behinderung verspätet erkannt und auch wesentlich schlechter behandelt werden (Ding-Greiner & Kruse 2010; Kostrzewa 2013; Fricke et al. 2011). Dies hat verschiedene Ursachen: So verfügen viele Menschen mit zugeschriebener geistiger Behinderung aufgrund von erfahrenen Bildungsbenachteiligungen über wenig Wissen bezüglich Gesundheit und Krankheit und haben eine geringere Gesundheitskompetenz. Hinzu kommen unter Umständen *schwierige biografische Erfahrungen mit Arzt- und Krankenhausbesuchen,* die dazu führen können, dass sie Schmerzen und körperliche Veränderungen nicht äußern. Auf der anderen Seite spielen mangelndes medizinisches Wissen der verschiedenen Mitarbeiterinnen\*, aber auch Einstellungen und Menschenbildannahmen eine Rolle.

Deshalb braucht es zunächst sowohl bei pädagogischen und pflegerischen Mitarbeiterinnen\* in den Wohneinrichtungen als auch für medizinisches Personal in

Arztpraxen und Krankenhäusern ein grundsätzliches Wissen über häufige schmerzverursachende chronische Erkrankungen. Damit Schmerzen, insbesondere bei Menschen ohne bzw. mit eingeschränkter Lautsprache, erkannt werden, müssen mögliche *Ausdrucksformen des Schmerzes* bekannt sein und Zusammenhänge bezüglich sogenannter ›Verhaltensstörungen‹ gezogen werden können. Zusätzlich sollten Mitarbeiterinnen* der verschiedenen Professionen entsprechende Assessmentinstrumente zur Beobachtung von Schmerzzuständen kennen und in Wohneinrichtungen, Schulen, Tagesförderstätten und Krankenhäusern fachgerecht anwenden können.

Damit Schmerzen erkannt und insbesondere auch anerkannt werden, spielen neben professionellen Kompetenzen auch *Menschenbilder, Vorannahmen und die eigene Schmerzgeschichte* der verschiedenen Beteiligten eine Rolle. Insbesondere müssen Annahmen bezüglich einer ›verminderten Schmerzwahrnehmung‹ genauso wie (Fehl)Annahmen über eine ›Gewöhnung an Schmerzen‹ bei Menschen mit der Diagnosezuschreibung einer geistigen und schweren Behinderung in den verschiedenen Disziplinen kritisch hinterfragt werden.

Menschen mit zugeschriebener geistiger Behinderung müssen in ihren *Schmerzäußerungsformen* wahrgenommen, bestärkt und ermutigt werden und auch eine, wenn nötig, nichtsprachliche Resonanz erfahren. Eine Möglichkeit über körpernahe Kanäle in den Austausch über den Schmerz zu kommen, bietet das Konzept der *Basalen Kommunikation* (vgl. Mall 2008; Greving & Niehoff 2019). Viele Menschen mit sogenannter geistiger Behinderung haben während ihrer Biografie immer wieder erlebt, dass ihr Schmerzverhalten ignoriert oder sanktioniert wurde. Diese und weitere *traumatische Erfahrungen* mit dem Medizin- und Pflegesystem können dazu geführt haben, dass Menschen Schmerzen nicht mehr oder stark verändert äußern. Dies muss von den verschiedenen professionellen Mitarbeiterinnen* reflektiert und berücksichtigt werden.

Gleichzeitig gilt es, Menschen Angebote für die *Kommunikation von Schmerzen* in Form von Bildern, Symbolen oder anderen für sie zugänglichen Mitteln bereitzustellen und sie in deren Nutzung zu befähigen (vgl. Schlichting, Nüßlein & Fichtmair 2019). Eine weitere genuin pädagogische Aufgabe besteht in einer lebenslangen Gesundheits- und Krankheitsbildung, die Menschen mit zugeschriebener geistiger Behinderung befähigt, Veränderungen am Körper und Krankheitszeichen zu erkennen. Auch die Behandlung von Schmerzen ist eine *interprofessionelle Aufgabe*. Ärztinnen* müssen sich bezüglich der Verwendung von Schmerzmitteln und insbesondere in der Wechselwirkung mit anderen Arzneimitteln wie Antiepileptika und anderen Neuroleptika gut auskennen. Gesundheits- und Krankenpflegerinnen* sowie pädagogische Mitarbeiterinnen* müssen verordnete Schmerzmittel fachgerecht verabreichen, eine *systematische Schmerzbeobachtung* durchführen, Veränderungen wahrnehmen und innerhalb eines Schmerzdokumentationssystems entsprechend festhalten können. Neben medikamentöser Therapie sind auch Möglichkeiten alternativer Schmerztherapie anwendbar. Als pflegerische Möglichkeiten können beispielsweise die Wärme- oder Kältetherapie oder Angebote aus der Aromatherapie hilfreich sein. Für Menschen mit einer cerebralen Bewegungsstörung können schmerzarme Lagerungen mittels verschiedener Lagerungshilfsmittel entlastend sein, was die therapeutische Kompetenz von Physiotherapeutinnen* erforderlich macht. Die Basale Stimulation kann durch Angebote zur Wahrnehmung des eigenen Körpers, Massagen (z. B. eine atemstimulierende Einreibung) und Waschungen zur Entspannung der Muskulatur und Beruhigung der Atmung beitragen. Pädagogische oder therapeutische Angebote aus den Bereichen Musik oder Kunst und Kreativität können Menschen bei Schmerzen ebenfalls Erleichterung und Ablenkung verschaffen.

Das Erkennen, die Diagnostik und die Behandlung von Schmerzen stellt demzufolge eine komplexe Aufgabe dar, die nur gelingen kann, wenn die unterschiedlichen Professionen aus Medizin, Pflege, Therapie und Pädagogik zusammenwirken. Für eine qualitative Verbesserung in der Schmerzversorgung braucht es diesbezüglich Fort- und Weiterbildungen innerhalb der verschiedenen Professionen, aber auch einen fachübergreifenden Austausch und Dialog innerhalb von thematischen Arbeitskreisen, gemeinsamen Tagungen und in Konzeptpapieren.

## 4.5 Exkurs: Herausforderndes Verhalten im Kontext interprofessioneller Vernetzung und Kooperation von Pädagogik, Psychiatrie und Therapie

Das Thema ›herausforderndes Verhalten‹[110] erfährt in der aktuellen Praxiswirklichkeit schulisch und außerschulisch eine nach wie vor steigende Präsenz und Relevanz. Gleichzeitig fehlt es jedoch in der professionellen Praxis an einer interdisziplinären Konzeptionalisierung in der Zusammenarbeit mit Menschen, deren Verhalten als stark normabweichend konnotiert ist und nach einer individuellen Unterstützung und Begleitung verlangt. Die (Sonder)Pädagogik ist hier stark gefordert, neue Reflexionsmöglichkeiten sowie Diagnostik- und Handlungskonzepte auf dialogischer Basis (weiter) zu entwickeln (vgl. Schuppener 2014, 2016b) und dies nicht monoprofessionell zu tun, sondern die eigenen ›Professions-Grenzen‹ zu identifizieren und strukturelle Formen interprofessioneller Kooperation im Sinne des Ansatzes der *Flexiblen Hilfen* (vgl. Homann 2019) zu entwickeln und zu etablieren.

›Herausforderndes Verhalten‹ soll hier verstanden werden als Verhalten, welches von einer privilegierten gesellschaftlichen Mehrheit »als fremd erlebt wird, als schwierig, als störend [und zum Teil auch; d. A.] als destruktiv« (Schuppener 2016b, 40) und damit in der Regel mit einer Abwertung einhergeht. Phänotypisch betrachtet, handelt es sich um externalisierende und internalisierende Verhaltenswei-

---

110 »Herausforderndes Verhalten kann nicht nur ein Wesensmerkmal einer Person sein, sondern ist [...] das Resultat externer Zuschreibung« (Lebenshilfe Landesverband Bayern 2017, 9).

sen von Menschen mit zugewiesener geistiger Behinderung wie bspw. aggressives Verhalten (z. B. Schlagen, Treten, Zerstören von Gegenständen), oppositionelles Verhalten (z. B. Trotz, Provokation, Stehlen, Lügen, Leistungsverweigerung), sexuelle Auffälligkeiten (als unangemessen geltendes sexualisiertes Verhalten), Stereotypien (z. B. Bewegungs-, Handlungs-, Haltungsstereotypien, sprachliche Stereotypien), zwanghaftes Verhalten (z. B. Zwangshandlungen, -gedanken oder -rituale) (Staatsinstitut für Schulqualität und Bildungsforschung 2017). In der Regel stellen diese Verhaltensausdrücke eine große Herausforderung auf verschiedenen Ebenen dar: Sie stellen eine Herausforderung für das interprofessionelle Zusammenwirken dar (Makro-Ebene), weisen auf Herausforderungen innerhalb bestehender Interaktions- und Beziehungsgeflechte hin (Meso-Ebene) und verkörpern auch für die betreffende Person selbst eine Herausforderung (Mikro-Ebene), weil sie mit einer Nichtakzeptanz der Außenwelt einhergehen.

Im Speziellen geht es um Menschen, die im klinischen Kontext als ›intelligenzgemindert‹ diagnostiziert sind und meist weitere Diagnosezuschreibungen und Pathologisierungen[111] erfahren (z. B. ›verhaltensauffällig/-gestört‹, ›psychisch krank/gestört‹, ›psychiatrisch behandlungsbedürftig‹, ›austherapiert‹, ›nicht gruppenfähig‹, ›Systemsprengerinnen*‹, ›Grenzgängerinnen*‹). Damit einher gehen in der Regel zwangsläufig Stigmatisierungserfahrungen und Autonomieeinschränkungen (vgl. Heusner et al. 2019; Heusner et al. 2020) und nicht selten auch Traumatisierungen (vgl. u. a. Buscher & Hennicke 2017). Heijkoop (2014) geht davon aus, dass Personen mit derartigen Diagnoseerfahrungen oftmals unsicher, ängstlich und äußerst verletzbar sind, meist sehr sensibel für sinnlich wahrnehmbare Informationen, leicht aus dem Gleichgewicht gebracht werden können und damit in ihrer Stimmung sehr von äußeren Umständen abhängig sind. Nicht selten verbirgt sich dahinter eine Biografie des ›Scheiterns‹, welche durch viele Misserfolgserlebnisse und Missverständnisse, Sanktions- und Ausschlusserfahrungen sowie durch Beziehungsschwierigkeiten/-abbrüche und Bindungsprobleme gekennzeichnet ist (vgl. Schuppener 2016b).

Klauß (2018) beschreibt es als »evident, dass wir bei herausforderndem Verhalten kaum darum herumkommen, irgendwie zu reagieren« (22). Reaktionen sollten möglichst ›bedarfsorientiert‹ sein (ebd.) und folgende Fragen stellen:

»Was bedeutet das Verhalten für den [...] Menschen? Welcher subjektive Sinn steckt dahinter? Wie kann ich dem Verhalten mit meiner eigenen Reaktion gerecht werden? Wie kann ich (mehr) über die in diesem Verhalten erkennbaren Bedürfnisse, Kompetenzen und Entwicklungschancen erfahren?« (ebd.).

Auf der Basis einer *verstehenden rehistorisierenden Diagnostik* (▶ Kap. II, 2.4) gilt es, diese Fragen zu beleuchten und Antwortversuche[112] zu finden. Ziel sollte es sein, die Le-

---

111 Herausfordernde Verhaltensweisen können Symptome einer sogenannten psychischen Störung sein, aber auch als »Problemverhalten ohne Psychopathologie« (Theunissen 2017, 9) auftreten.
112 Hierbei ist bspw. auch ein »prägestisches Verstehen im tonischen Dialog« (vgl. Praschak 2018, 99) einzubeziehen, wenn es um Menschen geht, denen keine lautsprachliche Kommunikation möglich ist und die als mehrfach beeinträchtigt gelten.

bensgeschichte[113] einer Person zu rekonstruieren, individuelle Stärken und Unterstützungsbedarfe zu ergründen, Umfeldbedingungen zu analysieren, subjektive Sinnzusammenhänge zum Verhalten zu identifizieren und mögliche konstruktive Verhaltensalternativen gemeinsam mit der Person zu erwägen und zu erproben. Hilfreich können differente Assessments (vgl. Theunissen 2016), wie bspw. das funktionale Assessment oder auch das Konzept der »Positiven Verhaltensunterstützung« (ebd.), sein, wo eine Eingebundenheit des Subjektes im Fokus steht. Die Ergründung der Subjektlogiken stellt einen Schlüssel zum Verstehen des Verhaltens dar und ist demzufolge notwendiger Ausgangspunkt und Basis interprofessioneller Kooperation.

Mögliche Antwortversuche auf ein Verhalten stellen immer Herausforderungen auf der Ebene der *Kommunikation* dar: Wagner (2012) verweist hier darauf, dass »primäres Ziel [...] der Aufbau von ›Sinnbrücken‹ zwischen den individuellen ›Sinnräumen‹ der Interaktionspartner und damit das Entstehen eines ›Interaktionsraumes‹ der Kommunikation« (63) sein muss. Zentrale Berücksichtigung innerhalb von ›Sinnräumen‹ muss differenten »Gefühle[n] des Fremdwerdens« (Thielen 2006, 266) entgegengebracht werden. Diese Gefühle können auf der Ebene der Subjekte entstehen in Form einer Entfremdung von der eigenen Person (z. B. im Kontext psychiatrischer Erfahrungen) (ebd.), aber auch von Außenstehenden gegenüber den Subjekten. Hier müssen folglich intra- und interindividuelle ›Sinnbrücken‹ rekonstruiert werden, um Kommunikation mit sich selbst und anderen zu (re)aktivieren. Diese ›Sinnbrücken‹ können nur dann eine Tragfähigkeit entwickeln, wenn die Zusammenarbeit durch eine vertrauensvolle Beziehung, hohe Verbindlichkeit und authentische, wertschätzende Haltung geprägt ist (vgl. Homann 2019). »Eine Emotionalität ist für die Arbeit unabdingbar« (ebd., 414). Die hohe Vulnerabilität, welche eine nahezu zwangsläufige Begleiterscheinung herausfordernder Verhaltensweisen ist, muss als »akzeptierte Verletzbarkeit« (Hartmann 2011 in Müller 2017, 299) anerkannt werden, damit eine vertrauensvolles Miteinander möglich ist (ebd.). Hierfür müssen alle interagierenden Professionellen entsprechend sensibilisiert sein und individuelle Verhaltensäußerungen/-muster (aner)kennen, um bspw. auch mögliche Krisen oder Eskalationen präventiv beggnen zu können. Eine Einlösung dieses Anspruchs ist vielerorts (noch) nicht auf der Basis etablierter interprofessioneller Vernetzungsstrukturen vorhanden[114]. Bislang erlebt man z. T. eher ein Nebeneinander differenter Professionen und Institutionen (Psychiatrie, Psychotherapie und Heilpädagogik) als ein (konzeptbasiertes) systemisches, hilfreiches Miteinander. Dabei ist eine »frühe Vernetzung medizinischer, pädagogischer und psychosozialer Hilfen anzustreben, da ansonsten mögliche Synergien nicht hinreichend genutzt und konträre und damit [ggf.; d. A.] verunsichernde Meinungen an die (betreffende Person selbst und die) Familie herangetragen werden« (Buscher & Hennicke 2017, 237). Ein wesentliches Ziel besteht darin,

---

113 »Verhaltensschwierigkeiten sind immer Ausdruck von Lebensgeschichten und der daraus sich ergebenden Befindlichkeit und Einblick in lebensgeschichtliche Zusammenhänge mit einem meist langem Gewordensein« (Fischer 2009, 22).

114 »Oftmals sind [...] die Möglichkeiten der Unterstützung, Förderung und Therapie von ›zufälligen‹ Gegebenheiten in der Region abhängig, fernab von Nützlichkeit oder Notwendigkeit« (Buscher & Hennicke 2017, 188).

vorhandene *Schnittstellen* in der interprofessionellen Kooperation zu *Nahtstellen* (vgl. Kabsch 2020) weiterzuentwickeln und alle Beteiligten zu einer intensiven Auseinandersetzung mit »der Lebenslage und den Bedürfnissen und Bedarfen« (ebd., 80) der Subjekte einzuladen, um vor dem Hintergrund eines Adressatinnen*bezuges individuelle Wege der Unterstützung zu finden.

Man kann nach wie vor von einem sehr barrierebehafteten Weg sprechen, wenn es um die Suche nach geeigneten Hilfeangeboten wie bspw. Psychotherapieangeboten für Menschen mit diagnostizierter geistiger Behinderung geht[115]. Besteht ein Hilfebedarf aufgrund herausfordernden Verhaltens oder vermuteter zusätzlicher Diagnosen einer psychischen Auffälligkeit bei Menschen mit zugeschriebener geistiger Behinderung, lautet eine häufige Empfehlung, eigenaktiv »Betroffenennetzwerke vor Ort zu bilden und sich so systematisch zu vernetzen« (Lebenshilfe Landesverband Bayern 2017, 33). Scheitern eigenaktive Bemühungen der Vernetzung, bleibt häufig nur der erste Schritt, auf die mangelnde ›Versorgungslage‹ politisch aufmerksam zu machen (ebd.). Es bleibt jedoch ein hohes Risiko, dass Kinder, Jugendliche und Erwachsene die Einzelprofessionen nicht nur (heraus)fordern, sondern auch überfordern: Es folgen Reaktionen der Reduktion – z. B. auf Körperlichkeit oder gesundheitliche Bedarfe (vgl. Fornefeld 2008a) – oder Verschiebung von Verantwortung – z. B. durch ›Abgabe‹ an das System der Gesundheitsversorgung (ebd.). Dies widerspricht jedoch eindeutig dem geforderten Anspruch nach Vernetzung und professioneller Kooperation. Interprofessionalität muss im Kontext herausfordernden Verhaltens daher immer selbstkritisch daraufhin geprüft werden, ob eine *(Problem)Entlastung* im Mittelpunkt steht oder Formen einer *Problemverschiebung* unerwünschten Verhaltens z. B. in den klinischen Bereich erkennbar werden. Letzteres wäre kontraindiziert, weil genau das »den Einbezug der vielfältigen systemischen Faktoren (verhindert)« (Domening & Schäfer 2018, 10). Interprofessionalität darf keinesfalls als ›Deckmantel‹ von Interventionen dienen, die ihrerseits »wiederum Verletzlichkeit und Abnormalität konstruieren bzw. reproduzieren« (Dowse 2017, 447 in ebd.). Hierbei sollte stets die Perspektive der Subjekte im Zentrum stehen, welche daraufhin befragt werden muss, ob die Betreffenden ein Problem mit einer Diagnose oder einer Pathologisierung haben oder nicht (vgl. Boger 2020). Auf diese Subjektperspektive müssen dann stets auch alle Begleit- und Unterstützungsangebote abgestimmt sein. Somit bleibt abschließend ein interprofessioneller Appell an die kritische Analyse der einzelnen professionellen Identitäten als »kontinuierliche Aufgabe der (Selbst-)Reflexion aller in diesem Bereich Tätigen, die eigene Rolle und das eigene fachliche Handeln regelmäßig zu überprüfen« (Schäper & Glasenapp 2016, 11).

---

115 Zwar hat der Gemeinsame Bundesausschuss 2018 die Richtlinie-Psychotherapie geändert und seitdem haben sich die Zugangsvoraussetzungen verbessert; es mangelt jedoch weiterhin an einer Übertragung ins Alltagsrecht: »Die Barrieren reichen von erschwerter Erreichbarkeit psychotherapeutischer Angebote, insbesondere in Wohnortnähe und in der Region, über Barrieren der Zugänglichkeit von Praxisräumen, insbesondere für mobilitätseingeschränkte Personen, bin hin zu Barrieren in der Anwendung bestimmter psychotherapeutischer Verfahren, insbesondere bei sprachlastigen und kognitiv anspruchsvollen Interventionen, und Barrieren auf Seiten der Behandelnden und ihrer Einstellungen« (vgl. Schäper & Glasenapp 2016, 4).

# 5 Fazit und Perspektiven: Spannungsfelder und Reflexionsanforderungen an die Profession einer verbesondernden Pädagogik

»*Education is special for all*«
(Thuneberg et al. 2013 in Moser 2015, 178; Hervorhebung d. A.).

Die Frage nach einer Weiterentwicklung der Profession einer verbesondernden Pädagogik ist eine Grundsatzfrage nach dem »Verhältnis von spezieller und inklusiver Pädagogik« (Moser 2015, 169). Historisch betrachtet lässt sich insbesondere für die 1920er bis 1960er Jahre im schulischen wie im außerschulischen Bereich auf die Entwicklung konkurrierender ›Sonder- und Regel-Systeme‹ verweisen (ebd.). Perspektivisch, so plädiert Moser, sind »Synergien zwingend erforderlich, ohne freilich Expertisen in den Teilbereichen aufzugeben« (ebd., 178). Die Analyse und Ausformung verbindender Synergien von Spezifizierung und Allgemeinem auf der Professionsebene sollte grundsätzlich drei Foki verfolgen:

1. »den Fokus auf das System, der mit der Identifizierung und der Suche nach Überwindung von Inklusionsbarrieren in der lokalen Kultur, Politik und Praxis einhergeht« (Lindmeier 2019, 411),
2. den Fokus auf die Rolle und das Selbstverständnis der Professionellen unter Berücksichtigung von Interprofessionalität,
3. den Fokus auf die Subjekte, »bei denen Vulnerabilität in Bezug auf pädagogische Exklusion besteht« (ebd.).

Die Verbindungslinie zwischen diesen drei Foki könnten folgendermaßen aussehen: Im Bereich der Professionsentwicklung sind Professionelle (Fokus 2) dazu aufgefordert, sich immer wieder zu vergegenwärtigen, dass ein Zusammenhang zwischen dem Feld der Pädagogik in seiner strukturellen und konzeptionellen Organisation (Fokus 1) und der Auftretenshäufigkeit von Personen, die ›aufgegeben‹ werden (vgl. Georgens und Deinhardt 1861 in Feuser 2009), besteht (Fokus 3). So geht Feuser (2009) davon aus, dass sogenannte »naturalistische Dogmen« (233) – wie bspw. die Zuschreibung von (partieller) Bildungsunfähigkeit – die Wahrnehmung in der pädagogischen Praxis zentral beeinflussen und pädagogisches Handeln determinieren (▶ Kap. II, 3).

Zuschreibungen einer geistigen Behinderung werden durch eine defizitäre Statusdiagnostik ›geadelt‹ (▶ Kap. II, 2) und führen zu Fehlschlüssen mit weitreichenden Konsequenzen: So geht das Etikett einer geistigen Behinderung nach wie vor mit einem chronifizierten Risiko der Ausgrenzung und der Reduktion auf eine *ausschließliche* Inanspruchnahme von Angeboten einer ›spezialisierten Verbesonderungsprofession‹ einher. Diese Kausalität gilt es kritisch aufzubrechen und sich nicht als Profession zu verstehen, welche zu deren Aufrechterhaltung/Reproduktion beiträgt. Dabei muss eine besonders kritische Sensibilität für die bestehenden Strukturen einer »*Partialinklusion*« (= Inklusion als gegenwärtig nur in Teilsystemen der Gesellschaft verortet) (Ackermann 2010b, 242; Hervorhebung d. A.) entwickelt werden; womit gleichsam der Anspruch einhergeht, existente Modi eines ›*Inklusionsparadox*‹ (vgl. Fornefeld 2008a; Dederich 2008) oder eines »*Inklusions-Kitsch*« (vgl. Ackermann 2010b, 243) zu entlarven: Im Unterschied zu früheren Strukturen der Exklusion und Ausgrenzung (▶ Kap. I, 1) »findet heute der Ausschluss von Menschen mit [sogenannter geistiger und; d. A.] Komplexer Behinderung nicht *aus* der Gesellschaft, sondern *innerhalb* der Gesellschaft statt« (Fornefeld 2008a, 118; Hervorhebungen i. O.). Es werden neue Strukturen der Verbesonderung innerhalb der Gesellschaft geschaffen, z. B. in Form des Erhalts und Ausbaus von Sondereinrichtungen. Dieser paradoxe Effekt, dass das Streben nach Inklusion mit Blick auf Menschen mit zugewiesener geistiger und/oder schwerer mehrfacher Behinderung zum Mechanismus der Komplexitätsreduktion auf der Ebene der Profession in Form von Exklusion führt, gilt es streng zu prüfen und zu ändern, weil es ansonsten zu einer »Entsolidarisierung mit den Unterstützungsbedürftigen« (ebd., 119) kommt. Diese Entwicklung muss als grundlegende *gesellschaftliche Entsolidarisierung* gewertet werden, wenn man von Vulnerabilität und Unterstützungsbedarf als anthropologische Merkmale ausgeht (vgl. Definitorische Grundlagen und ▶ Kap. II, 1). Eine zentrale Aufgabe der Professionsentwicklung besteht also darin, in der professionellen Praxis zu identifizieren, wo Pädagoginnen* Wirkmacht entfalten, die sich als Skeptikerinnen* oder Gegnerinnen* von Inklusion verstehen, aber dazu beitragen, dass »unter dem Namen Inklusion im Alltag Exklusion praktiziert wird« (Prengel 2012, 27).

## 5.1 Flexinormalistische Reflexionsnotwendigkeit – zum Spannungsfeld der (De)Kategorisierung und Dekonstruktion in der pädagogischen Praxis

Die Frage nach dem Umgang mit Kategorien hat zu intensiven und anhaltenden Diskussionen auf der Disziplinebene geführt (▶ Kap. I, 5). Auf der Ebene der Profession steht diese Frage stets im konkreten Zusammenhang mit der Rahmung und den Konsequenzen von Kategorisierungen in Form von Benachteiligungen und Diskriminierungen, aber gleichsam stellt sich immer auch die dilemmatische *Ressourcenfrage* (vgl. u. a. Boger & Textor 2016; Trescher 2018c).

Führt ein »Doing Category« (Hirschberg & Köbsell 2018, 97) zum Ein- oder Ausschluss? Führt es dazu, Ungleichheitsverhältnisse offen zu legen, und erweist sich als notwendige Bedingung, um »Benachteiligungen auf[zu]zeigen, [zu] benennen und gegen sie kämpfen zu können« (ebd., 97)? Oder führt es zu Essentialisierungen und damit Verfestigungen von Machtstrukturen? Ist es unverzichtbares Merkmal von Professionalisierung, weil Kategorien »strukturierendes Moment von Wissen«

(Hornscheidt 2007, 73 in Georgi & Mecheril 2018, 66) sind, oder stellt ›Doing Category‹ eine zu überwindende Praktik im Kontext von Intersektionalität dar? Diese Fragen immer wieder zu diskutieren und zu reflektieren stellt eine derzeitige Herausforderung innerhalb der Profession dar:

Zum einen birgt eine Dekategorisierung die Gefahr der »Deprofessionalisierung durch zunehmende Undifferenziertheit« (Boger 2018, o. S.), zum anderen bildet sie auch paradoxe Effekte ab, indem »gerade das Verbot von ›Verbesondern‹ [...] die Dynamik einer ›Verbesonderung‹ am Laufen hält« (Dederich 2008, 38). Es wird also nicht nur Undifferenziertheit auf der Ebene der Professionalisierungsentwicklung erzeugt, sondern auch eine weitere diskriminierungsriskante Differenzierung und Pathologisierung (vgl. Boger 2018) in der professionellen Praxis verstärkt.

Georgi und Mecheril (2018) schlagen hier einen Bogen zur Forderung nach einer *Entkategorisierung* als eine »*Entdramatisierung* von Differenz« (ebd., 63; Hervorhebung i. O.) auf der Ebene der Profession: Entkategorisierung wird hier verstanden als eine offensive Form der Machtabgabe im pädagogischen Miteinander in Form einer Distanzierung von der Machtposition des/der Konstrukteurin* von Kategorien. Ich als Pädagogin* gehe offen bspw. gegenüber Schülerinnen* mit dem potenziellen Kapital einer ›diagnostischen Definitionsmacht‹ um, reflektiere diese Machtposition und distanziere mich möglichst bewusst, indem ich partizipative Diagnostikkonzepte verfolge und Machtverteilung über die Partizipation der Schülerinnen* ermöglicht wird. Das bleibt nicht nur eine große Herausforderung, sondern gleichsam ein Spannungsfeld und ein Agieren in Widersprüchen. Keinesfalls darf es zu Formen der ›Scheinbeteiligung‹ kommen, wo Partizipation lediglich eine Alibifunktion erfährt.

So scheint es einerseits Kategorien zu brauchen, weil sie professionelle Strukturierung und Orientierung ermöglichen und somit auch eine identitätsstiftende Funktion für die Profession haben; andererseits sind die negativen Konsequenzen von Kategorisierungen – besonders im Zusammenhang mit der Zuschreibung geistiger Behinderung – offenkundig. Georgi und Mecheril schlussfolgern hier:

> »Der Widerspruch zwischen der Notwendigkeit, sich auf kategorial gefasstes Wissen professionell zu beziehen und der Notwendigkeit, sich von kategorial gefasstem Wissen zu distanzieren, ist [...] konstitutiv für [...]pädagogische Professionalität« (ebd., 67).

Es geht also im Kern um die Offenlegung von Kategorien – wie der diagnostischen Zuschreibung einer geistigen Behinderung – und die Problematisierung von Kategorisierungsprozessen sowie eine Einordnung in die Diversity-Perspektive (ebd.). Damit kann der Versuch unternommen werden, die »Dynamiken von Kategorisierung und Dekategorisierung in pädagogischen Handlungsfeldern besser zu verstehen und kritisch zu reflektieren« (ebd., 63).

Besonders die Entwicklung der sogenannten pädagogischen Leitkonzepte, die wir nachgezeichnet haben (▶ Kap. II, 1), offenbart die Frage nach der derzeitigen und zukünftigen Verortung und Reflexion der Profession einer verbesondernden Pädagogik: Mit Bezug zu Boger (2019b) möchten wir hier in Frage stellen, wie realistisch eine Auflösung von Normalitätsgrenzen im Sinne eines Transnormalismus tatsächlich ist (▶ Kap. II, 1.6), und eher dazu einladen, protonormalistische Strukturen zu identifizieren, kritisch zu hinterfragen und den Pfad eines flexiblen Normalismus (vgl. Link 2013) innerhalb der Profession zu verfolgen.

Wenngleich durch eine kritische (Selbst)Reflexion (sonder)pädagogischen Handelns und eine tendenzielle Kontextualisierung durch inklusive Settings eine Pädagogik bei zugeschriebener geistiger Behinderung eine konstruktive Rekonturierung erfahren kann, lässt sich »das grundsätzliche Dilemma einer Verbesonderung nicht erschüttern« (Moser 2009, 175). Es sollte aber im Selbst(reflexions)verständnis der Profession zumindest immer um einen »Prozess der Dekonstruktion von Diskursteilhabebarrieren« (Trescher 2018c, 88) gehen, damit mögliche Dekategorisierungsfolgen der Entstehung sogenannter ›Restkategorien von Inklusionsverliererinnen*‹ (vgl. ebd.) konsequent offengelegt und vermieden werden können. Befruchtend und wichtig ist hier immer auch der Bezug zu den *Queer/ Disability/Mad Studies*, welchen die »konsequente Dekonstruktion aller Naturalisierungen« (Hirschberg & Köbsell 2018, 95) innewohnt.

Die Profession darf sich nicht in der Exklusion einrichten (Feuser 2012), sondern sollte nicht müde werden, »sich den Fragen von Gerechtigkeit und Gleichheit als interdisziplinäres Querschnittfach immer wieder neu [zu stellen; d. A.]« (Bärmig 2015a, 146). Das Professionalitätsverständnis einer Pädagogik bei zugeschriebener geistiger Behinderung sollte sich grundsätzlich nicht von jenem der allgemeinen Pädagogik unterscheiden: Zentral bedeutsam erscheint hier – auch im Hinblick auf zukünftige Forschung – die Reflexion von *implizitem Wissen* und *impliziten Handlungsorientierungen* (Bloh 2018). Nach Bohnsack (2011 in Bloh 2018) ist die Betrachtung und Analyse *kollektiv-impliziten Wissens* zentral, da »explizit-theoretisches Wissen erst im Kontext [...] atheoretischen, in kollektiven Erfahrungsräumen gelagerten Wissens, handlungspraktische Bedeutung gewinnt« (ebd., 219). Da sich pädagogisches Handeln immer in Erfahrungsräumen des Miteinanders vollzieht, muss »Professionalität [...] also immer [auch; d. A.] kollektiv strukturiert gedacht [und reflektiert; d. A.] werden« (Bloh 2018, 220). Hierzu gehört als Kernanspruch auch die Reflexion *habitueller Praktiken* im kollektiven Miteinander. Die Profession der (verbesondernden) Pädagogik muss immer geprägt sein vom Anspruch, »Praxisreflexion als Habitusreflexion« (te Poel 2020, o. S.) zu verstehen und sollte den professionellen Habitus von Pädagoginnen* fokussieren und die damit einhergehende Bedeutsamkeit des Habitus auf der Ebene des pädagogischen Beziehungshandelns. Welche Relevanz der Habitus somit für das Gegenüber hat, gilt es durch eine konsequente Subjektorientierung zu ergründen, auf welche wir im folgenden Unterkapitel nochmal final eingehen möchten.

## 5.2 Subjektorientiertung als Kernaspekt im Kontext von Interprofessionalität

Wie können wir dem von Jantzen (2014) formulierten Anspruch – »Nicht die Ausgegrenzten haben [...] zu beweisen, dass sie in vollem Umfang Mensch sind, also zu Dialog und Kommunikation, zu sozialem Verkehr in der Lage, sondern ich selbst habe als Diagnostiker, Pädagoge, Therapeut zu beweisen, dass ich in der Lage bin, einen egalitären Dialog zu führen« (o. S.; ▶ Kap. I, 3.4) – im Rahmen eines professionellen Selbstverständnisses Rechnung tragen?

Die Antwort auf diese Frage kann immer nur (auch) eine ethisch-partizipative sein: Auf der Basis einer Anerkennung der *Menschenwürde*, einer reflektierten Übernahme von *Verantwortung* und *Stellvertretung* sowie einem verwirklichten Grundanspruch an *Gerechtigkeit* und *Anerkennung* (Dederich 2019; ▶ Kap. I, 2.4) gilt es, die Subjekte zum Ausgangspunkt von Interprofessionalität zu machen. Dederich (2019, 55 f) schlägt »praktische Fragen« vor, welche sich die sogenannte schulische ›Geistigbehindertenpädagogik‹ stellen sollte. Diese Fragen möchten wir aufgreifen, reformulieren und erweitern als grundlegende subjektorientierte Reflexionsfragen für Professionelle in pädagogischen Einrichtungen insgesamt:

- Werden Menschen mit zugewiesener geistiger Behinderung »als Mitglieder einer moralischen Gesellschaft« anerkannt und wie findet diese Anerkennung eine konzeptionelle und alltagsreale Umsetzung? »Welche moralischen Rechte« werden ihnen innerhalb pädagogischer Einrichtungen zugestanden und welche Verantwortlichkeit bzw. Verpflichtung leiten sich daraus im Selbstverständnis der Einrichtungen ab? »Was ist der pädagogische Ethos« der Einrichtungen und der Professionellen?
- »Auf welchen normativen Leitprinzipien« beruht das pädagogische Handeln? Wie werden die »Spielräume von Selbst- und Fremdbestimmung« gestaltet? Wie erfolgt Autonomieförderung im Kontext institutioneller Zwänge? Wie werden stellvertretende Handlungen legitimiert? Welche Formen der Reflexion dieser Fragen sind in den pädagogischen bzw. interprofessionellen Teams verankert? Wie wird die Perspektive der Subjekte ermittelt und einbezogen?
- Wie werden »spezifische Vulnerabilitäten« von Menschen mit zugeschriebener geistiger Behinderung und ein damit verbundener erhöhter »Unterstützungs- und Förderbedarf« gewürdigt? Wie wird »die besonders prekäre gesellschaftliche Teilhabe« der Hauptpersonen thematisiert und ermöglicht? Welche Partizipationserfahrungen machen die Hauptpersonen?
- Wie werden »Spannungen, Konflikte und Krisen« beantwortet? Wie wird mit herausforderndem Verhalten umgegangen? Welche Rolle spielen hierbei die Subjektlogiken?
- »Gibt es eine hinreichende Sensibilität für Fragen der Gerechtigkeit?« Wie wird innerhalb der Einrichtungen mit »strukturell bedingten Ungerechtigkeiten bzw. problematischen Formen der Herstellung von Ungleichheit« umgegangen?
- »Wie wird der Gefahr von Machtmissbrauch und personaler, struktureller, sexualisierter und symbolischer Gewalt [...] begegnet?« Was geschieht bei »grenzverletzendem Verhalten von pädagogischem Personal«? Wird Fehlverhalten auf Seiten der pädagogischen Fachkräfte vorbehaltlos aufgedeckt? Werden Menschen mit zugeschriebener geistiger Behinderung angehört? Hat ihre Stimme eine Relevanz? (55 f.).

Eine Subjektorientierung hat im Kontext der Pädagogik noch keinen ›Allgemeingültigkeitsstatus‹ erreicht und ist bislang nicht fest (und verbindlich) eingeschrieben in die Ausgestaltung von Förder-, Diagnostik- oder Bildungsprozessen.

## 5 Fazit und Perspektiven: Spannungsfelder und Reflexionsanforderungen

Hier gibt es nach wie vor einen (Weiter)Entwicklungsbedarf hinsichtlich der Überwindung hierarchischer Strukturen und der Etablierung einer »antipaternalistischen Überzeugung« (Störtländer 2019, 263) als Grundhaltung in der Zusammenarbeit von Menschen mit und ohne Behinderungserfahrungen.

Dennoch finden sich innerhalb der Pädagogik mittlerweile auch zunehmend mehr konzeptionelle und praxisbezogene Tendenzen, welche auf Partizipation und Subjektorientierung rekurrieren. Diese haben wir versucht, innerhalb des vorangegangenen Kapitels II zu akzentuieren und gleichsam kritisch Bezug zu nehmen auf diesbezügliche Desiderata. Es lassen sich demnach Strukturen erkennen, die ein tiefes Verständnis dafür aufweisen, dass die Subjekte selbst an der Ausgestaltung eines »gelingenden Lebens« (ebd.) als ›Expertinnen* in eigener Sache‹ zu beteiligen sind. Hierfür gilt es im Besonderen, eingeschliffene Strukturen der Defizitorientierung und des Paternalismus zu identifizieren und zu überwinden:

> »Pädagogische Prozesse können letztlich nur an den positiven Selbsterklärungsideen und Selbstbildungskräften der Kinder ansetzen, nicht an ihren Störungen und Defiziten« (Menk et al. 2013, 26).

Im Kontext professioneller Beziehungen innerhalb der Pädagogik bei zugeschriebener geistiger Behinderung stellt sich die immer wiederkehrende Frage nach der Definitionsmacht über die Zielsetzung und Ausgestaltung pädagogischer Situationen und Begegnungen. Eng damit verbunden ist auch die grundlegende Frage nach dem *Wohl(ergehen)*, welches als Ausgangsbasis und rahmende Zielstellung pädagogischer Handlungen angesehen werden kann. Häufig bestimmen vermeintliche ›pädagogische Expertinnen*‹ das (normative) Verständnis von Wohl, und es kommt zu einer Dominanz fremdbestimmter Konstruktionen von Wohl(ergehen) in Abkopplung von der Subjektperspektive (vgl. Heusner et al. 2020; Pella & Bell 2017). Das muss als illegitime Grundlage pädagogischen Handelns betrachtet werden, da das Wohl eines Menschen kausal verbunden ist mit dem subjektiven Erleben (ebd.) und demzufolge auch eine zentrale Orientierung in der Ausgestaltung pädagogischer Begegnungen an den Vorstellungen und Mitteilungen zum subjektiven Wohl(befinden) und zum gelingenden Leben der Subjekte gesichert sein muss. Dies kann nur auf Grundlage einer fundamentalen Befähigungsorientierung erfolgen, wofür der Befähigungsansatz nach Nussbaum (2007, 2010, 2011, 2015) eine zentrale Bezugsnorm darstellen kann.

Die Pädagogik bei zugeschriebener geistiger Behinderung impliziert das Risiko einer (Über)Pädagogisierung (und auch Therapeutisierung) aller Lebensbereiche über die gesamte Lebensspanne, wenn es ihr nicht gelingt, sich als grundsätzliche Reproduktionsstätte bemächtigender Fremddefinitionen zu entlarven. Eine Subjektorientierung darf nicht als ›Individualisierung‹ getarnt missverstanden werden, sondern muss zum selbsterklärten Ausgangspunkt interprofessioneller Zusammenarbeit avancieren. Nur so können die von uns im vorangegangenen Buchteil II aufgezeigten änderungsnotwendigen Zusammenhänge auf der Professionsebene offengelegt werden:

- *protonormalistische (Inklusions)Realitäten*, die nur im gemeinsamen Diskurs mit den ›Subjekten der Inklusion‹ (vgl. Boger 2017) reflektiert werden können (▶ Kap. II, 1.);

- *(Ver)Objektivierungen und Verdinglichungen von Menschen mit zugeschriebener geistiger Behinderung* im Rahmen von Diagnostik, Förderung, Therapie und Pflege, die nur durch die Stimme von den Subjekten sichtbar werden kann (▶ Kap. II, 2. und 4.);
- *fehlende Anerkennung des Kernmerkmals der Unbestimmtheit*, welcher durch eine Offenheit gegenüber dem Subjekt entgegengewirkt werden kann (▶ Kap. I, Definitorische Annäherungen; Kap. II, 3);
- *Otheringprozesse*, die dehumanisierende Konsequenzen im pädagogischen Miteinander entfalten können, wenn sie nicht unter zentraler Berücksichtigung der Subjektperspektiven enttarnt werden (▶ Kap. I, 3.3; II, 3).

Dass es eine grundlegende Kritik an einer Pädagogik der Verbesonderung als Disziplin und Profession aus der Perspektive der Subjekte gibt, ist vielfach rezipiert worden (vgl. Moser 2003 mit Bezugnahme auf Wunder & Sierck 1982 und Mürner & Schriber 1993); gleichsam stellt sich die Frage nach der Wirkmacht dieser kritischen Stimmen im Kontext der Professionsentwicklung: In der Regel werden diese Stimmen nicht gehört, ausgeblendet oder erlangen zumindest keine spürbare Wirkung (der Veränderung). Die Ausblendung der Subjektwahrheiten bedeutet jedoch immer auch gesellschaftliche Verdrängungen und offenbart Paradoxien:

> »Die Ausblendung gesellschaftlicher Machtverhältnisse und ihrer erheblichen behindernden Macht rückt […] auch eine Pädagogik ins Zwielicht, die einen Beitrag zur Steigerung des Selbstwirksamkeitserlebens von Menschen mit Behinderungen leisten möchte« (Dederich 2017, 29).

Um also als Profession nicht in paradoxe Legitimationsschwierigkeiten zu stolpern, muss ein Subjektbezug als notwendige Reflexionsfolie für neoliberale Ökonomisierungspraktiken und -zwänge in den differenten Professionsfeldern verankert werden. Nur die Stimmen der Subjekte können Ökonomisierungsdilemmata aus der alltäglichen Praxiserfahrung heraus entlarven und so dabei helfen, dem Anspruch einer gerechtigkeits-, anerkennungs-, selbstwirksamkeits-, selbstbestimmungs- und partizipationsorientierten Pädagogik zu entsprechen. Dazu ist jedoch auch eine gewisse Widerstandsbereitschaft gefordert, die keinesfalls für alle Personen gelten kann. Wenngleich Widerstand der zentrale Motor für Veränderungsprozesse innerhalb von Gesellschaft darstellt, so ist er doch eine ›sensible Währung‹, besonders wenn es um die diskreditierende Zuschreibung von Andersheit im Sinne einer geistigen Behinderung geht:

> »Die Verweigerung der Zuschreibung von Andersheit* wird so lange eine widerspenstige Geste sein, wie die herrschenden Dichotomien intakt sind. Diese dichotomen Bilder zu erschüttern, welche die Welt in die jeweiligen Normalen* (Heteros, cis-Männer, weiß, deutsch, christlich, nicht-behindert, etc.) und die jeweilig Anderen* (queer, weiblich, Schwarz/of Color, migrantisch, behindert, krank etc.) unterteilen, bleibt daher eine notwendige, wenn auch paradoxe Klangfarbe der Nicht-Andersheit* jener, denen Andersheit* zugeschrieben wird. Es ist jene Stimme in uns, die gerne auch mal ein Individuum wäre – nicht, weil wir unpolitisch werden wollen, sondern weil es in einer diskriminierenden Welt ein Privileg ist, als Individuum wahrgenommen zu werden. Dieses Privileg zu erstreiten, bedeutet Vorstellungen von Normalität* dergestalt zu dekonstruieren, dass man sie von innen heraus zersprengt, indem man für sich beansprucht, Teil dieser unendlich vielfältigen Normalität* des Verschiedenen zu sein, die sich nicht in dichotomen Kategorien fassen lässt« (Boger 2020, 51 f.).

## 5 Fazit und Perspektiven: Spannungsfelder und Reflexionsanforderungen

Eine derartige Verweigerungs- und Widerspruchshaltung erfordert nicht nur Mut, sondern ist auch als äußerst voraussetzungsvoll zu verstehen. Aufgabe der Profession ist es daher einerseits, jede noch so rudimentäre Form widerständiger Gesten wahrzunehmen und ihnen Bedeutung in Form einer Sichtbarmachung und Berücksichtigung zu geben. Andererseits muss der professionelle Alltag stets daraufhin befragt werden, welche Möglichkeitsräume überhaupt für Widerstand seitens der Subjekte existieren oder noch geschaffen werden müssen.

Wir möchten abschließend Mut machen, die Weiterentwicklung der Profession einer Pädagogik bei zugeschriebener geistiger Behinderung als eine Art Auftrag zur Schärfung *pädagogischer Differenzen* (vgl. Musenberg et al. 2018) zu betrachten: Die zentrale Aufgabe sollte darin bestehen, differente fachliche Diskurse auf der Disziplinebene zur Kenntnis zu nehmen und im Hinblick auf eine angewandte pädagogische Praxis zu prüfen. Hierzu ist der Einzug der Subjekte als Hauptpersonen unverzichtbar: Transdisziplinäre Erkenntnisse, Widersprüche und Diskussionen müssen *interprofessionell und subjekt(ein)bezogen reflektiert* werden. Hierbei sollte die Abwendung von einem rein »›spezialpädagogischen‹ Kontext« (ebd., 8) hin zu einer Suche nach Verbindungslinien zu allgemeinpädagogischen Handlungsfeldern als zentrales Leitmotiv fungieren.

# Teil III  Lebensbereiche und institutionelle Strukturen

Die Frage nach der Bedeutung von *Institutionen* in Verbindung mit der Zuschreibung einer geistigen Behinderung ist immer auch eine Frage nach den Konsequenzen und der Wirkmacht normativer Strukturen innerhalb der Lebensläufe so bezeichneter Personen. Folgt man Niedecken (2009), liegt hier eine paradoxe Doppeldeutung vor, da sie von der »Institution ›Geistigbehindertsein[116]‹« (212) spricht und damit »ein vorgegebenes Regelwerk von diagnostischen Festlegungen, Rollenklischees und Verhaltensweisen« (ebd.) meint, welches als ›Geistige Behinderung‹ gedeutet und folglich in normativer Form im gesellschaftlichen Denken festgesetzt und durch eine äußere institutionalisierte Zuständigkeit (von Einzelinstitutionen wie Frühfördereinrichtungen, Schulen, Einrichtungen der sogenannten Behindertenhilfe etc.) verfestigt wird.

Wir möchten im folgenden Buchteil von Institutionen als *gesellschaftlichen Einrichtungen im Sinne institutionalisierter Organisationen* sprechen, aber eben genau auch den Beitrag einer Einrichtungsstruktur und -logik im Rahmen der unwiderrufbaren Festlegung einer gesellschaftlichen Rollendefinition nachspüren und kritisch zur Disposition stellen.

Institutionen können zum einen betrachtet werden als »konstitutiver Teil des geschichtlichen Prozesses zur Fundierung der Fachpädagogik« (Schroeder 2015, 145), zum anderen eben identifiziert werden als beständige Orte der Selektion und der strukturellen Diskriminierung. Diese Paradoxie auf der Ebene der Wirkung und Anerkennung des Beitrages einer Institutionsgeschichte sollte als ›Schablone‹ bzw. ›Hinterbühne‹ in Bezug auf die Ausführungen im folgenden Teil III stets mitgedacht werden. Wir versuchen, die damit verbundenen Kontroversen, Konfliktlinien und Widersprüche anzusprechen und zu weiteren Reflexionen einzuladen, wohlwissend dass es auch heute »keine perfekten Institutionen« (Gümüsay 2020, 173) gibt, »die allen Idealen einer gerechten Gesellschaft« entsprechen (ebd.).

---

116 eine Begriffsprägung von Niedecken (1989), die auf einem psychoanalytischen Hintergrund fußt

Entlang einer lebenslauf-/altersbezogenen Chronologie möchten wir zunächst auf den Mikrokosmos Familie sowie erste Unterstützungsangebote im Kontext einer frühen Förderung Bezug nehmen und aufzeigen, welche ›Risiken und Nebenwirkungen‹ im Hinblick auf Erfahrungen in den ersten Lebensjahren spürbar werden können. Dann wird ein Blick auf die Bildungseinrichtungen Kindertagesstätten und Schulen geworfen: Auch hier werden Entwicklungslinien der letzten Jahrzehnte nachgezeichnet und aktuelle Problemlagen und Herausforderungen aufgezeigt. Aspekte der beruflichen Bildung wie der Erwachsenenbildung verweisen anschließend auf das Recht auf lebenslange Bildung und werden mit dem Fokus auf damit verbundene Organisationsmodi durch institutionalisierte Bildungsangebote skizziert. Die Bereiche Wohnen und Freizeit werden ebenfalls hinsichtlich ihrer Eigenlogik sowie damit verbundener Strukturdilemmata hinterfragt. Die sensible Phase des Alters rundet diesen Kapitelteil inhaltlich ab mit der Betrachtung prägnanter Erkenntnisse und Herausforderungen in einer Situation fortgeschrittener Lebens- und Behinderungserfahrungen.

# 1 Vorschulischer Bereich

## 1.1 Eltern und Familie

Die Familie ist als kleinste Sozialisationsinstanz im gesamten Lebensverlauf eines Menschen von großer Bedeutung. Bei Kindern, die als geistig behindert bezeichnet werden, wird an manchen Stellen von einer ›permanenten Elternschaft‹ in dem Sinne ausgegangen, dass sich Eltern »möglicherweise lebenslang für die Pflege und Betreuung verantwortlich fühlen« (Schmidt 2018, 54). Wie sich dies in den einzelnen Lebensbereichen auswirken kann und inwiefern diese scheinbare ›permanente Elternschaft‹ vor dem Hintergrund gesellschaftlicher Strukturen reflektiert werden muss, wird in den folgenden Abschnitten berücksichtigt. An dieser Stelle soll jedoch vorerst die Lebenssituation von Eltern und Familien im vorschulischen Bereich fokussiert werden, um aufzuzeigen, in welchem Spannungsfeld sich das Leben bewegen kann, wenn ein Kind mit einer sogenannten Behinderung in das Familiengefüge eintritt.

Die Geburt eines Kindes stellt »die gesamte Familie vor neue Anforderungen, die es erforderlich machen, bisherige Aufgaben neu zu verteilen, Zielsetzungen zu überdenken und Rollen erneut auszuhandeln« (Ziemen 2008b, 399). Trotz dieser Herausforderungen wird die Geburt eines Kindes als ein zutiefst freudiges Ereignis beschrieben. Für Eltern, deren Kinder vor, während oder nach der Geburt Auffälligkeiten zeigen und Verdachtsmomente für eine mögliche ›Behinderung‹ im Raum stehen, kann diese ausschließliche und bedingungslose Freude getrübt sein, weil sich Ängste und Sorgen sowohl in Bezug auf die Entwicklung des Kindes selbst als auch in Bezug auf die Zukunft der Familie und eigenen Lebensentwürfen in den Vordergrund drängen können (vgl. Sarimski et al. 2013; Ziemen 2008c). Sarimski und weitere Autorinnen* gehen davon aus, dass die Diagnose einer Behinderung tief in das Leben der betroffenen Familien eingreift und dies als ›kritisches Lebensereignis‹ (vgl. Fillip & Aymann 2009 in Sarimski et al. 2013) gefasst werden kann.

Es muss jedoch klar gesagt werden, dass die familiären Herausforderungen, die mit den besonderen Bedarfen eines Kindes mit zugeschriebener geistiger Behinderung einhergehen, und die psychische Stabilität der Eltern sehr unterschiedlich sein können. Es erleben sich keineswegs alle Eltern als hoch belastet, vielmehr wird die subjektive Wahrnehmung von einem komplexen Gefüge aus verschiedenen Bedingungen beeinflusst: Den persönlichen Bewältigungskräften der Eltern, den Bedarfen des Kindes und den sozialen Ressourcen der Familie. Das frühere Konstrukt einer ›behinderten Familie‹ muss klar verworfen werden. Vielmehr beschreiben Eltern selbst, dass sich die alltäglichen Familienerfahrungen in »einem ständigen Spannungsfeld von besonderen Herausforderungen und einem hohen Zufriedenheitserleben« (Eckert 2014, 19) bewegen. Sodass es viel mehr Gemeinsamkeiten als Unterschiede zwischen Familien mit oder ohne Kindern mit zugeschriebener Behinderung gibt (vgl. Sarimski 2009). Dennoch werden in der Literatur vielfältige Bewältigungsaufgaben für Eltern in der Auseinandersetzung mit der Diagnose beschrieben. Sarimski (2009) nennt:

- »Enttäuschung und Trauer über die Behinderung
- Beschäftigungen mit Schuldgefühlen, Vorwürfen und Zorn
- Unsicherheiten über die zukünftigen Entwicklungsperspektiven
- Belastung der Beziehung zu Partner, Verwandten und Freunden
- Probleme der Bewältigung von Pflege- und Behandlungsaufgaben
- Entscheidungen zwischen verschiedenen Behandlungsalternativen« (vgl. Sarimski 2009, 165)[117]

Wie aber kommt es dazu, dass Eltern die Herausforderungen, die im Zusammenhang mit einer möglichen ›Behinderung‹ ihres Kindes zu bewältigen sind, so häufig als belastend beschreiben? Ziemen sagt hierzu: »Manifeste Vorstellungen innerhalb dieser Gesellschaft suggerieren, dass ›Behinderung‹ ausschließlich etwas mit der einzelnen Person, deren mangelnden Fähigkeiten und Möglichkeiten zu tun habe und sich das nicht beeinflussen ließe« (Ziemen 2008b, 401). Dementsprechend werden bei Eltern im Kontext der ›Bewältigung‹ zumeist Stress und Belastung beschrieben, weil sich daraus Ohnmachtsgefühle ergeben.

Problematisch an dieser Sichtweise ist jedoch, dass das Verhältnis zwischen Besonderheiten, die im Individuum verankert sind, und den daraus resultierenden sozialen – also gesellschaftlich – bedingten Ausschlüssen und Verbesonderungsprozessen nicht berücksichtigt werden. Eltern mit Kindern, die als behindert gelten, werden so als gefährdet und belastet bezeichnet, ohne dabei anzuerkennen, dass es häufig gerade diese gesellschaftlichen Verbesonderungen sind, die Belastungserleben hervorrufen (vgl. Ziemen 2008b).

Schon bei der Diagnosestellung beschreiben Eltern einen unangemessenen, verbesondernden Umgang mit ihnen. Neben mangelnder Feinfühligkeit beklagten sie eine fehlende Anerkennung und Wertschätzung von Seiten der Ärztinnen*, die sich beispielsweise in Form einer verkürzten, wenig sensiblen und abweisenden Diagnosemitteilung zeigt (vgl. Ziemen 2003; Neuhäuser 2003; Ziemen 2008b).

Andere Regelverletzungen, denen Eltern ausgesetzt sein können, betreffen die Versorgungssysteme und Ämter, die (willkürlich) über die Unterstützungsbedarfe der Familie entscheiden, oder weitere Fachpersonen, Angehörige und Nachbarn, die mit unreflektierten Ratschlägen zur Lebensgestaltung und dem Umgang mit dem Kind aufwarten, bis hin zu gesellschaftlichen Debatten über den Lebenswert bzw. die Vermeidbarkeit des Kindes durch Pränataldiagnostik (vgl. Ziemen 2013).

---

117 Seit den 1990er Jahren werden in Veröffentlichungen zunehmend die Ressourcen, Stärken und Kompetenzen betont, und im Sinne des Empowerment eine Blickrichtung aufgezeigt, wie es Familien und deren Kindern, die als behindert bezeichnet werden, gelingt, gesellschaftliche Teilhabebarrieren zu reduzieren (vgl. Ziemen 2008b & Eckert 2014).

Eckert (2014) beschreibt die Veränderungen und Herausforderungen, die sich für Familien mit Kindern, die als behindert bezeichnet werden, ergeben können, zum einen auf »der Ebene der Eltern-Kind-Beziehung«[118] (Eckert 2014, 20) und zum anderen auch vor dem Hintergrund manifester Vorstellungen von gesellschaftlicher Funktionalität. Hierunter beschreibt Eckert als Herausforderungen:

- Veränderungen in der Gestaltung des Alltags[119],
- Veränderungen in den sozialen Kontakten[120],
- Veränderung eigener Wertvorstellungen[121],
- Umgang und Reflexion auf individuell-emotionaler Ebene.

Eltern geraten dadurch in widersprüchliche Situationen. Einerseits möchten sie ihre Rolle als Eltern uneingeschränkt ein- und wahrnehmen, andererseits erleben sie Abwertungen, die sich auf ihr Kind und sie selbst richten. Das Erleben dieser widersprüchlichen Situationen, Legitimationsdruck und das Erfahren eines sozialen Sonderstatus können dazu führen, dass Eltern sich verletzt, irritiert, gekränkt und allein gelassen fühlen (vgl. ebd.).

»So ergibt sich zumeist ein grundlegender Widerspruch in dem Maße, wie sich Eltern einerseits als wert und würdig erleben, die Elternrolle uneingeschränkt ein- und wahrnehmen zu können, andererseits jedoch Abwertungen sich selbst und dem Kind gegenüber zu erfahren. […] Die dominante gesamtgesellschaftliche zumeist negativ konnotierte Auffassung steht den Vorstellungen des eigenen geliebten Kindes konträr gegenüber« (Ziemen 2008b, 402).

Als soziale Ressourcen, welche Familien darin bestärken, diese Herausforderungen in ihrem Sinne zu bewältigen, gelten:

---

118 Hierunter beschreibt er einen möglichen erschwerten Beziehungsaufbau aufgrund erschwerter Kommunikation. Auch Sarimski 2012 und Fröhlich & Simon 2004 beschreiben die Herausforderung. Eltern müssen sich auf die besonderen Bedürfnisse und Signale ihrer Kinder einstellen lernen und mit Misserfolgen in Dialogsituationen umzugehen lernen (vgl. Sarimski 2012; Fröhlich & Simon 2004). Eckert verweist an der Stelle ebenso auf einen besonderen Bedarf des Kindes in Bezug auf Erziehung, Betreuung und Pflege sowie den Umgang mit Verhaltensbesonderheiten.

119 Aufgrund notwendiger medizinischer, therapeutischer und pädagogischer Unterstützungsangebote bedarf es eines veränderten Zeitmanagementes was häufig einen Mangel an Zeit aufdeckt und dazu führt, dass Eltern nicht mehr in gewohnter Art und Weise in allen Bereichen teilhaben können.

120 Häufig kommt es neben einer Abnahme sozialer Kontakte zu einer Verlagerung von Kontakten in einen behinderungsbezogenen Kontext. Desweiteren spielen »Konfrontationen mit öffentlichen Reaktionen« und damit verbundene »soziale Regelverletzungen im Sinne des Fehlens adäquater Anerkennung, Achtung und Unterstützungsbereitschaft« (Eckert 2014, 20) eine bedeutende Rolle. Ebenso wird ein erschwerter Zugang zu benötigten institutionellen hilfsangeboten und ein unbefriedigender Kontakt zu Fachleuten beschrieben.

121 Das Gegenüberstehen der besonderen Situation und des Unterstützungsbedarfs des eigenen Kindes mit den bestehenden gesellschaftlichen Normen und Erwartungen führt vielfach zu einem Hinterfragen gängiger Wertvorstellungen und kann eine eigene Neupositionierung zur Folge haben (vgl. Eckert 2014).

- *Emotionale Unterstützung:* Es ist für Eltern wichtig, dass andere Menschen zeigen, dass sie an ihrer Situation Anteil nehmen, ihnen positive Gefühle und Nähe vermitteln und ihnen Vertrauen und Zuwendung schenken.
- *Praktisch-materielle Unterstützungsleistungen:* Eltern benötigen für ihren Alltag ebenso staatliche Unterstützungsleistungen, z. B. in Form von Frühförderangeboten, angemessenen und inklusionsorientierten Angeboten im Bereich der Vorschule und Schule, sowie im späteren Lebensverlauf passende Angebote im Bereich des Wohnens und Arbeitens. Hierunter zählen aber auch ganz praktische Unterstützungen, wie bspw. die Betreuung des Geschwisterkindes.
- *Gelungene soziale Integration in das Umfeld:* Es erweist sich für Eltern als hilfreich, wenn sie sich in ihr alltägliches Leben, wie bspw. den Freundeskreis, die Haus- oder Dorfgemeinschaft, eingebettet fühlen und dort mit ihrem Kind willkommen sind. Ein weiterer zentraler Aspekt ist die Qualität der sozialen Beziehungen, die Eltern erleben. So trägt eine hilfreiche soziale Unterstützung entscheidend dazu bei, dass Eltern sich auf die neue Lebensperspektive einstellen und schneller Energien mobilisieren können, um Aktivitäten für die Entwicklung des Kindes und für sich selbst auf den Weg zu bringen (vgl. Sarimiski et al. 2013).

Als intraindividuelle Schutzfaktoren nennt Bengel (2001) vor allem Lebensoptimismus, Selbstwirksamkeit, Widerstandskraft und Kohärenzgefühl. Weiterhin sind ein Zutrauen bzw. der Glaube an die eigene Kompetenz, über die nötigen Potentiale und Energien zu verfügen, hilfreich (vgl. Bengel et al. 2001 in ebd.). Eckert (2014), der sich auf Trösken und Grawe bezieht, fügt diesen personalen Ressourcen hinzu: 1. soziale Fähigkeiten (z. B. Offenheit in der Kommunikation), 2. kognitive Fähigkeiten (Handlungskompetenz und Problemlösefähigkeiten) sowie 3. Akzeptanz eigener Bedürfnisse im Sinne, dass auch Selbstverwirklichung als eine Ressource zu betrachten ist. Retzlaff (2010) stellt außerdem als familiäre Ressourcen heraus, dass ein hoher familiärer Zusammenhalt, eine hohe Zufriedenheit in der Partnerschaft sowie eine positive Bewertung der Besonderheiten des Kindes in der Familie genauso wie eine Balance familiärer Bedürfnisse insgesamt unterstützend wirken. In jeder Familie sollten daher die Bedürfnisse aller eine Rolle spielen.
Hier ist auch das Thema der Geschwisterbeziehungen von Relevanz, denn die meisten Kinder, denen eine Behinderung zugeschrieben wird, wachsen mit Geschwistern auf (vgl. Tröster 2001). Während der Forschungsfokus in den 1960er Jahren primär auf möglichen negativen Auswirkungen für die Geschwister, die mit als behindert bezeichneten Kindern zusammen leben, lag und damit zum Bereich der Risikoforschung gehörte, befasst sich die Mehrzahl aktuellerer Studien mit der Beziehung zwischen »behinderten und nicht behinderten Geschwistern« (Tröster 2001, o. S.). Mittels interaktionsorientierter Forschung (vorwiegend in den 1990er Jahren) konnten empirische Untersuchungen Ergebnisse hinsichtlich der Rollenverteilung zwischen den Geschwistern, dem Ausmaß des Geschwisterkontaktes und dessen affektiver Qualität sowie zum Spielverhalten ermitteln. In Bezug auf die Rollenverteilung bezeichnen Forscherinnen* es als typisch, dass Geschwisterbeziehungen zwischen Kindern mit und ohne zugeschriebene geistige Behinderung deutlich asymmetrische Rollenbeziehungen

aufweisen. Häufig übernehmen die Geschwister ohne eine Behinderungszuschreibung eine Helferinnen*-, Lehrerinnen*-, oder Managerinnen*rolle und fungieren damit scheinbar seltener als gleichrangige Spielpartnerinnen* (vgl. Tröster 2001). Prinzipiell verbringen die Geschwister miteinander aber genauso viel Zeit im Spiel, wie alle anderen auch. Hinsichtlich der affektiven Qualität der Geschwisterbeziehungen zeigen sich ebenso keine Unterschiede, »im Vergleich zu ›nichtbehinderten‹ Geschwistern finden sich entweder keine Unterschiede oder aber die Beziehung wird positiver beurteilt«, konstatiert Tröster in seinen Untersuchungen (ebd, o. S.; Hervorhebung d. A.). Häufig wird befürchtet, dass eine möglicherweise ungleich verteilte elterliche Aufmerksamkeit dazu führen könnte, dass sich die Geschwister ohne zugeschriebene Behinderung benachteiligt oder gar vernachlässigt fühlen und so in ihrer emotionalen Entwicklung beeinträchtigt werden könnten. Studien weisen aber darauf hin, dass diesen Geschwistern nicht weniger Aufmerksamkeit gewidmet wird als Kindern in anderen Geschwisterkonstellationen.

Tatsächlich kommt es innerhalb der Familie häufig zu einer größeren Zuwendung zum Kind mit zugewiesener Behinderung. Dies »wird von den Geschwistern im Allgemeinen akzeptiert und führt offenbar nicht – wie vielfach befürchtet – zu einer verstärkten Rivalität und zu vermehrten Konflikten zwischen den Geschwistern« (ebd, o. S.). Zwei aktuelle Filmprojekte[122] greifen diese Thematik auf und lassen auch Menschen, die als behindert bezeichnet werden und ihre Geschwister selbst zu Wort kommen. Hierin wird neben den vielfältigen Herausforderungen auch immer wieder die enge Verbundenheit untereinander deutlich. »Als Kind wollte ich meinen Bruder überall dabei haben. Als Teenie schämte ich mich manchmal seinetwegen und wegen seines auffälligen Benehmens. Später wollte ich auf keinen Fall, dass jemand denkt, er sei mein Freund. Deshalb ließ ich ihn öfter daheim. Dabei hatte ich aber immer ein schlechtes Gewissen.« (Judith Stocker (52), Schwester von Patrick (55) mit einer ›geistigen Behinderung‹, Familien- und Frauengesundheit 2019, Hervorhebung d. A.). Die Ohrenkuss-Autorin Lioba Ullrich diktiert über ihre Geschwister: »Die sind einfach in meinem Herzen, das kann man nicht beschreiben. Wenn ich die jetzt so sehe, dann denke ich, dass meine Geschwister das beste von mir rausholen wollen, dass ich auch selbständig werde« (Peschka & Bragança 2020, 5).

Für das fachliche Umfeld in das Familien mit Kindern, die besondere Unterstützung brauchen, eingebunden sind, gilt es, diese hier angedeuteten gesamtfamiliären Bedürfnisse wahrzunehmen und darauf angemessen zu reagieren, um adäquate Unterstützung leisten zu können.

---

122 Unzertrenntlich: https://mindjazz-pictures.de/filme/unzertrennlich/ und Geschwisterkinder: https://vimeo.com/306787598 (30.09.2020)

## 1.2 Frühförderung

### Allgemeines

Wenn vom *System der Frühen Hilfen* die Rede ist, sind verschiedene Angebote an der Schnittstelle von Bildung (Erwachsenenbildung, Frühpädagogik) und Gesundheitsförderung, Beratung, Krisenintervention und Kinderschutz sowie unterschiedliche Stufen der Prävention und Intervention gemeint, die sich auf Kinder in den ersten Lebensjahren und ihre Eltern bzw. Familien beziehen. Frühförderung versteht sich als ein Element dieses Systems (vgl. Ludwig-Körner 2014; Sohns & Weiß 2019).

Enger gefasst meint *Frühe Hilfen* spezielle Angebote in diesem System, die vor allem präventiv und frühzeitig bei vermuteten Entwicklungsrisiken einsetzen. Als »Nationales Zentrum Frühe Hilfen« sind sie in Folge von Kindesvernachlässigung und -misshandlung vom Bundesfamilienministerium im Jahr 2007 eingerichtet worden. Entsprechend haben Frühe Hilfen die Aufgabe, Risikofaktoren, wie eine sozial belastete erschöpfte Familiensituation, frühzeitig zu erkennen und zu intervenieren. Institutionen Früher Hilfen sind beispielsweise die Fachstellen Frühe Hilfen, Koordinierende Kinderschutzstellen, Familienhebammen oder auch Familien-Gesundheits- und Krankenpflegerinnen*. Die niedrigschwelligen Angebote der Frühen Hilfen sind familienorientierte Stützungskonzepte der Jugendhilfe und fokussieren den Kontext, in dem ein Kind aufwächst (vgl. Sohns & Weiß 2019).

*Frühförderung* richtet sich an Kinder mit diagnostizierter Behinderung und an von Behinderung bedrohte Kinder und ihre Familien und kann mit der Geburt beginnen und bis zum Schuleintritt erbracht werden. Sie umfasst neben Diagnostik, Therapie und pädagogischer Förderung auch Beratung, Anleitung sowie Unterstützung der Eltern und wird in Frühförderstellen, die heute interdisziplinär ausgerichtet sind, erbracht[123].

Entscheidend für den Aufbau von Frühfördereinrichtungen in den alten Bundesländern waren die 1973 veröffentlichten Empfehlungen des Deutschen Bildungsrates *Zur pädagogischen Förderung behinderter und von Behinderung bedrohter Kinder und Jugendlicher*. Auf dieser Grundlage entwickelte sich ein fast flächendeckendes System von Frühfördereinrichtungen im gesamten Gebiet der ehemaligen BRD. Auch in der ehemaligen DDR gab es Strukturen früher Hilfen für Kinder mit diagnostizierten Behinderungen, diese Hilfen wurden aber überwiegend in Krippen und Kindergärten erbracht und nicht in der häuslichen Umgebung (▶ Kap. I, 1.4; Sarimski et al. 2013).

Frühförderung setzt sich aus verschiedenen Leistungen zusammen und wird von unterschiedlichen Leistungsträgern, wie der Krankenversicherung, der Eingliederungshilfe und bei Kindern mit Beeinträchtigungen im sozial-emotionalen Bereich

---

123 »Die interdisziplinären Frühförderstellen sind familien-und wohnortnahe Dienste, in denen medizinisch-therapeutische und pädagogische Fachkräfte zusammenarbeiten, um eine drohende Behinderung zu erkennen, ihr vorzubeugen und die Folgen einer bestehenden Behinderung auszugleichen oder zu mildern« (Bundesvereinigung Lebenshilfe e.V. 2014, 5).

# 1 Vorschulischer Bereich

auch der Kinder- und Jugendhilfe, finanziert. Frühförderung umfasst einerseits die medizinischen Leistungen der Früherkennung wie Diagnostik und Therapiemaßnahmen sowie andererseits die nichtärztlichen therapeutischen, psychologischen, heil- und sonderpädagogischen und psychosozialen Leistungen. Damit die verschiedenen Leistungen nicht isoliert nebeneinander stehen und sich gegenseitig ergänzen, sollen sie als *Komplexleistung* gemeinsam erbracht werden. Seit dem 1. Januar 2018 ist die Früherkennung und Frühförderung in Paragraph 46 des neunten Sozialgesetzbuches (SGB IX) umfassend neu beschrieben, betont insbesondere die Erbringung als Komplexleistung und räumt dafür auch Leistungen zur Sicherung von Interdisziplinarität ein[124].

Diese Regelung wird ergänzt durch die 2003 in Kraft getretene *Verordnung zur Früherkennung und Frühförderung behinderter und von Behinderung bedrohter Kinder* (FrühV), welche die zu erbringenden Leistungen, die Rahmenbedingungen und die Teilung der Kosten der Rehabilitationsträger auf Bundesebene beschreibt (vgl. Bundesvereinigung Lebenshilfe 2014). Die Verordnung überlässt es allerdings den Ländern, Leistungsprofile und Qualitätskriterien der Einrichtungen sowie Verfahren der Beantragung konkreter zu bestimmen, was dazu geführt hat, dass Landesrahmenempfehlungen sehr unterschiedlich sind oder nicht vorliegen (Sarimski et al. 2013; Sohns 2016). Das Bundesteilhabegesetz (BTHG), das seit 2017 umgesetzt wird, soll hierauf Einfluss nehmen, indem es auf die Verbesserung und Vereinheitlichung fachlicher Standards zielt und differenzierte Leistungs- und Qualitätsmerkmale der Komplexleistung formuliert. So werden regelmäßige interdisziplinäre Team- und Fallbesprechungen und eine entsprechende Dokumentation sowie Fortbildung und Supervision gefordert. Weiterhin können von Eltern schon vor der Diagnosestellung offene niedrigschwellige Beratungsangebote wahrgenommen werden (vgl. Krinninger 2017).

In Deutschland existieren derzeit über 1000 *regionale und überregionale Frühförderstellen* sowie etwa 150 sozialpädiatrische Zentren und vergleichbare klinische Einrichtungen (Vereinigung für Interdisziplinäre Frühförderung e.V. 2016).

*Regionale Frühförderstellen* sollen eine gemeinde- und familiennahe Versorgung für Kinder und Familien sicherstellen. Die Förderung kann sowohl mobil als auch ambulant erfolgen. *Mobile Frühförderung* wird im häuslichen Umfeld des Kindes oder

---

124 »(1) Die medizinischen Leistungen zur Früherkennung und Frühförderung für Kinder mit Behinderungen und von Behinderung bedrohte Kinder nach § 42 Absatz 2 Nummer (2) umfassen auch 1. die medizinischen Leistungen der fachübergreifend arbeitenden Dienste und Einrichtungen sowie 2. nichtärztliche sozialpädiatrische, psychologische, heilpädagogische, psychosoziale Leistungen und die Beratung der Erziehungsberechtigten, auch in fachübergreifend arbeitenden Diensten und Einrichtungen, wenn sie unter ärztlicher Verantwortung erbracht werden und erforderlich sind, um eine drohende oder bereits eingetretene Behinderung zum frühestmöglichen Zeitpunkt zu erkennen und einen individuellen Behandlungsplan aufzustellen. (3) Leistungen nach Absatz 1 werden in Verbindung mit heilpädagogischen Leistungen nach § 79 als Komplexleistung erbracht. Die Komplexleistung umfasst auch Leistungen zur Sicherung der Interdisziplinarität. Maßnahmen zur Komplexleistung können gleichzeitig oder nacheinander sowie in unterschiedlicher und gegebenenfalls wechselnder Intensität ab Geburt bis zur Einschulung eines Kindes mit Behinderungen oder drohender Behinderung erfolgen« (SGB IX, § 46 Früherkennung und Frühförderung).

in der Kindertageseinrichtung erbracht, was dazu führt, dass Frühförderinnen* täglich viele Ortswechsel vollziehen und sich als Gast im Umfeld des Kindes bewegen. *Ambulante Frühförderung* findet in den interdisziplinären Frühförderstellen, in sozialpädiatrischen Zentren und seit Januar 2018 auch in anderen nach Landesrecht zugelassenen Einrichtungen mit einem vergleichbaren Förder-, Behandlungs- und Beratungsspektrum statt (Bundesvereinigung Lebenshilfe im Internet o. J.).

In Frühförderstellen können Kinder direkt von ihren Eltern oder auf Empfehlung von Kinderärztinnen*, Therapeutinnen*, Psychologinnen* oder Pädagoginnen* vorgestellt werden. Im Rahmen einer interdisziplinären Diagnostik ist dort zu klären, ob die Beeinträchtigungen eine Frühförderung als Komplexleistung nötig machen. Gemeinsam in Kooperation der verschiedenen Fachpersonen wird dann ein individueller Förder- und Behandlungsplan erstellt. Eine Finanzierung als Komplexleistung ist nur möglich, wenn die beteiligten Dienste und Einrichtungen fachübergreifend arbeiten (vgl. Sarimski et al. 2013).

Für Kinder mit Sinnesbeeinträchtigungen im Sehen und Hören gibt es spezielle *überregionale Frühförderstellen*. Oft sind diese an entsprechende Förderschulen bzw. -zentren angegliedert und versorgen ein größeres Einzugsgebiet. Hier arbeiten speziell ausgebildete Heil- bzw. Sonderpädagoginnen*, die entsprechend sinnesspezifische Förderangebote entwickeln und über das Hilfsmittelangebot für Kinder mit Seh- und Hörbeeinträchtigungen beraten können.

Sozialpädiatrische Zentren und Fachabteilungen für Neuro- und Sozialpädiatrie an Kliniken sind überregional arbeitende Institutionen, die die Tätigkeit der Frühförderstellen in Diagnostik und Therapie unterstützen und ergänzen können. Sie werden ärztlich geleitet, verfügen aber über ein interdisziplinäres Team (vgl. ebd.).

Im Fachdiskurs wird kritisch angemerkt, dass die Indikationskriterien bei der Frühförderung an das Kind gebunden sind, also immer nur dann einsetzt, wenn bereits Auffälligkeiten im Sinne einer ›drohenden Behinderung‹ bestehen. Dabei werden oft von ›Behinderung bedrohte‹ Kinder aus sozial benachteiligten Familien zu spät oder gar nicht erreicht. Klein (2002) spricht von einem *Präventionsdilemma*, das letztlich sozial selektierend wirkt. Frühförderung setzt auch bezogen auf das Alter der Kinder häufig zu spät ein. Eine Studie des Instituts für Sozialforschung und Gesellschaftspolitik von 2008 zeigte, dass 48 % der Kinder, die eine Frühförderung erhalten, 5 Jahre alt sind, 33 % zwischen 3 und 4 Jahren, 18 % zwischen 1 und 2 Jahren. Nur 1 % wird bereits im Säuglingsalter gefördert (vgl. Ludwig-Körner 2014).

In den letzten Jahrzehnten hat sich die Zusammensetzung der Kinder, die Frühförderung erhalten, stark verändert. Die Anzahl von Kindern mit Down-Syndrom, Spina bifida oder Muskelerkrankungen ist zurückgegangen, weil sich Eltern auf der Grundlage einer heute sehr früh möglichen pränatalen Diagnostik gegen die Weiterführung der Schwangerschaft entscheiden (▶ Kap. I, 2.3). Andererseits vergrößerte sich wegen der Fortschritte in der Pränatal- und Neonatalmedizin die Zahl der zu früh geborenen Kinder mit Komplexen Beeinträchtigungen. Diese sehr früh geborenen Kinder sind aber heute oft nicht mehr von sehr schweren cerebralen Bewegungsstörungen betroffen wie noch vor Jahren (vgl. Weiß 2019).

Am stärksten angestiegen ist allerdings die Anzahl von Kindern mit Beeinträchtigungen im sozial-emotionalen Bereich, die sogenanntes auffälliges Verhalten und leichte kognitive Beeinträchtigungen zeigen. Nach Klein (2012 in Ludwig-Körner

2014) sind diese Kinder derzeit mit 56,3 % die größte Gruppe in der Frühförderung. Das gleiche zeigte sich in der sog. KIGGS-Studie (vgl. Hölling et. al. 2014 in Weiß 2019) und in einer Studie von Sohns (Sohns et al. 2015 in ebd.), die eine deutliche Verschiebung von den sogenannten somatischen zu den psychosozialen Beeinträchtigungen abbildeten.

Ziele von Frühförderung beziehen sich sowohl auf das Kind als auch dessen Familie als wichtigstes Bezugssystem. Eltern sollen unterstützt und bestärkt werden, ihre Erziehungskompetenz weiterzuentwickeln und ihre eigene Lebenssituation zu bewältigen. Dazu bedarf es seitens der Frühförderung einer fachlichen Beratung und emotionalen Beistand (vgl. Thurmair & Naggl 2010).

Eingebettet in das System der Familie soll das Kind in der Entfaltung seiner Kompetenzen in den verschiedenen Persönlichkeitsbereichen unterstützt werden. Wesentliche Ziele bestehen in der Herausbildung von Vertrauen in die eigenen Handlungs- und Entwicklungsmöglichkeiten und damit einer Stärkung des Selbstbewusstseins und Selbstwertgefühls des Kindes (vgl. ebd.).

## Prinzipien der Frühförderung

Das Prinzip der *Ganzheitlichkeit* meint zum einen, dass die Angebote der Frühförderung in der Diagnostik, Therapie und Förderung im umfassenden Kontext der kindlichen Gesamtentwicklung und Lebenswelt gesehen und darauf bezogen werden (vgl. ebd.). Neben den Kompetenzen der Kinder in den unterschiedlichen Persönlichkeitsbereichen muss ihr körperliches und emotionales Befinden, ihr Selbsterleben und ihr Selbstwertgefühl sowie die Integration in ihre Lebenswelt Beachtung finden. Zum anderen bedeutet das Prinzip der Ganzheitlichkeit, dass die notwendigen medizinisch-pflegerischen, therapeutischen und pädagogischen Angebote in einem abgestimmten Konzept zusammengefasst und möglichst von wenigen Bezugspersonen umgesetzt werden.

Sarimski (2017) möchte das traditionelle Prinzip der Ganzheitlichkeit in der Frühförderung durch eine *Resilienzorientierung* im Sinne einer Förderung von Schlüsselkompetenzen und Schaffung sozialer Schutzfaktoren ersetzen. Es soll Frühförderung nicht um ein funktionales Training und um die Generierung einer Förderung gehen, die auf die Übung kindlicher Fertigkeiten in den Bereichen Wahrnehmung, Motorik, Sprache und Kognition abzielt, sondern um die Schaffung förderlicher Entwicklungsfaktoren, um diese Schlüsselkompetenzen herausbilden zu können (vgl. ebd.).

Als solche personale und soziale Schlüsselkompetenzen, die Kinder auch unter ungünstigen Bedingungen stärken und als Schutzfaktoren gelten, zählen insbesondere Eigeninitiative in der Auseinandersetzung mit der Umwelt, Zutrauen in das eigene Können sowie Fähigkeiten zur Selbstregulation und zur Gestaltung positiver sozialer Beziehungen (Sarimski 2017). Damit Kinder diese Kompetenzen erwerben können, benötigen sie einige grundlegende Bedingungen, wie mindestens eine stabile und verlässliche Bezugsperson, die Sicherheit, Vertrauen und Autonomie fördert. Dazu schreibt Rauh (2008), dass Kinder mit Entwicklungsschwierigkeiten oder mit einer Behinderungsdiagnose eine weitaus höhere Vulnerabilität aufweisen und umso mehr die »kompetente, stützende, schützende und begleitende Interaktion mit einem Erwachsenen [...]« brauchen (Rauh 2008 in Sarimski 2017, 27). Weiterhin bedeutsam sind ein wertschätzendes und unterstützendes Klima sowohl zu Hause als auch in der Einrichtung, individuell angemessene Leistungsanforderungen sowie gute Bewältigungsfähigkeiten der Eltern in Belastungssituationen (vgl. ebd.). Es ist Aufgabe von Frühförderung diese Bedingungen verwirklichen zu helfen, um Kinder in ihrer Resilienz zu stärken.

*Familienorientierung* fokussiert auf das Anliegen der Frühförderung, therapeutische und pädagogische Förderung in ihren primären Entwicklungskontext, nämlich die Familie, einzubetten. Familienorientierung beinhaltet weiter, dass die Verantwortung der Eltern in der Fürsorge für das Kind und seine Erziehung wahrgenommen und geachtet wird, dass die Anliegen der Eltern berücksichtigt und immer wieder mit den Frühförderangeboten abgestimmt werden und dass die Entwicklung des Kindes aus seinem familiären Kontext heraus verstanden werden muss (vgl. Thurmair & Naggl 2010).

Familienorientierung ist verbunden mit der konzeptionellen Überzeugung, dass die Lebenswelt des Kindes, die Familie mit ihren unterschiedlichen Beziehungsstrukturen, zusammen mit den persönlichen Ressourcen den Gang von Entwicklungen bestimmt (vgl. ebd.). Damit kommt der Unterstützungs- und Beratungsfunktion von Eltern eine herausragende Bedeutung zu. Sie müssen in ihrer Erziehungskompetenz und ihrer Beziehungsgestaltung zum Kind gestärkt werden, um über eine förderliche Lebenswelt die Entwicklung des Kindes voranzutreiben.

In der Anfangsphase der Frühförderung waren die therapeutischen und pädagogischen Angebote sehr stark auf die kindlichen Entwicklungsdefizite fokussiert. Man ging davon aus, dass man mit einer sehr früh einsetzenden und häufig stattfindenden Förderung und Behandlung eine diagnostizierte Behinderung bestmöglich kompensieren bzw. einer drohenden Behinderung vorbeugen kann (vgl. Sarimski 2017; Sarimski et al. 2013). Langzeitstudien zum Verlauf der Entwicklung von Kindern mit (drohender) Behinderung zeigten allerdings, dass Fortschritte weniger auf systematische Förderprogramme zurückzuführen waren, sondern vielmehr auf einer förderlichen Beziehung und Interaktion zwischen Kindern und Eltern beruhten (vgl. Hauser-Cram et al. 2001 in Sarimski, Hintermair & Lang 2013). Diese Erkenntnisse führten dazu, dass die Bedürfnisse, Sorgen und Nöte der Eltern stärker in den Blick genommen und die Unterstützung auf das Gesamtsystem Familie in ihrem sozialen Umfeld ausgerichtet wurde. Im Sinne von Empowerment geht es Frühförderung heute mehr darum, Eltern darin zu unterstützen, sich ihrer eigenen Lebenssituation wieder zu bemächtigen. Familienorientierung, Lebensweltbezug und Netzwerkförderung sind deshalb die zentralen Aspekte vom Konzept der Frühförderung (vgl. ebd.).

Das Ziel einer familienorientierten Frühförderung ist die soziale Teilhabe und die Kompetenzen des Kindes im normalen Familienalltag zu fördern. Während der Mahlzeiten, bei der Körperpflege im Bad, beim Backen eines Kuchens oder beim Gang zum Spielplatz bieten sich vielfältige Lernsituationen, die dazu geeignet sind, die kindlichen Kompetenzen zu fördern. Eltern sind darin zu unterstützen und zu bestärken, diese Alltagssituationen zu nutzen (vgl. ebd.; Reinders-Schmidt 2019). Es geht nicht darum, eine bestimmte Zeit des Tages für bestimmte Übungen zu reservieren, sondern diejenigen Aktivitäten des täglichen Lebens als Lernanlässe zu nutzen, die wiederkehrend im Familienalltag vorkommen und an denen sich das Kind mit Freude beteiligen möchte. Die Frühförderin* kann hier unterstützen, indem sie beispielsweise gemeinsam mit den Eltern eine Liste möglicher Lerngelegenheiten zusammenstellt. Für jede der aufgeführten Aktivitäten wird dann gemeinsam festgelegt, wie Lernprozesse unterstützt und die Eigenaktivität des Kindes gefördert werden können (vgl. Reinders-Schmidt 2019).

Der Anspruch einer *interdisziplinären Kooperation* hat die Frühförderung seit ihrem Bestehen begleitet. Dabei sollen sich die einzelne Förder- und Behandlungsansätze untereinander ergänzen und über additive medizinische, pädagogische und therapeutische Angebote hinausgehen (▶ Kap. II, 4.3).

Eine Entwicklungsgefährdung beim Kind sollte immer in seinen bio-psycho-sozialen Zusammenhängen gesehen werden und bedarf deshalb eines mehrdimensionalen Diagnose-, Therapie- und Förderansatzes, der auf ein breites interdisziplinäres Handlungsspektrum zurückgreifen kann (vgl. Sohns 2010). Eine konsequente Weiterentwicklung eines disziplin- bzw. professionsübergreifenden Arbeitens und der Einsatz weniger, aber dafür beständiger Bezugspersonen erfordern einen transdisziplinären Ansatz (▶ Kap. II, 4.3). Ein Teammitglied übernimmt die Begleitung des Kindes und der Familie. Hierbei tritt eine Fachperson aus ihren originären disziplinären Begrenzungen heraus und entwickelt Arbeitsformen gemäß der Bedarfslagen des Kindes, die die Kompetenzen anderer Professionen erfasst. Sie eignet sich also im interprofessionellen Team durch gegenseitige Weiterbildung bzw. Anleitung berufsfremde Kompetenzen an, um diese in ihre Tätigkeit zu integrieren (vgl. ebd.; Sarimski 2017). So könnte beispielsweise eine Heilpädagogin die Bewegungsförderung bei einem Kind mit Körperbehinderung übernehmen, ohne dass sie Physiotherapeutin ist. Sie kann sich aber von dieser für die individuelle Bewegungsförderung dieses Kindes beraten lassen. Alle Fachpersonen einer Institution sind dann Frühförderinnen*, wachsen mit zunehmender Berufserfahrung zusammen und entwickeln spezifische *Frühförderkompetenzen*. Damit treten berufliche Grundausbildungen zugunsten einer spezifischen Fachlichkeit zurück. Allerdings basiert transdisziplinäres Arbeiten auf einem hohen disziplinären Wissen, mit dem sich die verschiedenen Teammitglieder gegenseitig weiterbilden. Für Sarimski (2017) entspricht das transdisziplinäre Konzept am besten der Philosophie familienorientierter Frühförderung.

*Vernetzung* meint die Aufgabe, die Frühförderung in umgebende Systeme einzubetten. Zum einen bezieht sich diese auf die Beachtung der familiären Netzwerke, Verwandte, Freunde, Nachbarn und weitere soziale Kontakte, zum anderen auf die professionellen Dienstleister, Institutionen und Behörden, die verschiedenste Angebote sogenannter Früher Hilfen vorhalten (vgl. Thurmair & Naggl 2010). Für die Erfüllung dieser Aufgaben müssen Frühförderstellen Außenkontakte und Kooperationen mit den verschiedensten Diensten und Einrichtungen pflegen. Bezogen auf das Kind und seine Familie geht es bei der Vernetzung darum, das professionelle Unterstützungssystem transparent und zugänglich zu machen und aktuelle Hilfen zu organisieren. Daneben gilt es, das private Netzwerk im Auge zu haben sowie den Kontakt zu Eltern in ähnlichen Lebenslagen innerhalb von Elternveranstaltungen, aber auch die Vermittlung zu Elterngruppen anzuregen (vgl. ebd.).

## Arbeitsweisen in der Frühförderung

Frühförderung beginnt mit einer eingehenden Diagnostik, die sowohl fachärztliche Untersuchungen als auch die Durchführung eines standardisierten Entwicklungstests für die entsprechende Altersstufe umfasst (vgl. Sarimski 2009). Die Problematik von medizinisch-psychologischer Diagnostik im Kontext sogenannter geistiger Behinderung wurde im zweiten Buchteil (▶ Kap. II, 2) eingehend hinsichtlich ihrer Statuszuweisung, ihrer Schwierigkeit bzw. Unmöglichkeit, psychometrische Testverfahren durchzuführen, sowie deren geringen Aussagekraft und dem sog. Etikettierungs-Ressourcen-Dilemma diskutiert.

Die (neuro)pädiatrische Untersuchung des Kindes umfasst zunächst die Erhebung der Anamnese zur Familiengeschichte, dem Schwangerschaftsverlauf und der frühen Kindheit. Weiter folgen die klinische Untersuchung bezüglich des Entwicklungsstands, körperlicher Konstitution, neurologischer Symptome, Begleitsymptomen und des Verhaltens während der Untersuchung. Dazu kommen klinisch-chemische Laboruntersuchungen, wenn der begründete Verdacht auf eine angeborene Stoffwechselerkrankung besteht. Serologisch-immunologische Untersuchungen können eine pränatale oder postnatale Infektion als Ursache einer Behinderung aufdecken. Zytogenetische Untersuchungen dienen dem Nachweis von Chromosomenveränderungen (vgl. ebd.).

Für die konkrete Förderplanung eignet sich die gezielte Beobachtung in Alltags- und Spielsituationen. Hierbei können im Unterschied zu standardisierten Testverfahren die Kompetenzen des Kindes zur Erkundung der Umwelt, zum Erfassen von Zusammenhängen und zur Selbstregulation in alltagsnahen Situationen erfasst werden. Insbesondere eignet sich hier die sog. spielbasierte Diagnostik (vgl. Sarimski 2009).

Im Paragraph 7 der *Verordnung zur Früherkennung und Frühförderung behinderter und von Behinderung bedrohter Kinder* (FrühV) wird die Erstellung eines Förder- und Behandlungsplanes gefordert. Dieser ist interdisziplinär von der Frühförderstelle zu entwickeln. Hierzu muss diese die erforderlichen medizinischen, therapeutischen und heilpädagogischen Leistungen nach den Paragraphen 5 und 6 der FrühV in Zusammenarbeit mit den Erziehungsberechtigten zusammenstellen (vgl. Sohns 2010). Der Förder- und Behandlungsplan ist Bestandteil des Antrages auf Frühförderleistungen und die zentrale Instanz der Ausgestaltung einer Frühförderleistung (vgl. ebd.).

## Förderung und Therapie in der Frühförderung

Angebote der pädagogischen Förderung und Therapie gehören zum klassischen Bestand der Frühförderung. Während früher im therapeutischen Bereich Ansätze, wie beispielsweise das Castillo-Morales-Konzept, die sensorische Integrationstherapie oder das Bobath-Konzept, stark funktional eingesetzt wurden, setzte sich zunehmend die Erkenntnis durch, dass die Eigentätigkeit des Kindes, die Qualität seines Handelns in der Feinabstimmung mit der Therapeutin\* der bedeutsame Faktor für den Behandlungserfolg darstellt (vgl. Ohrt & Geenen 2004; Enders &

Haberstock 2004 in Thurmair & Naggl 2010). Therapien sind demnach sehr individuell auf die Bedürfnisse des Kindes abzustimmen und in dessen Alltagsaktivitäten einzubetten. Ähnliches zeigte sich für Lernprogramme bzw. heilpädagogische Übungsbehandlungen, wie Kleine Schritte oder TEACCH, die wegen ihres technischen Charakters und ihrer Orientierung an Defiziten beim Kind zunehmend unter Kritik gerieten. Neuere Ansätze in der Frühförderung nehmen die Entwicklungskräfte der Kinder in den Blick und versuchen hieraus, Handlungskompetenzen in den verschiedenen Persönlichkeitsbereichen zu festigen und zu erweitern. Dazu werden Fördersituationen offen gestaltet; sie ereignen sich als »Akt des Mitspielens, bei dem es um eine absichtsvolle Ermöglichung von Lernprozessen entlang ausgewählter Themen geht« (Klaes & Walthes 1998 in Thurmair & Naggl 2010, 99).

Insbesondere das Spiel als dominierende Tätigkeit des Kindes eignet sich, um Interaktionsprozesse in Gang zu setzen und Persönlichkeitsbereiche zu fördern. Oerter (1996 in ebd.) unterscheidet drei Ebenen, auf denen sich im Spiel Entwicklungsförderung vollzieht. Die erste Ebene bezieht sich auf das Lernen und Üben von Funktionen. Solange das Kind eine Tätigkeit als Spiel interpretiert, ist es intrinsisch motiviert, sodass Lernprozesse nahezu mühelos vonstattengehen und Funktionen trainiert werden. Die zweite Ebene bezieht sich auf die Entwicklungsförderung im Handeln. Besonders während Rollenspielen entwickeln Kinder soziale Kompetenzen, sie interagieren sprachlich und sie lernen verschiedenste soziale Regeln. Die dritte Ebene bezieht sich auf die Sinnstiftung im Spiel. Was es spielt entspringt der Erfahrungswelt des Kindes und hat darin eine subjektive Bedeutung. Für die Mitspielerin* ergibt sich aus dieser Erkenntnis heraus die Forderung, »dem Kind bei der Expression der Thematik freie Hand zu lassen [...]« (Oerter 1996 in ebd., 100) und die von ihm intendierte Bedeutung aufzugreifen und darüber in Beziehung zu treten. In besonderem Maße gilt dies für Kinder mit zugeschriebenen Behinderungen, gerade ihre Spielmöglichkeiten gilt es wertzuschätzen und zu respektieren. Über das Spiel entwickelt ein Kind Identität, Autonomie und Kreativität, insofern sollte hier nicht korrigierend und verbessernd eingegriffen werden (vgl. ebd.).

Zu einer offenen aber absichtsvollen Gestaltung gehört es, Spielmaterialien und Spielarrangements in ihrer Vieldeutigkeit gelten zu lassen, sie aber als Struktur bzw. als roten Faden zu benutzen, an dem entlang sich ein gemeinsames Spiel entwickeln kann (vgl. ebd.). In den Vordergrund der Gestaltung der Spielsituation tritt die dialogische Beziehung. Die Frühförderin bezieht sich beim Mitspielen auf die Aktivität des Kindes oder wartet, bis sie wieder ins Spiel kommt, sie gibt Hilfestellungen, damit das Spiel im Fluss bleibt und behält die Strukturen und Regeln im Blick (vgl. ebd.).

## Elternarbeit in der Frühförderung

Die Wirksamkeit von Frühförderung ist maßgeblich davon abhängig, inwieweit es gelingt, entwicklungsförderliche Ressourcen bei den Eltern zu aktivieren. Dazu bedarf es einer Haltung, die die Eltern als Hauptbezugspersonen und wichtigste Akteurinnen* wahrnimmt und wertschätzt, auch dann, wenn deren Erziehungsverhalten als ›ungünstig‹ eingeschätzt wird. Festzuhalten ist, dass die Familie den zentralen und primären Erfahrungsraum des Kindes bildet und Familienfaktoren wie die elterliche Sensibilität und die Qualität des familiären Umfelds den größten Einfluss auf dessen Entwicklung darstellen (vgl. Weiß 2019).

Grundsätzlich ist den Eltern ein großes Mitspracherecht bei der Erstellung der Förder- und Behandlungspläne einzuräumen. In der Zusammenarbeit mit ihnen soll neben der fachlichen Beratung auch Raum für persönliche Fragen und Alltagsprobleme der Eltern sein. Dies erfordert eine hohe Gesprächskompetenz und Konfliktfähigkeit bei den Frühförderinnen* (vgl. Sarimski et al. 2013).

Frühförderinnen* müssen für die Elternarbeit besonders fortgebildet werden. Geeignet ist hier die Auseinandersetzung mit dem Konzept der Entwicklungspsychologischen Beratung (EPB) (vgl. Ziegenhain, Fries, Bütow & Derksen 2006), dem Marte-Meo-Konzept (vgl. Aarts 2011) sowie STEEP (Steps Toward Effective and Enjoyable Parenting – Schritte hin zu gelingender und Freude bereitender Elternschaft) (vgl. Kißgen & Suess 2005). Diese thematisieren die Interaktionsqualität zwischen Eltern und Kindern und zeigen, wie Eltern für die Bedürfnisse ihrer Kinder sensibilisiert werden und konstruktive Lösungen für ihren Alltag finden können (vgl. Sarimski et al. 2013).

Die Praxis zeigt, dass dem hohen Stellenwert der Elternarbeit innerhalb der Frühförderung noch immer nicht ausreichend Berücksichtigung zukommt. Nach einer Erhebung zur Arbeitssituation von Frühförderinnen* wurde festgestellt, dass diese zwar die Wichtigkeit von Elternberatung und -begleitung herausstellen, in ihrer praktischen Tätigkeit aber vergleichsweise wenig Zeit dafür aufwenden (vgl. Krause 2012; Lütolf, Koch & Venetz, 2019).

Eine familienorientierte Frühförderung setzt ein fundiertes Wissen und tiefes Verständnis darüber voraus, was die Geburt eines Kindes mit der Diagnose einer Behinderung für Eltern bedeuten kann und welche Bewältigungsaufgaben diese leisten müssen (vgl. Sarimski et al. 2013). Frühförderung orientiert sich an den Lebensverhältnissen der Familien, beobachtet, wie die Eltern, das Kind und die Geschwisterkinder miteinander agieren, wie sie nach Bewältigungen suchen und welche Problemlösungsstrategien sie bereits anwenden. Auf dieser Basis sollen Eltern unterstützt werden, individuelle und für sie passende Lösungen zu finden (vgl. ebd.). Diese Haltung macht es erforderlich, dass sich Frühförderinnen* als interessierte und engagierte Partnerinnen* in die Lebenswelt der betroffenen Familien begeben und sich als (Alltags)Begleiterinnen* anbieten. Nur so können die Ressourcen und Kompetenzen, die die Familien mitbringen, angemessen berücksichtigt werden und in den Beratungs- und Förderprozess einfließen. Frühförderarbeit ohne Berücksichtigung der Erfahrungen und Sichtweisen der Familien und ihrer Kinder können diese sonst schnell zu ›Problemträgern‹ werden lassen, denen dann ein vorgefertigtes Beratungs- und Förderkonzept angeboten wird (vgl. ebd.).

## 1.3 Kindertagesstätten

Während die Entwicklung eines integrativen bzw. inklusiven Schulsystems in Deutschland noch in den Anfängen steckt, ist die soziale Inklusion von Kindern mit zugeschriebener (geistiger) Behinderung im Elementarbereich mittlerweile üblich und betrifft bundesweit etwa 75 % der Kinder (vgl. Sarimski 2016). Sie werden entweder im Rahmen der *Einzelintegration* aufgenommen oder besuchen eine *integrative Kindergartengruppe*. Der Einsatz von heil- bzw. sonderpädagogischer Förderung, Physio-, Logo- und Ergotherapie, Kooperationsbeziehungen zu Frühfördereinrichtungen und Finanzierungsstrukturen sind in den einzelnen Bundesländern allerdings sehr unterschiedlich (vgl. ebd.). Auch hinsichtlich der Betreuungsquote von Kindern mit zugewiesener Behinderung gibt es bundesweit große Unterschiede. In einigen Bundesländern wurden heilpädagogische Fördereinrichtungen im Zuge politischer Entscheidungen aufgelöst, in anderen Bundesländern existieren sie neben allgemeinen Kindergärten weiter.

Hinsichtlich einer gleichzeitigen integrativen Betreuung in einer Kindertagesstätte und einer mobilen Frühförderung zu Hause stellt Sohns (2010) kritisch heraus, dass Rahmenvereinbarungen für die Frühförderung dies in den meisten Bundesländern als ›Doppelbetreuung‹ ausschließen. Vom Gesetzgeber wird damit vorausgesetzt, dass die Heilpädagoginnen\* der integrativen Kindertagesstätte die gesamte heil- und sozialpädagogische Frühförderung umsetzen (vgl. ebd.). Gerade die Begleitung von Eltern und Familien, die eine wesentliche Aufgabe von Frühförderung darstellt, kann so nicht ausreichend erfüllt werden (vgl. Sohns & Weiß 2019).

Eine frühe inklusive Betreuung von Kindern bietet die große Möglichkeit, dass Jungen und Mädchen in der Kindertagesstätte die Chance haben, sich zu einem Zeitpunkt zu begegnen, an dem sich gesellschaftliche Normen noch nicht in subjektive Denk- und Handlungsmuster verfestigt haben und als Barrieren gegenüber Verschiedenheit wirken können (vgl. Kron 2008). Klein (2010, 199) schreibt:

»Kinder des Früh- und Elementarbereichs sind gute Lehrmeister: Sie zeigen, wie Inklusion gelingen kann: Kinder nehmen nicht zuerst die Behinderung des anderen Kindes wahr, sondern das Kind als Freund und Spielkameraden, mit dem sie spielen und gemeinsam etwas machen wollen.«

Sie erfahren nicht das Anderssein des Kindes mit Behinderung, »[...] sondern die Lebensrealität des Kindes, das mit seiner Behinderung so lebt und spielt, wie es eben lebt und spielt« (ebd.).

Im konkreten Tun und im Umgang mit der Vielfalt menschlichen Lebens in der Kindertagesstätte liegt die Chance der gesellschaftlichen Entwicklung einer »*Kultur der Akzeptanz und Wertschätzung von Heterogenität*« (vgl. Prengel 1995 in ebd.). Allerdings kann es auch in der Kindertagesstätte schon Ausgrenzungsprozesse und Zurückweisungen durch andere Kinder geben, diese sollten offen angesprochen und gemeinsam mit allen Kindern nach Lösungsmöglichkeiten gesucht werden (vgl. Kobelt Neuhaus 2008).

Die Entwicklungschancen, die in der gemeinsamen Sozialisation liegen, gelten für Kinder mit und ohne Behinderungszuschreibung und natürlich mit allen weiteren Heterogenitätsmerkmalen gleichermaßen. Die Chancen für eine gleichberechtigte Teilhabe sind allerdings hinsichtlich der Annäherung und Abgrenzung sowie der Eigenständigkeit unterschiedlich. Hier bedarf es pädagogischer Unterstützung, die Barrieren von Teilhabe überwinden helfen (vgl. Kron 2008).

Damit eine inklusive Betreuung in einer Kindertagesstätte gelingt, müssen bestimmte Bedingungen erfüllt sein.

Neben einer intensiven Auseinandersetzung mit der Thematik Behinderung bzw. Heterogenität durch alle Mitarbeiterinnen* des Teams sind angemessene Räumlichkeiten wie Therapie- und Beratungsräume sowie entsprechende bauliche Veränderungen, z. B. Rampen für Rollstuhlfahrerinnen*, Haltegriffe in den Wasch- und Toilettenräumen, niedrigere Garderobenhaken usw., für eine gelingende Integration Voraussetzung. Gruppenräume sollten ausreichend Platz für Bewegung bieten, aber auch abgeteilt sein in unterschiedliche Erfahrungs- und Lernräume sowie Ruhebereiche. Auf diese Weise soll es Kindern ermöglicht werden, individuellen Interessen und Neigungen nachzugehen, aber auch sich zurückzuziehen oder auszuruhen. Der Tagesablauf muss hinsichtlich veränderter Essens- oder Ruhezeiten flexibler gestaltbar sein. Ebenso müssen Zeiten für interprofessionelle Gespräche mit den verschiedenen Therapeutinnen* und mit den Eltern eingeplant werden (vgl. Herm 2007).

Integrationsfreundliche Bedingungen zeigen sich auf verschiedenen Ebenen. Durch das Verhalten von Erzieherinnen* und der Leitung wird unmittelbar erfahrbar, ob das Kind mit seiner Familie willkommen ist. Als eine wichtige Rahmenbedingung verweist Kron (2008) auf die Möglichkeit des pädagogischen Arbeitens in der Kleingruppe. In dieser sind mit einem entsprechenden Personalschlüssel gemeinsame Aktivitäten und Interaktionen auch zwischen Kindern mit erschwerten Bedingungen gestaltbar.

Übergangssituationen können für Kinder sehr anstrengend und mit Stress besetzt sein. Ganz wichtig für das Einleben und Wohlfühlen ist deshalb eine gelungene Eingewöhnungsphase. Hierauf sollten sich die Gruppenerzieherinnen* gut vorbereiten. Fragen bezüglich Tagesritualen und deren besonderer Ausgestaltung, Vorlieben beim Spielen, Fragen zu Selbstversorgung und konkreten Zeiträumen für die Eingewöhnung, sind im Vorfeld zu klären (vgl. Herm 2007). Bei Kindern ohne oder mit sehr schlecht verständlicher Verbalsprache ist es einerseits wichtig, sich im Vorfeld über die Äußerungen und Zeichen des Kindes mit den Eltern auszutauschen, andererseits sollte die Kindertagesstätte Materialien zur Unterstützten Kommunikation bereithalten, um dem Kind zu Äußerungsmöglichkeiten zu verhelfen. Der regelmäßige Austausch mit dem Elternhaus gerade bei Kindern ohne Verbalsprache oder bei gesundheitlichen Problemen kann durch das täglich Führen eines Berichtsheftes gelingen.

In Deutschland blieb die Entwicklung der Integration immer ein Sonderbereich, der von der allgemeinen Pädagogik kaum wahrgenommen wurde (vgl. Dittrich 2008). Seinen deutlichen Ausdruck findet dies in der in den 1990er Jahre einsetzenden Qualitätsdebatte um die allgemeinen Kindertagesstätten, in der die Aufnahme ›behinderter Kinder‹ oder die Betreuung von Kindern mit Migrationshintergrund erstmals thematisiert wurden.

Ein wichtiger Schritt in der Weiterentwicklung von Kindertagesstätten bildete die 1999 vom Bundesfamilienministerium (BMFSFJ) ins Leben gerufene Nationale Qualitätsinitiative im System der Tageseinrichtungen für Kinder (NQI). In diesem breit angelegten Projekt arbeiteten mehrere Hochschulen zu Fragen von Kriterien zur Erfassung pädagogischer Qualität für Kinder im Krippen- und Kindergartenalter sowie in der schulvorbereitenden Phase. In einigen der Teilprojekte wurden auch Fragen zur Integration von Kindern mit Behinderung bearbeitet. In diesem Zusammenhang wird gefordert, dass die Erzieherinnen* das Tagesgeschehen und alle Aktivitäten so gestalten, »dass sich jedes Kind mit seinen Fähigkeiten einbringen kann und die Kinder sich als Gemeinschaft erleben« (Tietze & Viernickel 2002 in Dittrich 2008, 206), und findet sich die Verpflichtung: »Die Kindertageseinrichtung integriert Kinder mit Behinderungen, unterschiedlicher Entwicklungsvoraussetzungen und Förderbedarf und wendet sich gegen Ausgrenzung« (ebd., 207). Weiterhin ist gefordert, dass die Erzieherinnen* unterschiedliche Entwicklungsvoraussetzungen aller Kinder wahrnehmen und gezielt den Förderbedarf des einzelnen Kindes berücksichtigen sowie Gelegenheiten für ein gemeinsames Spiel und die Förderung von Ressourcen von Kindern mit Beeinträchtigungen zu schaffen sind (vgl. Dittrich 2017).

Eine wesentliche Arbeitshilfe für die Entwicklung und Evaluation integrativer/inklusiver Prozesse stellt der »Index für Inklusion, Lernen, Partizipation und Spiel in der inklusiven Kindertageseinrichtung« (Booth et al. 2006 in Dittrich 2008, 2017) dar. Über verschiedene Arbeitsmaterialien, Anleitungen und Hinweise für Arbeitsgruppen und Diskussionsforen regt der sogenannte Index für Inklusion einen Prozess an, in dem in vielen Schleifen eine inklusive Kultur der Einrichtung wachsen kann.

## Förderung und Therapie in der inklusiven/integrativen Kindertagesstätte

Für Kinder mit zugeschriebener (geistiger) Behinderung werden in der Kindertagesstätte Förderpläne geschrieben. Die Zielsetzung ist dabei immer die ressourcenorientierte, individuelle und ganzheitliche Entwicklungsunterstützung, um das Kind in seinen Möglichkeiten und Fähigkeiten am Leben in der Kindergemeinschaft teilhaben zu lassen (vgl. Herm 2007). Grundlage für die Erarbeitung sind gezielte Beobachtungen der Kinder in den verschiedenen Alltags- und Spielsituationen hinsichtlich spezifischer Interessen, Neigungen, Fähigkeiten und Schwierigkeiten und dem Gelingen von Interaktionssituationen.

Der Förderplan dient auch der Koordination der Zusammenarbeit der unterschiedlichen Professionen. Dazu gehören neben der Gruppenerzieherin, der verantwortlichen Heilpädagogin und den verschiedenen Therapeutinnen* unter Umständen Einzelfallhelferinnen* und natürlich die Eltern (vgl. ebd.).

Therapeutische Bemühungen sollen im Einklang mit pädagogischen Zielsetzungen gesehen und gemeinsam in der Förderplanung abgestimmt werden. Sie sollten in der vertrauten Umgebung der Kindertagesstätte durchgeführt und in den Alltag integriert werden. Im Sinne therapieimmanenter Förderung (▶ Kap. II, 4.3) ist es hilfreicher, wenn die Logopädin* das Kind in einer Essenssituation in der Gruppe beobachtet und hier gemeinsam mit der Erzieherin* konkrete Unterstützungsmöglichkeiten für das Kind erarbeitet und Hilfsmittel einführt. Isolierte Therapiesituationen haben sicher gerade bei Kindern mit Komplexer Behinderung ihre Berechtigung, sollten aber möglichst zugunsten begleitender und unterstützender Förderung nur ein Teil sein (vgl. ebd.).

Damit eine gemeinsame Erziehung von Kindern mit und ohne Behinderungszuschreibung gelingt, ist die Gestaltung eines Umfeldes nötig, das der Heterogenität von Gruppen Rechnung trägt und Barrieren von Teilhabe abbaut. Zum anderen müssen für alle Kinder Partizipationsmöglichkeiten geschaffen werden; ein bloßes Nebeneinander trifft den Anspruch einer gemeinsamen integrativen Erziehung nicht (vgl. Kron 2008). Allein die Tatsache, dass Kinder mit und ohne Behinderungszuschreibung unter einem Dach betreut werden, verleiht der Institution und der Pädagogik, die dort praktiziert wird, noch keinen inklusiven Charakter. Entscheidend ist, inwieweit tatsächlich Interaktionen zwischen den Kindern initiiert werden und zustandekommen (vgl. ebd.). Dazu gehört, dass Sozialisationsräume für alle Kinder vorhanden sind und die Gruppenorganisation sowohl Annäherungen, Abgrenzungen und Einigungen möglich macht. Weiterhin sind die Kinder auf der Suche nach Anknüpfungspunkten und in ihrer Kooperation mit anderen zu unterstützen, damit sie angeregt werden, ein Verständnis von menschlicher Verschiedenheit zu entwickeln (vgl. ebd.).

Im Kindergartenalltag bieten individuelles Tun und soziales Handeln gleichsam Lerngelegenheiten. So ist beispielsweise das Funktionsspiel wichtig, um Objekte zu erkunden und ihre Funktionen zu erproben. Viele Fähigkeiten und Kompetenzen erlernen Kinder allerdings in sozialen Zusammenhängen. Das gemeinsame Spiel ist im Alter von drei bis sechs Jahren das wichtigste Lernmedium. In der Interaktion handeln sie gemeinsame Regeln aus, bekommen Rückmeldungen über ihr Verhalten, lernen die Perspektive anderer Kinder einzunehmen und können Akzeptanz von Verschiedenheit erwerben (vgl. ebd.). Beim gemeinsamen Spielen und Lernen können sich alle Partnerinnen* als gleichwertig empfinden, mit- und voneinander lernen. Daraus entwickelt sich gegenseitige Achtung, und Hilfe wird – ohne Mitleid – gegeben. Erfolgserlebnisse, die ein Kind in der Gruppe erfährt, schaffen nicht nur Befriedigung und Freude, sie ermutigen auch und steigern das Selbstvertrauen und das Erleben von Selbstwirksamkeit (vgl. Klein 2010). Indem das Kind mit Behinderungszuschreibung als gleichwertig und mit seiner individuellen Eigenart akzeptiert wird, kann es eigene Vorstellungen und Wünsche einbringen (vgl. ebd.).

Für Kinder mit einer sogenannten geistigen Behinderung kann die Interaktion mit anderen Kindern aus verschiedenen Gründen erschwert sein. Ursachen können Verständigungsschwierigkeiten aufgrund fehlender oder eingeschränkter Verbalsprache oder die mangelnde Fähigkeit, sich in das Spiel oder in die Perspektive des Spielpartners zu begeben, sein. Auch körperliche Behinderungen können die Teilhabe einschränken. Weiterhin fällt es manchen Kindern schwer, flexibel mit unerwarteten oder fremden Verhalten anderer umzugehen. Damit ein gemeinsames Spiel gelingen kann, bedarf es deshalb ganz praktische Unterstützungen für die Kinder (vgl. Klein 2012). Dazu gehört geeignetes Spielzeug, spezielle Hilfsmittel oder eine bestimmte methodische Aufbereitung. Für ein Kind mit körperlicher Beeinträchtigung ist vielleicht ein Stehgerät oder eine Gehhilfe wichtig, um an Interaktionen teilhaben zu können. Für ein Kind mit sozial-emotionalen Schwierigkeiten sind bestimmte Verhaltensregeln wichtig, und für ein Kind mit einer zugeschriebenen geistigen Beeinträchtigung könnte das Spiel vorstrukturiert und Regeln visualisiert werden (vgl. Kron 2008).

## Übergang in die Schule

Die Frühförderung hat hinsichtlich des Übergangs in die Schule Beratungsfunktion und die Aufgabe, das Kind und die Eltern in diesem Prozess zu begleiten und zu unterstützen. In den Bundesländern ist der Zugang zu den verschiedenen Schularten für Kinder mit einer zugeschriebenen geistigen Behinderung unterschiedlich. Oftmals ist der Weg in eine Förderschule im Förderschwerpunkt geistige Entwicklung vorgegeben. Unter Umständen müssen Eltern viele Anstrengungen unternehmen und Instanzen durchlaufen, wenn sie für ihr Kind den Besuch einer anderen Schule durchsetzen möchten.

Der Schuleintritt selbst als notwendiger Übergang stellt eine zentrale, aber kritische Schnittstelle des Bildungssystems dar (vgl. Denner & Schumacher 2004 in Voß 2012). Übergänge sind immer mit Anstrengungen verbunden und können sowohl positive als auch negative Auswirkungen haben. Verläuft der Schuleintritt positiv, kann das bei Kindern und Eltern zur Erhöhung des Selbstwertgefühls und zur Erweiterung des sozialen Netzwerks kommen. Aber auch negative Entwicklungen, wie ein Verlust sozialer Beziehungen oder Stigmatisierungen, sind möglich (vgl. ebd.). Nach Griebel und Niesel (2003 in ebd.) wird, unabhängig von einer Diagnosezuschreibung, der Anteil von Kindern mit Übergangsproblemen beim Schuleintritt auf 50 % geschätzt.

Gerade für Kinder mit Entwicklungsbeeinträchtigungen und sozialen Benachteiligungen sind deshalb beim Schuleintritt gute Startbedingungen zu schaffen. Dazu müssen alle beteiligten Personen und Institutionen den Übergang des Kindes und der Familie mit den damit verbundenen Entwicklungsaufgaben zielgenau und bedürfnisgerecht unterstützen (vgl. ebd.). Die Eltern und die Mitarbeiterinnen* der Frühförderung müssen die neuen Anforderungen, Situationen, Zeitpläne, Abläufe und Erwartungen kennen, um das Kind entsprechend vorzubereiten (vgl. ebd.).

Eine Untersuchung von Voß (2012) zeigte, dass Lehrerinnen* oft keine spezifischen Kenntnisse über das Angebot und die Arbeitsweise von Frühförderstellen besitzen, Kontakte persönlicher Art zu diesen in der Regel nicht bestehen und leider auch Abschlussberichte und Förder- und Behandlungspläne der Frühförderstellen die Lehrerinnen* bzw. die Schule häufig nicht erreichen. Frühförderstellen bemängeln, dass sich eine Kontaktaufnahme mit der zukünftigen Lehrkraft des Kindes schwierig gestaltet, da erst kurz vor der Einschulung feststeht, welche Lehrerin* die Klasse übernimmt oder diese aufgrund der Sommerferien in der Abschlussphase der Frühförderung häufig nicht erreichbar ist (vgl. ebd.).

Um eine bessere Zusammenarbeit und gemeinsame Übergangsgestaltung zu gewährleisten, ist ein institutionsbezogener Austausch notwendig. Angebote und Arbeitsweisen der jeweils anderen Institution sollten gegenseitig kennengelernt werden. Auf diese Weise können unter anderem Vorläuferkenntnisse in der Frühförderung gezielter angebahnt werden, bzw. erwerben Lehrerinnen* Wissen darüber, auf welche Kompetenzen der Kinder sie aufbauen können. Nicht zuletzt hilft es, Vorurteile, Missverständnisse und Konkurrenzdenken zwischen den Professionen und Institutionen abzubauen (vgl. ebd.).

Ein fallbezogener Austausch zwischen Frühförderstelle und Schule könnte dazu beitragen, den Übergang fließender zu gestalten und dem Kind und der Lehrkraft die

Anfangszeit in der Schule zu erleichtern, indem entsprechende individuelle Lernbedingungen gestaltet werden (vgl. ebd.). Eine zeitliche Überschneidung von Frühförderung und Schule wäre ebenfalls ein Weg, um den Übergang und die Vernetzung für alle Beteiligten zu erleichtern. Auch die Bildung von Arbeitskreisen oder die Aushandlung von Kooperationsverträgen zwischen den Einrichtungen mit gemeinsam formulierten Zielen, Vorgehensweisen und Terminabsprachen wären Möglichkeiten, den Übergang zu verbessern (vgl. ebd.).

## 2  Schule

Schule hat als Sozialisationsinstanz eine hohe Bedeutung im Lebenslauf von Kindern und Jugendlichen und ist der zentrale Ort der institutionellen Vermittlung allgemeiner Bildung. Gleichsam liefert Schule als sozialer Raum auch einen wesentlichen Beitrag zu *Peerkultur* (vgl. Helsper, Busse, Hummrich & Kramer 2008) und *Persönlichkeitsbildung*:

> »Schule ist immer […] Bestandteil der Lebenswelten der Schülerinnen und Schüler, in der sie sich ebenso wie in anderen lebensweltlichen Bereichen ihre subjektive Welt aneignen« (Grimm & Deinet 2009, 129).

Vor dem Hintergrund der zentralen Aufgaben und Einflüsse von Schule hinsichtlich einer Subjektwerdung mutet es höchst schwierig an, dass dies einigen Schülerinnen\* nur unter sehr selektiven Bedingungen ermöglicht wird, da Schülerinnen\* mit der Zuschreibung des Förderschwerpunktes geistige Entwicklung nach wie vor in hohem Maße von Ausgrenzung aus dem Regelschulsystem betroffen sind. Damit stellt man nach wie vor strukturell das Menschenrecht auf allgemeine Bildung in Frage und unterstellt, dass Schülerinnen\* mit zugewiesener geistiger oder mehrfacher Behinderung keine allgemeine Bildung, sondern ausschließlich ›spezifische/besondere Bildung‹ benötigen würden (▶ Kap. II, 3).

Bei allen (schul)systemischen Weiterentwicklungen in Richtung Inklusion zeichnet sich nach wie vor überall die (offene oder subtil geführte und verdeckte) Definition einer ›Restgruppe‹ an Kindern und Jugendlichen ab, für die ›verbesondernde Schullösungen‹ zwingend aufrecht erhalten werden sollen:

> Die »Exklusionstendenzen innerhalb des bestehenden Schul- und Sonderschulsystems lassen […] vermuten, dass sich Selektionsmechanismen im Förderschwerpunkt Geistige Entwicklung zukünftig noch deutlicher bemerkbar machen werden, wenn perspektivisch nur bestimmte Personenkreise bei einer Inklusion berücksichtigt werden sollen, für andere Förderschulen aber erhalten bleiben« (Musenberg & Riegert 2013, 157).

Gerahmt wird diese selektive Zukunftsperspektive von der nachhaltigen Dominanz des *Leistungsprinzips*, auf welches die Schulstrukturen insgesamt zentral ausgelegt sind. Dies steht grundsätzlich einem Anspruch auf Chancengleichheit im Sinne von (Bildungs)Gerechtigkeit diametral gegenüber, was von bildungspolitischer Seite jedoch nachhaltig verdrängt oder akzeptiert zu werden scheint:

> »Die Uneinlösbarkeit eines auf ›Leistung‹ begründeten Gerechtigkeitsprinzips scheint dessen gesellschaftlicher und schulischer Akzeptanz und geradezu selbstverständlichen Geltung keinen Abbruch zu tun« (Schäfer 2018, 43).

Im Folgenden soll auf die Entwicklung, Aufrechterhaltung und Risiken verbesondernder Schulstrukturen und deren Bedingungen Bezug genommen werden, aber gleichsam auch ein Blick auf Veränderungsprozesse hinsichtlich der Verwirklichung des Bildungsrechtes im Regelschulsystem (auch) für Kinder und Jugendliche mit zugeschriebener geistiger und/oder mehrfacher Behinderung geworfen werden.

## 2.1 Zur Entwicklung verbesondernder Schulstrukturen

Dass Kinder und Jugendliche mit einer zugeschriebenen geistigen Behinderung eine Schule besuchen, ist eine »späte Errungenschaft unserer Kultur«, schreibt Speck (2012, 233). So galt es, vielfältige Hindernisse zu überwinden, bis dies im letzten Drittel des 20. Jahrhunderts möglich wurde (▶ Kap. I, 1).

Ende der 1960er Jahre wurde in allen Bundesländern auf dem damaligen Gebiet der BRD die Gründung eines verbesondernden Schulwesens initiiert, und man eröffnete sogenannte ›Schulen für Geistigbehinderte‹ oder ›Schulen für Bildungsschwache‹ bzw. ›Schulen für motorisch oder praktisch Bildbare‹. In der ehemaligen DDR gab es für Kinder und Jugendliche mit zugeschriebener geistiger Behinderung keine Möglichkeit des Schulbesuchs. Sie galten bis zur ›Wende‹ als *schulbildungsunfähig*. Die Gründung dieser verbesondernden Schulform begann hier erst in den 1990er Jahren (▶ Kap. I, 1.4). In der Aufbauphase der ›Schule für Geistigbehinderte‹ fanden Kinder und Jugendliche mit zugeschriebener schwerer und mehrfacher Behinderung zunächst keine Aufnahme und galten weiterhin als schulunfähig, was zwar den belasteten Begriff der ›Bildungsunfähigkeit‹ ersetzte, allerdings deren Rechte auf Bildung weiterhin aberkannte. Erst 1980 mit dem Beschluss der Kultusministerkonferenz der Länder der Bundesrepublik Deutschland (KMK)[125] hatte dieser Anspruch eine rechtsverbindliche Grundlage. Ein Blick auf andere Länder zeigt, dass die Anerkennung des Rechts auf schulische Bildung längst nicht überall für Kinder und Jugendliche mit sogenannter schwerer und mehrfacher Behinderung gewährleistet ist. Sowohl in Dänemark als auch in Schweden und ebenso in Italien werden sie z. T. auf ›Spezialunterrichtszentren‹, Schulheime, Behandlungsheime und psychiatrische Hospitäler verwiesen (vgl. Kreuzer 1999 in Speck 2012, 237).

Die heutige Sonderschulform ›Schule mit dem Förderschwerpunkt geistige Entwicklung‹ findet sich bundesweit noch überall wieder[126]. Für diese Sonderschulform

---

125 »Grundsätzlich ist jeder Geistigbehinderte unabhängig von Art und Schwere seiner Behinderung in pädagogische Fördermaßnahmen einzubeziehen« (KMK 1980, 4).
126 Sie kann als staatliche sowie auch als staatlich genehmigte oder staatlich anerkannte Ersatzschule in freier Trägerschaft tätig sein. Die entsprechenden Anteile sind in den einzelnen Bundesländern sehr verschieden (vgl. Speck 2012, 234).

sind innerhalb der verschiedenen Bundesländer bislang eigene Lehrpläne verbindlich[127]. Die Realisierung eines *eigenen Bildungsgangs* vom Grundschul- bis ins Berufsschulalter für alle Schülerinnen* mit der Zuweisung zum Förderschwerpunkt geistige Entwicklung (vgl. Fornefeld 2013) stellt eine grundlegende Verbesonderung dar. Die Schulpflicht besteht in diesem Förderschwerpunkt je nach Bundesland 11 bzw. 12 Jahre[128]. Eine weitere Verbesonderung liegt in der Schulstruktur, welche hier abweichend von allen anderen Schularten zumeist in Schulstufen organisiert ist, die in der Regel für jeweils drei Jahre durchlaufen werden:

1. *Unter- bzw. Grundstufe:* In diesen ersten Schulbesuchsjahren würde es hier um das Erlernen grundlegender Fähigkeiten und Verhaltensweisen gehen. Dazu könne das Kennenlernen der eigenen Person, die Förderung von Selbstständigkeit bei täglich wiederkehrenden Verrichtungen sowie der Entwicklung von Kommunikation gehören.
2. *Mittelstufe:* Hier würden viele Schülerinnen* die Kulturtechniken und innerhalb der verschiedenen Unterrichtsfächer bzw. in fächerübergreifenden Unterrichtsvorhaben komplexere Sachverhalte in Natur und Gesellschaft erlernen.
3. *Ober- bzw. Hauptstufe:* Neben den Kulturtechniken, deren Erwerb und Festigung weiter im Vordergrund stünde, würde hier das Denken in komplexen und abstrakten Zusammenhängen im Rahmen des Fach- bzw. fachübergreifenden Unterrichts angeregt.
4. *Werk- bzw. Abschlussstufe bzw. Berufsorientierungsstufe:* Diese letzte Schulstufe soll die Grundlage für eine spätere berufliche Tätigkeit schaffen. Hier würden Arbeitsprojekte sowie Betriebspraktika durchgeführt, die den Jugendlichen einen Einblick in verschiedene Arbeitsfelder ermöglichen und der Berufsorientierung dienen. Weiterhin bereite die Werkstufe auch in anderen Bereichen, wie beispielsweise im Wohnen außerhalb der Familie, im Umgang mit Behörden oder auch in Fragen von Partnerschaft und Kinderwunsch, auf das Erwachsensein vor (Fornefeld 2013, 144f.).

Mit ihren ›Spezifika‹ auf der Ebene der Schulorganisation und der Schulstruktur stellt diese Sonderschulart eine *schulische Parallelwelt* dar, »weil keine wirkliche Verzahnung mit den anderen Bildungsgängen geschieht« (Fornefeld 2013, 143).

---

127 Es handelt sich dabei meist um offene Curricula, die neben einer Beschreibung der Ziele und Aufgaben des Bildungsganges sowie der grundlegenden Lernbereiche und deren mögliche Inhalte, methodische Umsetzungsvorschläge geben. Die Verantwortung für die konkreten Inhalte des Unterrichts und die methodische Gestaltung wird aber auf die Lehrerinnen* übertragen. Für alle Schülerinnen* wird ein individueller Förderplan erstellt. Dieser stützt sich auf eine unterrichtsbegleitende Förderdiagnostik und enthält individuelle Maßnahmen zur Förderung, die sich auf die Entwicklungsbereiche beziehen (vgl. Pitsch & Thümmel 2011, 54).
128 Die Schulpflicht kann auf Antrag der Eltern verlängert werden, wenn zu erwarten ist, dass Zielstellungen des Bildungsganges für den Schüler bzw. die Schülerin während dieser Zeit erreicht werden können. Die meisten Bundesländer haben als Alter für die endgültige Beendigung des Schulbesuchs das 24. bzw. 25. Lebensjahr festgelegt. Auch eine Verkürzung auf 10 Jahre ist zumeist auf Antrag der Eltern möglich.

Untermauert wird der schulsystemspezifische »Exklusionsstatus« durch die Tatsache, dass es sich hier um die einzige Schulart handelt, in welcher kein qualifizierter Schulabschluss erworben werden kann.

Die Sonderschule zum Förderschwerpunkt geistige Entwicklung hat eine äußerst heterogene Schülerinnen*schaft, die in den letzten Jahrzehnten einem größeren Wandel unterworfen war und anhaltend ist. In statistischen Untersuchungen zeigte sich insgesamt eine deutliche Zunahme von Kindern und Jugendlichen mit der Diagnose geistige Behinderung und ein Anstieg an Schülerinnen* mit sogenannter vermeintlicher ›leichter geistiger Behinderung‹ und gleichzeitigen Schwierigkeiten im sozial-emotionalen Bereich. Wesentliche Ursachen für diese Entwicklungen sieht Speck (2013) in Unzulänglichkeiten im Gesamtsystem Schule und einer zu wenig vorbereiteten Umsetzung von Inklusion (vgl. Speck 2013, 9). So ist es vor allem die Schule im Förderschwerpunkt Lernen, die sich ihrer ›schwierigen‹ Schülerinnen* zu entledigen scheint und als ›geistig behindert‹ umetikettiert. Dadurch kann sie vermeintlich ein höheres Lernniveau sicherstellen und Unterrichtsstörungen vermeiden. Neben einer zusätzlichen Stigmatisierung von Kindern und Jugendlichen durch derartige illegitime Pathologisierungen in Form von Umetikettierungen kann dies zu einer Überforderung der Schulen im Förderschwerpunkt geistige Entwicklung führen, die sich mit den ›Restproblemen‹ anderer Schularten auseinandersetzen muss. Sie wird zum ›Sammelbecken‹ für Schülerinnen* mit sozial-emotionalen und psychischen Diagnosezuschreibungen und mit sogenannten Komplexen Behinderungen (vgl. ebd.) und erfüllt somit die inakzeptable Position einer ›Rest-Sonderschule‹ (vgl. Feuser 2013, 226; Hervorhebung d. A.), welche den sie besuchenden Schülerinnen* das *Menschenrecht auf Allgemeinbildung* im Klafkischen Verständnis der Chancengleichheit sowie das Anrecht auf *Bildungsbefähigung* (▶ Kap. II, 3) im Sinne des Lernens an einem *Ort für alle* vorenthält.

Das ›Phänomen der Rest-Schule‹ verschärft die Problematik der Sicherung des Bildungsrechtes für *alle*: Es besteht das Risiko, dass eine mögliche Überforderung der dort tätigen Lehrkräfte dazu führt, dass Kindern und Jugendlichen mit sogenannter Komplexer Behinderung Schulbildungsfähigkeit erneut aberkannt werden könnte und man sie zurückverweist auf eine Tagesstättenversorgung (vgl. Speck 2013). Diese Isolationstendenz ergibt sich insbesondere aus der Stellung der Schulform im Gesamtsystem Schule: Als ›Sammelbecken‹ ist sie die ›letzte‹ Schulart, die keine Möglichkeiten hat, Kinder und Jugendliche an andere Schulen weiterzugeben (vgl. Ratz 2011, 13).

## 2.2 Differente Schulsettings - von der Segregation zur inklusiven Beschulung?

Auch gegenwärtig erweist sich die Sonderschule bundesweit als hauptsächlicher (gewählter oder nicht gewählter) Schulort für Kinder und Jugendliche, denen eine geistige Behinderung und/oder der Förderschwerpunkt geistige Entwicklung zugeschrieben wird. Bis Ende der 1970er Jahre wurde die ›Schule für Geistigbehinderte‹ als die (einzige) adäquate Bildungseinrichtung für Kinder und Jugendliche mit sogenannter geistiger Behinderung betrachtet. Ab dieser Zeit wurden auch zunehmend erfolgreiche Versuche der schulischen Integration unternommen – häufig als Einzelintegration im Bereich der Grundschule (vgl. Speck 2012). Mit der »Empfehlung zur sonderpädagogischen Förderung in den Schulen in der Bundesrepublik Deutschland« von 1994 schloss die KMK nicht nur an die längst veränderte bildungspolitische Realität des Sonderschulwesens in Deutschland an, sondern unternahm auch den Versuch, an internationale Entwicklungen zur »special needs education« (Warnock 1978) anzuknüpfen. Die Abwendung vom Sonderschulstatus zur Begrifflichkeit ›sonderpädagogischen Förderbedarfs‹ beschreiben Bleidick, Rath und Schuck (vgl. 1995, 253 f; Ellger-Rüttgardt 1998, 8) als »kopernikanische Wende«, auch wenn sie darauf hinweisen, dass dieser Paradigmenwechsel nicht konsequent durchgehalten wird. Andere Einschätzungen sind diesbezüglich kritischer (vgl. Eberwein & Knauer 2009, 24 f). Heimlich konstatiert rückblickend, dass die Empfehlung zu einer Pluralisierung der Orte und Konzepte sonderpädagogischer Förderung beigetragen habe und zudem das sonderpädagogische Fördersystem in Bewegung gekommen ist. Es habe sich eine Vielfalt an Organisationsformen entwickelt, »die über die verschiedenen Formen von Förderzentren und Förderklassen in der Allgemeinen Schule bis hin zu Integrationsklassen, integrativen Regelklassen und Kooperationsklassen reichen« (Heimlich 2011, 48). Gemeinsames Lernen findet mit dieser Empfehlung seine normative Grundsteinlegung in Deutschland.

Insgesamt lassen sich nun im groben Zuschnitt vier differente Settings in der Schulstruktur der BRD ausmachen, welche eine Bedeutung als mögliche Schulformen für Kinder mit dem Förderschwerpunkt geistige Entwicklung haben:

1. Schulische Separation
   (Sonderschulen, Förderzentren)
2. Schulische Kooperation
   (Außen-/Partnerklassen, Kooperationen mit Regelschulen)
3. Schulische Integration
   (Integrativer Unterricht, Einzelintegration)
4. Schulische Inklusion
   (Gemeinsamer Unterricht)

Die Schulsystemlogik wirft insbesondere bei den Möglichkeiten der Integration und der Inklusion immer wieder das bekannte ›Etikettierungs-Ressourcen-Dilemma‹ auf, was zu einer hohen Verbesonderung und damit auch Benachteiligung von Schülerinnen* mit dem Förderschwerpunkt geistige Entwicklung führt, da die Chance auf eine Teilnahme an Gemeinsamem Unterricht nach wie vor von einer ›Negativ-Hierarchie‹ geprägt ist: Je mehr Unterstützung (scheinbar) benötigt wird, desto geringer die Wahrscheinlichkeit auf einen ›Integrationsstatus‹ bzw. einen Platz in einer integrativen[129] oder inklusiven Schule.

Nach wie vor ist also die schulische Separation im Förderschwerpunkt geistige Entwicklung hoch präsent und wirkmächtig: Die allergrößte Anzahl der Schülerinnen* mit zugewiesenem FsGE wird an separaten Sonderschulen und Förderzentren unterrichtet. Es ist folglich von einer deutlichen Unterrepräsentation von Kindern und Jugendlichen mit sogenannter geistiger und/oder mehrfacher Behinderung an allgemeinbildenden Schulen des Regel(schul)systems auszugehen (vgl. Markowetz 2019).

In der Diskussion um schulische Inklusion geht es im Kern um die Relevanzsetzung und den Umgang mit differenten Heterogenitätsdimensionen. So hat das deutsche Schulsystem über einen langen Zeitraum hinweg vielzählige Selektionsmechanismen entwickelt, um bspw. Leistungsheterogenität auf ein Minimum zu reduzieren und die Leistungsniveaus innerhalb von Lerngruppen vermeintlich zu homogenisieren. Diese historisch gewachsenen Strukturen zu reformieren, gestaltet sich als schwierig, wie allein die Diskussionen um die Etablierung der Gesamtschule bzw. Gemeinschaftsschule seit den 1970er Jahren zeigen.

Feuser übte schon früh Kritik am selektiven Schulsystem und entwickelte bereits 1989 eine allgemeine Didaktik und ein gemeinsames Curriculum für alle Schülerinnen*:

> »In unserem Erziehungs- und Bildungssystem sind Segregation (Ausschluß Behinderter), Selektion der Schülerschaft (nach Leistung) und Parzellierung der zu lehrenden Inhalte (auch im Sinne reduzierter Curricula) nach Maßgabe einer jeweils gesellschaftlich definierten, fiktiven Normalität für alle Schüler Realität. Damit einher geht eine defekt- und abweichungsbezogene Atomisierung der behinderten Kinder und Schüler mit der Folge z. T. hochgradiger Isolation [...]. Im Prinzip haben wir nur Schulen für x-mal ausgelesene Schüler. Die Pädagogiken in diesen Schulformen sind ihrer Natur nach Sonderpädagogiken, d. h. im historischen Prozeß ihrer Entwicklung ohne Einbezug des jeweils anderen, stets aussortierten Schüler zustande gekommen; dies von allen Anfängen wissenschaftlicher Pädagogik an« (Feuser 1989, 20).

Mit Unterzeichnung und Ratifizierung der UN-Behindertenrechtskonvention wurde das Schulsystem in einen »Inklusions-Schock« (Heinrich 2015, 235) versetzt. Die Deutsche Gesellschaft für Erziehungswissenschaften (DGfE 2017) bezeichnet in einer Stellungnahme Inklusion als eine der drei maßgeblichen »Revolutionen im bundesdeutschen Bildungswesen« (ebd., 1) – nach dem sogenannten ›PISA-Schock‹ und der Einführung der Ganztagsschule. Die Vertragsstaaten verpflichten sich in Art.

---

129 Integrative Schulen sind Grund- und Sekundarschulen, die Schülerinnen* mit unterschiedlichem diagnostiziertem Förderbedarf in ihren Klassen aufnehmen. Diese erhalten im zieldifferenten Gemeinsamen Unterricht (GU) eine sonderpädagogische Förderung zumeist auf der Basis individueller Ressourcenzuweisung. An integrativen Schulen unterrichten Regelschullehrerinnen* und Sonderpädagoginnen* meist im Team-Teaching. Die personellen sowie die räumlich-sächlichen Ressourcen, die für integrative Schulen vorgesehen sind, differieren jedoch von Bundesland zu Bundesland erheblich. Weitere Möglichkeiten eines Gemeinsamen Unterrichts finden sich in den unterschiedlichen reformpädagogisch ausgerichteten Schulen, wie den Montessori-Schulen oder den Waldorf-Schulen.

24, ein »inklusives Bildungssystem auf allen Ebenen und lebenslanges Lernen« (UN-BRK 2016) zu gewährleisten, um »Menschen mit Behinderungen zur wirksamen Teilhabe an einer freien Gesellschaft zu befähigen« (ebd.). Es sind hierbei alle Personen, ungeachtet einer Behinderung, in den rechtlichen Grundlagen und in der Bereitstellung von finanziellen und personellen Ressourcen im Bildungssystem zu berücksichtigen und eine barrierefreie Zugänglichkeit von Bildungsinstitutionen zu ermöglichen (vgl. Terfloth & Bauersfeld 2012; Speck 2012). Für Hinz (2002) muss dies mit einer radikalen Schulreform einhergehen, die die Trennung der Schulformen aufhebt. Die »*Schule für alle*« steht dann für ein neues System, in dem alle Schülerinnen* aufgenommen werden, voneinander lernen und dennoch individuell gefördert werden. Hinz weist außerdem darauf hin, dass die Diskussion um schulische Inklusion viel weiter gefasst werden muss und neben dem Thema Behinderung weitere Diversitätsmerkmale, wie nationale oder ethnische Herkunft, soziale und religiöse Herkunft, kognitive Lernvoraussetzungen, körperliche und seelische Verfassung, beinhaltet (vgl. ebd.), aber im Besonderen in »der schulischen Debatte um Inklusion« in Deutschland das »Merkmal Behinderung« bzw. sonderpädagogischer Förderbedarf/-schwerpunkt dominiert (Dworschak 2017, 32). Die »Fokussierung auf den Aspekt Behinderung bzw. sonderpädagogischer Förderbedarf« (ebd.) stellt eine grundsätzlich unzulässige Verkürzung eines Inklusionsverständnisses dar (▶ Kap. II, 1.6).

Nach den Standards der OECD gilt ein Schulsystem als integrativ, wenn mindestens 40 % der Schülerinnen* mit Förderbedarf an Regelschulen beschult werden, als inklusiv gilt es, wenn es mindestens 80 % sind (vgl. Lindmeier 2009 in Fischer & Markowetz 2016). In Anbetracht dieser Zahlen stellt sich die Frage, welche Schülerinnen* die verbleibenden 20 % ausmachen, die im Regelschulsystem scheinbar nicht integriert bzw. ›inkludiert‹ werden können (vgl. ebd.). Ein Blick in die Statistik der Sonderpädagogischen Förderung in allgemeinen Regelschulen (ohne Sonderschulen) 2017/2018 zeigt, dass Schülerinnen* mit dem zugewiesenen Förderschwerpunkt geistige Entwicklung hier stark unterrepräsentiert sind. Während beispielsweise Kinder mit dem Förderschwerpunkt Lernen oder Sprache zu einem Anteil von 42 % bzw. 46 % an allgemeinen Regelschulen lernen, sind es im Förderschwerpunkt geistige Entwicklung nur 12 % (Sekretariat der Ständigen Konferenz der Kultusminister der Länder in der Bundesrepublik Deutschland IVC/Statistik 2019). Diese Zahlen machen deutlich, dass der Zugang zu allgemeinen Regelschulen konzeptionell und didaktisch mit großen Schwierigkeiten verbunden zu sein scheint, so dass diese Kinder und Jugendlichen nach wie vor primär an Sonderschulen lernen (vgl. Fischer & Markowetz 2016). Eine daraus resultierende illegitime Teilung in ›inkludierbare/inklusionsfähige‹ und ›nicht inkludierbare/nicht inklusionsfähige‹ Schülerinnen* führt zu einer (neuen) Selektionspraxis, die der Entwicklung von Sonderschulen als ›Restschulen‹ Vorschub leistet und damit dem Verständnis von Inklusion als Menschenrecht diametral entgegensteht.

Das Deutsche Institut für Menschenrechte (2015) kritisiert in seinem Bericht die hoch differenzierte und segregierende Schulstruktur und fragt kritisch, unter welchen Voraussetzungen es zulässig ist, Sonder- und Fördereinrichtungen zu erhalten und ob dies mit der Entwicklung eines inklusiven Schulsystems in Übereinstimmung gebracht werden kann. Für die schulische Bildung mahnt der UN-Fachausschuss einen deutlichen Abbau des Sonderschulwesens, überzeugende Strategien und Aktionspläne zur Umsetzung, die Bereitstellung der erforderlichen materiellen und personellen Ressourcen sowie eine entsprechende Reform der Lehrerinnen*bildung an.

Die intensiv diskutierte Umsetzung der *Inklusiven Bildung* fordert angemessene Vorkehrungen im Schulsystem und befindet sich zurzeit in einem stetigen Wandel (vgl. Welti 2016). Es lässt sich jedoch festhalten, dass wir in der BRD bezüglich der Umsetzung des Rechts auf inklusive Bildung als *Entwicklungsland* gelten (vgl. Degener 2016): Damit das System Schule das internationale Menschenrecht auf Bildung (Art. 24 der UN-Behindertenrechtskonvention) umsetzen kann, ist es selbst auf Unterstützung in seiner Entwicklung angewiesen (vgl. Laubner et al. 2017). Wenngleich schulische Inklusion also als Zielperspektive für Schulentwicklung gilt, muss sie für Kinder und Jugendliche, welche mit der Zuweisung des Förderschwerpunktes geistige Entwicklung als geistig behindert adressiert werden, als ›Nicht-Bildungsrealität‹ markiert werden.

## 2.3 Zur Rolle von Schulbegleitung

Eine Personengruppe, die zunehmend als individuelle Hilfen für einzelne Kinder und Jugendliche sowohl an Sonderschulen als auch in der integrativen und inklusiven Beschulung eingesetzt werden, sind sogenannte Schulbegleiterinnen* bzw. Schulassistentinnen*, Integrations- oder Einzelfallhelferinnen* oder Inklusionsassistentinnen*, wie sie in den unterschiedlichen Bundesländern bezeichnet werden[130].

Die Attraktivität dieser personellen Ressource[131] an deutschen Schulen ist in den letzten Jahren stetig gestiegen (vgl. Lübeck & Demmer 2017; Kißgen et al. 2016; Schönecker & Meysen 2016; Dworschak 2014b). Bisherige Studien zu Schulbegleitungen aus Deutschland sind »auf einzelne Bundesländer oder Regionen begrenzt« (Lübeck & Demmer 2017, 11), und internationale Studien sind »nur bedingt auf die Verhältnisse hierzulande übertragbar« (ebd.).

---

130 Die Maßnahme *Schulbegleitung* ist durch eine begriffliche Diffusität geprägt: Sie wird häufig auch als Integrationshilfe, Schulassistenz, Lernbegleitung, Einzelfallhilfe oder Individualbegleitung bezeichnet (vgl. Dworschak, 2014a; Kißgen et al. 2013; Verband Sonderpädagogik NRW 2006). Selbst im Sozialgesetzbuch existiert »keine allgemein anerkannte Bezeichnung für pädagogische Unterstützungskräfte« (Mays et al. 2014, 75).
131 Schulbegleiterinnen* können bei Schulträgern, Diensten eines Schulträgers, eines Dienstes der Behindertenhilfe oder bei Eltern angestellt sein. Die Schulbegleitung fällt dabei unter »Hilfen zu einer angemessenen Schulbildung«, die alle Maßnahmen umfasst, die im Zusammenhang mit der Ermöglichung einer angemessenen Schulbildung geeignet und erforderlich sind, die ›Behinderungsfolgen‹ zu beseitigen oder zu mildern (vgl. Bundesvereinigung Lebenshilfe 2015).

Die Rahmenbedingungen einer Schulbegleitung sind in Deutschland als *sehr diffus* zu markieren. Zum einen gibt es derzeit wenig Informationen über die Personen, die diese Maßnahme ausführen (vgl. Kißgen et al. 2016; Dworschak 2014a); zum anderen existieren keine regionalen oder bundesweiten Standards für dieses Berufsfeld (vgl. Geist 2017; Lübeck & Demmer 2017)[132].

Der zugewiesene Förderbedarf im Bereich der geistigen Entwicklung geht in allen Schularten mit steigender Nachfrage und Bewilligung von Schulbegleitung einher, insbesondere, wenn zusätzlich ein erhöhter Unterstützungsbedarf im Bereich der emotionalen und sozialen Entwicklung bescheinigt wird (vgl. u. a. Kißgen et al. 2016). Inzwischen wird der Schülerinnen*kreis mit sogenanntem herausforderndem Verhalten konkret als Personengruppe benannt, die »auf unmittelbare, individuelle Unterstützung angewiesen sind« (Verband Sonderpädagogik NRW 2006, 1). Wenngleich man also scheinbar einen zentralen Indikator (= auffälliges Verhalten) für die Bewilligung von Schulbegleitung identifiziert hat, mangelt es immer noch an einer Klarheit bezüglich des Qualifizierungsprofils und des Aufgabengebietes von Schulbegleiterinnen*: »So herrschen bezüglich der Arbeitssituation und -bedingungen sowie den Tätigkeitsfeldern von Schulbegleitern […] bisher weitgehend Unsicherheit und Unklarheit« (Dworschak 2014a, 3). Verstärkend kommt hinzu, dass sich Schulbegleiterinnen* häufig in prekären Beschäftigungssituationen befinden (kurzfristige Verträge, keine Bezahlung während der Schulferien etc.) und keine pädagogische bzw. sehr uneinheitliche Qualifikationen aufweisen, was insgesamt unsicherheitsverstärkend wirken kann.

Meyer (2017) nennt vier Bereiche als Aufgabenfelder von Schulbegleitung: »Unterstützung bei lebenspraktischen Anforderungen, Unterstützung bei der Emotions- und Verhaltensregulation, didaktische Unterstützung und mittelbare Aufgaben« (20). Lebenspraktische Aufgaben beziehen sich auf pflegerische Anforderungen sowie Orientierungshilfen, didaktische Aufgaben werden beschrieben als Unterstützung während der Lernstoffvermittlung und unter mittelbaren Aufgaben werden Tätigkeiten subsummiert, die mit der Dokumentation, Koordination und Qualifizierung einhergehen. Eine Grenzziehung zwischen unterstützenden und pädagogisch-unterrichtlichen Tätigkeiten ist jedoch kaum möglich und birgt die Gefahr einer Trennung von Handlungsabläufen, die erfolgreiches Lernen der Schülerinnen* verhindern und hoch irritierend wirken (Dworschak 2012a).

---

132 Finanziert wird eine Schulbegleitung – abhängig von der diagnostischen Zuschreibung – regional von kommunalen Sozial- oder Jugendämtern, unterschiedlichen Trägern und/oder Kranken-/Pflegekassen (vgl. Lübeck & Demmer 2017; Bundesvereinigung Lebenshilfe 2015). Im Hinblick auf die individuellen Bedürfnisse der Kinder und Jugendlichen stellt die Schulbegleitung *keine schulische Ressource* dar und muss mithilfe der Eingliederungshilfe (SGB XII) oder der Kinder- und Jugendhilfe (SGB VIII) beantragt und genehmigt werden (vgl. Ziemen 2017). Bei der Beantragung steht der individuelle Unterstützungsbedarf im Mittelpunkt, dennoch darf der Ort der Bildung als Notwendigkeit nicht außer Acht gelassen werden.

Angesichts der steigenden Zahlen an Schülerinnen* mit herausfordernden Verhaltensweisen (nicht nur) im Förderschwerpunkt geistige Entwicklung und der damit einhergehenden gewachsenen Forderung nach individueller Begleitung an Schulen, soll folgend kurz auf mögliche »Risiken und Nebenwirkungen« von Schulbegleitung eingegangen werden:

1. *Zum Dilemma der Begleitung der Begleitung*
   Das Thema bzw. die Personengruppe an Schulbegleiterinnen* stellen eine mehrfache Anforderung an das System Schule; im Konkreten an die Schulentwicklung, die Unterrichtsentwicklung und die Teamentwicklung in Schule. Wenn Schulbegleiterinnen* Schülerinnen* begleiten: Wer begleitet die Schulbegleiterinnen*? Wer begleitet die damit verbundenen neuen Anforderungen an (kollegiale) Teamstrukturen? Und wer begleitet die ebenfalls damit verknüpften Anforderungen an Schulentwicklung? Laubner, Lindmeier und Lübeck beschreiben dies als doppelte Herausforderung: »Einerseits müssen konkrete Schüler/innen mit besonderen Bedarfen im schulischen Alltag unterstützt und begleitet werden, andererseits benötigt das System Schule selbst Begleitung bei der Entwicklung hin zu einer inklusiven Schule« (Laubner et al. 2017, 7).

2. *Paradoxe Verantwortungsdiffusion*
   Unsicherheiten von Lehrkräften im Kontext der Beschulung von Kindern und Jugendlichen mit sonderpädagogischem Förderbedarf können zu einer Forderung nach immer mehr Assistenz führen, wenngleich grundsätzlich das Ziel ja eher in einer Reduktion von Assistenz bestehen sollte (vgl. Thieß 2014). Hier kommt es zu der Gefahr, dass die Verantwortung für Schülerinnen* von den Lehrkräften auf die Schulbegleiterinnen* übertragen wird (vgl. Lübeck 2016 mit Bezunahme auf Giangreco et al. 1997) und dies den Lehrerin*-Schülerin*-Kontakt durch zunehmende paradoxe Nichtzuständigkeit der Lehrerinnen* nachhaltig negativ beeinflusst. Einzelfallhilfe würde in dieser Organisationsform der wichtigen konstruktiven Entwicklung einer Lehrkraft-Schülerin*-Beziehung kontraproduktiv entgegenwirken. Eine unbewusste Verantwortungsdiffusion oder eine bewusste Verantwortungsübertragung ist hochgradig gefährlich, weil sie letztlich das Nichterfüllen eines Bildungsauftrages bedeutet und damit als akute Bildungsbenachteiligung für die betreffenden assistierten Schülerinnen* zu markieren ist.

3. *Neue Dominanzkultur*
   Die Perspektive von Schülerinnen* auf ihre Schulbegleiterinnen* steht erst in Ansätzen im Fokus von Forschung im deutschsprachigen Raum (z. B. Studie von Böing & Köpfer 2017), und es gibt demzufolge wenig Erkenntnisse über die subjektiven Wahrnehmungen und das Erleben dieser Form der individuellen Begleitung aus Sicht der Hauptpersonen. Böing und Köpfer (2017) beschreiben, dass Schülerinnen* ihre individuellen Schulbegleitungen oftmals als »Schutzschild gegenüber Konfliktadressierungen« erleben »mit dem Nebeneffekt einer z. T. präventiven Verhinderung sozialer Kontakte durch die Schulassistenz« (134). Problemlösestrategien »mit dem Fokus auf Peer-Kommunikation« (ebd.) werden demzufolge kaum vermittelt, und es besteht das Risiko fehlender Orientierung

auf Sozialkompetenz und Sozialklima innerhalb der Lerngruppe[133]. Die stetige Präsenz einer ›Überwachung durch einen Erwachsenen‹ kann auch zu einer neuen Form des Dominanzerlebens seitens der Schülerinnen* beitragen. Boger spricht in diesem Zusammenhang von einer ›Belagerung der Subjekte‹ und schlussfolgert: »Tatsächlich sollte man auch im Gemeinsamen Unterricht öfters hinterfragen, inwiefern Kinder von ihren sog. ›Integrationshelfer_innen‹ in einem metaphorischen Sinne ›kolonialisiert‹, also belagert werden« (Boger & Jantzen 2019, 11). Bestätigt wird diese Sicht durch internationale Studien, wo Assistentinnen* von Schülerinnen* als Hauptkontaktpersonen erlebt werden (Broer et al. 2005 in Lübeck 2016) und Gefühle des »Gebabysittet werdens« (ebd.) von den begleiteten Schülerinnen* geäußert werden. »Sowohl durch passive Anwesenheit als auch durch aktive Intervention« einer Schulbegleitung kann die »Reziprozität von Peerinteraktionen, die Eigenständigkeit und Selbstbestimmung der Kinder« (Lindmeier & Ehrenberg 2019, 148) verhindert werden. In jedem Fall hat die Präsenz der individuellen Assistenz immer einen Einfluss auf die Selbst- und Fremdsicht der Schülerinnen* sowie deren Rolle/Status in der gesamten Lerngruppe und birgt das Risiko des unvermeidlichen beidseitigen Diskriminierungserlebens von Schülerinnen mit Assistenz und ihren Mitschülerinnen* (vgl. Fritzsche 2014 in ebd.).

4. *Wider der inklusiven Absicht*
Es wird schon länger diskutiert, inwieweit eine Form der Einzelassistenz weniger als »Türöffner für Inklusion« (Dworschak 2012b, 420), sondern vielmehr als »Stolperstein für die inklusive Absicht« (Thieß 2014, 236) fungiert. Neben einer Defizitorientierung, welche die Schülerinnen* und deren Eltern auf dem Antragsweg zur Schulbegleitung zwangsläufig einholt (vgl. ›Stigmatisierungs-Ressourcen-Dilemma‹), benötigen Kinder und Jugendliche mit Unterstützungsbedarf ja häufig vorrangig eine Unterstützung »in die Gruppe hinein« (ebd., 236 f.). Eine fehlende zugewiesene Verantwortung für die gesamte Lerngruppe seitens einer Schulbegleitung (vgl. individuelle Zuständigkeit für eine* Schülerin*) verleitet jedoch eher zur Ausweitung äußerer Differenzierung oder der Nutzung exkludierender Mittel (z. B. Rausnahme aus dem Lerngruppenverband im Fall des Auftretens von herausfordernden Verhaltensweisen). Es besteht auch eine Gefahr in der Verhinderung des Lernens durch Peers oder auch des selbstständigen Lernens und das Risiko der Entwicklung einer ›erlernten Hilflosigkeit‹ durch Schulbegleitung liegt nahe. Insgesamt besteht ein zentrales Spannungsfeld darin, als Schulbegleiterin* »keine behindernde oder gar stigmatisierende Differenz zu produzieren« (Böing & Köpfer 2017, 134) und damit einer inklusiven (Schul-/Klassenklima)Entwicklung kontraproduktiv entgegen zu wirken.

5. *Subtile Deprofessionalisierung*
Die Versorgungslücken sonderpädagogischer Fachkräfte im Schulsystem (vgl. Klemm 2012 in Heinrich & Lübeck 2013) versucht man, mit wenig ausgebildeten

---

133 Auch die Perspektive von Mitschülerinnen* offenbart schulbegleitungsspezifische Differenzkonstruktionen und das Erleben von Ungerechtigkeit, da »die Abhängigkeit von der Unterstützung einer erwachsenen Person [...] nicht den Normvorstellungen eines Schulkindes« (Lindmeier & Ehrenberg 2019, 143) entspricht.

Personen zu kompensieren (vgl. ebd.). Neben sogenannten Seiteneinsteigerinnen* zählen auch Schulbegleiterinnen* zu sogenannten ›Para-Professionellen‹ (vgl. ebd. mit Bezug auf French & Pricket 1997), und es liegt noch zu wenig Forschung über die Auswirkungen zunehmender ›Scheinprofessionalität‹ im Kontext Schule vor. Die mangelnde Trennschärfe im Aufgabengebiet leistet hier jedoch u. U. einer schleichenden Deprofessionalisierung (vgl. Heinrich & Lübeck 2013) Vorschub, da nicht auszuschließen ist, dass die Gestaltung komplexer pädagogischer Prozesse – im Besonderen im Kontext der Beschulung von Kindern und Jugendlichen mit sonderpädagogischen Förderbedarf – durch Abstimmungsprobleme und Verantwortungsdiffusitäten geprägt sein kann. »Massives Qualifikationsgefälle« kann sich durch fehlende Rollenklarheit verstärken und eine »reflexiv-distanziert-professionelle Kommunikation« (ebd., 94) erschweren. Es besteht im Kontext einer drohenden Deprofessionalisierung zudem die Gefahr der »Instrumentalisierung der Schulassistent/innen zur Beibehaltung einer auf Homogenisierung bedachten Unterrichtsgestaltung« (Böing & Köpfer 2017, 135; Hervorhebung d. A.), indem Devianz auf differenten Ebenen versuchsweise adjustiert bzw. assimiliert wird (vgl. ebd.).

Bilanzierend lässt sich bezüglich des Themas Schulbegleitung auf Lübeck (2019) verweisen: Die Autorin macht auf der Basis empirischer Fallstudien auf die »Irritation ›schulischer Grammatik‹« (239) durch diese Form der Einzelassistenz aufmerksam. Im Vergleich zu anderen schulischen Akteurinnen* ist die Schulbegleitung gekennzeichnet durch ein *Rollenprekariat*: Eine* Schulbegleiterin* darf weder »unterrichtend tätig werden, noch ist es ihre Aufgabe, in der Schule zu lernen. In vielen Fällen ist sie nicht für ihre Aufgabe ausgebildet und verfügt schon gar nicht über den Status einer Profession, es ist jedoch auch nicht ihr Ziel, an der Schule eine Qualifikation zu erwerben. Sie gehört weder der Schülerschaft noch dem Lehrerkollegium an« (ebd., 241). Somit kann das Rollenformat einer Schulbegleitung in der derzeitigen Organisationsform *keinen Beitrag zu (inklusiver) Schulentwicklung leisten*, sondern birgt – im Gegenteil – das Risiko, einen *individuums- und problemorientierten Defizitfokus auf das Kind zu (re)produzieren* (vgl. Lindmeier & Polleschner 2014).

Diese Bilanz ist besonders deshalb so schwierig, weil Schulbegleitung im Förderschwerpunkt geistige Entwicklung ein stark präsentes und weiter wachsendes Thema in der Schulpraxis darstellt: Besonders Schülerinnen* mit differenten sogenannten ›*Mehrfachdiagnosen/-zuschreibungen*‹[134] erhalten diese Form der individuellen Assistenz sehr umfänglich und in allen Schularten. Die Tatsache, dass diese Unterstützung laut (inter)nationaler Forschungserkenntnisse und bundesweiter Erfahrungsberichte nicht als professionelle und hilfreiche Assistenz auf dem Weg zur Verwirklichung von Chancengerechtigkeit und Bildungserfolg eingeordnet werden kann, sollte Anlass dazu geben, dieses Unterstützungsformat grundlegend zu verändern, um Risiken in Form von ›Stigmatisierungsschäden‹ auf Seiten von Schüle-

---

134 Hierunter fallen im hiesigen Verständnis zum einen Schülerinnen*, denen neben einer ›Geistigen Behinderung‹ auch herausfordernde Verhaltensweisen und/oder Diagnosen aus dem Bereich psychischer Störung/Erkrankung zugewiesen werden; und andererseits auch Schülerinnen mit (Zusatz)Diagnosen aus dem Autismus-Spektrum.

rinnen*, weitere ›(Rollen)Prekarisierungen‹ auf Seiten der Schulbegleiterinnen* und steigende Deprofessionalisierung innerhalb in der (schul)pädagogischen inklusiven Praxis insgesamt zu verhindern. Zusammenfassend gibt es demzufolge sowohl auf der »organisatorisch-administrativen Ebene« als auch im Hinblick auf die »berufliche Identität bzw. das professionelle Selbstverständnis« (Lübeck 2020, 23) Herausforderungen und Reflexionsbedarfe für Schulen und Schulbegleiterinnen*.

Im Förderschwerpunkt Geistige Entwicklung lässt sich unseres Erachtens von einer *besonderen Prekarität* sprechen. Um dies zu verdeutlichen, möchten wir auf die zentrale Figur der *Stellvertretung* verweisen, welche in der pädagogischen Zusammenarbeit mit Menschen mit Unterstützungsbedarf von hoher Bedeutung ist:

> »Im Kern bedeutet Stellvertretung in der Heil- und Sonderpädagogik, für jene zu sprechen und pädagogische Entscheidungen zu treffen, die nicht für sich selbst sprechen und einstehen können« (Ackermann & Dederich 2011, 9).

Ackermann und Dederich machen darauf aufmerksam, dass Stellvertretung eine faktisch bedeutsame Figur ist, wenn Lebenslagen durch differente Abhängigkeiten und Autonomieeinschränkungen geprägt sind (vgl. ebd.), dass aber gerade dadurch jede Form der Stellvertretung auch kritisch hinterfragt werden muss hinsichtlich ihres Beitrages zur »Entmachtung der Vertretenen« (Sofsky & Paris 1994, 157 in ebd., 11). Vor dem Hintergrund der oben skizzierten Rolle einer *Schulbegleitung mit diffusem Mandat* lässt sich die Funktion der Stellvertretung, welche mit dieser Form der Assistenz zwangsläufig verbunden scheint, höchst kritisch beleuchten – nicht nur, aber besonders für Kinder und Jugendliche mit Komplexer Behinderung. Sierck & Mürner (1995) haben hier eine kritische Position herausgearbeitet, die sich wie eine warnende Beschreibung einer Schulbegleitung liest:

> »Stellvertretung, ohne Vollmacht, kann unmittelbar bedrohend sein. Sie ist Verfügungsgewalt. Häufiger kann Stellvertretung mittelbare Bedrohung (strukturell und symbolisch) sein oder daran beteiligt werden. Stellvertretung hat mit Macht zu tun. Sie ist Bevollmächtigung oder beruft sich auf Ermächtigung. Es kann gefragt werden, inwieweit sie repräsentativ ist, in welchem Auftrag sie handelt, wie sie sich in ihren Kontakten abgrenzt, distanziert, engagiert? Stellvertretung handelt definitionsgemäß im Auftrag von …? Wie wird dieser Auftrag gefasst, wie und von wem beschrieben? Wer haftet?« (in Ackermann & Dederich 2011, 9).

Die offenen Fragen, die Sierck und Mürner hier andeuten, lassen viele Parallelen zum o. g. diffusen Mandat der Schulbegleitung ableiten. Daher lässt sich berechtigt fragen, inwieweit das Thema Schulbegleitung einerseits in der hohen Verantwortung steht, eine Stellvertreterinnen*-Funktion zu übernehmen, aber dies gleichsam scheinbar strukturell *unkonturiert* und damit *unreflektiert* tut. Dieses Spannungsfeld offenbart ein Dilemma, weil es einen potentiellen Machtmissbrauch begünstigt und damit paradoxerweise das Gegenteil bewirkt, was mit dem Format einer Schulbegleitung intendiert ist. Schulbegleitung könnte auch eine konstruktive Stellvertreterinnen*figur darstellen, welche sich durch die ›pädagogische Geste‹ der *Zuwendung* zur/zum Schülerin* auszeichnet (vgl. Ackermann 2011); dies kann jedoch nur dann auf der Ebene der Profession erfolgen, wenn die kritischen Reflexionen zu Stellvertretung auf der Disziplinebene hinreichend rezipiert und übertragen werden. Nur so könnte das Mandat einer Schulbegleitung in der professionellen Schulpraxis hinreichend konturiert werden und einen konstruktiven Beitrag zur Subjektwerdung begleiteter Schülerinnen*, zur assistenzimmanenten Unterrichtsgestaltung und zur multiprofessionellen Schulentwicklung liefern.

## 2.4 Ziele des (Fach)Unterrichts

Unterricht ist die geplante und zielgerichtete Gestaltung von Lehr- und Lernprozessen und stützt sich dabei auf festgelegte Ziele und Inhalte. Diese werden einerseits durch die Empfehlungen und Beschlüsse der Ständigen Konferenz der Kultusminister der Länder in der Bundesrepublik Deutschland (KMK) und andererseits durch Lehr- und Bildungspläne der einzelnen Bundesländer vorgegeben werden (vgl. Speck 2012; Terfloth & Bauersfeld 2012).

Unterricht gilt dabei als *Kernbereich schulischer Arbeit* und vollzieht sich in der Interaktion zwischen Lehrerinnen* und Schülerinnen*. Mit dem Verständnis von Lernen als individuellem, konstruktivem Aneignungsprozess muss Lehren als Lernhilfe zum (Selbst-)lernen verstanden werden. Eine wichtige Voraussetzung ist dabei, dass das Lernangebot von Schülerinnen* als lernenswert und bedeutungsvoll erfahren wird und somit an ihre Lebens-und Erfahrungswelt anknüpft, was – gerade bei Kindern mit einer sogenannten schweren geistigen Behinderung – nicht immer leicht zu antizipieren ist. Als Forderung für den Unterricht formuliert Speck (2012) einen lebendigen und emotional verbindenden Lehr-Lern-Zusammenhang, der in sinnvollen Ausschnitten und in der Unmittelbarkeit einer emotionalen Zugehörigkeit, eines Miteinander-Agierens und eines Voneinder-Lernens für beide Seiten erfolgt.

Die Zielformulierungen für den Unterricht im Förderschwerpunkt haben sich seit den Schulgründungen gravierend gewandelt. Bis in die 1980er Jahre hatten sie ihre Schwerpunkte vor allem in der »lebenspraktischen Bildung« sowie in »Funktionsübungen«. Der Verzicht auf fachdisziplinäre Inhalte[135] muss aus heutiger Perspektive als *verkürztes Bildungsverständnis* deklariert werden (vgl. Stöppler & Wachsmuth 2010; Terfloth & Bauersfeld 2012; ▸ Kap. II, 3.2). Die Hinwendung zu mehr materialen Inhalten erfordert eine stärkere Orientierung an den Fachdisziplinen[136]. Dabei kann eine Erhöhung des Anteils an Fachunterricht nicht nur eine

---

135 Fächerorientierte Inhalte wurden nur sehr beschränkt und vorwiegend in Musik, Hauswirtschaft, Werken, Religion und den Kulturtechniken vermittelt. »Wesentliche Ansprüche der Fachdidaktiken und des Fachunterrichts blieben ausgeklammert und wurden für lange Zeit (konsequent und in Teilen auch heute noch) auf Distanz gehalten« (Schäfer 2017, 127 in Musenberg 2019, 451).

136 Musenberg (2019) zeigt hier auf, dass in den vergangenen Jahren im Förderschwerpunkt Geistige Entwicklung a) verstärkt fachdidaktische Fragen aufgegriffen wurden, in förderschwerpunktspezifische Bildungspläne Einzug gefunden haben und hinsichtlich ihrer Bedeutung für Bildungsprozesse im inklusiven Unterricht reflektiert wurden, b) innerhalb der Lehrerinnen*bildung unter der Querschnittsaufgabe von Inklusion eine stärkere Verknüpfung von Fachwissenschaft und Fachdidaktik mit der Sonderpädagogik erfolgt ist sowie c) zunehmend Fachtagungen sich diesem Verknüpfungsanspruch widmen.

qualitative Weiterentwicklung des Unterrichts im Förderschwerpunkt geistige Entwicklung bewirken, sondern führt diesen auch näher an die Entwicklung integrativer bzw. inklusiver Didaktik heran (vgl. Ratz 2011, 33). Die Frage, wie Anliegen und Inhalte eines Faches auch bei einer Elementarisierung erhalten bleiben und bildungswirksam sein können, bietet die Herausforderung, zum »Kern« einer Fachdisziplin vorzudringen (Ratz 2011, 9).

Musenberg (2019) konturiert in diesem Zusammenhang »die Inhaltlichkeit von Unterricht und fragt nach dem Potential und der Anschlussfähigkeit der in der Fachrichtung etablierten didaktischen Perspektiven für das fachliche Lernen und den inklusiven Fachunterricht« (450).

Unabhängig von der Frage nach der Befürwortung von Fachunterricht (vs. fächerverbindendem oder fächerübergreifendem Unterricht) bleibt zu konstatieren, dass das Schulsystem in weiten Teilen (noch) auf eine Fachunterrichtslogik hin ausgerichtet ist (besonders im Sekundarbereich) und die Fachwissenschaft wie die Fachdidaktik daher eine zentrale Bezugsgröße für die Unterrichtsplanung und -gestaltung auch im Förderschwerpunkt Geistige Entwicklung darstellt. Fachdidaktische Ansprüche sollten – unabhängig von der Schul- und Unterrichtsform – eine grundlegende Bedeutung als Orientierungsfunktion für Lehrkräfte haben (vgl. ebd.). Welche Unterrichtsformen und didaktischen Ansätze im Besonderen für den Schülerinnen*kreis mit dem Förderschwerpunkt geistige Entwicklung als beständig, aber auch zukünftig interessant erwogen werden sollten, wird im Folgenden skizziert werden.

## 2.5 (Fach)didaktische Ansätze und Unterrichtsprinzipien

Die Frage nach der Bedeutung einer Fachorientierung im Unterricht fasst Ratz (2011) in der Frage nach dem »Verhältnis von Fach und Schüler« (24) zusammen. Dominiert hier die *Subjektorientierung*, welche besonders im Rahmen konstruktivistischer didaktischer Konzepte[137] im Zentrum steht, oder zwingt eine Orientierung auf den Gemeinsamen Unterricht und der Anspruch einer Bildung für *alle* zur Dominanz einer *Fachausrichtung*?

Es lassen sich differente Ansätze finden, die sich dem Versuch stellen, Subjektorientierung und Fachorientierung in Verbindung zu bringen und nicht als sich gegenseitig ausschließende Orientierungen zu verhandeln. Wir möchten – neben anderen (vgl. ebd.), die wir z. T. im Buch auch schon erwähnt haben (z. B. den Ansatz der Elementarisierung im Konzept »Bildung mit ForMat« von Heinen und Lamers 2006, ▶ Kap. II, 3.2) exemplarisch auf folgende beiden didaktischen Konzepte verweisen, da diese Ansätze aus einer Fachdidaktik heraus entwickelt wurden, aber

---

137 An dieser Stelle sei u. a. auf die *subjektorientierte Didaktik* nach Fischer (2004, 2008) verwiesen.

gleichsam eine zentrale Orientierung an der/dem Lernenden implizieren und in Bezug auf Schülerinnen* mit dem Förderschwerpunkt geistige Entwicklung bereits (an)diskutiert wurden (vgl. Ratz 2011; Schomaker & Seitz 2011):

*1. Didaktische Rekonstruktion (Kattmann 2007; Reinfried et al. 2009)*
Dieser Ansatz stammt aus der Biologiedidaktik und wurde seit 1997 auch auf andere Fachdidaktiken übertragen (Ratz 2011). »Im Modell der Didaktischen Rekonstruktion werden […] Schülervorstellungen und fachlich geklärte Vorstellungen systematisch aufeinandern bezogen, um Unterricht zu planen« (Reinfried, Mathis & Kattmann 2009, 405). Als Basis gilt hier das didaktische Dreieck, welches die Beziehungsstruktur zwischen Schülerinnen* und Lehrerinnen* und dem Unterrichtsgegenstand fokussiert, sowie der Ansatz der didaktischen Analyse nach Klafki. Die individuellen und subjektiven Vorstellungen der Schülerinnen* sind als gleichrangig wichtig zu betrachten wie fachliche Konzepte und wissenschaftliche Zugänge zum Sachgegenstand; sie werden im Sinne konstruktivistischer Grundannahmen als persönliche Sinnkonstruktionen anerkannt und einbezogen (vgl. ebd.).
Als Didaktische Rekonstruktion werden folgende Forschungs- und Entwicklungsaufgaben vorgeschlagen (vgl. ebd.): 1. Ermittlung der Schülerinnen*vorstellungen (z. B. durch Interviews); 2. fachliche Klärung des Sachgegenstandes und Konfrontation der Schülerinnen*vorstellungen mit historischen und aktuellen Erkenntnisprozessen der jeweiligen Fachwissenschaft (z. B. Textarbeit); 3. die Erarbeitung einer Lernstruktur, welche die Sachstruktur und die Perspektive der Lernenden verbindet (z. B. durch Experimente). Es geht also insgesamt darum, von »*reifizierendem zu reflektiertem Wissen*« (ebd., 410; Hervorhebung d. A.) zu gelangen und demzufolge Alltagsvorstellungen zu verändern durch eine Anreicherung mit wissenschaftlichen Erkenntnissen.

Mit dem voraussetzungslosen Einbezug kognitiver, aber auch emotionaler und biografischer Zugänge der Lernenden scheint dieses Modell in seiner grundlegenden Ausrichtung besonders geeignet, um *alle* Schülerinnen* mitzudenken; auch sehr individuelle Lernvoraussetzungen von Lernenden im Förderschwerpunkt geistige Entwicklung (vgl. Ratz 2011). Anzumerken ist das Manko einer Nichtklärung formaler Bildungsanteile, da keine Aussagen über unterrichtsmethodische Entscheidungen getroffen werden (vgl. ebd.). Zudem muss man bezüglich der Ermittlung und des Einbezugs der Schülerinnen*vorstellungen mit Blick auf den Förderschwerpunkt geistige Entwicklung anmerken, dass dies nicht immer in Form verbaler Zugänge möglich ist und grundsätzlich erschwert sein kann (z. T. antizipiert werden muss: ▶ Kap. II, 3). Hier braucht es also eine deutliche Erweiterung der von Kattmann vorgeschlagenen Interviewzugänge bspw. durch mehrsinnige Angebote.

*2. Dialogische Didaktik (Ruf 2008; Ruf & Gallin 2011a, b; Ruf & Winter 2012)*
Mit seinem Ursprung in der Fachdidaktik der Unterrichtsfächer Deutsch und Mathematik haben Urs Ruf und Peter Gallin ein dialogisches Lernmodell beschrieben, welches ebenfalls darauf ausgerichtet ist, das Vorwissen von Lernenden anzuerkennen und »aktiv und konstruktiv in Richtung Fachwissen umzugestalten und zu

erweitern« (Ruf & Winter 2012, o.S.). In einem dialogisch angelegten Lernprozess soll es zu einem systematischen Austausch zwischen Lernenden und Lehrenden kommen.

Methodisch wird ein diagnostisch angelegtes Lehr-Lern-Arrangement vorgeschlagen. Auf der Basis eines gemeinsamen Vergleichens und Analysierens im Kontext eines dialogischen, kompetenzorientierten Unterrichts werden folgende Lehr-Lernmethoden empfohlen: Offene Aufträge, gezielte Rückmeldungen, Lernjournale (»Reisetagebücher«) und Autographensammlungen.

Im Kern geht es in der dialogischen Didaktik also um einen *offenen, dialogischen Einstieg in einen Unterrichtsgegenstand* mit Verzicht auf eine Themeneröffnung entlang der Vorgabe fachlichen Wissens. Der Vorteil liegt hier auch in einem partizipativen diagnostischen Mehrwert, da die Schülerinnen* eingeladen sind, »Diagnostiker ihrer eigenen Arbeit zu werden und sich aktiv an ihrer eigenen Förderung zu beteiligen« (ebd.). Gleichzeitig ermöglicht es auch den Lehrkräften einen diagnostischen Erkenntnisgewinn durch Einsichten in die Denkansätze und das Handlungsrepertoire der Lernenden (vgl. ebd.). Das Ziel besteht für die Schülerinnen* in einer Erkennung eigener Potenziale und einer Aktivierung der subjektiven Potenziale in Form einer motivierenden Auseinandersetzung mit dem Lerninhalt (vgl. Schomaker & Seitz 2011).

Es wird von Ruf und Winter (2012) nochmal gezielt darauf hingewiesen, dass ein förderorientierter Unterricht zwar häufig mit Formen der Selbsteinschätzung oder auch Lerntagebüchern arbeitet, dies aber »folgenlos bleibt« (ebd.), wenn keine Weiterentwicklung eigener Annahmen und Potenziale innerhalb der Unterrichtsplanung vorgesehen ist. Damit wird eine Subjektorientierung gewissermaßen ad absurdum geführt, weil die Schülerinnen*perspektiven keine nachhaltige und erkenntnisreiche Bedeutung und Wirkmacht entfalten können, wenn sie nicht in Beziehung zu den Unterrichtsinhalten, dem Lernzuwachs und damit dem Bildungserfolg gesetzt werden. Ein ebenso wichtiger Hinweis besteht in der Klarstellung, dass dialogisches Lernen *Zeit* braucht, da komplexe Fähigkeiten angesprochen und/oder entwickelt werden müssen, um bspw. eine spannende Geschichte zu schreiben (vgl. ebd.). Die Suche nach der Qualität in Schülerinnen*vorstellungen und Schülerinnen*äußerungen und die dialogische Verknüpfung mit fachwissenschaftlichen Erkenntnissen trägt nicht nur zu individuellen Lernzuwächsen bei, sondern auch zur Entwicklung einer *Wissensbildungsgemeinschaft* auf Ebene der gesamten Lerngruppe (vgl. ebd.). Demzufolge lässt sich dieses Didaktikverständnis auf alle heterogenen Lerngruppen übertragen.

Eine gewisse Art der reflexiven Rahmung könnten fach- und subjektorientierte Diagnostikansätze durch die »*Didaktische Diagnostik*« nach Prengel (2016) erhalten. Sie schlägt eine Verbindung von Fach- und Subjektorientierung auf der Basis eines zweiteiligen Curriculums vor: Auf der Basis einer Kombination von Elementen »eines individuell-obligatorischen und eines offen-freiheitlichen Curriculums« (51) wird angestrebt, Fachinhalte über ein individualisierungsfähiges Kerncurriculum zu sichern, aber im Besonderen auch die Themen und Interessen der Lernenden innerhalb des fakultativen Curriculumteils abzubilden (vgl. ebd.): »Die beiden Curriculumteile können eng verbunden sein, sie stützen einander« (56). Prengel betont nochmal, dass sowohl Lehrende als auch Lernende »*Erkenntnis- und Handlungssub-*

*jekte«* sind (54) und als Erkenntnisgegenstände alle »mündlichen, schriftlichen, ästhetischen oder enaktiven Mitteilungen und Produkte, die die Kinder in Schulfächern, Lernbereichen und fächerübergreifenden Vorhaben hervorbringen«, anzuerkennen sind (vgl. ebd.). Mit der grundlegenden Ausrichtung auf eine heterogene Lerngruppe und der Berücksichtigung der individuellen Lernwege der Kinder und Jugendlichen (= Mikroperspektive) entfaltet der Ansatz der Didaktischen Diagnostik[138] eine Gültigkeit auch für Kinder und Jugendliche mit zugeschriebener geistiger Behinderung. Im Hinblick auf inklusive Lernsettings liegt hier eine große Chance in der Verbindung einer Orientierung am Subjekt und einer Orientierung an der Fachdidaktik, da nur so ermöglicht wird, auf der Basis eines jeweils individuellen Zugangs zur Welt (▶ Kap. II, 3.1) »in die Tiefe der Fachlichkeit« (Sansour & Zentel 2016, 51) einzudringen.

Die skizzierten Didaktikansätze lassen vieles offen und unbeantwortet, so bspw. die Frage nach Unterrichtskonzepten und -methoden und konkreten didaktischen Prinzipien. Wir möchten aber an dieser Stelle betonen, dass die »Bedeutsamkeit didaktischer Prozesse [...] nicht vordergründig darin (liegt), eine bestimmte Methode oder ein Konzept zu favorisieren, sondern Bedingungen zu schaffen, um Entwicklung zu unterstützen, so gemeinsam geteilte Prozesse zu erschließen, zu realisieren und diese zu reflektieren« (Ziemen 2008a, 163). Dennoch sei an dieser Stelle nochmal die Frage der didaktisch-methodischen Realisierungsmöglichkeiten mit Blick auf aktuell propagierte Unterrichtskonzepte und didaktische Prinzipien aufgegriffen:

Ein wesentliches Konzept, dass sich auch als Unterrichtsprinzip darstellt, ist der sogenannte *Handlungsbezogene Unterricht* (Mühl 1979, 1981, 2004; Speck 1993 in Stöppler & Wachsmuth 2010, 41). Ein möglichst selbstbestimmtes Handeln ist damit einerseits als Ziel und auch als Methode des Unterrichts anzusehen, die methodisch-didaktische Wege für eine handlungsorientierte Lernprozessgestaltung eröffnen und damit die Handlungsfähigkeit von Schülerinnen\* entwickeln helfen soll. Eine mögliche Form ist hier der Projektunterricht, der im Gegensatz zum sogenannten Frontalunterricht durch eine demokratische Unterrichtsführung geprägt ist. Projektthemen und -inhalte, die sich idealerweise aus den Bedürfnissen, Interessen und Erfahrungen der Schülerinnen\* generieren, werden von ihnen weitgehend eigenständig und eigenverantwortlich bearbeitet und erschlossen. Projekte können unterschiedliche Zeiträume und verschiedene Sozialformen umfassen. So werden an Schulen neben kurzfristigen Projekttagen, Projektwochen auch längerfristige Projekte beispielsweise über ein Schuljahr durchgeführt. Ebenso kann die Gruppenzusammensetzung unterschiedlich sein und die Schülerinnen\* einer Klasse oder interessengeleitet Kinder und Jugendliche aus verschiedenen Klassen bzw. Stufen einbeziehen. Innerhalb der Projektarbeit können durch eine gut durchdachte und sinnvolle Aufgabenverteilung und Zusammenwirken in Gruppen alle Schülerinnen\* entsprechend ihrer Lernvoraussetzungen und -möglichkeiten beteiligt werden.

---

138 Eine Systematisierung der vorgeschlagenen Instrumente der Didaktischen Diagnostik steht nach Prengel (2016) noch aus und sollte in interprofessioneller Kooperation von Fachdidaktik, Erziehungswissenschaft und pädagogischer Psychologie erfolgen.

Die für das Gelingen des Projekts notwendige Zusammenarbeit und Arbeitsteilung trägt zur Entwicklung wesentlicher sozialer Kompetenzen, wie das Einhalten von Regeln und Zeiten sowie Sorgfalt und Zuverlässigkeit, bei (vgl. Stöppler & Wachsmuth 2012, 56).

Das Lernen im Projekt gehört, neben verschiedenen weiteren Unterrichtsformen, zum sogenannten offenen Unterricht, der grundsätzlich ein möglichst selbstgesteuertes, individualisiertes und differenziertes Lernen verwirklichen will. Zum offenen Unterricht existiert kein einheitliches Begriffs- und Theorieverständnis, vielmehr handelt es sich um einen »Sammelbegriff« für unterschiedliche reformpädagogische Ansätze mit vielfältigen Formen der Öffnung des Unterrichts sowohl auf inhaltlicher als auch methodischer und organisatorischer Ebene (vgl. ebd.). Offene Unterrichtsformen eignen sich in besonderer Weise für den Förderschwerpunkt geistige Entwicklung, weil sie die Lernenden in das Zentrum des Unterrichts stellen, die Subjektivität der Schülerinnen* berücksichtigen und die Lernziele mit dessen unmittelbaren Lebenswelt in Beziehung setzen. Offene Unterrichtsformen, wie Freiarbeit, Wochenplan, Stationenlernen und Werkstattunterricht, ermöglichen dabei in besonderem Maße die Entfaltung von Handlungsfähigkeit auf verschiedenen Aneignungsstufen (vgl. ebd.). Um in offenen Unterrichtsformen erfolgreich eigenaktiv und selbstgesteuert lernen zu können, benötigen Schülerinnen* im Förderschwerpunkt unter Umständen mehr Strukturierung, Begleitung und Unterstützung. Hierfür kann eine Orientierung an didaktischen Prinzipien hilfreich sein:

Didaktische Prinzipien stellen normative Leitlinien für die Gestaltung von Unterricht dar und haben eine Gültigkeit über die Fächer hinaus (vgl. Stöppler & Wachsmuth 2010, 50). In der Literatur werden sie synonym auch als »Unterrichtsprinzipien«, »Didaktisch-methodische Prinzipien« bzw. »Unterrichtsgrundsätze« bezeichnet. Angesichts der Komplexität jeglichen Unterrichts mit einer Gruppe von Schülerinnen* mit äußerst differenten Lernvoraussetzungen bieten sie eine übergreifende Handlungsorientierung. Wie alle Prinzipien sind sie »Aufforderungen mit Grundsatzcharakter«, d. h. sie geben generelle Richtungen und Gültigkeiten an, deren Wirksamwerden letztlich individuell und situativ bestimmt werden (vgl. Speck 2012, 269).

Verschiedene Autorinnen* haben Übersichten zu Didaktischen Prinzipien für den Förderschwerpunkt geistige Entwicklung erstellt, wie z. B. Pitsch (2003), Pitsch & Thümmler (2015), Strassmeier (2000), Fischer (2008) sowie Speck (2012), die zum Teil sehr ähnliche Prinzipien mit etwas unterschiedlicher Nuancierung beschreiben:

*Subjektorientierung*
Damit der Sinn und die Bedeutung vom Inhalt dessen, was gelernt werden soll, vom lernenden Subjekt selbst konstruiert wird, ist grundsätzlich wichtig, dass Angebote und Handlungsimpulse an dessen subjektive Erfahrungen, Sinn-Konstruktionen und Bedeutungszuschreibungen anknüpfen (vgl. Fischer 2004, 33).

*Handlungs- und Situationsbezogenheit*
Schülerinnen* sollen im Unterricht viele Möglichkeiten erhalten, ihre Interessen einzubringen, vorhandenes Können zu erproben und in aktiver Auseinandersetzung

mit bedeutsamen Lebenssituationen eines lebendig und realitätsnah gestalteten Unterrichts Erfahrungen zu sammeln (vgl. ebd.).

*Aktivierung*
»Nur durch eigenes Tun wird es möglich, sich die äußere Wirklichkeit einzuverleiben« (Speck 2012, 272). Aktivität wird hier einerseits verstanden als konkrete motorische Tätigkeit in der Auseinandersetzung mit geeigneten Lernmaterialien; andererseits aber auch als geistige Tätigkeit (vgl. Speck 2012). Diese kann sich auf allen Stufen der geistigen Entwicklung (bezogen auf das Stufenmodell von Piaget) vollziehen.

*Ganzheitlichkeit*
Das Prinzip der *Ganzheitlichkeit* meint, dass beim Lernen als komplexer Vorgang alle Entwicklungsbereiche berücksichtigt werden, also sowohl kognitive und sozialemotionale als auch motorische, sensorische und kommunikative. In diesem Sinne sollte nicht die Schulung isolierter Funktionen im Vordergrund stehen, sondern vielmehr ein Lernen im »Sinn- und Sachganzen« (Speck 1999 in Fischer 2004, 38).

*Strukturierung und Visualisierung*
Das Prinzip der Strukturierung findet sich im Schulalltag und im Unterricht auf unterschiedliche Weise wieder (vgl. Fischer 2004,40; 2008; Stöppler & Wachsmuth 2010, 52 f.). So kann durch das Verdeutlichen von Abläufen und von Zeiträumen der Schulalltag oder auch die Schulwoche durch Rituale überschaubar gemacht werden. Für viele Schülerinnen* ist es hilfreich, wenn Strukturen und (zeitliche) Abläufe in Tages- und Wochenplänen, die auf Symbol-, Foto- oder Gegenstandsebene individuell gestaltet sein können, sichtbar sind. Für die Visualisierung kürzerer Zeiträume kann beispielsweise ein Time Timer verwendet werden (vgl. Stöppler & Wachsmuth 2010, 54). Auch Räume innerhalb der Klasse oder auch im Schulhaus können strukturiert werden. So kann eine bestimmte Farbe für eine Etage oder die Türen für Räume mit gleicher Funktion im Schulhaus für Orientierung sorgen. Raumteiler, Bodenmarkierungen oder ebenfalls Farben können den Klassenraum in unterschiedliche Bereiche gliedern. Markierungen mit Bildsymbolen oder Fotos an Schranktüren und Regalen können Schülerinnen* beim selbstständigen Auffinden bzw. Wegräumen von Materialien unterstützen (vgl. Stöppler & Wachsmuth 2010, ebd.). Ebenso kann es hilfreich sein, den Arbeitsplatz zu strukturieren sowie benötigte Materialien in der Reihenfolge, in der sie benutzt werden, anzuordnen. Auch auf Arbeitsblättern kann eine sich wiederholende und klare Struktur orientierende Funktion haben. Das TEACCH-Konzept, das insbesondere für Menschen mit Diagnosen aus dem Autismus-Spektrum entwickelt wurde, beschäftigt sich tiefgreifend und ausführlich mit den verschiedenen Strukturierungsebenen und -möglichkeiten (Näheres hierzu u. a. in Häußler 2008; Häußler & Tuckermann 2009; Lütjens 2011).

*Elementarisierung und didaktische Reduktion*
Elementarisierung und didaktische Reduktion werden in der Literatur oftmals synonym verwendet. Geprägt wurde der Begriff »Didaktische Reduktion« erstmals 1967 von Grüner (in Stöppler & Wachsmuth 2010, 51). Er unterscheidet zwei Redukti-

onsrichtungen, die vertikale und die horizontale didaktische Reduktion. Die horizontale Ebene (Darstellungsreduktion) will die abstrakten Aussagen durch adäquate Transmitter, wie Beispiele, Erläuterungen, Bilder und Fallbeispiele, vereinfacht darstellen. Der fachwissenschaftliche Sachverhalt bleibt dabei erhalten, der Zugang wird aber für den Lernenden erleichtert (vgl. ebd.). Die vertikale Ebene (Inhaltsreduktion) will auf qualitativer Seite komplizierte Sachverhalte auf elementare Aspekte vereinfachen, die den kognitiven Möglichkeiten der Lernenden entsprechen. Die quantitative vertikale Reduktion verringert den Stoffumfang und versucht, den Lerngegenstand für Schülerinnen* überschaubarer zu machen (vgl. ebd.). Heinen (1989) beschreibt die Elementarisierung mit Bezug auf Nipkow (1986) (für die Religionsdidaktik) im Kontext zugeschriebener geistiger Behinderung und stellt deren Bedeutung für den Förderschwerpunkt heraus. Es werden fünf Elementarisierungsrichtungen beschrieben: Elementare Strukturen, elementare lebensleitende Grundannahmen, elementare Erfahrungen, elementare Zugänge und elementare Vermittlungswege (vgl. Stöppler & Wachsmuth 2010). Dabei handelt es sich also keinesfalls um eine Vereinfachung und Simplifizierung von Sachverhalten, sondern es geht um eine Assimilation des Lernstoffes an die Lernenden (vgl. Lamers & Heinen 2006, 2011).

*Anschaulichkeit*
Das Prinzip der Anschaulichkeit ist wohl das bekannteste und vermutlich älteste didaktische Prinzip und geht auf Comenius (1627) mit seinem »Orbis sensualium pictus« zurück (vgl. Stöppler & Wachsmuth 2012, 51). Für Comenius ist Anschauung eine grundlegende Bedingung für das Lernen. Auch Pestalozzi (1820) betont die Anschauung als Fundament aller Erkenntnis und ermöglicht, das Wesentliche einer Sache zu erfassen (vgl. ebd.). Dies setzt voraus, dass sich das Kind die zu erlernenden Ausschnitte der Wirklichkeit zu eigen macht, was am besten gelingt, wenn es diese mit allen Sinnen wahrnehmen und sich mit Hilfe innerer (kognitiver) Verknüpfung vorstellen kann (vgl. Speck 2012, 275). Im Unterricht kann dies durch reale Gegenstände, bildliche Darstellungen oder Modelle erfolgen. Ziel des Prinzips der Anschaulichkeit ist es also Schülerinnen* eine konkrete Vorstellung des Unterrichtsgegenstandes zu vermitteln.

Abschließend möchten wir noch auf zwei aus unserer Sicht wesentliche übergreifende Prinzipien verweisen: Differenzierung und Entwicklungsorientierung (Ziemen 2008a), welche auch gleichzeitig die Frage nach »dem Verhältnis von Gemeinsamkeit/Gemeinschaft und Individualisierung/Individuation« (ebd., 166) aufrufen. Um den Bildungsraum zu gestalten, wirft Ziemen hier entscheidende Fragen auf, welche wir zitieren möchten, da sie die Prinzipien der Entwicklungsorientierung und der Differenzierung[139] mit Blick auf das professionelle pädagogische Handeln prägnant veranschaulichen und gleichsam die dialogische Verbindung von Fach- und Subjektorientierung repräsentieren:

---

139 Ziemen (2008a) greift hierbei auf die »Kulturhistorische Schule und die Tätigkeitstheorie« nach Vygotsky (1989, 2001) sowie deren Weiterentwicklung durch die »Entwicklungslogische Didaktik« und das Lernen am Gemeinsamen Gegenstand nach Feuser (1989, 1995) zurück.

1. *Entwicklungsorientierung:*
   - »Wer bzw. was hat das Kind bislang in seiner Entwicklung, seinem Lernen unterstützt?
   - Wer bzw. was hat das Kind bislang in seiner Entwicklung, seinem Lernen gehindert?
   - Welches sind die momentanen Denk-, Wahrnehmungs-, Handlungsmöglichkeiten?«
2. *Differenzierung:*
   - »Welche Gegenstände werden auf welcher Basis (bspw. Lehrplan, ›kategoriale Schlüsselprobleme‹ Klafkis oder Interessen der Kinder/Jugendlichen ausgewählt? Warum? In welchem Verhältnis stehen diese zueinander?
   - Inwiefern entsprechen diese der Motivation der Kinder/Jugendlichen?
   - Welcher gesellschaftliche/soziale Wert kommt den Gegenständen und deren Auswahl zu?
   - Welche Wahrnehmungs-, Denk-, Handlungsmöglichkeiten sind mit dem Gegenstand verknüpft? Welche Abstraktionsniveaus bietet der Gegenstand?
   - Entsprechen der Gegenstand, dessen inhärente Denk-, Wahrnehmungs-, Handlungsmöglichkeiten den Möglichkeiten bzw. dem kompensatorischen Fond der Kinder/Jugendlichen?« (167 f.)

Für weitere, differenzierte Auseinandersetzung mit didaktischer Theoriebildung und den Anforderungen konkreter Unterrichtsgestaltung sei an dieser Stelle verwiesen auf Seitz (2005, 2006, 2020), Musenberg und Riegert (2016), Ziemen (2008a, 2020), Terfloth und Bauersfeld (2015), Ratz (2011) und Schäfer (2017, 2019) sowie Koch und Jungmann (2017) und Terfloth und Cesak (2016).

# 3 Beruf

Über die berufliche Teilhabe von Menschen mit zugeschriebener Behinderung und im speziellen von Menschen, die als geistig behindert adressiert werden, wurde und wird vielfach geforscht, diskutiert und veröffentlicht (vgl. Trost & Schüller 1992; Schreiner 2017; Fischer et al. 2016; Fischer & Heger 2014; Doose 2012). Arbeit und insbesondere Erwerbsarbeit stellen in der hiesigen Gesellschaftsordnung einen zentralen Bestandteil unseres Zusammenlebens dar. Wir leben in einer Gesellschaft, »in der soziale Zugehörigkeit wesentlich daran geknüpft ist, dass man seinen Arbeitsbeitrag leistet« (Krebs 2002, 18).

In der allgemeinen Erklärung der Menschenrechte (AEMR), die einen empfehlenden Charakter hat, wird in Artikel 23 das Recht auf Arbeit, eine freie Berufswahl sowie gerechte und befriedigende Arbeitsbedingungen festgehalten. Weitere internationale Vereinbarungen enthalten ein Recht auf Arbeit, welches damit jedoch nicht automatisch der deutschen Rechtsordnung entspricht (vgl. Körner 2003). Auch wenn die juristische Auseinandersetzung mit dieser Fragestellung sehr komplex ist, so zeigt ein einfacher Blick auf die alltägliche Lebensrealität, dass es kein subjektives Recht des Einzelnen auf eine bestimmte Arbeit gibt/geben kann. Dennoch ist der Staat entsprechend des Gesetzes zur Förderung der Stabilität und des Wachstums der Wirtschaft dazu verpflichtet, die Beschäftigungs- und Wirtschaftspolitik so auszurichten, dass ein hoher Beschäftigungsstand erzielt werden kann. Die Entwicklungen auf dem allgemeinen Arbeitsmarkt zeigen jedoch, dass es besonders für Menschen mit Behinderungen, für Menschen mit niedrigen Bildungsabschlüssen zunehmend schwerer wird, einen entsprechenden Arbeitsplatz zu finden (vgl. Schreiner 2017; Wansing et al. 2018). Menschen mit sogenannter geistiger Behinderung tauchen in den Arbeitslosenstatistiken gar nicht auf, denn für die Menschen, die »wegen Art oder Schwere der Behinderung nicht, noch nicht oder noch nicht wieder auf dem allgemeinen Arbeitsmarkt beschäftigt werden können«, (§ 291 SGB IX) hat sich ein »Sonderarbeitsmarkt der Werkstätten für behinderte Menschen« entwickelt (vgl. Doose 2012).

Im Folgenden werden die institutionellen Strukturen, die sich im Kontext der Arbeit von Menschen mit Behinderung entwickelt haben, auch vor dem Hintergrund der Forderungen nach inklusiven Gesellschaftsstrukturen vorgestellt. Hierfür wird in den einzelnen Abschnitten Bezug genommen auf die jeweiligen rechtlichen Regelungen des SGB IX § 49, welche die entsprechenden Leistungen zur Teilhabe beschreiben.

## 3.1 Berufliche Bildung

Für Menschen mit Behinderung ist die Berufsvorbereitung eine Leistung zur Teilhabe am Arbeitsleben, die auf die Aufnahme einer Berufsausbildung vorbereitet oder der beruflichen Eingliederung dient (vgl. § 51 SGB III, § 49 SGB IX). Diese Berufsvorbereitung erfolgt schulisch, außerschulisch und/oder betrieblich.

Die berufliche Bildung von Schülerinnen* mit sogenannter geistiger Behinderung beginnt im schulischen Umfeld mit dem Eintritt in die Werkstufe, welche seit den frühen 1980er Jahren mit dem Ziel eingeführt wurde, dass sich die Heranwachsenden in allen Lebensbereichen und -situationen zurechtfinden, eingliedern, betätigen und behaupten können (vgl. Lindmeier 2006). Anfang der 1990er Jahre drängte die Bundesvereinigung der Lebenshilfe darauf, die berufliche Bildung von Menschen mit zugeschriebener geistiger Behinderung zu erneuern. Die berufliche Qualifizierung sollte verbessert und differenziert werden, um somit bessere Möglichkeiten für Eingliederung auf den allgemeinen Arbeitsmarkt zu schaffen. Hierfür wurden in den Werkstätten Begleitende Dienste für die Betreuung auf dem allgemeinen Arbeitsmarkt etabliert. Auch in Schulen für den Förderschwerpunkt geistige Entwicklung werden neue Wege der beruflichen Grundbildung erkennbar. Hier seien beispielhaft genannt: Die Etablierung einer Schülerfirma (vgl. Melzer et al. 2006), Projektunterricht mit starkem Bezug zur Arbeitswelt (vgl. Böhringer 2006), Betriebsbesichtigungen und Betriebspraktika sowie eine verstärkte Zusammenarbeit mit den Integrationsfachdiensten (IFD) und ansässigen Betrieben.

Auch wenn es schon seit langer Zeit immer wieder vereinzelte Angebote gibt, welche die schon im Schulalter festgelegten segregierten Lern- und Lebenswege im Berufsbildungsbereich aufzulösen versuchen und eine Anschlussfähigkeit zum allgemeinen Arbeitsmarkt sicherstellen wollen – z. B. durch die betriebliche Berufsbildung der Hamburger Arbeitsassistenz (vgl. Grotemeyer 2016), das Projekt zur unterstützten Beschäftigung im Rahmen berufsvorbereitender Bildungsmaßnahmen (vgl. Scholdei-Klie 2005), die Förderlehrgänge 2/3 (vgl. Pfeiffer 2006) oder die Umsetzung der PRAXISBAUSTEINE (vgl. Bartel et al. 2019) auch über die Bundesarbeitsgemeinschaft der Werkstätten (BAG WfbM) (vgl. Lindmeier 2006) – sind diese verfestigten Strukturen (bisher) nicht aufzubrechen.

Trotz dieser Bemühungen und einer Vielzahl rechtlicher Neuerungen, die aus dem Bundesteilhabegesetz hervorgehen und darauf abzielen, die in der UN-BRK geforderten Schritte hin zu einer inklusiven Gesellschaft voranzubringen, zeigt sich im Berufsbildungsbereich weiterhin ein stark separiertes Bild. Dies verdeutlichen Zahlen des Instituts der deutschen Wirtschaft Köln besonders für den Personenkreis von Menschen mit sogenannter geistiger Behinderung. Zwar bilden insgesamt etwa 11,3 % aller ausbildungsaktiven Unternehmen auch Menschen mit Behinderungen aus, jedoch sind es nur 0,9 % ausbildungsaktive Betriebe, die auch Menschen mit zugeschriebener geistiger Behinderung eine Ausbildung ermöglichen (vgl. Metzler et al. 2018).

Der übliche Berufsbildungsweg für Heranwachsende mit einer so genannten geistigen Behinderung erfolgt damit über das berufsvorbereitende Übergangssystem zumeist in Berufsbildungswerken (BBW) (vgl. Seyd 2015; Metzler et al. 2018). Berufsbildungswerke, die für die Erstausbildung von Jugendlichen mit zugeschriebenen Behinderungen als Rehabilitationseinrichtung zuständig sind, sollen den Heranwachsenden durch individuell passfähige Förderung einen Ausbildungsabschluss im Sinne des Berufsbildungsgesetzes ermöglichen.

Für Schülerinnen* mit einer sogenannten geistigen Behinderung erfolgt die Zuordnung zu einer Werkstatt für behinderte Menschen (WfbM) allerdings häufig schon durch die Bundesagentur für Arbeit im Eingangsverfahren und somit auch für den Bereich der beruflichen Bildung im BBW. Die berufliche Qualifizierung umfasst in diesem Fall nur 24 Monate und hat zum Ziel, dass nach dem Durchlaufen des Berufsbildungsbereiches die Möglichkeit besteht, in einem Arbeitsbereich tätig zu sein (vgl. Schreiner 2017).

Die beruflichen Bildungsangebote einer WfbM werden dann fortwährend für die dort beschäftigten Menschen mit Behinderung begleitend angeboten. Wie schon angedeutet, haben sich aber neben der WfbM weitere Möglichkeiten zur beruflichen Teilhabe von Menschen mit zugeschriebener geistiger Behinderung etabliert, wenngleich diese bis heute noch immer nur von einer Minderheit der Personen genutzt werden.

Im Folgenden werden die verschiedenen beruflichen Teilhabemöglichkeiten für Menschen vorgestellt, die als behindert bezeichnet werden.

## 3.2 Angebote beruflicher Teilhabe

### Werkstatt für behinderte Menschen und die Möglichkeit eines Außenarbeitsplatzes

Im Sozialgesetzbuch Neuntes Buch (SGB IX) werden in Teil 3 Kapitel 12 Regelungen zu den Werkstätten für behinderte Menschen getroffen. Demnach ist die WfbM eine Einrichtung zur Teilhabe von Menschen mit zugeschriebener Behinderung am Arbeitsleben, die »wegen Art oder Schwere der Behinderung nicht, noch nicht oder noch nicht wieder am dem allgemeinen Arbeitsmarkt beschäftigt werden können« (§ 291 SGB IX, Abs. 1). Voraussetzung für die Beschäftigung in einer WfbM ist jedoch, dass ein »Mindestmaß wirtschaftlich verwertbarer Arbeitsleistung« (SGB IX § 291, Abs. 2) erbracht werden kann. Für Personen, die diese Voraussetzungen nicht erfüllen, sind Einrichtungen vorgesehen, in denen sie in Gruppen betreut und gefördert werden, die der Werkstatt angegliedert sind oder einer eigenständigen Tagesstätte angehören. Becker kritisiert diese sogenannten Tagesförderstätten und macht deutlich, dass die »Welten [dort; d. A.] noch viel geschlossener« sind und die »Inhalte und Konzepte von Tagesstätten [...] mit Teilhabe, gar mit Teilhabe am Arbeitsleben« kaum etwas zu tun haben (vgl. Becker 2019). Laut Jahresbericht der Bundesarbeitsgemeinschaft der Werkstätten für behinderte Menschen e.V (BAG

WfbM) betraf dies im Jahr 2017 knapp 35.000 Menschen (vgl. BAG WfbM 2018b)[140]. Im Eingangsverfahren, welches durch die Bundesagentur für Arbeit geregelt wird und der Aufnahme in den Berufsbildungsbereich vorgelagert ist, wird ermittelt, ob die WfbM die geeignete Maßnahme für die jeweilige Person darstellt (vgl. Schreiner 2017).

Insgesamt wurden im Jahr 2017 ca. 310.000 Menschen, von denen 75 % eine sogenannte geistige Behinderung attestiert ist, in einer WfbM beschäftigt (vgl. BAG WfbM 2018b). Die sogenannte Werkstatt für Menschen mit Behinderung ist dabei sowohl für eine ›angemessene‹, langfristige berufliche Bildung zuständig als auch für eine Beschäftigung und ›angemessene‹ Bereitstellung eines Arbeitsentgeltes. Das durchschnittliche Entgelt beträgt laut Statistik der BAG WfbM derzeit 154€/Monat[141] (vgl. BAG WfbM 2018a).

Ziel der Beschäftigung[142] in einer WfbM ist die Aufrechterhaltung und Weiterentwicklung bzw. Förderung der Leistungs- und Erwerbsfähigkeit ebenso wie die Weiterentwicklung der Persönlichkeit und die Förderung des Übergangs auf den allgemeinen Arbeitsmarkt durch geeignete Maßnahmen. Neben einem breiten Angebot an Berufsbildungs- und Arbeitsplätzen[143] verfügt die WfbM über einen begleitenden Dienst, der für die individuelle Begleitung und Unterstützung der Beschäftigten zuständig ist. Ein weiteres Angebot der WfbM sind ausgelagerte Arbeitsplätze in Betrieben des allgemeinen Arbeitsmarktes (vgl. SGB IX § 291). In diesen Strukturen sind die Personen zwar in ein scheinbar übliches Arbeitsumfeld integriert, bleiben aber als Werkstattbeschäftigte im System verhaftet und weiterhin von Erwerbsarbeit ausgeschlossen (vgl. Bergelt et al. 2018; Schreiner 2017; Bieker 2005).[144] Hierin wird ein scheinbar unauflösbarer Zielkonflikt der WfBM deutlich, den auch Thesing beschreibt: Werkstätten für Menschen mit Behinderungen sollen zugleich Wirtschaftsunternehmen, Rehadienstleister, Beschäftigungsanbieter und Bildungsdienstleister sein (vgl. Thesing 2016).

## Andere Leistungsanbieter nach Bundesteilhabegesetz

Mit Inkrafttreten des Bundesteilhabegesetztes (BTHG) besteht für Menschen mit Behinderungen das Recht, die Leistungen zur beruflichen Teilhabe, die bisher ausschließlich von Werkstätten erbracht wurden, auch ganz oder teilweise außerhalb der

---

140 Becker kritisiert dieses verkürzte Verständnis von Arbeit und fordert ein Recht auf Arbeit für alle Menschen (Becker 2016, 2019).
141 Hierbei ist zu berücksichtigen, dass zusätzlich Leistungen zur Grundsicherung sowie Sozialversicherungsbeiträge gezahlt werden.
142 Bei der Beschäftigung in einer WfbM handelt es sich nicht um ein übliches Arbeitsverhältnis, sondern um einen arbeitnehmerähnlichen Rechtsstatus.
143 Typischerweise werden in einer WfbM Arbeitsplätze in den Bereichen Montage und Verpackung, Versand, Druck, Holz- und Metallverarbeitung, Garten- und Landschaftspflege, Wäscherei und Küchenservice angeboten (vgl. Doose 2012).
144 Außenarbeitsplätze stehen weiterhin in der Kritik, da dieses Anstellungsverhältnis, ähnlich wie bei Leiharbeit, den Arbeitgeberinnen* zu wenig Anreize für eine Übernahme bietet und sie arbeitsrechtlich zu wenig bindet, sodass ein Übergang hin zur sozialversicherungspflichtigen Beschäftigung deutlich erschwert wird (vgl. Schreiner 2017, 60).

WfbM bei einem anderen Leistungsanbieter in Anspruch zu nehmen. Die Regelungen hierzu sind in § 60 SGB IX festgehalten. Wenn also Menschen aufgrund einer Behinderung nicht in der Lage sind, auf dem allgemeinen Arbeitsmarkt zu arbeiten, wird dies nun auch ohne den Umweg über eine WfbM und die dort ausgegliederten Arbeitsplätze möglich. Laut § 60 SGB IX ist es einem Betrieb des allgemeinen Arbeitsmarktes möglich, Menschen mit Behinderungen gleichermaßen auf betriebsintegrierten Arbeitsplätzen anzustellen[145]. Für die Begleitung auf diesen Arbeitsplätzen kann der Betrieb »die Vergütung bekommen, die sonst die WfbM von dem zuständigen Reha-Träger für diese Person erhalten hätte. Er muss dafür eine vergleichbare Reha-Dienstleistung erbringen« (Wendt 2018, 2).

Dennoch gelten für ›andere Leistungsanbieter‹ abgeschwächte Regularien. Dies betrifft vor allem die geringere Absicherung der Interessen von Menschen mit Behinderungen. So verweist Wendt auf mangelnde Kündigungsschutzregelungen und Regelungslücken bei der Geltung von Arbeitnehmerschutzgesetzen (vgl. ebd.).

## Allgemeiner Arbeitsmarkt und Inklusionsbetriebe

Neben den Möglichkeiten der Beschäftigung im System der Behindertenhilfe haben (selbstverständlich) auch Menschen mit zugeschriebener geistiger Behinderung die Möglichkeit, auf dem allgemeinen Arbeitsmarkt angestellt zu werden. Studien zeigen, »dass eine Platzierung von Menschen mit geistiger Behinderung auf dem allgemeinen Arbeitsmarkt unter günstigen Rahmenbedingungen und bei Gewährleistung kontinuierlicher Unterstützungsangebote auch längerfristig möglich ist, und qualitativ gewinnbringend für alle Beteiligten umgesetzt werden kann« (Fischer, Kießling & Molnár-Gebert 2016, 41). Dennoch ist die Übergangsquote aus einer WfbM auf den allgemeinen Arbeitsmarkt generell und für Menschen mit zugeschriebener geistiger Behinderung insbesondere sehr gering (vgl. BIH 2020). Anhand statistischer Daten der Bundesarbeitsgemeinschaft der WfbM (vgl. BAG WfbM 2019) und der Bundesarbeitsgemeinschaft der Integrationsämter und Hauptfürsorgestellen (BIH 2020) lässt sich für das Jahr 2018 eine Übergangsquote von 0,18 % errechnen. Damit werden lediglich 587 Menschen mit zugeschriebener ›Schwerstbehinderung‹[146] deutschlandweit aus einer WfbM auf den allgemeinen Arbeitsmarkt vermittelt. Gerade für Menschen mit zugeschriebener geistiger Behinderung scheint die Vermittlung sehr barrierebehaftet zu sein (vgl. BIH 2020). Mit dem Anliegen, die Integration auf den allgemeinen Arbeitsmarkt zu erleichtern, haben sich sogenannte Inklusionsbetriebe etabliert. Eine gesetzliche Verankerung erfolgte vorerst unter dem Begriff der ›Integrationsprojekte‹ 2001 im neuen SGB IX (vgl. Falk 2017). Mit dem neuen BTHG werden unter § 215 f. die Regelungen zu Inklusionsbetrieben beschrieben.

---

145 Allerdings erfolgt die Einstellung auch hier nur in Form eines arbeiternehmerinnen*ähnlichen Rechtsverhältnisses.
146 Diese Bezeichnung entstammt den Formulierungen aus dem Sozialgesetzbuch und wird an dieser Stelle verwendet, weil alle Statistiken zum Übergang in ein sozialversicherungspflichtiges Arbeitsverhältnis sich ausschließlich auf diese Formulierung und Kategorisierung beziehen.

»Inklusionsbetriebe sind rechtlich und wirtschaftlich selbständige Unternehmen oder unternehmensinterne Betriebe oder Abteilungen zur Beschäftigung schwerbehinderter Menschen auf dem allgemeinen Arbeitsmarkt, deren Teilhabe an einer sonstigen Beschäftigung auf dem allgemeinen Arbeitsmarkt auf besondere Schwierigkeiten stößt« (Bundesarbeitsgemeinschaft der Integrationsämter und Hauptfürsorgestellen 2018c, 243).

Zielgruppen von Inklusionsbetrieben sind nach § 215 Absatz 2 SGB IX: Menschen mit Schwerbehinderung[147], die Abgänger von Förder- bzw. Sonderschulen sind[148], die in einer WfbM auf den allgemeinen Arbeitsmarkt vorbereitet wurden oder die langzeitarbeitslos sind (vgl. ebd.).

Die Mindestbeschäftigungsquote von Menschen mit Behinderung liegt bei 30 %, was gleichzeitig zur Folge hat, dass Inklusionsbetriebe ebenso wie WfbMs bei der Vergabe von öffentlichen Aufträgen besonders zu berücksichtigen sind (vgl. Falk 2017). Laut § 215 Absatz 3 soll der Anteil von Menschen mit Schwerbehinderung jedoch nicht höher sein als 50 %. Eine finanzielle Förderung der Inklusionsbetriebe erfolgt über das Integrationsamt aus Mitteln der Ausgleichsabgabe.

## 3.3 Akteurinnen* der beruflichen Integration

Im Folgenden sollen einzelne Instrumente bzw. Akteurinnen* der beruflichen Integration sehr verkürzt und ähnlich eines Glossars vorgestellt werden.

### Integrationsfachdienst (IFD)

Laut SGB IX sind Integrationsfachdienste für die Begleitung von Menschen auf den allgemeinen Arbeitsmarkt zuständig, wenn diese »einen besonderen Bedarf an arbeits- und berufsbegleitender Betreuung [haben, dies; d. A.] ist insbesondere gegeben bei schwerbehinderten Menschen mit geistiger oder seelischer Behinderung oder mit einer schweren Körper-, Sinnes- oder Mehrfachbehinderung, die sich im Arbeitsleben besonders nachteilig auswirkt« (§ 192 Absatz 3, SGB IX).

Dabei sind Integrationsfachdienste Dienste Dritter, welche von Arbeitsagenturen, Integrationsämtern oder Trägern der beruflichen Rehabilitation daran beteiligt werden, Maßnahmen zur beruflichen Teilhabe durchzuführen (vgl. Bundesarbeitsgemeinschaft der Integrationsämter und Hauptfürsorgestellen 2018b). Aufgaben des IFD sind demnach, die Arbeitsämter bei der Vermittlung langzeitarbeitsloser Menschen mit Schwerbehinderung auf den Arbeitsmarkt zu unterstützen, die Vermittlung von Menschen mit Behinderungen aus den Werkstätten für behinderte Men-

---

147 Genannt werden hier: Menschen mit geistiger, seelischer, körperlicher, Sinnes- und mehrfacher Behinderung, sowie Menschen mit psychischer Krankheit die behindert oder von Behinderung bedroht sind.
148 Demnach kann nach § 132 Abs. 2 Nr. 3 SGB IX auch die Berufsvorbereitung und Weiterqualifizierung in Inklusionsbetrieben übernommen werden.

schen auf den allgemeinen Arbeitsmarkt zu unterstützen sowie beim Übergang aus der Sonderschule in ein Beschäftigungsverhältnis auf den allgemeinen Arbeitsmarkt tätig zu werden (vgl. Knittel 2017). Konkrete Leistungen des IFD können sein: Arbeitsvermittlung, Beratung der Arbeitgeberinnen* (Aufklärung über in Betracht kommende Leistungen und Unterstützung bei der Beantragung dieser Leistungen) sowie begleitende Hilfe im Arbeitsleben (z. B. eine Einarbeitung und Betreuung vor Ort).

## Integrationsamt

Zurückzuführen ist die Idee der Integrationsämter auf die »Verordnung über die soziale Kriegsbeschädigten- und Kriegshinterbliebenenfürsorge« aus dem Jahr 1919 (vgl. Knittel 2017). Die konkreten Regelungen der Integrationsämter unterliegen dem Landesrecht und variieren entsprechend von Bundesland zu Bundesland. Die Aufgaben des Integrationsamtes können hingegen gleichermaßen für alle Bundesländer bestimmt werden:

Sie liegen zum einen in der Erhebung und Verwendung der Ausgleichsabgabe, die in § 160 SGB IX näher geregelt wird, zum Zweiten in der Sicherung des Kündigungsschutzes für Menschen mit Schwerbehinderung (§ 168–175 SGB IX), indem bspw. eine Zustimmung des Integrationsamtes zur Kündigung notwendig ist. Das dritte Aufgabengebiet besteht in der Umsetzung von begleitenden Hilfen im Arbeitsleben (§ 185 SGB IX). Diese begleitenden Hilfen umfassen Maßnahmen sowohl für die Arbeitnehmenden mit Behinderungen als auch für die Arbeitgebenden, für Träger von Integrationsfachdiensten und Inklusionsbetrieben. Diese Hilfen müssen aber im engen Zusammenhang zur Eingliederung in das Arbeitsleben stehen und können nicht der allgemeinen Teilhabe an der Gesellschaft oder Fürsorge dienen (vgl. Knittel 2017). Hierunter fallen beispielsweise: Technische Hilfsmittel, Hilfen zum Erreichen des Arbeitsplatzes, Hilfen zur Teilnahme an Weiterbildungsmaßnahmen sowie Hilfen bei besonderen Belastungen (vgl. SGB IX § 185). Die Integrationsämter arbeiten eng mit der Bundesagentur für Arbeit und anderen Rehabilitationsträgern (Träger der Unfallversicherung, gesetzliche Rentenversicherung, Kriegsopferversorgung und -fürsorge, Träger der Jugend- und Sozialhilfe) zusammen.

## Bundesagentur für Arbeit

Die Bundesagentur für Arbeit (BA) ist in örtliche Dienststellen der Agenturen für Arbeit strukturiert. Diese haben die Aufgaben der Arbeitsberatung, -vermittlung und -förderung. In Bezug auf die Aufgaben der Bundesagentur für Arbeit für Menschen mit Behinderungen ist § 187 SGB IX entscheidend. Hier werden die Aufgaben der BA wie folgt beschrieben: Zum ersten kommt ihr die Aufgabe der »Berufsberatung, Ausbildungsvermittlung und Arbeitsvermittlung schwerbehinderter Menschen einschließlich der Vermittlung von in Werkstätten für behinderte Menschen Beschäftigten auf den allgemeinen Arbeitsmarkt« (SGB IX § 187 Abs. 1) zu. Des Weiteren sollen durch die BA Arbeitgeberinnen* von Menschen mit schweren Behinderungen beraten werden. Gleichzeitig ist es Aufgabe, eben diese Teilhabe von Menschen, die als schwerbehinderter bezeichnet werden, am Arbeitsleben durch die verschiedenen Leistungen zur Teilhabe am Arbeitsleben zu fördern. Hierfür sind in allen Agenturen für Arbeit besondere Vermittlungsstellen (Reha-Teams) eingerichtet.

## Einzelne Maßnahmen der beruflichen Integration

### Arbeitsassistenz

Schon vor 20 Jahren schreibt Bartz:

> »Der Einsatz von ArbeitsassistentInnen bedeutet wesentlich mehr als nur die Möglichkeit, die Berufstätigkeit behinderter Menschen zu sichern bzw. erst zu ermöglichen. Sie beinhaltet einen äußerst wichtigen Grundstein zur Sicherung des Lebensunterhaltes, sozialer Anerkennung und der Möglichkeit, ein selbstbestimmtes, gleichberechtigtes Leben in der Gesellschaft zu führen« (Bartz 1999, o.S.).

Die rechtlichen Regelungen zur Arbeitsassistenz sind im § 49 Abs. 8 Satz 1 Ziffer 3 und § 185 Abs. 5 SGB IX zu finden. Darin ist geregelt, dass ein Mensch mit einer sogenannten Schwerbehinderung aus den zur Verfügung stehenden Mitteln der Ausgleichsabgabe einen Anspruch auf begleitende Hilfe im Arbeitsleben hat. Dieser Anspruch besteht jedoch nur dann, wenn der inhaltlich prägende Kernbereich der arbeitsvertraglich/dienstrechtlich festgelegten Arbeitsaufgaben selbständig erbracht werden kann und wenn die Anpassung der Arbeitsbedingungen (beispielsweise durch assistive Technologien) nicht zumutbar ist (vgl. Bundesarbeitsgemeinschaft der Integrationsämter und Hauptfürsorgestellen 2018a).

Blesinger beschreibt in ihrem Handbuch zur Arbeitsassistenz mögliche Aufgabenfelder von Arbeitsassistentinnen* und zeigt dabei auf, dass besonders die Zielgruppe der Menschen, die als geistig behindert gelten, nur selten Arbeitsassistenz nutzen können, denn sobald eine fachliche Einarbeitung oder dauerhafte Unterstützung bei der Kernaufgabe notwendig ist, greifen Leistungen im Rahmen der Arbeitsassistenz nicht. Damit grenzt sich die Leistung einer Arbeitsassistenz klar von anderen Unterstützungsleistungen, so zum Beispiel der Unterstützten Beschäftigung oder dem Budget für Arbeit, ab.

### Unterstützte Beschäftigung

Die Hamburger Arbeitsassistenz, die schon seit mehr als 25 Jahren Menschen mit sogenannter geistiger Behinderung auf den allgemeinen Arbeitsmarkt vermittelt und dabei unterstützt, die jeweilige Arbeit zu erlernen und durchzuführen, hat deutschlandweit noch immer eine Leuchtturmfunktion im Bereich des Supported Employment (vgl. Basener 2012), ist aber demnach im rechtlichen Sinne nicht oder nur in einzelnen Fällen als Arbeitsassistenz laut § 49 Abs. 8 Satz 1 Ziffer 3 und § 185 Abs. 5 SGB IX zu verstehen, sondern fungiert als ein Anbieter von unterstützter Beschäftigung.

Das Konzept der unterstützten Beschäftigung begann in den USA 1984 und wurde durch eine Vielzahl von universitärer Forschung und Modellprojekten unterstützt (vgl. Doose 2012). »Supported Employment galt in den Staaten als Königsweg, um Menschen mit unterschiedlichen Behinderungen in Arbeit zu bringen« (Basener 2012, o. S.). In Deutschland begann man 1997 mit Qualifizierungsangeboten für Integrationsberaterinnen*, und seit 2012 ist die berufsbegleitende Weiterbildung zur Integrationsberaterin* in unterstützter Beschäftigung als betriebliche Qualifizierung anerkannt (vgl. Doose 2012).

In Deutschland wird in § 38 Abschnitt 1 SGB IX das Ziel unterstützter Beschäftigung beschrieben als: »[...] behinderten Menschen mit besonderem Unterstützungsbedarf eine angemessene, geeignete und sozialversicherungspflichtige Beschäftigung zu ermöglichen und zu erhalten. Unterstützte Beschäftigung umfasst eine individuelle betriebliche Qualifizierung und bei Bedarf Berufsbegleitung« (§ 38 Abschnitt 1 SGB IX). Dabei geht es um die Erprobung einer Tätigkeit, die Einarbeitung und notwendige Qualifizierung sowie mögliche persönlichkeitsbildende Maßnahmen zur Vorbereitung auf den allgemeinen Arbeitsmarkt. Die Maßnahme der unterstützten Beschäftigung kann durch Integrationsfachdienste oder andere Anbieter durchgeführt werden und wird für die Dauer von 24 Monaten bewilligt. In begründeten Fällen kann eine Verlängerung um 12 Monate gewährleistet werden (vgl. § 38 Abschnitt 1 SGB IX).

**Budget für Arbeit**

Das Budget für Arbeit (BfA) wurde im Zuge der Entwicklung des Bundesteilhabegesetzes (BTHG) in § 61 SGB IX in die deutsche Rechtsordnung aufgenommen (vgl. Nebe & Schimak 2016). Im Vorfeld wurde das BfA jedoch in vielen Modellprojekten erprobt[149]. § 61 Abschnitt 1 SGB IX regelt die Zielgruppe des Budgets für Arbeit und beschränkt diese auf »Menschen mit Behinderungen, die Anspruch auf Leistungen nach § 58 haben und denen von einem privaten oder öffentlichen Arbeitgeber ein sozialversicherungspflichtiges Arbeitsverhältnis mit einer tarifvertraglichen oder ortsüblichen Entlohnung angeboten wird« (§ 61 Abschnitt 1 SGB IX). Somit darf das Budget für Arbeit nur die Person erhalten, die einen Werkstatt-Status hat und damit »ein Mindestmaß wirtschaftlich verwertbarer Arbeit« erbringen kann. Damit werden sowohl Menschen ausgeschlossen, die bisher nur in Tagesförderstrukturen integriert sind, als auch Schulabgängerinnen* von Förderschulen, die einen Ausbildungsplatz suchen und diesen dann zumeist nur in WfbMs finden. Beide Aspekte wurden sowohl vom Bundesrat als auch von Verbänden kritisiert und mit Änderungsvorschlägen versehen, die jedoch nicht vom Bundestag umgesetzt wurden (vgl. Nebe & Waldenburger 2014; Nebe & Schimak 2016; Ramm 2017). Dennoch gilt das Budget für Arbeit, welches nach § 61 Abschnitt 2 SGB IX einen Lohnkostenzuschuss für die Arbeitgeberinnen* zum Ausgleich der Leistungsminderung des Beschäftigten und die Aufwendungen für die wegen der Behinderung erforderliche Anleitung und

---

149 Die Ergebnisse wurden von Nebe und Waldenburger 2014 veröffentlicht und sind online zugänglich.

Begleitung am Arbeitsplatz (§ 61 Abschnitt 2 SGB IX) vorsieht, als eine gute Chance betrachtet, die Selbstbestimmungsmöglichkeiten für Menschen mit Behinderungserfahrungen zu verbessern.

> »Wer mehr Selbstständigkeit im Bereich Arbeit erfährt, findet sich auch in anderen Lebensbereichen besser zurecht und braucht hierbei weniger Unterstützung. Für die betroffenen Menschen ein Zugewinn an Selbstbestimmung« (Jürgens 2015, 4).

## 3.4 Reflexion der beruflichen Teilhabesituation

Wie in den vorangegangenen Abschnitten gezeigt werden konnte, sind sowohl im Bereich der beruflichen Bildung als auch im Arbeitsbereich viele Entwicklungen zu einer Annäherung an den allgemeinen Arbeitsmarkt und einer Öffnung der beruflichen Sonderinstitutionen erkennbar. Dennoch ist Exklusion in beruflichen Sondereinrichtungen weiterhin und sicherlich auch noch auf lange Sicht Normalität, wenn die berufliche Teilhabe von Menschen mit zugeschriebener geistiger Behinderung in den Blick genommen wird. Dies ist gerade in Hinblick auf eine mögliche inklusive Gesellschaftsentwicklung problematisch, weil die gesellschaftliche Anerkennung eines Menschen ganz eng verbunden ist mit seiner wirtschaftlichen Leistung (vgl. Gröschke 2011). Piegsda und Link machen deutlich, wie stark die Einstellungen der allgemeinen Gesellschaft ökonomisch geprägt sind. Die wirtschaftliche »Verwertbarkeit eines Subjektes [ist] zu einem zentralen Bewertungsmaßstab sozialen Zusammenlebens geworden«. Deutlich wird dies u. a. an der Tatsache, dass ein Drittel der im Jahr 2007 befragten Menschen in Deutschland der Aussage: »Menschen, die wenig nützlich sind, kann sich keine Gesellschaft leisten« (Piegsda & Link 2019, 121) zustimmten.

Wenn also Menschen mit sogenannter geistiger Behinderung berufliche Teilhabe fast ausschließlich in einer Werkstatt für behinderte Menschen erfahren (vgl. Kubek 2012), sie demnach keiner Lohnarbeit nachkommen, sondern vielmehr Leistungen in Anspruch nehmen, so führt die Tatsache der beruflichen Exklusion zu einer allgemein gesellschaftlichen Exklusion.

Ein Grund liegt im System der sogenannten Behindertenhilfe selbst. Wenngleich durch gesetzliche Neuregelungen versucht wird, neue Teilhabemöglichkeiten zu schaffen[150], führt das Aufrechterhalten des Systems an sich und die unbedingte Koppelung von möglichen Unterstützungsleistungen an das Verbleiben im System dazu, dass es für einen großen Teil der Menschen (auch mit sogenannter geistiger) Behinderung aus ökonomischen Gesichtspunkten keinesfalls lohnenswert ist, das System der sogenannten Behindertenhilfe zu verlassen und auf dem allgemeinen Arbeitsmarkt tätig zu werden. Ein weiterer Grund muss jedoch auch darin gesehen

---

150 So bspw. die Möglichkeit zur Nutzung von ›anderen Anbietern‹, das Budget für Arbeit oder die Unterstützung von Inklusionsunternehmen.

werden, dass berufliche Teilhabe und die damit verbundenen Bestrebungen (auch bei Menschen mit sogenannter geistiger Behinderung) individuell sehr unterschiedlich sind. Deutlich wird dies unter anderem auch darin, dass Beschäftigte in WfbMs sehr unterschiedlich zufrieden mit ihrer beruflichen Teilhabesituation sind. Es gibt zufriedene, resignierte, kritisch-ambivalente, aber auch unzufriedene Werkstattbeschäftigte. Dies hat nicht ausschließlich etwas mit der WfbM und ihrer Dienstleistungsqualität zu tun, sondern ist oft Folge von berufsbiografischen Erfahrungen[151] (vgl. Schreiner 2017). So gibt es Menschen, die aufgrund von wiederholt schlechten Erfahrungen auf dem allgemeinen Arbeitsmarkt froh sind, dass ihnen die Möglichkeit gegeben wird, in einer WfbM tätig zu sein. Andere hingegen, die bisher ausschließlich in einer Werkstatt für Menschen mit Behinderung beschäftigt waren, möchten gern eigene Erfahrungen auf dem allgemeinen Arbeitsmarkt sammeln (vgl. ebd.).

Molnár und Kießling machen an verschiedenen Stellen deutlich, »dass es gemäß der aktuellen Leitprinzipien unabdingbar ist, Beschäftigten mit geistiger Behinderung Möglichkeiten zum eigenständigen Verdienst ihres Lebensunterhaltes gemäß ihrer individuellen Möglichkeiten zur Verfügung zu stellen« (Molnár & Kießling 2019, 38). Und dass genau dies ein wichtiger Schritt in Richtung Inklusion wäre, gerade weil eine den Lebensunterhalt sichernde Beschäftigung in der derzeitigen gesellschaftlichen Bewertung und Bedeutung einen großen Einfluss auf das eigene Selbstverständnis und das Selbstwertempfinden hat (vgl. Fischer et al. 2016).

Bergelt et al. stellen in einer vergleichenden Untersuchung zwischen Mitarbeiterinnen*, die als geistig behindert gelten und in einer WfbM arbeiten, und denen, die die Möglichkeit haben, auf dem allgemeinen Arbeitsmarkt zu arbeiten, fest, dass es zwischen beiden Gruppen scheinbar nur wenige Unterschiede in Bezug auf ihre berufliche Zufriedenheit gibt (vgl. Bergelt et al. 2018). In der Interpretation der Ergebnisse gemeinsam mit Menschen, die selbst Erfahrungen als Arbeitnehmerinnen* in einer WfbM haben, wurde jedoch deutlich, dass Werkstattmitarbeiterinnen* sich scheinbar häufig an die vorherrschenden Arbeitsbedingungen gewöhnt haben, sie oft nichts anderes kennen, weshalb sie im Sinne einer möglichen Präferenzanpassung hohe Zufriedenheitswerte erzielen (vgl. Bergelt et al. 2018; Fischer & Heger 2014; Fischer et al. 2016).

Auch wenn die Integration auf den allgemeinen Arbeitsmarkt für viele Menschen mit zugeschriebener geistiger Behinderung möglich wäre, scheint es bisher wenig vorstellbar, dass auch Menschen mit komplexen Unterstützungsbedarfen umfassend am allgemeinen Arbeitsmarkt teilhaben können und vielleicht auch wollen. So stellen Piegsa & Link 2019 die Frage, »ob es überhaupt wünschenswert ist, noch mehr Menschen in ein erwiesener Maßen ›krankes und krankmachendes System‹ zu integrieren oder ob es vielmehr an der Zeit ist, die Inklusion noch mehr als ein vor allem sozial ausgelagertes Projekt zu sehen, das nicht in die Falle der einfachen Antworten von neoliberalen Versprechen in Form von arbeitspolitischen Maßnah-

---

151 Schreiner beschreibt bspw., dass Menschen die oft schlechte Erfahrungen auf dem allgemeinen Arbeitsmarkt gemacht haben, froh sind, die Möglichkeit zu erhalten in einer WfbM zu arbeiten. Menschen, die hingegen bisher nur in einer WfbM tätig waren, möchten gern eigene Erfahrungen auf dem allgemeinen Arbeitsmarkt sammeln.

men tappen darf« (Piegsda & Link 2019, 129). Ein Ziel in diesem Sinne wäre es, Denkweisen weiterzuentwickeln, die gesellschaftliche Anerkennung von Arbeitsleistung unabhängig zu machen und dementsprechend über gesellschaftliche Wertvorstellungen neu zu reflektieren (Kempen et al. 2017).

Ob und inwiefern eine gesellschaftliche Weiterentwicklung in diesem Sinne erfolgt, erscheint ungewiss, denn auch vor dem Hintergrund der Erfahrungen in der Corona-Krise wird deutlich, dass die Errungenschaften, die bisher im Sinne der Inklusion erkämpft wurden, als auch ein solidarisches Handeln scheinbar gefährdet sind (vgl. Voss et. al. 2020).

Becker, der sagt: »Man diskutiert über große Veränderungen, über die BRK, das BTHG, über Sozialraum oder persönliche Budgets. Das ist auch wichtig. Aber wichtiger noch sind die Veränderungen in der Praxis, in der Haltung und Alltagsroutine von Personal und Organisation« (Becker 2019, 50) macht angesichts der geforderten, aber sehr lang andauernden gesellschaftlichen Veränderungsbedarfe deutlich, dass es vor allen Dingen einer Sensibilisierung in der Praxis bedarf, um Alltagssituation anerkennend zu gestalten.

# 4 Wohnen

Wohnen kann als ein wichtiger Bereich der menschlichen Daseinsgestaltung verstanden werden – hier ist der Ort größtmöglicher Privatheit (vgl. Lindmeier & Lindmeier 2011). Die Unverletzlichkeit der Wohnung ist im Grundgesetz der Bundesrepublik Deutschland verankert (§ 13, 1 GG) und damit ein Menschenrecht (vgl. Klauß 2016). Wohnen ist ein elementares Grundbedürfnis des Menschen. Es steht im Zusammenhang mit den Begriffen Sicherheit, Schutz, Geborgenheit, Wohlfühlen, Zufriedenheit und Kontakt (vgl. Hannemann 2014). Um dies bieten zu können, muss der Wohnraum an individuelle Bedürfnisse angepasst und entsprechend der eigenen Persönlichkeit gestaltet und eingerichtet sein (vgl. Klauß et al. 2016). Wohnen in diesem Sinne ist eine Grundvoraussetzung für eine würdige menschliche Daseinsgestaltung und Basis für die gesellschaftliche Teilhabe (vgl. Terfloth et al. 2016c). Hierfür ist jedoch auch entscheidend, inwiefern die Lage des Wohnraums den Kontakt zu anderen Menschen auf einfachem Weg ermöglicht (vgl. Terfloth et al. 2016c; Klauß 2016). Deshalb kann ein »gemeindenahes, stadtteilintegriertes Wohnen [als] eine wesentliche Voraussetzung für ein selbstbestimmtes Leben und die Teilhabe am gesellschaftlichen Leben« (Cloerkes 2007, 272) verstanden werden.

Menschen mit Behinderungserfahrungen (und andere marginalisierte Gruppen[152]) sind jedoch darin gefährdet, von einem Wohnen im oben beschriebenen Sinne sowohl hinsichtlich der sozialen Einbindung als auch in Bezug auf die Privatheit ausgeschlossen zu sein.

---

152 Die sprachliche Variante, Menschen (ausschließlich) als Gruppe zu adressieren und damit bedingungslose Zugehörigkeit zu einer spezifischen Variable zu unterstellen, verkörpert eine Form der *Verdinglichung* und Diskriminierung und muss grundsätzlich höchst kritisch hinterfragt werden. Terfloth et. al (2016c, 9) bedienen die Form der Gruppenbenennung und versuchen mit ihrer Auflistung, Risikovariablen aufzuzeigen: »Menschen mit Migrationshintergrund, Flüchtende, Menschen unterschiedlicher sexueller oder religiöser Orientierung oder sozialer Milieus, Senior(inn)en, Alleinerziehende, Großfamilien, Menschen ohne festen Wohnsitz, Menschen mit psychischer Beeinträchtigung usw.«.

## 4.1 Strukturelle Dilemmata zur Wohnsituation

Menschen, denen eine geistige Behinderung zugeschrieben wird, haben die gleichen Bedürfnisse an ihre Wohnsituation wie andere Personen auch (vgl. Theunissen & Feschin 2018; König & Leonhardt 2015).

> »Die Hälfte aller WfbM-Beschäftigten[153] lebt ohne eine Unterstützung zum Wohnen durch die Eingliederungshilfe. In der Regel handelt es sich dabei um das Wohnen im eigenen Familienverbund, z. B. bei den Eltern. Im Durchschnitt leben 18 Prozent der Werkstattbeschäftigten in der eigenen Wohnung mit ambulanter Unterstützung und rund ein Drittel im stationär betreuten Wohnen« (Bundesarbeitsgemeinschaft der überörtlichen Träger der Sozialhilfe 2019, o. S.).

Personen, die nicht in ihrer eigenen Familie leben und Unterstützung erfahren, sind auf Dienstleistungen von Fachkräften in ihrem eigenen Privatbereich angewiesen, wodurch sich viele beeinträchtigt fühlen (vgl. Lindmeier & Lindmeier 2011). Für die Personen, die bis zum Erwachsenenalter in ihren Herkunftsfamilien leben, wird es häufig dann problematisch, wenn ihre Eltern nicht mehr die notwendige Unterstützung leisten können. Oft erfolgt dann zwangsläufig die Aufnahmen in eine stationäre Wohnform (vgl. Weber et al. 2016; Theunissen & Feschin 2018). Die Wünsche der Personen selbst und ihrer Eltern zeigen allerdings, dass nur 9 % der werkstattbeschäftigten Menschen mit einer sogenannten geistigen Behinderung zukünftig stationär betreut wohnen wollen. Die große Mehrheit möchte ambulant betreut oder weiter bei der Familie leben (vgl. Weber et al. 2016).

Anders als bei Menschen ohne Behinderungserfahrungen ist für die Wahl des Wohnortes von Menschen mit Unterstützungsbedarf häufig nicht der Wunsch des Menschen selbst ausschlaggebend, sondern der scheinbare Umfang des Unterstützungsbedarfes, die Außenperspektive von Familienangehörigen oder die Meinung professioneller Helferinnen* (vgl. Rauscher 2005). Es besteht weiterhin die Annahme, dass ambulantes Wohnen primär für Personen zur Verfügung stehe, die Assistenzen vergleichsweise wenig in Anspruch nehmen müssen, und dass von allen anderen stationäre Wohnformen zu nutzen seien (vgl. Weber et al. 2016; Dieckmann et al. 2016). Dennoch können Dieckmann et al. zeigen, dass auch für Menschen, die Assistenzleistungen umfassender in Anspruch nehmen, ambulant unterstützte Wohnformen deutlich mehr Teilhabe, Selbstbestimmung und inklusionsorientierte Strukturen ermöglichen als stationäre Wohnsettings (vgl. Dieckmann et al. 2016). In Artikel 19 der UN-BRK wird betont, dass auch für Menschen, denen eine Behinderung zugeschrieben wird, gilt, dass sie das Recht haben, selbst zu entscheiden, wie und mit wem sie wohnen wollen (vgl. Falk 2013). Die Alltagsrealität vieler Menschen, die als behindert gelten, ist jedoch weit entfernt davon, dass allgemeine Menschenrechte und Grundfreiheiten, Gleichberechtigung und Nichtdiskriminierung, Selbstbestimmung, Wahlfreiheit und Wahlmöglichkeiten sowie ein Einbezo-

---

153 Etwa dreiviertel der WfbM-Beschäftigten sind Menschen mit zugeschriebener geistiger Behinderung (vgl. Bundesarbeitsgemeinschaft der überörtlichen Träger der Sozialhilfe 2019).

gensein in die Gemeinschaft gewährleistet sind (vgl. Falk 2013; Sierck 2013). Es ist deshalb ein Ausbau von sozialraumorientierten Wohnangeboten und eine gleichzeitige Etablierung von Wohnberatungsangeboten zu fordern, um Menschen mit zugeschriebenen Behinderungen und deren Angehörige bestmöglich über Wohnoptionen aufzuklären.

Im Folgenden sollen verschiedene Wohnformen und entsprechende institutionelle Strukturen vorgestellt werden.

## 4.2 Differente Wohnangebote

Eine knappe Zusammenfassung und Einordnung von möglichen Wohnformen, die für Menschen, die als geistig behindert bezeichnet werden, haben unter anderem Stöppler (vgl. Stöppler 2014) und Dworschak (vgl. Dworschak 2019) erstellt[154]. Im Folgenden soll auf einzelne genauer eingegangen werden.

### Leben in (Herkunfts)Familien

Während es für Kinder eine gesellschaftlich anerkannte Normalität darstellt, im familiären Umfeld aufzuwachsen (vgl. Claß 2014), stellt es für Erwachsene Menschen, die mit ihren alternden Eltern zusammenleben, vielmehr eine verbesondernde Situation dar. In der Fachliteratur ist man sich einig, dass ein Prozess der Ablösung von den Eltern sehr bedeutsam ist, um ein selbstbestimmtes Leben zu gestalten und neue Gestaltungsmöglichkeiten für andere Lebensbereiche kennen zu lernen (vgl. Schultz 2014). So schreibt Wininger:

> »Der dauerhafte Verbleib von Menschen mit geistiger Behinderung in deren primären Familienbezügen unterstützt soziale Isolationstendenzen und entspricht nicht den normalen Lebensbedingungen in unserem kulturellen Bezugsrahmen« (vgl. Wininger 2006).

Dworschak (2019) und Klauß (2016) weisen darauf hin, dass es deshalb Aufgabe von Pädagogik und Politik sein sollte, Unterstützungsangebote[155] für Familien bereitzustellen, die einen Wechsel der Wohnform erleichtern (vgl. Dworschak 2019; Klauß 2016). Neben der notwendigen Bereitstellung von Beratungs- und Informationsangeboten für Familien wird jedoch ebenso deutlich, dass sich vor allen Dingen ein größeres und vielfältigeres Wohnangebot entwickeln muss (vgl. Weber et al. 2016; Schultz 2014), um es den Familien zu ermöglichen, eine angemessene Wohnform zu finden.

---

154 Wenngleich schon etwas in die Jahre gekommen, gibt es eine anschauliche Broschüre für Menschen die als geistig behindert gelten und über ihre Wohnsituation (mit)entscheiden möchten: (Göbel 1999).
155 bspw. in Form von Wohntrainings und der Etablierung von wohnrelevanten Themenfeldern in der schulischen Bildung

## Leben in stationären Wohneinrichtungen

Stationär betreutes Wohnen hat viele Facetten: Von Wohngemeinschaften mit Mehrzimmerwohnungen und Einzelzimmern, die jedoch sowohl Sanitär- als auch Gemeinschaftsräume teilen und eine gemeinsam zur gleichen Zeit einzunehmende Mahlzeit vorsehen, über Einzel- oder Paarwohnungen innerhalb der Wohneinrichtung, die ein deutlich höheres Maß an Privatsphäre ermöglichen, bis hin zu Außenwohngruppen, die zumeist stadtteilintegriertes Wohnen ermöglichen (vgl. Stöppler 2014). Den Organisationsrahmen von stationären Wohnkontexten bildet die sogenannte Behindertenhilfe (vgl. Neuer-Miebach 2005, 138 zit. nach Kahle 2013, 3), welche sich selbst als ein Zusammenschluss unterschiedlichster Unterstützungsmöglichkeiten mit dem Ziel der Autonomie- und Teilhabesicherung sowie der Reduktion von Diskriminierung und Ausschluss definiert (vgl. z. B. Kahle 2013, 1). Es lassen sich jedoch starke Kontroversen zwischen diesen selbstauferlegten Bestrebungen und der tatsächlichen Praxis in neoliberalen kapitalistischen Gesellschaftsstrukturen verzeichnen. Sowohl Kremsner (2017) als auch Römisch (2011) im Rekurs auf Cloerkes (2007) stellen heraus, dass das sogenannte ›Behindertenhilfesystem‹ nicht ausschließlich zur Überwindung von Differenzkategorisierungen beiträgt, sondern vielmehr durch seine innewohnende Systemlogik die »gesellschaftliche [...] Konstruktion von Behinderung und [damit verbundene aktuell bestehende; d. A.] [...] gesellschaftliche Reaktion [smechanismen]« (Cloerkes 2007, 40 zit. nach Römisch 2011, 26) weiter aufrechterhält.

Stationäre Wohnkontexte werden somit als Institutionen konstruiert, die suggerieren, dass Menschen aufgrund ihrer zugeschriebenen Behinderung an diesen Orten am besten versorgt und betreut werden können (vgl. Römisch 2011, 27). Sie befinden sich in einem widersprüchlichen Selbstverständnis zwischen Orten der Teilhabe- bzw. Teilgabesicherung und »Agentur[en] der gesellschaftlichen Normalisierung« (Crain 2013, 254) und Anpassung. Damit einhergehend können sowohl Momente der Selbst- und Mitbestimmung, aber auch gleichsam Momente von Fremdbestimmung, Macht und Gewalt sowie Kontrolle, Zwang und Freiheitsentzug verzeichnet werden (vgl. z. B. Schäper 2016; Peters 2016; Trescher 2017). Ein weiteres Problem der stationären Unterbringung ist, dass stationäre Wohnangebote für Menschen, die als geistig oder mehrfachbehindert gelten, besonders in großen Städten häufig an den Rand der Gemeinden gedrängt sind, Menschen hierfür ihr gewohntes Wohnumfeld verlassen müssen und hierdurch eine zusätzliche Form der Exklusion erfahren (vgl. Ruzsics 2014). Im Zuge eines einsetzenden Reformprozesses wandelt sich das System der Behindertenhilfe langsam hinsichtlich einer verstärkt individuellen, personellen Orientierung. So wird der Begriff Betreuung von Bewohnerinnen* aufgrund damit verbundener paternalistischer Praktik, Fremdbestimmung und subtiler Gewalt kritisiert (vgl. Schallenkammer 2016). Dieser Veränderungsprozess verläuft jedoch sehr vielschichtig und immer auch in Abhängigkeit von den individuellen Mitarbeiterinnen* (vgl. Franz 2014). Schallenkammer macht deutlich, dass es sich unabhängig von der Bezeichnung weiterhin um eine Betreuung der Personen handelt und Begriffe wie Begleitung, Assistenz und Unterstützung lediglich die derzeitige Alltagspraxis verschleiern (vgl. Schallenkammer 2016). Tom Hoffmann[156], der angesichts der Corona-Pandemie auf die Wohnsituation vieler Menschen in stationären Wohneinrichtungen blickt, schreibt:

> »Derzeit befinden sich viele Menschen mit Behinderungen in einer Art Quarantäne in zahllosen Einrichtungen des betreuten Wohnens. Gerade in dieser Krise erleben wir in zugespitzter Form die soziale Exklusion und Isolation, die uns täglich widerfährt. Es ist nicht ausreichend Personal da, um Menschen mit erhöhtem Unterstützungsbedarf zu ermöglichen, regelmäßig an die frische Luft zu kommen. [...] Wie dürfen wir allgemein und in Krisenzeiten auf Solidarität hoffen, wenn wir nicht mit dem Rest der Gesellschaft zusammenleben können? Die UN BRK von 2009 erhebt Inklusion zum Menschenrecht. Das ist nun über 10 Jahre her. Wenn die Menschen über Inklusion reden, dann denken sie nach wie vor oft nur an Menschen mit Behinderungen. Nach wie vor haben wir kein inklusives Schulsystem und die meisten Menschen mit Behinderungen leben weiterhin in separierenden Einrichtungen des betreuten Wohnens. Wir sind auch ohne Corona Krise weit entfernt von einer inklusiven Gesellschaft« (Tom Hoffmann in einem Brief an den Kommunalen Sozialverband Sachsen).

Dass wir (auch) im Bereich des Wohnens noch weit von inklusiven Zuständen entfernt sind, bestätigen auch Daten des Statistischen Bundesamtes, wonach sich der Anteil der stationär wohnenden Bezieherinnen* von «Hilfen zum selbstbestimmten Leben in betreuten Wohnmöglichkeiten« in den Jahren von 2012 bis heute um lediglich 7 % von ca. 56 % b auf 49 % verringert hat (vgl. unveröffentlichte Statistik des Statistischen Bundesamtes nach erfolgter Anfrage).

## Ambulant unterstütztes Wohnen

Ende der 1990er Jahre begann ein Paradigmenwechsel in der bundesdeutschen Behindertenhilfe. So sollte das ambulante Wohnen im Sinne des SGB XII dem stationären vorgezogen werden. Groß verweist darauf, dass im aktuellen Fachdiskurs über Ambulantisierung von Wohnhilfen immer wieder ein Spannungsfeld zwischen freiheitlichen Wunsch- und Wahlrechten von Menschen mit Behinderung auf der einen sowie ökonomischen Sachzwängen auf der anderen Seite deutlich werden (vgl. Groß 2015). In Anlehnung an Groß möchten wir an dieser Stelle im Gegensatz zur typischerweise im System der Behindertenhilfe genutzten Begriff des »Ambulant betreuten Wohnens« von unterstütztem Wohnen sprechen. Hiermit soll kenntlich werden, dass es sich bei den Möglichkeiten, die ambulant unterstütztes Wohnen bietet, gerade nicht um eine Form der Betreuung handeln sollte, sondern um eine Unterstützung auf Augenhöhe und ein Mehr an Selbstbestimmung (vgl. Groß 2015). Rauchberger kann aus eigener Erfahrung sagen:

> »Seit ich in meiner eigenen behinderten-gerechten Wohnung lebe, weiß ich, was der Unterschied zwischen persönlicher Assistenz und Betreuung ist« (Rauchberger 2012, o. S.).

---

156 Tom Hoffmann ist ein Kollege aus dem Leipziger QuaBIS-Projekt: http://quabis.info/hoffmann.php (07.04.2020)

Sie beschreibt sehr anschaulich, welche Möglichkeiten und Herausforderungen durch eine Zusammenarbeit mit persönlichen Assistentinnen* im Bereich des Wohnens verbunden sind (vgl. Rauchberger 2012). Auch ambulant unterstützte Wohnformen sind sehr unterschiedlich in ihrer Form. Wohngemeinschaften mit Mehrzimmerwohnungen in einer regulären Miets- oder Eigentumswohnung sind ebenso möglich wie das Wohnen allein, mit Partnerinnen* und/oder Kind in einer eigenen Wohnung (vgl. Stöppler 2014; Groß 2015).

Besonders für Personen mit hohem Unterstützungsbedarf ist die Nutzung von ambulanten Wohnformen noch immer eher selten. »Im bundesweiten Trend der ›Ambulantisierung‹ zeichnet sich ab, dass Menschen mit hohem Hilfebedarf als ›Restgruppe‹ in den Institutionen verbleiben« (Dieckmann et al. 2016, 62). Hier ist ein Wandel in den Wohn- und Unterstützungsangeboten, weg von einer Angebotsorientierung hin zu einer echten Personenzentrierung im Sinne des Bundesteilhabegesetzes, dringend erforderlich (vgl. Dieckmann et al. 2016; Groß 2015).

## Inklusives und sozialraumorientiertes Wohnen

Sowohl Menschen mit zugeschriebenen Behinderungen sind Exklusionsrisiken im Bereich des Wohnens ausgesetzt als auch Menschen in Armutslagen, mit psychischen Krankheiten, straffällig gewordene Menschen oder Menschen im Alter u. a. Für sie gab und gibt es noch immer Sonderwohneinrichtungen (vgl. Klauß et al. 2016). Im Diskurs um gesellschaftliche Teilhabe gewinnt die Rolle von Nachbarschaften in den Sozialwissenschaften zunehmend an Bedeutung (Seifert 2018). Auch wenn die Themenfelder der Sozialraumorientierung der sogenannten Behindertenhilfe ebenso zentrale Fragestellungen von Stadtplanung etc. betreffen, spielt der Personenkreis von Menschen mit zugeschriebener geistiger Behinderung in der Nachbarschaftsforschung bisher (so gut wie) keine Rolle. Seifert führt dies darauf zurück, dass dieser Personenkreis aufgrund der bisher stark exkludierenden Strukturen der sogenannten Behindertenhilfe nicht als Bürgerinnen* des Gemeinwesens wahrgenommen wird (vgl. Seifert 2018).

Aufgrund verschiedener gesellschaftlicher Entwicklungen und demografischem Wandel entstehen neue Herausforderungen für das Zusammenleben von Menschen. In der Bearbeitung dieser Herausforderungen haben sich auch jetzt schon verschiedene Angebote inklusiver Wohnmöglichkeiten entwickelt.

Eine Wohnform, welche gemeindeintegriertes Leben ermöglichen kann, ist das betreute Wohnen in Familien (BWF). Diese Form des Wohnens wird in Deutschland bisher wenig diskutiert und genutzt, ist aber in Teilen Kanadas als Home Sharing stark verbreitet (vgl. Theunissen & Feschin 2018). Das Prinzip scheint einfach: Ein bis zwei Personen, die als geistig behindert etikettiert sind, teilen sich den Haushalt mit einer oder mehreren Personen bzw. einer Familie, die als Carer fungieren. »Ihre Aufgabe besteht darin, der aufgenommenen Person eine wohnbezogene sowie pflegerische Assistenz zukommen zu lassen« (Theunissen & Feschin 2018, 181). So sollen individuelle Unterstützungsleistungen ermöglicht sowie Selbständigkeit, Selbstbestimmung und Inklusion befördert werden. Kritisch zu hinterfragen ist jedoch, wem diese Wohnform unter den gegebenen Umständen in Deutschland[157] ermöglicht werden soll. Angesicht einer vergleichsweise sehr geringen Bereitstellung von finanziellen Ressourcen für diese Wohnform[158] erscheint es auch oder vor allem eine kostengünstige Möglichkeit für die sogenannte Behindertenhilfe zu sein, welche gleichzeitig Menschen mit höherem Unterstützungsbedarfen nicht berücksichtigt.

In der Literatur finden sich im Kontext gemeindeintegrierten Wohnens auch Beispiele von Mehrgenerationenhäusern (vgl. König & Leonhardt 2015), eine Vielzahl als inklusiv bezeichneter Wohngemeinschaften[159] sowie verschiedene Wohnprojekte[160]. In den fachlichen Auseinandersetzungen wird deutlich, dass die Entwicklung von inklusiven Wohnquartieren und damit eine Schaffung von sozialraumorientierten inklusiven Wohnangeboten immer mehr an Bedeutung gewinnt (vgl. Terfloth et al. 2016b, 2016a; Klauß et al. 2018; König & Leonhardt 2015; Seifert 2018; Menzl 2018; Haubenreisser et al. 2018; Kempf et al. 2014; Schäper 2016). Eine Vielzahl an Kriterien von inklusiven Wohnquartieren werden von Terfloth et. al zusammengefasst (vgl. Terfloth et al. 2016b). Exemplarisch erwähnt seien an dieser Stelle »eine Durchmischung von Wohnraum, Arbeitsplätzen, Freizeitangeboten und Infrastruktur zur Versorgung« (ebd., 106), die Zugänglichkeit des Wohnraums für alle Wohnraumsuchenden, die bewusste Schaffung von vielfältigen Angeboten für Menschen mit unterschiedlichen Bedürfnislagen, eine Entscheidungsfindung für inklusionsorientierte Quartiersentwicklung in der kommunalen Stadtplanung sowie Quartiersmanagerinnen*, die soziale Prozesse unterstützen und so Begegnungen ermöglichen (vgl. Terfloth et al. 2016b). Die Entwicklung inklusiver Gemeinwesen und Quartiere setzt veränderte Strategien der kommunalen Sozialplanung voraus. Im Projekt »Unter Dach und Fach – Index für Inklusion zum Wohnen in der Gemeinde« konnte ein Instrument entwickelt werden, das die inklusionsorientierte Entwicklung von Wohn- und Lebensräumen initiieren und strukturieren kann (vgl. Klauß et al. 2018). Vor dem Hintergrund neoliberaler und ökonomischer Stadtteilentwicklungsstrategien muss an dieser Stelle betont werden, dass inklusionsorientierte Stadtteilplanung nicht der Einsparung von professionellen Hilfeleistungen dient (vgl. Schäper 2016; Haubenreisser et al. 2018). »Professionelle Hilfen bleiben notwendig und werden sich weiterentwickeln müssen. Ehrenamtliche Helfer(innen) können wichtige Dienste tun – aber eben andere als professionelle« (Schäper 2016, 94).

---

157 Das BWF gehört zu den Leistungen der Sozialhilfe für behinderte Menschen (§ 53 ff. SGB XII). In Deutschland liegt die finanzielle Leistung pro aufgenommener Person die als behindert gilt in die Familie bei 725€ bis 891€ im Monat.
158 Die reinen Kosten für Pflege bei Personen die in einer stationären Wohneinrichtung leben, werden in Deutschland im Durchschnitt mit ca. 2500€ pro Person finanziert (vgl. Stroka-Wetsch & Angurzky 2016), zusätzlich fallen Kosten für Wohnraum und Nebenkosten an, die finanziert werden.
159 König und Leonhardt (2015) zeigen, welch unterschiedliche Inklusionskonzepte den verschiedenen Wohngemeinschaften zugrunde liegen.
160 Eine gute Übersicht über ein sich entwickelnde Netzwerk inklusiver Wohnprojekte findet man unter: https://www.wohnsinn.org (02.04.2020)

## 4.3 Unterstützungsleistungen für selbstbestimmtes inklusionsorientiertes Wohnen

Schon 2010 hat Urban eine Vielzahl an Unterstützungsleistungen zum selbstbestimmten Wohnen zusammengetragen. Peer Counseling spielt dabei für die »Entwicklung passender Lebensperspektiven« eine wichtige Rolle (vgl. Schartmann 2015; Vogt et al. 2018; Urban 2010; Jordan & Wansing 2016). Um Peer Counseling in der sogenannten Behindertenhilfe zu verankern, wurde mit § 32 Sozialgesetzbuch IX die ergänzende unabhängige Teilhabeberatung (EUTB) eingeführt[161]. Die EUTB stellt ein niedrigschwelliges Angebot zur Beratung für alle Menschen mit Behinderung oder deren Familienangehörige dar. Gleichzeitig bedarf es alltäglicher Unterstützungsangebote für Familien bspw. durch den familienentlastenden Dienst, um einen Prozess der Ablösung von der Herkunftsfamilie zu erleichtern (vgl. Weber et al. 2016; Urban 2010). Für viele Menschen mit Unterstützungsbedarfen im selbständigen Wohnen sind neben ambulanten Pflege- und Betreuungsdiensten persönliche Assistentinnen* von großer Bedeutung (vgl. Dieckmann et al. 2016; Urban 2010; König & Leonhardt 2015; Seifert 2010). § 78 SGB IX regelt die Leistungen für Assistenz und verdeutlicht in Absatz eins, dass für den Bereich Wohnen gilt:

> »Zur selbstbestimmten und eigenständigen Bewältigung des Alltages einschließlich der Tagesstrukturierung werden Leistungen für Assistenz erbracht. Sie umfassen insbesondere Leistungen für die allgemeinen Erledigungen des Alltags wie die Haushaltsführung [...]« (§ 78 SGB IX, Absatz 1).

Rasch fasst die verschiedenen Finanzierungsmöglichkeiten für individuelle ambulante/inklusionsorientierte Wohnangebote zusammen und verdeutlicht, dass diese aus sehr unterschiedlichen Elementen der Leistungsberechtigung zusammengesetzt werden können. So spielen Leistungen zum Lebensunterhalt und Wohnen (Grundsicherung SGB XII) ebenso eine Rolle wie Teilhabeleistungen (Eingliederungshilfe SGB XII) und Leistungen zur Pflege (Behandlungspflege SGB V, Häusliche Pflegesachleistung § 36 SGB XI, Wohngruppenzuschläge § 38 SGB XI und Zusätzliche Betreuungsleistungen § 45 SGB XI durch den familienentlastenden Dienst). Ein Großteil der Leistungsansprüche kann in Form eines Persönlichen Budgets gewährt werden (vgl. Rasch 2016).

> »Damit sollen die Leistungsberechtigten einen größeren Einfluss auf die Ausgestaltung der Leistungen bekommen und ihr Wunsch- und Wahlrecht (§ 9 SGB IX) soll gestärkt werden. Das Persönliche Budget ist lediglich eine besondere Form der Leistungsausführung, aber keine zusätzliche Leistungsart« (ebd., 116).

Es gibt demnach eine Vielzahl an Leistungen und Rechtsansprüchen – dennoch schreitet der Paradigmenwechsel der 1990er Jahre noch immer nur langsam voran. Nur sehr sehr wenige Menschen, die als geistig behindert gelten, leben in inklusionsorientierten Quartieren. Ein Grund hierfür kann sein, dass das System der so genannten Behindertenhilfe »im öffentlichen Diskurs immer wieder unter Druck

---

161 Die Förderung erfolgt aus Bundesmitteln und ist bis zum 31. Dezember 2022 befristet.

[steht], die Leistungen, die der Gesetzgeber vorsieht, zu rechtfertigen« (Haubenreisser et al. 2018, 17). Problematisch erscheint des Weiteren, dass ein kluger, kreativer Umgang mit den zur Verfügung stehenden Ressourcen abseits von Versäulung und Standardisierung der Leistungen, wie er für eine inklusive Sozialraumorientierung nötig ist (vgl. Haubenreisser et al. 2018), nur zögerlich erfolgt. Im Zuge des Bundesteilhabegesetzes wird das Stichwort Personenzentrierung großgeschrieben. Unterstützungsleistungen sollen nicht mehr an Institutionen angegliedert sein, sondern sich an den je individuellen Bedarfen orientieren. Schäfers zeigt jedoch, dass sich durch die Regelungen des Bundesteilhabegesetzes eine tatsächliche Personenorientierung nicht umsetzen lässt (vgl. Schäfers 2016).

> »Eine angekündigte inhaltliche Weiterentwicklung von (Assistenz-)Leistungen im Sinne einer Individualisierung und Flexibilisierung der Hilfen ist im Entwurf des Bundesteilhabegesetzes kaum erkennbar: Einer personenzentrierten Reformlogik folgend wäre gewesen, Assistenz als Leistungsform zu verstehen und als Wahlrecht an die Person zu knüpfen, statt einen neuen Leistungstatbestand ›Assistenzleistungen‹ zu kreieren und ihn als Sammelbegriff für Leistungen zur sozialen Teilhabe neben andere Leistungsarten zu stellen« (Schäfers 2016, o. S.).

Auch hinsichtlich eines Wunsch- und Wahlrechts wird deutlich, dass institutionalisierte Grenzen nicht überwunden werden, weil jenes durch die Angemessenheit der Wünsche und der Verhältnismäßigkeit der verursachten Kosten relativiert wird. Damit kritisiert Schäfers, dass weiterhin alte schon etablierte Leistungen unter einem Deckmantel scheinbarer Verbesserung – aber einer tatsächlichen Re-Institutionalisierung – verkauft werden (vgl. Schäfers 2016).

# 5 Freizeit

Freizeit ist die Zeit, in der man tun und lassen kann, was einem Spaß und Freude macht. Sie kann jedoch aus verschiedenen Perspektiven heraus definiert werden. Eine Sichtweise auf Freizeit ist die Abgrenzung zu dem, was Freizeit nicht ist. In diesem negativen Freizeitbegriff ist Freizeit zu verstehen als das Gegenstück zu Arbeit, Verpflichtung und anderen Zwängen. Hingegen bedeutet einem positiven Begriff[162] folgend Freizeit vielmehr die frei zur Verfügung stehende Zeit für selbstbestimmt gewählte Tätigkeiten (vgl. Schiller & Holletzek 2019; Trescher 2015; Stöppler 2014; Opaschowski 2008). Opaschowski spricht von Lebenszeit, die durch unterschiedliche Grade an »Dispositionsfreiheit und Entscheidungskompetenz charakterisiert ist« (Opaschowski 1990, 86).

**Tab. 6:** »3 Zeitenmodell« der Lebenszeit in Anlehnung an Markowetz 2016

| Determinationszeit | Obligationszeit | Dispositionszeit |
| --- | --- | --- |
| Von äußeren Zwängen bestimmte Zeit mit wenig Handlungsspielraum, z. B. Schule, Arbeit, Krankheit | Gebundene Zeit für zweckbestimmte Tätigkeiten, z. B. Schlafen, Kochen, Arztbesuche, … | Frei verfügbare Zeit für subjektiv bedeutsame Aktivitäten, z. B. Urlaub, Hobby oder Ehrenamt ausüben |

»Freizeit als Raum der selbstbestimmten Gestaltungsfreiheit und mit offenem Zugang zu den gewünschten Freizeitaktivitäten« (Trescher 2016b, 37) ist ein Privileg. Die Bedeutung von Freizeit als wichtiger Teil unseres Lebens nimmt in der modernen Gesellschaft immer mehr zu (vgl. Trescher 2016a, Trescher 2015), sie ist ein wichtiger Generator von Sozialbeziehungen, da diese oft im Lebensbereich der Freizeit verankert werden und scheinbar ein enger Zusammenhang zwischen Möglichkeiten zur Freizeitgestaltung und der Entwicklung von sozialen Beziehungen besteht (vgl. Trescher 2016b; Markowetz 2016). Auch in Hinblick auf die Persönlichkeitsentwicklung und subjektiv empfundenen Lebensqualitäten hat Freizeit eine wichtige Bedeutung und weist gleichzeitig große Potentiale auf (vgl. Trescher 2015).

Vor diesem Hintergrund soll im Folgenden die Teilhabesituation von Menschen mit zugeschriebener geistiger Behinderung im Kontext der Freizeitmöglichkeiten

---

162 Für ein modernes Verständnis von Freizeit hat sich dieser positive Freizeitbegriff durchgesetzt.

dargestellt werden, um anschließend über Chancen einer sozialraumorientierten Freizeitgestaltung nachzudenken.

## 5.1 Teilhabesituation von Menschen mit zugeschriebener geistiger Behinderung

Aktuelle Forschungsergebnisse zum Freizeiterleben von Menschen, die als geistig behindert bezeichnet werden, gibt es nur sehr wenige. So wird dieses Forschungsfeld im Vergleich zu Arbeit und Schule sehr oft als ein Desiderat bezeichnet (vgl. Markowetz 2016, Trescher 2016a), sodass im Folgenden nur auf wenige Studien von Autorinnen* zurückgegriffen werden kann. Vorab sei angemerkt, dass Menschen, die als geistig behindert gelten, keine grundsätzlich anderen Ansprüche an Freizeit stellen als alle anderen auch. Dennoch können die individuellen Bedürfnisse an die eigene Freizeitgestaltung aufgrund vielfältiger *Barrieren* häufig nicht entsprechend erfüllt werden (vgl. Schuck 2019; Schweitl 2011; Markowetz 2006a; Markowetz & Cloerkes 2000). Trescher zeigt, »dass der Freizeitbereich vielfach zur Herausforderung für Menschen mit kognitiven Beeinträchtigungen wird, was vor allem aus einem komplexen Zusammenwirken unterschiedlicher Barrieren resultiert, die auf jeweils unterschiedlichen Ebenen angesiedelt sind« (Trescher 2018b, 148). Hierin angesprochene Barrieren, die Menschen mit Behinderungserfahrungen selbst äußern, sind: Die Zugänglichkeit von Informationen über Freizeitangebote, fehlende finanzielle Ressourcen sowie die Angewiesenheit auf andere Personen oder passende äußere Faktoren (vgl. Trescher 2015). Wenn man von Menschen ausgeht, die in stationären Wohnkontexten leben, spielt oft ein ungenügender Betreuungsschlüssel, um Freizeitangebote außerhalb der Einrichtung anbieten zu können, eine Rolle (vgl. Trescher 2018b). Gleichzeitig beeinflusst auch das Gefühl von Einsamkeit und sozialer Isolation den eigeninitiativen Zugang zu Freizeitangeboten (vgl. ebd.). Schuck macht deutlich, dass auch das Entscheiden-Können, was in der freien Zeit getan wird, oft durch institutionelle Betreuungseinrichtungen begrenzt und möglicher Weise nicht erlernt wurde (vgl. Schuck 2019). Schuck sieht ebenso in den individuellen Pflege- und Hilfebedarfen der Menschen mit zugeschriebener geistiger Behinderung einen Grund für die sowohl qualitativ als auch quantitativ eingeschränkten Freizeitangebote (vgl. ebd. 2019). Menschen mit Unterstützungsbedarfen verfügen oft über deutlich weniger Dispositionszeit, weil sie zum einen in Institutionen weniger frei über ihre Zeit verfügen können, zum anderen aber auch, weil sie aufgrund von Therapie- und Pflegebedarfen mehr Determinations- und Obligationszeit in Anspruch nehmen müssen. »Eine konkrete Trennung der Lebensbereiche Wohnen, Arbeit und Freizeit im Sinne des Normalisierungsprinzips wird im Alltag oftmals nicht erreicht« (Opaschowski 2008, 641). Opaschowski hat schon 1990 acht Freizeitbedürfnisse herausgearbeitet, die prinzipiell für alle Menschen gelten, bei deren Erfüllung Menschen mit Unterstützungsbedarfen jedoch in unterschiedlichem Maße benachteiligt sind (vgl. Markowetz 2000).

**Tab. 7:** Potenzielle Benachteiligungen im Erfüllen von Freizeitbedürfnissen von Menschen mit Behinderungserfahrungen (in Anlehnung an Markowetz 2000)

| Zielfunktionen | Bedürfnis nach ... | Benachteiligungen für Menschen mit Behinderungen |
|---|---|---|
| Rekreation | Erholung, Ruhe, Wohlbefinden, sexuelle Befriedigung | Abhängigkeit von anderen Menschen |
| | | Barrieren im Ausleben sexueller Bedürfnisse |
| Kompensation | Ausgleich, Ablenkung und Vergnügen | mangelnde Mobilität aufgrund von barrierevoller Umwelt |
| | | ungenügend Freizeitangebote |
| Edukation | Lernen in verschiedenen sachlichen und sozialen Handlungsebenen | geringe Auswahl an Bildungseinrichtungen |
| | | eingeschränkte Berufswahl |
| Kontemplation | Selbsterfahrung und Selbstfindung | Oft zugeteilte Pflegepersonen, Bevormundung |
| | | Isolation innerhalb einer nicht selbst gewählten Gruppe |
| Kommunikation | vielfältige soziale Beziehungen, Geselligkeit | Scheinbarer Rückgang des Kommunikationsbedürfnisses aufgrund von Frustrationserfahrungen |
| | | eingeschränkte Erreichbarkeit und Auswahl von Kommunikationspartnerinnen* |
| Integration | Zusammensein, Gemeinschaftsbezug, soziale Stabilität | Wechsel von Bezugspersonen ohne Berücksichtigung persönlicher Interessen |
| | | Diskriminierung und Isolierung in der Gesellschaft |
| Partizipation | Beteiligung, Mitbestimmung, Engagement | Fremdbestimmung durch Personen und Institutionen |
| | | Stellvertreterinnen* entscheiden |
| Enkulturation | kreative Entfaltung, produktive Beteiligung am kulturellen Leben | Möglichkeiten für kreative und produktive Freizeitgestaltung müssen erst geschaffen werden |
| | | Kulturelle Angebote häufig schwer erreichbar und barrierevoll. |

Dabei seien Markowetz zufolge die individuellen Zielfunktionen von Freizeit (Rekreation, Kompensation, Edukation und Kontemplation) weit weniger schwer zu realisieren als die gesellschaftlichen Zielfunktionen von Freizeit, die auf gesellschaftliche Teilhabe und Beteiligung abzielen (vgl. Markowetz 2000). Denn als Barriere werden immer wieder die Einstellungen des Umfelds, ein defizitärer Blick und geringe Erwartungen an die Fähigkeiten der Personen beschrieben (vgl. Trescher 2018b).

Hinzu kommt, dass aufgrund einer häufig institutionalisierten Wohnsituation »die Planung und Gestaltung des Lebensbereiches Freizeit zumeist der Verantwortung der jeweils zuständigen Versorgungsinstitution(en)« (Trescher 2016a, 99) obliegt. Es erfolgt eine »Vergemeinschaftung unter den Bewohnern«, nicht gefördert werden hingegen »potenzielle Vergemeinschaftungsprozesse über die Institutionsgrenze hinaus« (ebd.).

Schiller & Holletzek zeigen eindrücklich, wie abhängig Menschen in institutionellen Wohneinrichtungen häufig von den dort zur Verfügung gestellten Freizeitangeboten sind (vgl. Schiller & Holletzek 2019) und diese wiederum häufig nur solche Freizeitbeschäftigungen sind, »die von ihren Betreuern als sinnfüllte und nützliche Freizeitbeschäftigungen [...] eingeschätzt werden« (Puhr 2006, 136).

Selbstorganisierte Freizeitaktivitäten werden fast nur von Menschen durchgeführt, die in einer Außenwohngruppe leben (vgl. Schiller & Holletzek 2019).

## 5.2 Selbstbestimmte Freizeit und persönliche Assistenz

Im vorangegangenen Abschnitt wurde gezeigt, dass es für Menschen mit Behinderungserfahrungen aus vielerlei Hinsicht schwerer ist, freie Zeit im Sinne von Dispositionszeit mit einem hohen Maß an Selbstbestimmung zu gestalten (vgl. Opaschowski 2008 & Puhr 2006).

Selbstbestimmte Freizeit im Sinne von inklusiver Freizeit findet bisher noch sehr wenig statt und bedarf vielfältiger Unterstützungsleistungen auf verschiedenen Ebenen. Inklusion im Lebensbereich der Freizeit bedeutet Markowetz zufolge »uneingeschränkten Zugang und die vorbehaltlose Zugehörigkeit zu allen Freizeiteinrichtungen [...] und die selbstverständliche Teilhabe an Angeboten der Freizeitanbieter des sozialen Umfeldes, die dann allesamt auf die Freizeitbedürfnisse aller Menschen [...] einzugehen haben« (Markowetz 2016, 462).

Trescher (2015) zeigt, dass Menschen mit zugeschriebener geistiger Behinderung das Fehlen von inklusiven Freizeitangeboten kritisieren (vgl. Trescher 2015). 2016 macht er jedoch deutlich, dass Freizeiteinrichtungen »einer möglichen Aufnahme der Zielgruppe [zu einem verhältnismäßig großen Teil; d. A.] offen gegenübersteh[en; d.A.]« (Trescher 2016a, 109). Hierin sei ein »hohes Inklusionspotential« (ebd.) zu sehen, welches jedoch bisher nicht genutzt wird.

Ein Instrument, um einzelne Barrieren[163] zu überwinden und Freizeitangebote wahrnehmen zu können, ist die Nutzung von persönlicher Assistenz (▶ Kap. I, 1.3), welche »die Unterstützung durch eine Person bei behinderungsbedingten Unterstützungsbedarfen« (Conrad-Giese 2019, o. S.) darstellt, um eine selbstbestimmte Lebensführung sowie eine möglichst wirksame und gleichberechtigte Teilhabe zu gewährleisten. Markowetz sieht für den Freizeitbereich in der persönlichen Assistenz eine Möglichkeit, um Unterstützung zu leisten, 1. beim Zugang zu Informationen über Freizeitaktivitäten, 2. beim Finden einer passenden Auswahl und der Anmeldung, 3. beim Organisieren (Finanzierung, Fahrdienste) sowie 4. bei der Durchführung von pflegerischer Hilfe im Rahmen der Freizeitaktivität (vgl. Markowetz 2016). Laut § 76 SGB IX hat jede leistungsberechtigte Person Anspruch auf Assistenz zur kulturellen Bildung und Freizeitgestaltung im Sinne der Leistungen zur sozialen Teilhabe (vgl. Schiller & Holletzek 2019). Jedoch können gemäß § 116 SGB IX Assistenzleistungen nicht nur einer einzelnen Person, sondern mehreren Personen gleichzeitig zur Verfügung gestellt werden. Unter dem Stichwort »Gemeinsame Leistungserbringung« besteht so die Möglichkeit, Assistenzleistungen für Bildungsangebote zu poolen, so dass sie gleichzeitig von mehreren Personen genutzt werden sollen/müssen/können (vgl. Theben 2017).

> »Aber gerade der Kerngehalt des Begriffes der Assistenz, als wesentliche Leistung zur sozialen Teilhabe wird verkannt, auch mit den zuletzt vorgenommenen Abschwächungen, wenn es letztendlich doch dem Leistungsträger und nicht dem Leistungsberechtigten obliegt, wie er sein Leben organisiert. [...] Danach steht der Leistungsempfänger unter erheblichem Legitimationsdruck und muss gegenüber dem Leistungsträger große Teile seiner Lebensplanung offenlegen und begründen, um dann mehr oder weniger die Früchte seiner Bemühungen ›genießen‹ zu dürfen. Die Teilhabeleistungen werden so nicht als Nachteilsausgleich, sondern als Wohlfahrtsleistungen begriffen – entgegen dem politischen Bekunden in den parlamentarischen Debatten« (Theben 2017, o. S.).

Es bleibt aufgrund dessen zu hinterfragen, inwiefern inklusionsorientierte und selbstbestimmte Freizeitgestaltung für *Alle* in den derzeitigen Strukturen der institutionalisierten ›Behindertenhilfe‹ überhaupt realisierbar sind oder sein sollen. Vielmehr scheinen doch Instrumente der Sozialraum- und Personenorientierung immer wieder infrage gestellt zu werden.

---

163 Diese Barrieren sind Trescher zufolge eben gerade weniger manifest oder beruhend auf Vorurteilen bei denen die Freizeitangebote anbieten, sondern »scheinen diese (primär) anderweitig verortet zu sein« (Trescher 2016a, 109).

# 6 Alter

Deutschland erlebt seit einigen Jahrzehnten eine tiefgreifende Veränderung seiner Bevölkerungsstruktur. So verringert sich die Zahl der jüngeren Menschen immer mehr, während der Bevölkerungsanteil der älteren Menschen stetig zunimmt. Diese Phänomene einer sogenannten alternden Gesellschaft, die erst seit Mitte der 1990er Jahre vermehrt Beachtung finden, werden sich in den nächsten Jahren noch weiter beschleunigen und sowohl tiefgreifende soziale als auch politische Fragen aufwerfen.

Auch der Anteil von älteren und alten Menschen mit sogenannter geistiger Behinderung hat sich in Deutschland und in allen europäischen Ländern vergrößert. Das hängt mit dem genannten allgemeinen demografischen Wandel und in ganz erheblichem Maße mit der besseren gesundheitlichen Versorgung der Personengruppe zusammen. In Deutschland zeichnet sich dieses Bild vor dem Hintergrund der Vernichtung von Menschen (Kindern) mit Behinderungszuschreibung in der Zeit des Nationalsozialismus noch einmal deutlicher ab, und eine erste größere Generation von Seniorinnen* mit zugeschriebener geistiger Behinderung wächst heran. Die veränderte Altersstruktur stellt auch die Praxis der sogenannten Behindertenhilfe sowohl in Bezug auf eine strukturelle und organisatorische Umgestaltung als auch in der Professionsentwicklung vor neue Aufgaben. Genauso müssen die Belange von Menschen mit zugeschriebener Behinderung in einer modernen Gerontologie und Gerontopsychiatrie sowie in der Palliativpflege und -medizin bzw. der Hospizbewegung mitgedacht werden (Pitsch & Thümmel 2017). Auch hier halten die nur langsam voranschreitenden Entwicklungen kaum mit den aktuellen Altersveränderungen Schritt.

Die Lebensphase Alter birgt für alle Menschen große Veränderungen und Herausforderungen. Im folgenden Kapitel sollen diese vor dem Hintergrund besondernder biografischer Erfahrungen für Menschen mit der Zuschreibung einer geistigen Behinderung diskutiert werden. Des weitern möchte das Kapitel für altersbedingte Veränderungen und Erkrankungen sensibilisieren und entsprechende Forderungen an eine altersspezifische Gesundheitssorge formulieren.

Menschen mit zugeschriebener geistiger Behinderung laufen im Alter Gefahr, einer *doppelten Stigmatisierung* ausgesetzt zu sein und damit in verschiedenen Lebensbereichen, wie einem altersangemessenen Wohnen in vertrauter Umgebung, der Teilhabe an Bildung und der selbstbestimmten Gestaltung von freier Zeit, Benachteiligung zu erfahren.

## 6.1 Älterwerden und alt sein

Es ist zunächst festzustellen, dass die Alterungsprozesse bei Menschen mit zugewiesener geistiger Behinderung nicht grundsätzlich anders verlaufen und dass es große interindividuelle Unterschiede gibt, genauso wie bei Menschen ohne Behinderungszuschreibung auch (vgl. Wacker 2001 in Müller et al. 2016, 77).

In den verschiedenen Fachwissenschaften wird der Begriff des Alters unterschiedlich verwendet. Je nach Kriterium kann beispielsweise in das administrative, das rechtliche, das biologische und das soziale Alter unterschieden werden, weshalb es schwierig ist, den Beginn des Altseins konkret zu bestimmen. Eine Möglichkeit ist, den Zeitpunkt mit dem Ausscheiden aus dem Berufsleben und dem Eintritt in die Berentung zu markieren. Dieser ist für alle Menschen mit wesentlichen und prägenden biografischen Erfahrungen verbunden (vgl. Rüberg 1991; van Dyk 2015).

Sichtweisen und Einstellungen gegenüber dem Alter bzw. dem Altern werden durch gesellschaftlich geprägte Bilder bestimmt. Neben negativen Altersbildern, die Alter mit Vorstellungen von Unselbstständigkeit und Unterstützungsbedarf koppeln, gibt es in der heutigen Gesellschaft durchaus positive Altersbilder, die diesen Lebensabschnitt mit neuen Entwicklungschancen verknüpft sehen (vgl. Franz 2016). Der Prozess des Alterns und die Situation des älteren oder alten Menschen wird beeinflusst durch die eigene biografisch geprägte Lebenslage, gesundheitliche Aspekte, das Vorhandensein sozialer Netzwerke, die vorhandene Qualität der Unterstützung und die materielle Lage sowie Möglichkeiten des Wohnens und der Alltags- und Freizeitbeschäftigung (vgl. ebd.).

Menschen mit zugeschriebener geistiger Behinderung, die heute alt sind, haben in all diesen Bereichen Benachteiligung erfahren. Zu den gravierendsten gehören *Exklusionserfahrungen durch jahrzehntelange Hospitalisierung und damit verbundene Traumatisierungen unterschiedlicher Art* (vgl. Kreuzer 1996 in Havemann & Stöppler 2010). Einige haben die existentielle Bedrohung durch die Euthanasieverbrechen mittelbar oder unmittelbar miterlebt. Eine schulische Förderung erhielten viele Menschen erst ab den 1960er Jahren, in den neuen Bundesländern erst Anfang der 1990er Jahre nach der sogenannten Wende (vgl. Wacker 1999).

Gerade in den neuen Bundesländern wurden viele Menschen schon als Kinder in die psychiatrischen Anstalten aufgenommen, was dazu geführt hat, dass sie häufig über keinerlei familiäre Anbindung mehr verfügen. Auch weitere soziale Kontaktmöglichkeiten waren innerhalb der gesamten Biografie äußerst beschränkt. Aufgrund der ursprünglich vielfach geschlechtshomogenen Konzeption der Großeinrichtungen sind die meisten der heute älteren Menschen ohne die Erfahrung einer festen oder dauerhaften Partnerschaft (vgl. ebd.). Das Erleben von Generativität (vgl. Erikson 1997) bleibt fast allen heute alten Menschen verwehrt. Dies alles führt dazu, dass das soziale Netz im Alter immer kleiner wird (vgl. Jeltsch-Schudel 2009).

Der Blick auf die vielfältigen Benachteiligungen des Personenkreises kann leicht zu einer doppelten Stigmatisierung führen. ›Alt und behindert‹ zu sein wird möglicherweise gleichgesetzt mit mangelnder Leistungsfähigkeit, die mit einem geistigen und physischen Abbau verbunden ist. Das Alter von Menschen mit zugeschriebener geistiger Behinderung birgt aber, wie bei Menschen ohne Behinderungserfahrung, genauso Chancen und Entwicklungsmöglichkeiten. Es gilt hierzu, die Kompetenzen und Ressourcen der Person wahrzunehmen und eine geeignete Umgebung zu schaffen, unter denen sie die Entwicklungsaufgaben des Alterns bewältigen kann (vgl. Lindmeier & Oermann 2017).

Über die subjektiven Altersbilder von Menschen mit zugeschriebener geistiger Behinderung ist bislang nur wenig bekannt. Neben negativen Konnotationen, wie Krankheit, Gebrechlichkeit oder Angst davor, ›abgeschoben‹ zu werden, nehmen viele Menschen auch die Privilegien wahr, die mit zunehmendem Alter verbunden sind, wie nicht mehr zur Arbeit zu müssen und damit mehr Zeit für Freizeitaktivitäten zu haben (vgl. Dieckmann et al. 2015). Haveman & Stöppler (2010, 98) gehen davon aus, dass Altersbilder von Menschen mit zugeschriebener Behinderung – wie bei Menschen ohne Behinderungserfahrungen auch – sehr unterschiedlich sind und stark mit den »Lebenseinstellungen und -ansichten, dem Ergebnis des Lebenslaufs und den biologischen, psychischen und sozialen Lebensstrukturen zusammen (hängen)«.

## 6.2 Alter und Krankheit

Der Alterungsprozess von Menschen mit sogenannter geistiger Behinderung und die Risiken für bestimmte Krankheiten sind vor allem bezüglich ihrer Individualität nicht anders als bei Menschen ohne Behinderungszuschreibung. Allerdings treten insbesondere bei Menschen mit schweren und mehrfachen Behinderungen und bei verschiedenen Syndromen einige *chronische Krankheiten* häufiger auf und schreiten schneller voran (Havemann & Stöppler 2010; vgl. auch ▶ Kap. II, 4.2). Typische Alterserkrankungen, wie Diabetes und Herz-Kreislauferkrankungen, kommen bei Menschen mit zugeschriebener geistiger Behinderung genauso häufig vor. Von den hierfür ursächlichen Risikofaktoren, wie mangelnde körperliche Aktivität, ungesunde Ernährung, Übergewicht und Tabakkonsum, ist der Personenkreis gleichermaßen betroffen (vgl. Draheim 2006; Akker et al. 2006 in Dieckmann & Metzler 2013; Haveman & Stöppler 2010).

Eine typische Alterskrankheit ist die *Osteoporose*, die eine langsam abnehmende Knochendichte zur Folge hat und Knochen dünner und poröser werden lässt. Sie kommt bei Menschen mit zugeschriebener geistiger Behinderung, insbesondere mit Down-Syndrom, sehr häufig vor (Tyler et al. 2000 in Haveman & Stöppler 2010). Als Ursachen werden einerseits unzureichende Bewegungsmöglichkeiten bzw. -förderung, ein unzureichender Aufenthalt an frischer Luft und in der Sonne, andererseits eine calcium- und vitaminarme Ernährung sowie die Einnahme von Antiepileptika diskutiert (vgl. Seidel 2016). Viele dieser Bedingungen sind für Menschen charakteristisch, die viele Jahre in psychiatrischen Großeinrichtungen gelebt haben. Wegen der Abnahme der Knochendichte bei Osteoporose erhöht sich die Anfälligkeit für Brüche. Bei der Gruppe der nicht sprechenden Menschen ist ein großes Problem, dass Knochenbrüche, die spontan oder ohne feststellbare Einwirkung entstehen (sogenannte Spontanbrüche), manchmal stark verspätet festgestellt werden (vgl. Glick et al. 2005 in Haveman & Stöppler 2010).

Menschen mit cerebraler Bewegungsstörung, die sich lebenslang mit Infektionen der Atemwege, wie *Pneumonien, chronischer Bronchitis,* oder der Niere und der ableitenden Harnwege auseinandersetzen mussten und deshalb *vielfach Antibiotika* einnahmen, haben im Alter ein besonders hohes Risiko, sich mit multiresistenten Keimen zu infizieren.

Mit zunehmendem Alter kommt es bei Menschen mit zugeschriebener geistiger Behinderung wesentlich häufiger zum *Nachlassen der Sinnesfunktionen* Hören und Sehen. Sehr viele Menschen sind von Fehlsichtigkeit, Brechungsfehlern, Schielen und Trübungen der Linse (Katarakt) betroffen (vgl. Owens et al. 2006 in Dieckmann & Metzler 2013; Warburg 2001 in Havemann & Stöppler 2010). Insbesondere ältere Menschen mit Down-Syndrom sind im Vergleich zu Menschen mit anderen Behinderungszuschreibungen (19,2 %) mit einer sehr hohen Prävalenzrate (85,2 %) von ernsten Sehproblemen betroffen (vgl. van Schrojenstein Lantmann De Valk 1994 in ebd. 2010).

Problematisch ist, dass Mitarbeitende in Einrichtungen und auch Angehörige oft nicht ausreichend erfahren, informiert und sensibel sind, um Minderungen des Sehvermögens zu erkennen und effektive Hilfen anzufordern. Bei einer Studie in Großbritannien beurteilten Pflegekräfte und andere Mitarbeiterinnen\* das Sehvermögen bei etwas über der Hälfte der Bewohnerinnen\* als ›völlig normal‹, während weniger als 1 % nach einer augenärztlichen Untersuchung als ›normal‹ sehend eingestuft wurden (Kerr et al. 2003 in ebd.).

Der Verlust des Hörens wird ebenfalls häufig nicht oder zu spät diagnostiziert, da die Menschen selbst diesen erst spät bemerken bzw. die Veränderungen zunächst nicht als relevant interpretieren oder Verschlechterungen nicht mitteilen können. Auch die Außenwelt bezieht Hinweise wie Inaktivität und Abnahme des Sprechens nicht ursächlich auf den Hörverlust (vgl. ebd.). Analog zu den Sehproblemen übertrifft der altersbedingte Hörverlust bei Menschen mit Down-Syndrom wesentlich den der Menschen mit anderen Formen einer diagnostizierten geistigen Behinderung. Die Prävalenzraten von Hörverlust liegt bei ihnen schon unter 50 Jahren bei 64 % (vgl. Evenhuis et al. 2001 in Dieckmann & Metzler 2013). Deshalb fordern Fisher und Kettl jährliche Hör- und Sehtests für Menschen mit zugeschriebener geistiger Behinderung, beginnend ab dem 45. Lebensjahr (Fisher & Kettl 2005 in Dieckmann & Metzler 2010).

Bei Menschen mit zugeschriebener geistiger Behinderung nimmt die Häufigkeit *psychischer Erkrankungen* im Alter zu, bei den über 65-jährigen Menschen ist nach einer Studie jeder Fünfte betroffen (Fisher und Ketti 2005 in Schäper et al. 2010). Als Ursache dieser Zunahme sind eine unzureichende Förderung und psychosoziale Unterstützung über die gesamte Biografie sowie isolierende Bedingungen und Fremdbestimmung bei institutioneller Unterbringung zu diskutieren. Besonders betroffen sind Menschen, die viele Jahre in psychiatrischen Großanstalten zugebracht haben. Das Erleben sog. totaler Institution mit einer extremen Reglementierung, der Anwendung von Zwang und Gewalt sowie dem Erleben ständiger Entwürdigung hat bei vielen Menschen tiefe Traumatisierungen hervorgerufen (ebd.; ▶ Kap. II, 4.2).

Viele Menschen mit zugeschriebener geistiger Behinderung haben während ihrer gesamten Lebenszeit Medikamente eingenommen, was zu verschiedenen Spätschäden, beispielsweise von Leber und Niere führen kann (▶ Kap. II, 4.2). Außerdem müssen sie insbesondere im Alter deutlich häufiger im Krankenhaus behandelt werden. In der Altersgruppe 45–64 Jahre ist der Anteil in beiden Geschlechtern fast doppelt so hoch wie bei Menschen ohne Behinderungszuschreibung (vgl. Dieckmann & Metzler 2013, 87). Bezüglich einer Behandlung im Krankenhaus gelten die Ausführungen in Kapitel II, 4.2 (▶ Kap. II, 4.2).

Um den steigenden Bedürfnissen an pflegerischer und medizinischer Unterstützung von Menschen mit Behinderungszuschreibung im Alter gerecht zu werden, müssen Mitarbeiterinnen* einerseits über entsprechende Kompetenzen verfügen und wird andererseits die interprofessionelle Zusammenarbeit der verschiedenen Berufsgruppen wichtiger. Weiterhin ist es bedeutsam, dass Einrichtungen der Behindertenhilfe entsprechende Pflegestandards und Pflegerichtlinien implementieren und sich trägerübergreifend sowie regional mit den verschiedenen Dienstleistern des Gesundheitssystems vernetzen (vgl. Schäper et al. 2010; Dieckmann et al. 2013; Bundesvereinigung Lebenshilfe 2015; Franz 2016).

Eine weitere Forderung ergibt sich hinsichtlich der *Gesundheitsbildung*. Das Wissen über den eigenen Körper und seine Funktionsweise sowie das Erkennen von Krankheitszeichen und die Fähigkeiten gesundheitsbewusster Lebensführung herauszubilden, stellt eine lebensbegleitende Bildungsaufgabe dar, die sowohl in der schulischen Bildung als auch in der Erwachsenenbildung und in der Bildung im Alter einen wesentlichen Platz einnehmen muss.

Neue Studien zeigen, dass die Häufigkeitsrate für *demenzielle Erkrankungen* bei Menschen mit sogenannter geistiger Behinderung (Menschen mit Down-Syndrom ausgeschlossen) fünfmal höher ist als bei Menschen ohne Behinderungszuschreibung (vgl. Styrdom et al. 2013 in Müller et al. 2016). Hierzu werden unterschiedliche Risikofaktoren diskutiert wie angeborene Funktionseinschränkungen des Gehirns, häufige Schädel-Hirn-Traumen (beispielsweise durch Selbstverletzungen), eine unausgewogene Ernährung, mangelnde Bewegung sowie das erhöhte Auftreten von Depressionen und Epilepsien (ebd.).

Man unterscheidet verschiedene Arten von demenziellen Erkrankungen. Die häufigste Form ist die Alzheimer-Demenz, gefolgt von der vaskulären Demenz, bei der Durchblutungsstörungen zu einem degenerativen Hirnabbauprozess führen. Weiterhin kommen noch seltene Formen, wie die Parkinson-Demenz und die Lewy-Körper-Demenz, vor (vgl. Seidel 2016).

Allgemein gehören zum Krankheitsbild einer Demenz Gedächtnis- und Orientierungsstörungen, Sprachschwierigkeiten, Einschränkungen des Denk- und Urteilsvermögens, Veränderungen der Persönlichkeit sowie sozialer Rückzug und Apathie. Diese erschweren die Bewältigung des normalen Alltagslebens zunehmend und können diesen im weiteren Verlauf der Krankheit unmöglich machen (vgl. Havemann & Stöppler 2010; Wolff & Müller 2014). Demenzerkrankungen verlaufen in Stadien, die aber bei den verschiedenen Arten unterschiedlich lang sein können.

Bei Menschen mit Down-Syndrom tritt überproportional häufig die Alzheimer-Demenz auf. Coppus et al. (2006 in Dieckmann & Metzler 2013) stellen Prävalenzraten für die Altersgruppe der 50–54-jährigen Menschen mit Down-Syndrom von ca. 18 %, für die 55–59-jährigen von ca. 32 % und die über 60-jährigen von 36 % fest. Die Demenz tritt bei Menschen mit Down-Syndrom außerdem 20 bis 30 Jahre früher auf (vgl. Haveman & Stöppler 2010). Voß et al. (2007 in Wolff & Müller 2014) fanden bei 90 % der über 40-jährigen autopsierten Menschen mit Down-Syndrom Veränderungen, die auf eine Demenzerkrankung schließen ließen. Eine vertiefte Auseinandersetzung zu Fragen der hirnstrukturellen Veränderungen und Ursachendiskussion findet sich bei Haveman und Stöppler (2010).

Das Erkennen einer Demenz stellt eine Herausforderung dar, weil die zugeschriebene geistige Behinderung die Krankheit überlagern kann bzw. Äußerungsformen häufig dieser unterstellt werden.

Andere Erkrankungen, die sich unter Umständen ähnlich äußern, müssen zunächst ausgeschlossen werden. Dazu zählen beispielsweise die Parkinson-Krankheit, Depressionen oder eine Schilddrüsenunterfunktion, die bei Menschen mit Down-Syndrom häufig vorkommt. Auch eine sich entwickelnde Schwerhörigkeit kann zu großen Verständnisproblemen führen. Extremer Stress aufgrund von traumatischen Erlebnissen oder auch Medikamentenvergiftungen (in Form eines Delirs) können zu Symptomen wie Orientierungslosigkeit und Verwirrtheit führen (vgl. Haveman & Stöppler 2010).

Um zu einer wahrscheinlichen Diagnose einer (Alzheimer)Demenz und zum Ausschluss der o. g. Erkrankungen zu kommen, sind neben der Beobachtung weitreichende medizinische, neurologische und psychologische Untersuchungen nötig. Übliche Testverfahren, die ein Zahlen- und Sprachverständnis voraussetzen, sind für Menschen mit zugeschriebener geistiger Behinderung zumeist nicht geeignet.

Für Menschen mit Down-Syndrom wurden zwei Tests entwickelt, die allerdings nur in einer englischen Version vorliegen, die Dementia Scale for Down Syndrome (DSDS) von Gedye (1995) und das Dementia Questionaire for Mentally Retarded Persons (DMR) von Evenhuis et al. (1990, 1996 in ebd.). Bei beiden Verfahren handelt es sich um Fragebögen, die sich an Begleitpersonen richten und von diesen hinsichtlich praktischer Fähigkeiten und Fertigkeiten, räumlicher und zeitlicher Orientierung, Sprache und Interessen sowie Verhaltensveränderungen und -störungen beurteilt werden (vgl. ebd.).

Bei einer Untersuchung in Einrichtungen der Behindertenhilfe in Bremen und Niedersachsen wurde festgestellt, dass bei fast der Hälfte der Menschen mit zugeschriebener geistiger Behinderung und Demenz diese erst im Stadium 2 diagnostiziert wurde (vgl. Wolf, Müller 2013). Oft führen erst sogenannte ›Verhaltensstörungen‹, die im Alltag zu Belastungen der Mitarbeiterinnen* werden, zu einer Überprüfung bezüglich einer demenziellen Erkrankung (vgl. Styrom et al. 2009 in Müller et al. 2016).

Die Begleitung und Unterstützung von Menschen mit zugeschriebener geistiger Behinderung und einer Demenzerkrankung sind die gleichen, wie bei Menschen ohne Behinderungszuschreibung. Sie kann nur in interprofessioneller Zusammenarbeit zwischen Mitarbeiterinnen* aus Medizin (Geriatrie, Neurologie, hausärztlicher Versorgung), Pflege, Psychologie und Pädagogik gelingen.

Als zentrale Anliegen einer wirkungsvollen Intervention und interdisziplinären Kooperation formulieren Haveman und Stöppler (2010, 113):

- »de(n) Erhalt von bestehenden Fertig- und Fähigkeiten der Menschen mit Demenzerkrankungen,
- die Gewährleistung einer möglichst hohen Lebensqualität und Würde des Betroffenen und – sofern möglich –
- eine Erleichterung des Umgangs des Betroffenen mit Familienangehörigen und Betreuern«.

Für Menschen mit Demenz wurden in den letzten Jahren verschiedene Therapie- und Trainingsprogramme entwickelt, für die allerdings keine Erfahrung in der Anwendung bei Menschen mit zugeschriebener geistiger Behinderung bestehen. *Biografiearbeit* stellt einen wesentlichen Baustein für erfolgreiches Altern dar und ist gerade bei Demenz von besonderer Bedeutung. Sie hilft der Person ihre Identität zu stärken und Sicherheit im Gewohnten und Vertrauten zu finden (vgl. Lindmeier 2013). Menschen mit Demenz sind dabei besonders auf Bezugspersonen angewiesen, die ihnen helfen, Erinnerungen zu finden, zu bewahren und diese abzurufen.

Gärtner 2016 stellt Anforderungen an die Raum- und Umfeldgestaltung zusammen, die für Menschen mit zugeschriebener geistiger Behinderung und Demenz hilfreich sein können. Dazu gehören eine Farbgestaltung zur Orientierung, die Vermeidung akustischer Überreizung durch Medien, Wärme in den Räumlichkeiten, die Möglichkeit, soziale Nähe und Sicherheit zu erleben, die besonders bei zunehmendem Weglaufen, Unruhezuständen sowie Orientierungslosigkeit wichtig werden (vgl. Gärtner 2016). Ziel sollte es sein, eine *demenzsensible räumliche und soziale Umgebung* anzubieten, in der negative Empfindungen wie Angst, Einsamkeit und Verlassenheit vermieden werden (vgl. ebd.). Über den medikamentösen Einsatz bei Demenz bei Menschen mit zugeschriebener geistiger Behinderung gibt es bislang keine Wirksamkeitsstudien und nur wenige Erfahrungen (vgl. Schmidtke 2012 in Gärtner 2016).

Mitarbeiterinnen* in den Einrichtungen der Behindertenhilfe stehen aktuell massiv vor der Notwendigkeit, sich mit den neuen Herausforderungen im Umgang mit älteren Menschen mit Demenzerkrankung auseinanderzusetzen (vgl. Gusset-Bährer 2013; Müller & Kuske 2016). Das Wissen um Demenz und Konzepte des Umgangs mit der Erkrankung müssen deshalb unbedingt in praxisnahe Fortbildungen und Einzug in die Ausbildungscurricula der pädagogischen und pflegerischen Professionen halten (vgl. Wolff & Müller 2014; Müller et al. 2016).

Oft wird die Diagnose einer Demenz weder an den Menschen selbst noch an die Mitbewohnerinnen* herangetragen. Gründe hierfür sind ein vermeintlicher Schutz, aber auch Angst und Unsicherheit. Gövert et al. (2013), der eine Untersuchung bezüglich des Umgangs mit der Diagnose Demenz in Wohngruppen durchgeführt hat, fordert diese entsprechend den Möglichkeiten des Einzelnen sensibel, respektvoll und gegebenenfalls unterstützend zu kommunizieren. Für das Verständnis und die Akzeptanz schwieriger Verhaltensweisen von demenziell erkrankten Menschen ist dies eine wichtige Voraussetzung. Dazu müssen die Mitarbeiterinnen* allerdings entsprechend weitergebildet sein und entsprechende Materialien zur Hand haben (vgl. Gövert et al. 2013 in Müller et al. 2016). Lindmeier und Lubitz (2016) haben ein Curriculum zur Information und Schulung für Menschen mit zugeschriebener geistiger Behinderung entwickelt.

## 6.3 Übergang in den Ruhestand – Bildung im Alter

Die Altersstruktur in den Werkstätten für Menschen mit Behinderungen (WfbM) hat sich gegenüber den letzten Jahrzehnten verändert. Es gibt immer mehr Beschäftigte in der Altersklasse der 40 bis 50-Jährigen, die in den nächsten Jahren das Rentenalter erreichen werden (vgl. Haveman & Stöppler 2010). Die Arbeitstätigkeit in einer WfbM begleitet die Menschen oft über viele Jahrzehnte und stellt für sie einen wesentlichen Lebensbereich dar.

Für alle Menschen, unabhängig von einer Behinderungszuschreibung, ist der Austritt aus dem Arbeitsleben ein gravierender Schritt, der mit dem Verlust einer gewohnten Tagesstruktur, sinngebender Tätigkeit und sozialen Kontakten mit Kolleginnen* verbunden ist und deshalb unter Umständen zu Gefühlen des nicht mehr Gebraucht-Werdens und innerer Leere führen können.

Für Menschen mit zugeschriebener geistiger Behinderung geht dieser Schritt allerdings häufig noch mit weiteren Verlusten einher. Oft sind Bildungsmöglichkeiten oder Freizeitangebote mit dem Werkstattalltag verbunden und damit nicht mehr zugänglich (vgl. ebd.; Lindmeier & Oermann 2017). Weiterhin ist der Verlust sozialer Kontakte zu Arbeitskolleginnen* und Mitarbeiterinnen* gravierender, weil viele Menschen mit der Diagnose einer geistigen Behinderung oft nur auf wenige Bezugspersonen in der eigenen Familie und im Bekanntenkreis außerhalb der WfbM zurückgreifen können (vgl. Haveman & Stöppler 2010; Bundesvereinigung Lebenshilfe 2015). Ohne eine besondere Vorbereitung und Unterstützung kann dieser Übergang deshalb krisenhaft erlebt werden, das Selbstwertgefühl beschädigen und zu Frustration führen. Gusset-Bährer (2006) fordert deshalb einen geplanten Übergang von Menschen mit zugeschriebener geistiger Behinderung in den Ruhestand. Für diesen sieht sie drei aufeinanderfolgende Phasen:

1. *Die Phase der Planung oder Antizipation des Ruhestandes:* Bereits im frühen Erwachsenenalter sollten Hobbys und Interessen bestärkt und gepflegt werden. Innerhalb von Erwachsenenbildung ist auf zentrale Themen des Alters, beispielsweise im Bereich Wohnen, Freizeit und körperliche Veränderungsprozesse, einzugehen. Weiterhin sollten Kompetenzen zur Gestaltung eines selbstbestimmten Ruhestandes durch Methoden der persönlichen Zukunftsplanung herausgebildet werden (vgl. ebd.).
2. *Entscheidungsprozesse für den Eintritt in den Ruhestand:* Die Person sollte hier einbezogen werden und den Zeitpunkt selbst bzw. zumindest mitbestimmen.
3. *Anpassung an den Ruhestand:* Es sollten Aktivitäten und Hilfen angeboten werden, die zu einem angenehmen Erleben des Ruhestandes führen. Dazu gehören Angebote zur Gestaltung einer Tagesstruktur, Schaffen von Hilfen zur Alltagsbewältigung, Bereitstellung von Angeboten sinnvoller Beschäftigung, Freizeitgestaltung, Ermöglichung von sozialen Kontakten, Erhalt der vertrauten Wohnumgebung und Möglichkeiten, sich mit der eigenen Biografie auseinanderzusetzen (vgl. ebd.).

Genauso wie für Menschen ohne Behinderungszuschreibung kann es für Menschen mit Behinderungsdiagnose hilfreich sein, den Übergang in den Ruhestand fließender und schrittweiser zu gestalten. Dies kann beispielsweise durch eine Anpassung von Arbeitsplätzen oder Arbeitszeiten ermöglicht werden (vgl. ebd., Pitsch & Thümmel 2017). Folgende Veränderungen sind möglich:

- Einrichtung separater Arbeitsgruppen für angehende Rentnerinnen*
- Verlängerung bzw. Vermehrung von Pausen bei gleicher Wochenarbeitszeit
- Verringerung der wöchentlichen Arbeitszeit auf unter 35 Stunden bzw. ein späterer Arbeitsbeginn bzw. früheres Arbeitsende
- Beschaffung von speziellen Hilfsmitteln und Adaptionen am Arbeitsplatz
- Reduzierung alterskritischer Anforderungen, wie Heben, Tragen, Hitze
- Ausgleichsübungen am Arbeitsplatz (Pitsch & Thümmel ebd.).

In den letzten Jahren wurden einige Studien über die Bedarfe, Ängste und Unsicherheiten von Menschen mit zugeschriebener geistiger Behinderung bezüglich ihres bevorstehenden Ruhestandes durchgeführt. Dazu gehören beispielsweise die Studie von Skiba 2003: »Vorbereitung auf den Ruhestand bei geistiger Behinderung« und das Modellprojekt »Zwischen Arbeit und Ruhestand« (ZWAR) von Hustede et al. (2004). Ein Dissertationsprojekt von Gusset-Bährer 2004: »Dass man das weiterträgt, was älteren Menschen mit geistiger Behinderung wichtig ist: ältere Menschen mit geistiger Behinderung im Übergang in den Ruhestand« sowie das Modellprojekt »Neuland entdecken« vom Landesverband für Körper- und Mehrfachbehinderte NRW (vgl. Hollander & Mair 2004) bilden diese unter anderem ab.

In den Ergebnissen wurden von Menschen mit sogenannter geistiger Behinderung Zukunftsängste im Alter bezüglich gesundheitlicher Probleme, eingeschränkter Mobilität und höherem Hilfebedarf geäußert. Hinsichtlich des Übergangs in den Ruhestand nannten sie sowohl Wünsche nach verkürzter Arbeitszeit, aber auch Weiterführung von Arbeitstätigkeit nach dem Erreichen des 60. bzw. 65. Lebensjahres. Weiterhin wurden Sorgen bezüglich des Verlusts von sozialen Kontakten formuliert, vielen Menschen fehle eine Alternative zur WfbM und das Angebot an Freizeitaktivitäten wäre nicht ausreichend, um diese Lücke zu schließen. Einige äußerten auch ihre Ängste, nach dem Ruhestand die gewohnte Wohnumgebung verlassen und in ein Altenheim ziehen zu müssen (vgl. Haveman & Stöppler 2010; Bundesvereinigung Lebenshilfe 2015).

Eine aktuelle Aufgabe der Eingliederungshilfe besteht demzufolge darin, die Menschen nach dem Ausscheiden aus der Werkstatt bzw. Tagesförderstätte bei einer befriedigenden Tagesgestaltung zu unterstützen. Da Angebote für Menschen mit Behinderungzuschreibung im Alter durch den demografischen Wandel erst in den letzten 20 Jahren an Bedeutung gewannen, sind in manchen Bundesländern noch keine oder nur sehr unzureichende Leistungs- und Vergütungsvereinbarungen geschlossen worden. In vielen Einrichtungen der Eingliederungshilfe sind die Kostensätze für eine angemessene individuelle Begleitung im Alter nicht ausreichend (vgl. Lindmeier & Oermann 2017). Tagesstrukturierende Angebote für Seniorinnen* haben das Ziel, Teilhabe zu sichern. Dieses Recht wird trotz eindeutiger rechtlicher Lage gelegentlich in Frage gestellt. Besonders gravierend zeigt sich das in der Tendenz, Menschen mit Behinderungen und erhöhtem Pflegebedarf ausschließlich auf Pflegeleistungen zu verweisen und sie in Pflegeheime nach SGB XI oder in spezielle

Wohngruppen mit Versorgungsvertrag nach SGB XI in Einrichtungen der Eingliederungshilfe zu platzieren und sie damit von Teilhabeleistungen auszuschließen (vgl. ebd.). Es ist unbedingt zu betonen, »dass Menschen mit Behinderungen Eingliederungshilfe lebenslang benötigen und der Anspruch auf Eingliederungshilfe mit dem Ziel der Sicherstellung der sozialen Teilhabe nie aufhört, unabhängig vom Ausmaß eines (zusätzlichen) Pflegebedarfs« (Schäper 2009, 219).

Gegenwärtig sind tagesstrukturierende Maßnahmen zumeist als ganztägige Gruppenangebote mit Verpflichtungscharakter und eingebunden in die jeweilige Einrichtung organisiert. Sie sind oft den Gegebenheiten von Tagesförderstätten angeglichen oder erfolgen integriert im Rahmen des Wohnangebots (vgl. Franz 2016). Damit wird eine freiwillige selbstbestimmte Tagesgestaltung der Seniorinnen*, die individuelle Bedarfe und Interessen berücksichtigt, verhindert (vgl. Lindmeier & Oermann 2017).

Dieckmann et al. (2013) empfehlen ein flexibles Rahmenmodell, das sich von Beginn an stärker an der Unterstützung individueller Lebensstile im Alter orientiert und vielfältige individuell nutzbare Angebote auch außerhalb der Einrichtung enthält. Menschen mit zugeschriebener geistiger Behinderung sollten im Alter Wahlmöglichkeiten zur Teilnahme an Angeboten offen gehalten und transparent gemacht sowie diese gemeinsam mit ihnen geplant werden (vgl. Dieckmann et al. 2013). Die Vielfalt bezieht sich sowohl auf die Intensität der Teilnahme als auch auf die thematische Ausrichtung. Angebote sollten sich auf Themen der (Selbst)Versorgung, sozialen Kontakte, Freizeit, Gesundheit oder Bildung beziehen. Auch die Organisation sollte sowohl in festen oder variablen Gruppen als auch im Rahmen einer Einzelbegleitung in oder außerhalb der Wohnung möglich sein (vgl. ebd.; Lindmeier & Oermann 2017). Weiterhin sollten Angebote für Menschen mit und ohne Behinderungszuschreibung offen sein und in Kooperation mit verschiedenen Anbietern, wie beispielsweise anderen Trägern der Behindertenhilfe, der Altenhilfe oder der Kirchengemeinde, ermöglicht werden, was nicht ausschließt, dass es spezifische Angebote nur für den Personenkreis gibt (vgl. Dieckmann et al. 2013; Franz 2016).

Lindmeier und Oermann (2017) weisen darauf hin, dass auch Menschen, die bei ihren Eltern oder Angehörigen bzw. sozialhilferechtlich selbstständig leben, bei Angeboten der Tagesstrukturierung im Alter mitgedacht werden müssen. Auch Menschen mit sogenannten schweren Behinderungen stehen in der Gefahr, hiervon ausgeschlossen zu werden (vgl. Schu et al. 2014 in Franz 2016).

Viele Menschen im Alter suchen nach ihrer Berufstätigkeit neben verschiedenen Freizeitaktivitäten auch nach Möglichkeiten von Bildung. Neben dem Bedürfnis, sich mit interessierenden Bereichen aus »freien Stücken« auseinandersetzen zu können, kann Bildung auch den Brückenschlag zum nachberuflichen Lebensabschnitt erleichtern und neue soziale Kontakte befördern.

Für Menschen mit Behinderungszuschreibung ist das Recht auf lebenslange, auch inklusive Formen von Bildung in der UN-Konvention über die Rechte von Menschen mit Behinderungen im Artikel 24 festgeschrieben (▶ Kap. II, 3.1). Viele Menschen, die heute alt sind, wurden in der Vergangenheit von Bildungsangeboten ausgeschlossen, weil ihnen Bildbarkeit abgesprochen wurde bzw. als sehr begrenzt galt. Nach einer Etablierung der Erwachsenenbildung ab den 1970er Jahren, zunächst in einrichtungsinternen und später zum Teil auch inklusiven Settings, entwickelten sich in den letzten Jahren auch Bildungsangebote für die Gruppe der älteren Menschen mit zugeschriebener geistiger Behinderung (vgl. Dieckmann et al. 2015).

Lindmeier und Oermann (2017) weisen der Bildung im Alter unterschiedliche Funktionen zu. Neben Bildung im eigentlichen Sinne, in der es wesentlich um die Vermittlung von Wissen geht, nennen sie die Orientierung beispielsweise auf neu zu bewältigende Aufgaben und den damit verbundenen Rückblick sowie die Selbstreflexion. Weiterhin gilt es, Entwicklungen zu meistern, wie neue Rollen zu übernehmen und gelungene und weniger gelungene Lebensanteile anzunehmen. Eine weitere Aufgabe besteht darin, gesundheitliche Probleme und Erkrankungen zu bewältigen und den Verlust von nahestehenden Menschen zu verkraften. Ein weiteres Bildungsziel ist der Erhalt von Kompetenzen. Dabei geht es neben der größtmöglichen Sicherstellung von Autonomie darum, handlungsfähig zu bleiben im gegebenen Umfeld.

Vor allem bieten die in den letzten Jahren entstandenen Konzepte der Biografiearbeit wichtige Ansatzpunkte sowohl für eine lebenslaufbezogene als auch eine lebensweltorientierte Begleitung, die Widerstandsressourcen stärkt (vgl. ebd.). Eine biografische Aufarbeitung im Sinne einer positiven Rückbesinnung auf gelungene Ereignisse des Lebens kann die Bewältigung früherer Erfahrungen von Ausgrenzung und Mangel an sozialer Anerkennung und Selbstwirksamkeit der heute älteren Menschen unterstützen. Insofern wird der Prozess des positiven Zurückblickens auf das eigene Leben und des Sinnfindens unterstützt (vgl. Dieckmann et al. 2015; Pitsch & Thümmel 2017).

Ein weiteres wichtiges Feld der Erwachsenenbildung ist die Auseinandersetzung mit den Grenzen des Lebens (Schäper et al. 2010). Damit Menschen mit sogenannter geistiger Behinderung diesen Lebensabschnitt aktiv mitgestalten können, sind Bildungsangebote erforderlich, die eine Auseinandersetzung mit der eigenen Endlichkeit und dem eigenen Sterben ebenso ermöglichen wie mit der von nahen Bezugspersonen, Freunden und Angehörigen. Zudem gilt es, Menschen durch frühzeitige Angebote der Auseinandersetzung mit eigenen Wünschen und Präferenzen in die Lage zu versetzen, sich an Entscheidungsprozessen für das Lebensende aktiv zu beteiligen (ebd.; ▶ Kap. II, 4.1; III, 6.5).

Als Settings von Bildung, die Seniorinnen* eröffnet werden sollten, nennen Lindmeier und Oermann (2017) das unsystematische Lernen im Alltag, beispielsweise durch informelle Gespräche, und das Lernen in Organisationen. Angebote organisierten Lernens sollten überwiegend bei allgemeinen Bildungsanbietern verortet sein. Bildungsbedarfe, die sich aus Besonderheiten der Biografie und der Lebenssituation von Menschen mit zugeschriebener geistiger Behinderung ergeben, sollten hingegen durch Träger der Einrichtungen bedient werden (vgl. ebd.).

Ein Beispiel für ein Bildungsangebot für Menschen mit zugeschriebener geistiger Behinderung im Alter stellt der Lehrgang »Selbstbestimmt Älterwerden« (Haveman & Michalek 1998 in Haveman 2000, 56 f.) dar. Im Rahmen des Forschungsprojekts »Anders alt?!« wurde das Erwachsenenbildungsangebot »Mit 66 Jahren ...« zum Übergang in den Ruhestand entwickelt (vgl. Lindmeier & Windheuser 2012; Lindmeier & Oermann 2017). Wesentliche Ziele des Kurses sind die Stärkung biografischer Kompetenz und die Entwicklung konkreter Perspektiven für das Leben im Ruhestand.

## 6.4 Wohnen im Alter

In den Wohneinrichtungen der Eingliederungshilfe wird sich die altersmäßige Zusammensetzung in den nächsten Jahren weiter verschieben und der Anteil der über 60-Jährigen stark ansteigen (Müller et al. 2016). Angemessene Lebensbedingungen und eine anregende Wohnumgebung sind eine wichtige Voraussetzung für ein würdevolles Altern und den Erhalt persönlicher Lebenszufriedenheit. Nach der Pensionierung verbringen Menschen mehr Zeit in ihrer Wohnung, was die Notwendigkeit einer bedürfnisgerechten Wohnform noch unterstreicht (vgl. Haveman & Stöppler 2010, ▶ Kap. III, 4.2). Alle Seniorinnen* haben generell das Anliegen, in vertrauter Umgebung unter Beibehaltung gewachsener sozialer Beziehungen zu leben, Hilfen bei der Tagesstrukturierung zu erhalten, im Krankheits- und Pflegefall von vertrauten Personen gepflegt zu werden und eine ausreichende wirtschaftliche Grundlage zu haben (vgl. BMA/Bundesministerium für Arbeit und Sozialordnung 1998 in ebd.). Der Verlust einer über Jahre bzw. Jahrzehnte vertraut gewordenen sozialen und räumlichen Struktur kann für alle Menschen im Alter, unabhängig einer Behinderungszuschreibung, zum kritischen Lebensereignis werden, das unter Umständen nur schwer bewältigt werden kann (vgl. Gärtner 2016).

Ein nicht unbeträchtlicher Anteil von Menschen mit sogenannter geistiger Behinderung wohnt aus unterschiedlichen Gründen auch im Alter bei seinen Eltern, über die genauen Zahlen ist nichts bekannt. Oft wird erst bei Krankheit oder dem Tod der ›alten Eltern‹ eine alternative Wohnform gesucht (vgl. Haveman & Stöppler 2010; Lindmeier & Oermann 2017).

Die Eltern belasten oft Fragen hinsichtlich der gesetzlichen Betreuung sowie finanzieller Aspekte, und sie machen sich Sorgen bezüglich einer guten pflegerischen und psychosozialen Versorgung ihrer Kinder, wenn sie die Begleitung nicht mehr leisten können. Außerdem schrecken sie die häufig langen Wartelisten in den Wohneinrichtungen ab (vgl. Haveman & Stöppler 2010). Ein weiteres Problem kann darin bestehen, dass Menschen mit zugewiesener geistiger Behinderung, die bis zum Renteneintritt zu Hause oder selbstständig gewohnt haben, im Alter nicht mehr in Wohneinrichtungen der Eingliederungshilfe aufgenommen werden und dann nur ein Alters- oder Pflegeheim als Lebensort bleibt (vgl. Pitsch & Thümmel 2017).

Wenn bei schwerer Erkrankung oder dem Tod der Eltern überstürzt Entscheidungen getroffen werden müssen, kann das zu Überforderung und Traumatisierung bei allen Beteiligten führen. Aus der Not heraus müssen dann oft unbefriedigende Lösungen hingenommen werden, die Eltern und Angehörige stark belasten und zu schweren Schuldgefühlen führen können.

Trotz aller Normalisierungs-, Integrations- und Selbstbestimmungsbestrebungen leben bis heute insbesondere Menschen mit geistiger Behinderung, die 60 Jahre und älter sind, vor allem in stationären Wohneinrichtungen (vgl. Dieckmann et al. 2013). Weiterhin wird Menschen im Alter und bei steigendem Unterstützungsbedarf häufig nahegelegt, von einer ambulanten Wohnform in ein stationäres Wohnheim zu ziehen, was oft nicht deren Wünschen entspricht und im Sinne der UN-Behindertenrechtskonvention rechtlich fragwürdig ist (ebd.).

Andere problematische Entwicklungen bestehen in der Umwandlung von Heimen der Eingliederungshilfe bei steigendem pflegerischen Bedarf ihrer Bewohnerinnen* im Alter in stationäre Pflegeeinrichtungen. Weiterhin kommt es immer wieder vor, dass Menschen mit zugewiesener geistiger Behinderung in Altenheimen fehlplatziert und in sehr viel jüngeren Jahren als alte Menschen ohne Behinderungserfahrungen in diese aufgenommen werden. Ihre Bedarfe können hier nur wenig und sehr einseitig berücksichtigt werden (vgl. ebd.).

Es kann auch sein, dass sich für einige Menschen mit dem Erreichen des Rentenalters die Frage nach einem neuen Lebensort stellt. Es gibt nämlich auch stationäre Wohnangebote, die an eine Beschäftigung in einer Werkstatt gekoppelt sind (sog. Werkstattwohnstätte). Der gleichzeitige Verlust von Arbeits- und Wohnumfeld kann für eine Person eine schwerwiegende Belastung darstellen (vgl. Bundesvereinigung Lebenshilfe 2015).

Menschen im Alter haben in jedem Fall das Recht auf gemeindenahe und ambulant betreute Wohnformen (▶ Kap. III, 4.2). Damit dies möglich sein kann, müssen unterstützende Dienste ihre Angebote an die Bedarfe der Bewohnerinnen* anpassen. Hierzu gehören, wie bei allen Menschen im Alter auch, hauswirtschaftliche Hilfen, Mobilitätshilfen und eine qualifizierte pflegerische Unterstützung (vgl. Dieckmann et al. 2013). Dies sollte durch eine Kombination aus ambulanten Leistungen der Eingliederungshilfe und ambulanten Leistungen der Pflegeversicherung gemäß des Pflegegrades von Bewohnerinnen* möglich sein.

Es muss Ziel sein, eine Quartiersentwicklung voranzutreiben, die Lebensräume entsprechend der Bedarfe der Menschen schafft, in der ein wertschätzendes gesellschaftliches Umfeld vorhanden ist, das die Teilnahme an den örtlichen Angeboten bzw. Aktivitäten ermöglicht sowie soziale Kontakte fördert und die für eine räumliche Infrastruktur und bedarfsgerechte Wohnangebote und für wohnortnahe Beratungs- sowie Dienstleistungen sorgt (vgl. Bundesvereinigung Lebenshilfe 2015). Dazu gehört beispielsweise auch die Identifizierung und Beseitigung mobilitätsspezifischer Barrieren, wie kaum begehbare Straßen und Fußwege, Treppen, Schwellen und Rampen, aber auch fehlende Orientierungshilfen auf öffentlichen Plätzen, zu kurze Ampelphasen, nicht lesbare Fahrpläne sowie schwierige Einstiege in Bus und Bahn (vgl. Rehberg 2012 in Pitsch & Thümmel 2017). Diese bewirken nicht selten die Ausgrenzung und Verhinderung der Teilnahme am öffentlichen Leben, wodurch gerade Menschen mit zugeschriebener Behinderung im Alter hinsichtlich ihrer räumlichen Mobilität abhängig von Bezugs-, Betreuungs- und Assistenzpersonen werden (vgl. ebd.).

Besondere Herausforderungen entstehen für Wohneinrichtungen aus der Betreuung demenziell erkrankter Menschen. Auf die Frage nach adäquatem Wohnen für diesen Personenkreis gibt es wenig Erfahrungswissen und unzureichende empirische Untersuchungen (vgl. Müller et al. 2016, 82). Die Wohnumwelt sollte in jedem Fall nach Kehr (2007 in ebd.) ruhig, stressfrei, vorhersagbar und sinnvoll, familiär, angemessen, stimulierend und sicher sein. In der Praxis werden hier verschiedene Wohnmodelle diskutiert; entweder wird die gewohnte Umgebung demenzgerecht angepasst oder es werden, je nach Stadium, Wohneinheiten innerhalb einer Einrichtung bedarfsgerecht umgestaltet (vgl. Gärtner 2016, 223). Die meisten Mitarbeiterinnen* der Wohneinrichtungen sind motiviert, ältere Menschen mit

Demenz möglichst lange, vorzugsweise bis zu ihrem Tod, zu begleiten (vgl. ebd.). Allerdings müssen seitens der Leistungsträger die entsprechenden Ressourcen bereitgestellt werden, um bedarfsgerechte Settings und Strukturen zu schaffen.

## 6.5 Sterben, Tod und Trauer

Die Themen Sterben, Tod und Trauer sind gesamtgesellschaftlich nach wie vor mit großen Tabus, Ängsten sowie Hilf- und Sprachlosigkeit verbunden. Mit zunehmendem Alter müssen sich aber alle Menschen damit in Bezug auf das Sterben und den Tod von Angehörigen, Freunden und Bekannten, aber auch mit Fragen der eigenen Betroffenheit auseinandersetzen. Menschen mit und ohne Behinderungszuschreibung erleben mehr oder weniger schmerzhaft das Nachlassen von Kräften, die Entwicklung altersbedingter Krankheiten sowie die Begrenztheit des eigenen Lebens.

Als besondere Herausforderung für Menschen mit zugeschriebener geistiger Behinderung nennen Dieckmann et al. (2013), dass Verluste von nahestehenden Personen häufiger mit großen Veränderungen des Alltagslebens sowie von Wohn- und Unterstützungsarrangements und Verschiebungen im sozialen Netzwerk einhergehen.

Von den Themenfeldern Sterben, Tod und Trauer hat man Menschen mit sogenannter geistiger Behinderung lange ausgeschlossen, weil man ihnen unterstellt hat, dass sie kaum Vorstellungen darüber entwickeln können und sich deshalb wenig damit auseinandersetzen (vgl. Haveman & Stöppler 2010). Häufig erfahren sie auch sogenannte *sozial aberkannte Trauer*. Ihnen wird Trauer abgesprochen, indem das soziale Umfeld den Verlust, die Todesumstände und/oder die Art und Weise der Trauer bewertet. »Der versteht das doch gar nicht« (Paul 2012 in Krause & Schroeter-Rupieper 2018) ist in Bezug auf Trauernde mit Behinderung oft zu hören. Unterschiedliche Veröffentlichungen zeigen allerdings, dass viele Menschen mit zugeschriebener geistiger Behinderung das Bedürfnis haben, über den Tod und das Sterben zu sprechen und auch ganz konkrete Vorstellungen und Wünsche äußern können (vgl. Franke 2012; Buchka 2012; Bruhn & Straßer 2014).

Mitarbeiterinnen* und Angehörige meiden diese Themen oftmals aus dem Impuls heraus, Menschen mit zugeschriebener geistiger Behinderung vor der Wahrheit und dem Schmerz der Trauer schützen zu wollen. Dementsprechend werden sie häufig nicht informiert, wenn Angehörige oder Mitbewohnerinnen* im Sterben liegen oder sie können nicht an Trauerfeiern und Beerdigungen teilnehmen. Damit wird ihnen die Möglichkeit der schmerzhaften und konflikthaften, aber unvermeidlichen Auseinandersetzung mit Tod und Trauer sowie die Chance, sich von einem geliebten Menschen zu verabschieden und in einen Trauerprozess einzutreten, verwehrt (vgl. Zabel 2013).

Menschen mit zugeschriebener geistiger Behinderung haben in sehr unterschiedlichem Maße ein Verständnis vom Tod. Nicht alle verfügen über ein sogenanntes vollständiges Todeskonzept, das eine Erkenntnis der Nicht-Funktionalität, Irreversibilität und Universalität einschließt. Haveman und Stöppler (2010) weisen allerdings kritisch auf den Zusammenhang zwischen der Vollständigkeit des Todeskonzepts und den diesbezüglichen *konkreten Erfahrungen mit dem Tod und dem Sterben* sowie den Möglichkeiten der *Teilhabe an den entsprechenden Ritualen* hin, die ein Mensch biografisch machen bzw. haben konnte.

Um das Todeskonzept von Menschen mit Behinderungen zu erfassen, hat Franke (2012) 14 Personen zu den verschiedenen Aspekten des Todeskonzepts befragt. Als Fazit formuliert sie: »Insgesamt wurde in den Gesprächen deutlich, dass die befragten Menschen mit geistiger Behinderung eine Vorstellung von Sterben und Tod entwickelt haben und sehr gut darüber und über ihre Beobachtungen und Erfahrungen sprechen konnten« (Franke 2012, 336).

Über die Ängste und Bedenken, mit Menschen mit zugeschriebener geistiger Behinderung über die Themen Sterben und Tod ins Gespräch zu kommen, schreibt sie:

> »Die Angst, Menschen mit geistiger Behinderung mit einem neuen, schwierigen Thema zu konfrontieren, ist unbegründet. Sie sind längst mit diesem Thema vertraut. Die Frage sollte sein, wie sie mit diesem Thema vertraut sind: was sie denken, was sie fühlen, worauf sie hoffen« (Franke 2012, 335).

Wenngleich es gesellschaftlich geprägte Vorstellungen darüber gibt, welche Trauer als angemessen gilt und wie lange Trauer dauern sollte (und verschiedene Trauermodelle entwickelt wurden), hat Trauer sehr individuelle und unterschiedliche Gesichter. Bei Menschen mit zugewiesener geistiger Behinderung sind alle üblichen Trauerreaktionen, wie beispielsweise Weinen, Aggressionen und gesundheitliche Störungen, vorhanden (vgl. Buchka 2012). Trauer ist zu einem Teil an das Verbalisieren von Gefühlen gebunden, was von Menschen mit zugeschriebener geistiger Behinderung nicht immer geleistet werden kann (vgl. Haveman & Stöppler 2010). Insofern kann sich Trauer anders zeigen, manchmal in körperlichen Reaktionen, aber auch in Verhaltensveränderungen, die vom Umfeld möglicherweise als ›Verhaltensstörungen‹ wahrgenommen werden und nicht mit einer Trauerreaktion in Verbindung gebracht werden. Bosch (2009) beschreibt auf der Grundlage von Praxisbeispielen Reaktionen auf Verluste: Einige Menschen reagieren zunächst (scheinbar) überhaupt nicht, zeigen aber Monate oder Jahre später sogenannte auffällige Verhaltensweisen. Andere Menschen reagieren scheinbar kühl und nüchtern, weil es ihnen möglicherweise an Ausdrucksmöglichkeiten für ungewohnte Gefühle fehlt, wieder andere reagieren mit irritierenden oder unangemessenen Äußerungen und Fragen (ebd.).

Wichtig ist, dass Trauer von Menschen mit zugeschriebener geistiger Behinderung wahr- und ernstgenommen und davon ausgehend sensibel begleitet wird. Zabel (2013, 137) verweist auf vier Elemente, die in der Begleitung von Trauernden von Bedeutung sind. Trauer benötigt:

- »Struktur, z. B. eine Trauerfeier, ein Abschiedsritual o. a.;
- Zeugen, also Menschen, die diese Trauer wahr- und ernstnehmen;
- Ausdruck, einen Ort oder einen Gegenstand, der die Trauer symbolisiert – ein Grabstein, ein selbst gepflanzter Baum, Bilder an der Zimmertür verstorbener Mitbewohner(*innen) sowie

- Erlaubnis, die Trauer auszuleben und sie in ihrer Unbequemlichkeit (mit)teilen zu können«.

Das eigene Lebensende bis zuletzt bewusst erleben und gestalten zu können und die notwendigen Entscheidungen (über medizinische Maßnahmen) am Lebensende möglichst selbstbestimmt und informiert fällen zu können ergibt sich aus der UN-Konvention über die Rechte von Menschen mit Behinderungen.

Wie bei Menschen ohne Behinderungszuschreibung dominiert auch bei Menschen mit sogenannter geistiger Behinderung der Wunsch, in vertrauter Umgebung und im Kreise von nahestehenden Menschen die letzte Zeit des Lebens zu verbringen (vgl. Mennemann 2000 in Buchka 2012).

Einrichtungen und Dienste müssen hierfür Bedingungen schaffen, und Mitarbeiterinnen* sollten entsprechend qualifiziert und vorbereitet sein. Stationäre und ambulante Wohneinrichtungen und Anbieter aus dem Hospizbereich entwickelten in den letzten Jahren verschiedene Konzepte für die Begleitung von Menschen mit zugeschriebener geistiger Behinderung am Lebensende, die in verschiedenen Einrichtungen – längst aber nicht flächendeckend – implementiert wurden (vgl. u. a. Dingerkus & Schlottbohm 2006; Fricke, Stappel & Eisenmann 2011; Schulze Höing 2012 und Kostrzewa 2013).

Wichtig für eine Begleitung des Sterbens in der Wohneinrichtung ist die Kooperation mit den örtlichen Palliativ- und Hospiznetzwerken, die einerseits die Mitarbeiterinnen* in den Heimen unterstützen und anleiten, andererseits selbst für die Arbeit mit Menschen mit zugeschriebener geistiger Behinderung vorbereitet sein müssen (vgl. Zabel 2013; Jennessen & Voller 2009; Schäper et al. 2010).

Kostrzewa (2013) merkt kritisch an, dass der Lebensort Wohneinrichtung häufig nicht der Sterbeort von Menschen mit zugeschriebener geistiger Behinderung ist, sondern diese eher im Krankenhaus versterben. Als Gründe sieht er, dass die Mitarbeiterinnen* nicht für die Palliativ- und Finalpflege ausgebildet und vorbereitet sind, Schwierigkeiten haben, das Sterben von Menschen zu begleiten, und rechtliche Unsicherheiten bezüglich eines ›Sterben lassen‹ in der Wohneinrichtung bestehen.

Problematisch ist andererseits, dass Mitarbeiterinnen* in Krankenhäusern nicht auf die Pflege und (palliative) Begleitung von Menschen mit Behinderung vorbereitet sind (ebd., ▶ Kap. II, 4.2). Diesbezüglich besteht auf beiden Seiten ein Bedarf an struktureller Veränderung sowie an Fort- und Weiterbildung.

Für die Begleitung am Lebensende ist die Angehörigenarbeit besonders wichtig. Wenn Angehörige es wünschen, sollten sie an der Sterbebegleitung beteiligt werden und auch nachts in der Wohneinrichtung bleiben dürfen (vgl. Buchka 2012). Für die nachfolgende Verarbeitung des Verlusts ist es wichtig, dass sie wahrnehmen, dass für das Wohl ihres Angehörigen alles, was möglich war, getan wurde.

Für den sterbenden Menschen ist es bedeutsam, dass er sich so lange wie möglich seiner Wohngruppe zugehörig fühlt, also Besuch von Mitbewohnerinnen* erhält oder seine Tür zu den Gruppenräumen geöffnet wird (vgl. ebd.).

Über das subjektive Erleben von Menschen mit sogenannter geistiger Behinderung bezüglich ihres eigenen Sterbens gibt es wenig Wissen. Es muss davon ausgegangen werden, dass Begleiterscheinungen, wie das Verweigern von Essen, das Erleben von Ängsten, Schmerzen und Atemnot, genauso vorhanden sind (vgl. Dieckmann et al. 2013).

Menschen mit zugeschriebener geistiger Behinderung sollten in *Entscheidungsprozesse am Lebensende* einbezogen werden. Das zentrale Ethikkomitee der Bundesärztekammer (2010) fordert dazu auf, »*Modelle im Sinne assistierter Selbstbestimmung* zu entwickeln und einschließlich ihrer institutionellen und finanziellen Absicherung zu stärken, die es Menschen mit Behinderungen ermöglichen, medizinische Entscheidungen weitest möglich in ihrem eigenen Sinne verantwortlich treffen zu können« (Zentrale Ethikkommission 2010, 298). »Assistierte Selbstbestimmung« kann somit nicht bedeuten, dass die Beratung und Entscheidung über Behandlung und Behandlungsabbruch den gesetzlichen Betreuerinnen* überlassen werden darf (vgl. Dieckmann et al. 2013, 78; ▶ Kap. II, 4.2). Instrumente wie *Patientenverfügungen in leichter Sprache* (vgl. bspw. Bonn Lighthouse e.V. 2015) sind dazu ein hilfreicher Baustein, ersetzen aber nicht den notwendigen Dialog. Besonders schwierig gestalten sich Entscheidungsfindungen zu medizinischen Fragen am Lebensende bei Menschen, deren Willen und Wünsche kaum feststellbar sind. Hier bedarf es tragfähiger gemeinsamer Entscheidungen von Betreuerinnen*, Angehörigen, Bezugspersonen und Ärztinnen*, gegebenenfalls in Form eines ethischen Fallgesprächs (vgl. Riedel et al. 2016; Ritzenthaler-Spielberg 2017).

# 7 Fazit und Perspektiven: Reflexionen von Verbesonderung im Kontext von Institutionsentwicklung und differenten Lebensbereichen

Im Kontext einer Reflexion institutioneller Zusammenhänge sollte folgender Anspruch eine bilanzierende Leitfunktion haben:

> »Wichtiger als die Beschreibung der relevanten Institutionen ist [...] die Darstellung der *Paradoxien*, in denen sich die flächendeckende und lebenslange Organisation von Bildung und Unterstützung in Systemen bzw. in einzelnen Einrichtungen vollzieht: Wählt man stationäre bzw. ambulante Organisationsformen oder eine Kombination aus beidem? Will sich die Institution auf einzelne Zielgruppen, Interventionsformen oder Handlungskonzepte spezialisieren, oder sollen in der Einrichtung verschiedene professionelle Kompetenzen zusammengeführt werden?« (Schroeder 2015, 145; Hervorhebung i. O.).

Auf diese und weitere Fragen wollen wir – mit dem Anspruch der kritischen Reflexion der Institutionalisierung einer verbesondernden Pädagogik – den Versuch einer Art abschließenden Orientierung wagen.

## 7.1 Zur Relevanz der Frage nach *Re*Institutionalisierung oder *De*Institutionalisierung

Die »Institutionalisierung von Behinderung in Zeiten der Postmoderne« ist durch eine Vielzahl an Paradoxien geprägt (vgl. Groß 2019). Solche Paradoxien und Ambivalenzen werden auch innerhalb der im vorangegangenen Kapitel beschriebenen Lebensbereiche und Institutionenstrukturen deutlich. Auf der einen Seite kann von einer Reduktion von Exklusions- und Verbesonderungspraktiken gegenüber Menschen, die als (geistig) behindert bezeichnet werden, gesprochen werden. Auf der anderen Seite lassen sich anhaltende und neue Exklusions- und Verbesonderungstendenzen erkennen (vgl. Ziemen 2008b). Als problematisch stellt Groß (2019) heraus, dass sich im Zeitalter der Postmoderne und dem damit einhergehenden Individualisierungsschub, durch welchen sich Bürgerinnen* zunehmend von soziokulturellen Konventionen befreien, soziale Ungleichheit primär als persönliches Versagen interpretiert und deutlich seltener als systembedingter Ausschluss und Diskriminierung diskutiert wird (vgl. Groß 2019). Die in diesem Kapitel beschriebenen Errungenschaften[164], die im Sinne einer inklusionsorientierten Entwicklung gelesen werden können, bergen Groß zufolge gleichzeitig die Gefahr, »dass eine zunehmende Individualisierung der Lebensstile, der fortschreitende Verlust sozialer Netze im Gemeinwesen und die Verlagerung sozialer Verantwortung auf das soziale Engagement des Individuums zu neuen Formen soziokultureller Ausgrenzung, Ungleichbehandlung und Fremdbestimmung von Menschen mit Behinderung führen« (Groß 2019, 378). Vor diesem Hintergrund muss reflektiert werden, ob und inwiefern DeInstitutionaliserungsprozesse im Sinn einer »Freisetzung von soziokulturellen Konventionen« neue Exklusionsmechanismen befördern.

Brachmann (2011) zeigt auf, dass sich das System institutionalisierter Hilfen im Zuge der Diskussionen über ›Totale Institutionen‹ und den damit verbundenen menschenunwürdigen Lebenssituationen für die dort lebenden Menschen in einer ›gesellschaftlichen Legitimisierungskrise‹ befand. Seither werde versucht, diese gesellschaftliche Legitimation in Form einer *Re*Institutionalisierung wiederherzustellen (vgl. Brachmann 2011 in Groß 2019), indem grundgesetzlich verankerte Rechte auch in Institutionen eingehalten werden sollen. Die vorangestellten Überlegungen in diesem Kapitel machen jedoch deutlich, dass durchaus Zweifel angezeigt sind, inwiefern die derzeitigen institutionellen Strukturen im System der sogenannten Behindertenhilfe im Sinne einer inklusionssensiblen Gesellschaftsentwicklung zu legitimieren sind. Auch in der heutigen Zeit sogenannter Post-DeInstitutionalisierung (vgl. Kremsner & Proyer 2016) kann in allen Lebensbereichen gezeigt werden, dass hegemoniale Ordnungen und Formen struktureller Macht durch die derzeitig (noch) institutionalisierte sogenannte Behindertenhilfe konsequent reproduziert und verfestigt werden. Erziehung und Bildung im Kontext zugeschriebener (geistiger) Behinderung geschieht in hegemonialen Institutionen, »um mittels herrschaftlich motivierter pädagogischer Interventionen langfristig Konsens absichern zu können« (Kremsner 2020, 10). So erscheint die Frage relevant, ob es einer inklusiven Pädagogik gelingt, eine »kontrahegemoniale Schule« (Lopez-Melero 2000 in Pfahl et. al. 2018) umzusetzen, in der es darum geht, eben jene institutionellen Reproduktionsdynamiken und vorhandenen hegemonialen Strukturen aufzubrechen (vgl. Pfahl et. al 2018). Diese Bestrebungen, aufgezeigte Machtmechanismen von Institutionen zu verändern und damit diskriminierende Handlungsformen aufzubrechen, werden mit dem Begriff der *De*Institutionalisierung verbunden (vgl. Groß 2019). Diese steht für Veränderungsprozesse in den Organisationsstrukturen der sogenannten Behindertenhilfe, die dazu beitragen sollen, die Selbstbestimmung und Teilhabe von Menschen mit Behinderung in den Mittelpunkt zu rücken (vgl. Falk 2016). *De*Institutionalisierung in diesem Sinne bedeutet damit gerade nicht,

---

164 So beispielsweise die Etablierung von Konzepten, die als inklusionsorientierte Lern- und Lebensräume im vorschulischen Bereich der Kindertagespflege und Kindertagesstätten gelten, die vereinzelten Angebote einer inklusiven Beschulungsmöglichkeit, die Einführung von Integrationsfachdiensten sowie das neue Bundesteilhabegesetz mit der Ermöglichung eines Budgets für Arbeit als Instrumente zur Verbesserung der beruflichen Selbstbestimmung und ebenso im Bereich des Wohnens erste Ansätze, die im Sinne einer Deinstitutionalisierung Personen- und Sozialraumorientierung in den Fokus rücken.

dass sich Individuen lediglich von soziokulturellen Konventionen befreien und damit alleinige individuelle Verantwortungsübernahme gefordert wird, sondern es geht vielmehr darum, soziokulturelle Konventionen als gesamtgesellschaftlich überwindbar zu verstehen. Es geht um das »gesellschaftliche [gerade nicht individuelle; d. A.] Bestreben, diskriminierende Handlungsformen und Sinneinheiten im Umgang mit Behinderung [und anderen depriviligierenden Zuschreibungen; d. A.] umfassend und nachhaltig zu verändern. Übergeordnetes Ziel von Deinstitutionalisierung ist die Ermöglichung der vollen, wirksamen und gleichberechtigten Teilhabe am Leben der Gesellschaft« (Groß 2019, 383). Die UN-Behindertenrechtskonvention, die diesen Anspruch auf gleichberechtigte und selbstbestimmte Teilhabe festschreibt, begründet die Notwendigkeit dieser *De*Institutionalisierungsbestrebungen (vgl. Falk 2016). Gleichzeitig werden durch das BTHG Rechtsnormen festgelegt, die einen Wandel der Institutionen auf Makroebene regeln sollen. Falk (2016) macht darauf aufmerksam, dass sich auf der Mikroebene der Organisationen einzelne Veränderungsprozesse in Gang gesetzt haben und Akteurinnen* im Bereich der sogenannten Behindertenhilfe bspw. die »Schon- und Schutzbedürftigkeit« sowie die »allumfassende Versorgung« (vgl. Falk 2016, 228) von Menschen mit zugeschriebener Behinderung in Frage stellen.

> »Die Ziele der Selbstbestimmung und der Teilhabe, der Orientierung an der Person und die Orientierung am Sozialraum scheinen dagegen nicht selbstverständlich, unabhängig vom Unterstützungsbedarf zu bestehen« (Falk 2016, 234).

Die Fremdbestimmung, die damit für viele Menschen (vor allem mit hohem Unterstützungsbedarf) Bestandteil ihres Lebens ist, ist bisher nicht im Bewusstsein und wird aufgrund dessen auch nicht in Frage gestellt (vgl. ebd.). Damit wird offensichtlich, dass sich im Kontext der Veränderung der Institutionalisierung von Behinderung die zentrale Frage nach dem Weg stellt: Diese Frage verweist stets auf den kritischen Diskurs zur »*Fremdverwaltung des Lebens behinderter Menschen*« (Metzler & Rauscher 2004, 2 in Groß 2019, 383; Hervorhebung d. A.) und darauf, dass die Organisationen der sogenannten Behindertenhilfe bisher noch weit von *De*Institutionalisierung im oben beschriebenen Sinne entfernt sind (vgl. Falk 2016, Groß 2019) und sich noch immer in einem Verständnis der *Re*Institutionalisierung bewegen.

> »Deinstitutionalisierung beginnt [...] mit der Einsicht, dass Menschen mit Behinderung unsere Mitbürgerinnen* sind und ihnen menschenrechtlich Verwirklichungschancen und Grundfreiheiten (= ›full citizenship‹) durch den Sozialstaat seit Anfang 2017 zugesichert werden. Bürgerinnen* mit Behinderungserfahrungen sind seither keine Bittstellerinnen* mehr, für die ein pauschales Hilfesetting in bestehenden Institutionen vor Ort zusammengestellt wird. Bürgerinnen* mit Behinderungserfahrungen haben Anspruch auf individuelle Teilhabeleistungen nach BTHG, d. h. auf ein ›Paket‹ individualisierter Hilfen, die gemeinsam mit der anfragenden, leistungsberechtigten Person (und nicht von einer fürsorglichen Organisation) entwickelt wird. Es geht darum, Bürgerinnen* mit Behinderung mit ihren gegebenen Rechtsansprüchen, z. B. als Kundinnen* von Dienstleistungen, ernst zu nehmen, Fragen zu stellen zur persönlichen Lebensplanung, um davon Ziele und passende Leistungsangebote abzuleiten« (Groß 2019, 391 f.).

## 7.2 Subjekt-Perspektiven auf (De)Kategorisierungsrisiken im Bereich der Institutionalisierung

Der (zugewiesene) ›Subjektstatus‹ eines Menschen ist entscheidend für ein gesellschaftliches ›Innen oder Außen‹ (vgl. Josten 2012). Und ein ›Innen und Außen‹ lässt sich hier insbesondere an den Einschlüssen und Ausschlüssen in *Institutionen* ablesen (vgl. Kremsner 2017). Ein Institutionszugang ist in hohem Maß *statusabhängig*:

> »Heutzutage ist der rechtliche oder nationale Status einer Person [...] in zunehmendem Maße ein unauslöschliches Stigma, das die Wahl von Lebensmöglichkeiten, den Zugang zu Berufssparten oder zur Berufstätigkeit überhaupt und zu anderen Merkmalen von Privilegien und Wohlstand bestimmt« (Cohen 1992, 73 in Josten 2012, 36).

Für Menschen, die als geistig behindert adressiert werden, besteht im Hinblick auf den Zwangszusammenhang zwischen Status und Institutionswahl/-zuweisung ein hohes Risiko, »durch Klientelisierung auf Objekthaftigkeit zurückgeworfen« (Josten 2012, 37) zu werden. Damit beraubt man sie ihres Subjektstatus (ebd.) und stellt über diese Form der ›Verbesonderung‹ gesellschaftliche Zugehörigkeit in Frage. So beklagt bspw. Tom Hoffmann[165]:

> »Diskriminierung entsteht durch Kategorien und Zuschreibung, wie zum Beispiel die Konstruktion einzelner Behinderungen. [...] Viele Kategorien sind eigentlich völlig nutzlos für die Betroffenen oder sogar von Nachteil, da sich vorwiegend Probleme, aber keine individuellen Potentiale daraus ablesen lassen.«

Dass für die Beantragung eines persönlichen Budgets und damit für die Möglichkeit selbst zu entscheiden, welche Hilfe man braucht und von wem man sich helfen lassen will, die Durchführung eines IQ-Tests notwendig ist, um die Zuschreibung einer geistigen Behinderung zu widerlegen (vgl. Hoffmann 2020), zeigt diese Diskriminierung durch Kategorisierung ganz deutlich. Gleichzeitig bestätigt sich darin eine der besonders institutionsrelevanten Konsequenzen aus der Dekategorisierungsdebatte: das Risiko der stillschweigenden Akzeptanz und Etablierung einer »*Restkategorie Inklusionsverlierer*« (Trescher 2018c; Hervorhebung d. A.). Hier zeichnet sich ab, dass eine Dekategorisierung und auch eine Rekategorisierung scheinbar ohnmächtig ist gegenüber der Entwicklung einer ›Restkategorie‹ bzw. die Verfestigung einer neuen illegitimen, inhumanen Binarität in »›inklusionstauglich‹ und inklusionsuntauglich‹« (Haas 2012, 408 in Trescher 2018c, 82). Die Zuordnung zu einer solchen Exklusionskategorie der ›Inklusionsunfähigen‹ betrifft im Kern vor allem Menschen mit zugewiesener geistiger Behinderung und sogenannter schwerer und mehrfacher Behinderung (vgl. ebd.; Walgenbach 2018). Die konkrete (sprachliche) *Nicht-Benennung dieser ›Restrisikogruppe‹* verschärft die Grundproblematik der Exklusion, da sie sich somit einem offensiven kritischen Diskurs auf der Ebene der Professions- und Institutionsentwicklung entzieht. Es bedarf einer scharfen und hoch kritischen Beobach-

---

165 Tom Hoffmann ist ein Kollege aus dem Leipziger QuaBIS-Projekt: http://quabis.info/hoffmann.php (07.04.2020)

tung, inwieweit sich Institutionslogiken auf diese gefährliche Binaritätskonstruktion zunehmend wieder stärker einlassen und als zukunftsfähige Perspektive eher der Ausbau von ›Spezialzentren‹ für sogenannte ›Systemsprengerinnen*‹ (vgl. Wüllenweber 2016) betrieben wird, um die Gesellschaft nicht mit der grundlegenden System-Strukturproblemfrage zu konfrontieren. Betrachtungen und Diskussionen zur (sonder)schulischen Institutionspraxis offenbaren hier beispielsweise pessimistische Aussichten (▶ Kap. III, 2) und verweisen eher auf einen »»schulischen Institutionalismus«« (Bremer & Gruschka 1987, 20 in Trescher 2018c, 84), welcher einem Systemversagen entspricht: Schulen kommen mit einer ›Restgruppe‹ an Schülerinnen* nicht zurecht, und durch das selektive Schulsystem in der BRD konstituiert sich eine ›Restschule‹ für als ›nicht-systemfähig klassifizierte Schülerinnen*‹. Wie schon zuvor schon beschrieben (▶ Kap. III, 7.1), scheinen für die ›Gruppe der Inklusionsunfähigen‹ die Ziele Selbstbestimmung, gleichberechtigte Teilhabe und sozialraumorientiertes Leben, welche als Grundvoraussetzung für inklusionsorientierte Gesellschaften gelten können, weniger relevant zu sein (vgl. Falk 2016). Damit wird offensichtlich, dass durch kategoriale Zuschreibung und eine Konstruktion von fundamentaler Andersheit (vgl. Boger & Textor 2016), Ausschluss und Verbesonderung hervorgerufen wird. Butler (2006) weist darauf hin, dass Menschen sich selbst auch als anders wahrnehmen, wenn ihnen dies gesellschaftlich immer wieder vermittelt wird (vgl. Butler 2006 in Riegel 2016). Gleichzeitig verweist sie jedoch darauf, dass eben jene performative Reproduktion von Differenzordnungen durch Sprache auch ein Potential hat, um Widerstand und Veränderung hervorzurufen. Dann nämlich, wenn performativ absichtliche Irritationen der Norm, der bewussten Verschiebung von Grenzen oder Inszenierungen von Zugehörigkeiten bzw. Nichtzugehörigkeiten bis hin zu Veränderungen vorherrschender Ordnungen hervorgerufen werden (vgl. ebd.). Aufgrund dessen müssen die Subjektperspektiven von Menschen mit Behinderungserfahrungen ein Mehr an gesellschaftlicher Sichtbarkeit und politischer Wirkmacht entfalten (können), damit schließlich die gesellschaftlich gesetzten Standards, welche Exklusion erst reproduzieren (vgl. Kronauer 2002), stärker in Frage gestellt und verändert werden (können). Bei der Sichtbarmachung subjektiver Perspektiven stellt sich jedoch immer die Kernfrage nach der Bedeutung einer zugeschriebenen Behinderung(sdiagnose), welche die Zuordnung zu einer deprivilegierten Gruppe impliziert. Relevant ist, wie Deprivilegiertheit von den Subjekten selbst erlebt und inszeniert wird: Groß (2019) spricht vom »Individualisierungsschub« (378), welcher »einzelne Persönlichkeiten von ihrer gesellschaftlich primär angewandten Sozialform ›behindert‹ [entbindet; d. A.]« (ebd.) und bspw. deren Rolle als Wissenschaflerinnen*, als Journalistinnen* oder Politikerinnen* gefragt ist. Sie werden demzufolge weniger als Mensch mit zugeschriebener Behinderung angefragt und sichtbar, sondern vielmehr als Expertinnen* zum Thema XY in einer angesehenen (Berufs)Rolle (vgl. auch »Not-Not-Disability Studies« Boger 2020, 51 oder auch die »ND-Linie« bei Boger 2019, ▶ Kap. II, 1.6). Hier muss jedoch angemerkt werden, dass diese Chance des ›Verlassens von Deprivilegiertheit‹ für Menschen mit sogenannter geistiger oder Komplexer Behinderung nur äußerst erschwert möglich ist. Das Risiko, »ständig auf die eigene Behinderung verwiesen und essentialistisch auf diese fixiert zu werden« (Boger 2020, 51), ist bei diesem Label äußerst hoch und muss nach wie vor als ›zentraler Makel‹ von Disziplin-, Professions- und Institutionsentwicklung markiert werden.

# Literaturverzeichnis

AAIDD (2019): Definition on Intellectual Disability. Zugriff online unter: https://aaidd.org/intellectual-disability/definition (zuletzt abgerufen am 23.3.2020).
Aarts, Roland M. (2011): Marte Meo. Ein Handbuch. Eindhoven.
Achtelik, Kirsten (2015): Selbstbestimmte Norm. Feminismus, Pränataldiagnostik, Abtreibung. Berlin: Verbrecher Verlag.
Ackermann, Heike (2001): Das Konzept von Felice Affolter und seine Bedeutung für die Geistigbehindertenpädagogik. Luzern: Edition SZH.
Ackermann, Karl-Ernst (2006): Das Konzept der Basalen Stimulation – ›antipädagogischer‹ Beginn einer Pädagogik bei schwerster Behinderung. In: Laubenstein, Désirée; Lamers, Wolfgang & Heinen, Norbert (Hrsg.): Basale Stimulation kritisch-konstruktiv. Düsseldorf: selbstbestimmtes leben, 26–39.
Ackermann, Karl-Ernst (2010a): Zum Verständnis von »Bildung« in der Geistigbehindertenpädagogik. In: Musenberg, Oliver & Riegert, Judith (Hrsg.): Bildung und geistige Behinderung. Bildungstheoretische Reflexionen und aktuelle Fragestellungen. Oberhausen: Athena, 53–72.
Ackermann, Karl-Ernst (2010b): Zum Verhältnis von geistiger Entwicklung und Bildung. In: Musenberg, Oliver & Riegert, Judith (Hrsg.): Bildung und geistige Behinderung. Bildungstheoretische Reflexionen und aktuelle Fragestellungen. Oberhausen: Athena, 224–244.
Ackermann, Karl-Ernst (2011): ›Stellvertretung‹ in der Geistigbehindertenpädagogik. In: Ackermann, Karl-Ernst & Dederich, Markus (Hrsg.): An Stelle des Anderen. Ein interdisziplinärer Diskurs über Stellvertretung und Behinderung. Oberhausen: Athena, 139–166.
Ackermann, Karl-Ernst (2013): Geistigbehindertenpädagogik zwischen Disziplin und Profession. In: Ackermann, Karl-Ernst; Musenberg, Oliver & Riegert, Judith (Hrsg.): Geistigbehindertenpädagogik!? Disziplin – Profession – Inklusion. Oberhausen: Athena, 171–184.
Ackermann, Karl-Ernst & Dederich, Markus (Hrsg.) (2011): An Stelle des Anderen. Ein interdisziplinärer Diskurs über Stellvertretung und Behinderung. 1. Auflage, Oberhausen: Athena.
Adorno, Theodor W.; Dahrendorf, Ralf; Pilot, Harald; Albert, Hans; Habermas, Jürgen & Popper, Karl Raimund (Hrsg.) (1972): Der Positivismusstreit in der Deutschen Soziologie. 13. Auflage, Darmstadt: Luchterhand.
Adorno, Theodor W. (1956): Individuum. In: Institut für Sozialforschung: Soziologische Exkurse. Frankfurt am Main: Europäische Verlagsanstalt, 40–49.
Adorno, Theodor W. (1959): Zum Verhältnis von Individuum und Gesellschaft heute. In: Hessische Hochschulwochen für staatswissenschaftliche Bildung 22/1959. Bad Homburg, 166–182.
Adorno, Theodor W. (2013): Erziehung zur Mündigkeit. 24. Auflage, Frankfurt a. M.: Suhrkamp.
Affolter, Félicie (1992): Wahrnehmung, Wirklichkeit und Sprache. 6. Auflage, Villingen-Schwenningen: Neckar.
AG Disability Studies Deutschland. Zugriff online unter: http://www.disabilitystudies.de/ (zuletzt abgerufen am 23.03.2020).
Ahmann, Martina (2001): Was bleibt vom menschlichen Leben unantastbar? Kritische Analyse der Rezeption des praktisch-ethischen Entwurfs von Peter Singer aus praktisch-theologischer Perspektive. Münster: Lit.

# Literaturverzeichnis

Aichele, Valentin (2010): Stellungnahme der Monitoring-Stelle zur UN-Behindertenrechtskonvention zur Stellung der UN-Behindertenrechtskonvention innerhalb der deutschen Rechtsordnung und ihre Bedeutung für behördliche Verfahren und deren gerichtliche Überprüfung, insbesondere ihre Anforderungen im Bereich des Rechts auf inklusive Bildung nach Artikel 24 UN-Behindertenrechtskonvention. Zugriff online unter: https://www.institut-fuer-menschenrechte.de/monitoring-stelle-un-brk/stellungnahme-der-monitoring-stelle-zur-un-behindertenrechtskonvention/ (zuletzt abgerufen am 03.05.2020).

Ak moB (2010): Total jenseitig. Zur Ausstellung und Plakatkampagne »Jenseits des Helfersyndroms II«. Zugriff online unter: http://www.ak-mob.org/2010/09/30/total-jenseitig-zur-ausstellung-und-plakatkampagne-»jenseits-des-helfersyndroms-ii«/ (zuletzt abgerufen am 29.06.2020).

Akbaba, Yaliz & Buchner, Tobias (2019): Dis_ability und Migrationshintergrund. Differenzordnungen der Schule und ihre Analogien. In: Sonderpädagogische Förderung heute, 64 (3), 240–252.

Alisch, Monika & May, Michael (2008): Einleitung: Praxis forschende Annäherungen an den sozialen Raum. In: Alisch, Monika & May, Michael (Hrsg.): Praxisforschung im Sozialraum. Fallstudien in ländlichen und urbanen sozialen Räumen. Beiträge zur Sozialraumforschung, Band 2, Opladen, Farmington Hills: Barbara Budrich, 7–20.

Alisch, Monika & May, Michael (Hrsg.) (2008): Praxisforschung im Sozialraum. Fallstudien in ländlichen und urbanen sozialen Räumen. Opladen, Farmington Hills: Barbara Budrich.

American Psychiatric Association (2015): Diagnostisches und Statistisches Manual Psychischer Störungen DSM-5. Göttingen: Hogrefe.

Antor, Georg & Bleidrick, Ulrich (2006): Bildung, Bildungsrecht. In: Antor, Georg & Bleidick, Ulrich (Hrsg.): Handlexikon der Behindertenpädagogik. Stuttgart: Kohlhammer, 18–26.

Antor, Georg & Bleidrick, Ulrich (2016): Bildung. In: Dederich, Markus, Beck, Iris, Bleidick, Ulrich & Antor Georg (Hrsg.): Handlexikon Behindertenpädagogik – Schlüsselbegriffe aus Theorie und Praxis. 3. erweiterte und überarbeitete Auflage. Stuttgart: Kohlhammer, 19–27.

Arendt, Hannah & Reif, Adelbert (2017): Macht und Gewalt. Deutsche Erstausgabe. 26. Auflage. München: Piper (Serie Piper, 1).

Arloth, Frank & Tilch, Horst (2001): Deutsches Rechts-Lexikon. 3. Auflage. München: Beck.

Arnstein, Sherry R. (1969): A Ladder of Citizen Participation. In: JAIP, Vol. 35, No. 4, 216–224.

Aselmeier, Laurenz (2008): Community Care und Menschen mit geistiger Behinderung Gemeinwesenorientierte Unterstützung in England, Schweden und Deutschland. Wiesbaden: Springer VS.

Aßmann, Milly; Hoffmann, Claudia & Theunissen, Georg (2016): Von den Stärken zum Empowerment. Theaterarbeit mit ehemals hospitierten geistig schwer behinderten Menschen. In: Miller, Tilly & Pankofer, Sabine (Hrsg.): Empowerment konkret! Handlungsentwürfe und Optionen aus der psychosozialen Praxis. Oldenbourg: De Gruyter, 111–118.

Ayres, Jean A. (2002): Bausteine der kindlichen Entwicklung. Berlin: Springer

Bach, Heinz (2001): Pädagogik bei mentaler Beeinträchtigung – sogenannter geistiger Behinderung. Bern, Stuttgart, Wien: Haupt/UTB.

Bach, Otto (1992): Entwicklung und Stand der Versorgung psychisch Kranker und Behinderter auf dem Gebiet der ehemaligen DDR. In: Picard, Walter; Reimer, Fritz; Aktion psychisch Kranke & Arbeitskreis der ärztlichen Leiter öffentlicher psychiatrischer Krankenhäuser und Abteilungen in der Bundesrepublik (Hrsg.): Grundlagen und Gestaltungsmöglichkeiten der Versorgung psychisch Kranker und Behinderter in der Bundesrepublik und auf dem Gebiet der ehemaligen DDR. Band 19, Köln: Tagungsberichte.

BAG WfbM (Hrsg.) (2018a): Die Entgelt- und Einkommenssituation von Werkstattbeschäftigten.

BAG WfbM (Hrsg.) (2018b): Aufbruch. Jahresbericht 2017. Zugriff online unter: https://www.bagwfbm.de/publications (zuletzt abgerufen am 10.06.2020)

BAG WfbM (Hrsg.) (2019): Werkstatt im Wandel. Jahresbericht 2018, Zugriff online unter: https://www.bagwfbm.de/publications (zuletzt abgerufen am 10.06.2020)

Bärmig, Sven (2015a): Teilhabe – Begriff(e) und Vermittlung. In: Schnell, Irmtraud (Hrsg.): Herausforderung Inklusion – Theoriebildung und Praxis. Bad Heilbrunn: Klinkhardt, 138–147.

Bärmig, Sven (2015b): Kritische Erziehungswissenschaft und Inklusionspädagogik? Zeitschrift für Inklusion Online, 3/2015. Zugriff online unter: https://www.inklusion-online.net/index.php/inklusion-online/article/view/300 (zuletzt abgerufen am 23.03.2020).

Bärmig, Sven (2018): Teilhabe oder Partizipation oder beides? Unveröffentlicher Vortrag auf der II. Tagung der AG-Inklusionsforschung der DGfE »Norm-Behinderung-Gerechtigkeit«. Flensburg, 29.6.2018.

Barsch, Sebastian (2007): Geistig behinderte Menschen in der DDR. Oberhausen: Athena.

Bartel, Michaela; Seichter, Beate & Rau, Stefan (2019): Wir starten Berufe! Mit Praxis-Baustein lernen. In: Goldbach, Anne & Bergelt, Daniel (Hrsg.): Exklusive Teilhabe am Arbeitsmarkt? Unterstützung durch Leichte Sprache. Berlin: Lebenshilfe.

Bartz, Elke (1999): Der Stellenwert von Arbeitsassistenz für Menschen mit Behinderung. In: impulse (11), o. S. Zugriff online unter: http://bidok.uibk.ac.at/library/imp11-99-stellenwert.html (zuletzt abgerufen am 23.03.2020).

Basener, Dieter (2012): 20 Jahre Hamburger Arbeitsassistenz. Rückblick und Einordnung 62 (3). Zugriff online unter: http://bidok.uibk.ac.at/library/imp-62-12-basener-hamburg.html (zuletzt abgerufen am 23.03.2020).

Bauer, Axel W. (2017): Normative Entgrenzung. Themen und Dilemmata der Medizin- und Bioethik in Deutschland. Wiesbaden: Springer VS.

Baumann, Angelika (2009): Therapie – eine profilbestimmende Komponente des Förderangebots im Förderzentrum für Körperliche und Motorische Entwicklung. In: Zeitschrift für Heilpädagogik 3/2009, 99–106.

Baumgärtner, Ulrich (2015): Wegweiser Geschichtsdidaktik. Historisches Lernen in der Schule. Paderborn: Ferdinand Schöningh UTB.

Beauvoir, Simone de (1951): Das andere Geschlecht. Sitte und Sexus der Frau. Hamburg: Rowohlt.

Becker, Heinz (2016): … inklusive Arbeit! Das Recht auf Teilhabe an der Arbeitswelt auch für Menschen mit hohem Unterstützungsbedarf. Weinheim, Basel: Beltz Juventa. Zugriff online unter: http://content-select.com/index.php?id=bib_view&ean=9783779944126 (zuletzt abgerufen am 23.03.2020).

Becker, Heinz (2019): Wirtschaftlich verwertbare Arbeit oder Teilhabe an der Arbeitswelt In: Daniel Bergelt & Anne Goldbach (Hrsg.): Exklusive Teilhabe am Arbeitsmarkt? Unterstützung durch Leichte Sprache? Berlin: Lebenshilfe, 40–53.

Begemann, Ernst: (1992): »Sonder«-(schul)Pädagogik: Zur Notwendigkeit neuer Orientierungen. In: Zeitschrift für Heilpädagogik, Jg. 43, Nr. 4, 217–267.

Beier, Katharina (2009): Aktiv, produktiv und wettbewerbsfähig. Das Bild des Menschen in der liberalen Debatte um die moderne Biomedizin. Vortrag auf der Jahrestagung der Akademie für Ethik in der Medizin 2009, Berlin. Zugriff online unter: https://www.aem-online.de/fileadmin/user_upload/Jahrestagung/JT_2009_Abstractband.pdf (zuletzt abgerufen am 30.06.2020).

Benkmann, Rainer (1994): Dekategorisierung und Heterogenität – Aktuelle Probleme schulischer Integration von Kindern mit Lernschwierigkeiten in den Vereinigten Staaten und der Bundesrepublik. In: Sonderpädagogik, 24, 1, 4–13.

Benner, Dietrich (2012): Allgemeine Pädagogik. Eine systematisch-problemgeschichtliche Einführung in die Grundstruktur pädagogischen Denkens und Handelns. 7. Auflage. Weinheim: Beltz Juventa.

Bergdoldt, Klaus (2004): Das Gewissen der Medizin. Ärztliche Moral von der Antike bis heute. München: Beck.

Bergelt, Daniel; Goldbach, Anne & Seidel, Anja (2016): Leichte Sprache im Arbeitsleben. Analyse der derzeitigen Nutzung von Texten in Leichter Sprache im beruflichen Kontext von Menschen mit Lernschwierigkeiten. In: Teilhabe 55(3), 106–113.

Bergelt, Daniel; Goldbach, Anne; Leonhardt, Nico & Seidel, Anja (2018): Die berufliche Teilhabesituation von Menschen mit Lernschwierigkeiten in unterschiedlichen beruflichen Kontexten. In: Zeitschrift für Heilpädagogik 69 (3), 106–113.

Bergelt, Daniel & Goldbach, Anne (Hrsg.) (2019): Exklusive Teilhabe am Arbeitsmarkt? Unterstützung durch Leichte Sprache. Berlin: Lebenshilfe.

Bernasconi, Tobias & Böing, Ursula (2015): Pädagogik bei schwerer und mehrfacher Behinderung. Stuttgart: Kohlhammer.
Bernasconi, Tobias & Böing, Ursula (Hrsg.) (2016): Schwere Behinderung und Inklusion. Facetten einer nicht ausgrenzenden Pädagogik. Oberhausen: Athena.
Bieker, Rudolf (Hg.) (2005): Teilhabe am Arbeitsleben. Wege der beruflichen Integration von Menschen mit Behinderung. Stuttgart: Kohlhammer. Zugriff online unter: http://www.socialnet.de/rezensionen/isbn.php?isbn=978-3-17-018444-2 (zuletzt abgerufen am 23.03.2020).
Biewer, Gottfried; Proyer, Michelle & Kremsner, Gertraud (2019): Inklusive Schule und Vielfalt. Stuttgart: Kohlhammer.
Biewer, Gottfried & Koenig, Oliver (2019): Personenkreis. In: Schäfer, Holger (Hrsg.): Handbuch Förderschwerpunkt geistige Entwicklung. Grundlagen – Spezifika – Fachorientierung – Lernfelder. Weinheim: Beltz, 35–44.
BIH (Bundesarbeitsgemeinschaft der Integrationsämter und Hauptfürsorgestellen) (Hrsg.) (2020): Jahresbericht 2018/2019, Zugriff online unter: https://www.integrationsaemter.de/publikationen/65c54/index.html (zuletzt abgerufen am 11.06.2020).
Bittlingmayer, Uwe H. & Sahrai, Diana (2017): Inklusion als Anti-Diskriminierungsstrategie. In: Scherr, Albert; El-Mafaalani, Aladin & Yüksel, Gökzen (Hrsg.): Handbuch Diskriminierung. Wiesbaden: Springer VS, 683–699.
Bleidick, Ulrich (1999): Allgemeine Behindertenpädagogik. Studientexte zur Geschichte der Behindertenpädagogik. Band 1. Weinheim, Basel: Beltz.
Bleidick, Ulrich; Rath, Waltraud & Schuck, Dieter (1995): »Die Empfehlungen der Kultusministerkonferenz zur sonderpädagogischen Förderung in den Schulen der Bundesrepublik Deutschland.« In: Zeitschrift für Pädagogik, 41, 247–264.
Bloh, Thiemo (2018): Kollektivität und Lehrerkooperation – Zu Möglichkeiten der Konzeptionalisierung und Erfassung von Professionalisierung durch Lehrerkooperationsprozesse. In: Miller, Susanne; Holler-Nowitzki, Birgit; Kottmann, Brigitte; Lesemann, Svenja; Letmathe-Henkel, Birte; Meyer, Nikolas; Schroeder, René & Velten, Katrin (Hrsg.): Profession und Disziplin. Grundschulpädagogik im Diskurs. Jahrbuch Grundschulforschung Band 22, Wiesbaden: Springer VS, 218–223.
Bundesministerium für Arbeit und Soziales: Partizipation der Menschen mit Behinderungen an der Umsetzung des Bundesteilhabegesetzes. Zugriff online unter: https://www.gemeinsam-einfach-machen.de/GEM/DE/AS/Umsetzung_BTHG/Partizipation/Partizipation_node.html (zuletzt abgerufen am 22.03.2020).
Boban, Ines & Hinz, Andreas (2016): Dialogisch-systemische Diagnostik – eine Möglichkeit in inklusiven Kontexten. In: Amrhein, Bettina (Hrsg.): Diagnostik im Kontext inklusiver Bildung – Theorien, Ambivalenzen, Akteure, Konzepte. Bad Heilbrunn: Klinkhardt, 64–78.
Boban, Ines & Kruschel, Robert (2012): Die Weisheit der vielen Weisen – Zukunftsfeste und andere Weisen miteinander diagnostisch klug zu handeln: Inklusion als Prinzip sozialer Ästhetik. In: Zeitschrift für Inklusion Online, 3/2012. Zugriff online unter: https://www.inklusion-online.net/index.php/inklusion-online/article/view/46/46 (zuletzt abgerufen am 23.03.2020).
Bochumer Zentrum für Disability Studies (BODYS) (2020): Inklusion in Zeiten der Katastrophen-Medizin. BODYS-Stellungnahme zur gegenwärtigen Triage-Debatte, in der behinderte Menschen hintenangestellt werden sollen. Zugriff online unter: https://www.bodys-wissen.de/beitrag-anzeigen/bodys-stellungnahme-zu-triage-debatte.html (zuletzt abgerufen am 11.06.2020).
Bock, Bettina M. (2015): »Barrierefreie Kommunikation als Voraussetzung und Mittel für die Partizipation benachteiligter Gruppen. Ein (polito-)linguistischer Blick auf Probleme und Potenziale von »Leichter« und »einfacher Sprache«. In: Vogel, F. und Knobloch, C. (2015): Sprache und Demokratie. URL: https://bop.unibe.ch/linguistik-online/article/view/2196/3366 (zuletzt abgerufen am 01.05.2020).
Bock, Bettina M.; Fix, Ulla & Lange, Daisy (Hrsg.) (2017): »Leichte Sprache« im Spiegel theoretischer und angewandter Forschung. Kommunikation – Partizipation – Inklusion. Band 1. Berlin: Frank & Timme.
Bock, Bettina M. & Lange, Daisy (2017): Empirische Untersuchungen zu Satz- und Textverstehen bei Menschen mit geistiger Behinderung und funktionalen Analphabeten. In: Bock,

Bettina M.; Fix, Ulla & Lange, Daisy (Hrsg.) (2017): »Leichte Sprache« im Spiegel theoretischer und angewandter Forschung. Kommunikation – Partizipation – Inklusion. Band 1. Berlin: Frank & Timme, 253–274.

BODYS - Bochumer Zentrum für Disability Studies (2020): BODYS Stellungnahme: »Inklusion in Zeiten von Katastrophen-Medizin. Zugriff online unter: https://www.bodys-wissen.de/beitrag-anzeigen/bodys-stellungnahme-zu-triage-debatte.html (zuletzt abgerufen am am 17.04.2020).

Boenisch, Jens & Sachse, Stefanie (2007): Diagnostik und Beratung in der unterstützten Kommunikation: Theorie, Forschung und Praxis. Karlsruhe: von Loeper.

Böhringer, Klaus-Peter (2006): Von der Werkstufe über die Eingliederungswerkstufe zur Berufsvorbereitenden Einrichtung des Enzkreises (BVE). Chronologie einer Erfolgsgeschichte. In: Hirsch, Stephan & Lindmeier, Christian (Hrsg.): Berufliche Bildung von Menschen mit geistiger Behinderung. Neue Wege zur Teilhabe am Arbeitsleben. Weinheim, Basel: Beltz (Beltz Sonderpädagogik), 44–63.

Böing, Ursula. & Köpfer, Andreas (2017): Schulassistenz aus der Sicht von Schülerinnen und Schülern mit Assistenzbedarf. In: Laubner, Marian; Lindmeier, Bettina & Lübeck, Anika (Hrsg.): Schulbegleitung in der inklusiven Schule. Grundlagen und Praxis. 2. Auflage. Weinheim: Beltz, 127-149.

Bösl, Elsbeth; Klein, Anne & Waldschmidt, Anne (Hrsg.) (2010): Disability History. Konstruktionen von Behinderung in der Geschichte. Bielefeld: transcript.

Bösl, Elsbeth (2010): Was ist Disability History? Zur Geschichte und Historiographie von Behinderung. In: Bösl, Elsbeth; Klein, Anne & Waldschmidt, Anne (Hrsg.): Disability History. Konstruktionen von Behinderung in der Geschichte. Bielefeld: transcript, 29–43.

Boger, Mai-Anh (2015a): Das Trilemma der Depathologisierung. In: Schmechel, Cora; Dion, Fabian; Dudek, Kevin & Roßmöller, Mäks* (Hrsg.): Gegendiagnose. Beiträge zur radikalen Kritik an Psychologie und Psychiatrie. Münster: Edition Assemblage, 268–288.

Boger, Mai-Anh (2015b): Theorie der Trilemmatischen Inklusion. In: Schnell, Irmtraud (Hrsg.): Herausforderung Inklusion. Theoriebildung und Praxis. Bad Heilbrunn: Klinkhardt, 51–62.

Boger, Mai-Anh (2017): Theorien der Inklusion – Eine Übersicht. Zugriff online unter: https://www.inklusion-online.net/index.php/inklusion-online/article/view/413/317 (zuletzt abgerufen am 23.03.2020).

Boger, Mai-Anh (2018): Depathologisierung – Diagnostik der emotionalen und sozialen Entwicklung im inklusiven Kontext. In: Zeitschrift für Inklusion Online, 3/2018. Zugriff online unter: https://www.inklusion-online.net/index.php/inklusion-online/article/view/462/364 (zuletzt abgerufen am 23.03.2020).

Boger, Mai-Anh (2019a): Politiken der Inklusion. Die Theorie der trilemmatischen Inklusion zum Mitdiskutieren. 1. Auflage. (Theorie der trilemmatischen Inklusion).

Boger, Mai-Anh (2019b): Theorien der Inklusion. Die Theorie der trilemmatischen Inklusion zum Mitdenken. Unter Mitarbeit von Ines Boban. 1. Auflage. Münster: edition assemblage.

Boger, Mai-Anh (2020). Mad Studies und/in/als Disability Studies. In: Brehme, David; Fuchs, Petra; Köbsell, Swantje & Wesselmann, Carla (Hrsg.): Disability Studies im deutschsprachigen Raum. Zwischen Emanzipation und Vereinnahmung. Weinheim: Beltz Juventa, 41–55.

Boger, Mai-Anh & Textor, Annette (2016): Das Förderungs-Stigmatisierungs-Dilemma – Oder: Der Effekt diagnostischer Kategorien auf die Wahrnehmung durch Lehrkräfte. In: Amrhein, Bettina (Hrsg.): Diagnostik im Kontext inklusiver Bildung – Theorien, Ambivalenzen, Akteure, Konzepte. Bad Heilbrunn: Klinkhardt, 79–97.

Bohnsack, Ralf (2011): Orientierungsmuster. In: Bohnsack, Ralf; Marotzki, Winfried & Meuser, Michael (Hrsg.): Hauptbegriffe Qualitativer Sozialforschung. 3. Auflage. Opladen: Barbara Budrich, 132–133.

Bonn Lighthouse e.V. (2015): Zukunftsplanung zum Lebensende: mein Wille! Bonn.

Booth, Tony & Ainscow, Mel (2019): Index für Inklusion. Ein Leitfaden für Schulentwicklung. 2. Auflage. Weinheim, Basel: Beltz.

Boring, Edwin G. (1923): Intelligence as the test tests it. In: The New Republic, 6, 35-37.

Bosch, Erik (2009): Tod und Sterben im Leben von Menschen mit geistiger Behinderung. Arnhem, NL: Bosch & Suykerbuyk Trainingszentrum B.V.

Bourdieu, Pierre (2015): Die verborgenen Mechanismen der Macht. Unter Mitarbeit von Ulrike Nordmann. Durchgesehene Neuauflage der Erstauflage 1992. Hamburg: VSA (Schriften zu Politik & Kultur/Pierre Bourdieu. Hrsg. von Margareta Steinrücke; 1).

Brachmann, Barbara (2015): Behinderung und Anerkennung. Alteritäts- und anerkennungsethische Grundlagen für Umsetzungsprozesse der UN-Behindertenrechtskonvention in Wohneinrichtungen der Behindertenhilfe. Bad Heilbrunn: Klinkhardt (Forschung).

Breitenbach, Erwin (2020): Diagnostik. Eine Einführung. Lehrbuchreihe Module Erziehungswissenschaft. Wiesbaden: Springer VS.

Bröckling, Ulrich (2003): You are not responsible for being down, but you are responsible for getting up. Über Empowerment. In: Leviathan. Berliner Zeitschrift für Sozialwissenschaft. Vol. 31, No. 3, 323–344.

Bröckling, Ulrich (2004): Empowerment. In: Bröckling, Ulrich; Krasmann, Susanne & Lemke, Thomas (Hrsg.): Glossar der Gegenwart. Frankfurt a. M.: Suhrkamp, 55–62.

Bröckling, Ulrich; Krasmann, Susanne & Lemke, Thomas (Hrsg.) (2004): Glossar der Gegenwart. Frankfurt a. M.: Suhrkamp.

Bröckling, Ulrich; Krasmann, Susanne & Lemke, Thomas (2013): Gouvernementalität der Gegenwart. Studien zur Ökonomisierung des Sozialen. Frankfurt a. M.: Suhrkamp.

Broer, Stephen M.; Doyle, Mary Beth & Giangreco, Michael F. (2005): Perspectives of Students With Intellectual Disabilities About Their Experiences With Paraprofessional Support. 71, 415–430.

Bruhn, Ramona & Straßer, Benjamin (2014): Palliative Care für Menschen mit geistiger Behinderung. Interdisziplinäre Perspektiven für die Begleitung am Lebensende. Stuttgart: Kohlhammer.

Brüll, Hans-Martin & Schmid, Bruno (2008): Leben zwischen Autonomie und Fürsorge. Beiträge zu einer anwaltschaftlichen Ethik. Freiburg: Lambertus.

Brumlik, Micha (2017): Advokatorische Ethik. Zur Legitimation pädagogischer Eingriffe. Neuausgabe mit einem Vorwort zur dritten Auflage. Hamburg: CEP Europäische Verlagsanstalt.

Buchka, Maximilian (2012): Das Alter. Heil- und sozialpädagogische Konzepte. Stuttgart: Kohlhammer.

Buchner, Tobias (2018): Die Subjekte der Integration. Schule, Biografie und Behinderung. Bad Heilbrunn: Klinkhardt.

Buchner, Tobias; Koenig, Oliver & Schuppener, Saskia (2011): Gemeinsames Forschen mit Menschen mit intellektueller Behinderung. Geschichte, Status Quo und Möglichkeiten im Kontext der UN-Behindertenrechtskonvention. In: Teilhabe (50) 1, 4–10.

Buchner, Tobias; Koenig, Oliver & Schuppener, Saskia (2016): Inklusive Forschung. Gemeinsam mit Menschen mit Lernschwierigkeiten forschen. Bad Heilbrunn: Klinkhardt.

Buchner, Tobias; Pfahl, Lisa & Traue, Boris (2015): Zur Kritik der Fähigkeiten: Ableism als neue Forschungsperspektive der Disability Studies und ihrer Partner_innen. Zeitschrift für Inklusion Online, 2/2015. Zugriff online unter: https://www.inklusion-online.net/index.php/inklusion-online/article/view/273 (zuletzt abgerufen am 23.03.2020).

Bundesarbeitsgemeinschaft der Integrationsämter und Hauptfürsorgestellen (2018a): Empfehlungen der Bundesarbeitsgemeinschaft der Integrationsämter und Hauptfürsorgestellen (BIH) für die Erbringung finanzieller Leistungen zur Arbeitsassistenz schwerbehinderter Menschen gemäß § 185 Abs. 5 SGB IX. Arbeitsassistenz – ein wichtiger Baustein zur Teilhabe am Arbeitsleben. Hrsg. v. Bundesarbeitsgemeinschaft der Integrationsämter und Hauptfürsorgestellen. Zugriff online unter: https://www.integrationsaemter.de/bih-empfehlungen (zuletzt abgerufen am 23.03.2020).

Bundesarbeitsgemeinschaft der Integrationsämter und Hauptfürsorgestellen (Hrsg.) (2018b): ZB info. Leistungen für schwerbehinderte Menschen im Beruf (2). Zugriff online unter: https://www.integrationsaemter.de/publikationen/65c1347i/index.html (zuletzt abgerufen am 23.03.2020).

Bundesarbeitsgemeinschaft der Integrationsämter und Hauptfürsorgestellen (Hrsg.) (2018c): ZB Lexikon Behinderung und Beruf. ABC Fachlexikon Beschäftigung schwerbehinderter Menschen.

Bundesarbeitsgemeinschaft der überörtlichen Träger der Sozialhilfe (2019): Kennzahlenvergleich Eingliederungshilfe der überörtlichen Träger der Sozialhilfe. 2017. Zugriff online unter: https://www.lwl.org/spur-download/bag/190306_BAGueS_Bericht_2017_final.pdf (zuletzt abgerufen am 23.03.2020).

Bundesvereinigung Lebenshilfe e. V.: Informieren: Frühe Hilfen Frühe Hilfen sind wirksame Hilfen. Zugriff online unter: https://www.lebenshilfe.de/informieren/kinder/fruehfoerderung/ (zuletzt abgerufen am 26.03.2020).

Bundesvereinigung Lebenshilfe e.V. (2015): Mittendrin – auch im Alter! Senioren mit geistiger Behinderung in der Gesellschaft. Ein Positionspapier der Bundesvereinigung Lebenshilfe e. V. Zugriff online unter: https://www.lebenshilfe-thueringen.de/wData/docs/Bundesvereinigung/Positionspapier-Mittendrin_auch-im-Alter-Schwere-Sprache.pdf (zuletzt abgerufen am 23.03.2020).

Bundesvereinigung Lebenshilfe e.V. (2015): Schulbegleitung. Ein Positionspapier der Bundesvereinigung Lebenshilfe e. V. Zugriff online unter: https://www.lebenshilfe.de/fileadmin/Redaktion/PDF/Wissen/public/Positionspapiere/Positionspapier_2015-11_Schulbegleitung.pdf (zuletzt abgerufen am 23.03.2020).

Bundesvereinigung Lebenshilfe e.V. (Hrsg.) (2014): Konzeptionelle Aussagen zur Weiterentwicklung der interdisziplinären Frühförderstelle. Marburg: Lebenshilfe.

Bundschuh, Konrad & Schäfer, Holger (2019): Diagnostik II: Förderplanung. In: Schäfer, Holger (Hrsg.): Handbuch Förderschwerpunkt geistige Entwicklung. Grundlagen – Spezifika – Fachorientierung – Lernfelder. Weinheim: Beltz, 153–166.

Burghardt, Daniel; Dederich, Markus; Dziabel, Nadine; Höhne, Thomas; Lohwasser, Diana; Stöhr, Robert & Zirfas, Jörg (2017): Vulnerabilität. Pädagogische Herausforderungen. Stuttgart: Kohlhammer.

Burns, John (2016): Ethik im Vergleich. Eine Auseinandersetzung mit der Moral- und Sozialphilosophie von Peter Singer, John Rawls und Alasdair MacIntyre. Bad Rappenau: Verlag für Tiefenpsychologie und Anthropologie.

Buscher, Michael & Hennicke, Klaus (2017): Psychische Störungen bei Kindern und Jugendlichen mit Intelligenzminderung. Heidelberg: Carl-Auer.

Buschlinger, Wolfgang (2000): Geistige Behinderung – Phantom oder Faktum? Ein Stück analytischer Philosophie des Geistes. In: Greving, Heinrich & Gröschke, Dieter (Hrsg.): Geistige Behinderung – Reflexionen zu einem Phantom. Ein interdisziplinärer Diskurs um einen Problembegriff. Bad Heilbrunn: Klinkhardt, 19–31.

Butler, Judith (2001): Psyche der Macht. Das Subjekt der Unterwerfung. Frankfurt a. M.: Suhrkamp.

Butler, Judith (2009): Die Macht der Geschlechternormen und die Grenzen des Menschlichen. Frankfurt a. M.: Suhrkamp.

Butler, Judith (2018): Kritik der ethischen Gewalt. 5. Auflage. Frankfurt a. M.: Suhrkamp.

Campbell, Fiona K. (2009): Contours of Ableism. The Production of Disability and Abledness. Palgrave Macmillan.

Casale, Rita (2020): Verkörperte Bildung. Leidenschaft, Krankheit, Geschlechtlichkeit. In: Casale, Rita; Rieger-Ladich, Markus & Thompson, Christiane (Hrsg.): Verkörperte Bildung. Körper und Leib in geschichtlichen und gesellschaftlichen Transformationen. Weinheim, Basel: Beltz Juventa, 10–21.

Castro Varela, Mario do Mar & Dhawan, Nikita (2004): Horizonte der Repräsentationspolitik – Taktiken der Intervention. In: Roß, Bettina (Hrsg.): Migration, Geschlecht und Staatsbürgerschaft. Perspektiven für eine antirassistische und feministische Politik und Politikwissenschaft. Wiesbaden: Sringer VS, 205–226.

Claß, Dörte (2014): Familienorientierung als Grundlage zur Gestaltung von Hilfsangeboten. In: Teilhabe 53 (2), 69–74.

Cloerkes, Günther (2003): Zahlen zum Staunen. Die deutsche Schulstatistik. In: Cloerkes, Günther (Hrsg.): Wie man behindert wird. Texte zur Konstruktion einer sozialen Rolle und zur Lebenssituation betroffener Menschen. Heidelberg: Winter, 11–23.

Cloerkes, Günther (2007): Soziologie der Behinderten. Eine Einführung. Unter Mitarbeit von Kai Felkendorff und Reinhard Markowetz. 3., neu bearbeitete und erweiterte Auflage. Heidelberg: Winter (Edition S).

Cloerkes, Günther & Markowetz, Reinhard (1999): Stigma-Identitätsthese und Entstigmatisierung durch Integration. In: Pädagogische Hochschule Heidelberg (Hrsg.): 5. Forschungsbericht für den Zeitraum 1994–1996 der Pädagogischen Hochschule Heidelberg, 40–42.

Coombes, Kay ( 1996): Von der Ernährungssonde zum Essen am Tisch – Aspekte der Problematik, Richtlinien für die Behandlung. In: Schlaegel, Wolfgang & Lipp, Berthold (Hrsg.): Wege von Anfang an, Frührehabilitation schwerst hirngeschädigter Patienten. Villingen-Schwenningen: Neckar, 137–151.

Conrad-Giese, Maren (2019): Teilhabe durch Persönliche Assistenz für Kinder mit Behinderungen – Teil II: Die neue Regelung über Assistenzleistungen in § 78 SGB IX n. F.; Beitrag A10-2019. Zugriff online unter: https://www.reha-recht.de/fachbeitraege/beitrag/artikel/beitrag-a10-2019/ (zuletzt abgerufen am 26.03.2020).

Conradi, Elisabeth (2011): Selbstbestimmung durch Achtsamkeit. In: Moser, Vera & Horster, Detlef (Hrsg.): Ethik der Behindertenpädagogik. Menschenrechte, Menschenwürde, Behinderung. Eine Grundlegung. Stuttgart: Kohlhammer.

Conradi, Elisabeth (2001): Take care. Grundlagen einer Ethik der Achtsamkeit. Frankfurt, New York: Campus.

Dalferth, Matthias (2007): Interdisziplinarität und Transdisziplinarität. In: Theunissen, Georg; Kulig Wolfram & Schirbort Kerstin (Hrsg.): Handlexikon Geistige Behinderung. Stuttgart: Kohlhammer, 182–183; 341.

Damm, Sven Mirko (2006): Menschenwürde, Freiheit, komplexe Gleichheit. Dimensionen grundrechtlichen Gleichheitsschutzes: Der Gleichheitssatz im Europäischen Gemeinsachftsrecht sowie im deutschen und US-amerikanischen Verfassungsrecht. Berlin: Duncker & Humblot (Schriften zum internationalen Recht, 156).

Dannenbeck, Clemens; Dorrance, Carmen; Moldenhauer, Anna; Oehme, Andreas; Platte, Andrea (2016) (Hrsg.): Inklusive Hochschule. Grundlagen, Ansätze und Konzepte für Hochschuldidaktik und Organisationsentwicklung. Bad Heilbrunn: Klinkhardt.

Danz, Simone (2015): Vollständigkeit und Mangel. Das Subjekt in der Sonderpädagogik. Bad Heilbrunn: Klinkhardt.

David, Dörthe (1994): Nonkategoriale Sonderpädagogik. In: Sonderpädagogik, 24, 108–115.

Dederich, Markus (2000): Behinderung – Medizin – Ethik. Behindertenpädagogische Reflexionen zu Grenzsituationen am Anfang und Ende des Lebens. Bad Heilbrunn: Klinkhardt.

Dederich, Markus (2001): Menschen mit Behinderung zwischen Ausschluss und Anerkennung. Bad Heilbrunn: Klinkhardt.

Dederich, Markus (2007): Körper, Kultur und Behinderung. Eine Einführung in die Disability Studies. Bielefeld: transcript.

Dederich, Markus (2007a): Abhängigkeit, Macht und Gewalt in asymmetrischen Beziehungen. In: Dederich, Markus (Hrsg.): Herausforderungen. Mit schwerer Behinderung leben. Frankfurt a. M.: Mabuse, 139–152.

Dederich, Markus (Hrsg.) (2007b): Herausforderungen. Mit schwerer Behinderung leben. Institut Mensch, Ethik und Wissenschaft. Frankfurt a. M.: Mabuse.

Dederich, Markus (2008): Der Mensch als Ausgeschlossener. In: Fornefeld, Barbara (Hrsg.): Menschen mit Komplexer Behinderung. Selbstverständnis und Aufgaben der Behindertenpädagogik. München: Reinhardt, 31–49.

Dederich, Markus (2009): Behinderung als sozial- und kulturwissenschaftliche Kategorie. In: Dederich, Markus & Jantzen, Wolfgang (Hrsg.): Behinderung und Anerkennung. Stuttgart: Kohlhammer (Behinderung, Bildung, Partizipation, 2), 15–40.

Dederich, Markus (2010): Behinderung, Norm, Differenz – Die Perspektive der Disability Studies. In: Kessl, Fabian & Plößler, Melanie (Hrsg.): Differenzierung, Normalisierung, Andersheit. Soziale Arbeit als Arbeit mit den Anderen. Wiesbaden: Springer VS, 170–184.

Dederich, Markus (2013): Philosophie in der Heil- und Sonderpädagogik. Stuttgart: Kohlhammer (Nachbarwissenschaften der Heil- und Sonderpädagogik, 2).

Dederich, Markus (2017): Zwischen Wirksamkeitsforschung und Gesellschaftskritik – Versuch einer Standortbestimmung. In: Laubenstein, Désirée & Scheer, David (Hrsg.): Sonderpädagogik zwischen Wirksamkeitsforschung und Gesellschaftskritik. Bad Heilbrunn: Klinkhardt, 23–40.

Dederich, Markus (2018): Menschsein und Teilhabe. Eine anthropologische Skizze. In: Lamers, Wolfgang (Hrsg.): Teilhabe von Menschen mit schwerer und mehrfacher Behinderung an Alltag, Arbeit und Kultur. Oberhausen: Athena, 153–166.

Dederich, Markus (2019): Ethische Aspekte der schulischen Geistigbehindertenpädagogik – Verantwortung, Anerkennung und Menschenwürde. In: Schäfer, Holger (Hrsg.): Handbuch Förderschwerpunkt geistige Entwicklung. Grundlagen – Spezifika – Fachorientierung – Lernfelder. Weinheim, Basel: Beltz, 55–65.

Dederich, Markus & Felder, Franziska (2016): Funktionen von Theorie in der Heil- und Sonderpädagogik. In: Vierteljahreszeitschrift für Heilpädagogik und ihre Nachbargebiete 3, 196–209.

Dederich, Markus & Schnell, Martin W. (2009): Ethische Grundlagen der Behindertenpädagogik. Konstitution und Systematik. In: Dederich, Markus & Jantzen, Wolfgang (Hrsg.): Behinderung und Anerkennung. Stuttgart: Kohlhammer (Behinderung, Bildung, Partizipation, 2), 59–83.

Dedreux, Natalie (2020): Menschen mit Down Syndrom sollen nicht aussortiert werden! Zugriff online unter: https://www.nataliededreux.de/was-mir-da-vorgeht-im-kopf/ (zuletzt abgerufen am 12.06.2020).

Degener, Theresia (2016): Grundlagen der Inklusion aus völkerrechtlicher Perspektive nach der Behindertenrechtskonvention der Vereinten Nationen (UN-BRK). Vortrag von Theresia Degener auf dem 4. Deutschen Schulrechtstag am 30. Juni 2016 in Berlin. In: Institut für Bildungsrecht und Bildungsforschung (Ifbb) e.V. & Deutsche Institut für Internationale Pädagogische Forschung (Hrsg.): Auf dem Weg zur inklusiven Schule. Organisation einer Schul- und Bildungsentwicklung - 4. Deutscher Schulrechtstag. Baden-Baden: Nomos, 25–40.

Dellbrügger, Günther & Denger, Johannes (2005): Individualität und Eingriff. Zur Bioethik. Wann ist ein Mensch ein Mensch? Stuttgart: Freies Geistesleben.

Dennerlein, Martina (1992/2013): Handreichung: Das reformierte SNOEZELEN ein biografisches und milieutherapeutisches Konzept zur ganzheitlichen Sinnesförderung. Fürth: DSLA Deutsches Snoezelen Lehr- und Ausbildungsinstitut.

Deubner, Yvonne (2017): Das Bundesteilhabegesetz –Mogelpackung oder lang ersehnter Fortschritt? Zugriff online unter: https://inklusion.hypotheses.org/3240 (zuletzt abgerufen am 04.05.2020).

Deutsche Forschungsgemeinschaft: Exzellenzinitiative des Bundes und der Länder. Zugriff online unter: https://www.dfg.de/foerderung/programme/exzellenzinitiative/allgemeine_informationen/index.html (zuletzt abgerufen am 23.03.2020).

Deutsche Interdisziplinäre Vereinigung für Intensiv- und Notfallmedizin (DIVI) (2020): Entscheidungen über die Zuteilung von Ressourcen in der Notfall-und der Intensivmedizin im Kontext der COVID-19-Pandemie. Zugriff online unter: https://www.divi.de/empfehlungen/publikationen/covid-19/1540-covid-19-ethik-empfehlung-v2/file (zuletzt abgerufen 11.06.2020).

Deutscher Bundestag (1975): Bericht über die Lage der Psychiatrie in der Bundesrepublik Deutschland – Zur psychiatrischen und psychotherapeutisch/psychosomatischen Versorgung der Bevölkerung (Psychiatrie-Enquete). Zugriff online unter: http://dipbt.bundestag.de/doc/btd/07/042/0704200.pdf (zuletzt abgerufen am 23.03.2020).

Deutscher Verband für Physiotherapie (2019): Vojta-Therapie. Zugriff online unter: https://www.physio-deutschland.de/patienten-interessierte/wichtige-therapien-auf-einen-blick/vojta-therapie.html (zuletzt abgerufen am 22.03.2020).

Deutsches Institut für Menschenrechte: Die Monitoring-Stelle UN-Behindertenrechtskonvention. Zugriff online unter: https://www.institut-fuer-menschenrechte.de/monitoring-stelle-un-brk/ueber-uns (zuletzt abgerufen am 20.04.2020).

Deutsches Institut für Menschenrechte (2015): Parallelbericht an den UN-Fachausschuss für die Rechte von Menschen mit Behinderungen anlässlich der Prüfung des ersten Staatenbericht Deutschlands gemäß Artikel 35 der UN-Behindertenrechtskonvention. Berlin. Zugriff online unter: https://www.institut-fuer-menschenrechte.de/fileadmin/user_upload/PDF-Dateien/Parallelberichte/Parallelbericht_an_den_UN_Fachausschuss_fuer_die_Rechte_von_Menschen_mit_Behinderungen_150311.pdf (zuletzt abgerufen am 23.03.2020).

Deutsche SNOEZELEN Stiftung, Arbeitsdefinition der Deutschen Snoezelen-Stiftung. Zugriff online unter: http://www.snoezelen-stiftung.de/pages/snoezelen/snoezelen_definition.html (zuletzt abgerufen am 23.03.2020).
DGfE (2017): Inklusion. Bedeutung und Aufgabe für die Erziehungswissenschaft. Stellungnahme der Deutschen Gesellschaft für Erziehungswissenschaft (DGfE). Zugriff online unter: http://www.dgfe.de/fileadmin/OrdnerRedakteure/Stellungnahmen/2017.01_Inklusion_Stellungnahme.pdf (zuletzt abgerufen am 05.04.2020).
Dieckmann, Friedrich & Metzler, Heidrun (2013): Alter erleben – Lebensqualität und Lebenserwartung von Menschen mit wesentlicher geistiger Behinderung im Alter. Abschlussbericht. Parallel als elektronische Ausgabe verfügbar. Münster: Katholische Hochschule Nordrhein-Westfalen Abt. Münster (KVJS Forschung).
Dieckmann, Friedrich; Graumann, Susanne; Schäper, Sabine & Greving, Heinrich (2013): Bausteine für eine sozialraumorientierte Gestaltung von Wohn- und Unterstützungsarrangements mit und für Menschen mit geistiger Behinderung im Alter. Münster: KatHO NRW (Vierter Zwischenbericht zum Forschungsprojekt «Lebensqualität inklusiv(e), innovative Konzepte unterstützten Wohnens älter werdender Menschen mit Behinderung» (LEQUI)).
Dieckmann, Friedrich; Schäper, Sabine; Thimm, Antonia; Dieckmann, Petra; Dlugosch, Sandra & Lucas, Aline (2015): Die Lebenssituation älterer Menschen mit lebenslanger Behinderung in Nordrhein-Westfalen. Düsseldorf (Schriftenreihe des MAIS zur Berichterstattung über die Lebenssituation von Menschen mit Behinderung in Nordrhein-Westfalen; 2). Zugriff online unter: https://www.katho-nrw.de/fileadmin/primaryMnt/Muenster/broschuere_lebenssituation_aelterer_Menschen_mit_behinderung_151127_barrierefrei.pdf (zuletzt abgerufen am 23.03.2020).
Dieckmann, Friedrich; Weweler, Linda & Wenzel, Stefanie (2016): Ambulant unterstütztes Wohnen bei hohem Unterstützungsbedarf. Organisation und Teilhabe in zwei innovativen Wohnsettings. In: Teilhabe 55 (2), 62–70.
Dingerkus, Gerlinde & Schlottbohm, Birgitt (2006): Den letzten Weg gemeinsam gehen. Sterben, Tod und Trauer in Wohneinrichtungen für Menschen mit geistigen Behinderungen. 2., überarbeitete Auflage, Münster: Alpha im Landesteil Westfalen-Lippe.
Ding-Greiner, Christina & Kruse, Andreas (2010): Betreuung und Pflege geistig behinderter und chronisch kranker Menschen im Alter. Stuttgart: Kohlhammer.
Doose, Stefan (2012): Unterstützte Beschäftigung. Dissertation. 3. aktualisierte und vollständig überarbeitete Auflage.
Domening, Dagmar & Schäfer, Urs (2018): Einleitung. In: Doming, Dagmar & Schäfer, Urs (Hrsg.): Auffallend herausfordernd! Begleitung zwischen Selbstbestimmung und Überforderung. Zürich: Seismo, 9–14.
Dörner, Günter; Hüllemann, Klaus D.; Wessel, Karl F.; Tembrock, Günter & Zänker, Kurt S. (Hrsg.) (1999): Menschenbilder in der Medizin – Medizin in den Menschenbildern. Tagung Menschenbilder in der Medizin – Medizin in den Menschenbildern. Bielefeld: Kleine (Berliner Studien zur Wissenschaftsphilosophie & Humanontogenetik, 16).
Dowse, Leanne (2017): Disruptive, dangerous and disturbing. The »challenge« of behavior in the construction of normalcy and vulnerability. In: Continuum. Journal of Media and Cultural Studies 31 (3), 447–457.
Dreier, Horst (2005): Menschenwürde aus verfassungsrechtlicher Sicht. In: Härle, Wilfried & Preul, Reiner (Hrsg.): Menschenwürde. Marburg: Elwert (Marburger theologische Studien, 89), 167–210.
Dubielzig, Frank & Schaltegger, Stefan (2004): Methoden transdisziplinärer Forschung und Lehre. Ein zusammenfassender Überblick. Zugriff online unter: http://fox.leuphana.de/portal/de/publications/methoden-transdisziplinarer-forschung-und-lehre%282fbaec83-d349-440c-bac7-ef363a4860d4%29.html (zuletzt abgerufen am 28.03.2020).
Dufke, Andreas (2014): Genetische Ursachen von geistiger Behinderung – aktueller Erkenntnisstand. In: Seidel, Michael & Goll, Harald (Hrsg.): Genetik – Chancen und Risiken für Menschen mit geistiger Behinderung. Berlin: DGSGB Eigenverlag, 6–18.
Dussel, Enrique (2013): 20 Thesen zu Politik. Berlin: Lit.

Dworschak, Wolfgang (2012a): Assistenz in der Schule. Pädagogische Reflexionen zur Schulbegleitung im Spannungsfeld von Schulrecht und Eingliederungshilfe. In: Lernen konkret 31, 4, 2–7.
Dworschak, Wolfgang (2012b): Schulbegleitung an Förder- und Allgemeinen Schulen. Divergente Charakteristika einer Einzelfallmaßnahme im Förderschwerpunkt Geistige Entwicklung. In: Zeitschrift für Heilpädagogik, 10, 414–421.
Dworschak, Wolfgang (2014a): Schulbegleitung/Schulassistenz. Zugriff online unter: www.inklusion-lexikon.de/Schulbegleitung_Dworschak.pdf (zuletzt abgerufen am 23.03.2020).
Dworschak, Wolfgang (2014b): Zur Bedeutung individueller Merkmale im Hinblick auf den Erhalt einer Schulbegleitung. Eine empirische Analyse im Förderschwerpunkt geistige Entwicklung an bayerischen Förderschulen. In: Empirische Sonderpädagogik 6, 2, 150–171.
Dworschak, Wolfgang (2017): Bildungsstatistik und Inklusion – eine kritische Betrachtung. In: Zeitschrift für Heilpädagogik 1 (68), 31–43.
Dworschak, Wolfgang (2019): Vorbereitung auf das Wohnen als unterrichtliche Aufgabenstellung. In: Susanne Bauernschmitt, Holger Schäfer & Andrea Beetz (Hrsg.): Handbuch Förderschwerpunkt geistige Entwicklung (Pädagogik), 628–636.
Dworschak, Wolfgang; Kannewischer, Sybille; Ratz, Christoph & Wagner, Michael (2012): Schülerschaft mit dem Förderschwerpunkt geistige Entwicklung (SFGE). Oberhausen: Athena.
Dziabel, Nadine (2017): Reziprozität, Behinderung und Gerechtigkeit. Eine grundlagentheoretische Studie. Bad Heilbrunn: Klinkhardt.
Ebert, Udo (2012a): Das Menschenbild des Grundgesetzes. In: Ebert, Udo; Riha, Ortrun & Zerling, Lutz (Hrsg.): Menschenbilder - Wurzeln, Krise, Orientierung. Leipzig, Stuttgart: Sächsische Akademie der Wissenschaften zu Leipzig; In Kommission bei S. Hirzel, 57–74.
Ebert, Udo (2012b): Einführung. In: Ebert, Udo; Riha, Ortrun & Zerling, Lutz (Hrsg.): Menschenbilder – Wurzeln, Krise, Orientierung. Leipzig, Stuttgart: Sächsische Akademie der Wissenschaften zu Leipzig; In Kommission bei S. Hirzel, 5–8.
Eberwein, Hans & Knauer, Sabine (2009): Integrationspädagogik als Ansatz zur Überwindung pädagogischer Kategorisierungen und schulischer Systeme. In: Eberwein, Hans & Knauer, Sabine (Hrsg.): Handbuch Integrationspädagogik, 7. Auflage. Weinheim, Basel: Beltz, 17–35.
Eckert, Andreas (2014): Familien mit Kindern mit einer Behinderung: Leben im Spannungsfeld von Herausforderung und Zufriedenheit. In: Teilhabe 53/2014, Heft 1, 19–23.
Ehwald, Walter & Hofer, Adrian (2004): Das Affolter- Modell. Forschungsergebnisse – Entwicklungsmodell – Anwendung. In: Fröhlich, Andreas; Heinen, Norbert & Lamers, Wolfgang (Hrsg.): Schwere Behinderung in Praxis und Theorie – ein Blick zurück nach vorn. 4. Auflage. Düsseldorf: selbstbestimmtes leben, 83–101.
Eisler, Riane (2005): Die Kinder von morgen. Die Grundlagen der partnerschaftlichen Bildung. Freiburg i. B.: Arbor.
Ellger-Rüttgardt, Sieglind (1998): Der Verlust des Politischen – Kritische Anfragen an die deutsche Debatte um schulische Integration. In: Die neue Sonderschule 1/1998, 2–11.
Ellger-Rüttgardt, Sieglind (2008): Geschichte der Sonderpädagogik. München, Basel: Reinhardt.
Engbarth, Anette (2003): Die Geschichte der Kinder- und Jugendpsychiatrie und ihre Bedeutung für die heutige Praxis. Frankfurt a. M.: Peter Lang.
Erikson, Erik H. & Erikson Joan M. (1997): The Life Cycle Completed (Extended Version). New York
EU-Schwerbehinderung. Das Online-Nachrichtenmagazin (2020): In der Corona-Krise werden Menschen mit Behinderung vergessen. Zugriff online unter: https://www.eu-schwerbehinderung.eu/index.php/schwerbehinderung/2914-in-der-corona-krise-werden-menschen-mit-behinderung-vergessen (zuletzt abgerufen am 02.05.2020).
Falk, Angelice (2017): Die Inklusionsbetriebe nach der Reform – Kritik und Würdigung der neuen § 132–135 SGB IX (ab 01.01.2018: §§ 215–218 SGB IX n.F.): Teil I. Entwicklung der Inklusionsbetriebe und Erweiterung des Aufgabenkreises in § 216 SGB IX n.F. Hg. v. Reha-Recht (D46-2017). Zugriff online unter: https://www.reha-recht.de/fileadmin/user_upload/RehaRecht/Diskussionsforen/Forum_D/2017/D46-2017_Falk_Inklusionsbetriebe_Teil_1_EF.pdf (zuletzt abgerufen am 28.03.2020).

Falk, Wiebke (2013): Regionalisierung und Dezentralisierung einer Einrichtung der Behindertenhilfe als Beitrag zur Deinstitutionalisierung? Aspekte einer empirischen Studie. In: Behindertenpädagogik 52 (2), 160–175.
Falk, Wiebke (2018): Institutioneller Wandel als zentrale Herausforderung im Feld der sogenannten Behindertenhilfe. Handlungsleitende Erkenntnisse aus der Institutions-/Organisationssoziologie für Veränderungen in der Praxis. In: Behindertenpädagogik 57 (3) S. 254–274.
Familien- und Frauengesundheit (2019): GeschwisterKinder, FFG-Videoproduktion, Zugriff online unter: https://www.geschwister-kinder.ch/downloads (zuletzt aufgerufen am 28.03.2020).
Farber, Barbara M. (1995): Übertragung, Gegenübertragung und Gegenwiderstand bei der Behandlung von Opfern von Traumatisierungen. In: Hypnose und Kognition 2 (12), 68–83.
Felkendorff, Kai (2003): Ausweitung der Behinderungszone: Neue Behinderungsbegriffe und ihre Folgen. In: Cloerkes, Günther (Hrsg.): Wie man behindert wird. Texte zur Konstruktion einer sozialen Rolle und zur Lebenssituation betroffener Menschen. Heidelberg: Winter, 25–52.
Ferdani, Sandro (2012): Behinderung als Missachtungserfahrung – Reflexion der Lebenssituation von behinderten Menschen. Hamburg: Diplomica.
Feuser, Georg (1976): Notwendigkeit und Möglichkeit einer pädagogischen Förderung von Kindern mit frühkindlichem Autismus in Sonderkindergarten und Sonderschule. Zeitschrift für Heilpädagogik 27 (11), 643–657.
Feuser, Georg (1989): Allgemeine integrative Pädagogik und entwicklungslogische Didaktik. Behindertenpädagogik 28 (1), 4–48.
Feuser, Georg (1995): Behinderte Kinder und Jugendlichen zwischen Integration und Aussonderung. Darmstadt: Wissenschaftliche Buchgesellschaft.
Feuser, Georg (1996): »Geistig Behinderte gibt es nicht!«. Projektionen und Artefakte in der Geistigbehindertenpädagogik. Geistige Behinderung, 35 (1), 18–25.
Feuser, Georg (2000): »Geistige Behinderung« im Widerspruch. In: Greving, Heinrich & Gröschke, Dieter (Hrsg.): Geistige Behinderung – Reflexionen zu einem Phantom. Ein interdisziplinärer Diskurs um einen Problembegriff. Bad Heilbrunn: Klinkhardt, 141–163.
Feuser, Georg (2009): Naturalistische Dogmen. Unerziehbarkeit, Unverständlichkeit, Bildungsunfähigkeit. In: Dederich, Markus & Jantzen, Wolfgang (Hrsg.): Behinderung und Anerkennung. Stuttgart: Kohlhammer (Behinderung, Bildung, Partizipation, 2), 233–239.
Feuser, Georg (2011): Entwicklungslogische Didaktik. In: Kaiser, Astrid; Schmetz, Ditmar; Wachtel, Peter & Werner, Birgit (Hrsg.): Didaktik und Unterricht (Behinderung, Bildung, Partizipation – Enzyklopädisches Handbuch der Behindertenpädagogik, Band 4). Stuttgart: Kohlhammer, 86–100.
Feuser, Georg (2012): Der lange Marsch durch die Institutionen … Ein Inklusionismus war nicht das Ziel. In: Behindertenpädagogik 51 (1), 5–34.
Feuser, Georg (2013): Gesellschafts-Politische und fachliche Perspektiven der Geistigbehindertenpädagogik. In: Ackermann, Karl-Ernst; Musenberg, Oliver & Riegert, Judith (Hrsg.): Geistigbehindertenpädagogik!? Disziplin – Profession – Inklusion. Oberhausen: Athena, 219–246.
Feuser, Georg (2016): Zur endlosen Geschichte der Verweigerung uneingeschränkter Teilhabe an Bildung – durch die Geistigbehindert-Macher und Kolonisatoren. In: Fischer, Erhard & Markowetz, Reinhard (Hrsg.): Inklusion im Förderschwerpunkt geistige Entwicklung. Stuttgart: Kohlhammer, 31–73.
Feuser, Georg (2018): Momente einer Ideengeschichte der Integration bzw. Inklusion im Feld der (Schul-) Pädagogik. In: Sturm, Tanja & Wagner-Willi, Monika (Hrsg.): Handbuch schulische Inklusion. Opladen: Budrich, 111–126.
Feuser, Georg; Ling, Karen & Ziemen, Kerstin (2013): Geistige Behinderung als gesellschaftliche und soziale Konstruktion. In: Feuser, Georg & Kutscher, Joachim (Hrsg.): Entwicklung und Lernen (Behinderung, Bildung, Partizipation – Enzyklopädisches Handbuch der Behindertenpädagogik, Band 7). Stuttgart: Kohlhammer, 345–356.
Finke, Peter (2014): Citizen Science. Das unterschätzte Wissen der Laien. München: oekom.
Fischer, Erhard; Kießling, Christina & Molnár-Gebert, Tina (2016): »Weil ich will halt einfach mein eigenes Ding machen.« Menschen mit geistiger Behinderung auf dem allgemeinen

Arbeitsmarkt. Oberhausen: Athena (Schriften zur Pädagogik bei Geistiger Behinderung, Band 5).
Fischer, Erhard (2004): Grundlagen und Prinzipien eines subjektorientierten Unterrichts im Förderschwerpunkt »geistige Entwicklung«. In: Fischer, Erhard (Hrsg.): Welt verstehen Wirklichkeit konstruieren Unterricht bei Kindern und Jugendlichen mit geistiger Behinderung. Dortmund: modernes lernen.
Fischer, Erhard (2008): Bildung im Förderschwerpunkt geistige Entwicklung: Entwurf einer subjekt- und bedarfsorientierten Didaktik. Bad Heilbrunn: Klinkhardt.
Fischer, Erhard (2016): (Wie) Kann dem Bildungs- und Erziehungsbedarf von Kindern und Jugendlichen mit dem Förderschwerpunkt geistige Entwicklung im gemeinsamen Unterrichts ausreichend begegnet werden? Fischer, Erhard & Markowetz, Reinhard (Hrsg.): Inklusion im Förderschwerpunkt geistige Entwicklung. Stuttgart: Kohlhammer, 74–133.
Fischer, Erhard & Heger, Manuela (2014): Berufliche Teilhabe und Integration von Menschen mit geistiger Behinderung. Abschlussbericht der wissenschaftlichen Begleitung zum Projekt; Übergang Förderschule–Beruf. Oberhausen: Athena (Schriften zur Pädagogik bei Geistiger Behinderung). Zugriff online unter: http://gbv.eblib.com/patron/FullRecord.aspx?p=1755724 (zuletzt abgerufen am 23.03.2020).
Fischer, Erhard & Markowetz, Reinhard (2016): Schulische Inklusion. Paradiesmetapher und/oder langer Weg zu einer inklusiven Schule. In: Fischer, Erhard & Markowetz, Reinhard (Hrsg.): Inklusion im Förderschwerpunkt geistige Entwicklung. Stuttgart: Kohlhammer.
Fischer, Dieter (2009). An der Grenze – Begleitung von Menschen mit herausforderndem Verhalten. *Behinderte Menschen – Zeitschrift für gemeinsames Leben, Lernen und Arbeiten 5/ 2009*, 10–25.
Flieger, Petra (2015): Verteilt Leicht Lesen die Macht neu? In: Candussi, Klaus & Fröhlich, Walburga (2015): Leicht Lesen. Der Schlüssel zur Welt. Wien, Köln, Bonn: Böhlau, 143–154.
Folta-Schoofs, Kristian (2018): Leistung und Gerechtigkeit aus neurodidaktischer Perspektive. In: Sansour, Teresa; Musenberg, Oliver & Riegert, Judith (Hrsg.): Bildung und Leistung. Differenz zwischen Selektion und Anerkennung. Bad Heilbrunn: Klinkhardt, 130–139.
Fornefeld, Barbara (1995): Elementare Beziehung und Selbstverwirklichung geistig Schwerstbehinderter in sozialer Integration. Reflexionen im Vorfeld einer leiborientierten Pädagogik. 2. Auflage. Aachen: Mainz.
Fornefeld, Barbara (1998): Das schwerstbehinderte Kind und seine Erziehung. 2. Auflage. Heidelberg: Ed. Schindele.
Fornefeld, Barbara (2001): Elementare Beziehung – Leiborientierte Pädagogik – Phänomenologische Schwerstbehindertenpädagogik. In: Fröhlich, Andreas; Heinen, Norbert & Lamers, Wolfgang (Hrsg.) (2001): Schwere Behinderung in Praxis und Theorie – ein Blick zurück nach vorn. Texte zur Körper- und Mehrfachbehindertenpädagogik. Dortmund: Selbstbestimmt Leben, 127–144.
Fornefeld, Barbara (2003): Immer noch sprachlos? Zur Bedeutung des Dialogs in der Erziehung und Bildung von Menschen mit schwerer Behinderung. In: Klauss, Theo & Lamers, Wolfgang (Hrsg.): Alle Kinder alles lehren ... Grundlagen der Pädagogik für Menschen mit schwerer und mehrfacher Behinderung. Heidelberg: Winter (Edition S), 73–88.
Fornefeld, Barbara (2008a): Pädagogische Leitgedanken als Ausschlussprinzip? In: Fornefeld, Barbara (Hrsg.): Menschen mit Komplexer Behinderung: Selbstverständnis und Aufgaben der Behindertenpädagogik. München: Reinhardt, 108–147.
Fornefeld, Barbara (2008b): Aufgabe der Behindertenpädagogik. In: Fornefeld, Barbara (Hrsg.): Menschen mit Komplexer Behinderung: Selbstverständnis und Aufgaben der Behindertenpädagogik. München: Reinhardt, 161–183.
Fornefeld, Barbara (2009): Selbstbestimmung/Autonomie. In: Dederich, Markus & Jantzen, Wolfgang (Hrsg.): Behinderung und Anerkennung. Stuttgart: Kohlhammer (Behinderung, Bildung, Partizipation – Enzyklopädisches Handbuch der Behindertenpädagogik, Band 2), 183–187.
Fornefeld, Barbara (2010). Alle reden von Bildung für alle – Sind noch alle gemeint? Bildungsanspruch für Menschen mit Komplexer Behinderung. In: Musenberg, Oliver & Riegert, Judith (Hrsg.): Bildung und geistige Behinderung. Bildungstheoretische Reflexionen und aktuelle Fragestellungen. Oberhausen: Athena, 260–281.

Fornefeld, Barbara (2013): Grundwissen Geistigbehindertenpädagogik. 5. Auflage. München, Basel: Reinhardt.
Foucault, Michel (1989): Wahnsinn und Gesellschaft. 8. Auflage. Frankfurt a. M.: Peter Lang.
Foucault, Michel (2000): Überwachen und Strafen. Die Geburt des Gefängnisses. 1. Auflage [Nachdr.]. Frankfurt a. M.: Suhrkamp.
Foucault, Michel; Seitter, Walter & Konersmann, Ralf (1996): Die Ordnung des Diskurses. Erweiterte Ausgabe. Frankfurt a. M.: Fischer-Taschenbuch (Fischer-Taschenbücher, Fischer Wissenschaft, 10083).
Franke, Evelyn (2012): Anders leben – anders sterben. Gespräche mit Menschen mit geistiger Behinderung über Sterben, Tod und Trauer. Wien: Springer Vienna.
Franz, Daniel (2014): Anforderungen an Mitarbeiter(innen) in wohnbezogenen Diensten der Behindertenhilfe. In: Teilhabe 53 (2), 48–54.
Franz, Daniel (2016): Menschen mit geistiger Behinderung im Alter. Impulse zur inklusiven Weiterentwicklung der Dienste und Einrichtungen. Marburg: Lebenshilfe.
Franz, Daniel & Beck, Ines (2016): Normalisierung. In: Hedderich, Ingeborg; Biewer; Gottfried; Hollenweger, Judith & Markowetz, Reinhard (Hrsg.): Handbuch Inklusion und Sonderpädagogik. Bad Heilbrunn: Klinkhardt (utb-studie-e-book, 8643), 102–108.
Freimüller, Lena & Wölwer, Wolfgang (2012): Antistigma-Kompetenz in der psychiatrisch-psychotherapeutischen und psychosozialen Praxis. Stuttgart: Schattauer. Zugriff online unter: https://media.hugendubel.de/shop/coverscans/185PDF/18504947_lprob_1.pdf (zuletzt abgerufen am 24.04.2020).
Freire, Paulo (1998): Pädagogik der Unterdrückten. Bildung als Praxis der Freiheit. Reinbek bei Hamburg: Rowohlt (rororo, rororo-Sachbuch, 6830).
French, Nancy K. & Pickett, Anna Lou (1997): Paraprofessionals in Special Education: Issues for Teacher Educators. In: Teacher Education and Special Education 20/1, 61–73.
French, Sally & Swain, John (2001): The relationship between Disabled People and Health and Welfare Professionals. In: Albrecht, Gary L.; Seelman, Katherine & Bury, Michael (Hrsg.): Handbook of Disability Studies. Thousand Oaks, 734–753.
Frey, Dieter; Nikitopoulos, Alexandra; Peus, Claudia; Weisweiler, Silke & Kastenmüller, Andreas (2010): Unternehmenserfolg durch ethikorientierte Unternehmens- und Mitarbeiterführung. In: Meier, Uto & Sill, Bernhard (Hrsg.): Führung. Macht. Sinn. Regensburg: Friedrich Pustet, 637–656.
Fricke, Christine, Stappel, Nicole & Eisenmann, Maximiliane (2011): In Würde. Bis zuletzt. Hospizliche und palliative Begleitung und Versorgung von Menschen mit geistiger Behinderung. Augsburg: Caritasverband für die Diözese Augsburg e.V.
Fritzsche, Bettina (2014): Inklusion als Exklusion. Differenzproduktion im Rahmen des schulischen Anerkennungsgeschehens. In: Tervooren, Anja; Engel, Nicolas; Göhlich, Michael; Miethe, Ingrid & Reh, Sabine (Hrsg.): Ethnografie und Differenz in pädagogischen Feldern. Internationale Entwicklungen erziehungswissenschaftlicher Forschung. Bielefeld: transcript, 329–345.
Fröhlich, Andreas (2003): Basale Stimulation. 4. Auflage. Düsseldorf: selbstbestimmtes leben.
Fröhlich, Andreas (2008): Basale Stimulation. Das Konzept. 2. Auflage. Düsseldorf: selbstbestimmtes leben.
Fröhlich, Andreas (2015a): Basale Stimulation: Ein Konzept zur Arbeit mit schwer beeinträchtigten Menschen. Düsseldorf: selbstbestimmtes leben.
Fröhlich, Andreas (2015b): Schwerste Behinderung – diagnostische (Un-)Möglichkeiten. Schäfer, Holger & Rittmeyer, Christel (Hrsg.): Handbuch Inklusive Diagnostik. Weinheim, Basel: Beltz, 433–444.
Fröhlich, Andreas (2016): Basale Förderung. In: Dederich, Markus; Beck, Iris; Bleidick, Ulrich & Antor, Georg (Hrsg.): Handlexikon der Behindertenpädagogik. Schlüsselbegriffe aus Theorie und Praxis. Stuttgart: Kohlhammer, 239–242.
Fröhlich, Andreas & Simon, Angela (2004): Gemeinsamkeiten entdecken. Mit schwerbehinderten Kindern kommunizieren. Düsseldorf: selbstbestimmtes Leben.
Gaedt, Christian (2003): Das Verschwinden der Verantwortlichkeit. Gedanken zu einem Konzept des Individuums in der postmodernen Gesellschaft und seine Konsequenzen für Menschen mit geistiger Behinderung. In: Behindertenpädagogik 42 (1), 74–88.

Gärtner, Claudia (2016): »Ageing in Place« und ressourcenorientierte Begleitung bei Demenz und geistiger Behinderung. In: Müller, Sandra Verena & Gärtner, Claudia (Hrsg.): Lebensqualität im Alter. Perspektiven für Menschen mit geistiger Behinderung und psychischen Erkrankungen. Wiesbaden: Springer, 219–236.

Geist, Eva-Maria (2017): Qualifikation und Qualifizierung von Schulbegleiter/innen. In: Laubner, Marian; Lindmeier, Bettina & Lübeck, Anika (Hrsg.): Schulbegleitung in der inklusiven Schule. Grundlagen und Praxishilfen. Weinheim, Basel: Beltz, 50–65.

Georgens, Jan Daniel & Deinhardt, Heinrich Marianus (1861): Die Heilpädagogik unter besonderer Berücksichtigung der Idiotie und der Idiotenanstalten. Leipzig: Fleischer.

Georgi, Viola B. & Mecheril, Paul (2018): (De)Kategorisierung im Licht der Geschichte und Gegenwart migrationsgesellschaftlicher Bildungsverhältnisse oder: Widerspruch als Grundfigur des Pädagogischen. In: Musenberg, Oliver; Riegert, Judith & Sansour, Teresa (Hrsg.): Dekategorisierung in der Pädagogik. Notwendig oder riskant? Buchreihe: Pädagogische Differenzen. Bad Heilbrunn: Klinkhardt, 58–70.

Gerhartz-Reiter, Sabine & Reisenauer, Cathrin (2018): Partizipatorische Diagnostik. Ein Modell für mehr Selbstbestimmung aller Schüler*innen bei Lernprozessen und Bildungswegentscheidungen. In: Journal für Psychologie 26, 2 – Themenheft: Disability Studies, 114–132.

Gesellschaft für Unterstützte Kommunikation: Lexikon der Unterstützten Kommunikation. Zugriff online unter: https://www.gesellschaft-uk.org/ueber-uk/lexikon-der-uk.html (zuletzt abgerufen am 28.03.2020).

Giangreco, Michael F.; Edelmann, Susan W.; Evans Luiselli, Tracy & MacFarland, Stephanie Z. C. (1997): Helping or Hovering? Effects of Instructional Assistant Proximity on Students with Disabilities. Exceptional Children, 64 (1), 7–16.

Giesecke, Hermann (1999): Rückkehr zur Bildung? In: Hoffmann, Dietrich (Hrsg.): Rekonstruktion und Revision des Bildungsbegriffs. Weinheim, Basel: Beltz, 125–131.

Glaser, Stefan (2015): Plädoyer gegen Empowerment? Zwischen Ansprüchen, gelebter Praxis, Kritik und neuen Ideen. In: Soziales Kapital – Wirtschaftliches Journal österreichischer Fachhochschulstudiengänge Soziale Arbeit 14 /2015, 35–42.

Göbel, Susanne (1999): So möchte ich wohnen! Wie ich selbst bestimmen kann, daß ich mich in meinen vier Wänden wohl fühle. Eine Arbeitshilfe der Bundesvereinigung Lebenshilfe. Berlin: Lebenshilfe.

Göhlich, Michael H. D. & Zirfas, Jörg (2007): Lernen. Ein pädagogischer Grundbegriff. Stuttgart: Kohlhammer.

Görlitzer, Klaus-Peter (2010): Fremdnützige Forschung? Fragwürdige Studie im Netzwerk »Mentale Retardierung«. In: BioSkop 50/2010. Zugriff online unter: https://www.bioskop-forum.de/bioskop-themen/forschungs-und-vorsorgepolitik/genomforschung/netzwerk-mentale-retardierung/ (zuletzt abgerufen am 28.03.2020).

Goffman, Erving (1967): Stigma. Über Techniken der Bewältigung beschädigter Identität. Frankfurt a. M.: Suhrkamp.

Goffman, Erving (1975): Stigma. Über Techniken der Bewältigung beschädigter Identität. Frankfurt a.M.: Suhrkamp.

Goffman, Erving (2016): Asyle. Über die soziale Situation psychiatrischer Patienten und anderer Insassen. 20. Auflage. Frankfurt a. M.: Suhrkamp (Edition Suhrkamp, 678) (Amerikanische Originalausgabe 1961).

Goldbach, Anne (2014): Menschenskinder. Einfluss christlicher Sozialisation auf die Ausbildung von Einstellungen gegenüber Menschen mit sogenannter geistiger Behinderung. Zugriff online unter: http://www.qucosa.de/fileadmin/data/qucosa/documents/15006/finaleversion01082014klein_weboptimiert.pdf (zuletzt abgerufen am 23.03.2020).

Goldbach, Anne & Bergelt, Daniel (2019): Leichte Sprache am Arbeitsplatz. Sozialwissenschaftliche Ergebnisse und Praxisempfehlungen aus dem LeiSA-Projekt. Kommunikation – Partizipation – Inklusion, Band 6, Berlin: Frank & Timme.

Goldbach, Anne & Ströbl, Josef (2019): Chancen und Grenzen der Leichten Sprache. In: Bergelt, Daniel & Goldbach, Anne (Hrsg.) (2019): Exklusive Teilhabe am Arbeitsmarkt? Unterstützung durch Leichte Sprache. Berlin: Lebenshilfe, 188–196.

Goll, Harald (1993): Erziehung – Bildung – Förderung – Pflege – Therapie. In: Gaedt-Sachse, Frigga (Hrsg.): Aufgreifen – Öffnen – Gestalten. Neuerkeröder Beiträge 8, Ev. Stiftung Neuerkerode.
Goll, Harald (1996): Transdisziplinarität. Realität in der Praxis, Vision in Forschung und Lehre – oder nur ein neuer Begriff? In: Opp, Günther; Freytag, Andreas & Budnik, Ines (Hrsg.): Heilpädagogik in der Wendezeit. Brüche – Kontinuitäten – Perspektiven. Zürich: Edition SZH, 164–174.
Goodley, Dan (2011): Disability Studies. An Interdisciplinary Introduction. Los Angeles, London, New Delhi, Singapore, Washington DC: Sage.
Goodley, Dan (2012): Jacques Lacan + Paul Hunt = Psychoanalytic Disability Studies. In: Goodley, Dan; Hughes, Bill & Davis, Lennard (Hrsg.): Disability and Social Theory. New Developments and Directions. Basingstoke: Palgrave Macmillan, 179–195.
Gottwald, Claudia & Dederich, Markus (2009): Leid/Mitleid. In: Dederich, Markus & Jantzen, Wolfgang (Hrsg.): Behinderung und Anerkennung (Behinderung, Bildung, Partizipation. Enzyklopädisches Handbuch der Behindertenpädagogik, Band 2) Stuttgart: Kohlhammer, 302–306.
Graf, Angela (2017): Macht- und Chancenstrukturen in der Wissenschaft. Die Konstruktion der Wissenschaftselite in Deutschland. In: Hamann, Julian; Maeße, Jens; Gengnagel, Vincent & Hirschfeld, Alexander (Hrsg.): Macht in Wissenschaft und Gesellschaft. Diskurs- und Feldanalytische Perspektive. Wiesbaden: Springer VS, 49–51.
Gräsel, Cornelia; Fußangel, Kathrin & Pröbstel, Christian (2006): Lehrkräfte zur Kooperation anregen – eine Aufgabe für Sisyphos? Zeitschrift für Pädagogik, 52 (2), 205–219. Zugriff online unter: https://www.pedocs.de/volltexte/2011/4453/pdf/ZfPaed_2006_2_Graesel_Fussangel_Proebstel_Lehrkraefte_Kooperation_anregen_D_a.pdf (zuletzt abgerufen am 23.03.2020).
Graumann, Sigrid (2003): Sind »biomedizin« und »Bioethik« behindertenfeindlich? Ein Versuch, die Anliegen der Behindertenbewegung für die ethische Diskussion fruchtbar zu machen. In: Ethik in der Medizin 15 (3), 161–170.
Graumann, Sigrid (2009): Bioethik/Biomedizin. In: Dederich, Markus & Jantzen, Wolfgang (Hrsg.): Behinderung und Anerkennung. (Behinderung, Bildung, Partizipation. Enzyklopädisches Handbuch der Behindertenpädagogik, Band 2). Stuttgart: Kohlhammer, 345–351.
Graumann, Sigrid (2010): Biomedizin und die gesellschaftliche Ausgrenzung von Menschen mit Behinderung. In: Dederich, Markus (Hrsg.): Inklusion statt Integration? Heilpädagogik als Kulturtechnik. 2. Auflage, Gießen: Psychosozial (Edition Psychosozial), 142–156.
Graumann, Sigrid (2011): Assistierte Freiheit. Von einer Behindertenpolitik der Wohltätigkeit zu einer Politik der Menschenrechte. Frankfurt a. M. (u. a.): Campus (Sozialwissenschaften 2011).
Graumann, Sigrid (2014): Die UN-Behindertenrechtskonvention und der Anspruch behinderter Menschen auf gesellschaftliche Anerkennung – sozialethische Überlegungen zur Praxis der Pränatal- und der Präimplantationsdiagnostik. In: Duttge, Gunnar; Engel, Wolfgang & Zoll, Barbara (Hrsg.): »Behinderung« im Dialog zwischen Recht und Humangenetik. Göttingen: Universitätsverlag Göttingen (Göttinger Schriften zum Medizinrecht, Bd. 17), 71–82.
Graumann, Sigrid & Grüber, Katrin (Hrsg.) (2005): Anerkennung, Ethik und Behinderung. Beiträge aus dem Institut Mensch, Ethik und Wissenschaft. Münster: Lit (Mensch, Ethik, Wissenschaft, Bd. 2).
Graumen, Sigrid & Rabe, Marianne (2011): Menschenbilder in der (Medizin)Ethik. In: Ethik in der Medizin 23,1–3. Zugriff online unter: https://doi.org/10.1007/s00481-010-0117-5 (zuletzt abgerufen am 17.06.2020).
Grawe, Klaus (1980): Mensch. In: Ritter, Joachim & Gründer, Karlfried (Hrsg.): Historisches Wörterbuch der Philosophie. Basel: Schwabe und Co. AG (5), 1059–1061.
Greving, Heinrich (2004): Zwischen Kapital, Macht und Assistenz: Heilpädagogische Organisationen im Spannungsfeld. In: Forster, Rudolf (Hrsg.): Soziologie im Kontext von Behinderung. Theoriebildung, Theorieansätze und singulare Phänomene. Bad Heilbrunn: Klinkhardt, 278–301.
Greving, Heinrich & Gröschke, Dieter (Hrsg.) (2000): Das Sisyphos-Prinzip. Gesellschaftsanalytische und gesellschaftskritische Dimensionen der Heilpädagogik. Bad Heilbrunn: Klinkhardt.

Greving, Heinrich & Gröschke, Dieter (Hrsg.) (2002): Geistige Behinderung – Reflexionen zu einem Phantom. Ein interdisziplinärer Diskurs um einen Problembegriff. Bad Heilbrunn: Klinkhardt.

Greving, Heinrich & Niehoff, Dieter (Hrsg.) (2019): Heilerziehungspflege und Heilpädagogik: Basale Stimulation und Kommunikation. 5. Auflage. Braunschweig: Westermann.

Grimm, Manfred & Deinet, Ulrich (2009): Öffnung von Schule – Methoden sozialräumlich orientierter qualitativer Lebensweltanalysen und ihre Anwendungsmöglichkeiten in Unterrichtsprojekten. Methodenbuch Sozialraum, 129–153.

Gröschke, Dieter (2000a): Geistige Behinderung – Zur Problematisierung einer anthropologischen Grundfigur – oder »Austreibung des ›Geistes‹ aus der Geistigbehindertenpädagogk«? In: Greving, Henrich & Gröschke, Dieter (Hrsg.): Geistige Behinderung – Reflexionen zu einem Phantom. Ein interdisziplinärer Diskurs um einen Problembegriff. Bad Heilbrunn: Klinkhardt, 9–17.

Gröschke, Dieter (2002b): Normalität, Normalisierung, Normalismus – Ideologiekritische Aspekte des Projekts der Normalisierung und soziale Integration. In: Greving, Heinrich & Gröschke, Dieter (Hrsg.): Das Sisyphos-Prinzip. Gesellschaftsanalytische und gesellschaftskritische Dimensionen der Heilpädagogik. Bad Heilbrunn: Klinkhardt, 175–202.

Gröschke, Dieter (2011): Arbeit, Behinderung, Teilhabe. Anthropologische, ethische und gesellschaftliche Bezüge. Bad Heilbrunn: Klinkhardt. Zugriff online unter: http://www.content-select.com/index.php?id=bib_view&ean=9783781551039 (zuletzt abgerufen am 23.03.2020).

Gröschke, Dieter (2013): Normalisierung. In: Theunissen, Georg; Kulig, Wolfram & Schirbort, Kerstin (Hrsg.): Handlexikon Geistige Behinderung. Schlüsselbegriffe aus der Heil- und Sonderpädagogik, Sozialen Arbeit, Medizin, Psychologie, Soziologie und Sozialpolitik. 2., überarbeitete Auflage. Stuttgart: Kohlhammer, 256–257.

Gröschner, Rolf; Kapust, Antje & Lembcke, Oliver W. (Hrsg.) (2013): Wörterbuch der Würde. Stuttgart: UTB GmbH (Utb-studi-e-book, 8517).

Gronemeyer, Marianne (2009): Die Macht der Bedürfnisse. Überfluss und Knappheit. Darmstadt: Wissenschaftliche Buchgesellschaft.

Groß, Peter (2015): Personenorientierte Behindertenhilfe. Dissertation (Schriften zur Pädagogik bei Geistiger Behinderung, Band 7).

Groß, Peter (2019): Institutionalisierung von Behinderung in Zeiten der Postmoderne. In: Behindertenpädagogik 58 (4), 377–395.

Grotemeyer, Grid (2016): Nicht ob, sondern wie es geht. In: impulse 76, 26–30. Zugriff online unter: http://bidok.uibk.ac.at/library/imp-76-16-grotemeyer-wie.html (zuletzt abgerufen am 31.05.2019).

Gruschka, Andreas (2011): Verstehen Lehren. Stuttgart: Reclam.

Gruschka, Andreas (2015): Verstehen Lehren. In: Schnell, Irmtraud (Hrsg.): Herausforderung Inklusion. Theoriebildung und Praxis. Bad Heilbrunn: Klinkhardt, 223–232.

Grzeskowiak, Ullrich (1980): Geistige Behinderung als Stigma. Geistige Behinderung 4, 209–221.

Gstach, Johannes (2015): Kretinismus und Blödsinn. Bad Heilbrunn: Klinkhardt.

Gümüşay, Kübra (2020): Sprache und Sein. München: Hanser Berlin.

Gusset-Bährer, Sinikka (2004): »Dass man das weiterträgt, was älteren Menschen mit geistiger Behinderung wichtig ist.« Ältere Menschen mit geistiger Behinderung im Übergang in den Ruhestand. Dissertation, Universität Heidelberg, 2004. Zugriff online unter: https://portal.dnb.de/opac.htm?method=simpleSearch&cqlMode=true&query=idn%3D972116346 (zuletzt abgerufen am 23.03.2020).

Gusset-Bährer, Sinikka (2006): Der Übergang in den Ruhestand bei älter werdenden Menschen mit geistiger Behinderung. In: Furger, Martha & Kehl, Doris (Hrsg.): Alt und geistig behindert. Herausforderungen für Institutionen und Gesellschaft. Luzern: Schweizerische Zentralstelle für Heilpädagogik.

Gusset-Bährer, Sinikka (2013): Demenz bei geistiger Behinderung. 2. Auflage. München, Basel: Reinhardt.

Haas, Benjamin (2012): Dekonstruktion und Dekategorisierung. Perspektiven einer nonkategorialen (Sonder-) Pädagogik. In: Zeitschrift für Heilpädagogik 10/2012, 404–413.

Hacker, Jörg & Rendtorff, Trutz (2009): Biomedizinische Eingriffe am Menschen. Ein Stufenmodell zur ethischen Bewertung von Gen- und Zelltherapie. Berlin, New York: Walter de Gruyter.

Hafeneger, Benno; Henkenborg, Peter & Scherr, Albert (2013): Pädagogik der Anerkennung. Grundlagen. Konzepte. Praxisfelder. Frankfurt a. M.: Debus Pädagogik.

Hahn, Martin (1981): Behinderung als soziale Abhängigkeit. Zur Situation schwerbehinderter Menschen. Dissertationsschrift. München.

Halder, Alois & Müller, Friedrich Max (2003): Philosophisches Wörterbuch. Unter Mitarbeit von Max Müller. Orig.-ausg., 2. Auflage, völlig überarbeitete Neuausgabe. Freiburg im Breisgau [u. a.]: Herder (Herder-Spektrum, Bd. 4752).

Hannemann, Christine (2014): Zum Wandel des Wohnens | APuZ. Bundeszentrale für politische Bildung. Zugriff online unter: http://www.bpb.de/apuz/183450/zum-wandel-des-wohnens (zuletzt abgerufen am 23.03.2020).

Hänsel, Dagmar & Schwager, Hans-J. (2003): Einführung in die sonderpädagogische Schultheorie. Weinheim: Beltz.

Haraway, Donna (2007): Die Wissenschaftsfrage im Feminismus und das Privileg einer partialen Perspektive. In: Hark, Sabine (Hrsg.): Dis/Kontinuitäten: Feministische Theorie. 2. erweiterte Auflage. Wiesbaden: Springer VS, 305–322.

Harmel, Hilke (2011): Subjekt zwischen Abhängigkeit und Autonomie. Eine kritische Literaturanalyse und ihre Bedeutung für die Behindertenpädagogik. Bad Heilbrunn: Klinkhardt (Forschung).

Hart, Roger A. (1992): Children's Participation. From Tokenship to Citizenship. Innocenti Essays, 4 (8).

Hartmann, Martin (2011): Die Praxis des Vertrauens. Frankfurt a. M.: Suhrkamp.

Haubenreisser, Karen; Hinte, Wolfgang; Oertel, Armin & Stiefvater, Hanne (2018): Qplus – neue Unterstützungsformen im Quartier. Von der Sonderwelt in den Sozialraum. In: Teilhabe 57 (1), 16–21.

Hauser, Mandy (2013): Inklusive Forschung – gemeinsames Forschen mit Menschen mit Lernschwierigkeiten. In: Wegweiser Bürgergesellschaft 8/ 2010. Zugriff online unter: https://www.buergergesellschaft.de/fileadmin/pdf/gastbeitrag_hauser_130510.pdf (zuletzt gesichtet 23.03.2020).

Hauser, Mandy (2020): Qualität und Güte im gemeinsamen Forschen mit Menschen mit Lernschwierigkeiten. Entwurf und Diskussion von Qualitätskriterien Partizipativer und Inklusiver Forschung. Bad Heilbrunn: Klinkhardt.

Hauser, Mandy & Plangger, Sascha (2015): Chancen und Grenzen partizipativer Forschung. In: Schnell, Irmtraud (Hrsg.): Herausforderung Inklusion. Theoriebildung und Praxis. Bad Heilbrunn: Klinkhardt, 384–392.

Hauser, Mandy; Schuppener, Saskia; Kremsner, Gertraud; Koenig, Oliver & Buchner, Tobias (2016): Auf dem Weg zu einer inklusiven Hochschule? Entwicklungen in Großbritannien, Irland, Deutschland und Österreich. In: Buchner, Tobias; Koenig, Oliver & Schuppener, Saskia (Hrsg.): Inklusive Forschung. Gemeinsam mit Menschen mit Lernschwierigkeiten forschen. Bad Heilbrunn: Klinkhardt, 278–289.

Hauser, Mandy & Kremsner, Gertraud (2018): Gemeinsames Forschen mit Menschen mit Lernschwierigkeiten. In: Zeitschrift für Erwachsenenbildung und Behinderung, 1/2018, 30–38.

Häußler, Anne (2008): Der TEACCH Ansatz zur Förderung von Menschen mit Autismus. Dortmund: modernes lernen.

Häußler, Anne & Tuckermann, Antje (2009): TEACCH. In: Theunissen, Georg; Wüllenweber, Ernst (Hrsg.): Zwischen Tradition und Innovation. Methoden und Handlungskonzepte in der Heilpädagogik und Behindertenhilfe, Marburg: Lebenshilfe, 56–57.

Haveman, Meindert (2000): Selbstbestimmt älter werden. Ein Lehrgang mit Menschen mit geistiger Behinderung zur Vorbereitung auf Alter und Ruhestand. In: Geistige Behinderung 39 (1), 56–62.

Haveman, Meindert & Stöppler, Reinhilde (2010): Altern mit geistiger Behinderung. Grundlagen und Perspektiven für Begleitung, Bildung und Rehabilitation. 2., überarbeitete und erweiterte Auflage Stuttgart: Kohlhammer.

Hedderich, Ingeborg (2006): Unterstützte Kommunikation in der Frühförderung: Grundlagen – Diagnostik – Beispiele. Bad Heilbrunn: Klinkhardt.
Hedderich, Ingeborg & Dehlinger, Elisabeth (1998): Bewegung und Lagerung im Unterricht mit schwerst behinderten Kindern. München: Reinhardt.
Heijkoop, Jaques (2014): Herausforderndes Verhalten von Menschen mit geistiger Behinderung: Neue Wege der Begleitung und Förderung. 6. Auflage. Weinheim, Basel: Beltz Juventa.
Heimlich, Ulrich (2011): Inklusion und Sonderpädagogik. Die Bedeutung der Behindertenrechtskonvention (BRK) für die Modernisierung sonderpädagogischer Förderung. In: Zeitschrift für Heilpädagogik 62 (2), 44–53.
Heinen, Norbert & Lamers, Wolfgang (2004): Wanderung durch die schwerstbehindertenpädagogische Landschaft. In: Fröhlich, Andreas; Heinen, Norbert & Lamers, Wolfgang (Hrsg.): Schwere Behinderung in Praxis und Theorie – ein Blick zurück nach vorn. 4. Auflage. Düsseldorf: selbstbestimmtes leben, 13–49.
Heinrich, Martin (2015): Inklusion oder Allokationsgerechtigkeit? Zur Entgrenzung von Gerechtigkeit im Bildungssystem im Zeitalter der semantischen Verkürzung von Bildungsgerechtigkeit auf Leistungsgerechtigkeit. In: Manitius, Veronika; Hermstein, Björn; Berkemeyer, Nils & Bos, Wilfried (Hrsg.): Zur Gerechtigkeit von Schule. Theorien, Konzepte, Analysen. Münster: Waxmann, 235–255.
Heinrich, Martin & Lübeck, Anika (2013): Hilflos häkelnde Helfer? Zur pädagogischen Rationalität von Integrationshelfer/innen/n im inklusiven Unterricht. In: Bildungsforschung 10 (1), 91–110.
Helsper, Werner; Busse, Susanne; Hummrich, Merle & Kramer, Ralf-Thorsten (2008): Zur Bedeutung der Schule für Jugendliche. Ambivalenzen zwischen Schule als Lebensform und Schuldistanz. In: Bingel, Gabriele; Nordmann, Anja & Münchmeier, Richard (Hrsg.): Die Gesellschaft und ihre Jugend. Strukturbedingungen jugendlicher Lebenslagen. Opladen: Budrich, 189–210.
Helsper, Werner; Hörster, Reinhard & Kade, Jochen (2005): Ungewissheit. Pädagogische Felder im Modernisierungsprozess. Wiesbaden: Springer VS.
Hennicke, Klaus (2011): Anforderungen an eine fachlich und ethisch verantwortliche Psychopharmakotherapie bei Menschen mit geistiger Behinderung. In: Seidel, Michael (Hrsg.): Psychopharmaka bei Menschen mit geistiger Behinderung - Erfüllte und unerfüllte Versprechen. Materialien der DGSGB Band 24 Berlin 2011, 36–51.
Herm, Sabine (2007): Gemeinsam spielen, lernen und wachsen. 3. Auflage. Berlin, Düsseldorf, Mannheim: Cornelsen.
Hermes, Gisela (2006): Der Wissenschaftsansatz der Disability Studies – neue Erkenntnisgewinnung über Behinderung? In: Hermes, Gisela & Rohrmann, Eckhard (Hrsg.): Nicht über uns – ohne uns. Disability Studies als neuer Ansatz emanzipatorischer und interdisziplinärer Forschung über Behinderung. Neu-Ulm: Digitaldruck leibi.de, 15–30.
Hesse, Ingrid & Latzko, Brigitte (2017): Diagnostik für Lehrkräfte. 3. Auflage. Opladen & Toronto: Budrich.
Heusner, Julia; Bretschneider, Rita & Schuppener, Saskia (2019): Es passiert viel und niemand bekommt es mit ... – Zur Exklusion in Institutionen der sogenannten Behindertenhilfe. Autonomieverlust und Freiheitsentzug. In: Stechow, Elisabeth von; Hackstein, Philipp; Müller, Kirsten; Esefeld, Marie & Klocke, Barbara (Hrsg.): Inklusion im Spannungsfeld von Normalität und Diversität. Band I: Grundfragen der Bildung und Erziehung. Bad Heilbrunn: Klinkhardt, 175–183.
Heusner, Julia; Bretschneider, Rita; Weithardt, Mia & Schuppener, Saskia (2020): Über die (Un)Vereinbarkeit von Autonomieverlust und Freiheitsentzug mit (professionellen) Sorgebeziehungen und Wohlergehensbestrebungen – Zur Relevanz freiheitseinschränkender Maßnahmen in Einrichtungen der sogenannten Behindertenhilfe. In: Behindertenpädagogik 59 (3), (im Druck).
Heydorn, Heinz-Joachim (1979): Über den Widerspruch von Bildung und Herrschaft. Bildungstheoretische Schriften. Band 2. 2. Auflage. Frankfurt a. M.: Syndikat.
Hillgruber, Christian (2002): Art. 2 Abs 1 GG. In: Umbach, Dieter C. & Clemens Thomas: Grundgesetz: C.F. Müller (1), 138–205.

Hinz, Andreas & Boban, Ines (2008): Inklusion. Schlagwort oder realistische Perspektive für die Geistigbehindertenpädagogik. In: Geistige Behinderung 47 (3), 204–214.
Hirschberg, Marianne (2017): Fragilität des Körpers. Ein menschenwürdiges Leben durch persönliche Assistenz. In: Welsch, Caroline; Ostgathe, Christoph; Frewer, Andreas & Bielefeldt, Heiner (Hrsg.): Autonomie und Menschenrechte am Lebensende. Grundlagen, Erfahrungen, Reflexionen aus der Praxis. Bielefeld: transcript.
Hirschberg, Marianne & Köbsell, Swantje (2018): Replik auf den Text von Katharina Walgenbach: Dekategorisierung – Verzicht auf Kategorien? In: Musenberg, Oliver; Riegert, Judith & Sansour, Teresa (Hrsg.): Dekategorisierung in der Pädagogik. Notwendig oder riskant? Buchreihe: Pädagogische Differenzen. Bad Heilbrunn: Klinkhardt, 91–103.
Hobi, Barbara & Pomey, Marion (2013): Die Frage nach Partizipation als demokratisches Moment in der Sozialen Arbeit. In: Geisen, Thomas; Kessl, Fabian; Olk, Thomas & Schnurr, Stefan (Hrsg.): Soziale Arbeit und Demokratie. Wiesbaden: Springer VS, 121–144.
Hömberg, Nina (2003): Kompetenz und Akzeptanz… Aspekte beruflicher Qualifikation bei Pädagogen/innen, die Schülerinnen und Schüler mit schwersten Beeinträchtigungen in integrativen Klassen unterrichten. In: vds-NRW, R. Lelgemann (Hrsg.): Körperbehindertenpädagogik. Praxis und Perspektiven. Meckenheim: vds NRW, 177–191.
Hoffmann, Tom (2020): Interview zum Thema Menschen mit Beeinträchtigungen. Corona gefährdet Inklusionsbemühungen. Zugriff online unter: https://www.deutschlandfunkkultur.de/menschen-mit-beeintraechtigungen-corona-gefaehrdet.1001.de.html?dram:article_id=476589 (zuletzt abgerufen am 25.06.2020).
Hohendorf, Gerrit & Rotzoll, Maike (2012): Krankenmord im Dienst des Fortschritts? Der Heidelberger Psychiater Carl Schneider als Gehirnforscher und »therapeutischer Idealist«. In: Der Nervenarzt (83), 311–320.
Hollander, Jutta & Mair, Helmut (2004): Abschlussbericht Projekt »Neuland entdecken« vom Landesverband für Körper- und Mehrfachbehinderte NRW; (Hrsg: Landesverband NRW für Körper- und Mehrfachbehinderte e. V. Brehmstr. 5–7 40 239 Düsseldorf). Zugriff online unter: http://www.forschungsnetzwerk.at/downloadpub/den_ruhestand_gestalten_berichtsband.pdf (zuletzt abgerufen am 23.03.2020).
Homann, Dennis (2019): Endstation und Neustart? Flexible Hilfen –Die Arbeit mit den sogenannten »Systemsprengern«. In: Behindertenpädagogik 58 (4), 396–416.
Homann, Jürgen & Bruhn, Lars (2020): Wer spricht denn da? Kritische Anmerkungen zum Konzept der Selbstbetroffenheit. In: Brehme, David; Fuchs, Petra; Köbsell, Swantje & Wesselmann, Carla (Hrsg.): Disability Studies im deutschsprachigen Raum. Zwischen Emanzipation und Vereinnahmung. Weinheim: Beltz Juventa, S. 82–88.
Honneth, Axel (2003): Unsichtbarkeit. Stationen einer Theorie der Intersubjektivität. Frankfurt a. M.: Suhrkamp.
Honneth, Axel (2014): Kampf um Anerkennung. Zur moralischen Grammatik sozialer Konflikte; mit einem neuen Nachwort. 8. Auflage. Frankfurt a. M.: Suhrkamp (Suhrkamp-Taschenbuch Wissenschaft, 1129).
Hornscheidt, Antje (2007): Sprachliche Kategorisierung als Grundlage und Problem des Redens über Interdependenzen. Aspekte sprachlicher Normalisierung und Privilegierung. In: Walgenbach, Katharina; Dietze, Gabriele; Hornscheidt, Lann & Palm, Kerstin (Hrsg.): Gender als interdependente Kategorie. Neue Perspektiven auf Intersektionalität, Diversität und Heterogenität. Opladen: Barbara Budrich & Farmington Hills, 65–196.
Hornscheidt, Lann & Oppenländer, Lio (2019): Exit Gender. Gender loslassen und strukturelle Gewalt benennen. Eigene Wahrnehmung und soziale Realität verändern. Berlin: w_orten & meer GmbH.
Horster, Detlef & Jantzen, Wolfgang (Hrsg.) (2010): Wissenschaftstheorie (Behinderung, Bildung, Partizipation. Enyklopädisches Handbuch der Behindertenpädagogik, Band 1). Stuttgart: Kohlhammer.
Huber, Wolfgang (2000): Menschenrecht/Menschenwürde. In: Krause, Gerhard & Müller, Gerhard (Hrsg.): Theologische Realenzyklopädie. Berlin: De Gruyter, 578.
Hulsegge, Jan & Verheul, Ad (1998): Snoezelen – Eine andere Welt. 7. Auflage. Marburg: Lebenshilfe.

Hustede, Hans-Georg; Stöppler, Reinhilde & Wetzler, Rainer (2004): Zwischen Arbeit und Ruhestand. In: Berghaus, Helmut C.; Bermond, Heike (Hrsg.): Aufeinander zugehen – miteinander umgehen – voneinander lernen. Köln: Kuratorium Deutscher Altenhilfe, 119–134.

Jahoda, Andrew; Markova, Ivana & Cattermole, Martin (1988): Stigma and self-concept of people with a mild mental handicap. Journal of Mental Deficiency Research 32, 103-115.

Jakobs, Hajo (1997): Heilpädagogik zwischen Anthropologie und Ethik. Eine Grundlagenreflexion aus kritisch-theoretischer Sicht. Bern: Haupt.

Jakobs, Hajo (2010): »Mit anderen Augen ...« – Bildung für Menschen mit sogenannter geistiger Behinderung in kritisch-mikrologischer Perspektive. In: Musenberg, Oliver & Riegert, Judith (Hrsg.) (2010): Bildung und geistige Behinderung. Bildungstheoretische Reflexionen und aktuelle Fragestellungen. Oberhausen: Athena, 73–92.

Jantschek, Thorsten (1998): Von Personen und Menschen. In: Deutsche Zeitschrift für Philosophie 46 (3), 465–484. DOI: 10.1524/dzph.1998.46.3.465.

Jantzen, Wolfgang (1973): Geistige Behinderung und Gesellschaft. Zugriff online unter: http://www.basaglia.de/Artikel/Korbach%201973.pdf (zuletzt abgerufen am 23.03.2020).

Jantzen, Wolfgang (1977): Konstitutionsprobleme materialistischer Behindertenpädagogik. Lollar.

Jantzen, Wolfgang (1987): Allgemeine Behindertenpädagogik. Band I: Sozialwissenschaftliche und psychologische Grundlagen. Weinheim: Beltz.

Jantzen, Wolfgang (1999): Rehistorisierung. Zu Theorie und Praxis verstehender Diagnostik bei geistig behinderten Menschen. Zugriff online unter: http://bidok.uibk.ac.at/library/beh6-99-rehistorisierung.html (zuletzt abgerufen am 23.03.2020).

Jantzen, Wolfgang (2001): Unterdrückung mit Samthandschuhen. Über paternalistische Gewaltausübung (in) der Behindertenpädagogik. In: Müller, Armin (Hrsg.): Sonderpädagogik provokativ, 57–68.

Jantzen, Wolfgang (2006): Rehistorisierung. In: Wüllenweber, Ernst; Theunissen, Georg & Mühl, Heinz (Hrsg.): Pädagogik bei geistiger Behinderung. Ein Handbuch für Studium und Praxis. Stuttgart: Kohlhammer, 320–329.

Jantzen, Wolfgang (2010): Achtsamkeit und Ausnahmezustand – Eine Hommage an Walter Benjamin und Pablo Neruda. In: Behindertenpädagogik 49 (1), 71–85.

Jantzen, Wolfgang (2012a): Macht, Gewalt, Herrschaft. In: Beck, Iris & Greving, Heinrich (Hrsg.): Lebenslage und Lebensbewältigung (Behinderung, Bildung, Partizipation. Enyklopädisches Handbuch der Behindertenpädagogik, Band 5). Stuttgart: Kohlhammer, 144–157.

Jantzen, Wolfgang (2012b): Rehistorisierung unverstandenen Verhaltens und Veränderungen im Feld. Zugriff online unter: http://bidok.uibk.ac.at/library/beh-4-5-12-jantzen-rehistorisierung.html (zuletzt abgerufen am 23.03.2020).

Jantzen, Wolfgang (2012c): Bildung für alle – aber wie? In: Sonderpädagogische Förderung heute 57 (3), 268–289.

Jantzen, Wolfgang (2014): Das behinderte Ding wird Mensch. Inklusion verträgt keine Ausgrenzung. In: Behinderte Menschen 1/2014, 17-29. Zugriff online unter: https://austria-forum.org/af/Wissenssammlungen/Essays/Menschen_mit_Behinderung/2014_Jantzen_Das_behinderte_Ding_wird_Mensch#ref-Wissenssammlungen/Essays/Menschen_mit_Behinderung/2014_Jantzen_Das_behinderte_Ding_wird_Mensch-1 (zuletzt abgerufen am 14.04.2020).

Jantzen, Wolfgang (2015): Behinderung aus materialistischer Perspektive. In: Zeitschrift Distanz, 2/2015, 5–12. Zugriff online unter: http://bidok.uibk.ac.at/library/jantzen-materialistisch.html (zuletzt abgerufen am 23.03.2020).

Jantzen, Wolfgang (2016): Einführung in die Behindertenpädagogik. Berlin: Lehmanns Media.

Jantzen, Wolfgang (2020): Materialistische Behindertenpädagogik als basale und allgemeine Pädagogik. Zugriff online unter: http://www.basaglia.de/Artikel/Materialistische%20BHP.htm (zuletzt abgerufen am 14.04.2020).

Janz, Frauke (2006): Interprofessionelle Kooperation in Klassenteams von Schülerinnen und Schülern mit schweren und mehrfachen Behinderungen. Eine empirische Untersuchung in Baden-Württemberg. Dissertation Pädagogische Hochschule Heidelberg. Zugriff online unter: http://www.ub.uni-heidelberg.de/archiv/6685 (zuletzt abgerufen am 23.3.2020).

Janz, Frauke (2009): ›Interprofessionelle Kooperation‹. Qualitätssicherung durch Teamarbeit. In: Theunissen, Georg & Wüllenweber, Ernst (Hrsg.): Zwischen Tradition und Innovation. Methoden und Handlungskonzepte in der Heilpädagogik und Behindertenhilfe. Marburg: Lebenshilfe, 334–338.

Janz, Frauke & Terfloth, Karin (Hrsg.) (2009): Empirische Forschung im Kontext geistiger Behinderung. Heidelberg: Winter (Edition S).

Jeltsch-Schudel, Barbara (2009): Behinderung und Alter: Herausforderungen für die Heil- und Sozialpädagogik. In: Schweizerische Zeitschrift für Heilpädagogik 15 (2), 24–30.

Jennessen, Sven & Voller, Wiebke (2009): Sterbebegleitung in Wohneinrichtungen für Menschen mit einer geistigen Behinderung. In: Empirische Sonderpädagogik 1 (1), 62–79.

Joél, Thorsten (2017): Das Dilemma der Intelligenzdiagnostik in der Sonderpädagogik – erläutert anhand der neuen KABC-II. Zeitschrift für Heilpädagogik (68) 1, 12–21.

Jordan, Micah & Wansing, Gudrun (2016): Peer Counseling. Eine unabhängige Beratungsform von und für Menschen mit Beeinträchtigung – Teil I Konzept und Umsetzung. In: Impulse (77), 22–26.

Josten, Daniel (2012): »Die Grenzen kann man sowieso nicht schließen«. Migrantische Selbstorganisation – zivilgesellschaftliches Engagement zwischen Ausschluss und Partizipation. Münster: Westfälisches Dampfboot.

Julius, Monika (2000): Identität und Selbstkonzept von Menschen mit geistiger Behinderung. In: Behindertenpädagogik, 39, 2, 175–194

Jürgens, Andreas (2015): Hessisches Budget für Arbeit! Aber wie? In: Impulse 73 (2), 12–16. Zugriff online unter: http://bidok.uibk.ac.at/library/imp-73-15-juergens-hessen.html (zuletzt abgerufen am 23.03.2020).

Kabsch, Jonas (2020): Eingliederungshilfe und Pflege – von der Schnittstelle zur Nahtstelle. In: Teilhabe 59 (2), 77–81.

Kalkowski, Peter (2010): Zur Klärung der Begriffe »Beruflichkeit und Personalisierung«. Zugriff online unter: www.sofi-goettingen.de/fileadmin/Publikationen/Kalkowski_Begriffsklaerungen_Beruf.pdf (zuletzt abgerufen am 24.06.2020).

Kamper, Dietmar (1973): Geschichte und menschliche Natur. Die Tragweite gegenwärtiger Anthropologiekritik. München: Carl Hanser.

Kather, Regine (2007): Person. Die Begründung menschlicher Identität. Darmstadt: Wissenschaftliche Buchgesellschaft (Grundfragen der Philosophie).

Kattmann, Ulrich (2007): Didaktische Rekonstruktion – eine praktische Theorie. In: Krüger, Dirk & Vogt, Helmut (Hrsg.): Theorien der biologiedidaktischen Forschung. Ein Handbuch für Lehramtsstudenten und Doktoranden. Berlin: Springer, 93–104.

Kelle, Helga (2013): Normierung und Normalisierung der Kindheit. Zur (Un)Unterscheidbarkeit und Bestimmung der Begriffe. In: Kelle, Helga & Mierendorff, Johanna (Hrsg.): Normierung und Normalisierung der Kindheit. Weinheim: Beltz Juventa (Kindheiten Neue Folge), 15–37.

Kempen, Regina; Wolters, Rike & Straatmann, Tammo (2017): Auf die Werte kommt es an. Zum Zusammenhang von Organisationskultur und Einstellungen zu Diversität. In: Eikötter, Mirko; Riecken, Andrea & Jöns-Schnieder, Katrin (Hrsg.): Berufliche Inklusion. Forschungsergebnisse von Unternehmen und Beschäftigten im Spiegel der Praxis. Weinheim, Basel: Beltz Juventa (Inklusive Bildung), 117–140.

Kempf, Matthias; Konieczny, Eva & Windisch, Martin (2014): Die Verwirklichung von Menschenrechten oder: Kann man Inklusion planen? In: Teilhabe 53 (2).

Kessl, Fabian & Otto, Hans-Uwe (Hrsg.) (2004): Soziale Arbeit und Soziales Kapital. Zur Kritik sozialer Gemeinschaftlichkeit. Wiesbaden: Springer VS.

Kißgen, Rüdiger; Carlitscheck, Jessica; Fehrmann, Sarah E.; Limburg, Daniela & Franke, Sebastian (2016): Schulbegleiterinnen und Schulbegleiter an Förderschulen. Geistige Entwicklung. In: Nordrhein-Westfalen. Soziodemografie, Tätigkeitsspektrum und Qualifikation. Zeitschrift für Heilpädagogik, 6, 252–263.

Kißgen, Rüdiger; Franke, Sebastian; Ladinig, Barbara; Mays, Daniel & Carlitscheck, Jessica (2013): Schulbegleitung an Förderschulen in Nordrhein-Westfalen. Ausgangslage, Studienkonzeption und erste Ergebnisse. Empirische Sonderpädagogik, 5 (3), 263–276.

Kißgen, Rüdiger & Suess, Gerhard J.: Bindungstheoretisch fundierte Intervention in Hoch-Risiko-Familien. Das STEEP-Programm. In: Frühförderung interdisziplinär Heft 3/2005; 124–133.

Kittay, Eva Feder (2004): Behinderung und das Konzept der Care-Ethik. In: Graumann, Sigrid; Grüber, Katrin; Nicklas-Faust, Jeanne; Schmidt, Susanna & Wagner-Kern, Michael (Hrsg.): Ethik und Behinderung. Ein Perspektivenwechsel; [Beiträge der Tagung Differenz anerkennen: Ethik und Behinderung – ein Perspektivenwechsel, die am 5. und 6. Dezember 2003 in Berlin stattfand]. Frankfurt a M.: Campus (Kultur der Medizin, 12), 67–80.

Kittay, Eva Feder (2019): Learning From My Daughter: The Value and Care of Disabled Minds: Oxford University Press.

Kittay, Eva Feder & Carlson, Licia (2010): Cognitive disability and its challenge to moral philosophy. Chichester: Wiley-Blackwell (Metaphilosophy series in philosophy).

Klafki, Wolfgang (1963): Studien zur Bildungstheorie und Didaktik. Weinheim: Beltz.

Klafki, Wolfgang (1990): Abschied von der Aufklärung? Grundzüge eines bildungstheoretischen Gegenentwurfs. In: Krüger, Heinz-Hermann (Hrsg.): Abschied von der Aufklärung. Perspektiven der Erziehungswissenschaft. Opladen: Leske+Budrich, 91–102.

Klafki, Wolfgang (1996): Studien zur Bildungstheorie und Didaktik. 5. Auflage. Weinheim: Beltz.

Klafki, Wolfgang: Grundzüge kritisch-konstruktiver Erziehungswissenschaft. In: Klafki, Wolfgang: Erziehung – Humanität – Demokratie. Erziehungswissenschaft und Schule an der Wende zum 21. Jahrhundert. Neun Vorträge. Zugriff online unter http://archiv.ub.uni-marburg.de/sonst/1998/0003/k04.html (zuletzt abgerufen am 01.06.2020)

Klafki, Wolfgang (2007): Neue Studien zur Bildungstheorie und Didaktik. Zeitgemäße Allgemeinbildung und kritisch-konstruktive Didaktik. 6. Auflage. Weinheim: Beltz.

Klauß, Theo (2003): Bildung im Spannungsverhältnis von Pflege und Pädagogik. In: Kane, John F. & Klauß, Theo (Hrsg.): Die Bedeutung des Körpers für Menschen mit geistiger Behinderung – Zwischen Pflege und Selbstverletzung. Heidelberg: Ed. Schindele, 39–64.

Klauß, Theo (2005): Definitionsversuche sonderpädagogischer Begriffe. Zugriff online unter: https://www.ph-heidelberg.de/fileadmin/user_upload/wp/klauss/Begriff_Geistige_Behinderung.pdf (zuletzt abgerufen am 02.07.2020).

Klauß, Theo (2016): Wohnen so normal wie möglich. Ein Wohnprojekt für Menschen mit Autismus (Asperger-Syndrom). 2., aktualisierte und erweiterte Auflage. Heidelberg: Winter (Edition S, Band 4).

Klauß, Theo (2018): »Weshalb tut er das …?« Herausfordernde Verhaltensweisen bei Menschen mit kognitiver Beeinträchtigung. In: Doming, Dagmar & Schäfer, Urs (Hrsg.): Auffallend herausfordernd! Begleitung zwischen Selbstbestimmung und Überforderung. Zürich: Seismo, 15–32.

Klauß, Theo (2019): Leitidee Selbstbestimmung. In: Schäfer, Holger (Hrsg.): Handbuch Förderschwerpunkt geistige Entwicklung. Grundlage, Spezifika, Fachorientierung, Lernfelder. Weinheim, Basel: Beltz, 45–54.

Klauß, Theo (o.J.): Konzepte für Menschen mit Autismus. Zugriff online unter: https://www.ph-heidelberg.de/fileadmin/user_upload/wp/klauss/Handlungskonzepte_Autismus.pdf (zuletzt abgerufen am 24.06.2020).

Klauß, Theo, Lamers, Wolfgang & Janz, Frauke (2006): Die Teilhabe von Kindern mit schwerer und mehrfacher Behinderung an der schulischen Bildung – eine empirische Erhebung, (BiSB I). Zugriff online unter: http://www.ub.uni-heidelberg.de/archiv/6790 (zuletzt abgerufen am 24.06.2020).

Klauß, Theo; Niehoff, Ulrich; Terfloth, Karin & Buckenmaier, Sabrina (2016): Zielperspektive Inklusion. Wohnen und Teilhabe im Gemeinwesen. In: Terfloth, Karin; Niehoff, Ulrich; Klauß, Theo & Buckenmaier, Sabrina (Hrsg.): Inklusion – Wohnen – Sozialraum. Grundlagen des Index für Inklusion zum Wohnen in der Gemeinde. Marburg: Lebenshilfe, 24–40.

Klauß, Theo; Niehoff, Ulrich & Terfloth, Karin (2018): Das Recht auf sozialraum- und inklusionsorientieres Wohnen verwirklichen – aber wie? Die Erkenntnisse aus dem Projekt »Unter Dach und Fach – Index für Inklusion zum Wohnen in der Gemeinde« 57 (1), 4–9.

Klauß, Theo & Lamers, Wolfgang (Hrsg.) (2003): … alle Kinder alles lehren! – Aber wie? Theoriegeleitete Praxis bei schwerer und mehrfacher Behinderung an der schulischen Bildung. Düsseldorf: selbstbestimmtes leben.

Klee, Ernst (1993): Irrsinn Ost – Irrsinn West. Psychiatrie in Deutschland. Frankfurt a. M.: Fischer.
Klee, Ernst (2010): »Euthanasie« im NS-Staat. Die Vernichtung lebensunwerten Lebens. Vollst. überarb. Neuausg. Frankfurt a. M.: Fischer-Taschenbuch.
Klein, Ferdinand (2010): Inklusive Erziehungs- und Bildungsarbeit in der Kita. Heilpädagogische Grundlagen und Praxishilfen. Troisdorf: Bildungsverlag EINS.
Klein, Ferdinand (2012): Inklusion von Anfang an. Bewegung, Spiel und Rhythmik in der inklusiven Kita-Praxis. Troisdorf: Bildungsverlag EINS.
Klein, Gerhard (2002): Frühförderung für Kinder mit psychosozialen Risiken. Stuttgart: Kohlhammer.
Klein, Uta (Hrsg.) (2016): Inklusive Hochschule. Neue Perspektive für Praxis und Forschung. Weinheim: Beltz Juventa.
Klein, Uta & Schindler, Christiane (2016): Inklusion und Hochschule. Eine Einführung. In: Klein, Uta (Hrsg.) (2016): Inklusive Hochschule. Neue Perspektive für Praxis und Forschung. Weinheim: Beltz Juventa, 7–19.
Klemm, Klaus (2012): Zusätzliche Ausgaben für ein inklusives Schulsystem in Deutschland. Bertelsmann-Stiftung. Zugriff online unter: http://www.schul-inklusion.de/studie-inklusion-bertelsmann.pdf (zuletzt abgerufen am 24.06.2020).
Klie, Thomas; Vollmann, Jochen & Pantel, Johannes (2014): Autonomie und Einwilligungsfähigkeit bei Demenz als interdisziplinäre Herausforderung für Forschung, Politik und klinische Praxis. In: informationsdienst altersfragen, 41. Jg., 4, 5–16.
Klieme, Eckhard; Avenarius, Hermann; Blum, Werner; Döbrich, Peter; Gruber, Hans; Prenzel, Manfred u. a. (2003): Zur Entwicklung nationaler Bildungsstandards. Eine Expertise. Bonn/Berlin: Bundesministerium für Bildung und Forschung.
Klinkhammer, Gisela & Richter-Kuhlmann, Eva (2011): Präimplantationsdiagnostik: »Ethisch weniger problematisch als eine Schwangerschaft auf Probe«. In: Deutsches Ärzteblatt 108 (9), 432.
Knebel, Leonie (2019): Intelligenzmessung als soziale Konstruktion von Ungleichheit. In: Brenssell, Ariane & Weber, Klaus (Hrsg.): Psychologie I. Theorien und Begriffe. (Texte Kritische Psychologie 8), 2. Auflage. Hamburg: Argumente, 63–77.
Knebel, Leonie & Marquard, Pit (2012): Vom Versuch, die Ungleichwertigkeit von Menschen zu beweisen. Warum Intelligenztests nicht neutral sind. In: Haller, Michael & Niggeschmidt, Martin (Hsrg.): Der Mythos vom Niedergang der Intelligenz. Von Galton zu Sarrazin: Die Denkmuster und Denkfehler der Eugenik. Wiesbaden: Springer VS, 87–126.
Knittel, Bernhard (2017): SGB IX Kommentar. Kommentar zum Sozialgesetzbuch IX – Rehabilitation und Teilhabe behinderter Menschen – und Allgemeinen Gleichbehandlungsgesetz (AGG). 11. Auflage. Köln: Luchterhand.
Kobelt Neuhaus, Daniela (2008): Heterogenität als Motor für Bildungsprozesse-Kinder mit Behinderungen beteiligen und mitnehmen. In: Wagner, Petra: Handbuch Kinderwelten. Vielfalt als Chance – Grundlagen einer vorurteilsbewussten Bildung und Erziehung. Freiburg, Basel, Wien: Herder.
Kobi, Emil E. (2000): Zur terminologischen Konstruktion und Destruktion Geistiger Behinderung. In: Greving, Heinrich & Gröschke, Dieter (Hrsg.): Geistige Behinderung – Reflexionen zu einem Phantom. Ein interdisziplinärer Diskurs um einen Problembegriff. Bad Heilbrunn: Klinkhardt, 63–78.
Köbsell, Swantje (2006): Gegen Aussonderung – Für Selbstvertretung. Zur Geschichte der Behindertenbewegung in Deutschland. Zugriff online unter: https://www.zedis-ev-hochschule-hh.de/files/bewegungsgeschichte_kobsell.pdf (zuletzt abgerufen am 30.03.2019).
Köbsell, Swantje (2007): Bioethik aus Sicht der Disability Studies. Zugriff online unter: https://www.zedis-ev-hochschule-hh.de/files/bioethik_koebsell.pdf (zuletzt abgerufen am 11.06.2020)
Köbsell, Swantje (2009): Medizinierung. In: Dederich, Markus & Jantzen, Wolfgang (Hrsg.): Behinderung und Anerkennung (Behinderung, Bildung, Partizipation. Enyklopädisches Handbuch der Behindertenpädagogik, Band 2). Stuttgart: Kohlhammer, 274–278.
Koch, Hans-Georg (2004): Moderne Medizin zwischen Prävention von Behinderung und Selektion Behinderter. In: Leonhardt, Annette & van den Daele, Wolfgang (Hrsg.): Wie perfekt

muss der Mensch sein? Behinderung, molekulare Medizin und Ethik. München: Ernst Reinhardt, 99–129.
Koch, Katja & Jungmann, Tanja (2017): Kinder mit geistiger Behinderung unterrichten. Fundierte Praxis in der inklusiven Grundschule. München: Reinhardt.
Kock, Klaus (2009): Wissenschaft in gesellschaftlicher Verantwortung. Arbeitspapier der Hans-Böckler-Stiftung. Zugriff online unter: https://www.boeckler.de/pdf/p_arbp_201.pdf (zuletzt abgerufen am 24.06.2020).
Konferenz der Kultusminister der Länder der Bundesrepublik Deutschland (KMK) (1980): Empfehlungen für den Unterricht in der Schule für Geistigbehinderte. Neuwied: Luchterhand.
Konferenz der Kultusminister der Länder der Bundesrepublik Deutschland (KMK) (1994): Empfehlungen der Kultusministerkonferenz zur Sonderpädagogischen Förderung in den Schulen der Bundesrepublik Deutschland. In: Drave, Wolfgang; Rumpler, Franz & Wachtel, Peter (Hrsg.) (2000): Empfehlungen zur sonderpädagogischen Förderung. Allgemeine Grundlagen und Förderschwerpunkte (KMK) mit Kommentaren. Würzburg, 25–43.
König, Christina & Leonhardt, Nico (2015): Inklusives Wohnen. Einschätzungen von Beteiligten und konzeptionelle Überlegungen. Masterarbeit Universität Leipzig. Zugriff online unter: http://bidok.uibk.ac.at/library/leonhardt-wohnen-ma.html#idp2438480 (zuletzt abgerufen am 24.06.2020).
Körner, Marita (2003): Das internationale Menschenrecht auf Arbeit. Völkerrechtliche Anforderungen an Deutschland. Deutsches Institut für Menschenrechte. Zugriff online unter: https://www.institut-fuer-menschenrechte.de/uploads/tx_commerce/studie_das_internationale_menschenrecht_auf_arbeit_01.pdf (zuletzt abgerufen am 24.06.2020).
Kostrzewa, Stephan (2013): Menschen mit geistiger Behinderung palliativ pflegen und begleiten. Palliative Care und geistige Behinderung. Bern: Hans Huber.
Krampl-Bettelheim, Elisabeth (2014): Zukunft der Pränataldiagnostik. In: Der Gynäkologie 47 (8), 559–564.
Kranz, Margarita (1995): Sorge. In: Ritter, Joachim & Gründer, Karlfried (Hrsg.): Historisches Wörterbuch der Philosophie. Basel: Schwabe und Co. AG, 1086–1090.
Krause, Gina & Schroeter-Rupieper, Mechthild (2018): Menschen mit Behinderung in ihrer Trauer begleiten. Ein theoriegeleitetes Praxisbuch. Göttingen: Vandenhoeck & Ruprecht Manuskript.
Krause, Matthias Paul (2012): Verliert die Frühförderung die Familien? In: Frühförderung interdisziplinär 31(4), 164–177.
Krauthausen, Raúl (2020). »Die Sprache ist paternalistisch«. Zugriff online unter: https://taz.de/Raul-Krauthausen-ueber-Mediennarrative/!5692940/?mc_cid=230fdc7f5c&mc_eid=1d6ceb7bf5 (zuletzt abgerufen am 24.06.2020).
Krawitz, Rudi (2015): Der Dialog als Methode individualpädagogischer Diagnostik. In: Schäfer, Holger & Rittmeyer, Christel (Hrsg.) (2015): Handbuch Inklusive Diagnostik. Weinheim, Basel: Beltz, 547–563.
Krebs, Angelika (2002): Arbeit und Liebe. Die philosophischen Grundlagen sozialer Gerechtigkeit. Frankfurt a. M.: Suhrkamp.
Kremsner, Gertrud (2017): Vom Einschluss der Ausgeschlossenen zum Ausschluss der Eingeschlossenen. Biographische Erfahrungen von so genannten Menschen mit Lernschwierigkeiten. Bad Heilbrunn: Klinkhardt.
Kremsner, Gertrud (2017): Vom Einschluss der Ausgeschlossenen zum Ausschluss der Eingeschlossenen. Biographische Erfahrungen von so genannten Menschen mit Lernschwierigkeiten. Bad Heilbrunn: Klinkhardt (Forschung).
Kremsner, Gertrud & Proyer, Michelle (2016): »Wohnst Du noch oder lebst Du schon?« – Wohnen und Unterbringen von Menschen mit Lernschwierigkeiten aus postkolonialer Sicht: globale und europäische Perspektiven. In: Hedderich, Ingeborg & Zahnd, Raphael (Hrsg.): Teilhabe und Vielfalt: Herausforderungen einer Weltgesellschaft. Beiträge zu einer internationalen Heil- und Sonderpädagogik. Bad Heilbrunn: Klinkhardt, 433–445.
Krenz-Dewe, Daniel & Mecheril, Paul (2014): Einsicht, Charisma, Zwang. Die illusionären Grundlagen pädagogischer Führung und Nachfolge. In: Schäfer, Alfred (Hrsg.): Hegemonie

und autorisierende Verführung. Paderborn: Ferdinand Schöningh (Theorieforum Pädagogik, Band 6), 41–66.

Kreß, Hartmut (2012): Präimplantationsdiagnostik – Ungelöste Fragen angesichts des neuen Gesetzes. In: Bundesgesundheitsblatt, Gesundheitsforschung, Gesundheitsschutz 55 (3), 427–430. DOI: 10.1007/s00103-012-1465-8.

Kreß, Hartmut (op. 2003): Medizinische Ethik. Kulturelle Grundlagen und ethische Wertkonflikte heutiger Medizin. Stuttgart: Kohlhammer (Ethik – Grundlagen und Handlungsfelder, Bd. 2).

Krinninger, Gerhard (2017): Frühförderung interdisziplinär. Das Bundesteilhabegesetz – eine praxis- und zukunftsorientierte Betrachtung aus der Perspektive der interdisziplinären Frühförderung, 230–237.

Kristen, Ursi (2004): Das Kommunikationsprofil. Ein Beratungs- und Diagnosebogen. In: Handbuch der Unterstützten Kommunikation. Karlsruhe: von Loeper.

Kron, Maria (2008): Integration als Einigung – Integrative Prozesse und ihre Gefährdungen auf Gruppenebene. In: Kreuzer, Max & Ytterhus, Borgunn (Hrsg.): »Dabeisein ist nicht alles.« Inklusion und Zusammenleben im Kindergarten. München, Basel: Reinhardt, 189–199.

Kronauer, Martin (2002): Exklusion. Die Gefährdung des Sozialen im hoch entwickelten Kapitalismus. Frankfurt a. M., New York: Campus.

Kronauer, Martin (2010): Inklusion – Exklusion. Eine historische und begriffliche Annäherung an die soziale Frage der Gegenwart. In: Kronauer, Martin (Hrsg.): Inklusion und Weiterbildung. Reflexionen zur gesellschaftlichen Teilhabe in der Gegenwart. Bielefeld: Bertelsmann, 24–58.

Kronauer, Martin (2018): Was kann die Inklusionsdebatte von der Exklusionsdebatte lernen? In: Feyerer, Ewald; Prammer, Wilfried; Prammer-Semmler, Eva; Kladnik, Christine; Leibetseder, Margit & Wimberger, Richard (Hrsg.): System. Wandel. Entwicklung. Akteurinnen und Akteure inklusiver Prozesse im Spannungsfeld von Institution, Profession und Person. Bad Heilbrunn: Klinkhardt, 40–54.

Krones, Tanja (2014): Pränataldiagnostik und Schwangerschaftsabbruch. In: Elger, Bernice S.; Biller-Andorne, Nikolai & Rütsche, Bernhard (Hrsg.): Ethik und Recht in Medizin und Biowissenschaften. Aktuelle Fallbeispiele aus klinischer Praxis und Forschung. Berlin u. a.: De Gruyter (De Gruyter Studium), 49–69.

Kubanski, Dagmar & Goeke, Stephanie (2018): Das Verhältnis von Macht, Geschlecht und (Dis) Ability in der Forschung. In: Journal für Psychologie 26, 2 – Themenheft: Disability Studies, 95–113.

Kubanski, Dagmar & Goeke, Stephanie (2018): Das Verhältnis von Macht, Geschlecht und (Dis-)Ability in der Forschung. In: Mey, Günter & Zander, Michael (Hrsg.): Disability Studies. Journal für Psychologie 2/2018, 95–110.

Kubek, Vanessa (2012): Humanität beruflicher Teilhabe im Zeichen der Inklusion. Kriterien für die Qualität der Beschäftigung von Menschen mit Behinderungen. Wiesbaden: Springer VS.

Kufner, Katharina & Bengel, Jürgen (2016): Psychotherapie für Menschen mit geistiger Behinderung – Hintergründe. In: Barrierefreie Psychotherapie Möglichkeiten und Grenzen der psychotherapeutischen Versorgung von Menschen mit Intelligenzminderung. Materialien der DGSGB Band 37, Berlin: Eigenverlag der DGSGB, 19–31.

Kühne, Carina (2019): Soll der PraenaTest Kassenleistung werden? Zugriff online unter: https://carinakuehne.com/2019/04/09/soll-der-praenatest-kassenleistung-werden/ (zuletzt abgerufen am 13.06.2020).

Kulig, Wolfram; Theunissen, Georg & Wüllenweber, Ernst (2006): Geistige Behinderung. In: Wüllenweber, Ernst; Theunissen, Georg & Mühl, Heinz (Hrsg.): Pädagogik bei geistigen Behinderungen. Ein Handbuch für Studium und Praxis. Stuttgart: Kohlhammer, 116–127.

Lamers, Wolfgang (2000): Goethe und Matisse für Menschen mit einer schweren Behinderung. In: Heinen, Norbert & Lamers, Wolfgang (Hrsg.): Geistigbehindertenpädagogik als Begegnung. Düsseldorf: Selbstbestimmtes Leben, 177–206.

Lamers, Wolfgang & Heinen, Norbert (2006): ›Bildung mit ForMat‹ – Impulse für eine veränderte Unterrichtspraxis mit Schülerinnen und Schülern mit (schwerer) Behinderung. In: Laubenstein, Désirée; Lamers, Wolfgang & Heinen, Norbert (Hrsg.): Basale Stimulation kritisch-konstruktiv. Düsseldorf: Selbstbestimmtes Leben, 141–205.

Lamers, Wolfgang & Heinen, Norbert (2006): Bildung für alle – Menschen mit schwerer und mehrfacher Behinderung im Spannungsfeld von Inklusion und Exklusion. In: Fröhlich, Andreas; Heinen, Norbert; Klauß, Theo & Lamers, Wolfgang (Hrsg.): Schwere und mehrfache Behinderung – interdisziplinär. Oberhausen: Athena (Impulse: Schwere und mehrfache Behinderung, 1), 317–344.

Landwehr, Charlotte (2017): Rechtsfragen der Präimplantationsdiagnostik. Berlin, Heidelberg: Springer (Kölner Schriften zum Medizinrecht, 21).

Lang, Katrin (2019): Die rechtliche Lage zu Barrierefreier Kommunikation in Deutschland. In: Maaß, Christiane & Rink, Isabel (Hrsg.) (2019): Handbuch Barrierefreie Kommunikation. Band 3: Kommunikation – Partizipation – Inklusion. Berlin: Frank & Timme, 67–94.

Lange, Daisy & Bock, Bettina M. (2016): Was heißt »Leichte« und »einfache Sprache«? Empirische Untersuchungen zu Begriffssemantik und tatsächlicher Gebrauchspraxis. In: Mälzer, Nathalie (Hrsg.): Barrierefreie Kommunikation – Perspektiven aus Theorie und Praxis, Kommunikation – Partizipation - Inklusion, Band 2. Berlin: Frank & Timme, 119–135.

Lange, Valerie (2017): Inklusive Bildung in Deutschland. Ländervergleich. Zugriff online unter: https://www.fes.de/gute-gesellschaft-soziale-demokratie-2017plus/gute-arbeit-und-sozialer-fortschritt/projekte/inklusive-bildung-im-laendervergleich (zuletzt abgerufen am 03.05.2020).

Lanwer, Willehad (2006): Methoden in Heilpädagogik und Heilerziehungspflege. Diagnostik. Troisdorf: Bildungsverlag EINS.

Lanwer, Willehad (2012): Wi(e)der Gewalt. Erkennen, Erklären und Verstehen aus pädagogischer Perspektive. Baltmannsweiler: Schneider Hohengehren.

Lanwer, Willehad (2014): Philosophisch-anthropologische Perspektiven auf Bildung für alle. In: Lanwer, Willehad (Hrsg.): Bildung für alle. Beiträge zu einem gesellschaftlichen Schlüsselproblem. Gießen: Psychosozial, 57–86.

Laubenstein, Désirée (2008): Sonderpädagogik und Konstruktivismus. Behinderung im Spiegel des Anderen, der Fremdheit, der Macht. Münster: Waxmann (Interaktionistischer Konstruktivismus, 5).

Laubenstein, Désirée & Scheer, David (Hrsg.) (2017): Sonderpädagogik zwischen Wirksamkeitsforschung und Gesellschaftskritik. Bad Heilbrunn: Klinkhardt.

Laubner, Marian; Lindmeier, Bettina & Lübeck, Anika (2017): Schulbegleitung in der inklusiven Schule: Einführung in das Herausgeberwerk. In: Laubner, Marian; Lindmeier, Bettina & Lübeck, Anika (Hrsg.): Schulbegleitung in der inklusiven Schule. Grundlagen und Praxishilfen. (7–10). Weinheim, Basel: Beltz, 7–10.

Lebenshilfe (2010): Fremdnützige Forschung an Kindern mit geistiger Behinderung wird staatlich gefördert. Zugriff online unter: https://www.presseportal.de/pm/59287/1643027 (zuletzt abgerufen am 28.03.2020).

Lebenshilfe Landesverband Bayern (2017): Wege zur Teilhabe – Herausforderndes Verhalten von Menschen mit Behinderungen. Handreichung. Zugriff online unter: https://www.lebenshilfe-bayern.de/fileadmin/user_upload/09_publikationen/fachpublikationen/herausfordernd_mmb/lhlvbayern_handreichung_herausforderndesverhalten_okt2017.pdf (zuletzt abgerufen am 24.06.2020).

Leipziger Volkszeitung (2020): Haben Behörden die Menschen in Behindertenwerkstätten vergessen? Artikel vom 18.03.2020.

Leontjew, Alexev N. (1977): Tätigkeit, Bewußtsein, Persönlichkeit. Stuttgart: Klett.

Levold, Tom & Lieb, Hans (2017): Für welche Probleme sind Diagnosen eigentlich die Lösung? – Tom Levold und Hans Lieb im Gespräch mit Uwe Britten. Göttingen: Vandenhoeck & Ruprecht.

Levinas, Emmanuel (1992): Die Spur des Anderen. Untersuchungen zur Phänomenologie und Sozialphilosophie. Freiburg (Breisgau): Alber.

Lindmeier, Bettina; Windheuser, Jochen; Riecken, Andrea; Oermann, Lisa; Schippmann, Nadine; Kösters, Astrid & Kösters, Frauke (2012): Ergebnisse des Forschungsprojekts ›Anders alt?! Lebensqualität für Menschen mit geistiger oder mehrfacher Behinderung‹. Zugriff online unter: https://slidex.tips/download/anders-alt-ergebnisse-des-forschungsprojektes-lebensqualitt-fr-menschen-mit-geis (zuletzt abgerufen am 23.03.2020).

Lindmeier, Bettina (2005): Kategorisierung und Dekategorisierung in der Sonderpädagogik. In: Z. Sonderpädagogische Förderung 2, 129–149.

Lindmeier, Bettina & Ehrenberg, Katrin (2019): »In manchen Momenten wünsch ich mir auch, dass sie gar nicht da sind« – Schulassistenz aus der Perspektive von Mitschülerinnen und Mitschülern. In: Laubner, Marian; Lindmeier, Bettina & Lübeck, Anika (Hrsg.): Schulbegleitung in der inklusiven Schule. Grundlagen und Praxishilfen, 7–10. Weinheim, Basel: Beltz, 137–149.

Lindmeier, Bettina & Lindmeier, Christian (2011): Dienstleistungen für das Wohnen und die soziale Teilhabe. In: Beck, Iris & Greving, Heinrich (Hrsg.): Gemeindeorientierte pädagogische Dienstleistungen (Behinderung, Bildung, Partizipation. Enzyklopädisches Handbuch der Behindertenpädagogik, Band 6). Stuttgart, 140–157.

Lindmeier, Bettina & Lindmeier, Christian (2012): Pädagogik bei Behinderung und Benachteiligung: Band I: Grundlagen. Stuttgart: Kohlhammer.

Lindmeier, Bettina & Lindmeier, Christian (Hrsg.) (2002): Geistigbehindertenpädagogik/Studientexte zur Geschichte der Behindertenpädagogik. Band 3. Weinheim, Berlin, Basel: Beltz.

Lindmeier, Bettina & Lindmeier, Christian (2016): Bildung als Handlungsbefähigung und Chance auf ein Leben im Wohlergehen. In: Musenberg, Oliver & Riegert, Judith (Hrsg.): Didaktik und Differenz. Bad Heilbrunn: Klinkhardt, 53–66.

Lindmeier, Bettina & Lubitz, Heike (2016): Schulungsmethoden der Erwachsenenbildung zum Thema Demenz bei geistiger Behinderung. In: Müller, Sandra Verena; Gärtner, Claudia (Hrsg.): Lebensqualität im Alter. Perspektiven für Menschen mit geistiger Behinderung und psychischen Erkrankungen. Wiesbaden: Springer VS, 279–298.

Lindmeier, Bettina & Oermann, Lisa (2017): Biographiearbeit mit behinderten Menschen im Alter. Weinheim, Basel: Beltz Juventa.

Lindmeier, Bettina & Polleschner, Sandra (2014): Schulassistenz – ein Beitrag zu einer inklusiven Schule oder zur Verfestigung nicht inklusiver Schulstrukturen? Gemeinsam Leben, 195–205.

Lindmeier, Christian (1999): Selbstbestimmung als Orientierungsprinzip der Erziehung und Bildung von Menschen mit geistiger Behinderung. Kritische Bestandsaufnahme und Perspektiven. In: Die neue Sonderschule 44 (3).

Lindmeier, Christian (2006): Entwicklungslinien der beruflichen Bildung geistigbehinderter Menschen. In: Hirsch, Stephan & Lindmeier, Christian (Hrsg.): Berufliche Bildung von Menschen mit geistiger Behinderung. Neue Wege zur Teilhabe am Arbeitsleben. Weinheim, Basel: Beltz (Beltz Sonderpädagogik), 15–43.

Lindmeier, Christian (2013): Biografiearbeit mit geistig behinderten Menschen. Ein Praxisbuch für Einzel- und Gruppenarbeit. 4. Auflage, Weinheim, Basel: Beltz Juventa.

Lindmeier, Christian (2019): Die Ausbildung von Lehrkräften für ein sonderpädagogisches Lehramt. Ein Lehramtstyp vor neuen Herausforderungen. In: Sonderpädagogische Förderung heute 64 (4), 404–416.

Lingenauber, Sabine (2003): Integration, Normalität und Behinderung. Eine normalismustheoretische Analyse der Werke (1970–2000) von Eberwein, Hans & Feuser, Georg. Wiesbaden: Springer VS.

Lingenauber, Sabine (2003): Normalität. In: Lingenauber, S. (Hrsg.): Handlexikon der Integrationspädagogik. Band 1: Kindertageseinrichtungen. Bochum, Freiburg: Projekt, 160–168.

Lingenauber, Sabine (2003) (Hrsg.): Handlexikon der Integrationspädagogik. Band 1: Kindertageseinrichtungen. Bochum, Freiburg: Projekt.

Lingg, Albert & Theunissen, Georg (2000): Psychische Störungen und Geistige Behinderung. 4. völlig überarbeitete und aktualisierte Auflage. Freiburg i. B.: Lambertus.

Link, Jürgen (2013): Versuch über den Normalismus. Wie Normalität produziert wird. 5. Auflage. Göttingen: Vandenhoeck & Ruprecht.

Lübeck, Anika (2016): »Wenn man nicht integriert ist an der Schule, kann man auch nicht als Integrationshelfer arbeiten.« – Spannungsfelder zum Einsatz von Schulbegleitungen aus wissenschaftlicher Perspektive. In: Dialog Erziehungshilfe, 1, 46–50.

Lübeck, Anika (2019): Schulbegleitung im Rollenprekariat. Zur Unmöglichkeit der »Rolle Schulbegleitung« in der inklusiven Schule. Wiesbaden: Springer VS.

Lübeck, Anika (2020): Schulbegleitung in der inklusiven Schule. Chancen und Grenzen einer einzelfallorientierten Teilhabeförderung. Behindertenpädagogik 59 (1), 7–28.

Lübeck, Anika & Demmer, Christine (2017): Unüberblickbares überblicken – Ausgewählte Forschungsergebnisse zu Schulbegleitung. In: Laubner, Marian; Lindmeier, Bettina & Lübeck, Anika (Hrsg.): Schulbegleitung in der inklusiven Schule. Grundlagen und Praxishilfen, Weinheim, Basel: Beltz, 11–27.

Luder, Reto (2018): Sonderpädagogische Diagnostik im Kontext inklusiver Schule. Gemeinsam leben – Zeitschrift für Inklusion 26 (1), 76–85.

Lüdtke, Ulrike M. (2016): Behinderung, Teilhabe, Inklusion – Professioneller Umgang mit Vielfalt in der Lebensspanne. In: Genkova, Petia & Ringeisen, Tobias (Hrsg.): Handbuch Diversity Kompetenz. Band 2: Gegenstandsbereiche. Wiesbaden: Springer VS, 463–481.

Ludwig-Körner, C. (2014): Frühe Hilfen und Frühförderung. Eine Einführung aus psychoanalytischer Sicht. 1. Auflage, Stuttgart: Kohlhammer.

Lütjens, Anna-Katharina (2011): Möglichkeiten und Grenzen des TEACCH-Konzepts für die Verbesserung der Lebensqualität und Selbstständigkeit von Kindern mit Autismus im schulischen Zusammenhang - ein Praxisbeispiel. Masterarbeit Pädagogische Hochschule Ludwigsburg. Zugriff online unter: https://phbl-opus.phlb.de/frontdoor/index/index/docId/301 (zuletzt abgerufen am 24.06.2020).

Lütolf, Matthias; Koch, Christina & Venetz, Martin (2019): Familienorientierung! Ein empirischer Blick auf die gelebte Praxis. In: Gebhard, Britta; Möller-Dreischer, Sebastian; Seidel, Andreas & Sohns, Armin: Frühförderung wirkt – von Anfang an, Stuttgart: Kohlhammer, 28–37.

LV Selbsthilfe Berlin e. V. (Hrsg.) (2007): Von der Fürsorge zur Teilhabe. Unter Mitarbeit von Rudolf Dieter Graupner und Elke Graupner. Berlin (Ethik und Behinderung, 7).

MacIntyre, Alasdair C. & Goldmann, Christina (2001): Die Anerkennung der Abhängigkeit. Über menschliche Tugenden. Hamburg: Rotbuch (Rotbuch-Rationen).

Magdeburger Appell: Psychiatrische Krankenhäuser, Pflegeheime und Einrichtungen der Altenhilfe: Kein Ort zum Leben für Menschen mit geistiger Behinderung. Verantwortung übernehmen für menschenwürdiges Leben. In: Bundesvereinigung Lebenshilfe (Hrsg.) (1995): Wohnen heißt zu Hause sein. Handbuch für die Praxis gemeindenahen Wohnens von Menschen mit geistiger Behinderung. Marburg, Lahn, 111–112.

Maio, Giovanni (2004): Das Menschenbild als Grundfrage der medizinischen Ethik. In: Blum, Hubert E. & Haas, Rudolf (Hrsg.): Über das Menschenbild in der Medizin. Symposium am 24. Mai 2003 im Congress Centrum Hamburg. Stuttgart [u. a.]: Thieme (Publikationen der Jung-Stiftung für Wissenschaft und Forschung, 13), 41–47.

Maier-Michalitsch, Nicola (2009): Physiotherapie an Schulen für Körperbehinderte – Im Spannungsfeld von Medizin und Pädagogik. Oberhausen: Athena.

Mall, Winfried (2008): Kommunikation ohne Voraussetzungen mit Menschen mit schwersten Beeinträchtigungen. Ein Werkheft. 6. Auflage. Heidelberg: Winter.

Manstetten, Reiner (2006): Menschenbild und Wirtschaft. In: von Nell, Verena (Hrsg.): Homo oeconomicus. Ein neues Leitbild in der globalisierten Welt? Berlin, Münster: Lit (Forum Philosophie & Wirtschaft, Bd. 1), 41–58.

Markowetz, Reinhard (1998): Dialogische Validierung identitätsrelevanter Erfahrungen – ein Konzept zur Entstigmatisierung von Schülerinnen und Schülern mit Behinderungen als Gegenstand einer integrativen Pädagogik. Zugriff online auf: http://bidok.uibk.ac.at/library/markowetz-validierung.html (zuletzt abgerufen am 23.03.2020).

Markowetz, Reinhard (2000): Freizeit von Menschen mit Behinderungen. In: Markowetz, Reinhard & Cloerkes, Günther: Freizeit im Leben behinderter Menschen. Theoretische Grundlagen und sozialintegrative Praxis. Heidelberg: Edition S, 9–38.

Markowetz, Reinhard (2006a): Freizeit und Behinderung – Inklusion durch Freizeitassistenz. In: Spektrum Freizeit 30 (2).

Markowetz, Reinhard (2006b): Menschen mit geistiger Behinderung zwischen Stigmatisierung und Integration – Behindertensoziologische Aspekte der These ›Entstigmatisierung durch Integration‹. In: Wüllenweber, Ernst; Theunissen, Georg & Mühl, Heinz (Hrsg.): Pädagogik bei geistigen Behinderungen. Ein Handbuch für Studium und Praxis. Stuttgart: Kohlhammer, 142–159.

Markowetz, Reinhard (2016): Freizeit. In: Ingeborg Hedderich, Gottfried Biewer, Judith Hollenweger & Markowetz, Reinhard (Hrsg.): Handbuch Inklusion und Sonderpädagogik. Bad Heilbrunn: Klinkhardt (utb-studie-e-book, 8643), 459–465.

Markowetz, Reinhard (2019): Inklusion im Förderschwerpunkt geistige Entwicklung – Inklusive Bildung als inklusiver und exklusiver Unterricht. In: Schäfer, Holger (Hrsg.): Handbuch Förderschwerpunkt geistige Entwicklung. Grundlagen – Spezifika – Fachorientierung – Lernfelder. Weinheim: Beltz, 209–233.

Markowetz, Reinhard & Cloerkes, Günter (2000): Freizeit im Leben behinderter Menschen. Theoretische Grundlagen und sozialintegrative Praxis. Heidelberg: Edition S.

Martin, Peter (2015): Verhaltensauffälligkeiten als Ausdruck körperlicher Erkrankungen. In: Seidel, Michael (Hrsg.) (2015): Grundsätzliche und spezielle Aspekte der gesundheitlichen Versorgung von Menschen mit geistiger Behinderung. Materialien der DGSGB Band 35. Berlin, 91–97.

Martini, Stefan (2006): Die Formulierung der Menschenwürde bei Immanuel Kant und die »Objektformel« in der Rechtsprechung des Bundesverfassungsgerichts. Zugriff online unter: http://akj.rewi.hu-berlin.de/projekte/seminararbeiten/marini2.pdf (zuletzt abgerufen am 24.06.2020).

Maskos, Rebecca (2011): Endlich undankbar. Vor 30 Jahren legte das Krüppeltribunal in Dortmund die Grundlagen der Behindertenbewegung. In: Jungle World, 50/2011. Zugriff online unter: https://jungle.world/artikel/2011/50/endlich-undankbar (zuletzt abgerufen am 24.06.2020).

Maskos, Rebecca (2011): Bist Du behindert oder was? Behinderung, Ableism und souveräne Bürger_innen. Vortrag im Rahmen der Ringvorlesung »Jenseits der Geschlechtergrenzen« der AG Queer Studies und der Ringvorlesung »Behinderung ohne Behinderte!? Perspektiven der Disability Studies«, Universität Hamburg, 14.12.2011. Zugriff online unter: http://www.zedis-ev-hochschule-hh.de/files/maskos_14122011.pdf (zuletzt abgerufen am 24.06.2020).

Maskos, Rebecca (2015): Ableism und das Ideal des autonomen Fähig-Seins in der kapitalistischen Gesellschaft. In: Zeitschrift für Inklusion Online, 2/2015. Zugriff-online unter: https://www.inklusion-online.net/index.php/inklusion-online/article/view/277/260 (zuletzt abgerufen am 24.06.2020).

Maskos, Rebecca (2020): »Ableismus ist etwas, was alle Menschen erleben«. Interview auf NDR: Zugriff online unter: https://www.ndr.de/kultur/kunst/niedersachsen/Ableismus-ist-etwas-was-alle-Menschen-erleben,gleichstellung190.html?mc_cid=9af8075e12&mc_eid=1d6ceb7bf5 (zuletzt abgerufen am 24.06.2020).

May, Michael & Alisch, Monika (Hrsg.) (2008): Praxisforschung im Sozialraum. Fallstudien in ländlichen und urbanen sozialen Räumen. Beiträge zur Sozialraumforschung, Band 2. Opladen: Barbara Budrich.

Mays, Daniel; Franke, Sebastian; Ladinig, Barbara & Kißgen, Rüdiger (2014): Schulbegleitung an Förderschulen: Zunahme um das Dreißigfache. Eine Studie zum Einsatz von Schulbegleitern. In: Schulverwaltung. Nordrhein-Westfalen, 25, 3, 75–77.

MDR Sachsen (2020): Behindertenwerkstatt in Schneeberg muss vorerst schließen. Zugriff online unter: https://www.mdr.de/sachsen/chemnitz/annaberg-aue-schwarzenberg/behindertenwerkstatt-schneeberg-corona-100.html (zuletzt abgerufen am 04.05.2020).

Mecheril, Paul & Hoffarth, Britta (2011): Ironie. Erkundung eines vergnüglichen Bildungsereignisses. In: Aßmann, Alex & Krüger, Jens-Oliver (Hrsg.): Ironie in der Pädagogik. Weinheim: Beltz Juventa, 25–47.

Melzer, Rüdiger; Laudwein, Erich & Eiden, Marlene (2006): Lernarrangement ›Schülerfirma‹. Ein neuer Ansatz der beruflichen Vorbereitung auf der Werkstufe der Schule mit dem Förderschwerpunkt ganzheitliche Entwicklung. In: Hirsch, Stephan & Lindmeier, Christian (Hrsg.): Berufliche Bildung von Menschen mit geistiger Behinderung. Neue Wege zur Teilhabe am Arbeitsleben. Weinheim u. a.: Beltz (Beltz Sonderpädagogik), 64–87.

Menk, Sandra, Schnorr, Vanessa & Schrapper, Christoph (2013): »Woher die Freiheit bei all dem Zwange?« Langzeitstudie zu (Aus-)Wirkungen geschlossener Unterbringung in der Jugendhilfe. Weinheim, Basel: Beltz Juventa.

Menzl, Marcus (2018): Inklusive Quartiersentwicklung. Worauf kommt es an? In: Behindertenpädagogik 57 (3), 293–303.

Merl, Thorsten (2019): Was man können muss. Empirische Rekonstruktionen zum Ableismus eines vermeintlich inklusiven Unterrichts. In: Sonderpädagogische Förderung heute 64 (3), 265–276.
Merleau-Ponty, Maurice (1966): Phänomenologie der Wahrnehmung. Berlin: De Gruyter.
Mertens, Krista & Verheul, Ad (2005): Snoezelen. Anwendungsfelder in der Praxis. Dortmund: Modernes Lernen.
Metzler, Christoph; Seyda, Susanne; Wallossek, Luisa & Werner, Dirk (2018): Menschen mit Behinderung in der betrieblichen Ausbildung. Hg. v. Institut der deutschen Wirtschaft Köln. Köln. Zugriff online unter: https://www.iwkoeln.de/fileadmin/publikationen/2017/329 530/IW-Analyse_114_2017_Behinderung_Ausbildung.pdf (zuletzt abgerufen am 24.03.2020).
Metzler, Heidrun & Rauscher, Christine (2004): Wohnen inklusiv. Wohn- und Unterstützungsangebote für Menschen mit Behinderungen in Zukunft. Projektbericht. Stuttgart: Diakonisches Werk.
Mey, Günter & Zander, Michael (Hrsg.) (2018): Disability Studies. Journal für Psychologie 2/2018.
Meyer, Karina (2017): Multiprofessionalität in der inklusiven Schule: Eine empirische Studie zur Kooperation von Lehrkräften und Schulbegleiter/innen. (Göttinger Schulbegleitungsstudie GötS). In: Göttinger Beiträge zur erziehungswissenschaftlichen Forschung, 37. Zugriff online unter: https://www.univerlag.uni-goettingen.de/handle/3/issn-2198-2384-37 (zuletzt abgerufen am 24.03.2020).
Meyer, Marcus & Jansen, Christian (2016): Partizipation und Diagnostik. In: Amrhein, Bettina (Hrsg.): Diagnostik im Kontext inklusiver Bildung. Theorien, Ambivalenzen, Akteure, Konzepte. Bad Heilbrunn: Klinkhardt, 203–213.
Miller, Tilly & Pankofer, Sabine (Hrsg.) (2016): Empowerment konkret! Handlungsentwürfe und Optionen aus der psychosozialen Praxis. Oldenbourg: De Gruyter.
Miles-Paul, Ottmar (2019): Landesrahmenvertrag Schleswig Holstein: Mitwirkung hat sich bewährt. Zugriff online unter: https://www.teilhabegesetz.org/pages/posts/landesrahmenvertrag-schleswig-holstein-mitwirkung-hat-sich-bewaehrt1244.php (zuletzt abgerufen am 23.03.2020).
Ministerium für Bildung, Jugend und Sport (Hrsg.) (2013): Handreichung zur Durchführung des sonderpädagogischen Feststellungsverfahrens. Förderschwerpunkte »körperliche und motorische Entwicklung«, »Sehen«, »Hören«, »geistige Entwicklung« und sonderpädagogischer Förderbedarf im autistischen Verhalten (KSHGA). Potsdam. Zugriff online unter: https://mbjs.brandenburg.de/media_fast/6288/final_handreichung_2018.pdf (zuletzt abgerufen am 24.06.2020).
Misamer, Melanie (2018): Macht und Machtmittel in der Schule. Dissertation. Unter Mitarbeit von Thies, Barbara & Heise, Elke.
Möckel, Andreas (1988): Geschichte der Heilpädagogik. Stuttgart: Klett-Cotta.
Möckel, Andreas (2007): Geschichte der Heilpädagogik oder Macht und Ohnmacht der Erziehung. 2. völlig überarb. Neuauflage. Stuttgart: Klett-Cotta.
Mohensi, Maryam; Merl, Thorsten & Mai, Hanna (2018): Wer Wissen schafft. Zur Positionierung von Wissenschaftler*innen. In: Mai, Hannah; Merl, Thorsten & Mohseni, Maryam (Hrsg.): Pädagogik in Differenz- und Ungleichheitsverhältnissen. Aktuelle erziehungswissenschaftliche Perspektiven zur pädagogischen Praxis. Wiesbaden: Springer VS (Interkulturelle Studien), 19–36.
Mohensi, Maryam (2018): »Empowerment bedeutet, aus einem Schatz schöpfen zu können«: Zu den Bedingungen des Gelingens von Empowerment-Workshops. In: Mai, Hanna; Merl, Thorsten & Mohensi, Maryam (Hrsg.): Pädagogik in Differenz- und Ungleichheitsverhältnissen. Aktuelle erziehungswissenschaftliche Perspektiven zur pädagogischen Praxis. Wiesbaden: Springer VS, 137-154.
Mohr, Lars (2019): Schwerste Behinderung I: Grundlagen. In: Schäfer, Holger (Hrsg.): Handbuch Förderschwerpunkt geistige Entwicklung. Grundlagen – Spezifika – Fachorientierung – Lernfelder. Weinheim: Beltz, 314–320.
Möller-Dreischer, Sebastian (2019): Zur Möglichkeit des Verzichts auf Normalitätskonstruktionen. Transnormalistische Strategien im Kontext Inklusiver Pädagogik. In: von Stechow, Elisabeth; Hackstein, Philipp; Müller, Kirsten; Esefeld, Marie & Klocke, Barbara (Hrsg.):

Inklusion im Spannungsfeld von Normalität und Diversität. Band I: Grundfragen der Bildung und Erziehung. Bad Heilbrunn: Klinkhardt, 48–56.

Molnár, Tina & Kießling, Christina (2019): Lebensqualität auf dem allgemeinen Arbeitsmarkt – Ergebnisse einer Befragung von Beschäftigten mit geistiger Behinderung. In: Bergelt, Daniel & Goldbach, Anne (Hrsg.): Exklusive Teilhabe am Arbeitsmarkt? Unterstützung durch Leichte Sprache? Berlin: Lebenshilfe.

Morris, Suzanne Evans & Klein, Marsha Dunn (2000): Mund- und Esstherapie bei Kindern. Entwicklung, Störung und Behandlung orofazialer Fähigkeiten. Stuttgart, Jena, New York: Urban und Fischer.

Moser, Vera (2003): Konstruktion und Kritik. Sonderpädagogik als Disziplin. Wiesbaden: Springer VS.

Moser, Vera (2009): Legitimations- und Kontingenzprobleme. In: Dederich, Markus & Jantzen, Wolfgang (Hrsg.): Behinderung und Anerkennung (Behinderung, Bildung, Partizipation, Enzyklopädisches Handbuch der Behindertenpädagogik, Band 2), Stuttgart: Kohlhammer, 170–176.

Moser, Vera (2011): ›Kampf um Anerkennung‹ aus behindertenpädagogischer Perspektive. In: Moser, Vera & Horster, Detlef (Hrsg.): Ethik der Behindertenpädagogik. Menschenrechte, Menschenwürde, Behinderung. Eine Grundlegung. Stuttgart: Kohlhammer, 105–117.

Moser, Vera (2015): Vorwort. In: Danz, Simone: Vollständigkeit und Mangel. Das Subjekt in der Sonderpädagogik. Bad Heilbrunn: Klinkhardt.

Moser, Vera & Sasse, Ada (2008): Theorien der Behindertenpädagogik. München: Reinhardt/UTB.

MRNET (2013): Netzwerk Mentale Retardierung. Zugriff online unter: http://www.ngfn.de/index.php/retardierung.html (zuletzt abgerufen am: 23.03.2020).

Mühl, Heinz (1991): Einführung in die Geistigbehindertenpädagogik. 2. Auflage. Stuttgart: Kohlhammer.

Mühl, Heinz (2006): Merkmale und Schweregrade geistiger Behinderung. In Wüllenweber, Ernst; Theunissen, Georg & Mühl, Heinz (Hrsg.): Pädagogik bei geistigen Behinderungen. Ein Handbuch für Studium und Praxis. Stuttgart: Kohlhammer, 128–141.

Müller, Sandra Verena; Kuske, Bettina; Gövert, Uwe & Wolff, Christian (2016): Der demographische Wandel und seine Bedeutung für die Behinderteneinrichtungen – dargestellt am Beispiel der Demenz. In: Müller, Sandra Verena & Gärtner, Claudia (Hrsg.): Lebensqualität im Alter: Perspektiven für Menschen mit geistiger Behinderung und psychischen Erkrankungen. Wiesbaden: Springer VS, 75–89.

Müller, Sandra Verena & Kuske, Bettina (2016): Geistige Behinderung und Demenz. Fortbildungsbedarf in der Eingliederungshilfe. In: Pro Alter, 4, 44–46.

Müller, Thomas (2017): »Ich kann Niemandem mehr vertrauen.« Konzepte von Vertrauen und ihre Relevanz für die Pädagogik bei Verhaltensstörungen. Bad Heilbrunn: Klinkhardt.

Musenberg, Oliver; Riegert, Judith; Dworschak, Wolfgang; Ratz, Christoph; Terfloth, Karin & Wagner, Michael (2008): In Zukunft Standard-Bildung? Fragen im Hinblick auf den Förderschwerpunkt »Geistige Entwicklung«. In: Sonderpädagogische Förderung heute 53 (3), 306–318.

Musenberg, Oliver; Riegert, Judith & Lamers, Wolfgang (2015): Innovation und Reduktion. Zum Verhältnis von Bildung und Lebenspraxis in der Pädagogik für Menschen mit geistiger Behinderung. In: Teilhabe 54 (2), 54–60.

Musenberg, Oliver (2013): Die kulturwissenschaftliche Historisierung von Behinderung. Oberhausen: Athena.

Musenberg, Oliver (2019): Fachdidaktik und Fachunterricht aus der Perspektive des Förderschwerpunkts geistige Entwicklung. In: Schäfer, Holger (Hrsg.): Handbuch Förderschwerpunkt geistige Entwicklung. Grundlagen – Spezifika – Fachorientierung – Lernfelder. Weinheim: Beltz, 450–460.

Musenberg, Oliver & Riegert, Judith (2013): Disziplinierte Inklusion oder inkludierte Disziplin? Geistigbehindertenpädagogik zwischen Inklusionsanspruch und Exklusionsrisiko. In: K. Ackermann, Karl-Ernst; Musenberg, Oliver & Riegert, Judith (Hrsg.): Geistigbehindertenpädagogik!? Disziplin – Profession – Inklusion. Oberhausen: Athena, 145–170.

Musenberg, Oliver & Riegert, Judith (Hrsg.) (2010): Bildung und geistige Behinderung. Bildungstheoretische Reflexionen und aktuelle Fragestellungen. Oberhausen: Athena.
Musenberg, Oliver & Riegert, Judith (Hrsg.) (2016): Didaktik und Differenz. Bad Heilbrunn: Klinkhardt.
Musenberg, Oliver; Riegert, Judith & Sansour, Teresa (2018): Dekategorisierung in der Pädagogik. Notwendig oder riskant? Buchreihe: Pädagogische Differenzen. Bad Heilbrunn: Klinkhardt.
Naue, Ursula (2011): Disability Studies und Menschen mit Lernschwierigkeiten. Inklusion in Wissenschaft und Forschung. In: Teilhabe 3/2011, 107–112.
Nebe, Katja. & Waldenburger, Natalie (2014): Budget für Arbeit, Forschungsprojekt im Auftrag des Integrationsamtes des Landschaftsverbandes Rheinland. In: Landschaftsverband Rheinland (LVR.) (Hrsg.). Zugriff online unter: https://www.lvr.de/media/wwwlvrde/soziales/menschenmitbehinderung/1_dokumente/arbeitundausbildung/dokumente_229/15_0456_Forschungsbericht_barrierefrei.pdf (zuletzt abgerufen am 24.04.2020).
Nebe, Katja & Schimak, Cindy (2016): Das Budget für Arbeit im Bundesteilhabegesetz. Darstellung der Entwicklung und kritische Betrachtung bis zur Befassung im Bundestag. In: Impulse (79), 14–19. Zugriff online unter: http://bidok.uibk.ac.at/library/imp-79-nebe-bundesteilhabegesetz.html (zuletzt abgerufen am 24.03.2020).
Nell, Verena von & Kufeld, Klaus (Hrsg.) (2006): Homo oeconomicus. Ein neues Leitbild in der globalisierten Welt? Berlin, Münster: Lit (Forum Philosophie & Wirtschaft, Bd. 1).
Netzwerk Leichte Sprache (2020): Leichte Sprache. Zugriff online unter: https://www.leichte-sprache.org/leichte-sprache/ (zuletzt abgerufen am 22.04.2020).
Neuhäuser, Gerhard (2016): Syndrome bei Menschen mit geistiger Behinderung Ursachen, Erscheinungsformen und Folgen. 4. Auflage. Marburg: Lebenshilfe.
Nicklas-Faust, Jeanne (2015): Gute Medizin für alle – ein gestuftes Modell der ambulanten Gesundheitsversorgung. In: Seidel, Michael (Hrsg.) (2015): Grundsätzliche und spezielle Aspekte der gesundheitlichen Versorgung von Menschen mit geistiger Behinderung. Materialien der DGSGB Band 35 Berlin 2015, 15–24.
Niedecken, Dietmut (1989): Namenlos. Geistig Behinderte verstehen. Ein Buch für Psychologen und Eltern. München: Piper.
Niedecken, Dietmut (2009): Behinderung/Institution. In: Dederich, Markus & Jantzen, Wolfgang (Hrsg.): Behinderung und Anerkennung. Behinderung, Bildung, Partizipation. Enzyklopädisches Handbuch der Behindertenpädagogik, Band 2), 212–217.
Niediek, Imke (2016): Unterstützte Entscheidung. In: Gemeinsam leben 2/2016, 78–85.
Nielsen, Lili (2004): Der Ansatz des Aktiven Lernens (ALA). In: Fröhlich, Andreas; Heinen, Norbert & Lamers, Wolfgang (Hrsg.): Schwere Behinderung in Praxis und Theorie – ein Blick zurück nach vorn. 4. Auflage. Düsseldorf: Selbstbestimmtes Leben, 235–245.
Nieß, Meike (2016): Partizipation aus Subjektperspektive. Zur Bedeutung von Interessenvertretung für Menschen mit Lernschwierigkeiten. Wiesbaden: Springer VS.
Nind, Melanie (2014): What is inclusive research. London u. a.: Bloomsbury.
Nirje, Bengt (1974): Das Normalisierungsprinzip und seine Auswirkungen in der fürsorgerischen Betreuung. In: Kugel, Robert B. & Wolfensberger, Wolf (Hrsg.): Geistig Behinderte – Eingliederung oder Bewahrung? Stuttgart: Thieme, 33–46.
Nirje, Bengt (1994): Das Normalisierungsprinzip – 25 Jahre danach. In: Vierteljahreszeitschrift für Heilpädagogik und ihre Nachbargebiete, 63 (1), 12–32.
Noack, Winfried (2003): Wir müssen uns den Machtverhältnissen in der sozialen Arbeit stellen! In: Theorie und Praxis der Sozialen Arbeit 54 (6), 4–10.
Nowak, Iris (2009): Scheiß-Streik gegen unhaltbare Zustände. Konflikte und Organisierung in der häuslichen Assistenz- und Pflegearbeit. In: Analyse & Kritik – Zeitung für linke Debatte und Praxis. Zugriff online unter: https://www.akweb.de/ak_s/ak540/40.htm (zuletzt abgerufen am 29.06.2020).
Nussbaum, Martha C. (1997): Cultivating Humanity. A classical defense of reform in liberal education. Cambridge, Mass: Harvard University Press.
Nussbaum, Martha C. (1998): Der aristokratische Sozialdemokratismus. In: Pauer-Studer, Herlinde (Hrsg.): Gerechtigkeit oder Das gute Leben. Gender Studies. Frankfurt a. M.: Suhrkamp, 24–85.

Nussbaum, Martha C. (2001): Woman and Human Development. The capabilities Approach. Cambridge: Cambridge University Press.
Nussbaum, Martha C. (2002): Konstruktion der Liebe, des Begehrens und der Fürsorge. Stuttgart: Reclam.
Nussbaum, Martha C. (2007): Frontiers of justice. Disability, nationality, species membership. 1. Harvard Univ. Press paperback ed. Cambridge, Mass. u. a.: Belknap Press (The Tanner lectures on human values).
Nussbaum, Martha C. (2010): Die Grenzen der Gerechtigkeit. Behinderung, Nationalität und Spezieszugehörigkeit. Berlin: Suhrkamp.
Nussbaum, Martha C. (2011): Creating Capabilities. The human development approach. Cambridge: Harvard University Press.
Nussbaum, Martha C. (2015): Fähigkeiten schaffen. Neue Wege zur Verbesserung menschlicher Lebensqualität. Deutsche Erstausgabe. Freiburg, München: Karl Alber (Kosmopolis, Band 3).
Nussbaum, Martha C. & Sen, Amartya (1993): The Quality of Life. WIDER Studies in Development Economics. Oxford: Clarendon Press Oxford.
Nüßlein, Florian & Schlichting, Helga (2015): Schmerzen bei Menschen mit Komplexer Behinderung – Notwendigkeit einer Konzeptualisierung in der Aus- und Weiterbildung. In: Teilhabe 4/2015, 54. Jg., 163–172.
Oelkers, Jürgen (1998): Jenseits von ›Menschenbildern‹: Pädagogische Anthropologie. In: Stroß, Anette M. & Thiel, Felicitas (Hrsg.): Erziehungswissenschaft, Nachbardisziplinen und Öffentlichkeit. Weinheim: Deutscher Studien Verlag, 151–192.
Oevermann, Ulrich (1997): Theoretische Skizze einer revidierten Theorie professionalisierten Handelns. In: Combe, Arno & Helsper, Werner (Hrsg.): Pädagogische Professionalität: Untersuchungen zum Typus pädagogischen Handelns. Frankfurt a. M.: Suhrkamp, 70–182.
Opaschowski, Horst Werner (1990): Pädagogik und Didaktik der Freizeit. Wiesbaden: Springer VS.
Opaschowski, Horst Werner (2008): Einführung in die Freizeitwissenschaft. 5. Auflage. Wiesbaden: Springer VS.
Opp, Günther; Kuhlig, Wolfram & Puhr, Kirsten (2006): Einführung in die Sonderpädagogik. 2. Auflage. Opladen, Berlin, Toronto: UTB Barbara Budrich.
Orelove, Fred P. & Sobsey, Dick (1996): Educating children with multiple Disabilities. A transdisciplinary Approach. Baltimore.
Orelove, Fred P.; Sobsey, Dick & Silberman, Rosanne (2004): Educating children with multiple Disabilities. A collaborative Approach. Baltimore: P.H. Brookes Publishing Company.
Ortland, Barbara (2008): Behinderung und Sexualität. Grundlagen einer behinderungsspezifischen Sexualpädagogik. Stuttgart: Kohlhammer.
Papke, Birgit (2016): Das bildungstheoretische Potenzial inklusiver Pädagogik. Meilensteine der Konstruktion von Bildung und Behinderung am Beispiel von Kindern mit Lernschwierigkeiten. Bad Heilbrunn: Klinkhardt.
Pella, Jeannette & Bell, Benjamin (2017): Anhörung »Wohltätiger Zwang« in der Pflege und Behindertenhilfe vom 19. Mai 2017. Zugriff online unter: https://www.ethikrat.org/fileadmin/PDF-Dateien/Veranstaltungen/anhoerung-19-05-2017-fragenkatalog-pella-bell.pdf (zuletz abgerufen am 17.05.2020).
Penzlin, Heinz (2012): Das Rätsel Mensch. In: Ebert, Udo; Riha, Ortrun & Zerling, Lutz (Hrsg.): Menschenbilder – Wurzeln, Krise, Orientierung. Leipzig, Stuttgart: Sächsische Akademie der Wissenschaften zu Leipzig, 9–17.
Pfeffer, Wilhelm (1988): Förderung schwer geistig Behinderter. Eine Grundlegung. Würzburg: Ed. Bentheim.
Pfeiffer, Gerhard (2006): Förderlehrgänge (F2/3) für Menschen mit schwerer Lernbehinderung/geistiger Behinderung. In: Hirsch, Stephan & Lindmeier, Christian (Hrsg.): Berufliche Bildung von Menschen mit geistiger Behinderung. Neue Wege zur Teilhabe am Arbeitsleben. Weinheim, Basel: Beltz (Beltz Sonderpädagogik), 88–110.
Picker, Eduard (2002): Menschenwürde und Menschenleben. Das Auseinanderdriften zweier fundamentaler Werte als Ausdruck der wachsenden Relativierung des Menschen. Stuttgart: Klett-Cotta.

Piegsda, Felix & Link, Pierre-Carl (2019): Ökonomisches Menschenbild und neoliberales Gedankengut als Herausforderung für den Erfolg der Inklusion. In: Behindertenpädagogik 58 (2), 119–137.
Pitsch, Hans-Jürgen (2003): Zur Methodik der Förderung der Handlungsfähigkeit Geistigbehinderter. Oberhausen: Athena.
Pitsch, Hans-Jürgen & Thümmel, Ingeborg (2011): Zur Didaktik und Methodik des Unterrichts bei geistig Behinderten. 4. Auflage. Oberhausen: Athena.
Pitsch, Hans-Jürgen; Thümmel, Ingeborg (2015): Methodenkompendium für den Förderschwerpunkt geistige Entwicklung Band 1–3, Oberhausen: Athena.
Pitsch, Hans-Jürgen; Thümmel, Ingeborg (2017): Lebenschancen für alte Menschen mit geistiger Behinderung. Konzepte und Methoden zur Bewältigung neuer Herausforderungen. Oberhausen: Athena.
Plangger, Sascha & Schönwiese, Volker (2010): Behindertenhilfe – Hilfe für behinderte Menschen? Universität Innsbruck. Zugriff online unter: http://bidok.uibk.ac.at/library/plangger-behindertenhilfe.html (zuletzt abgerufen am 24.04.2020).
Plate, Elisabeth (2016): Lehrer_innenbildung für Inklusion braucht Lehrer_innenbildung durch Inklusion. In: Dannenbeck, C.; Dorrance, C.; Moldenhauer, A.; Oehme, A.; Platte, A. (Hrsg.): Inklusive Hochschule. Grundlagen, Ansätze und Konzepte für Hochschuldidaktik und Organisationsentwicklung. Bad Heilbrunn: Klinkhardt, 194—214.
Platte, Andrea; Werner, Melanie; Vogt, Stephanie & Fiebig, Heike (2018) (Hrsg.): Praxishandbuch inklusive Hochschuldidaktik. Weinheim: Beltz.
Pohl-Zucker, Susanne (2010): Diagnostisch-therapeutische Grenzziehungen. Die Zelltherapie bei Kindern mit Down-Syndrom im medizinischen Diskurs der Bundesrepublik Deutschland in den 1960/70er Jahren. In: Bösl, Elsbeth; Klein, Anne & Waldschmidt, Anne (Hrsg.): Disability History. Konstruktionen von Behinderung in der Geschichte. Eine Einführung. Bielefeld: transcript, 85–104.
Popper, Karl Raimund (1972): Die Logik der Sozialwissenschaften. In: Adorno, Theodor W.; Dahrendorf, Ralf; Pilot, Harald; Albert, Hans; Habermas, Jürgen & Popper, Karl Raimund (Hrsg.): Der Positivismusstreit in der Deutschen Soziologie. 13. Auflage, Darmstadt: Luchterhand, 103–122.
Postler, Janina & Sarimski, Klaus (2017): Adaptive Kompetenzen von Schülern im Förderschwerpunkt Geistige Entwicklung an verschiedenen Bildungsorten. Zeitschrift für Heilpädagogik 8 (68), 387–396.
Praschak, Wolfgang (2004): Das Konzept der Sensumotorischen Kooperation. In: Fröhlich, Andreas; Heinen, Norbert & Lamers, Wolfgang (Hrsg.): Schwere Behinderung in Praxis und Theorie – ein Blick zurück nach vorn. 4. Auflage. Düsseldorf: Selbstbestimmtes Leben, 245–265.
Praschak, Wolfgang (2011): Die Welt wahrnehmen und lernen. In: Fröhlich, Andreas; Heinen, Norbert; Klauß, Theo & Lamers, Wolfgang (Hrsg.): Schwere und mehrfache Behinderung – interdisziplinär. Oberhausen: Athena, 219–228.
Praschak, Wolfgang (2018): Prägestisches Verstehen. Ein Weg zur dialogischen Verständigung mit Menschen mit einer schwersten Behinderung aus Sicht der Kooperativen Pädagogik. In: Doming, Dagmar & Schäfer, Urs (Hrsg.): Auffallend herausfordernd! Begleitung zwischen Selbstbestimmung und Überforderung. Zürich: Seismo, 97–104.
Prechtl, Peter (2008): Ethik. In: Prechtl, Peter (Hrsg.): Metzler-Lexikon Philosophie. Begriffe und Definitionen. 3., erweiterte und aktualisierte Auflage. Stuttgart, Weimar: Metzler, 163–165.
Prengel, Annedore (2001): Egalitäre Differenz in der Bildung. In: Lutz, Helma & Wenning, Norbert (Hrsg.): Unterschiedlich verschieden. Differenz in der Erziehungswissenschaft. Wiesbaden: Leske & Budrich, 93–107.
Prengel, Annedore (2006): Pädagogik der Vielfalt: Verschiedenheit und Gleichberechtigung in Interkultureller, Feministischer und Integrativer Pädagogik (Schule und Gesellschaft). 3. Auflage. Wiesbaden: Springer VS.
Prengel, Annedore (2012): Kann inklusive Pädagogik die Sehnsucht nach Gerechtigkeit erfüllen? Paradoxien eines demokratische Bildungskonzeptes. In: Seitz, Simone; Finnern, Nina-

Kathrin; Korff, Natascha & Scheidt, Katja (Hrsg.): Inklusiv gleich gerecht? Inklusion und Bildungsgerechtigkeit. Bad Heilbrunn: Klinkhardt, 16–31.
Prengel, Annedore (2013): Pädagogische Beziehungen zwischen Anerkennung, Verletzung und Ambivalenzen. Opladen: Barbara Budrich.
Prengel, Annedore (2016): Didaktische Diagnostik als Element alltäglicher Lehrerarbeit – »Formatives Assessment« im inklusiven Unterricht. In: Amrhein, Bettina (Hrsg.): Diagnostik im Kontext inklusiver Bildung – Theorien, Ambivalenzen, Akteure, Konzepte. Bad Heilbrunn: Klinkhardt, 49–63.
Quante, Michael & Schweikard, David P. (2011): Person. In: Moser, Vera & Horster, Detlef (Hrsg.): Ethik der Behindertenpädagogik. Menschenrechte, Menschenwürde, Behinderung. Eine Grundlegung. Stuttgart: Kohlhammer, 90–104.
Ramm, Diana (2017): Wege in die berufliche Bildung für Jugendliche mit Behinderung – Teil 6: Das Bundesteilhabegesetz: Ein Gewinn für die berufliche Ausbildung für Jugendliche mit Behinderung? Beitrag D30-2017. Zugriff online unter: https://www.reha-recht.de/fachbeitraege/beitrag/artikel/beitrag-d30-2017/ (zuletzt abgerufen am 24.03.2020).
Rasch, Edna (2016): Finanzierungsmöglichkeiten individueller ambulanter Wohnangebote für Menschen mit Behinderung. In: Terfloth, Karin; Niehoff, Ulrich; Klauß, Theo & Buckenmaier, Sabrine (Hrsg.): Inklusion – Wohnen – Sozialraum. Grundlagen des Index für Inklusion zum Wohnen in der Gemeinde. Marburg: Lebenshilfe, 110–123.
Ratz, Christoph (2011): Bedeutung einer Fächerorientierung. In: Ratz, Christoph (Hrsg.): Unterricht im Förderschwerpunkt geistige Entwicklung. Fachorientierung und Inklusion als didaktische Herausforderung. Oberhausen: Athena, 9–38.
Ratz, Christoph (Hrsg.) (2011): Unterricht im Förderschwerpunkt geistige Entwicklung. Fachorientierung und Inklusion als didaktische Herausforderung. Oberhausen: Athena.
Rauchberger, Monika (2012): Ich bin die Chefin. Leben mit Assistenz. In: Behinderte Menschen. Zeitschrift für gemeinsames Leben, Lernen und Arbeiten 6/2012, 35. Jg., Zugriff online unter: http://bidok.uibk.ac.at/library/rauchberger-chefin-l.html (zuletzt abgerufen am 19.04.2020)
Rawls, John (1958): Fairness as justice. In: The Philosophical Review 67 (2), 164–194. Zugriff online unter: https://www2.southeastern.edu/Academics/Faculty/jbell/rawls1.pdf (zuletzt abgerufen am 24.04.2020).
Reich, Kersten (2015): Inklusion – Grundlagen. In: Schäfer, Holger & Rittmeyer, Christel (Hrsg.) (2015): Handbuch Inklusive Diagnostik. Weinheim, Basel: Beltz, 23–42.
Reinders-Schmidt, Steffi (2019): Familienorientierte Frühförderung in Alltagsroutinen. In: Gebhard, Britta; Möller-Dreischer, Sebastian; Seidel, Andreas & Sohns, Armin (Hrsg.): Frühförderung wirkt –von Anfang an, Stuttgart: Kohlhammer, 37–45.
Reinfried, Sibylle; Mathis, Christian & Kattmann, Ulrich (2009): Das Modell der didaktischen Rekonstruktion. Eine innovative Methode zur fachdidaktischen Erforschung und Entwicklung von Unterricht. Beiträge zur Lehrerinnen- und Lehrerbildung 27 (3), 404–414.
Requate, Till (2012): »Geiz ist Geil«. Zu alternativen Menschenbildern in den Wirtschaftswissenschaften. In: Theobald, Werner & Rosenau, Hartmut (Hrsg.): Menschenbilder. Berlin, Münster: Lit (Ethik interdisziplinär, 19), 97–115.
Retzlaff, Rüdiger (2010): Familien-Stärken. Behinderung, Resilienz und systemische Therapie. Stuttgart: Klett-Cotta.
Riedel, Annette; Rittberger, Alexander; Stocker, Dirk & Stolz, Konrad (2016): Handreichung zur ethischen Reflexion der Diakonie Stetten. 3. Auflage. Kernen-Stetten: Eigenverlag Diakonie Stetten.
Riegel, Ch. (2016): Bildung – Intersektionalität – Othering. Pädagogisches Handeln in widersprüchlichen Verhältnissen. Bielefeld: transcript.
Riegert, Judith & Musenberg, Oliver (2010): Bildung und geistige Behinderung – zentrale Spannungsfelder und offene Fragen. In: Musenberg, Oliver & Riegert, Judith (Hrsg.): Bildung und geistige Behinderung. Bildungstheoretische Reflexionen und aktuelle Fragestellung. Oberhausen: Athena, 27–49.
Ricken, Norbert (2006): Die Ordnung der Bildung. Beiträge zu einer Genealogie der Bildung. Wiesbaden: Springer VS.

Riha, Ortrun (2012): Von der Säftelehre zur Molekulargenetik. Die Vielfalt der Menschenbilder in der Medizin. In: Ebert, Udo; Riha, Ortrun & Zerling, Lutz (Hrsg.): Menschenbilder – Wurzeln, Krise, Orientierung. Leipzig, Stuttgart: Sächsische Akademie der Wissenschaften zu Leipzig. 93–107.
Ritzenthaler-Spielmann, Daniela (2017): Lebensentscheidungen bei Menschen mit einer kognitiven Beeinträchtigung. Eine qualitative Studie. Bad Heilbrunn: Klinkhardt (Forschung).
Rödler, Peter (1993): Menschen, lebenslang auf Hilfe anderer angewiesen. Grundlagen einer allgemeinen basalen Pädagogik. Frankfurt a. M.: AFRA.
Rödler, Peter (2000a): Geistig behindert: Menschen, lebenslang auf Hilfe anderer angewiesen? Grundlagen einer basalen Pädagogik. 2., überarbeitete Auflage. Neuwied, Kriftel, Berlin: Luchterhand.
Rödler, Peter (2000b): Die Theorie des Sprachraums als methodische Grundlage der Arbeit mit ›schwerstbeeinträchtigten‹ Menschen. In: Rödler, Peter; Berger, Ernst & Jantzen, Wolfgang (Hrsg.): Es gibt keinen Rest! – Basale Pädagogik für Menschen mit schwersten Beeinträchtigungen. Neuwied, Kriftel, Berlin: Luchterhand, 86–101.
Roelke, Volker (2008): Wissenschaft im Dienst des Reiches – Ernst Rüdin und die Deutsche Forschungsanstalt für Psychiatrie. In: Hajak, Stefanie & Zarusky, Jürgen (Hrsg.): München und der Nationalsozialismus. Menschen, Orte, Strukturen. Berlin: Metropol, 313–334.
Röhm, Alfred Christoph & Zimpel, André Frank (2017): Praxis als begreifendes Eingreifen. Wie sich Menschen mit Trisomie 21 die Welt erschließen. Teilhabe (56) 3, 114–121.
Rommelsbacher, Birgit (2006): Dominanzkultur. Texte zu Fremdheit und Macht. Berlin: Orlanda.
Ropers, Hans-Hilger & Hamel, B. C. (2005): X-linked mental retardation. In: Nature Reviews Genetics 6, 46–57.
Rösner, Hans-Uwe (2002): Jenseits normalisierender Anerkennung. Reflexionen zum Verhältnis von Macht und Behindertsein. Frankfurt a. M.: Campus (Campus Forschung, Bd. 842).
Rösner, Uwe (2012): Auf's Spiel gesetzte Anerkennung. Judith Butlers Bedeutung für eine kulturwissenschaftlich orientierte Heilpädagogik. In: Ricken, Norbert & Balzer, Nicole (Hrsg.): Judith Butler: Pädagogische Lektüren. Wiesbaden: Springer, 373–397.
Roß, Jan (2020): Bildung als »Ausdehnung unserer Sympathien«. In: Forschung & Lehre 6/2020, 481.
Ross, Huw (2013): Unsere Sicht: Wir sind Endverbraucher. In: Ackermann, Karl-Ernst; Musenberg, Oliver & Riegert, Judith (Hrsg.): Geistigbehindertenpädagogik!? Disziplin – Profession – Inklusion. Oberhausen: Athena, 207-217.
Rüberg, Rudolf (1991): Alter-Dimensionen und Aspekte. In: Trapmann, Hilde; Rüberg, Rudolf; Hofmann, Winfried; Schaefer-Hagenmaier, Theresia & Siemes, Helena (Hrsg.): Das Alter. Grundfragen, Einzelprobleme, Handlungsansätze. Dortmund: Modernes Lernen (Interdisziplinäres Forum der Katholischen Fachhochschule Nordrhein-Westfalen), 13–30.
Ruf, Urs (2008): Das dialogische Lernmodell. In: Ruf, Urs; Keller, Stefan & Winter, Felix (Hrsg.): Besser lernen im Dialog. Dialogisches Lernen in der Unterrichtspraxis. Seelze-Velber: Kallmeyer, 13–26.
Ruf, Urs & Gallin, Peter (2011a): Dialogisches Lernen in Sprache und Mathematik. Band 1: Austausch unter Ungleichen. Grundzüge einer interaktiven und fächerübergreifenden Didaktik. 4. Auflage. Seelze-Velber: Klett Kallmeyer.
Ruf, Urs & Gallin, Peter (2011b): Dialogisches Lernen in Sprache und Mathematik. Band 2: Spuren legen – Spuren lesen. Unterricht mit Kernideen und Reisetagebüchern. 4. Auflage. Seelze-Velber: Klett Kallmeyer.
Ruf, Urs & Winter, Felix (2012): Dialogisches Lernen: die gemeinsame Suche nach Qualitäten. Zeitschrift Für Inklusion Online, 1-2/2012. Zugriff online unter: https://www.inklusion-online.net/index.php/inklusion-online/article/view/60 (zuletzt abgerufen am 24.06.2020).
Ruzsics, Ilona (2014): Auswärtsunterbringung – Eine unbeachtete Form der Exklusion. In: Behindertenpädagogik 53 (3), 273–283.
Salzberger, Florian (2008): Leib und Melancholie. Erziehungswirklichkeit bei schwerer geistiger Behinderung. Oberhausen: Athena (Lehren und Lernen mit behinderten Menschen, Bd. 16).
Sander, Wolfgang (2015): Was heißt »Renaissance der Bildung«? In: Zeitschrift für Pädagogik 61 (4), 517–526.

Sansour, Teresa & Zentel, Peter (2016): Bildung und ihre Gegenstände? Spurensuche in Bildungstheorie, Allgemeiner Didaktik und Fachdidaktik. In: Musenberg, Oliver & Riegert, Judith (Hrsg.): Didaktik und Differenz. Bad Heilbrunn: Klinkhardt, 44–52.

Santos, Bouventura de Sousa (2012): Die Soziologie der Abwesenheit und die Soziologie der Emergenzen. Für eine Ökologie der Wissensformen. Jahrbuch der Luria-Gesellschaft. Bd. 3, 29-46.

Sarimski, Klaus; Hintermair, Manfred & Lang, Markus (2013): Familienorientierte Frühförderung von Kindern mit Behinderung. München, Basel: Reinhardt.

Sarimski, Klaus (2009): Frühförderung behinderter Kleinkinder. Grundlagen, Diagnostik, Intervention. Göttingen, Bern: Hogrefe.

Sarimski, Klaus (2012): Beratung und Frühförderung bei drohender schwerer Behinderung. Heidelberg: Edition S.

Sarimski, Klaus (2014). Entwicklungspsychologie genetischer Syndrome. 4., überarbeitete und erweiterte Auflage. Göttingen: Hogrefe.

Sarimski, Klaus (2016): Soziale Teilhabe von Kindern mit komplexer Behinderung in der Kita. München: Reinhardt.

Sarimski, Klaus (2017): Handbuch interdisziplinäre Frühförderung. München, Basel: Reinhardt.

Schaber, Peter (2011): Menschenwürde. In: Moser, Vera & Horster, Detlef (Hrsg.): Ethik der Behindertenpädagogik. Menschenrechte, Menschenwürde, Behinderung. Eine Grundlegung. Stuttgart: Kohlhammer, 135–148.

Schäfer, Alfred (2018): Das problematische Versprechen einer Leistungsgerechtigkeit. In: Sansour, Teresa; Musenberg, Oliver & Riegert, Judith (Hrsg.): Bildung und Leistung. Differenz zwischen Selektion und Anerkennung. Bad Heilbrunn: Klinkhardt, 11–56.

Schäfer, Holger (2017): Unterrichtsplanung im Förderschwerpunkt geistige Entwicklung. Das MehrPerspektivenSchema als didaktischer Orientierungsrahmen. Weinheim: Beltz.

Schäfer, Holger (2019): Handbuch Förderschwerpunkt geistige Entwicklung. Grundlagen – Spezifika – Fachorientierung – Lernfelder. Weinheim: Beltz.

Schäfer, Holger & Rittmeyer, Christel (Hrsg.) (2015): Handbuch Inklusive Diagnostik. Weinheim, Basel: Beltz.

Schäfers, Markus (2016): Personenzentrierung im Bundesteilhabegesetz. Trägt die Reform eine personenzentrierte Handschrift? Impulse 79/2016, 6-9. Zugriff online unter: http://bidok.uibk.ac.at/library/imp-79-schaefers-bundesteilhabegesetz.html (zuletzt abgerufen am 24.03.2020).

Schallenkammer, Nadine (2016): Autonome Lebenspraxis im Kontext Betreutes Wohnen und Geistige Behinderung. Ein Beitrag zum Professionalisierungs- und Selbstbestimmungsdiskurs. Weinheim, Basel: Beltz Juventa.

Schalock, Robert L.; Luckasson, Ruth A.; Shogren, Karrie A. & Borthwick-Duffy, Sharon (2007): The renaming of mental retardation: understanding the change to the term intellectual disability. In: Intellectual and Developmental Disabilities 45, 116–124.

Schandl, Elisabeth (2011): Autonomie und Selbstbestimmung. Begriffe in pädagogisch differenten Diskursen. Zugriff online unter: http://othes.univie.ac.at/17251/1/2011-11-10_0505574.pdf (zuletzt abgerufen am 24.03.2020).

Schäper, Sabine (2009): Heilpädagogische Unterstützung von alten Menschen mit Demenzerkrankung, In: Greving, Heinrich & Ondracek, Petr (Hrsg.): Spezielle Heilpädagogik. Stuttgart: Kohlhammer, 199–236.

Schäper, Sabine (2016): Quartiersentwicklung und/oder Sozialraumorientierung? Lernprozesse an der Schnittstelle von Behindertenhilfe und Altenhilfe. In: Terfloth, Karin; Niehoff, Ulrich; Klauß, Theo & Buckenmaier, Sabina (Hrsg.): Inklusion – Wohnen – Sozialraum. Grundlagen des Index für Inklusion zum Wohnen in der Gemeinde. Marburg: Lebenshilfe.

Schäper, Sabine (2018): Einwilligung als Befähigungsprozess. Kritische Hinweise zur Praxis der Beteiligung von Proband*innen mit kognitiver Beeinträchtigung in Forschungsprojekten. In: Behindertenpädagogik 2/2018, 134–146.

Schäper, Sabine & Glasenapp, Jan (2016): Barrieren in der psychotherapeutischen Versorgung von Menschen mit Intelligenzminderung. Einschätzungen und Eindrücke zum aktuellen Stand. In: Barrierefreie Psychotherapie Möglichkeiten und Grenzen der psychotherapeutischen Versorgung von Menschen mit Intelligenzminderung. Materialien der DGSGB, Band 37, Berlin: Eigenverlag der DGSGB, 4-13. Zugriff online unter: https://dgsgb.de/down loads/materialien/Band37.pdf (zuletzt abgerufen am 11.06.2020).

Schäper, Sabine; Schüller, Simone; Dieckmann, Friedrich & Greving, Heinrich (2010): Anforderungen an die Lebensgestaltung älter werdender Menschen mit geistiger Behinderung in unterstützten Wohnformen – Ergebnisse einer Literaturananlyse und Expertenbefragung. Münster: KatHO NRW (Zweiter Zwischenbericht zum Forschungsprojekt »Lebensqualität inklusiv(e), innovative Konzepte unterstützten Wohnens älter werdender Menschen mit Behinderung« (LEQUI).

Schardien, Stefanie (2004): Menschenwürde. Zur Geschichte und theologischen Deutung eines umstrittenen Konzeptes. In: Dabrock, Peter; Klinnert, Lars & Schardien, Stefanie (Hrsg.): Menschenwürde und Lebensschutz. Herausforderungen theologischer Bioethik. Gütersloh: Gütersloher Verlagshaus, 59–116.

Schartmann, Dieter (2015): Partizipation und Selbstbestimmung. Peer Counseling im Rheinland. In: impulse (72), 12–15.

Schenk, Britta-Marie (2016): Behinderung verhindern. Humangenetische Beratungspraxis in der Bundesrepublik Deutschland (1960er bis 1990er Jahre). Frankfurt: Campus (Disability History, 2).

Scherr, Albert; El-Mafaalani, Aladin & Yüksel, Gökcen (Hrsg.) (2017): Handbuch Diskriminierung. Wiesbaden: Springer VS.

Scherr, Albert (2013): Subjektbildung in Anerkennungsverhältnissen. Über »soziale Subjektivität« und »gegenseitige Anerkennung als pädagogische Grundbegriffe«. In: Hafeneger, Benno; Henkenborg, Peter & Scherr, Albert (2013): Pädagogik der Anerkennung. Grundlagen. Konzepte. Praxisfelder. Frankfurt a. M.: Debus Pädagogik, 26–44.

Schiefer, Karin M. (2010): Selbstbestimmt leben mit Persönlicher Assistenz. Zugriff online unter: http://bidok.uibk.ac.at/library/schiefer-selbstbestimmt-dipl.html#idp66508016 (zuletzt abgerufen am 30.06.2020).

Schiermeyer-Reichl, Ines (2016): Diagnostik heißt An-Erkennen – mein Gegenüber und mich selbst. In: Amrhein, Bettina (Hrsg.): Diagnostik im Kontext inklusiver Bildung. Theorien – Ambivalenzen – Akteure – Konzepte. Bad Heilbrunn: Klinkhardt, 134–153.

Schildmann, Ulrike (2019): Inklusive Pädagogik zwischen flexibelnormalistischen und transnormalistischen (Diskurs-)Strategien. Normalismustheoretische Analyse gesellschaftlicher Entwicklungen. In: von Stechow, Elisabeth; Hackstein, Philipp; Müller, Kirsten; Esefeld, Marie & Klocke, Barbara (Hrsg.): Inklusion im Spannungsfeld von Normalität und Diversität. Band I: Grundfragen der Bildung und Erziehung. Bad Heilbrunn: Klinkhardt, 40–47.

Schiller, Esther & Holletzek, Rita (2019): Freizeitverhalten von Menschen mit einer geistigen Behinderung im ländlichen Raum am Beispiel einer stationären Einrichtung in Höxter. Berlin: Mensch und Buch (Holzmindener Schriften zur sozialen Arbeit »Sozial Denken und Handeln«, Nummer 26).

Schlichting, Helga; Nüßlein, Florian & Fichtmair, Martin (2018): Unterstützung bei der Kommunikation von Schmerzen bei Menschen mit geistiger und schwerer Behinderung. In: Unterstützte Kommunikation 2/2018, 6–14.

Schlichting, Helga (2009): Pflege als wesentlicher Bestandteil von Unterricht bei Schülern mit schwersten Behinderungen – Empirische Untersuchung zur Durchführung von Pflege bei Schülern mit schwersten Behinderungen an Förderschulen bzw. -zentren mit dem Förderschwerpunkt »Geistige Entwicklung« in Thüringen, Dissertation Uni Erfurt 2009. Zugriff online unter: https://www.db-thueringen.de/servlets/MCRFileNodeServlet/dbt_derivate_00019839/schlichting.pdf (zuletzt abgerufen am 24.03.2020).

Schlichting, Helga (2013): Pflege von Menschen mit schweren und mehrfachen Behinderungen. Düsseldorf: Selbstbestimmtes Leben.

Schlichting, Helga (2015): Würde, Achtsamkeit und Fürsorge im Alltag von Kindern und Jugendlichen mit schwerer Behinderung und Lebensverkürzung. In: Deutscher Kinderhospizverein e. V. (Hrsg.): Immer wieder neu … Geduld, Staunen, Zuversicht. Ludwigsburg: Hospizverlag, 224–236.

Schlichting, Helga (2018): Pflege als lebensbegleitende Herausforderung für Familien mit Kindern mit schwerer und mehrfacher Behinderung. In: Familienhandbuch der Lebenshilfe. Marburg: Lebenshilfe, 123–164.

Schlichting, Helga (2020): Ethische Überlegungen zur Pflege von Menschen mit Mehrfachbehinderung. Schweizerische Zeitschrift für Heilpädagogik 26 (5–6), 23–30.

Schlichting, Helga & Goll, Harald (2012): Pädagogik, Pflege und Therapie an der Schule mit dem Förderschwerpunkt geistige Entwicklung – Ergebnisse einer empirischen Untersuchung in Thüringen. In: Z. für Heilpädagogik, 1/2012, 63. Jg., 4–11.

Schlichting, Helga & Schuppener, Saskia (2016): Das Körperbild und Körpererleben von Menschen mit Komplexer Beeinträchtigung – eine Annäherung von außen. In: Uschok, Andreas (Hrsg.): Körperbild und Körperbildstörungen – Handbuch für Pflege- und Gesundheitsberufe. Bern: Hogrefe, 305–318.

Schmerfeld, Jochen (2004): Autonomie und Minderwertigkeit. Überlegungen zur Polarität von Autonomie und Angewiesensein aus individualpsychologischer Perspektive. In: Ahrbeck, Bernd & Rauh, Bernhard (Hrsg.): Behinderung zwischen Autonomie und Angewiesensein. Stuttgart: Kohlhammer.

Schmidt, Thomas (2018): Permanente Vaterschaft. In: Z. Behinderte Menschen. Zeitschrift für gemeinsames Leben, Lernen und Arbeiten 3/2018, 41. Jg., 49–54.

Schnabl, Christa (2008): Fürsorge. Eine Kategorie feministischer Ethik und ihre Bedeutung für die christliche Ethik. In: Spieß, Christian & Winkler, Katja (Hrsg.): Feministische Ethik und christliche Sozialethik. Berlin: Lit (Schriften des Instituts für Christliche Sozialwissenschaften der Westfälischen Wilhelms-Universität Münster, 57).

Schneider, Frank (2011): Psychiatrie im Nationalsozialismus. Erinnerung und Verantwortung. Gedenkveranstaltung 26. November 2010. Wiesbaden: Springer VS.

Schnurr, Stefan (2011): Partizipation. In: Otto, Hans-Uwe & Thiersch, Hans (Hrsg.): Handbuch Soziale Arbeit. 4., völlig neu bearbeitete Auflage. München, Basel: Reinhardt, 1069–1078.

Scholdei-Klie, Monika (2005): Unterstützte Beschäftigung im Rahmen berufsvorbereitender Bildungsmaßnahmen. Ein Praxisbericht. Zugriff online unter: http://bidok.uibk.ac.at/library/imp-34-05-scholdei-bildungsmassnahmen.html (zuletzt abgerufen am 24.06.2020).

Schomaker, Claudia & Seitz, Simone (2011): Sachunterricht in der inklusiven Grundschule ohne kognitive Beeinträchtigungen. In: Ratz, Christoph (Hrsg.): Unterricht im Förderschwerpunkt geistige Entwicklung. Fachorientierung und Inklusion als didaktische Herausforderungen. Oberhausen: Athena, 155–169.

Schönecker, Lydia & Meysen, Thomas (2016): Rechtsfragen in der Praxis der Schulbegleitung. In: Baden-Württemberg Stiftung gGmbH (Hrsg.): Schulbegleitung als Beitrag zur Inklusion. Bestandsaufnahme und Rechtsexpertise. Stuttgart: Schriftenreihe der Baden-Württemberg Stiftung.

Schönwiese, Volker (2005): Partizipativ und emanzipatorisch. Ansprüche an Forschung im Kontext der Disability Studies. Vortrag im Rahmen der #disko 18: Zwischen Emanzipation und Vereinnahmung. Disability Studies im deutschsprachigen Raum. Berlin, 20.10.2018.

Schrader, Friedrich-Wilhelm (2010): Diagnostische Kompetenz von Eltern und Lehrern. In: Rost, Detlef (Hrsg.): Handwörterbuch Pädagogische Psychologie. Weinheim: Beltz, 102–108.

Schreiner, Mario (2017): Teilhabe am Arbeitsleben. Die Werkstatt für behinderte Menschen aus Sicht der Beschäftigten.

Schroeder, Joachim (2015): Pädagogik bei Beeinträchtigungen des Lernens (Kompendium Behindertenpädagogik). Stuttgart: Kohlhammer.

Schuck, Heiko. (2019): Freizeitbildung. In: Bauernschmitt, Susanne; Schäfer, Holger & Beetz, Andrea (Hrsg.): Handbuch Förderschwerpunkt geistige Entwicklung. Weinheim: Beltz, 637–646.

Schuck, Karl-Dieter (2006): Fördern, Förderung, Förderbedarf. In: Antor, Georg & Bleidick, Uwe (Hrsg.): Handlexikon der Behindertenpädagogik. Schlüsselbegriffe aus Theorie und Praxis. 2., überarbeitete und erweiterte Auflage. Stuttgart: Kohlhammer, 94–88.

Schuck, Karl-Dieter (2016): Förderung. In: Theunissen, Georg; Kulig, Wolfram & Schirbort, Kerstin (Hrsg.): Handlexikon Geistige Behinderung. Stuttgart: Kohlhammer, 119.

Schumann, Brigitte (2016): »Auf dem Weg zur Inklusion« oder zur »Sonderpädagogisierung« der allgemeinen Schule? In: Amrhein, Bettina (Hrsg.): Diagnostik im Kontext inklusiver Bildung – Theorien, Ambivalenzen, Akteure, Konzepte. Bad Heilbrunn: Klinkhardt, 168–177.
Schultz, Ann-Kathrin (2014): Ablösung vom Elternhaus. Der Übergang von Menschen mit geistiger Behinderung in das Wohnen außerhalb des Elternhauses in der Perspektive ihrer Eltern; eine qualitative Studie. 3., unveränderte Auflage. Marburg: Lebenshilfe.
Schulze Höing, Annelen (2012): Pflege von Menschen mit geistigen Behinderungen. Pflegebedarfsanalyse, Planung, Dokumentation gemäß H.M.B.-W-Hilfeplanung. 1. Auflage, Stuttgart: Kohlhammer (Pflegepraxis).
Schuppener, Saskia (2005a): Selbstkonzept und Kreativität von Menschen mit geistiger Behinderung. Bad Heilbrunn: Klinkhardt.
Schuppener, Saskia (2005b): Selbstkonzepte von Menschen mit geistiger Behinderung – Empirische Befunde und Implikationen für Praxis, Theorie und Forschung. Heilpädagogische Forschung XXXI (4), 166–179.
Schuppener, Saskia (2005c): Förderdiagnostik und Förderpläne im Kontext schulischer Integration. In: Moser, Vera & von Stechow, Elisabeth (Hrsg.): Lernstands- und Entwicklungsdiagnosen. Bad Heilbrunn: Klinkhardt, 175–190.
Schuppener, Saskia (2005d): Inklusive Voraussetzungen für eine Förderung lebenspraktischer Kompetenzen von Menschen mit geistiger Behinderung. Geistige Behinderung 44 (4), 275–285.
Schuppener, Saskia (2006): Kreativität und Identität. In: Theunissen, Georg & Großwendt, Ulrike (Hrsg.): Kreativität von Menschen mit geistigen und mehrfachen Behinderungen. Grundlagen – Ästhetische Praxis – Theaterarbeit – Kunst- und Musiktherapie. Bad Heilbrunn: Klinkhardt, 61–72.
Schuppener, Saskia (2007): Geistig- und Schwermehrfachbehinderungen. In: Borchert, Johann (Hrsg.): Einführung in die Sonderpädagogik. München: Oldenbourg, 111–148.
Schuppener, Saskia (2008): Psychologische Ansätze. In: Nussbeck, Susanne; Adam, Heidemarie & Biermann, Adrienne (Hrsg.): Sonderpädagogik der geistigen Entwicklung. Göttingen: Hogrefe. Im Rahmen der Reihe: Goetze, Herbert & Borchert, Johann (Hrsg.): Handbuch der Pädagogik und Psychologie bei Behinderungen. Göttingen: Hogrefe, 89–114.
Schuppener, Saskia (2009): Identität von Menschen mit geistiger Behinderung – Untersuchungs- und Unterstützungsmöglichkeiten im Kontext partizipativer Forschung. In: Janz, Frauke & Terfloth, Karin (Hrsg.): Empirische Forschung im Kontext geistiger Behinderung. Heidelberg: Winter, 305–319.
Schuppener, Saskia (2011a): Empowerment und Identitätsentwicklung bei Menschen mit Behinderungserfahrungen. In: Kulig, Wolfram; Schirbort, Kerstin & Schubert, Michael (Hrsg.): Empowerment behinderter Menschen. Theorien, Konzepte, Best-Practice. Stuttgart: Kohlhammer, 209–221.
Schuppener, Saskia (2011b): Zur Rolle von Kreativität und Spiel im Leben von Menschen mit intensiven Behinderungserfahrungen. In: Fröhlich, Andreas; Heinen, Norbert, Klauß, Theo & Lamers, Wolfgang (Hrsg.): Schwere und mehrfache Behinderung – interdisziplinär. Oberhausen: Athena, 299–316.
Schuppener, Saskia (2011c): Kreativität fordern und fördern. Das Band – Zeitschrift des Bundesverbandes für Körper- und Mehrfachbehinderte e. V. 01/2011, 4–9.
Schuppener, Saskia (2014): Herausfordernde Verhaltensweisen im Kontext »geistiger Entwicklung«. In: Popp, Kerstin & Methner, Andreas (Hrsg.): Schülerinnen und Schüler mit herausforderndem Verhalten. Hilfen für die schulische Praxis. Stuttgart: Kohlhammer, 47–62.
Schuppener, Saskia (2016a): Selbstbestimmung. In: Hedderich, Ingeborg; Biewer, Gottfried; Hollenweger, Judith & Markowetz, Reinhard (Hrsg.): Handbuch Inklusion und Sonderpädagogik. Bad Heilbrunn: Klinkhardt, UTB, 108–112.
Schuppener, Saskia (2016b): Sonderpädagogische Ansätze zum Umgang mit herausforderndem Verhalten von Schüler(inne)n mit dem Förderschwerpunkt geistige Entwicklung. In: Hennicke, Klaus & Klauß, Theo (Hrsg.): Verhaltensauffälligkeiten bei Schüler(inne)n mit Intelligenzminderung. Eine Herausforderung für Pädagogik und Kinder- und Jugendpsychiatrie. Marburg: Lebenshilfe, 40–59.

Schuppener, Saskia (2019): Forschung und Forschungsfragen im Förderschwerpunkt geistige Entwicklung. In: Schäfer, Holger (Hrsg.): Handbuch Förderschwerpunkt geistige Entwicklung. Grundlagen – Spezifika – Fachorientierung – Lernfelder. Weinheim: Beltz, 243–257.

Schuppener, Saskia & Hauser, Mandy (2014): Empirische Forschung mit Menschen, die als geistig behindert gelten. Basisvariablen und methodologische Zugänge aus Sicht der Partizipativen Forschung. In: Behindertenpädagogik 3/2014, 233–250.

Schuppener, Saskia; Goldbach, Anne & Bock, Bettina M. (2019): Leichte Sprache – ein Mittel zur Barrierefreiheit? In: Bosse, Ingo; Schluchter Jan-René & Zorn, Isabel: Handbuch Inklusion und Medienbildung. Weinheim, Basel: Beltz Juventa, 216–222.

Schuppener, Saskia & Bock, Bettina M. (2019): Geistige Behinderung und barrierefreie Kommunikation. In: Maaß, Christiane & Rink, Isabel (Hrsg.) (2019): Handbuch Barrierefreie Kommunikation. Band 3: Kommunikation – Partizipation – Inklusion. Berlin: Frank & Timme, 221–247.

Schuster, Stefan (2015): Behindert »sein« oder behindert »werden«? Eine Entzerrung der verzerrten Sicht auf das Phänomen Behinderung. In: Behindertenpädagogik 54 (1) 5–40. Zugriff online unter: http://bidok.uibk.ac.at/library/schuster-behindert.html (zuletzt abgerufen am 24.03.2020).

Schweitl, Barbara (2011): Freizeit und Behinderung. Freizeit und Freizeitprobleme bei Menschen mit geistiger Behinderung. Neue Ausgabe, Saarbrücken: VDM.

Schweppenhäuser, Gerhard (2010): Kritische Theorie. In: Horster, D. & Jantzen, Wolfgang (Hrsg.): Wissenschaftstheorie (Behinderung, Bildung, Partizipation. Enzyklopädisches Handbuch der Behindertenpädagogik, Band 1). Stuttgart: Kohlhammer, 218–222.

Seidel, Michael (2014): Geistige Behinderung – ein schwieriger Begriff im Lichte der genetisch verursachten Störungsbilder. In: Seidel, Michael & Goll, Harald (Hrsg.): Genetik – Chancen und Risiken für Menschen mit geistiger Behinderung. Berlin: DGSGB Eigenverlag, 30–39.

Seidel, Michael (2015): Regelversorgung und ergänzende Spezialangebote im Lichte von inklusiver Gesundheitsversorgung. In: Seidel, Michael (Hrsg.) (2015): Grundsätzliche und spezielle Aspekte der gesundheitlichen Versorgung von Menschen mit geistiger Behinderung. Berlin: DGSGB Eigenverlag, 8–14.

Seidel, Michael (2016): Menschen mit geistiger Behinderung und psychischer Krankheit im Alter. In: Müller, Sandra-Verena & Gärtner, Claudia (Hrsg.): Lebensqualität im Alter. Perspektiven für Menschen mit geistiger Behinderung und psychischen Erkrankungen. Wiesbaden: Springer, 121–140.

Seifert, Monika (2010): Inklusion ist mehr als Wohnen in der Gemeinde. In: Dederich, Markus (Hrsg.): Inklusion statt Integration? Heilpädagogik als Kulturtechnik. 2. Auflage. Gießen: Psychosozial (Edition Psychosozial), 98–113.

Seifert, Monika (2018): Ich habe einen Traum. Leben in Nachbarschaft ist Alltag. In: Behindertenpädagogik 57 (3), 275–292.

Seitz, Simone (2005). Zeit für inklusiven Sachunterricht. Baltmannsweiler: Schneider.

Seitz, Simone (2006). Inklusive Didaktik: Die Frage nach dem ›Kern der Sache‹. In: Zeitschrift für Inklusion Online, 1/2006. Zugriff online unter: https://www.inklusion-online.net/index.php/inklusion-online/article/view/184/184 (zuletzt abgerufen am 17.12.2019).

Seitz, Simone (2020): Dimensionen einer inklusiven Didaktik – Personalität, Sozialität und Komplexität. In: Zeitschrift für Inklusion Online, 2/2020. Zugriff online unter: https://www.inklusion-online.net/index.php/inklusion-online/article/view/570/409 (zuletzt abgerufen am 25.06.2020).

Sekretariat der Ständigen Konferenz der Kultusminister der Länder in der Bundesrepublik Deutschland IVC/Statistik (2019): Sonderpädagogische Förderung in allgemeinen Schulen (ohne Förderschulen) 2017/2018. Zugriff online unter: https://www.kmk.org/fileadmin/Dateien/pdf/Statistik/Dokumentationen/Aus_SoPae_Int_2017.pdf (zuletzt abgerufen am 24.06.2020).

Sell, Friedrich L. (2008): Emotionen in der Ökonomie und Ökonomik der Emotionen. In: Sackmann, Sonja (Hrsg.): Mensch und Ökonomie. Wie sich Unternehmen das Innovationspotenzial dieses Wertespagats erschliessen. Wiesbaden: Betriebswirtschaftlicher Verlag Dr. Th. Gabler, 58–74.

Sen, Amartya (2010): The idea of justice. London: Penguin Books.
Seyd, Wolfgang (2015): Ziele, Prozesse und Strukturen beruflicher Rehabilitation – Situationsaufriss und Perspektivbetrachtung. In: Fischer, Erhard; Biermann, Horst & Heimlich, Ulrich (Hrsg.): Inklusion im Beruf. Stuttgart: Kohlhammer, 139–179.
Sierck, Udo (2013): Die Un-Behindertenrechtskonvention. Anfragen an Theorie und Praxis. In: Behindertenpädagogik 52 (2), 117–120.
Sierck, Udo & Mürner, Christian (1995): Stellvertretung und Gewalt. In: Jantzen, Wolfgang (Hrsg.): Euthanasie – Krieg – Gemeinsinn. Solidarisch handeln, demokratisch verantworten. Für ein humanes Leben aller. Münster: Lit, 316–319.
Simon, Jaqueline & Simon, Toni (2013): Inklusive Diagnostik – Wesenszüge und Abgrenzung von traditionellen »Grundkonzepten« diagnostischer Praxis. Eine Diskussionsgrundlage. Zeitschrift für Inklusion Online, 4/2013. Zugriff online unter: https://www.inklusion-online.net/index.php/inklusion-online/article/view/304 (zuletzt abgerufen am 24.03.2020).
Simon, Toni (2013): Gesundheitsförderung in der Schule und im Sachunterricht als Beitrag zur schulischen Inklusion. In: www.widerstreit-sachunterricht.de, Ausgabe 19, Oktober 2013. Zugriff online unter: http://www.widerstreit-sachunterricht.de/ebeneI/superworte/inklusion/gesund.pdf (zuletzt abgerufen am 24.03.2020).
Simon, Toni & Kruschel, Robert (2013): Gesundheitsförderung mithilfe des Index für Inklusion? In: Zeitschrift für Inklusion Online, 2/2013. Zugriff online unter: http://www.inklusion-online.net/index.php/inklusion/article/view/217/192 (zuletzt abgerufen am 24.03.2020).
Singer, Mona (2011): Feministische Wissenschaftskritik und Epistemologie. In: Becker, Ruth & Kortendiek, Beate (Hrsg.): Handbuch Frauen- und Geschlechterforschung. 3., erweiterte und durchgesehene Auflage. Wiesbaden: Springer VS, 292–301.
Singer, Peter (1972): Famine, Affluence & Morality. In: Philosophy and Public Affairs, Vol. 1, No. 3, 229–243.
Singer, Peter (2015): Praktische Ethik. 3., rev. und erweiterte Auflage [Nachdr.]. Stuttgart: Reclam (Reclams Universal-Bibliothek, 18919).
Skiba, Alexander (2003): Vorbereitung auf den Ruhestand bei geistiger Behinderung. In: Geistige Behinderung, 42/2003, 1, 50–57.
Smith-Merry, Jennifer (2019): Inclusive Disability Research. In: Liamputtong, Pranee (Hrsg.): Handbook of Research Methods in Health Social Sciences. Singapur: Springer VS,1935–1952.
Sofsky, Wolfgang & Paris, Rainer (1994): Figuration sozialer Macht – Autorität, Stellvertretung, Koalition. Frankfurt a. M.: Suhrkamp.
Sohns, Armin (2010): Frühförderung. Ein Hilfesystem im Wandel. Stuttgart: Kohlhammer.
Sohns, Armin (2016): Frühförderung interdisziplinär. Die Komplexleistung Frühförderung, 3/2016, 180–185.
Sohns, Armin & Weiß, Hans (2019): Interdisziplinäre Frühförderung und Frühe Hilfen. In: Gebhard, Britta; Möller-Dreischer, Sebastian; Seidel, Andreas & Sohns, Armin: Frühförderung wirkt – von Anfang an. Stuttgart: Kohlhammer, 81–95.
Sonnenberg, Kristin & Arlabosse, Anneke (2014): Mediale Kompetenz als Voraussetzung gesellschaftlicher Teilhabe. Lebenslange Bildung für erwachsene Menschen mit Behinderungen. In: Teilhabe 53 (2), 63–68.
Sozialgesetzbuch (SGB IX) Neuntes Buch Rehabilitation und Teilhabe von Menschen mit Behinderungen. § 46 Früherkennung und Frühförderung. Zugriff online unter: https://www.sozialgesetzbuch-sgb.de/sgbix/46.html (zuletzt abgerufen am 24.03.2020).
Spaemann, Robert (1998): Glück und Wohlwollen. Versuch über Ethik. 4. Auflage. Stuttgart: Klett-Cotta.
Spaemann, Robert (2006): Personen. Versuche über den Unterschied zwischen »etwas« und »jemand«. 3. Auflage. Stuttgart: Klett-Cotta.
Speck, Otto (1979): Geschichte. In: Handbuch der Sonderpädagogik. Band 5: Pädagogik der Geistigbehinderten. Berlin: Marhold Verlag, 57–72.
Speck, Otto (1996): Erziehung und Achtung vor dem Anderen: zur moralischen Dimension der Erziehung. München, Basel: Reinhardt.

Speck, Otto (1998). Bildung – ein Grundrecht für alle. In: Dörr, Günter (Hrsg.): Neue Perspektiven in der Sonderpädagogik. Düsseldorf: Selbstbestimmtes Leben, 33–55.
Speck, Otto (2003): System Heilpädagogik. Eine ökologisch reflexive Grundlegung. 5. Auflage. München, Basel: Reinhardt.
Speck, Otto (2005): Menschen mit geistiger Behinderung. Ein Lehrbuch zur Erziehung und Bildung. 10. Auflage. München: Reinhardt.
Speck, Otto (2005): Soll der Mensch biotechnisch machbar werden? Eugenik, Behinderung und Pädagogik. München: Reinhardt.
Speck, Otto (2009): Interdisziplinarität durch Verbundsysteme. In: Frühförderung Interdisziplinär, 1/2009, 28. Jg., 1–2.
Speck, Otto (2012): Menschen mit geistiger Behinderung. 12. Auflage. München: Reinhardt.
Speck, Otto (2013): Die wundersame Vermehrung von Schülern mit »geistiger Behinderung« – und niemand empört sich. In: VHN 82/1, 1–10.
Speck, Otto (2016): Menschen mit geistiger Behinderung. 12. Auflage. München: Reinhardt.
Speck, Otto & Thalhammer, Manfred (1974): Die Rehabilitation der Geistigbehinderten. München: Reinhardt.
Spivac, Gayatri Chakravorty (2008): Can the Subaltern Speak? Postkolonialität und subalterne Artikulation. Wien: Turia + Kant.
Staatsinstitut für Schulqualität und Bildungsforschung ISB (2017): Wenn Schüler mit geistiger Behinderung verhaltensauffällig sind. Konzepte und Praxisimpulse für Regel- und Förderschulen. 2. Auflage. München: Reinhardt.
Standop, Jutta; Röhrig, Ernst Daniel & Winkels, Raimund (2017): Die Relevanz und Genese von Menschenbildern im Kontext von Schule und Unterricht. In: Standop, Jutta; Röhrig, Ernst Daniel & Winkels, Raimund (Hrsg.): Menschenbilder in Schule und Unterricht. Weinheim, Basel: Beltz Juventa, 9–20.
Standop, Jutta (2017): Die Bedeutung von Menschenbildern für das Unterrichts- und Erziehungshandeln von Lehrerinnen und Lehrern. In: Standop, Jutta; Röhrig Ernst Daniel & Winkels, Raimund (Hrsg.): Menschenbilder in Schule und Unterricht. Weinheim, Basel: Beltz Juventa, 259–274.
Spijk, Piet van (2018): Die Medizin: Auf der Suche nach einem neuen Menschenbild. In: Schweiz Ärztezeitung 99 (1920), 633–634. Zugriff online unter: https://doi.org/10.4414/saez.2018.06537 (zuletzt abgerufen am 01.07.2020).
Stinkes, Ursula (1998): Spuren eines Fremden in der Nähe. Das ›geistigbehinderte‹ Kind aus phänomenologischer Sicht. Würzburg: Königshausen & Neumann.
Stinkes, Ursula (2002): Plädoyer für die Aufnahme der Leiblichkeit in Überlegungen zur ›Bildung als Selbstgestaltung‹. In: Fornefeld, Barbara; Dederich, Markus (Hrsg): Menschen mit geistiger Behinderung neu sehen lernen. Asien und Europa im Dialog über Bildung, Integration und Kommunikation. Düsseldorf: Selbstbestimmt Leben, 39–50.
Stinkes, Ursula (2004): Responsive Leiblichkeit. In: Kannewischer, Sybille; Wagner, Michael; Winkler, Christoph & Dworschak, Wolfgang (Hrsg.): Verhalten als subjektiv-sinnhafte Ausdrucksform. Bad Heilbrunn: Klinkhardt, 78–89.
Stinkes, Ursula (2008): Bildung als Antwort auf die Not und Nötigung, sein Leben zu führen. In: Fornefeld, Barbara (Hrsg.): Menschen mit Komplexer Behinderung: Selbstverständnis und Aufgaben der Behindertenpädagogik. München: Reinhardt, 82–107.
Stinkes, Ursula (2010): Subjektivation und Bildung – Eine Problemskizze als Erwiderung auf freundschaftlich geführte Gespräche mit Karl-Ernst Ackermann. In: Musenberg, Oliver & Riegert, Judith (Hrsg.) (2010): Bildung und geistige Behinderung. Bildungstheoretische Reflexionen und aktuelle Fragestellungen. Oberhausen: Athena, 115–141.
Stinkes, Ursula (2014): Antworten auf andere Fremde. Skizze zur Anerkennung des Menschen als einem Fremden. In: Lanwer, Willehad (Hrsg.): Bildung für alle. Beiträge zu einem gesellschaftlichen Schlüsselproblem. Für Peter Rödler zum 60. Geburtstag. Originalausg. Giessen: Psychosozial (Edition Psychosozial), 87–106.
Stöhr, Robert; Lohwasser, Diana; Noack Napoles, Juliane; Burghardt, Daniel; Dederich, Markus; Dziabel, Nadine; Krebs, Moritz & Zirfas, Jörg (2019): Schlüsselwerke der Vulnerabilitätsforschung. Wiesbaden: Springer VS.

Stöppler, Reinhilde (2014): Einführung in die Pädagogik bei geistiger Behinderung. München, Stuttgart: Reinhardt/UTB (UTB Sonderpädagogik, 4135).
Stöppler, Reinhilde & Wachsmuth, Susanne (2010): Förderschwerpunkt Geistige Entwicklung. Paderborn: UTB Schöningh.
Störtländer, Jan Christoph (2019): Bildung und Befähigung. Eine qualitative Studie zu kritisch-konstruktiver Didaktik und Capabilities Approach. Weinheim, Basel: Beltz Juventa.
Straub, Theresa, M. (2019): Persönliche Assistenz: Biografische Erfahrungen. Ein Beitrag zum rekonstruktiven Verständnis unterstützender Arbeit mit Behinderten Menschen. Opladen: Budrich.
Straßmeier, Walter (2000): Enthospitalisierung von Menschen mit geistiger Behinderung aus den Bezirkskrankenhäusern Bayerns – Gut gemeint oder gut gemacht? Behindertenpädagogik, 4/2000, 39. Jg., 351–368.
Stroka-Wetsch, Magdalena & Angurzky, Boris (2016): Inklusion ausgeschlossen. In: Die Schwester Der Pfleger. 10/2016. Zugriff online unter: https://www.bibliomed-pflege.de/zeitschriften/die-schwester-der-pfleger/heftarchiv/ausgabe/artikel/sp-10-2016-schichtdienst-arbeiten-gegen-die-innere-uhr/27917-inklusion-ausgeschlossen/ (zuletzt abgerufen am 23.03.2020).
Sturma, Dieter (Hrsg.) (2015): Handbuch Bioethik. Unter Mitarbeit von Spaeth, Alexandra. Stuttgart, Weimar: Metzler.
Suchanek, Andreas & Kescher, Klaus-Jürgen (2006): Verdirbt der Homo oeconomicus die Moral. In: Verena von Nell (Hrsg.): Homo oeconomicus. Ein neues Leitbild in der globalisierten Welt? Berlin, Münster: Lit (Forum Philosophie & Wirtschaft, Bd. 1), 59–80.
Tasse, Marc J.; Luckasson Ruth & Schalock, Robert L. (2016): The relation between intellectual functioning and adaptive behavior in the diagnosis of intellectual disability. In: Intellectual and Developmental Disabilities, 117, 291–303.
te Poel, Kathrin (2020): Anerkennung und Beziehungen. Didaktische Umsetzungen? Anfragen ausgehend von theoretischen und empirischen Analysen zum Zusammenhang von Menschen- bzw. Schülerbild, Anerkennungshandeln und Lehrerhabitus. In: Zeitschrift für Inklusion Online, 2/2020. Zugriff online unter: https://www.inklusion-online.net/index.php/inklusion-online/article/view/571/410 (zuletzt abgerufen am 22.06.2020).
Tenorth, Heinz-Elmar (2011): Inklusion im Spannungsfeld von Universalisierung und Individualisierung. Bemerkungen zu einem pädagogischen Dilemma. Zugriff online unter: http://www.schulentwicklung.bayern.de/unterfranken/userfiles/SETag2011/Tenorth-Inklusion-Wuerzburg-2011.pdf (zuletzt abgerufen am 29.04.2020).
Terfloth, Karin; Niehoff, Ulrich; Klauß, Theo & Buckenmaier, Sabrina (Hrsg.) (2016a): Inklusion – Wohnen – Sozialraum. Grundlagen des Index für Inklusion zum Wohnen in der Gemeinde. Bundesvereinigung Lebenshilfe. Marburg: Lebenshilfe.
Terfloth, Karin; Niehoff, Ulrich; Klauß, Theo & Buckenmaier, Sabrina (2016b): Kriterien inklusiver Wohnquartiere. In: Terfloth, Karin; Niehoff, Ulrich; Klauß, Theo & Buckenmaier, Sabrina (Hrsg.): Inklusion – Wohnen – Sozialraum. Grundlagen des Index für Inklusion zum Wohnen in der Gemeinde. Marburg: Lebenshilfe, 103–109.
Terfloth, Karin; Niehoff, Ulrich; Klauß, Theo; Buckenmaier, Sabrina & Gernert, Julia (2016c): Unter Dach und Fach. Index für Inklusion zum Wohnen in der Gemeinde. Handbuch. In: Bundesvereinigung Lebenshilfe (Hrsg.): Unter Dach und Fach. Index für Inklusion zum Wohnen in der Gemeinde. Berlin: Lebenshilfe.
Terfloth, Karin (2016): Meint Inklusion wirklich alle? In: Fischer, Erhard & Markowetz, Reinhard (Hrsg.): Inklusion im Förderschwerpunkt geistige Entwicklung. Stuttgart: Kohlhammer, 317–338.
Terfloth, Karin & Bauersfeld, Sören (2012): Schüler mit geistiger Behinderung unterrichten. München: UTB Reinhardt.
Terfloth, Karin & Bauersfeld, Sören (2015): Schüler mit geistiger Behinderung unterrichten. 2. Auflage. München: UTB Reinhardt.
Terfloth, Karin & Cesak, Henrike (2016): Schüler mit geistiger Behinderung im inklusiven Unterricht. Praxistipps für Lehrkräfte. München: Reinhardt.
Terfloth, Karin & Klauß, Theo (2016): Menschen mit Lernschwierigkeiten an der Hochschule?! In: Buchner, Tobias; Koenig, Oliver & Schuppener, Saskia (Hrsg.): Inklusive Forschung.

Gemeinsam mit Menschen mit Lernschwierigkeiten forschen. Bad Heilbrunn: Klinkhardt, 290–305.
Tervooren, Anja (2003): Der verletzliche Körper. Überlegungen zu einer Systematik der Disability Studies. In: Waldschmidt, Anne (Hrsg.): Kulturwissenschaftliche Perspektiven der Disability Studies, Tagungsdokumentation, Kassel: Bifos, 37–48.
Theben, Martin (2017): Das Bundesteilhabegesetz – Was bedeutet die gemeinsame Leistungserbringung? Beitrag D31-2017. Zugriff online unter: https://www.reha-recht.de/fachbeitraege/beitrag/artikel/beitrag-d31-2017/ (zuletzt abgerufen am 24.03.2020).
Theobald, Werner & Rosenau, Hartmut (Hrsg.) (2012): Menschenbilder. Münster, Berlin: Lit (Ethik interdisziplinär Band 19).
Thesing, Stefan (2016): Berufliche Bildung im Zielkonflikt. Dissertation.
Theunissen, Georg; Paul, Mecheril & Stichling, Melitta (2003): Verhaltensauffälligkeiten bei Menschen mit Autismus und geistiger Behinderung unter besonderer Berücksichtigung des TEACCH-Ansatzes. In: Theunissen, Georg (Hrsg.): Krisen und Verhaltensauffälligkeiten bei geistiger Behinderung und Autismus. Stuttgart: Kohlhammer, 123–145.
Theunissen, Georg (2007a): Therapie. In: Theunissen, Georg; Kulig; Wolfram & Schirbort, Kerstin (Hrsg.): Handlexikon geistige Behinderung. Schlüsselbegriffe aus der Heil- und Sonderpädagogik, Sozialen Arbeit, Medizin, Psychologie, Soziologie und Sozialpolitik. Stuttgart: Kohlhammer, 339.
Theunissen, Georg (2007b): Vulnerabilität. In: Theunissen, Georg; Kulig, Wolfram & Schirbort, Kerstin (Hrsg.): Handlexikon geistige Behinderung. Schlüsselbegriffe aus der Heil- und Sonderpädagogik, Sozialen Arbeit, Medizin, Psychologie, Soziologie und Sozialpolitik. Stuttgart: Kohlhammer, 372–273.
Theunissen, Georg (2009): Empowerment und Inklusion behinderter Menschen. Eine Einführung in Heilpädagogik und Soziale Arbeit. 2. Auflage. Freiburg i. B.: Lambertus.
Theunissen, Georg (2013): Empowerment und Inklusion behinderter Menschen. Eine Einführung in Heilpädagogik und Soziale Arbeit. 3. Auflage. Freiburg i.B.: Lambertus.
Theunissen, Georg (2016): Geistige Behinderung und Verhaltensauffälligkeiten: Ein Lehrbuch für die Schule, Heilpädagogik und außerschulische Behindertenhilfe. 6. Auflage. München: Reinhardt/UTB.
Theunissen, Georg (2017): Herausforderndes Verhalten bei Menschen mit Komplexer Behinderung. In: Grunick, Gerhard & Maier-Michalitsch, Nicola (Hrsg.): Herausforderndes Verhalten bei Menschen mit Komplexer Behinderung. Düsseldorf: Selbstbestimmtes Leben, 7–17.
Theunissen, Georg & Feschin, Christina (2018): Betreutes Wohnen in Familien. Dargestellt am Beispiel von Erwachsenen mit Lernschwierigkeiten in Kanada. In: Teilhabe 57 (4), 181–185.
Thielen, Marc (2006): »So was nennen wir Wahnsinn!« – Lebenserfahrungen psychiatrisierter junger Menschen in pädagogischer Perspektive. In: Behindertenpädagogik 45 (3), 251–270.
Thieme, Werner (2003): Das Deutsche Personenrecht. Berlin: Duncker & Humblot (Schriften zum öffentlichen Recht, 905).
Thieß, Wiltrud (2014): Assistenz für wen, was und wie? Von der Einzelbegleitung zum gruppenbezogenen Einsatz im multiprofessionellen Team. In: Trumpa, Silke; Seifried, Stefanie; Franz; Eva-Kristina & Klauß, Theo (Hrsg.): Inklusive Bildung: Erkenntnisse und Konzepte aus der Fachdidaktik und Sonderpädagogik. Weinheim & Basel: Beltz Juventa, 234–243.
Thimm, Walter (1972): Soziologie der Behinderten. Materialien. Neuburgweier, Karlsruhe: Schindele.
Thimm, Walter (2008a): Das Normalisierungsprinzip – Eine Einführung. In: Thimm, Walter & Bank-Mikkelsen, Niels Erik (Hrsg.): Das Normalisierungsprinzip. Ein Lesebuch zu Geschichte und Gegenwart eines Reformkonzepts. Ein Fachbuch der Bundesvereinigung Lebenshilfe für Menschen mit geistiger Behinderung e. V. 2. Auflage. Marburg: Lebenshilfe, 12–31.
Thimm, Walter (2008b): Normalisierung in der Bundesrepublik. Versuch einer Bestandsaufnahme (1992). In: Thimm, Walter & Bank-Mikkelsen, Niels Erik (Hrsg.): Das Normalisierungsprinzip. Ein Lesebuch zu Geschichte und Gegenwart eines Reformkonzepts. Ein Fachbuch der Bundesvereinigung Lebenshilfe für Menschen mit geistiger Behinderung e.V. 2. Auflage. Marburg: Lebenshilfe.
Think College: Zugriff online unter: https://thinkcollege.net (zuletzt abgerufen am 23.03.2020).

Thomas, Stefan; Rothmaler, Joseph; Hildebrandt, Frauke; Budde, Rebecca & Pigorsch, Stephanie (Hrsg.): Partizipation in der Bildungsforschung. Weinheim, Basel: Beltz Juventa.

Thümmel, Ingeborg (2003): Sozial- und Ideengeschichte der Schule für Geistigbehinderte [geistig Behinderte] im 20. Jahrhundert: zentrale Entwicklungslinien zwischen Ausgrenzung und Partizipation. Weinheim, Basel, Berlin: Beltz.

Thuneberg, Helena; Vainikainen, Mari-Pauliina; Ahtianinen, Raisa; Lintuvuori, Meri; Salo, Kirsi & Hautamäki, Jarkko (2013): Education is special to all – the Finnish support model. In: Gemeinsam Leben 21 (2), 67–78.

Thurmair, Martin & Naggl, Monika (2010): Praxis der Frühförderung. Einführung in ein interdisziplinäres Arbeitsfeld. 4. Auflage. München: Reinhardt.

Trescher, Hendrik (2015): Inklusion. Zur Dekonstruktion von Diskursteilhabebarrieren im Kontext von Freizeit und Behinderung. Wiesbaden: Springer VS.

Trescher, Hendrik (2016a): Freizeit als Fenster zur Inklusion. Konstruktionen von Teilhabe als Ausschluss für Erwachsene, institutionalisiert lebende Menschen mit ›geistiger Behinderung‹. In: Vierteljahresschrift für Heilpädagogik und ihre Nachbargebiete 85 (2), 98–111.

Trescher, Hendrik (2016b): Inklusive Freizeitgestaltung für ältere Menschen mit geistiger Behinderung. Ein Strukturproblem. In: Teilhabe 55 (1), 37–43.

Trescher, Hendrik (2018a): Ambivalenzen pädagogischen Handelns. Bielefeld, Germany: transcript.

Trescher, Hendrik (2018b): Kognitive Beeinträchtigung und Barrierefreiheit. Eine Pilotstudie. Bad Heilbrunn: Klinkhardt (Forschung).

Trescher, Hendrik (2018c): Inklusion zwischen Dekategorisierung und Dekonstruktion. In: Musenberg, Oliver; Riegert, Judith & Sansour, Teresa (Hrsg.): Dekategorisierung in der Pädagogik. Notwendig oder riskant? Buchreihe: Pädagogische Differenzen. Bad Heilbrunn: Klinkhardt, 79–90.

Trogisch, Uta & Trogisch, Jürgen (2004): Förderpflege. In: Fröhlich, Andreas; Heinen, Norbert & Lamers, Wolfgang (Hrsg.): Schwere Behinderung in Praxis und Theorie – ein Blick zurück nach vorn. 4. Auflage. Düsseldorf: Selbstbestimmtes Leben, 297–307.

Tronto, Joan (1993): Moral Boundaries. A political argument for an ethics of care. New York, London.

Trost, Rainer & Schüller, Simone (1992): Beschäftigung von Menschen mit geistiger Behinderung auf dem allgemeinen Arbeitsmarkt. Eine empirische Untersuchung zur Arbeit der Eingliederungsinitiativen in Donaueschingen und Pforzheim. Walldorf: Integra.

Tröster, Heinrich (2001): Die Beziehung zwischen behinderten und nichtbehinderten Geschwistern. In: Zeitschrift für Entwicklungspsychologie und Pädagogische Psychologie, Zugriff online unter: https://econtent.hogrefe.com/doi/10.1026//0049-8637.33.1.2 (zuletzt abgerufen am 01.07.2020).

Türk, Klaus (1978): Soziologie der Organisationen. Eine Einführung. Stuttgart: Ferdinand Enke.

U., Nina (2015): Crazyshit. Zur Notwendigkeit und Aktualität linker Psychiatriekritik. In: Schmechel, Cora; Dion, Fabian; Dudek, Kevin & Roßmöller, Mäks* (Hrsg.): Gegendiagnose. Beiträge zur radikalen Kritik an Psychologie und Psychiatrie. Münster: Edition Assemblage, 5–11.

Uexküll, Thure von (1999): Medizin als Wissenschaft. In: Dörner, Günter (Hrsg.): Menschenbilder in der Medizin – Medizin in den Menschenbildern. Bielefeld: Kleine (Berliner Studien zur Wissenschaftsphilosophie & Humanontogenetik, 16), 22–33.

Ulbrich, Heike; Mohr, Lars & Fröhlich, Andreas (2006): An der Grenze. Mit welchen Problemen sehen sich Sonderschulen (über-)strapaziert? In: Zeitschrift für Heilpädagogik 57 (6), 218–226.

Umsetzungsbegleitung Inklusion. Zugriff online unter: https://umsetzungsbegleitung-bthg.de/ (zuletzt abgerufen am 13.05.2020).

UN-BRK (2016): »Übereinkommen über die Rechte von Menschen mit Behinderungen. Übersetzung für Österreich«. Zugriff online unter: https://www.behindertenarbeit.at/wp-content/uploads/BGBLA_2016_III_105.pdf (zuletzt abgerufen am 23.06.2020).

Urban, Wolfgang (2010): Selbstbestimmte Wohnformen für alle Menschen mit (geistiger) Behinderung. In: Teilhabe 49 (1), 26–32.

van den Daele, Wolfgang (2004): Die Praxis vorgeburtlicher Selektion und die Anerkennung der Rechte von Menschen mit Behinderung. In: Leonhardt, Annette & van den Daele, Wolfgang (Hrsg.): Wie perfekt muss der Mensch sein? Behinderung, molekulare Medizin und Ethik. München: Reinhardt, 177–199.

van Dyk, Silke (2015): Soziologie des Alters (Einsichten. Themen der Soziologie). Bielefeld: Transcript.

van Laake, Maria (2009): Selbstbestimmt älter werden. Ein Lehrgang für Menschen mit geistiger Behinderung zur Vorbereitung auf Alter und Ruhestand. In: Zwischen Tradition und Innovation: Methoden und Handlungskonzepte in der Heilpädagogik und Behindertenhilfe; ein Lehrbuch und Kompendium für die Arbeit mit geistig behinderten Kindern, Jugendlichen und Erwachsenen. Marburg: Lebenshilfe, 201–210.

Verband Sonderpädagogik NRW (2006): Handreichung »Schulbegleitung«. Stand Mai 2006. Zugriff online unter: http://www.verband-sonderpaedagogik-nrw.de/fileadmin/uploads_user_LV_NRW/pdf_Handreichungen/Handreichungen_Schulbegleitung.pdf (zuletzt abgerufen am 24.03.2020).

Vereinigung für Interdisziplinäre FrühFörderung e.V. (2016): Stellungnahme der Vereinigung für Interdisziplinäre Frühförderung e.V. (VIFF) zum Referentenentwurf des BMAS Entwurf eines Gesetzes zur Stärkung der Teilhabe und Selbstbestimmung von Menschen mit Behinderungen (Bundesteilhabegesetz - BTHG). Zugriff online unter: http://www.bmas.de/SharedDocs/Downloads/DE/PDF-Gesetze/Stellungnahmen/bthg-viff.pdf?__blob=publicationFile&v=2 (zuletzt abgerufen am 24.03.2020).

Vilsmaier, Ulli & Lang, Daniel J. (2014): Transdisziplinäre Forschung. In: Heinrichs, Harald & Michelsen, Gerd (Hrsg.): Nachhaltigkeitswissenschaften. Wiesbaden: Springer VS, 87–113.

Vlaskamp, Carla (2001): Die Bedeutung des »neuen Paradigma« in der Fürsorge für Menschen mit schwersten Behinderungen in den Niederlanden. Zeitschrift für Heilpädagogik, 1, 15–24.

Vogt, Kathrin; Stahl, Sabine & Schneider, Rosa (2018): Einfach. Gut. Beraten. (Peer-)Beratung von und für Menschen mit Lernschwierigkeiten. In: Teilhabe 57 (1), 24–29.

von Unger, Hella (2014): Partizipative Forschung: Einführung in die Forschungspraxis. Wiesbaden: Springer VS.

Voss, Anja et al. (2020): SAGE-Wissenschaftler_innen in gesellschaftspolitischer Verantwortung. Stellungnahme zur Corona-Pandemie und ihren Folgen. Zugriff online unter unter: https://www.ash-berlin.eu/hochschule/presse-und-newsroom/news/news/sage-wissenschaftler-innen-in-gesellschaftspolitischer-verantwortung/ (zuletzt abgerufen 31.06.2020)

Voß, Maria (2012): Frühförderung- und was dann? Probleme der Vernetzung und Lösungsmöglichkeit des übergangs von der Frühförderung in die (Regel-)Schule. In: Gebhard, Britta; Hennig, Birgit & Leyendecker, Christoph (Hrsg.): Interdisziplinäre Frühförderung. Stuttgart: Kohlhammer, 255–263.

Vygotsky, Lew Semjonowitsch (1989): Konkrete Psychologie des Menschen. In: Holodynski, Manfred & Jantzen, Wolfgang (Hrsg.): Sinn als gesellschaftliches Problem. Studien zur Tätigkeitstheorie. Bielefeld: Universität, 292–307.

Vygotsky, Lew Semjonowitsch (2001): Defekt und Kompensation. In: Jantzen, Wolfgang (Hrsg.): Jeder Mensch kann lernen – Perspektiven einer kulturhistorischen (Behinderten-)Pädagogik. Neuwied, Kriftel, Berlin: Luchterhand, 88–108.

Wacker, Elisabeth (1998): Leben im Heim. Angebotsstrukturen und Chancen selbständiger Lebensführung in Wohneinrichtungen der Behindertenhilfe; Bericht zu einer bundesweiten Untersuchung im Forschungsprojekt »Möglichkeiten und Grenzen selbständiger Lebensführung in Einrichtungen«. Unter Mitarbeit von Elisabeth Wacker. Baden-Baden: Nomos (Schriftenreihe des Bundesministeriums für Gesundheit, Bd. 102).

Wacker, Elisabeth (1999): Altern in der Lebenshilfe – Lebenshilfe beim Altern. Lebenslage und Unterstützungsformen. In: Persönlichkeit und Hilfe im Alter. Zum Alterungsprozeß bei Menschen mit geistiger Behinderung. Marburg: Lebenshilfe, 23–45.

Wagenschein, Martin (1968): Verstehen lehren. Weinheim: Beltz.

Wagner, Michael (2012): Verhalten im Kontext ›schwerer Behinderung‹ – zwischen Selbst- und Synreferentalität. In: Ratz, Christoph (Hrsg.): Verhaltensstörungen und geistige Behinderung. Oberhausen: Athena, 55–66.

Wagner, Michael (2019): Konstruktivismus und seine Bedeutung im Förderschwerpunkt geistige Entwicklung. In: Schäfer, Holger (Hrsg.): Handbuch Förderschwerpunkt geistige Entwicklung. Grundlagen – Spezifika – Fachorientierung – Lernfelder. Weinheim: Beltz, 66–73.

Waldschmidt, Anne (2000): Die Versöhnung von Eugenik und Nichtdirektivität. Eine Kritik des humangenetischen Beratungsmodells. In: Dörr, Günter (Hrsg.): Aneignung und Enteignung. Der Zugriff der Bioethik auf Leben und Menschenwürde. Düsseldorf: Selbstbestimmtes Leben, 73–90.

Waldschmidt, Anne (2003): Selbstbestimmung als behindertenpolitisches Paradigma – Perspektiven der Disability Studies. In: Politik und Zeitgeschichte, 8/2003, 13–20. Zugriff online unter: https://m.bpb.de/system/files/pdf/Q72JKM.pdf (zuletzt abgerufen am 02.04.2020).

Waldschmidt, Anne (2006): »Wir Normalen« – «die Behinderten«? Ervin Goffmann meets Michel Foucault. In: von Rehberg, Karl-Siegbert und Deutsche Gesellschaft für Soziologie (Hrsg.) Frankfurt a. M. Die Natur der Verhandlungen des 33. Kongresses der Deutschen Gesellschaft für Soziologie in Kassel. Zugriff online unter: http://www.ssoar.info/ssoar/bitstream/handle/document/18436/ssoar-2008-waldschmidt-wir_normalen_-_die_behinderten.pdf?sequence=1 (zuletzt abgerufen am 24.03.2020).

Waldschmidt, Anne & Schneider, Werner (2007): Disability Studies und Soziologie der Behinderung. Kultursoziologische Grenzgänge – eine Einführung. In: Waldschmidt, Anne & Schneider, Werner (Hrsg.): Disability Studies, Kultursoziologie und Soziologie der Behinderung. Erkundungen in einem neuen Forschungsfeld. Bielefeld: transcript.

Waldschmidt, Anne (2009): Disability Studies. In: Dederich, Markus & Jantzen, Wolfgang (Hrsg.): Behinderung und Anerkennung (Behinderung, Bildung, Partizipation. Enzyklopädisches Handbuch der Behindertenpädagogik, Band 2). Stuttgart: Kohlhammer, 125–133.

Waldschmidt, Anne (2010) Das Mädchen Ashley oder: Intersektionen von Behinderung, Normalität und Geschlecht. In: Jacob, Jutta; Köbsell, Swantje & Wollrad, Eske (Hrsg.): Gendering Disability. Intersektionale Aspekte von Behinderung und Geschlecht. Bielefeld: transcript, 35–60.

Waldschmidt, Anne (2012): Selbstbestimmung als Konstruktion. Alltagstheorien behinderter Frauen und Männer. 2., korrigierte Auflage. Wiesbaden: Springer VS.

Walgenbach, Katharina (2018): Dekategorisierung – Verzicht auf Kategorien? In: Musenberg, Oliver; Riegert, Judith & Sansour, Teresa (Hrsg.): Dekategorisierung in der Pädagogik. Notwendig oder riskant? Buchreihe: Pädagogische Differenzen. Bad Heilbrunn: Klinkhardt, 11–40.

Walmsley, Jan & Johnson, Kelley (2003): Inclusive research with people with learning disabilities. Past, Present and Futures. Philadelphia, PA, London: J. Kingsley Publishers.

Walmsley, Jan (2001): Normalisation, Emancipatory research and Inclusive Research in learning Disability. In: Disability & Society 16 (3), 187–205.

Wansing, Gudrun; Welti, Felix & Schäfers, Markus (Hrsg.) (2018): Das Recht auf Arbeit für Menschen mit Behinderungen. Internationale Perspektiven. Baden-Baden: Nomos.

Warnock, Mary (1978): Special Education Needs: Report of the Committee of Enquiry into the Education of Handicapped Children and Young People. London: Her Majesty's Stationery Office. Zugriff online unter: http://www.educationengland.org.uk/documents/warnock/warnock1978.pdf (zuletzt abgerufen am 17.03.2020).

Weber, Erik; Knöß, Lavorano Stefano & Cyril, David (2016): Beratungsprozesse in der Eingliederungshilfe im Kontext des Lebensbereiches Wohnen. In: Behindertenpädagogik 55 (1), 35–50.

Weede, Erich (2003): Mensch, Markt und Staat. Plädoyer für eine Wirtschaftsordnung für unvollkommene Menschen. Berlin, Boston: De Gruyter Oldenbourg (Zukunft der Sozialen Marktwirtschaft, 4).

Weinert, Franz Emanuel & Schrader, Friedrich-Wilhelm (1986): Diagnose eines Lehrers als Diagnostiker. In: Petillon, Hanns; Wagner, Jürgen E. & Wolf, Bernhard (Hrsg.): Schülergerechte Diagnose. Weinheim: Beltz, 11–29.

Weingärtner, Christian (2006): Selbstbestimmung und Menschen mit schwerer geistiger Behinderung. Eine Orientierung für die Praxis. Freiburg i. Br.: Lambertus. Zugriff online unter: http://d-nb.info/97490192X/34 (zuletzt abgerufen am 24.03.2020).

Weiß, Hans (2000): Selbstbestimmung und Empowerment. Kritische Anmerkungen zu ihrer oftmaligen Gleichsetzung im sonderpädagogischen Diskurs. In: Behindertenpädagogik 39 (3), 245–260.

Weiß, Hans (2012): Bildungsrecht und Bildungsrealität von Kindern und Jugendlichen mit schwerer Behinderung – eine Problemskizze. In: Sonderpädagogische Förderung heute 57 (3), 253–267.

Weiß, Hans (2019): Kindliche Entwicklungsrisiken-familiäre Erschöpfungszustände: Was heißt das für die Interdisziplinäre Frühförderung von Anfang an? In: Gebhard, Britta; Möller-Dreischer, Sebastian; Seidel, Andreas & Sohns, Armin (Hrsg.): Frühförderung wirkt – von Anfang an. Stuttgart: Kohlhammer, 17–28.

Weiß, Sabine; Markowetz, Reinhard & Kiel, Ewald (2017): Multiprofessionelle Kooperation inner- und außerschulischer Akteure im Förderschwerpunkt Geistige Entwicklung – Die Sicht von Lehrkräften. Zeitschrift für Heilpädagogik, 68. Jg., 316–330.

Weisser, Jan (2013): »Geistige Behinderung« – transdisziplinär: Neue Möglichkeiten der Entwicklung und Vermittlung von Wissen. In: Karl-Ernst Ackermann; Musenberg, Oliver & Riegert, Judith (Hrsg.): Geistigbehindertenpädagogik!? Disziplin – Profession – Inklusion. Oberhausen: Athena, 269-288.

Weisz, John R. (1995): Cultural familial mental retardation. In: Hodapp, Robert M. & Burack, Jacob A. & Zigler, Edward (Hrsg.): Issues in the developmental approach to mental retardation. Cambridge: University Press.

Weitkämper, Florian & Weidenfelder, Tom (2018): Positionierung miteinander vergleichen – Zur Herstellung von Differenz und sozialer Ungleichheit durch Adressierungen von Professionellen. In: Mai, Hannah; Merl, Thorsten & Mohseni, Maryam (Hrsg.): Pädagogik in Differenz- und Ungleichheitsverhältnissen. Aktuelle erziehungswissenschaftliche Perspektiven zur pädagogischen Praxis. Wiesbaden: Springer VS (Interkulturelle Studien), 155–173.

Weltärztebund (2008): Deklaration von Helsinki. Ethische Grundsätze für die medizinische Forschung am Menschen. Zugriff online unter: https://www.bundesaerztekammer.de/fileadmin/user_upload/downloads/pdf-Ordner/International/Deklaration_von_Helsinki_2013_20190905.pdf (zuletzt abgerufen am 28.03.2020).

Welti, Felix (2016): Verantwortlichkeit von Schule und Sozialleistungen für Barrierefreiheit und angemessene Vorkehrungen für behinderte Schülerinnen und Schüler – Vortrag. In: Institut für Bildungsrecht und Bildungsforschung (Ifbb) e. V. & Deutsche Institut für Internationale Pädagogische Forschung (Hrsg.) (2017): Auf dem Weg zur inklusiven Schule. Organisation einer Schul- und Bildungsentwicklung – 4. Deutscher Schulrechtstag. Baden-Baden: Nomos, 25–47

Welti, Felix & Herfert, Andrea (Hrsg.) (2017): Übergänge im Lebenslauf von Menschen mit Behinderung. Hochschulbildung und Berufszugang mit Behinderung. Kassel: University Press.

Welti, Felix & Ramm, Diana (2017): Rechtliche Rahmenbedingungen für die Übergänge behinderter Menschen, insbesondere zur Hochschule. In: Welti, Felix & Herfert, Andrea (Hrsg.): Übergänge im Lebenslauf von Menschen mit Behinderung. Hochschulbildung und Berufszugang mit Behinderung. Kassel: University Press, 21–40.

Wendt, Sabine (2018): Andere Leistungsanbieter nach § 60 SGB IX – ein neues Angebot mit Fallstricken. Beitrag D36-2018. Zugriff online unter: https://www.reha-recht.de/fachbeitraege/beitrag/artikel/beitrag-d36-2018/ (zuletzt abgerufen am 24.03.2020).

Wiesmeth, Hans (2012): Die Ökonomisierung unseres Lebens – notwendig und unabänderlich? In: Ebert, Udo; Riha, Ortrun & Zerling, Luise (Hrsg.): Menschenbilder – Wurzeln, Krise, Orientierung. Leipzig, Stuttgart: Sächsische Akademie der Wissenschaften zu Leipzig, 34–49.

Wilhelm, Marianne (2017): Menschenbilder in Schule und Unterricht. Inklusive Schulentwicklung. In: Standop, Jutta; Röhrig, Ernst Daniel & Winkels, Raimund (Hrsg.): Menschenbilder in Schule und Unterricht. Weinheim, Basel: Beltz Juventa 195–211.

Wilken, Udo (2019): Digitalisierung der Lebens-, Arbeits- und Freizeitwelt behinderter Menschen. Behindertenpädagogik 58 (3), 249–261.

Willmann, Marc (2015): Emotional-soziale Schwierigkeiten und Verhaltensstörungen: Diagnostik und Assessment in der inklusiven Schule. In: Schäfer, Holger & Rittmeyer, Christel (Hrsg.): Handbuch Inklusive Diagnostik. Weinheim, Basel: Beltz, 419–432.

Wininger, Michael (2006): Psychoanalytische Anmerkungen zum adoleszenten Ablösungsprozess von jungen Erwachsenen mit geistiger Behinderung. In: Behinderte in Familie, Schule und Gesellschaft (6), 32–55.
Winter, Jörn (2016): Die Tecklenburger Biografie Methode (TBM). Sensorische Biografiearbeit für Menschen mit Behinderungen und Demenz. In: Zur Orientierung (1), 10–12.
Wocken, Hans (2013): Zum Haus der inklusiven Schule. Ansichten – Zugänge – Wege. Hamburg: Feldhaus.
Wöhrer, Veronika; Arztmann, Doris; Wintersteller, Teresa; Harrasser, Doris & Schneider, Karin (2017) (Hrsg.): Partizipative Aktionsforschung mit Kindern und Jugendlichen. Von Schulsprachen, Liebesorten und anderen Forschungsdingen. Wiesbaden: Springer VS.
Wöhrer, Veronika (2017): Was ist Partizipative Aktionsforschung? Warum mit Kindern und Jugendlichen? In: Wöhrer, Veronika; Arztmann, Doris; Wintersteller, Teresa; Harrasser, Doris & Schneider, Karin (Hrsg.): Partizipative Aktionsforschung mit Kindern und Jugendlichen. Von Schulsprachen, Liebesorten und anderen Forschungsdingen. Wiesbaden: Springer VS, 27–47.
Wolbring, Gregor (2008): The Politics of Ableism. In: Development (51), 252-258. Zugriff online unter: http://www.redverslee.org/Micropolitics/April_9_files/Wolbring,%20Gregor,%202008,%20The%20Politics%20of%20Ableism.pdf (zuletzt abgerufen am 24.03.2020).
Wolbring, Gregor (2012): Expanding Ableism: Taking down the Ghettoization of Impact of Disability Studies Scholars. In: Societies 2 (2), 75–83.
Wolfensberger, Wolf (1972): The Principle of Normalization in Human Services. Toronto. Zugriff online unter: https://digitalcommons.unmc.edu/cgi/viewcontent.cgi?article=1000&context=wolf_books (zuletzt abgerufen am 24.03.2020).
Wolfensberger, Wolf (2008): Die Entwicklung des Normalisierungsgedankens in den USA und in Kanada. In: Thimm, Walter & Bank-Mikkelsen Niels E. (Hrsg.): Das Normalisierungsprinzip. Ein Lesebuch zu Geschichte und Gegenwart eines Reformkonzepts. 2. Auflage. Marburg: Lebenshilfe, 168–186.
Wolff, Christian & Müller Sandra, Verena (2013): Die Lebenssituation von geistig behinderten Menschen mit Demenz in Einrichtungen der Behindertenhilfe. Ergebnisse einer Befragung in Niedersachsen und Bremen In: Gerontol Geriat 47/2014, 397–402.
World Health Organisation (WHO) (2001): International Classification of Functioning, Disability and Health: ICF. Genf.
Wright, Michael T.; Block, Martina & von Unger, Hella (2007): Stufen der Partizipation in der Gesundheitsförderung. 13. Bundesweiter Kongress Armut und Gesundheit. Berlin, 30.11.2007. Zugriff online unter: http://www.armut-und-gesundheit.de/uploads/tx_gbbkongressarchiv/Wright__M..pdf (zuletzt abgerufen am 23.03.2020).
Wulf, Christoph (1999): Der Andere – Perspektiven zur interkulturellen Bildung. In: Dibie, Pascal & Wulf, Chirstoph (Hrsg.): Vom Verstehen des Nicht-Verstehens. Ethnosoziologie interkultureller Begegnungen. Frankfurt a. M.: Campus, 61–75.
Wüllenweber, Ernst (2016): Junge Wilde, Grenzgänger, Systemsprenger – Veränderungen der Personenkreise in der Eingliederungshilfe. In: DIFGB (Hrsg.): Institutionelle und konzeptionelle Ohnmacht? Konsequenzen eines veränderten Personenkreises mit dem Etikett »geistig behindert«, 9–15. Zugriff online unter: https://www.difgb.de/fachtagung/ (zuletzt abgerufen am 17.04.2020).
Wunder, Michael (2006): Die genetische Verbesserung des Menschen. Der Traum, der zum Alptraum wurde. In: Hamm, Margret (Hrsg.): Lebensunwert. Zerstörte Leben. Zwangssterilisation und »Euthanasie«. Frankfurt a. M.: VAS, 220–232.
Wunder, Michael (2009): Eugenik. In: Dederich, Markus & Jantzen, Wolfgang (Hrsg.): Behinderung und Anerkennung (Behinderung, Bildung, Partizipation. Enzyklopädisches Handbuch der Behindertenpädagogik, Band 2). Stuttgart: Kohlhammer, 284–287.
Wunder, Michael & Sierck, Udo (1982): Sie nennen es Fürsorge. Behinderte zwischen Vernichtung und Widerstand. Berlin: Dr. med. Mabuse. Zugriff online unter: http://bidok.uibk.ac.at/library/mabuse-fuersorge_index.html (zuletzt abgerufen am 17.04.2020).
Zabel, Martina (2013): Trauer- und Sterbebegleitung in Wohneinrichtungen. In: Teilhabe 52 (3), 133–138.
Zander, Michael (2007): Selbstbestimmung, Behinderung und Persönliche Assistenz – politische und psychologische Fragen. In: Forum kritische Psychologie 51, 38–52.

Zander, Michael (2010): Konflikte um Persönliche Assistenz. In: Zeitschrift Luxemburg 4/ 2010. Zugriff online unter: https://www.zeitschrift-luxemburg.de/konflikte-um-persoenliche-assistenz/ (zuletzt abgerufen am 23.06.2020).

Zentrale Ethikkommission bei der Bundesärztekammer (2010): Die neue UN-Konvention für die Rechte von Menschen mit Behinderung als Herausforderung für das ärztliche Handeln und das Gesundheitswesen. In: Deutsches Ärzteblatt 107 (7), 297–300.

Zichy, Michael (2017): Menschenbilder. Eine Grundlegung. Originalausgabe. Freiburg: Karl Alber.

Ziegenhain, Ute; Fries, Mauri; Bütow, Barbara & Derksen, Bärbel (2006): Entwicklungspsychologische Beratung für junge Eltern. Weinheim, München: Beltz Juventa.

Ziemen, Kerstin (2002): Geistige Behinderung als soziale Konstruktion. In: Behindertenpädagogik 41 (1), 23–39.

Ziemen, Kerstin (2003): Kompetenzen von Eltern behinderter Kinder. In: Frühförderung interdisziplinär, 22 (2003) 1, 28–37.

Ziemen, Kerstin (2008a): Entwicklungsorientierung und Differenzierung in didaktischen Prozessen. In: Ziemen, Kerstin (Hrsg.): Reflexive Didaktik. Annäherungen an eine Schule für alle. Oberhausen: Athena, 161–172.

Ziemen, Kerstin (2008b): Familien mit behinderten Kindern und Jugendlichen. In: Nußbeck, Susanne; Biermann, Adrienne & Adam, Heidemarie (Hrsg.): Sonderpädagogik der geistigen Entwicklung. Band 4. Handbuch Sonderpädagogik. Göttingen, Berlin, Wien: Hogrefe, 398–407.

Ziemen, Kerstin (2013): Kompetenz für Inklusion. Inklusive Ansätze in der Praxis umsetzen. Göttingen: Vandenhoek & Ruprecht.

Ziemen, Kerstin (2017): Lexikon Inklusion. Göttingen: Vandenhoeck & Ruprecht.

Ziemen, Kerstin (2019): Didaktik. In: Schäfer, Holger (Hrsg.): Handbuch Förderschwerpunkt geistige Entwicklung. Grundlagen – Spezifika – Fachorientierung – Lernfelder. Weinheim: Beltz, 85–91.

Ziemen, Kerstin (2020): Die mehrdimensionale Reflexive Didaktik – Über Beziehung, Dialog und Emotion in der Pädagogik und Didaktik. In: Zeitschrift für Inklusion Online, 2/2020. Zugriff Online unter: https://www.inklusion-online.net/index.php/inklusion-online/article/view/572/411 (zuletzt abgerufen am 02.07.2020).

Zurstrassen, Bettina (2017): Leichte Sprache – eine Sprache der Chancengleichheit? In: Bock, Bettina; Fix, Ulla & Lange, Daisy (2017): »Leichte Sprache« im Spiegel theoretischer und angewandter Forschung. Kommunikation – Partizipation – Inklusion, Band 1. Berlin: Frank & Timme, 53–70.